REFLEXÕES
SOBRE O NOVO
CÓDIGO DE
PROCESSO
CIVIL

COORDENAÇÃO
Carlos Roberto Jatahy
Diogo Assumpção Rezende de Almeida
Luiz Roberto Ayoub

REFLEXÕES
SOBRE O NOVO
CÓDIGO DE
PROCESSO
CIVIL

FGV EDITORA

Copyright © 2016 Carlos Roberto Jatahy, Diogo Assumpção Resende de Almeida e Luiz Roberto Ayoub

Direitos desta edição reservados à
EDITORA FGV
Rua Jornalista Orlando Dantas, 37
22231-010 | Rio de Janeiro, RJ | Brasil
Tels.: 0800-021-7777 | (21) 3799-4427
Fax: (21) 3799-4430
editora@fgv.br | pedidoseditora@fgv.br
www.fgv.br/editora

Impresso no Brasil | *Printed in Brazil*

Todos os direitos reservados. A reprodução não autorizada desta publicação, no todo ou em parte, constitui violação do copyright (Lei nº 9.610/98).

Os conceitos emitidos neste livro são de inteira responsabilidade do autor.

1ª edição: 2016

Coordenação editorial e copidesque: Ronald Polito

Revisão: Marco Antonio Corrêa e Victor da Rosa

Projeto gráfico de miolo, capa e diagramação: Estúdio 513

Ficha catalográfica elaborada pela Biblioteca Mario Henrique Simonsen/FGV

Reflexões sobre o novo código de processo civil / Coordenação Carlos Roberto Jatahy, Diogo Assumpção Rezende de Almeida, Luiz Roberto Ayoub. - Rio de Janeiro : FGV Editora, 2016.

    488 p.

    Inclui bibliografia.

    ISBN: 978-85-225-1903-3

    1. Processo civil – Brasil. I. Jatahy, Carlos Roberto de Castro. II. Almeida, Diogo Assumpção Rezende de. III. Ayoub, Luiz Roberto. IV. Fundação Getulio Vargas.

CDD – 341.460981

Sumário

Prefácio   7
Luiz Rodrigues Wambier

DA PARTE GERAL   **11**
A intervenção de terceiros no Código de Processo Civil   13
Luiz Roberto Ayoub

Amicus curiae   29
Eduardo Talamini

Desconsideração da personalidade jurídica no CPC/2015:
não há um admirável mundo novo, há a necessária reiteração do óbvio   41
Rogerio Licastro Torres de Mello

A privacidade no novo Código de Processo Civil   59
Gustavo Quintanilha Telles de Menezes

O Ministério Público no novo Código de Processo Civil: alguns tópicos   77
Robson Renault Godinho

O artigo 139, IV, do novo Código de Processo Civil: a atipicidade dos meios executivos   115
Elias Marques de Medeiros Neto

Convenções processuais *versus* poderes do juiz   135
Leonardo Greco

Tutela provisória de urgência no novo Código de Processo Civil   149
Flávia Pereira Hill

Sobre o requisito da irreversibilidade das tutelas de urgência
no Código de Processo Civil de 2015 (art. 300, §3º)   191
Fernando Gama de Miranda Netto

DO PROCESSO DE CONHECIMENTO — 225

A improcedência liminar do pedido no novo Código de Processo Civil — 227
Marco Antonio dos Santos Rodrigues

O saneamento do processo e as condições da ação — 239
Trícia Navarro Xavier Cabral

Ensaio sobre a prova pericial no Código de Processo Civil de 2015 — 261
Bruno Vinícius da Rós Bodart

A sentença de interdição no novo Código de Processo Civil — 283
Fredie Didier Jr.

A coisa julgada (e a sua relativização) no novo Código
de Processo Civil (Lei nº 13.105/2015) — 293
Marcela Kohlbach de Faria

DOS RECURSOS — 313

A crise no sistema recursal brasileiro e o novo Código de Processo Civil — 315
Diogo Assumpção Rezende de Almeida

O novo Código de Processo Civil *versus* a jurisprudência defensiva — 333
Márcio Carvalho Faria

A sucumbência recursal no novo CPC: razão, limites e algumas perplexidades — 365
Guilherme Jales Sokal

Uma visão geral do recurso de apelação no Código de Processo Civil de 2015 — 391
Mauricio Vasconcelos Galvão Filho

Agravo de instrumento e suas restritas hipóteses de cabimento:
necessidade de flexibilização — 417
Marcelo Mazzola

Recursos no incidente de resolução de demandas repetitivas:
quem pode recorrer da decisão que fixa a tese jurídica? — 435
Sofia Temer

DA EXECUÇÃO — 451

A efetivação do crédito e os cadastros de inadimplentes
no novo Código de Processo Civil: breves notas — 453
Aluisio Gonçalves de Castro Mendes e Larissa Clare Pochmann da Silva

O CPC E A LEGISLAÇÃO EXTRAVAGANTE — 465

O novo marco legal da arbitragem no direito brasileiro: anatomia do instituto
no Código de Processo Civil de 2015 e as inovações trazidas pela Lei nº 13.129/2015 — 467
Humberto Dalla Bernardina de Pinho

Sobre os autores — 485

Prefácio

Foi com grande alegria, muita honra e exata noção do tamanho da responsabilidade que recebi convite para prefaciar esta obra coletiva coordenada por Carlos Roberto Jatahy, Diogo Assumpção Rezende de Almeida e Luiz Roberto Ayoub.

O tema geral é o Código de Processo Civil de 2015. Cheio de novidades, que estimulam nossa reflexão e nos fazem buscar soluções para os problemas concretos por elas gerados, o Código é uma conquista da sociedade brasileira, pois, desde o anteprojeto, gerado pela Comissão de Juristas para tanto designada pela Mesa do Senado da República, houve imenso esforço para simplificar a prestação da atividade jurisdicional. Embora essa diretriz inicial tenha sido abandonada ao longo da tramitação do projeto (o que é absolutamente normal no processo legislativo democrático), isso se vê por diversos ângulos. Há alterações no campo procedimental; há a adoção de institutos potencialmente capazes de reverter o quadro de excesso de ações e de recursos perante o Poder Judiciário brasileiro (IRDR, por exemplo); há evidente estímulo à busca de soluções autocompositivas, capazes de até mesmo evitar a ida ao serviço judiciário ou, quando pouco, abreviar a permanência do processo no ambiente jurisdicional, e assim por diante.

Os trabalhos são primorosos, escritos por processualistas de primeira grandeza, preocupados em oferecer soluções reais para problemas concretos.

Aluisio Gonçalves de Castro Mendes e Larissa Clare Pochmann da Silva tratam de alguns aspectos relativos ao cadastro de inadimplentes e à efetivação do crédito. Já Bruno Vinícius Da Rós Bodart contribui com acurada análise a respeito dos novos contornos da prova pericial, ao passo que Diogo Assumpção Rezende de Almeida analisa a crise no sistema recursal brasileiro e a tentativa de rearranjo feita pelo Código de 2015.

Eduardo Talamini cuida de explicar as novas aplicações possíveis para a figura do *amicus curiae*, enquanto Elias Marques de Medeiros Neto aborda — no ambiente dos poderes do juiz, especificamente na regra constante do art. 139, IV — a possivelmente tormentosa novidade ligada à atipicidade dos meios executivos, que permite, por exemplo, medidas indutivas, coercitivas e mandamentais (entre outras), inclusive nas causas que tenham por objeto prestação pecuniária.

Fernando Gama de Miranda Netto cuida do §3º do art. 300, notadamente da questão da reversibilidade como condição para a concessão de medida antecipada de urgência.

Fredie Didier Jr analisa os contornos da sentença de interdição no CPC de 2015, enquanto Guilherme Jales Sokal trata de diversas questões ligadas à sucumbência recursal. A privacidade no âmbito do CPC é tratada por Gustavo Quintanilha Telles de Menezes.

Humberto Dalla Bernardina de Pinho contribui com tema ligado à arbitragem. Analisa seu marco legal e a posição do instituto no CPC. Leonardo Greco cuida das convenções processuais e do possível antagonismo que tais convenções possam ostentar diante dos poderes do juiz.

Luiz Roberto Ayoub aborda tema igualmente polêmico e cheio de novidades no CPC de 2015, que é a intervenção de terceiros.

Marcela Kohlbach de Faria trata da coisa julgada e de hipóteses em que o CPC de 2015 autoriza sua relativização.

Já Marcelo Mazzola preconiza a necessidade de flexibilização das restritas hipóteses de cabimento do agravo de instrumento.

Márcio Carvalho Faria avança por tema polêmico, que o CPC procurou regular, de modo a evitar algumas de suas manifestações, especialmente no plano do Superior Tribunal de Justiça: a assim chamada jurisprudência defensiva. A regra da improcedência liminar, substancialmente alterada no CPC de 2015, em relação ao antigo artigo 285-A do CPC de 1973, é objeto das reflexões de Marco Antonio dos Santos Rodrigues.

Mauricio Vasconcelos Galvão Filho cuida de aspectos gerais do recurso de apelação e Robson Renault Godinho trata de alguns dos assuntos ligados à presença do Ministério Público no âmbito da nova regulação processual.

Rogerio Licastro Torres de Mello cuida da desconsideração da personalidade jurídica, abordando aquilo que entende ser, no ambiente do novo CPC, apenas a "necessária reiteração do óbvio".

No plano do IRDR, Sofia Temer propõe (e resolve) interessante questão, ao indagar "quem pode recorrer da decisão que fixa a tese jurídica?".

E, por fim, respeitada a ordem alfabética dos prenomes dos autores, Trícia Navarro Xavier Cabral trata da análise das condições da ação no espaço destinado ao saneamento do processo.

Como os leitores podem perceber deste descritivo prefácio, o livro contém, repito, autores de primeira grandeza e temas instigantes, tendo vocação para se constituir num extraordinário manancial de soluções para os eventuais problemas causados pela compreensão, pela interpretação e pela aplicação da lei nova.

Os autores estão de cumprimentos. A editora merece aplausos. E os leitores são os grandes beneficiados com este riquíssimo conjunto de reflexões a respeito do Código de Processo Civil de 2015.

LUIZ RODRIGUES WAMBIER
Curitiba, maio de 2016

DA PARTE GERAL

A intervenção de terceiros no Código de Processo Civil

LUIZ ROBERTO AYOUB

Mais de 40 anos depois da edição do Código de Processo Civil de 1973, aliás, muito elogiado pelos estudiosos na matéria processual, enfim chegou-se à conclusão da necessidade da edição de um novo diploma que regulará os procedimentos a adotar nos feitos em curso no território nacional.

Alguns elogiam, outros criticam e, ousando afirmar, outros nem bem o conhecem, mas o fato é que o novo diploma legal está em vigor e dele não podemos nos afastar. Afinal, àqueles que por algum motivo o criticam, lembrem-se, já está em vigor.

Muito há do que se falar a respeito da Lei nº 13.105/2015, mas o tempo e o limite que nos são naturalmente impostos nos fazem concentrar os debates sobre os principais pontos a respeito do instituto da intervenção de terceiros que, como cediço, sofreu diversas modificações, não só formais, mas também, e em especial, substanciais.

Podemos afirmar, antecipadamente, que o novo modelo processual se firma em pilares que estão em conformidade com os reclames sociais, e de acordo com o que se pretende de um processo, qual seja, um instrumento de resultados.

No passado, não muito remoto, o processo servia a dificultar a prestação jurisdicional, na medida em que era utilizado em busca de vícios no procedimento de forma a inviabilizar a prestação da jurisdição. Hoje, pelo contrário, serve até como indutor de investimentos no país, porque celeridade/efetividade, previsibilidade/segurança jurídica e redução da litigiosidade são os traços marcantes do novo Código de Processo Civil.

Diferente da opção legislativa acerca do direito civil, cuja tramitação do projeto durou anos no Congresso Nacional, o que resultou em críticas de que certos institutos, por ocasião da sua edição, já estariam obsoletos, o processo adotou modificações pontuais ao longo dos últimos anos. Mas nada que a jurisprudência não tenha sido prudente a ponto de solucionar eventuais impasses.

Enquanto isso, a legislação processual, por optar, renove-se, por alterações pontuais, teve como resultado modificações mais céleres, mas, por outro lado, transformou o Código em uma verdadeira "colcha de retalhos". Isso porque modificações como ocorreram no diploma processual geram esse risco sistêmico. Ao se modificar um determinado texto, alteram-se, não raro, outros dispositivos que com aquele guardavam certa relação.

A título de exemplo, e exatamente valendo-se do instituto da intervenção de terceiros que em breve passaremos a discutir, veja-se que a assistência, verdadeira modalidade de intervenção, só foi reconhecida por ocasião da edição da Lei nº 9.245/1995, quando introduzido o rito sumário, que, mesmo tardiamente, reconheceu ser a assistência modalidade de intervenção de terceiros.

A essa conclusão se chega, quando o artigo 280 do revogado Código de Processo Civil preconizava que no rito sumário, dadas a celeridade e a concentração dos atos, não se admitiria a intervenção de terceiros, salvo algumas exceções, entre elas a figura da assistência.

Veja-se a redação já revogada:

No procedimento sumário não são admissíveis a ação declaratória incidental e a intervenção de terceiros, salvo a *assistência*, o recurso de terceiros prejudicado e a intervenção fundada em contrato de seguro. [grifo nosso]

Da mesma forma, outros detalhes marcavam o antigo diploma processual, ao abarcar institutos que não eram modalidades de intervenção de terceiros, mas ali se alojavam tal como ocorre com a oposição, que se tornou procedimento especial.

A denunciação da lide foi modificada sensivelmente, com o objetivo de trazê-la à realidade, porque, inspirada no princípio da economia processual, na verdade o maltratava. Afinal, o tempo é o mal do processo, e o mau uso desse instituto, por certo, causou muitos prejuízos a quem se afirmava o titular de um bom direito.

Ao tempo em que se fizeram alterações substanciais em algumas modalidades, em outras, ou suprimiram do Código ou simplesmente modificaram topograficamente seu ambiente, reconhecendo não haver, no caso, nenhuma figura de intervenção. Tudo como adiante se verá.

A Lei nº 13.105/2015 preocupou-se, com bastante razão, com a previsibilidade e a segurança jurídica, ao tratar tanto da figura do *amicus curiae* como do procedimento estabelecido para a desconsideração da personalidade jurídica. E essa preocupação tem enorme impacto econômico, pois tem relação íntima com a criação de um ambiente fértil ao investimento.

Antes, porém, de entrarmos especificamente na análise de cada modalidade de intervenção, vale destacar, como já mencionado, que a oposição não desapareceu do ordenamento processual. Apenas modificou seu ambiente para fazer-se apresentar como procedimento de natureza especial, disciplinado nos artigos 682 a 686 do Código de Processo Civil.

Já a nomeação à autoria, algo pouco visto pela comunidade jurídica, desapareceu do Código de Processo Civil como modalidade de intervenção de terceiros, mas ouso afirmar que ainda subsiste no nosso ordenamento, camuflada e refinada, para permitir que haja a correção do polo passivo, em qualquer hipótese, e não somente naqueles casos tipificados exaustivamente nos artigos 62 e 63 do antigo diploma legal, onde a figura da "extromissão", com a consequente sucessão processual, demandava um procedimento burocrático e de pouca agilidade.

O novo modelo da "nomeação à autoria" é admitido em qualquer hipótese, não necessitando da chamada dupla concordância, e pretende dar concretude ao princípio da efetividade da prestação jurisdicional que, como cediço, encontra-se amparada pelo também princípio da celeridade processual.

Havendo a negação, pelo réu, de que não é titular da relação jurídica, e que ali se encontra por um erro do autor ao indicá-lo como sujeito do polo passivo, bastará a ele apontar quem é o verdadeiro réu, provando sua qualidade para que o autor tome a decisão que melhor lhe aprouver. Poderá simplesmente recusar, assim como poderá aceitar a sucessão sem maiores burocracias. Querendo, ainda lhe toca a possibilidade, na dúvida, de mantê-los em litisconsórcio necessário, cabendo ao juiz, no momento de proferir sua sentença, sendo julgamento antecipado parcial de mérito ou não — outra novidade processual —, definir a responsabilidade de cada um.

É, portanto, uma engenharia mais lógica dentro de uma perspectiva em que se vê o processo como um verdadeiro instrumento de resultado, como sempre bem defendido pelo e. Superior Tribunal de Justiça, em diversas decisões da lavra do ministro Luiz Felipe Salomão, que, frequentando diversas áreas do direito, sempre ressalta a verdadeira razão de ser do processo. Quer-se dizer, com isso, que a nomeação à autoria desaparece na forma, mas não na substância, e ganha importância no Código de Processo Civil, sendo certo que será de extrema utilidade para a prestação da jurisdição em tempo razoável, impedindo que, através do mau uso do processo, o direito se torne obsoleto. Vale aqui pontuar que o sujeito indicado originalmente pelo autor como o integrante do polo passivo não estará imune caso pretenda valer-se desse meio de correção do polo passivo de forma a frustrar a lei. Terá contra si as consequências que a legislação prevê.

Senão, vejamos:

> Art. 339. Quando alegar sua ilegitimidade, incumbe ao réu indicar o sujeito passivo da relação discutida sempre que tiver conhecimento, sob pena de arcar com as despesas processuais e de indenizar o autor pelos prejuízos decorrentes da falta de indicação.

§1º Aceita a indicação pelo autor, este, no prazo de quinze dias, procederá à alteração da petição inicial da "substituição" do réu, observando-se, ainda, o parágrafo único do art. 338.

§2º No prazo de 15 (quinze) dias, o autor pode optar por alterar a petição inicial para incluir, como litisconsorte passivo, o sujeito indicado pelo réu.

E como se apontou para a observância do que dispõe o parágrafo único do art. 338 do Código de Processo Civil, é de se esclarecer que o autor arcará com as despesas e os honorários ao procurador do réu excluído, que serão fixados entre três e cinco por cento do valor da causa ou, sendo este irrisório, incide o art. 85, §8º do diploma em comento.

Este, por sua vez, informa que, sendo inestimável ou irrisório o proveito econômico ou, ainda, quando o valor da causa for muito baixo, o juiz fixará o valor dos honorários por apreciação equitativa, observando-se o disposto nos incisos no §2º, que nada mais é do que a reprodução, mais refinada, do que dispunha o §4º do art. 20 da lei revogada.

A intervenção de terceiros, na nova redação que lhe foi conferida pela Lei nº 13.105/2015, vem disciplinada no livro III do capítulo IV, e se inicia a partir do artigo 119, que trata da assistência, simples ou litisconsorcial, e se finda no artigo 132 do mesmo diploma legal.

Por uma questão didática, analisaremos, em separado, cada uma das modalidades de intervenção de terceiros. Antes, porém, um pequeno quadro comparativo para que se faça uma leitura visual.

A saber:

Código de Processo Civil de 1973:

1. Assistência

2. Oposição

3. Nomeação à Autoria

4. Denunciação da Lide

5. Chamamento ao Processo

Código de Processo Civil de 2015:

1. Assistência

2. Denunciação da Lide

3. Chamamento ao Processo

4. Incidente de Desconsideração da Personalidade Jurídica

5. *Amicus Curiae*

A intervenção de terceiros no Código de Processo Civil

Vê-se, portanto, que surgem duas novas modalidades no novo ordenamento processual e cujas características e importância passaremos a declinar em poucos momentos, enquanto desaparecem, ao menos superficialmente, duas outras abarcadas pelo Código revogado.

Da assistência

Iniciando-se pela figura da assistência, muito não há do que se falar, mas merece atenção o fato de que o art. 120 ampliou de cinco para 15 dias o prazo para impugnação do ingresso dessa figura no processo, sem que o feito seja suspenso, conforme disciplina seu parágrafo único.

Ainda, a nova legislação processual faz uma separação entre o assistente simples e o litisconsorcial, sendo a primeira regulada pelos arts. 121 a 123, e a segunda, pelo artigo 124.

A título de exemplificação, valendo-me do clássico exemplo do sublocatário, esse terceiro é um coadjuvante na relação processual, que busca auxiliar os interesses do seu assistido que, sucumbindo, trará reflexo na sua esfera jurídica.

O locatário, que eventualmente for derrotado numa ação de despejo, trará como consectário prejuízo jurídico ao sublocatário que, em razão do pronunciamento judicial, deverá ter de deixar o imóvel, porque a sentença havida na relação locador locatário a ele alcançará e, como regra, não poderá discutir a justiça da decisão, como adiante se verá. Fato é que ele, assistente simples, não é titular do direito material que está sendo objeto de discussão em juízo.

Pela redação do parágrafo único do art. 121 do Código de Processo Civil, tratando-se de assistência simples, se o réu for revel ou omisso, ele, assistente, figurará como substituto processual, agindo, portanto, como legitimidade extraordinária, deixando de ser mero gestor de negócios.

Outra importante modificação, mas aparentemente desimportante, está disposta no parágrafo único do art. 18 do Código de Processo Civil, porque, ao assim agir, o assistente, agindo com legitimidade extraordinária, assim figura em decorrência do ordenamento jurídico, não havendo mais a necessidade de expressa previsão legal, como exigia o art. 6º do diploma hoje revogado.

O antigo artigo 55 do CPC/73, hoje descrito no artigo 123, pela sua localização topográfica, diz que a impossibilidade de discutir "a justiça da decisão" só se aplica ao assistente simples.

E nem poderia ser diferente. Aqui, há apenas uma correção que havia na legislação passada, porquanto tratava as duas modalidades, simples e litisconsorcial ou qualificada, da mesma forma, como se entre elas não houvesse nenhuma diferença.

No tocante ao assistente litisconsorcial, penso que o legislador perdeu a grande oportunidade de tornar mais inteligível sua redação. Afinal, a afirmação de que "considera-se litisconsorte da parte principal o assistente sempre que a sentença influir na relação jurídica entre ele e o adversário do assistido" é, com o devido respeito, uma redação recheada de dificuldades para entender o que é simples.

Isso porque, ao adquirir a titularidade do direito material controvertido, a sentença só poderá alcançar aquele que adquiriu a coisa litigiosa e seu adversário. Quem a alienou no curso do processo, por óbvio, não será alcançado pelo comando da sentença, e só continuará a figurar como parte no processo, ante a eventual não aceitação, pela parte contrária, da sucessão processual, conforme anunciava o revogado artigo 42 do Código de Processo Civil de 1973.

Agora, com o mesmo objetivo de exemplificar a figura do assistente litisconsorcial, vejamos o caso de alguém que figure na relação processual que, depois de citado, decide alienar a coisa litigiosa. Digo que agora a coisa se torna litigiosa porquanto esse fenômeno é um dos efeitos da citação válida, estando previsto no art. 240 do Código de Processo Civil. Poderá fazê-lo e o futuro pronunciamento judicial tocará a ele ou ao adversário do assistido. Assim, se no curso do processo adquire a coisa litigiosa e a futura sentença reconhece que o direito está a favor do adversário do assistido, o adquirente da coisa litigiosa é quem suportará os prejuízos.

No mais, mantém-se apenas a controvérsia da roupagem que se dá ao assistente litisconsorcial. Enquanto dúvidas não há quanto à figura do assistente simples, que é um terceiro juridicamente interessado, quanto ao litisconsorcial permanece a discussão que me parece de pouca relevância, mas que deve ser destacada: se seria um terceiro cujo interesse seria de maior intensidade da que é conferida ao assistente simples, ou se seria uma parte secundária.

Diz-se — para quem assim defende — que seria secundária, porque não participou, desde o início, da relação jurídico-processual, ingressando no processo em momento posterior.

Com o devido respeito, e em busca da simplificação e desburocratização do processo, o assistente litisconsorcial é parte. E só! Isso porque, ao adquirir a titularidade do direito que agora está controvertido/litigioso, o juiz, ao pronunciar-se sobre o mérito, dirá quem é o verdadeiro titular daquele direito. Ou será o assistente litisconsorcial, ou a parte adversária. Portanto, a sentença que define o direito não influi na relação jurídica, como quer crer o texto legal, mas afirma quem é o titular do direito discutido em juízo.

Da denunciação da lide

A denunciação da lide substancialmente sofreu algumas modificações importantes, merecendo, por isso, maior atenção da comunidade jurídica.

O *caput* do art. 125 se inicia ao dizer que ela é admissível, suprimindo-se, do texto anterior, a obrigatoriedade que, com o tempo, verificou-se não haver, ressalvando-se as hipóteses do art.

456 do Código Civil que, hoje, revogado por expressa previsão no inciso II, do art. 1.072 do CPC/15, não dá margem a qualquer dúvida.

Também encurtou as hipóteses de sua incidência, porque os incisos II e III, do Código revogado, se traduziam em mera repetição.

Exatamente pela revogação do art. 456 do Código Civil, não há mais como se admitir a denunciação *per saltum*, que por lá estava disciplinada, sendo certo que a nova modelagem traz conforto a muitos processualistas, por não simpatizarem com essa possibilidade de alcançar alguém que nunca celebrou nenhum negócio de direito material com o autor.

Há de se destacar que o parágrafo único do art. 125 do CPC/2015 admite uma única denunciação sucessiva, promovida pelo denunciado, contra seu antecessor imediato na cadeia dominial, relegando para ações autônomas eventuais pretensões regressivas. Aqui, mais uma vez valendo-me da ousadia, não percebo a utilidade da permissão de uma denunciação sucessiva, porque, como reiteradas vezes falado neste pequeno ensaio, a instauração de uma única lide secundária já é o bastante para retardar a prestação da jurisdição e, com isso, violar uma das premissas básicas do novo modelo legal, que é conferir celeridade à prestação jurisdicional. Justiça, quando lenta, equipara-se a uma verdadeira injustiça, porquanto o bem da vida entregue fora do tempo devido torna-se obsoleto. Admitir, agora, a instauração de uma segunda lide regressiva é tornar ainda mais demorado o processo e, em consequência, a realização do direito material.

A cabeça do artigo, ao bem definir que é cabível, e não mais obrigatória, a denunciação da lide, confere a oportunidade de se buscar eventual direito regressivo por meio de ação autônoma, não havendo a necessidade dessa cumulação objetiva. Com toda certeza, o que se diz, por agora, será, e é, objeto de críticas, e essas, no mundo jurídico, serão sempre muito bem-vindas. Afinal, no direito, certo é aquele que consegue bem fundamentar suas posições.

O artigo 128, por sua vez, traz a novidade relativa à eventual revelia do denunciado, fato que permite que o denunciante abandone sua defesa contra aquele que lhe demandou, concentrando os esforços na lide secundária.

O seu parágrafo único vem consagrar o que se passou a denominar execução por sub-rogação, passando a permitir que o credor também prossiga com a sua "execução" contra o denunciado, bastando respeitar o limite da condenação na ação regressiva.

Questão que resolve antiga discussão doutrinária diz respeito à condenação em verba de sucumbência, nas hipóteses de a denunciação ficar prejudicada. Isso porque o seu parágrafo único reconhece a obrigação do pagamento daquela verba a ser suportada pelo denunciado.

Senão, vejamos:

Parágrafo único. Se o denunciante for vencedor, a ação de denunciação da lide não terá o seu pedido examinado, sem prejuízo da condenação do denunciante ao pagamento das verbas de sucumbência em favor do denunciado.

Essa nova redação resgata uma justiça já avalizada pelos tribunais superiores, porque não é justo que alguém, sendo demandado através de uma lide secundária, nada receba no caso de sua relação jurídica ficar prejudicada. Ao ser acionado pela ação de denunciação da lide, a parte suportará custos, com contratação de advogados, além dos dissabores naturais de figurar num processo e nele ter que atuar para a defesa dos seus interesses.

Aqui uma posição muito pessoal acerca do instituto da denunciação da lide que, inspirada no princípio da economia processual, a meu juízo, sempre acaba por maltratá-lo. Isso porque, como lide secundária, a simples instauração de uma nova relação jurídica já é capaz de atrasar o pronunciamento definitivo acerca da causa em discussão, gerando, não raro, prejuízo a quem se afirma — e prova — titular de um bom direito. A vedação à denunciação sucessiva, tirante uma única vez, fez melhorar o ambiente, mas não há como se negar que a instauração de nova lide não traga prejuízo no processo, mormente quando há previsão constitucional que prima pelo tempo razoável do processo.

É o exemplo de um autônomo que, sofrendo um acidente ao ser atropelado por um ônibus, promove a ação de indenização contra a empresa. Essa, querendo, poderá, com base no §6º do art. 37 da Constituição Federal, promover ação de regresso contra o motorista. Pronto, é o que basta para retardar a entrega do direito a quem faz jus, sendo certo, para piorar a situação de quem se afirma titular de um bom direito, e dependente de uma rápida solução judicial, a instauração de uma lide secundária em que a responsabilidade é subjetiva, enquanto aquela, que é a principal, de natureza objetiva. Indaga-se, pois, quem suportará o tempo do processo, senão o autor. Pior imaginar que a lei admite, ainda, uma denunciação sucessiva.

Com o novo Código de Processo Civil estabelecendo ser cabível e não mais obrigatória a denunciação, o tempo dirá como os atores da comunidade jurídica apreciarão a questão, principalmente os juízes que serão provocados a decidir pela aceitação ou não dessa modalidade de intervenção de terceiros. Isso porque o direito de regresso poderá ser exercitado autonomamente, até mesmo quando se tratar de evicção que, como dito anteriormente, estava prevista no art. 456 do Código Civil e que foi expressamente revogada pelo inciso II, do art. 1.072 do Código de Processo atual. Portanto, nem mesmo na evicção há que se falar em obrigatoriedade.

A título exemplificativo, imagine-se um sujeito que, em razão de um acidente, promove uma ação de indenização contra aquele que deu causa ao evento danoso. Esse, por sua vez, ao promover a denunciação da lide contra outro sujeito a quem reputa ser titular de um eventual direito de regresso, certo ou errado, retardará a decisão da lide principal, tendo o autor que amargar os males do tempo no processo.

Do chamamento ao processo

Sem maiores novidades, tirante as correções redacionais, na modalidade de chamamento ao processo, a solidariedade é a palavra-chave para que haja sua incidência ao caso concreto.

Como cediço, o chamamento ao processo nos conduz à formação de um litisconsórcio passivo, ulterior, facultativo e simples, ampliando-se a participação subjetiva no processo.

Nada obstante a crítica que se faz a respeito do princípio da inércia — porque tradicionalmente o credor tem a faculdade de optar contra quem quer litigar —, o princípio da economia processual é quem o resguarda. Aliás, é de bom alvitre afirmar que, nada obstante o tempo, dado o alargamento subjetivo da relação processual, ao autor não há que se falar em prejuízo, pelo simples fato de que, ao julgar procedente o seu pedido, ele, autor, terá constituído em seu favor um título executivo contra mais de um sujeito, aumentando as chances de satisfação do seu crédito.

Não é incomum haver confusão entre as modalidades do chamamento e da denunciação. Naquela, há uma ampliação do polo passivo da demanda, enquanto nessa, a instauração de uma nova relação jurídica contra quem não tem nenhuma relação com o adversário do denunciante.

De qualquer forma, como às vezes o limite dessa diferenciação é bastante sutil, recomenda-se que o juiz, valendo-se do princípio da fungibilidade, admita a modalidade em discussão, porquanto não há que se falar em erro grosseiro.

Por fim, nas hipóteses de fiança, descritas no inciso I do art. 130, a responsabilidade do fiador é subsidiária, incidindo o benefício de ordem cuja previsão consta do art. 827 do Código Civil.

Como consequência, o fiador que não se utiliza do chamamento ao processo não poderá, na fase executiva, invocar aquela "proteção legal".

Essa modalidade de intervenção de terceiros só tem incidência nas hipóteses de obrigações solidárias pecuniárias.

Em arremate, caso haja o indeferimento liminar do chamamento ao processo, o recurso cabível será o agravo de instrumento, conforme noticia o inciso IX do art. 1.015 do Código de Processo Civil, de forma que nesses casos não há que se falar em fim da preclusão das decisões interlocutórias.

De novo, podemos citar o fato de que a nova disciplina legal estabelece, no artigo 131, prazo para que o réu promova a citação do coobrigado, sob pena de prejudicar o chamamento.

O prazo, em regra, será de 30 dias, ressalvando a hipótese de o chamado residir em outra comarca, seção ou subseção judiciária, quando então o prazo será o dobro.

Do incidente de desconsideração da personalidade jurídica

Essa nova modalidade de intervenção de terceiros é de enorme importância no que se refere ao impacto socioeconômico que dela decorre. Isso porque é cediço que, ao haver a desconsideração sem a preocupação do contraditório, haverá uma enorme insegurança jurídica e, por isso, um desestímulo ao investimento no país.

Sem necessidade de um exercício de maior complexidade, é de se notar que o investidor, sabedor de que poderá sofrer constrições em sua esfera jurídica sem que antes possa exercer o contraditório, por certo não se sentirá confortável e seguro para aportar recursos de que tanto necessitamos. Isso ganha importância a partir do momento em que, desconsiderada a personalidade jurídica, alguém, estranho inicialmente à relação processual, se coloca na posição de réu, tendo que suportar todas as consequências que decorrem do processo, inclusive com a submissão de seu patrimônio. É, portanto, uma situação de extrema gravidade e que, por isso, merece, com o devido respeito, um repensar dos tribunais superiores, até porque há instrumentos no mesmo diploma legal que garantem a higidez do patrimônio desse alguém, sem desconsiderar o princípio do contraditório que, aliás, ganha dimensão bastante acentuada na nova legislação.

O procedimento do incidente da desconsideração da personalidade jurídica guarda, portanto, íntima relação com as questões econômicas, merecendo atenção devida por parte dos julgadores que, por outro lado, sabem, valendo-se da experiência comum, que aguardar a formação do contraditório para só depois desconsiderar a personalidade jurídica, seja direta ou inversa, poderá resultar numa enorme frustração no que toca à satisfação do direito.

O referido incidente será instaurado a pedido da parte ou, quando intervir no processo, do Ministério Público, o que demonstra que o legislador, nesse ponto, prestigiou o princípio da inércia da jurisdição, valendo tanto para a desconsideração direta como para a inversa.

Tem lugar em qualquer fase do processo, seja de conhecimento, cumprimento de sentença e na execução fundada por título extrajudicial. Mesmo sendo admitido em segundo grau de jurisdição, é certa a sua não incidência em relação aos recursos excepcionais, porquanto esbarraria na competência dos tribunais superiores que é ditada pela Constituição da República.

Com relação ao fundado receio dos julgadores, conforme antes declinado, é importante destacar a disciplina contida no §1º do artigo 134 que objetiva dar ampla e rápida publicidade da *efetiva* instauração do incidente, objetivando, assim, proteger terceiros de boa-fé.

Diz-se efetiva porque, antes das devidas anotações, é indispensável a constatação judicial acerca dos seus requisitos. Do contrário, poderá haver um risco enorme de dano irreparável ou de difícil reparação.

Diz o referido parágrafo:

§1º A instauração do incidente será imediatamente comunicada ao distribuidor para as anotações devidas.

É verdade, porém, que a previsão legal citada não é, em muitos casos, suficiente, valendo destacar as hipóteses de bens móveis, que, como cediço, se transferem pela simples tradição.

Por outro lado, o artigo 137 do diploma processual informa que, "Acolhido o pedido de desconsideração, a alienação ou oneração de bens, havida em fraude de execução, será ineficaz em relação ao requerente".

Essa é mais uma forma de se reconhecer a proteção legal àquele que age com respeito aos princípios que decorrem da boa-fé.

Além disso, ao juiz que preside o processo é lícito evitar-se, a depender do caso concreto, o contraditório diferido, conforme preceitua o art. 9º do Código de Processo Civil, entendendo que a previsão ali disposta se aplica, de igual forma, às medidas cautelares, porquanto, assim como as medidas de urgência ou evidência, são espécies, ou subespécies das tutelas provisórias de urgência, todas contidas no Título II, do Livro IV.

O juiz, ao iniciar o procedimento para a desconsideração da personalidade jurídica, direta ou inversa, o faz, como dito anteriormente, para respeitar o contraditório participativo e, com isso, conferir segurança jurídica e maior previsibilidade. Traz um enorme conforto para o ambiente de investimento, mas poderá resultar em frustração àqueles que são titulares do direito que de alguma forma foi maltratado. Poderá, portanto, haver, em algumas situações, risco de dano irreparável, nada obstante as proteções legais também já abordadas. Nesse ponto, a atuação de ofício do juiz é salutar para evitar o perecimento do patrimônio que servirá para a satisfação futura do direito da parte. Já como era previsto no Código revogado, o magistrado tem enorme poder na condução do processo, no sentido de proteger o bem da vida, evitando que se torne obsoleto ou que a prestação, a cargo de um devedor ou terceiro, não se efetive.

E sobre o tema manifestou-se recentemente o Fórum Permanente dos Processualistas Civis (FPPC), que em seu enunciado 31 dispõe que " O poder geral de cautela está mantido no CPC", sendo a conclusão tirada do grupo de estudo responsável pelo capítulo da Tutela Antecipada.

O §3º do art. 134 do mesmo dispositivo legal dará margem, penso, a outro problema que agitará, por certo, os tribunais superiores. Diz respeito à suspensão do processo quando instaurado — efetivamente — o procedimento da desconsideração da personalidade jurídica.

Isso porque, ao tempo em que se fala em suspensão do processo principal, não podemos perder de mente que estamos todos submetidos ao princípio constitucional que prima pelo tempo razoável do processo, de modo a se questionar o motivo pelo qual todo o processo haverá de ficar suspenso, e não só aquelas etapas onde efetivamente possa haver decisões eventualmente irreversíveis.

Outra dificuldade que haveremos de enfrentar é a da natureza do procedimento de desconsideração da personalidade jurídica. Ao ser citado o sócio ou a sociedade, se direta ou indireta, respectivamente, daremos início a um incidente processual ou a uma ação incidental?

Interessante questão diz respeito ao recurso tirado contra a decisão que "verse" sobre o procedimento da desconsideração da personalidade jurídica. Aqui, assim, como em qualquer hipótese de intervenção de terceiros, não há que se falar em irrecorribilidade imediata da decisão, porque o inciso IX, do art. 1015 do estatuto processual, prevê, às expressas, o agravo de instrumento contra as decisões que admitem ou inadmitem a intervenção de terceiros.

Digo interessante porque, nada obstante a previsão contida no dispositivo antes citado, o inciso IV, do mesmo dispositivo legal, fala expressamente sobre o incidente de desconsideração de personalidade jurídica que, como cediço, é uma modalidade de intervenção de terceiros.

Aqui, mais um desafio ante a novidade legal. Nada obstante a vedação da intervenção de terceiros em sede de juizado especial, vedação essa que é noticiada pela lei especial, especificamente no art. 10 da Lei nº 9.099/1990, na realidade vêm sendo utilizados diuturnamente pelos magistrados que integram essa estrutura conhecida como um microssistema no ambiente do processo civil, tudo com o objetivo de evitar prejuízo àqueles que são surpreendidos com condutas que contrariam a boa-fé ao esvaziar seu patrimônio; "ocultando-o" numa pessoa jurídica — ou vice-versa —, sentem-se imunes para prática que contraria o bom direito.

Contudo, novidade não há. Isso porque, de uma leitura apressada, poderia nos conduzir à conclusão de que o art. 10 da Lei nº 9.099/1995 teria o condão de afastar o incidente de desconsideração da personalidade jurídica em sede de juizados especiais. Ao contrário, nada obstante a vedação da intervenção de terceiros naquele microssistema, o art. 1.062, constante do Livro que versa sobre as Disposições Transitórias, a autoriza, harmonizando o sistema como um todo.

Caso o tempo venha a demonstrar seu cabimento, outro desafio a enfrentar reside no prestígio ao contraditório participativo, inscrito no art. 10 do Código de Processo Civil, e que está em conformidade com o procedimento disciplinado no art. 135 do estatuto processual.

Do *amicus curiae*

Essa novidade em termos de intervenção de terceiros é uma velha e valiosa conhecida do direito, mas que nem sempre teve seu valor reconhecido pelo ordenamento jurídico.

A título exemplificativo, citemos as Leis nº 6.385/1976, nº 8.884/1994 e nº 9.868/1999, entre outras, para se concluir que não se trata de uma verdadeira novidade entre a comunidade jurídica.

Temos, no primeiro caso, por exemplo, a efetiva participação da Comissão de Valores Mobiliários, autarquia federal que, como ninguém, poderá/deverá fornecer subsídios importantes — técnicos — para um julgamento mais justo.

Apresenta-se, aparentemente, como um perito judicial, mas que não faz jus a qualquer espécie de remuneração, e está imune a qualquer tipo de impugnação quando instado a falar no processo. Atua, tal qual o Ministério Público, quando esse se apresenta como fiscal da lei, e sua nobre atuação no processo merece aplausos de toda a comunidade jurídica que tem, nessa figura, um amigo da sociedade — não só da Corte — porque é a ela que ele se dirige em busca de auxiliar o julgador a melhor decidir e, assim, a todos alcançar.

Agora, porém, ganha relevo no novo Código de Processo Civil, porque o amigo da Corte tem muito a contribuir para uma decisão mais próxima de sua justeza, conferindo segurança e previsibilidade, valores muito caros àqueles investidores que pretendem aportar recursos em ambientes em que não impere a incerteza, muito menos a falta de uma definição prévia acerca do que se discute em juízo, onde essa primorosa figura muito tem a contribuir.

A relevância da controvérsia, a especificidade do tema e, em especial, a relevância e a repercussão social são os motivos pelos quais damos as boas-vindas a esse velho conhecido instituto ao ordenamento, agora com a roupagem de intervenção de terceiros.

Os magistrados não são dotados de um conhecimento interdisciplinar sobre todas as áreas do saber, o que não representa nenhum demérito, porque é cediço que as outras áreas também padecem do mesmo problema. Contudo, como são chamados a resolver qualquer sorte de problemas, por mais que tenham o conhecimento jurídico, a especificidade do tema, aliada à repercussão que a decisão trará para a sociedade, sempre recomenda a oitiva de especialistas no tema em conflito, pessoas essas naturais ou jurídicas.

Não se apresenta como um legitimado extraordinário, mais um sujeito anômalo que participa do embate, emprestando sua *expertise* para que o Judiciário tenha melhores condições de decidir.

Essa modalidade de intervenção de terceiros vem disciplinada no art. 138 do Código de Processo Civil, e afirma que o juiz ou o relator, de ofício ou a requerimento das partes, ou ainda, de quem pretenda manifestar-se, poderá, por decisão irrecorrível, participar da relação processual. E como um amigo da Corte, sua participação não tem o condão de alterar a competência, segundo o §1º daquele dispositivo legal.

Em seu §2º, o legislador optou em estabelecer que, ao admiti-lo, definirá os seus poderes. Aqui, uma observação importante. Sendo ele dono da *expertise* necessária para auxiliar o magistrado condutor do processo, penso que essa limitação pode e deve ser mitigada pelo próprio amigo da Corte, quando este perceber que essas balizas podem comprometer sua atuação no processo onde se quer o melhor, qual seja, a melhor solução possível para o caso em discussão. Parece-me evidente, contudo, que o juiz, ao presidir o processo, tem a faculdade de não admitir a pretensão de ampliação da investigação eventualmente sugerida pelo amigo da Corte, mas exatamente nessa qualidade penso que as eventuais sugestões sejam bem vistas, pois, afinal, como já revelado anteriormente, não estamos dotados de um conhecimento amplo de todas as áreas do saber, de forma que, se quem detém um conhecimento específico houver por bem sugerir que se debrucem sobre o exame de um determinado ponto, a melhor solução, a meu juízo, é não desprezá-lo. Não se desconsidere, porém, que o juiz, responsável pela presidência do processo, tem o dever de zelar pelo seu equilíbrio, evitando tumultos desnecessários, de forma que, ao entender que eventuais manifestações do amigo da Corte não são pertinentes, deverá indeferi-las.

Segundo a redação conferida pelo §3º, o *amicus curiae*, sem prejuízo dos embargos de declaração — recurso atípico —, só poderá recorrer da decisão que julgar o Incidente de Resolução de Demandas Repetitivas.

Aqui uma inquietação que a lei não foi capaz de solucionar e que provoca a reflexão de todos sobre o tema. É necessário, contudo, antes, entender o motivo pelo qual esse recurso fica limitado ao IRDR e não nas demais causas e, para isso, é indispensável conhecer bem o instituto que será abordado nesta obra.

Contudo, breves comentários a respeito do tema para entender o permissivo contido no §3º antes mencionado.

Inspirado no *common law*, o grande motivo para incorporá-lo ao nosso ordenamento é a figura da isonomia processual, sem prejuízo, por óbvio, da celeridade e da segurança jurídica, ajudando a conter a massa de processos repetitivos, que também geram importantes reflexos na rotina cartorária dos tribunais.

Sua finalidade consiste em firmar uma tese jurídica de observância obrigatória, tendo como requisitos, segundo noticia o art. 976 do Código de processo Civil:

I — efetiva repetição de processos que contenham controvérsia sobre a *mesma questão unicamente de direito*; [grifo nosso]
II — risco de ofensa à isonomia e à segurança jurídica.

Por sua vez, a tese firmada em julgamento de IRDR se aplica aos casos futuros que versem sobre idêntica questão de direito, seja ele material ou processual, conforme enuncia o art. 985 do estatuto processual.

Poder-se-á chegar, portanto, à conclusão da importância do julgamento que firma uma tese, servindo como orientação obrigatória aos magistrados que a ela, assim, ficam vinculados até que, porventura, venha a ser modificado o entendimento, conforme o mecanismo que é entregue a esse incidente, mas que agora não é momento oportuno para se discutir.

Exatamente pela repercussão da decisão havida em sede de IRDR, o *amicus curiae* pode dela recorrer, mas uma dúvida que o Código não esclareceu reside no fato de se saber quem o fará, porquanto, em regra, o amigo da Corte, sendo possível ser uma pessoa natural, nem sempre estará investido da capacidade postulatória. Ainda, pagará as despesas processuais?

Nesse ponto, o art. 85 do mesmo diploma legal nada diz a respeito, não sendo razoável, porém, que haja qualquer espécie de obrigação de adiantamento das despesas, porquanto seu papel, no processo, é de trazer subsídios para auxiliar o magistrado a melhor decidir, não só como amigo da Corte, mas como verdadeiro parceiro da própria Sociedade.

Contudo, persiste a dúvida acerca de quem apresentará eventual recurso nas hipóteses de decisões havidas em sede de IRDR, sendo certo que aos tribunais superiores incumbirá tomar a decisão que entendam correta, aplicando-se, em consequência, em todo o território nacional.

Outro ponto de inquietação reside no que dispõe o §4º do art. 1.021 do Código de Processo Civil, que confere o tratamento devido ao agravo interno.

Disposto no Capítulo IV, do Título II, do Livro III, que disciplina os Recursos, diz o referido dispositivo:

§4º Quando o agravo interno for declarado manifestamente inadmissível ou improcedente em votação unânime, o órgão colegiado, em decisão fundamentada, condenará o agravante a pagar ao agravado multa fixada entre um e cinco por cento do valor atualizado da causa.

Parece evidente que o propósito da referida previsão legal reside exatamente no fato de se coibirem eventuais abusos na utilização do agravo interno, exigindo, porém, do órgão julgador que seja claro e fundamente os motivos pelos quais declarou manifestamente inadmissível ou improcedente o recurso.

Da mesma forma, também em sede de IRDR, o juiz, como anteriormente destacado, limitará a atuação do *amicus curiae*, evitando, assim imagino, que haja uma desnecessária dispersão do processo, tudo conforme o §2º do art. 138 do Código de Processo Civil.

Ainda, havendo, por parte dessa figura processual, a requisição de uma documentação que repute importante para firmar sua posição no processo e o juiz a indefira. Pela previsão do §3º, art. 138 do mesmo diploma legal, poderá haver recurso. Sendo negada a pretensão, no caso, caberá a interposição do recuso de agravo de instrumento, consoante o inciso VI, do art. 1.015? Havendo decisão monocrática, cujo permissivo está previsto no art. 932 do mesmo diploma, poderá o amigo da Corte interpor o recurso de agravo interno?

Sendo o recurso de agravo interno decidido na forma do §4º do art. 1.021, cuja transcrição está acima, qual o destino que será reservado ao amigo da Corte? Será ele penalizado, ou estará imune a qualquer tipo de sanção?

Com isso, e terminando esses breves comentários, é evidente que o novo ordenamento traz numerosas e substanciais modificações que reclamarão uma atenção maior da comunidade jurídica e que, por certo, demandará um tempo para amadurecimento das novas normas processuais.

Isso não o descredencia, mas sugere que toda comunidade jurídica tenha em mente que a apreensão dos novos regramentos demandará um determinado tempo para melhor compreendê-los, mas nada que seja diferente em relação a qualquer outro diploma legal, e, principalmente, ao importantíssimo papel dos tribunais superiores, especialmente o Superior Tribunal de Justiça, que, ao analisar os casos a ele devolvidos, saberá orientar a todos, fazendo com que suas decisões alcancem todo o território nacional.

Inquestionável a competência do grupo que, liderado pelo eminente ministro Luiz Fuz, foi o responsável pela elaboração desse novo diploma. Agora, com parcimônia, devemos estudá-lo, entendê-lo, compreendê-lo e, ao fim, aplicá-lo em busca, sempre, do resultado por ele pretendido.

Criticá-lo faz parte do amadurecimento de um instrumento que não integra uma ciência exata, e certamente servirá como estímulo a uma releitura dos seus institutos, sempre em busca de uma justa, célere e efetiva prestação da jurisdição, que garanta um ambiente fértil ao investimento, reduzindo sensivelmente o excesso de litigiosidade, característica da nossa sociedade. O Código de Processo Civil, assim, serve não só como conjunto de regras para viabilizar o desenvolvimento do processo e, com isso, dar soluções aos casos entregues aos personagens responsáveis por solucionar conflitos sociais, mas também como importante indutor de investimentos, conferindo segurança, previsibilidade, celeridade e redução da litigiosidade.

Enfim, o tempo é o dono da razão, e a ele cabe dizer, em breve, se sua reedição valeu a pena. Vamos acreditar!

Amicus curiae[1]

EDUARDO TALAMINI

1. Nova categoria geral de intervenção de terceiros

Não há no CPC/1973 norma explícita estabelecendo o cabimento genérico de intervenção de terceiro na condição de *amicus curiae*. Mas tal modalidade está prevista para casos específicos, em regras esparsas, dentro e fora do CPC/1973 e do CPC/2015 (v. n. 7 a 9, adiante). A partir do final dos anos 1990, quando doutrina e profissionais do foro atinaram para a existência do instituto, passou-se a discutir se seu emprego seria admissível em situações alheias àquelas objeto de expressa disciplina. Foi admitido por vezes.[2] Mas tal orientação não se pacificou, tendo o STJ, por exemplo, afirmado o princípio geral da inadmissibilidade de *amicus curiae*.[3]

---

[1] Este texto contém uma síntese do exposto em: TALAMINI, Eduardo. Do *amicus curiae*. In: WAMBIER, T.; DIDIER JR., F.; TALAMINI, E.; DANTAS, B. (Coord.). *Breves comentários ao novo Código de Processo Civil*. São Paulo: Revista dos Tribunais, 2015; e TALAMINI, Eduardo. *Amicus curiae no CPC/15*. Migalhas, 1º mar. 2016. Disponível em: <www.migalhas.com.br/dePeso/16,MI234923,71043-Amicus+curiae+no+CPC15>.

[2] Como exemplo, antes de haver previsão legal, em processo de controle direto de constitucionalidade: STF, TRIBUNAL PLENO, ADI 748-4 AgR, min. rel. Celso de Mello, j. 1º.8.1994, *DJU*, 18.11.1994.

[3] Conforme: STJ, 2ª TURMA, REsp 1.283.757/SC, min. rel. Mauro Campbell Marques, j. 19.9.2013, *DJe*, 27.9.2013.

2. Noção

O *amicus curiae* é terceiro admitido no processo para fornecer subsídios instrutórios (probatórios ou jurídicos) à solução de causa revestida de especial relevância ou complexidade, sem, no entanto, passar a titularizar posições subjetivas relativas às partes (nem mesmo limitada e subsidiariamente, como o assistente simples). Auxilia o órgão jurisdicional no sentido de que lhe traz mais elementos para decidir (daí o nome de "amigo da Corte"). Questão outra está em saber se esse auxílio precisa ser desinteressado (v. n. 14, adiante).

3. Distinção em face das demais modalidades interventivas

Diferentemente da assistência litisconsorcial, do chamamento, da oposição e da intervenção acarretada pela desconsideração de personalidade jurídica, o *amicus curiae* não assume a condição de parte. Diferentemente da assistência simples, a intervenção do *amicus* não se fundamenta no interesse jurídico na vitória de uma das partes (v. n. 14, adiante), e ele não assume poderes processuais para auxiliá-la. Ainda que os seus poderes sejam definidos em cada caso concreto pelo juiz, na essência serão limitados à prestação de subsídios para a decisão.

4. Distinção em face de outras figuras

O *amicus* também não é um auxiliar do juízo nem é equiparável a terceiros que prestam colaboração instrutória pontual no processo. Sob esse aspecto, o CPC/2015 claramente tomou uma posição, ao incluí-lo entre os terceiros intervenientes.

Sua posição é inconfundível com a do perito (que auxilia o juiz com conhecimentos técnicos extrajurídicos para o fim probatório, ou seja, para reconstruir fatos pretéritos) e a da testemunha (que depõe sobre fatos relevantes para a causa acerca dos quais teve alguma percepção sensorial). Já o auxílio que o *amicus curiae* pode prestar ao juiz, por um lado, abrange inclusive e especialmente subsídios técnicos jurídicos (embora também possa envolver informações técnicas de outras áreas, relevantes para os dados jurídicos). Por outro, ele não irá investigar, para o juiz, os fatos da causa.

Tampouco o papel do *amicus* confunde-se com o do Ministério Público como *custos legis*. O *amicus* não assume nenhum papel de fiscal da lei ou do interesse público no curso do processo, diferentemente do Ministério Público; não fica investido das prerrogativas processuais a ele conferidas, e assim por diante. Ele limita-se a fornecer subsídios ao juiz — sem nenhum papel de fiscalização dentro do processo.

5. Origem no direito comparado

Trata-se de figura originalmente desenvolvida na *common law* que, aos poucos, ganhou espaço e sistematização no direito brasileiro.[4] Sua configuração entre nós toma em conta a coexistência de outras modalidades de intervenção de terceiros (o que, aliás, também ocorre no direito anglo-saxão). Assim, aquilo que aqui se designa *amicus curiae* não corresponde necessariamente, em tudo e para tudo, ao instituto vigente no direito estrangeiro.

6. *Amicus curiae* e fundamentos constitucionais

A participação do *amicus curiae*, com o fornecimento de subsídios ao julgador, contribui para o incremento de qualidade das decisões judiciais. Amplia-se a possibilidade de obtenção de decisões mais justas — e, portanto, mais consentâneas com a garantia da plenitude da tutela jurisdicional (CF, art. 5º, XXXV). Por outro lado, sobretudo nos processos de cunho precipuamente objetivo (ações diretas de controle de constitucionalidade, mecanismos de resolução de questões repetitivas etc.), a admissão do *amicus* é um dos modos de ampliação e qualificação do contraditório (CF, art. 5º, LV).

7. Previsão em legislação esparsa anterior ao CPC/2015

Enquadram-se na moldura do *amicus curiae*, entre outras previsões: Lei nº 4.726/1965, art. 32 (Junta Comercial); Lei nº 6.385/1976 (Comissão de Valores Mobiliários — CVM); Lei nº 9.868/1999, art. 7º, §2º (ADI); Lei nº 9.882/1999, art. 6º, §1º (ADPF); Lei nº 10.259/2001, art. 14, §7º (Juizados Especiais Federais); Lei nº 11.417/2006, art. 3º, §2º (Súmula Vinculante); Lei nº 12.529/2011, art. 118 (Cade); art. 896-C, §8º, da CLT, acrescido pela Lei nº 13.015/2014 (recursos de revista repetitivos).

Não há identidade absoluta entre os regimes jurídicos extraíveis das disposições ora citadas. Mas de todas extrai-se um núcleo comum: permitir a colaboração processual de um terceiro, que nem por isso passa a titularizar posições jurídico-processuais parciais. Todas essas regras permanecem em vigor, sendo-lhes subsidiariamente aplicável o art. 138 do CPC/2015.

---

[4] Para uma visão aprofundada do instituto: BUENO, Cassio Scarpinella. *Amicus curiae no processo civil brasileiro*. 3. ed. São Paulo: Saraiva, 2012.

8. Previsões no CPC/1973

Ainda que sem essa denominação, constituem hipóteses de *amicus curiae* as seguintes regras do CPC/1973: art. 482, §2º (incidente de declaração de inconstitucionalidade); art. 543-A, §6º (repercussão geral); art. 543-C, §4º (recursos especiais repetitivos). Nenhuma delas estava no texto original do CPC/1973: foram-lhe acrescidas por leis subsequentes. Todas elas são revogadas pelo CPC/2015.

9. Previsões especiais no CPC/2015

Além da regra geral de admissibilidade, há previsões específicas de intervenção do *amicus curiae*: art. 927, §2º (alteração de entendimento sumulado ou adotado em julgamento por amostragem); art. 950, §§2º e 3º (incidente de arguição de inconstitucionalidade); art. 983 (incidente de resolução de demandas repetitivas); art. 1.035, §4º (repercussão geral); art. 1.038, I (recursos especiais e extraordinários repetitivos)... Tais regras devem ser coordenadas com aquela geral do art. 138.

10. Participação do *amicus* em processos em que se veda a "intervenção de terceiros"

A atuação do *amicus curiae*, dada sua limitada esfera de poderes (e, consequentemente, sua restrita interferência procedimental), é cabível inclusive em procedimentos especiais em que se veda genericamente a intervenção de terceiros — sobretudo naqueles que são regulados por leis anteriores ao CPC/2015. O veto deve ser interpretado como aplicável apenas às formas de intervenção em que o terceiro se torna parte ou assume subsidiariamente os poderes da parte. Assim, cabe ingresso de *amicus* em processo do juizado especial, bem como no mandado de segurança.[5]

11. Momento da intervenção

Em tese, admite-se a intervenção em qualquer fase processual ou grau de jurisdição. A lei não fixa limite temporal para a participação do *amicus curiae*. Sua admissão no processo é pautada

---

[5] Conforme: TALAMINI, Eduardo. Partes e terceiros no mandado de segurança. *Revista Dialética de Direito Processual*, v. 80, p. 551, 2009; e Enunciado n. 249 do Fórum Permanente de Processualistas Civis.

na sua aptidão em contribuir. Assim, apenas reflexamente a fase processual é relevante: será descartada a intervenção se, naquele momento, a apresentação de subsídios instrutórios fáticos ou jurídicos já não tiver mais relevância.

12. Condições objetivas

A intervenção do *amicus curiae* cabe quando houver "relevância da matéria, a especificidade do tema objeto da demanda ou a repercussão social da controvérsia". As regras especiais dessa intervenção (n. 7 e 9, acima) não exaurem as hipóteses objetivas de cabimento, mas servem para ilustrá-las. São duas as balizas: por um lado, a especialidade da matéria, o seu grau de complexidade; por outro, a importância da causa, que deve ir além do interesse das partes, *i.e.*, sua transcendência, repercussão transindividual ou institucional.

São requisitos alternativos ("ou"), não necessariamente cumulativos: tanto a sofisticação da causa quanto sua importância *ultra partes* podem autorizar, por si sós, a intervenção.[6] De todo modo, os dois aspectos, em casos em que não se põem isoladamente de modo tão intenso, podem ser somados, considerados conjuntamente, a fim de viabilizar a admissão do *amicus*.

A complexidade da matéria justificadora à participação do *amicus* tanto pode ser fática quanto técnica, jurídica ou extrajurídica. Ao avaliar a necessidade de subsídios técnico-jurídicos, o juiz deve estar investido da humildade que é indispensável a todo aquele que investiga. Os possíveis subsídios devem sempre ser considerados bem-vindos pelo julgador, na medida em que o ajudem na solução da causa. Isso se aplica inclusive a possíveis contribuições de conteúdo estritamente jurídico. A ideia de que "o juiz conhece o direito" (*jura novit curia*) não pode servir de fundamento para o magistrado negar-se a receber subsídios dessa natureza; pelo contrário: tal brocardo presta-se a indicar que o juiz tem o dever de aplicar corretamente o direito, e, portanto, tem o dever de empreender os esforços para esse fim, valendo-se de todos os mecanismos que o ordenamento oferece, inclusive, a colaboração do *amicus curiae*.

A importância transcendental da causa pode pôr-se tanto sob o aspecto qualitativo ("relevância da matéria") quanto quantitativo ("repercussão social da controvérsia"). Por vezes, a solução da causa tem repercussão que vai muito além do interesse das partes porque será direta ou indiretamente aplicada a muitas outras pessoas (ações de controle direto, processos coletivos, incidentes de julgamento de questões repetitivas, edição, revisão ou cancelamento de súmula dos tribunais ou mesmo a simples formação de um precedente relevante etc.). Mas, em outras ocasiões, a dimensão *ultra partes* justificadora da intervenção do *amicus* estará presente em ques-

---

[6] Conforme Enunciado n. 395 do Fórum Permanente de Processualistas Civis.

tões que, embora sem a tendência de reproduzir-se em uma significativa quantidade de litígios, versam sobre temas fundamentais para a ordem jurídica. Imagine-se uma ação que versa sobre a possibilidade de autorizar-se uma transfusão sanguínea para uma criança mesmo contra a vontade dos pais dela. O caso, em si, concerne a pessoas específicas e determinadas, mas envolve valores jurídicos fundamentais à ordem constitucional (direito à vida, liberdade religiosa, limites do direito à intimidade etc.). Em uma causa como essa, é justificável a intervenção de *amici curiae*, que poderão contribuir sob vários aspectos (médicos, filosóficos, religiosos...).

13. Condições subjetivas

13.1 Natureza do sujeito interveniente

Podem ser *amici curiae* tanto pessoas naturais quanto jurídicas — e, nesse caso, tanto entes públicos como privados; entidades com ou sem fins lucrativos. Mesmo órgãos internos e outros entes públicos podem em tese contribuir como *amici curiae*. Não há restrição quanto à natureza intrínseca do sujeito interveniente. O próprio STF já admitiu em controle direto de constitucionalidade a participação de pessoas físicas, na medida em que detinham especial qualificação — por exemplo, nos casos em que se discutia a legitimidade de pesquisas e terapia com células-tronco[7] e a possibilidade da interrupção do feto anencefálico.[8]

13.2 Contributividade ("representatividade") adequada

A condição para admitir-se o terceiro como *amicus* é sua potencialidade de aportar elementos úteis para a solução do processo ou incidente. Essa demonstração faz-se pela verificação do histórico e atributos do terceiro, de seus procuradores, agentes, prepostos etc.

A lei aludiu a "representatividade adequada". Mas não se trata propriamente de uma aptidão do terceiro em representar ou defender os interesses de jurisdicionados (por isso mesmo descabe cogitar de "concordância dos representados", a que aludiu, ainda que para mitigá-la, o Enunciado n. 127 do Fórum Permanente de Processualistas Civis). Não há na hipótese representação nem substituição processual.

---

[7] Conforme: STF, Tribunal Pleno, ADI 3.510/DF, min. rel. Ayres Britto, j. 29.5.2008, *DJe*, 28.5.2010.

[8] Conforme: STF, Tribunal Pleno, ADPF 54, min. rel. Marco Aurélio, 12.4.2012, *DJe*, 30.4.2008.

A expressão refere-se à capacitação avaliada a partir da qualidade (técnica, cultural...) do terceiro (e de todos aqueles que atuam com ele e por ele) e do conteúdo de sua possível colaboração (petições, pareceres, estudos, levantamentos etc.). A "representatividade" não tem aqui o sentido de legitimação subjetiva, mas de qualificação objetiva. Permite-se um neologismo, à falta de expressão mais adequada para o exato paralelo: trata-se de uma *contributividade adequada* (adequada aptidão em colaborar).

14. O possível interesse do *amicus* na causa

Em regra, a admissibilidade da intervenção do *amicus curiae* não é pautada por seu interesse jurídico ou extrajurídico na solução da causa. Isso não significa que o eventual envolvimento subjetivo do terceiro seja um empecilho à sua participação como *amicus curiae* ou mesmo sequer que seja irrelevante. O seu eventual interesse no resultado do julgamento, em si, não é significativo.

Rejeita-se a participação de terceiro como *amicus* fundada na mera indicação de um interesse jurídico na solução da questão.[9] Porém, é frequente que a existência desse interesse faça do terceiro alguém especialmente qualificado para fornecer subsídios úteis ao processo. Não é incomum, por exemplo, que determinada entidade de classe, precisamente porque seus membros têm interesse na definição da interpretação ou validade de certa norma, promova diversos simpósios, estudos, levantamentos ou obtenha pareceres de especialistas sobre o tema. Todo esse acervo — nitidamente formado a partir de interesses específicos da entidade e seus integrantes — tende a ser muito útil à solução do processo objetivo. Caberá ao julgador aproveitá-lo, filtrando eventuais desvios ou imperfeições.

Contudo, há um conjunto de hipóteses em que a participação do *amicus* expressamente se ampara em seu interesse no resultado do julgamento. Trata-se dos julgamentos por amostragem: incidente de resolução de demandas repetitivas (art. 983) e recursos especiais e extraordinários repetitivos (art. 1.038, I). Tratando do tema ainda no CPC/1973, parcela da doutrina afirma que bastaria ao terceiro demonstrar seu interesse na controvérsia — no sentido de que aquilo que ali se decidir servirá para outro recurso, que versa sobre questão idêntica, em processo de que ele é parte.[10] Há quem chegue a afirmar que o caso é de assistência, e não *amicus curiae*.[11]

---

[9] Conforme, na jurisprudência: STF, ADC 18, min. rel. Carlos Direito, decisão monocrática em 14.11.2007.

[10] Conforme: DIDIER JUNIOR, Fredie; CUNHA, Leonardo Carneiro da. *Curso de direito processual civil*: meios de impugnação às decisões judiciais e processo nos tribunais. 3. ed. Salvador: Juspodivm, 2007. v. 3, cap. VII, n. 17.8, p. 272; WAMBIER, Luiz Rodrigues; WAMBIER, Teresa Arruda Alvim; MEDINA, José Miguel Garcia. *Breves comentários à nova sistemática processual civil*. São Paulo: Revista dos Tribunais, 2007. v. 3, p. 247-248; ASSIS, Carlos Augusto de. Repercussão geral como requisito de admissibilidade do recurso extraordinário. *Revista Dialética de Direito Processual*, v. 54, p. 42, 2007.

[11] PRÁ, Carlos Del. *Amicus curiae*: instrumento de participação democrática e de aperfeiçoamento da prestação jurisdicional. Curitiba: Juruá, 2007. p. 119.

Porém, parece mais adequada uma solução intermediária. Nesse caso, a aferição da aptidão para intervir não pode ser puramente objetiva, fundada apenas na qualidade da contribuição que o terceiro está potencialmente apto a dar, como nos processos de controle direto de constitucionalidade. Mas não parece viável admitir no processo, como *amicus curiae*, todo aquele que apenas demonstre que é parte em outro processo em que há recurso sobre a mesma questão: em vez de uma imensidão de recursos, ter-se-ia um recurso com uma imensidão de partícipes... Isso seria de nenhuma ajuda para a efetiva incidência do contraditório: centenas ou milhares de manifestações acumuladas, muitas absolutamente idênticas quanto ao conteúdo, obscureceriam aquelas intervenções que de fato contribuiriam para o debate.

Portanto, a demonstração de que se é parte em outro processo, que trata da mesma questão, pode atenuar a demonstração da contributividade, mas não a eliminar por completo.

15. Ausência de disponibilidade quanto à forma de intervenção

O sujeito que preenche simultaneamente os requisitos para ser assistente e *amicus curiae* não pode escolher o modo pelo qual intervirá no processo. O *amicus curiae* não fica vinculado à coisa julgada, que atinge o assistente litisconsorcial, nem ao efeito da assistência simples (ver adiante). Se fosse dado ao terceiro escolher se interviria como assistente ou como *amicus*, ela assim poderia definir o quanto se vincular à decisão final — o que não é razoável. Se o terceiro cumpre os pressupostos para intervir como assistente litisconsorcial ou simples (inclusive quanto ao tipo de procedimento e fase do processo), caso queira ingressar no processo, deve fazê-lo nessa condição.

16. Intervenção espontânea ou provocada; de ofício ou a pedido

O ingresso do *amicus curiae* no processo pode derivar de pedido de uma das partes ou do próprio terceiro. Pode também ser solicitado de ofício pelo juiz. Portanto, essa é uma modalidade de intervenção que tanto pode ser espontânea (voluntária) quanto provocada (coata). Contudo, a intervenção de *amicus curiae* não pode ser vedada por convenção processual entabulada pelas partes.[12] Do mesmo modo, as partes não podem convencionar que um terceiro (alheio à avença) obrigatoriamente intervirá como *amicus curiae*. O negócio jurídico não pode restringir direitos nem impor deveres a terceiros.

---

[12] Conforme Enunciado n. 392 do Fórum Permanente de Processualistas Civis.

Ainda quando provocada a participação do *amicus curiae*, a requerimento ou de ofício, em princípio ela não é obrigatória. O *caput* do art. 138 prevê que o juiz "solicitará", e não "determinará" essa participação. O dever de o terceiro colaborar com a jurisdição concerne a intervenções pontuais para fins instrutórios (CPC/2015, arts. 378 e 380). Assim, o ordenamento processual não vai ao ponto de impor a alguém o dever de passar a participar de todo um processo como colaborador da Corte. Mas tal obrigatoriedade pode advir do regramento específico a que esteja submetido o terceiro: por exemplo, o Conselho Administrativo de Defesa Econômica (Cade) tem o dever de zelar pela observância da Lei nº 12.529/2011 e responder a consultas sobre matéria de sua competência.

17. Irrecorribilidade da decisão sobre o ingresso de *amicus curiae* e ausência de discricionariedade judicial

Ao contrário do que a irrecorribilidade da decisão sobre a questão pode sugerir, a admissão do *amicus* como autor não está na esfera discricionária do juiz. A lei estabeleceu pressupostos para a intervenção, que deve ser deferida sempre que eles estejam configurados. A decisão deve ser motivada (CF, art. 93, IX; CPC/2015, arts. 11 e 489, §1º).

A decisão que determina de ofício ou defere ou indefere o pedido de intervenção do *amicus curiae* é irrecorrível (CPC/2015, art. 138, *caput*). A despeito da letra da lei, não fica afastado o cabimento de embargos declaratórios, dada sua estrita função de esclarecer ou integrar a decisão.

Quando se tratar de decisão interlocutória de primeiro grau, a regra geral já seria a da irrecorribilidade (CPC/2015, art. 1.015). A reafirmação da irrecorribilidade no art. 138, todavia, presta-se a confirmar que a decisão sobre o ingresso do *amicus* não se enquadra na exceção do inc. IX do art. 1.015. O problema é saber se, como nas demais interlocutórias irrecorríveis, a questão poderá ser revista como preliminar da apelação (CPC/2015, art. 1.009, §1º): o tribunal, até porque tem o poder de decidir a matéria de ofício, pode rever a decisão de primeiro grau — deferindo a intervenção antes rejeitada ou vice-versa —, mas sem a repetição dos atos processuais de primeiro grau.

No tribunal, a decisão do relator também não é recorrível. A rigor, é inconstitucional toda norma que veda recurso contra decisão monocrática nos processos de competência dos órgãos colegiados dos tribunais: o STF sedimentou outrora essa importante baliza, tendo em vista a essência constitucional colegiada dos tribunais.[13] Mas o próprio STF tem aplicado sem ressalvas as regras que vedam recurso contra decisões monocráticas de seus integrantes acerca de *amicus*

---

[13] Conforme: STF, Tribunal Pleno, Rp. 1.299/GO, min. rel. Celio Borja, j. 21.8.1986, *DJU*, 14.11.1986, v. RTJ 119/1980.

curiae (Lei nº 9.868/1999, art. 7º, §2º; CPC/1973, art. 482, §3º; Lei nº 11.417/2006, art. 2º, §3º; RISTF, art. 323, §2º).

18. A gama de poderes do *amicus curiae*

Há uma gama mínima já estabelecida em lei: possibilidade de manifestação escrita em 15 dias, legitimidade para opor embargos declaratórios, possibilidade de sustentação oral e legitimidade recursal nos julgamentos por amostragem... E há limites máximos: impossibilidade de atribuição de legitimidade recursal generalizada ou de outros poderes em grau equivalente aos das partes.

Dentro dessas margens, o juiz, ao admitir ou solicitar a participação do *amicus curiae*, determinará concretamente os poderes que lhe são conferidos. Há um núcleo essencial ineliminável na participação do *amicus* no processo: seus argumentos devem ser enfrentados pela decisão judicial (CPC/2015, arts. 489, §1º, IV, 984, §2º, e 1.038, §3º; Enunciado n. 128, Fórum Permanente de Processualistas Civis). A decisão que não examinar tais argumentos é omissa. Caberá a qualquer parte e ao *amicus curiae* opor embargos de declaração para corrigir tal defeito (v. abaixo; v. Enunciado n. 394, Fórum Permanente de Processualistas Civis).

19. Ausência de legitimidade recursal

Em regra, o *amicus curiae* não detém legitimidade para interpor recursos no processo de que participa. Tal limitação explica-se pela natureza de sua intervenção: não assume, nem subsidiariamente, os poderes processuais inerentes às partes.

Há duas exceções explícitas: (a) pode sempre opor embargos declaratórios, o que se justifica pela função meramente integrativa e esclarecedora desse recurso; (b) pode recorrer dos julgamentos de demandas e recursos repetitivos (Enunciado n. 391, Fórum Permanente de Processualistas Civis), o que se explica pela especial condição do *amicus curiae* nessas hipóteses, em que seu interesse assume um papel relevante, ainda que não exclusivo.

Mas não é de se descartar que surjam outras situações gravosas para o *amicus*. Pense-se na hipótese em que o juiz atribui ao terceiro ônus e deveres que vão além da sua condição de *amicus curiae*, ou o condena por litigância de má-fé. Se não cabe recurso nessas hipóteses, impõe-se admitir o emprego do mandado de segurança (CF, art. 5º, LXIX, e Lei nº 12.016/2009, art. 5º, II).

20. Não atingimento pela coisa julgada ou efeito da assistência

Precisamente porque exerce faculdades limitadas no processo, não assumindo a condição de parte, o *amicus curiae* não se submete à autoridade da coisa julgada (CPC/2015, art. 506). Não se sujeita sequer ao efeito da assistência simples (CPC/2015, art. 123), por não assumir nem mesmo subsidiariamente a gama de direitos atribuída às partes.

21. Não modificação de competência

A intervenção do *amicus curiae* não importa alteração de competência. Assim, quando uma pessoa de direito público, órgão ou empresa pública federal ingressa como *amicus* em processo em trâmite na Justiça Estadual, a competência não se deslocará para a Justiça Federal. Dado o papel processual limitado do *amicus*, não se aplica à hipótese o art. 109, I, da CF.

REFERÊNCIAS

ASSIS, Carlos Augusto de. Repercussão geral como requisito de admissibilidade do recurso extraordinário. *Revista Dialética de Direito Processual*, v. 54, 2007.

BUENO, Cassio Scarpinella. *Amicus curiae no processo civil brasileiro*. 3. ed. São Paulo: Saraiva, 2012.

DIDIER JUNIOR, Fredie; CUNHA, Leonardo Carneiro da. *Curso de direito processual civil*: meios de impugnação às decisões judiciais e processo nos tribunais. 3. ed. Salvador: Juspodivm, 2007.

PRÁ, Carlos Del. *Amicus curiae*: instrumento de participação democrática e de aperfeiçoamento da prestação jurisdicional. Curitiba: Juruá, 2007.

TALAMINI, Eduardo. *Amicus curiae no CPC/15*. *Migalhas*, 1º mar. 2016. Disponível em: <www.migalhas.com.br/dePeso/16,MI234923,71043-Amicus+curiae+no+CPC15>.

_____. Do *amicus curiae*. In: WAMBIER, T.; DIDIER JR., F.; TALAMINI, E.; DANTAS, B. (Coord.). *Breves comentários ao novo Código de Processo Civil*. São Paulo: Revista dos Tribunais, 2015.

_____. Partes e terceiros no mandado de segurança. *Revista Dialética de Direito Processual*, v. 80, p. 551, 2009.

WAMBIER, Luiz Rodrigues; WAMBIER, Teresa Arruda Alvim; MEDINA, José Miguel Garcia. *Breves comentários à nova sistemática processual civil*. São Paulo: Revista dos Tribunais, 2007.

Desconsideração da personalidade jurídica no CPC/2015: não há um admirável mundo novo, há a necessária reiteração do óbvio

ROGERIO LICASTRO TORRES DE MELLO

1. Que não se diga que apenas agora temos um procedimento para fins de desconsideração da personalidade jurídica

Há muitos anos temos registrado nossa opinião no sentido de que perfaz pura e rematada violência a promoção da desconsideração da personalidade jurídica sem que se estabeleça o procedimento prévio, em plenitude de devido processo legal, para que sejam apurados os fatos justificadores de tão grave e excepcional medida.[1]

O devido processo legal é constitucionalmente previsto, e nenhuma atividade jurisdicional pode existir divorciada de sua observância.

E que não se diga que o CPC/2015 inovou no ordenamento jurídico processual ao estabelecer, agora sim (!), um procedimento para fins de desconsideração da personalidade jurídica. Não nos parece veraz tal afirmação, porque o que fez o CPC/2015 foi reafirmar, ponto a ponto, o procedimento inerente ao pedido de desconsideração da personalidade jurídica que já deveria ter (e em muitos juízos tal já ocorria) tais feições previamente à entrada em vigor da nova codificação processual civil.

---

[1] MELLO, Rogerio Licastro Torres de. *O responsável executivo secundário*. São Paulo: Quartier Latin, 2006. p. 282 e ss.

O CPC/2015, no que toca à desconsideração da personalidade jurídica, tem por escopo claro promover o mesmo efeito que verificamos relativamente a outros temas também já tradicionalmente integrantes de nossa processualística, porém muitas vezes mal tratados na práxis forense (como sucede, *ad exemplum*, com a motivação das decisões judiciais, objeto do art. 489 do novo CPC): tingiu o procedimento da desconsideração com cores fortes, vivas, cintilantes, dizendo o óbvio porque o óbvio nem sempre era objeto de respeito, de modo que, doravante, não mais se poderá dizer, sob hipótese alguma, que não existem balizas legislativas inequívocas a respeito do *iter* processual inerente à desconsideração da personalidade jurídica.

Com o CPC/2015, não teremos um admirável mundo novo acerca da desconsideração da personalidade jurídica: teremos apenas a reiteração do que já havia (ou deveria haver) sob a vigência do CPC/1973, talvez daqui em diante com mais clareza e didatismo, de modo que ninguém se negue a observar o óbvio sob a indevida justificativa de que o óbvio não era dotado de tanta obviedade assim simplesmente por não existir capitulação específica a respeito na codificação processual civil.

2. A atividade econômica exercida por pessoa jurídica: princípio da autonomia patrimonial

Um dos elementos fundamentais inerentes à existência de atividade empresarial organizada concentra-se na autonomia entre a pessoa jurídica e as pessoas de seus sócios.

Trata-se de uma espécie de autonomia existencial, por intermédio da qual se estimula o exercício de atividades econômicas ou profissionais mediante organização de uma pessoa jurídica especificamente criada para tal finalidade e dotada de patrimônio para que se desincumba do escopo para o qual foi criada.

Esta autonomia existencial verificada entre a pessoa jurídica e as pessoas de seus sócios componentes assume variadas nuances, entre as quais podemos destacar, para os fins colimados neste trabalho, especialmente a autonomia patrimonial da pessoa jurídica em relação aos seus sócios.

De efeito, a pessoa jurídica existe, sob aspecto patrimonial, de maneira desvinculada de seus sócios, no sentido de que, no âmbito obrigacional, a pessoa jurídica toma parte de relações obrigacionais *per se*, vale dizer, diretamente, autonomamente relativamente aos sócios que a compõem, contraindo débitos, titularizando créditos, ou seja, funcionando como ente totalmente independente no campo negocial.

Os sócios de uma pessoa jurídica, neste sentir, são as pessoas físicas ou jurídicas que se organizam em torno de um objetivo comum consistente no desenvolvimento de determinada atividade econômica, para o que criam uma figura distinta de si próprios, aportam patrimônio material e/ou profissional a esta figura chamada "sociedade", que passará, ela própria, a existir jurídica e autonomamente.

O elemento fomentador da criação de pessoas jurídicas para que sejam exercidas atividades econômicas por intermédio delas, pois, reside precisamente na autonomia patrimonial que as pessoas jurídicas mantêm referentemente aos seus sócios, os quais, assim, em tese e *ab initio*, põem-se a atuar no mercado não em caráter direto, imediato, porém em caráter mediato, indireto.[2]

A *ratio essendi* do princípio da autonomia patrimonial das pessoas jurídicas é evidente: permitir o exercício de atividade econômica de maneira indireta, em que os sócios criam, para tanto, uma sociedade, para que esta esteja à frente, em regime de titularidade, dos negócios, preservando os primeiros dos riscos inerentes ao exercício de tal atividade.

Tal princípio da autonomia patrimonial das pessoas jurídicas comporta relativização, no sentido de serem afetados patrimônios dos sócios por dívidas das sociedades. Tal, contudo, deve ocorrer em caráter excepcional, pois se está cogitando de um princípio basilar de direito empresarial (aliás, um princípio em que se fundamenta a atividade empresarial), e seu relevamento deve dar-se desde que cabalmente comprovadas as circunstâncias legais autorizadoras a tanto.

Arruda Alvim, a respeito do tema e da necessidade de apuração detalhada nos fatos ensejadores da desconsideração da personalidade jurídica, leciona que,

ao aplicar-se a teoria da desconsideração da personalidade jurídica, deve-se verificar atentamente se estão presentes os pressupostos reconhecidos pela doutrina como ensejadores de sua aplicação, para, somente depois, em caso de resposta afirmativa, proceder-se à sua efetiva aplicação, sempre com muita cautela.[3]

É o do que tratamos a seguir.

---

[2] Neste sentido, "o princípio da autonomia patrimonial das pessoas jurídicas, consagrado no art. 1024 do CC, constitui-se numa importantíssima ferramenta jurídica de incentivo ao empreendedorismo, na medida em que consagra a limitação de responsabilidade – a depender do tipo societário adotado – e, consequentemente, atua como importante redutor do risco empresarial". RAMOS, André Luiz Santa Cruz. *Curso de direito empresarial.* 3. ed. Salvador: Juspodivm, 2009. p. 323.

[3] ALVIM NETTO, José Manuel de. *Direito comercial*: estudos e pareceres. São Paulo: Revista dos Tribunais, 1995. p. 68.

3. Desconsideração da personalidade jurídica: *habemus processus*

O novo CPC, por assim dizer, acabou "por passar a limpo", em termos procedimentais, a desconsideração da personalidade jurídica, no sentido de aclarar, com vivas letras, o rito por intermédio do qual pode dar-se a excepcional, e grave, desconsideração da personalidade jurídica para fins de afetação do patrimônio do sócio por débitos da sociedade.

É de se consignar não ser correto afirmar que, com o advento do CPC/2015, passaremos, enfim, a ter um procedimento próprio para fins de desconsideração da personalidade jurídica. Trata-se de afirmação que nos parece equivocada, como apontamos em capítulo introdutório.

Com efeito, a despeito de não contarmos, sob a vigência do CPC/1973, com disposições processuais explícitas acerca do procedimento a ser instaurado quando da necessidade de desconsideração da personalidade jurídica, é fato que, para fins de desprezo de tão relevante princípio de direito (o princípio da autonomia patrimonial da sociedade), evidentemente sempre figurou como imperativo jurídico que se comprovasse, em caráter antecedente, os fatos componentes do circunstancial autorizador do levantamento do véu da pessoa jurídica para fins de abordagem do patrimônio de seus sócios.

Se há fatos a serem demonstrados judicialmente para fins de desconsideração da personalidade jurídica em detrimento do patrimônio dos sócios que compõem a sociedade, é forçoso concluir que a demonstração de tais fatos, porquanto permissiva de agressão patrimonial de sócios por dívidas originariamente da pessoa jurídica, obviamente está adstrita à observância do devido processo legal.

Em outras palavras, mesmo inexistindo pormenorização procedimental a respeito no CPC/1973, a desconsideração da personalidade jurídica sempre esteve, como está e estará, condicionada à observância de uma estrutura de procedimento arrimada no quadripé "alegação--resposta-instrução-decisão".

O CPC/2015, nessa toada, contribuiu para fazer-se respeitar, enfim, a ritualização do caminho que deságua na desconsideração da personalidade jurídica: com efeito, em seus arts. 133 e ss., reitera-se clara e inequivocamente o procedimento necessário à implementação da desconsideração da pessoa jurídica para que se dê o atingimento de bens dos sócios por débitos da primeira, com observância ao contraditório e à ampla defesa.

E já não era sem tempo!

Para Dinamarco, por exemplo, sendo a fraude o núcleo legitimador da *disregard of legal entity*, e sendo inarredável a necessidade de se provar a existência da fraude, há que se exigir que o requerente da desconsideração se incumba deste ônus probatório, mediante empreendimento de devido processo legal.[4]

---

[4] DINAMARCO, Cândido Rangel. *Fundamentos do processo civil moderno*. 3.ed. São Paulo: Malheiros, 2000. v. 2, p. 1194. Nas palavras do insigne processualista, a desconsideração da personalidade jurídica exige "um pro-

De acordo com Fábio Ulhoa Coelho, em virtude de adotar-se no Brasil, em regra, a teoria maior[5] no que é atinente à desconsideração da personalidade jurídica, lógica e forçosamente há que se estabelecer um procedimento prévio de apuração dos fatos autorizadores da desconsideração, de modo que o requerente se desincumba do ônus probatório que sobre si incide.[6]

De fato, em corroboração ao que acima se expôs, a ideia de empreendimento de atividade judicial cognitiva com vistas à suplantação da personalidade jurídica para fins de excussão de patrimônio do sócio por débitos da sociedade, além de intuitiva à luz dos princípios do contraditório e da ampla defesa (dogmas determinantes da impossibilidade de perdimento de bens senão mediante instituição de procedimento legal pertinente), já encontrava ressonância em diversos julgamentos que vinham sendo proferidos a respeito do tema previamente à entrada em vigor do CPC/2015, que definitiva e positivamente reiterou o procedimento para fins de aplicação da teoria da desconsideração da personalidade jurídica.[7,8]

---

cesso adequado para a realização da prova e de um juiz investido de poderes para pronunciar-se acerca dos fatos probandos e decidir sobre direitos e obrigações eventualmente gerados por eles. Só se prova a quem vai julgar e no processo em que algum julgamento será feito. Com isso, prossigo agora, seria indispensável colocar esses fatos supostamente caracterizadores da fraude ou da sucessão em algum processo de conhecimento, no qual em sentença o juiz declarasse que a consulente é, ou não é, cotitular da obrigação ou mesmo de responsabilidade por obrigação alheia. Disse o Primeiro Tribunal de Alçada Civil de São Paulo em caso fortemente análogo: 'a recorrente não comprovou a dissolução da sociedade. Fez meras conjecturas a respeito. Mas, caso positivada a circunstância, o chamamento à responsabilidade direta dos sócios só se justificaria se, em ação distinta e com esse propósito, ficasse demonstrado que a dissolução, sem o devido cumprimento das obrigações sociais, deu-se fraudulentamente e com o indisfarçável propósito de prejudicar terceiros, vale dizer, em flagrante violação da lei' (4ª *Câmara Civil, Agravo de Instrumento nº* 368.700-8, relator o juiz José Bedran)".

[5] A teoria menor, em que a prova dos fatos autorizadores da desconsideração não seria impositiva, ou *conditio sine qua non* para a desconsideração da personalidade jurídica, tem aplicação rarefeita no direito brasileiro. O art. 28 do CDC perfaz uma de suas hipóteses.

[6] "[...] não se pode, entretanto, deixar de reconhecer as dificuldades que essa formulação (teoria da desconsideração da personalidade jurídica) apresenta no campo das provas. Quando ao demandante se impõe o ônus de provar intenções subjetivas do demandado, isso muitas vezes importa a inacessibilidade ao próprio direito, em razão da complexidade de provas dessa natureza. Assim, para facilitar a tutela de alguns direitos, preocupa-se a ordem jurídica, ou mesmo a doutrina, em estabelecer presunções do ônus probatório [...]. Para a teoria maior, o pressuposto inafastável da desconsideração é o uso fraudulento ou abusivo da autonomia patrimonial da pessoa jurídica, únicas situações em que a personalização das sociedades empresárias deve ser abstraída para fins de coibição dos ilícitos por ela ocultados. Ora, se assim é, o juiz não pode desconsiderar a separação entre a pessoa jurídica e seus integrantes senão por meio de ação judicial própria, de caráter cognitivo, movida pelo credor da sociedade contra os sócios ou seus controladores. Nessa ação, o credor deverá demonstrar a presença do pressuposto fraudulento. A desconsideração não pode ser decidida pelo juiz por simples despacho em processo de execução; é indispensável a dilação probatória através do meio processual adequado." COELHO, Fábio Ulhoa. Curso de direito comercial. 5. ed. São Paulo: Saraiva, 2002. v. 2, p. 54-55.

[7] "Para que sejam penhorados bens da pessoa física, enquanto sócia de pessoa jurídica, é preciso primeiro desconsiderar a personalidade jurídica, atendidos a seus pressupostos, em procedimento à luz do contraditório judicial" (II Tribunal de Alçada Civil do Estado de São Paulo, agravo de instrumento nº 698.275-00/7, relator o Juiz Soares Levada).

[8] "Admitida pela doutrina e pela lei a desconsideração da sociedade para atingir os bens dos sócios, a sua decretação somente pode ser deferida quando provados os seus pressupostos, o que não aconteceu no caso dos autos.

4. Vigente o CPC/2015, não aplicar as regras de seus arts. 133 e ss. é optar intencionalmente pela ilegalidade

Em regime de devido processo legal, afigura-se rematada violência permitir-se a desconsideração da personalidade jurídica em detrimento do patrimônio dos sócios sem que se apure (i) a efetiva vinculação de um ou mais sócios e (ii) a alguma das práticas arroladas no art. 50 do CC, e tal apuração atrai, *a fortiori*, a exigência de procedimento legal prévio para que conflua para o decreto de desconsideração.

Ao regrar, em seus artigos 133 e seguintes, o *iter* a ser seguido para fins de desconsideração da personalidade jurídica, o que fez o CPC/2015 foi, repise-se, realçar, declarar, dar relevo à necessidade de respeito ao devido processo legal prévio ao decreto de despersonalização episódica da sociedade para ataque ao patrimônio de sócios.

Neste aspecto (pormenorização procedimental do incidente de desconsideração da personalidade jurídica), o CPC/2015 tem que ser compreendido à luz do cenário verificado no quotidiano forense antecedentemente à sua vigência: sob o vigor do CPC/1973, no mais das vezes a desconsideração da personalidade jurídica (notadamente no âmbito da Justiça do Trabalho) ocorreu de inopino, em flagrante violação ao devido processo legal, tornando, em nosso pensar, as constrições de bens de sócios frequentemente meras e rematadas violências patrimoniais desprovidas da imprescindível apuração prévia das circunstâncias legais autorizadoras (em essência, as hipóteses arroladas no art. 50 do CC).

Não raro, lamentavelmente, a desconsideração da personalidade jurídica para fins de constrição de bens de sócios deu-se ato contínuo ao deferimento do pedido respectivo, sem que fossem minimamente apuradas e comprovadas, em regime de contraditório e ampla defesa, as hipóteses legais previstas em lei civil. Em outros termos, os sócios acabavam surpreendidos por constrições físicas ou eletrônicas sem que sequer soubessem as razões para tanto.

Elementos como o efetivo cometimento, pelo sócio, de abuso de poder ou ilegalidade na condução dos negócios sociais, ou mesmo a existência de confusão patrimonial, muitas vezes não eram, sob a cultura do CPC/1973, objeto de instrução probatória prévia, acompanhada de observância do direito de defesa do sócio afetado pela desconsideração. O sócio, a rigor, era colhido de surpresa pura e simplesmente pela ordem de apreensão de bens por dívida titularizada pela pessoa jurídica.

Na prática vigente previamente ao ingresso em vigor do CPC/2015 (e esperamos que tal má prática seja consertada pelo novo Código), saber qual sócio entre todos foi quem praticou o ato ilegal, ou com qual sócio verificou-se a confusão patrimonial, ou qual sócio incorreu em abuso

---

Art. 10 do Dec. 3708/19." Recurso especial nº 256.292, relator o ministro Ruy Rosado de Aguiar, da 4ª Turma do Superior Tribunal de Justiça.

de poder converteram-se em detalhes muitas vezes insignificantes para o órgão jurisdicional, bastando para este a simples apreensão de algum patrimônio de algum dos sócios para considerar-se exaurida a desconsideração da pessoa jurídica. Trata-se, repitamos, de flagrante erro.

Com o advento do CPC/2015, ignorar o didático procedimento constante dos arts. 133 a 137 respectivos será cerrar olhos à lei posta, expressa e induvidosa, optando-se, lamentavelmente, pela ilegalidade.

5. As causas da desconsideração da personalidade jurídica

"Quando a pessoa jurídica se desviar dos fins que determinaram sua constituição", ou "quando houver confusão patrimonial, em razão do abuso de personalidade jurídica, o órgão judicante, a pedido do interessado ou do Ministério Público", será admitido a proceder à desconsideração episódica da personalidade jurídica

> para coibir fraudes e abusos dos sócios que dela se valeram como escudo, sem importar essa medida numa dissolução da pessoa jurídica. Com isso, subsiste o princípio da autonomia subjetiva da pessoa coletiva, distinta da pessoa de seus sócios, mas tal distinção é afastada, provisoriamente, para um dado caso concreto.[9]

São irretocáveis as palavras de Maria Helena Diniz ao identificar a figura da desconsideração da personalidade jurídica como meio repressivo da má condução da pessoa jurídica pelos sócios.

A prática de ilícitos como justificativa da superação da personalidade jurídica, e a consequente extensão de responsabilidade patrimonial aos sócios por conta de débitos formalmente concentrados na pessoa jurídica, significa extinção episódica da essencial, porém não absoluta, incomunicabilidade entre os patrimônios das pessoas jurídicas e das físicas ou jurídicas dela componentes na qualidade de sócias, admitindo-se que

> os efeitos patrimoniais relativos a certas obrigações sejam estendidos aos bens particulares dos administradores ou dos sócios, recorrendo, assim, à superação da personalidade jurídica porque os seus bens não bastam para a satisfação daquelas obrigações, visto que a pessoa jurídica não será dissolvida e nem entrará em liquidação. É uma forma de corrigir fraude em que o respeito à forma societária levaria a uma solução contrária à sua função e os ditames legais.[10]

---

[9] DINIZ, Maria Helena. *Direito civil brasileiro*. 18. ed. São Paulo: Saraiva, 2002. p. 260.

[10] Ibid., p. 260.

Na mesma toada, Rubens Requião preleciona que,

diante do abuso de direito e da fraude no uso da personalidade jurídica, o juiz brasileiro tem o direito de indagar, em seu livre convencimento, se há de consagrar a fraude ou abuso de direito, ou se deve desprezar a personalidade jurídica, para penetrando em seu âmago, alcançar as pessoas e bens que dentro dela se escondem para fins ilícitos ou abusivos.[11]

O fenômeno da desconsideração da personalidade jurídica, desde que presentes os elementos conformadores da aplicação do instituto (em linhas gerais, a prova do abuso de direito e da fraude na condução de pessoa jurídica, com vistas à frustração de direitos creditícios alheios, além da confusão patrimonial), pode implicar a responsabilização patrimonial de sócio por débitos assumidos pela pessoa jurídica que tenha utilizado para levar a efeito seus atos abusivos e ao arrepio da lei.

6. O procedimento estabelecido no CPC/2015 para a desconsideração da personalidade jurídica: aspectos relevantes

Como apontamos acima, temos no novo CPC, definitivamente, realçadas as regras que reafirmam a necessidade de observância ao devido processo legal para fins de extensão da responsabilidade patrimonial da pessoa jurídica para as pessoas de seus sócios. Não que não as tivéssemos antes: como dissemos, as tínhamos, no mínimo, em virtude da necessidade de respeito ao princípio do devido processo legal; o que não tínhamos antes do advento do CPC/2015 era a pormenorização, em termos de direito processual civil positivado, do *iter* a ser seguido para fins de desconsideração da personalidade jurídica.

Nos arts. 133 *usque* 137 do CPC/2015 dispomos, com clareza meridiana, de tais regramentos, e agora não há, de vez por todas, escusas para não os observar.

Vejamos.

---

[11] REQUIÃO, Rubens. Abuso de direito e fraude através da personalidade jurídica (*disregard doctrine*). *Revista dos Tribunais*, São Paulo, n. 410, p. 12 e ss., 1969.

Iniciativa

No art. 133, temos indicação da iniciativa para fins de instauração do incidente de desconsideração: tal iniciativa caberá à parte ou ao MP, nas hipóteses em que couber a participação deste no feito.

A literalidade do art. 133 do CPC/2015 não permite dúvidas acerca da necessidade de requerimento da parte para fins de desconsideração da personalidade jurídica. A regra, portanto, é de que o órgão jurisdicional não pode promover a desconsideração da personalidade jurídica *ex officio*, e esta é a orientação de nossa nova codificação processual civil. *In claris, cessat interpretatio.*[12]

Momento

No tocante ao momento em que cabível o pleito de desconsideração da personalidade jurídica, do art. 134 do CPC/2015 colhe-se que "é cabível em todas as fases do processo de conhecimento, no cumprimento de sentença e na execução fundada em título executivo extrajudicial".

O requerimento de desconsideração mais comumente tem espaço quando resultaram infrutuosas as tentativas de constrição patrimonial da pessoa jurídica originariamente devedora, o que ocorre, de ordinário, na fase de cumprimento de sentença ou, em se tratando de execução de título extrajudicial, após a citação da sociedade devedora e a frustração das tentativas de penhora de bens.

Não obstante, o pedido de desconsideração não está adstrito apenas à fase de constrição de bens: pode tomar lugar em todas as fases do processo, vale dizer, em todos os graus de jurisdição, porque os fatos geradores da desconsideração da personalidade jurídica podem manifestar-se em qualquer momento do procedimento, ensejando o redirecionamento ao sócio da ação originariamente aforada em face da pessoa jurídica.

Pode dar-se, também, de o credor ter prévia ciência de que determinada pessoa jurídica, em outras ações que lhe foram promovidas, já teve sua personalidade jurídica episodicamente desconsiderada, o que justifica seja o pedido de desconsideração formulado na própria petição inicial, caso em que sequer haverá de se cogitar de instauração de incidente (CPC/2015, art. 134, §2º).

---

[12] Pronunciamo-nos nesse sentido em WAMBIER, Teresa Arruda Alvim; CONCEIÇÃO, Maria Lucia Lins; RIBEIRO, Leonardo Ferres da Silva; MELLO, Rogerio Licastro Torres de. *Primeiros comentários ao novo CPC.* São Paulo: Revista dos Tribunais, 2015. p. 252. No mesmo sentido, BRUSCHI, Gilberto Gomes; NOLASCO, Rita Dias; AMADEO, Rodolfo da Costa Manso Real. *Fraudes patrimoniais e a desconsideração da personalidade jurídica no CPC de 2015.* São Paulo: Revista dos Tribunais, 2016. p. 160.

A mensagem relevante que o art. 134 do CPC/2015 transmite é a seguinte: o pedido de desconsideração da personalidade jurídica pode ser formulado em qualquer tempo e grau de jurisdição, e mesmo em sede de petição inicial, e não exclusivamente após a frustração da tentativa de apreensão executiva de bens da pessoa jurídica.

Forma

Se requerida em caráter incidental, a desconsideração da personalidade jurídica exigirá a instauração de um incidente processual apto à prova de suas circunstâncias ensejadoras. Trata-se, evidentemente, de exercício de direito de ação tendente ao redirecionamento ao sócio da ação promovida em face da pessoa jurídica e, portanto, faz-se necessário expor, em petição circunstanciada, os fatos componentes da causa de pedir da desconsideração, de modo que o requerente afirme o preenchimento dos pressupostos legais autorizadores (CPC/2015, art. 134, §4º).

A exposição circunstanciada dos fatos que, aos olhos do requerente, autorizariam a desconsideração é de extrema relevância para que o potencial afetado pela desconsideração (o sócio) possa exercer sua defesa, em observância ao princípio do contraditório.

Suspensão do processo

Quando for formulado incidentalmente, o pedido de desconsideração da personalidade jurídica acarreta a suspensão do processo, a teor do disposto no §3º do art. 134 do CPC/2015. Por "suspensão do processo" deve-se entender que não evoluirá a chamada relação processual original (mantida entre o autor e a pessoa jurídica cuja personalidade se pretende desconsiderar) enquanto não se decidir o pedido de desconsideração da personalidade jurídica para que ao sócio seja redirecionada a demanda.

Decidido o incidente, cessa a suspensão.

Publicidade

Um dos aspectos mais relevantes relacionados com a desconsideração da personalidade jurídica é o respeitante à sua publicidade: esta é vital à preservação da segurança das relações mantidas entre o sócio e terceiros com quem o primeiro porventura realize ou tenha realizado negócios.

Forte em tal premissa, estabelece o §1º do art. 134 que "a instauração do incidente será imediatamente comunicada ao distribuidor para as anotações devidas", de modo que seja tornada pública a existência de risco de afetação do sócio por ação originalmente promovida em face da sociedade por ele integrada.

É de se notar que a anotação no distribuidor ocorrerá após a instauração do incidente, e não apenas quando ocorrer seu requerimento. Há a necessidade de, para fins de anotação no distribuidor, existir decisão judicial deferitória da instauração do incidente de desconsideração, adotada após a verificação sumária e *in statu assertionis* das alegações do requerente.[13]

Defesa

Tendo havido a decisão deferitória da instauração do incidente de desconsideração, aquele potencialmente afetado por tal pleito (o sócio, no caso de desconsideração da personalidade jurídica direta, ou a pessoa jurídica, no caso de desconsideração inversa da personalidade) será citado para, em 15 dias, manifestar-se acerca do pedido que em seu desfavor foi formulado, requerendo as provas que pretender produzir.

Afere-se, aqui, o protagonismo, como não poderia deixar de ser, que o CPC/2015 dá ao contraditório e à ampla defesa, como componentes do devido processo legal constitucionalmente assegurado, em termos de procedimento para fins de desconsideração da personalidade jurídica. Absolutamente correta, neste sentir, a regra que determina seja o sócio citado (vale dizer, cientificado!) da pretensão que em seu desfavor foi veiculada.

Decisão

Maduro o incidente em termos de provas das alegações formuladas pelo requerente para fins de obtenção da desconsideração (tendo ou não sido instaurada fase de instrução própria, conforme as peculiaridades do caso concreto), sua resolução, conforme o art. 136 do CPC/2015, se dará por decisão interlocutória, passível de agravo de instrumento (portanto, a decisão terá aplicação imediata, dada a ausência de efeito suspensivo *ope legis* no agravo de instrumento).

A partir de então, se acolhido o pedido de desconsideração, o sócio ou a pessoa jurídica por ele afetados passarão a integrar o polo passivo da ação.

---

[13] Teresa Arruda Alvim Wambier, Maria Lucia Lins Conceição, Leonardo Ferres da Silva Ribeiro e Rogerio Licastro Torres de Mello, *Primeiros comentários ao novo CPC*, op. cit., p. 253.

7. Tutelas de urgência e desconsideração da personalidade jurídica

Poder-se-ia criticar o estabelecimento de um procedimento de desconsideração da personalidade jurídica pormenorizado no CPC/2015 sob a alegação de que, instaurado o incidente, ou requerida a desconsideração em sede de petição inicial, como permite o art. 134, §2º, do novo Código, os potenciais afetados pela desconsideração seriam previamente cientificados do risco de responderem por débitos da pessoa jurídica, o que poderia dar azo a práticas de esvaziamento patrimonial e de frustração de créditos.

Noutros termos, nas circunstâncias acima sugeridas (respeito a um procedimento prévio de desconsideração da personalidade jurídica), haveria, para alguns, o risco de desaparecer o chamado "elemento surpresa" inerente à constrição de bens (notadamente penhora *on line*) dos sócios que se pretende responsabilizar patrimonialmente por débitos da sociedade.

O receio, em nosso pensar, improcede.

Deveras, as tutelas de urgência de natureza conservativa estão, como sempre estiveram, à disposição da parte interessada, de modo que funcionam como mecanismos de apreensão cautelar de bens destinados à coibição de práticas de dilapidação patrimonial.

Em se tratando de execução de obrigação de pagar quantia certa, ou ação de conhecimento em que se objetive a satisfação de tal modalidade obrigacional, a medida de arresto prevista no art. 301 do CPC/2015 funcionará como elemento de prevenção de extravios patrimoniais eventualmente praticados pelo sócio potencialmente afetado pela desconsideração.

Ao formular o pleito de desconsideração que deflagrará a instauração do incidente respectivo, caso pretenda valer-se do tal "elemento surpresa" para que exista a apreensão cautelar de dinheiro do sócio possivelmente responsabilizado por débito da sociedade, deverá a parte interessada inserir em seu pedido de desconsideração um capítulo destinado à tutela de urgência para fins de arresto *inaudita altera parte* de dinheiro do sócio em cujo desfavor se pretende desconsiderar a personalidade jurídica da sociedade, ou deverá formular pretensão outra tendente à apreensão de outras modalidades de bens.

À toda evidência, para fins de concessão da tutela de urgência, deverá a parte demonstrar, no próprio requerimento de desconsideração da personalidade jurídica, o risco de dano irreparável ou de difícil reparação consistente na possibilidade de extravio de bens pelo sócio, além da probabilidade do direito suscitado para fins de desconsideração (essencialmente, a probabilidade de que se tenha configurado alguma das hipóteses previstas no art. 50 do CC).

8. O marco temporal da desconsideração da personalidade jurídica relativamente às alienações efetuadas pelo sócio

Um dos mais instigantes temas a respeito da desconsideração da personalidade jurídica é a definição de seu marco temporal.

Por marco temporal da desconsideração da personalidade jurídica temos a definição do momento a partir do qual seriam afetáveis pela execução as alienações patrimoniais praticadas pelo sócio em cujo prejuízo deu-se a desconsideração.

Antes de adentrarmos no tratamento que o CPC/2015 deu ao assunto, reputamos de todo conveniente propor algumas reflexões acerca disto que chamamos de marco temporal da desconsideração da personalidade jurídica relativamente ao sócio.

Possibilidade 1. Uma das possibilidades sustentáveis a respeito do assunto consistiria no estabelecimento da retroação dos efeitos da desconsideração da personalidade jurídica a todas as operações patrimoniais realizadas pelo sócio desde que citada a pessoa jurídica para a ação em que decretada a desconsideração.

Nesta linha de pensamento, qualquer alienação patrimonial de que tenha tomado parte o sócio a partir da citação da sociedade de que faz parte, uma vez ocorrendo a desconsideração, poderá ser inquinada de fraudulenta, se verificada a presença dos requisitos respectivos.

Possibilidade 2. A desconsideração da personalidade jurídica para abordagem do patrimônio do sócio por dívidas da sociedade apenas produziria efeitos a partir da citação do sócio para responder ao incidente de desconsideração, podendo gerar a decretação de fraude de alienações praticadas pelo sócio a partir deste momento procedimental (citação para o incidente de desconsideração da personalidade jurídica).

Possibilidade 3. Para fins de sujeição ao decreto de fraude à execução das operações patrimoniais realizadas pelo sócio afetado pela desconsideração da personalidade jurídica, dever-se-ia apurar, ao longo do incidente de desconsideração, a data ou o momento exato em que teriam ocorrido as condutas justificadoras da aplicação da *disregard doctrine of legal entity*, demarcando-se precisamente no tempo tais ocorrências (alguma das hipóteses do art. 50 do CC) para, a partir de então, e em virtude da desconsideração, considerarem-se fraudulentas alienações patrimoniais praticadas pelo sócio.

As duas primeiras possibilidades, em nosso pensar, pecam pela generalização.

A possibilidade 1 generaliza temporalmente a responsabilidade patrimonial do sócio, tornando todas as suas alienações de bens suspeitas a partir da citação da pessoa jurídica para a ação em que decretada a desconsideração, o que pode, evidentemente, gerar injustiças gritantes. Com efeito, como é possível pressupor que desde a citação da pessoa jurídica já estaria o sócio a animá-la e manejá-la com propósitos ilícitos de modo a justificar a desconsideração? A generalização nos parece de todo indevida.

A possibilidade 2, de seu turno, parece-nos fragilizada duplamente: tanto por conta da generalização temporal indevida (consistente em presumir que só seriam eventualmente fraudulentos atos patrimoniais do sócio praticados após a citação para o incidente), quanto por, pragmaticamente, mostrar-se imprestável, pois de que serviria considerar fraudulentos atos de alienação patrimonial do sócio após a citação para o incidente se os fatos justificadores do incidente de desconsideração seriam pretéritos?

Admitir a possibilidade 2 é o mesmo que reforçar a tranca da porta após esta já haver sido arrombada, já que apenas houve a desconsideração da personalidade jurídica porque o sócio, previamente ao seu requerimento, agira de má-fé na condução da sociedade.

A possibilidade 3 se nos afigura a mais justa, e mais processualmente precisa, especialmente por conta da natureza declaratória da decisão de desconsideração.

Seu caráter declaratório torna a decisão de desconsideração da personalidade jurídica de eficácia *ex tunc*, vale dizer, certifica-se, por intermédio de tal *decisum*, a existência de uma situação de abuso na condução da pessoa jurídica (enquadrando-se tal situação em uma das hipóteses do art. 50 do CC), e há a necessária retroação à data, ou ao momento, da ocorrência de tal fato de modo a conectar a pessoa do sócio à pessoa jurídica como se um só fossem para fins de responsabilidade patrimonial executiva.[14]

Um sócio pode ser, por assim dizer, um sócio com conduta correta por largo lapso temporal, não apresentando qualquer conduta antijurídica durante boa parte da existência da sociedade. A partir de determinando momento, pode tal sócio iniciar as práticas ilícitas autorizadoras da desconsideração, e é partir de então que passariam a ser suspeitas as alienações patrimoniais praticadas por tal sócio de modo que seja possível reputá-las fraudulentas para fins executivos, reconhecendo-se a ineficácia de tais alienações.

Reconhecemos que a possibilidade 3 acima descrita é, evidentemente, a de mais trabalhosa apuração, dado que exigente de precisa atividade cognitiva a ser realizada no incidente de desconsideração, de modo que se especifique cronologicamente a partir de quando o sócio teria passado a utilizar-se do véu da pessoa jurídica para fins de cometimento de ilegalidades. A despeito de mostrar-se a mais complexa, parece-nos que a possibilidade 3 ora detectada é, positivamente, a mais justa.[15]

---

[14] Neste sentido, confira-se o seguinte julgado do TJ/SP, assim ementado: "Fraude à Execução — Desconsideração da personalidade jurídica da executada decretada. Pretensão à penhora de imóvel do sócio alienado a terceiro. Decisão que a denega firmada em negócio anterior à citação do alienante. *A natureza declaratória da decisão de desconsideração da personalidade jurídica retroage ao fato que a motivou.* Fato posterior à citação da executada. Ineficácia reconhecida. Possibilidade do adquirente se defender por vias próprias. Decisão reformada. Agravo provido para esse fim" (TJSP — 9ª Câm. de Direito Privado; AI nº 418.507-4/1-00-SP; rel. des. João Carlos Garcia; j. 14/2/2006; m.v.).

[15] Afirmamos, neste sentir, que "deve-se ter em mente a necessidade de se verificar, pela análise dos elementos produzidos pela instrução, em que momento ocorreu o fato gerador da desconsideração (o ato praticado com

O CPC/2015 fez sua opção, e reputamos a opção errada. Apesar de não ser explícito a respeito nos artigos 133 a 137, que tratam especificamente do incidente de desconsideração da personalidade jurídica, o CPC/2015, no §3º de seu art. 792, revela sua escolha pela possibilidade 1 acima sugerida.

O §3º do art. 792 do CPC/2015 dispõe que, "Nos casos de desconsideração da personalidade jurídica, a fraude à execução verifica-se a partir da citação da parte cuja personalidade se pretende desconsiderar".

Note-se bem: a fraude à execução verifica-se a partir da citação da parte cuja personalidade se pretende desconsiderar.

A "parte cuja personalidade se pretende desconsiderar" é a pessoa jurídica originalmente ré ou executada, e será, nos casos de desconsideração, potencialmente considerada em fraude a alienação ocorrida após a citação da pessoa jurídica. Ocorrendo a desconsideração da personalidade jurídica, e sendo afetado o sócio por dívida da sociedade, eventuais alienações patrimoniais praticadas por este sócio estarão sujeitas ao decreto de fraude a partir da citação da sociedade!

Pelas razões que acima expusemos, não nos parece ser a posição correta, por configurar indevida e perigosa generalização. Pensamos que se deve tomar como marco temporal da desconsideração da personalidade jurídica relativamente ao patrimônio do sócio a data, apurada no incidente respectivo, de cometimento, por tal sócio, dos atos justificadores da desconsideração, conforme sugerimos anteriormente (possibilidade 3).

9. A posição processual do sócio afetado pela desconsideração: legitimado passivo para a execução

Em termos de legitimidade passiva para a execução de quantia certa, é cediço ser elemento decisivo para sua apuração a responsabilidade patrimonial decorrente do inadimplemento obrigacional.

Com efeito, o devedor responde com seus bens presentes e futuros, de conformidade com o art. 789 do CPC/2015.

De ordinário, a responsabilidade patrimonial é do devedor: aquele que figura como devedor de determinada prestação no vínculo de direito material (débito), quando há o inadimplemento, é o responsável patrimonial que figurará como executado na relação de direito processual (responsabilidade patrimonial, apurada em execução de título judicial ou extrajudicial).

---

excesso de poder, a confusão patrimonial, etc.)", em Teresa Arruda Alvim Wambier, Maria Lucia Lins Conceição, Leonardo Ferres da Silva Ribeiro e Rogerio Licastro Torres de Mello, *Primeiros comentários ao novo CPC*, op. cit., p. 252. No mesmo sentido, Gilberto Gomes Bruschi, Rita Dias Nolasco e Rodolfo da Costa Manso Real Amadeo, *Fraudes patrimoniais e a desconsideração da personalidade jurídica no CPC de 2015*, op. cit., p. 177.

Esta é a responsabilidade executiva primária (dívida e responsabilidade concentradas na mesma figura).

Há hipóteses diversas em que a responsabilidade patrimonial em virtude do inadimplemento obrigacional não é do devedor, porém de figuras outras, alheias ao vínculo de direito material (dívida), as quais, por razões legais (responsabilidade tributária, consumerista etc.) ou contratuais (negócios jurídicos de garantia, por exemplo), responderão executivamente por débito alheio.

Esta é a responsabilidade executiva secundária (responsabilidade executiva sem que haja débito do responsável no plano do direito material).

Tratemos do tema relativamente à desconsideração da personalidade jurídica, de modo que identifiquemos o sócio afetado pela desconsideração no âmbito da relação processual executiva.

Uma vez aplicada a *disregard of legal entity*, a responsabilidade executiva do sócio apresenta-se em caráter secundário, vale dizer, a dívida é da pessoa jurídica, porém, estende-se a responsabilidade patrimonial ao sócio, em virtude de ilícitos por este praticado na condução da pessoa jurídica. O sócio não figura como devedor no título executivo, porém figurará como responsável executivo (responsabilidade executiva secundária).

Induvidosamente, portanto, o sócio colhido pela desconsideração da personalidade jurídica, e que passará a responder com patrimônio próprio por dívida originalmente da sociedade, é legitimado passivo executivo, jamais terceiro.

Ao decidir-se o incidente de desconsideração, de modo a julgá-lo procedente, a execução será redirecionada ao sócio, que passará, assim, a legitimado executivo passivo (em caráter secundário).

E, como legitimado executivo passivo, o sócio afetado pela desconsideração da personalidade jurídica terá à sua disposição as defesas executivas asseguradas aos legitimados passivos (fundamentalmente, os embargos à execução e a impugnação ao cumprimento de sentença, nos casos, respectivamente, da execução de título extrajudicial e judicial).

10. Amplitude de sua defesa à execução que lhe foi redirecionada

Questão interessante acerca da responsabilização do sócio por dívida da sociedade em razão da desconsideração da personalidade desta é a seguinte: qual a amplitude temática da defesa executiva posta à disposição deste sócio?

Teria este sócio, no âmbito dos veículos de defesa à execução que lhe são assegurados, direito de manejar todos os temas defensivos disponíveis pela pessoa jurídica e que porventura já tenham sido por esta arguidos?

A resposta nos parece positiva.

O acolhimento do pedido de desconsideração da personalidade jurídica gera a inovação no polo passivo da ação originalmente promovida em face da pessoa jurídica (ou da pessoa do sócio, se o caso for de desconsideração inversa), trazendo-se ao feito, na qualidade de réu, o sócio afetado pela desconsideração.

O inciso VII do art. 790 do CPC/2015 é novidade legislativa, conquanto já fosse algo assente em doutrina e em jurisprudência: estabelece que, configurando-se a necessidade de aplicação da teoria da desconsideração da personalidade jurídica, o responsável (o sócio que passará a responder executivamente por débitos da pessoa jurídica) será conduzido à execução.

O sócio afetado pela desconsideração (ou a pessoa jurídica afetada, se a hipótese for de desconsideração inversa), caso esta tenha ocorrido em sede de execução, passará, como já afirmamos, a executado, e terá, em nosso pensar, à sua disposição as defesas executivas típicas, quais sejam, a impugnação ao cumprimento de sentença e os embargos à execução (em se tratando de execução de título judicial ou extrajudicial, respectivamente), manejando toda a temática inerente a tais modalidades defensivas.

De fato, àquele em face de quem foi requerida a desconsideração, se esta o foi em sede de execução, não podem ser tidas como preclusas (muito menos acobertadas pela coisa julgada) as matérias defensivas eventualmente já arguidas pelo executado original e já objeto de julgamento, simplesmente porque a preclusão e a coisa julgada consistem em fenômenos que se projetam, em regra, aos que integram a relação processual ao tempo de sua formação (da preclusão e da *res iudicata*), o que não sucede com o sócio ulteriormente trazido ao polo passivo da execução (em virtude da desconsideração).

Temos defendido tal posicionamento há tempos, sustentando que deve ser conferida plena possibilidade de defesa àquele responsabilizado executivamente em caráter secundário (e o afetado pela desconsideração o é):

> aceitar o responsável executivo secundário como legítimo executado é assegurar-lhe o legítimo direito de opor embargos do devedor ou impugnação (caso se trate, respectivamente, de execução de título extrajudicial ou judicial), que são as defesas adequadas caso o objetivo seja questionar a execução em seu mérito ou impugnar determinado ato executivo praticado ao arrepio da lei.[16]

E abalizada doutrina expôs, também, entendimento neste sentido.[17]

---

[16] MELLO, Rogerio Licastro Torres de. *Responsabilidade executiva secundária*. 2. ed. São Paulo: Revista dos Tribunais, 2016. p. 24. Originária de dissertação de mestrado defendida em 2003 na PUC-SP, sob orientação do prof. Donaldo Armelin.

[17] DIDIER JR., Fredie. *Aspectos processuais da desconsideração da personalidade jurídica*. p. 12. Disponível em: <www.frediedidier.com.br/wp-content/uploads/2012/02/aspectos-processuais-da-desconsideracao-da-personalidade-juridica.pdf>. Acesso em: 27 mar. 2016.

REFERÊNCIAS

ALVIM NETTO, José Manuel de. *Direito comercial*: estudos e pareceres. São Paulo: Revista dos Tribunais, 1995.

BRUSCHI, Gilberto Gomes; NOLASCO, Rita Dias; AMADEO, Rodolfo da Costa Manso Real. *Fraudes patrimoniais e a desconsideração da personalidade jurídica no CPC de 2015*. São Paulo: Revista dos Tribunais, 2016.

COELHO, Fábio Ulhoa. *Curso de direito comercial*. 5. ed. São Paulo: Saraiva, 2002. v. 2.

DIDIER JR., Fredie. *Aspectos processuais da desconsideração da personalidade jurídica*. Disponível em: <www.frediedidier.com.br/wp-content/uploads/2012/02/aspectos-processuais-da-desconsideracao-da-personalidade-juridica.pdf>. Acesso em: 27 mar. 2016.

DINAMARCO, Cândido Rangel. *Fundamentos do processo civil moderno*. 3. ed. São Paulo: Malheiros, 2000. v. 2.

DINIZ, Maria Helena. *Direito civil brasileiro*. 18. ed. São Paulo: Saraiva, 2002.

MELLO, Rogerio Licastro Torres de. *O responsável executivo secundário*. São Paulo: Quartier Latin, 2006.

_____. *Responsabilidade executiva secundária*. 2. ed. São Paulo: Revista dos Tribunais, 2016.

RAMOS, André Luiz Santa Cruz. *Curso de direito empresarial*. 3. ed. Salvador: Juspodivm, 2009.

REQUIÃO, Rubens. Abuso de direito e fraude através da personalidade jurídica (*disregard doctrine*). *Revista dos Tribunais*, São Paulo, n. 410, 1969.

WAMBIER, Teresa Arruda Alvim; CONCEIÇÃO, Maria Lucia Lins; RIBEIRO, Leonardo Ferres da Silva; MELLO, Rogerio Licastro Torres de. *Primeiros comentários ao novo CPC*. São Paulo: Revista dos Tribunais, 2015.

A privacidade no novo Código de Processo Civil

GUSTAVO QUINTANILHA TELLES DE MENEZES

1. Introdução

As limitações probatórias resultantes do direito à privacidade consistem em assunto marcado pela interdisciplinaridade, essa característica que torna relevante o exame dos impactos da privacidade em todo o processo civil.

Diante da ampla e recente alteração da disciplina legal, afigura-se necessário enfrentar não apenas os questionamentos dentro da doutrina processual civil, como também sua imbricação com outras disciplinas, como direito constitucional, direito processual penal e direito civil, o que submete o operador do direito a uma imensa variedade de influências e reflexos jurídicos.

No processo civil, o direito à privacidade ganha caráter instrumental e comparece como um obstáculo à produção de provas para comprovação de outros direitos materiais, bem como limita a prática de atos processuais.

O novo diploma legal traz inovações importantes, analisadas neste trabalho, embora seu reflexo concreto no cotidiano da atividade forense dependa de acompanhamento da implementação do novo sistema processual.

A importância da tutela constitucional à privacidade atua no coração do processo, pois restringe seu fluxo de reunião de elementos para reconstrução dos fatos ocorridos, na medida em que é invocada como óbice à prática de atos de instrução e barreira à obtenção de informações importantes para o conhecimento do cenário fático que vincula o julgamento da causa.

Nesta oportunidade, a privacidade é examinada em sua influência no estabelecimento de regras no novo Código de Processo Civil, sob todos os aspectos.

Cuida-se de focar o conteúdo garantístico das normas estudadas, ou seja, o modo como o respeito às cláusulas constitucionais de privacidade atua no processo, qualificando atos procedimentais como legítimos ou ilegítimos, de forma a dar ou retirar a possibilidade de serem praticados legalmente.

Embora a proteção legal à privacidade situe-se, ainda, majoritariamente fora dos textos legais estritamente processuais, contudo vem ganhando espaço no direito positivo processual.

Frise-se que o caráter garantístico da feição processual do direito à privacidade pode ser observado também por influir diretamente na legalidade dos atos processuais, sendo certo que somente haverá um processo justo, apto a produzir uma decisão justa, se forem observados, na instrução probatória, os limites ditados pela rede legal de proteção à privacidade.

2. Breve conceito de privacidade

Sabe-se que todos os temas, objeto de direito processual civil, em algum ponto, relacionam-se com o acesso à justiça, haja vista que, sem a pretensão de apresentar uma definição exauriente, é possível afirmar que o processo é conjunto articulado de atos que instrumentalizam o exercício do direito de acesso à justiça.

Decorrendo a incidência da lei em tese no caso concreto de verificação de que os fatos abstratamente previstos efetivamente ocorreram, a prova surge no processo como instituto que permite a demonstração de que os fatos que constituem o direito pleiteado realmente se configuraram.

O novo Código de Processo Civil, embora mantenha a maior parte das normas relativas à proteção do direito à privacidade, aperfeiçoa a redação de diversos dispositivos e insere novos regramentos sobre o tema na ordem jurídica, contribuindo para a compreensão jurídica do conceito de privacidade.

Com efeito, se o acesso à justiça depende do processo e esse depende da prova, não há dúvida de que, para efetivação do acesso à justiça, impõe-se como imprescindível reconhecer a existência do direito à prova.

O direito de provar não é ilimitado, sofrendo, pois, limitações *intrínsecas* inerentes a sua própria estrutura e formas de efetivação, bem como limitações *extrínsecas*, impostas pela coexistência com outros direitos.

Dentro de um sistema jurídico, os direitos restringem-se reciprocamente em extensão, de modo que todos ocupam seu espaço e cumprem sua função dentro do ordenamento.

O núcleo do direito de provar é a prova. Ela pode ser analisada sob o aspecto de seus *meios, resultados e atividade de produção*,[1] e objetiva atestar a ocorrência ou existência de fatos constitutivos, modificativos, impeditivos ou extintivos de direitos em litígio. A prova é, pois, componente do direito de acesso à justiça.

Os limites ao exercício do direito fixados nas normas do novo Código de Processo Civil definem os contornos do próprio acesso à justiça.

Desse modo, sendo esses limites compatíveis com as regras constitucionais, serão legítimos, e o direito de acesso à justiça estará pleno, em harmonia com os demais direitos. Impostos limites ilegítimos ao direito de prova, limitado estará o acesso à justiça e, portanto, estará consubstanciada uma violação ao direito fundamental constitucional inserto no artigo 5º, inciso XXXV, da Constituição da República.

Situar o direito de prova no âmago do acesso à justiça é fundamental para compreender a importância da harmonização entre as normas do novo Código e a Constituição da República.

A lei processual ordinária desempenha importante função nesse sopesamento, pelo que a compreensão do conceito de privacidade, tal como reconhecido na nova ordem processual, é fundamental.

Evidencia-se a importância para a análise conjugada dos dois direitos fundamentais em destaque — acesso à justiça e privacidade — da utilidade da técnica de ponderação,[2] que adota o critério da proporcionalidade, para que se possa definir adequadamente quando um ou outro deve prevalecer no caso concreto e quais meios podem ser utilizados para tratá-los no processo. Esse foi o trabalho feito pelo legislador ordinário e que será continuado pela jurisprudência sobre as normas do novo Código.

A influência do direito à privacidade apresenta-se como uma limitação extrínseca ao direito de prova. Não se cuida neste momento do direito à privacidade como direito material em que se funda a pretensão autoral, passível de decisão final de mérito diretamente sobre sua incidência e aplicação na regra jurídica concreta estabelecida pela sentença.

Nesse enfoque, a privacidade comparece como um fator externo ao direito de prova, que o limita e obriga o legislador a regular essa limitação. No âmbito regular do processo, a princípio, para observância do acesso à justiça, dever-se-ia permitir a produção de toda e qualquer prova, a fim de se reunir o máximo de elementos aptos a demonstrar como os fatos se passaram na realidade e, a partir daí, fixar-se o direito aplicável.

---

[1] GRECO, Leonardo. O conceito de prova. In: ____. *Estudos de direito processual*. Campos dos Goytacazes: Faculdade de Direito de Campos, 2005. p. 423-470.

[2] SARMENTO, Daniel. *A ponderação de interesses na constituição federal*. Rio de Janeiro: Lumen Juris, 2000.

Ocorre que a produção de provas tem regras no novo Código de Processo Civil que encontram limites não exclusivamente factuais, mas também jurídicos, como é justamente das normas que instituem, definem, regulam e protegem a privacidade.

Alcança-se, pois, a compreensão de que existem limitações probatórias determinadas pela privacidade, que podem e devem ser compreendidas, para que se lhes dê a correta aplicação, assegurando-se o exercício do acesso à justiça, pelo direito de prova, tanto quanto seja possível e legítimo. Essas normas estão, em grande parte, expressas no texto do Código de Processo Civil, porém algumas demandam recursos de hermenêutica.

O extenso e detalhado levantamento feito por Greco[3] permite concluir que a privacidade efetivamente atua como uma limitação probatória, ante a verificação de que sua tutela jurídica restringe os atos processuais da instrução probatória, que passam a ter que observá-la em sua execução, algumas vezes, inclusive, obstada.

O novo Código de Processo Civil regula detalhadamente a produção de prova, atento a essa questão. A privacidade pode acarretar uma restrição jurídica à prática do ato, exigir uma forma ou método específico para ser praticado, ou, ainda, gerar consequências endo e extraprocessuais.

3. Notas sobre a legislação estrangeira

Sabe-se que a Alemanha foi precursora na elaboração de lei regulamentando o armazenamento de informações, com a *Hessisches Datenschutzgesetz*, em 1970, seguindo-se a Suécia, com o Estatuto para bancos de dados de 1973 — *Data Legen* 289. O *Privacy act* norte-americano de 1974[4] foi o ato de natureza regulatória percursor do assunto na ordem jurídica norte-americana.

Nos EUA, o *Privacy act* de 1974, 5 U.S.C. §552a, estabelece um código de práticas justas de informação que rege a recolha, a manutenção, o uso e a disseminação de informações sobre indivíduos que são mantidos em sistemas de registros de agências federais. Um sistema de registros consiste em um grupo de registros sob o controle de um organismo a partir do qual a informação é recuperada pelo nome do indivíduo ou por algum identificador atribuído ao indivíduo.

O *Privacy act* proíbe a divulgação de um registro sobre um indivíduo de um sistema de registros sem o consentimento escrito do indivíduo, a menos que a divulgação esteja em conformidade com uma das 12 exceções legais.

A lei também fornece aos indivíduos um meio pelo qual buscam o acesso e a alteração de seus registros, bem como orienta sua aplicação para fins judiciais, como meio de prova.

---

[3] GRECO, Leonardo. *Instituições de processo civil*. Rio de Janeiro: Forense, 2010. v. II, p.113.

[4] DONEDA, Danilo. *Privacidade à proteção de dados pessoais*. São Paulo: Renovar, 2006. p. 203.

Já na Espanha, o Tribunal Constitucional, em sua Sentença nº 254/1993, chegou a reconhecer como direito fundamental a denominada *libertad informática*, como destacado em doutrina,[5] matéria ainda controvertida no Brasil.

A construção do conceito de privacidade no direito italiano operou-se por meio da jurisprudência, posto que não houve internamente a edição de lei com essa finalidade,[6] apesar do avançado estágio do direito naquele país.

Posteriormente, a partir da formação da Comunidade Europeia, a Itália ficou submetida à normatização da comunitária.

Vale destacar que a convenção de Strasbourg de 1981[7] foi o ponto inicial para a formação do modelo europeu sobre proteção a dados pessoais, culminando com sua inserção na *Carta dos direitos fundamentais da União Europeia de 2000*.[8]

Observa-se que a vida privada é expressamente resguardada, assim como os dados pessoais, inclusive do próprio governo, conforme o item 3 do artigo 8º.

Nesse sentido, o teor da Carta de Direitos Fundamentais da União Europeia adotou a linha de diretivas anteriores, como a de nº 95/46/CE,[9] relativa à proteção e ao respeito ao tratamento de dados pessoais e à livre circulação desses dados.

Considerou-se, pois, que o tratamento de dados pessoais deve assegurar o respeito aos direitos e liberdades fundamentais, nomeadamente, do direito à vida privada, reconhecido no artigo 8º da Convenção Europeia para a proteção dos direitos humanos.

Percebe-se que o objetivo do ato consistiu em ampliar os princípios contidos na Convenção do Conselho da Europa de 28 de janeiro de 1981, no que concerne à proteção das pessoas quanto à custódia e ao tratamento eletrônico de cadastros pessoais.[10]

---

[5] LUÑO, Henrique Perez. *Manual de informática y derecho*. Barcelona: Ariel, 1996. p. 43.

[6] CUPIS, Adriano De. *I diretti della personalita*. Milão: Giufre, 1949.

[7] "*Personal data' means any information relating to a identified or identifiable individual.*" Convention for the Protections of the individuals with regard to the Automatic Processing of Personal Data., artigo 2.a. Disponível em: <http://conventions.coe.int/Treaty/en/Treaties/Html/108.htm>. Acesso em: 21 jun. 2012.

[8] CARTA DOS DIREITOS FUNDAMENTAIS DA UNIÃO EUROPEIA. Artigo 7º Respeito pela vida privada e familiar. Todas as pessoas têm direito ao respeito pela sua vida privada e familiar, pelo seu domicílio e pelas suas comunicações. Artigo 8º Proteção de dados pessoais. Todas as pessoas têm direito à proteção dos dados de carácter pessoal que lhes digam respeito. Esses dados devem ser objeto de um tratamento leal, para fins específicos e com o consentimento da pessoa interessada ou com outro fundamento legítimo previsto por lei. Todas as pessoas têm o direito de aceder aos dados coligidos que lhes digam respeito e de obter a respectiva retificação. O cumprimento destas regras fica sujeito a fiscalização por parte de uma autoridade independente. (tradução livre)

[9] Disponível em: <www.umic.pt/images/stories/publicacoes200709/Directiva95_46_CE.pdf>.

[10] DIRECTIVA 95/46/CE DO PARLAMENTO E DO CONSELHO EUROPEU, de 24 de outubro de 1995. "Artigo 1º [...] 1. Os Estados-membros assegurarão, em conformidade com a presente diretiva, a proteção das liberdades e dos direitos fundamentais das pessoas singulares, nomeadamente do direito à vida privada, no que diz respeito ao tratamento de dados pessoais. 2. Os Estados-membros não podem restringir ou proibir a livre circulação de dados pessoais entre Estados-membros por razões relativas à proteção assegurada por força do item 1." (tradução livre)

A Austrália, por outro lado, editou o *Privacy act* e o *Office of privacy comissioner* para efetivá-lo; todavia, a normativa australiana foi considerada "inadequada" para os padrões europeus, segundo o julgamento do Grupo de Trabalho de Proteção de Dados da Comissão Europeia em 2001.[11]

Por outro lado, o Reino Unido aderiu à Convenção de Strasbourg em 1981 e promulgou seu *Data protection act* em 1984; contudo, não reconhece expressamente o direito ao direito à privacidade, embora o diploma determine proteção contra intromissão não autorizada na vida privada, especificamente no que tange a dados pessoais.

Cumpre salientar que em todos os regulamentos há um ponto comum que é o direito que a própria pessoa tem de acesso ilimitado a quaisquer informações sobre si, pelo que pode utilizá-las como prova judicial ou requerer que sejam oficiados órgãos públicos e privados para esse fim, no âmbito do processo. No Brasil, a norma é coerente com o *habeas data*.

Destaca-se, na legislação estrangeira, a lei de proteção de dados de 1978, a *Loi nº 78-17 du 6 janvier 1978 relative à l'informatique, aux fichiers et aux libertés*.[12]

O primeiro artigo do referido diploma dispõe que a tecnologia da informação e o armazenamento de informações pessoais devem ocorrer sem prejudicar a identidade humana, seus direitos, sua privacidade ou suas liberdades individuais e públicas. Tal assertiva estende sua aplicação ao processo judicial.

A lei define informações pessoais, arquivo de dados, tendo o cuidado de vedar classificações ou finalidades preconceituosas.

O diploma regula o tratamento de informações, e a regulação da coleta e tratamento de dados é feita por Comissão formada por representantes políticos e sociais de diversos seguimentos, sendo assegurada a independência da comissão em face do próprio Estado.

A aplicação da referida lei ao processo judicial realça-se na medida em que estabelece as hipóteses e os legitimados ao acesso de dados, definindo critérios de interesse que, inclusive, podem ser invocados em juízo.

O acesso aos bancos de dados, salvo situações excepcionais, somente pode ser feito por terceiro, mediante autorização judicial.

A referida lei dispõe, ainda, que os responsáveis pelos bancos de dados devem definir providências e sanções para o caso de utilização indevida das informações.

Delimitam-se com precisão o modo e as possibilidades de tratamento de dados e uso das informações, aborda utilização médica, proteção a direitos autorais, bem como regula bancos de dados governamentais e transferências de informações do Estado francês.

---

[11] Danilo Doneda, *Privacidade à proteção de dados pessoais*, op. cit., p. 223.

[12] Disponível em: <www.legifrance.gouv.fr>. Acesso em: 10 dez. 2015.

Extraem-se daí a importância e a utilidade de uma regulamentação completa em matéria de privacidade, tanto de caráter material quanto no âmbito do processo, sendo nessa matéria relevante o avanço no país, com a entrada em vigor do novo Código de Processo Civil.

Posteriormente, foi editada a Deliberação nº 2009-042 do Conselho de Estado, que, a partir de proposição do Conselho Europeu, fez com que fosse criado, pelo Parlamento Europeu, um Sistema Estatal de Análise de Ligação de Crimes Violentos, estabelecendo regras especiais de armazenamento e troca de informações pessoais, notadamente para fins processuais civis e penais.[13]

O texto atual do *Codice civili* italiano, em seu artigo 2.711,[14] dispõe que a quebra de privacidade da comunicação de livros, registros e correspondência pode ser ordenada pelo Judiciário apenas em casos relativos à dissolução da sociedade, à propriedade comum e à herança, ou *ex officio*, no caso de livros comerciais que contenham provas relevantes para o processo. Tais disposições encontram similares no Código de Processo Civil, nos artigos 417 a 421, que regulam a privacidade empresarial e os principais meios de acesso judicial à contabilidade da empresa.

O *Codice di procedura civile* regula algumas limitações probatórias impostas pela privacidade.[15] No artigo 118, trata da inspeção de pessoas e coisas, dispondo que o juízo pode ordená-la às partes e a terceiros, para possibilitar acesso à sua pessoa ou coisas na sua posse quaisquer outras inspeções que sejam necessárias para conhecer os fatos do caso, desde que isso possa ser feito

---

[13] Disponível em: <www.legifrance.gouv.fr>. Acesso em: 10 dez. 2015.

[14] CODICE CIVILE. *Art. 2711. Comunicazione ed esibizione. La comunicazione integrale dei libri, delle scritture contabili e della corrispondenza può essere ordinata dal giudice solo nelle controversie relative allo scioglimento della società, alla comunione dei beni e alla successione per causa di morte. Negli altri casi il giudice può ordinare, anche d'ufficio, che si esibiscano i libri per estrarne le registrazioni concernenti la controversia in corso. Può ordinare altresì l'esibizione di singole scritture contabili, lettere, telegrammi o fatture concernenti la controversia stessa.*

[15] CODICE DI PROCEDURA CIVILE. *Art. 118. (Ordine d'ispezione di persone e di cose)*
Il giudice può ordinare alle parti e ai terzi di consentire sulla loro persona o sulle cose in loro possesso le ispezioni che appaiono indispensabili per conoscere i fatti della causa, purché ciò possa compiersi senza grave danno per la parte o per il terzo, e senza costringerli a violare uno dei segreti previsti negli articoli 351 e 352 del Codice di procedura penale. Se la parte rifiuta di eseguire tale ordine senza giusto motivo, il giudice può da questo rifiuto desumere argomenti di prova a norma dell'articolo 116 secondo comma.
Se rifiuta il terzo, il giudice lo condanna a una pena pecuniaria da euro 250 ad euro 1.500. (1) Le parole: "non superiore a euro 5" sono state così sostituite dall'art. 45, comma 15, della Legge 18 giugno 2009, n. 69. Art. 210. (Ordine di esibizione alla parte o al terzo) Negli stessi limiti entro i quali può essere ordinata a norma dell'articolo 118 l'ispezione di cose in possesso di una parte o di un terzo, il giudice istruttore, su istanza di parte, può ordinare all'altra parte o a un terzo di esibire in giudizio un documento o altra cosa di cui ritenga necessaria l'acquisizione al processo. Nell'ordinare l'esibizione, il giudice dà i provvedimenti opportuni circa il tempo, il luogo e il modo dell'esibizione. Se l'esibizione importa una spesa, questa deve essere in ogni caso anticipata dalla parte che ha proposta l'istanza di esibizione. Art. 211. (Tutela dei diritti del terzo) Quando l'esibizione è ordinata ad un terzo, il giudice istruttore deve cercare di conciliare nel miglior modo possibile l'interesse della giustizia col riguardo dovuto ai diritti del terzo, e prima di ordinare l'esibizione può disporre che il terzo sia citato in giudizio, assegnando alla parte istante un termine per provvedervi. Il terzo può sempre fare opposizione contro l'ordinanza di esibizione, intervenendo nel giudizio prima della scadenza del termine assegnatogli.

sem prejuízo grave para a parte ou para o terceiro, e observados os limites nos artigos 351 e 352 do código de processo penal italiano.

Aliás, o mesmo artigo do código de processo civil italiano assevera que a parte que se recusa a executar essa ordem, sem justa causa, enseja a aplicação da norma de julgamento que enseja a presunção de veracidade dos fatos que a outra parte queria provar com essa prova (artigo 116), adotando solução de julgamento similar à do Brasil. Sendo um terceiro ao processo quem se recusa a coloborar, pode o juízo aplicar-lhe multa, também como no sistema processual pátrio.

No mesmo sentido e regulando o dever de colaboração do terceiro com o processo, o artigo 210 do *Codice di procedura civile* dispõe que o juiz de instrução, a pedido, pode pedir a outra parte ou a terceiros para apresentar um documento ou outra coisa que considere necessário para o processo de prova.

Já o artigo 211 da lei processual italiana, também tratando da proteção de direitos de terceiro, estabelece que, quando a apresentação for determinada a quem não seja parte no processo, o magistrado deve tentar conciliar da melhor forma possível o interesse da justiça tendo em devida conta os direitos do terceiro, fixando prazo para essa atividade.

O novo Código de Processo Civil traz com redação similar, no artigo 805, o princípio da menor onerosidade para o devedor, que deve se aplicar ao terceiro, inclusive em quando a medida judicial influir em sua privacidade.

A lei italiana assegura ao terceiro, na parte final do mesmo artigo 211, a legitimidade para recorrer da decisão que lhe atinge, no prazo estabelecido pelo juízo.

Aliás, a legitimidade do terceiro de recorrer da invasão de sua privacidade, perpetrada por ato judicial de produção de prova em processo judicial em que não é parte, consta do artigo 22º da Diretiva nº 95/46/CE do Parlamento e do Conselho Europeu, antes referida.[16] No sistema pátrio, o terceiro atingido em sua privacidade deve ser citado, assumindo posição de parte, com todos os direitos inerentes ao contraditório (art. 401 do novo Código de Processo Civil, que repete o artigo 360 do Código revogado).

É possível, pois, extrair a ilação de que a preocupação com a privacidade é questão mundialmente considerada e, na maior parte das legislações, há disposições legais acerca do reflexo da privacidade no processo, especialmente no que tange à produção de provas.

---

[16] Diretiva nº 95/46/CE do Parlamento e do Conselho Europeu, artigo 22º RECURSOS JUDICIAIS, RESPONSABILIDADE E SANÇÕES Recursos. Sem prejuízo de quaisquer garantias graciosas, nomeadamente por parte da autoridade de controlo referida no artigo 28º, previamente a um recurso contencioso, os Estados-membros estabelecerão que qualquer pessoa poderá recorrer judicialmente em caso de violação dos direitos garantidos pelas disposições nacionais aplicáveis no tratamento em questão.

4. A privacidade no novo Código de Processo Civil

O novo sistema processual estabelecido pela Lei nº 13.105, de 16 de março de 2016, estruturado pelo novo Código de Processo Civil, não traz em sua exposição de motivos a palavra *privacidade* nem outros termos que remetam à mesma, tais como *intimidade*, *sigilo*, *segredo* e *confidencialidade*. A expressão *privacidade* não é sequer utilizada na própria redação do novo Código de Processo Civil.

Há, por outro lado, menção no texto legal a expressões congêneres: *intimidade* (art. 189, inciso III), *sigilo* (art. 26, inciso III, art. 166, §2º, art. 338, inciso II, art. 448, inciso II, art. 773, parágrafo único), *confidencialidade* (art. 166, *caput* e §1º, art. 189, inciso IV, art. 195 e art. 773, parágrafo único) e *segredo* (art. 10, parágrafo único, art. 107, inciso I, art. 152, inciso V, art. 189, *caput* e §1º, art. 195 e art. 404, inciso IV).

A relevância dos dispositivos destacados é realçada pelas disposições da Constituição da República que, no art. 5º, incisos X e LX, e art. 93, inciso IX, refere-se a *intimidade*[17] e *sigilo*,[18] relativizadas somente sob estado de defesa e estado de sítio.

Todavia, esse conjunto de normas expressas constitucionais e infraconstitucionais repercute em inúmeras outras, ao longo do texto do novo diploma processual e no cotidiano da prática forense. O conceito de privacidade permeia a interpretação de todos os dispositivos no novo Código de Processo Civil, que direta ou indiretamente influenciem na esfera privada das pessoas.

Observa-se conteúdo relevante da norma do art. 8º, onde se submete a interpretação da lei processual aos fins sociais e se resguarda a dignidade da pessoa humana, o que, em certa porção, em muitos momentos, compreende situações de privacidade.

O mesmo artigo 8º traz o princípio da publicidade, que, consubstanciado pela publicidade dos atos e dos julgamentos, ambos com amparo constitucional, deve ser ponderado com

---

[17] Constituição da República, art. 5º, X — são invioláveis a intimidade, a vida privada, a honra e a imagem das pessoas, assegurado o direito a indenização pelo dano material ou moral decorrente de sua violação; LX — a lei só poderá restringir a publicidade dos atos processuais quando a defesa da intimidade ou o interesse social o exigirem.

[18] Art. 5º, XII — é inviolável o sigilo da correspondência e das comunicações telegráficas, de dados e das comunicações telefônicas, salvo, no último caso, por ordem judicial, nas hipóteses e na forma que a lei estabelecer para fins de investigação criminal ou instrução processual penal; [...] XIV — é assegurado a todos o acesso à informação e resguardado o sigilo da fonte, quando necessário ao exercício profissional; [...] XXXIII — todos têm direito a receber dos órgãos públicos informações de seu interesse particular, ou de interesse coletivo ou geral, que serão prestadas no prazo da lei, sob pena de responsabilidade, ressalvadas aquelas cujo sigilo seja imprescindível à segurança da sociedade e do Estado; [...] LXXII, [...] b) para a retificação de dados, quando não se prefira fazê-lo por processo sigiloso, judicial ou administrativo. [...] Art. 93, IX todos os julgamentos dos órgãos do Poder Judiciário serão públicos, e fundamentadas todas as decisões, sob pena de nulidade, podendo a lei limitar a presença, em determinados atos, às próprias partes e a seus advogados, ou somente a estes, em casos nos quais a preservação do direito à intimidade do interessado no sigilo não prejudique o interesse público à informação.

situações em que estiver presente o direito à privacidade, de forma a harmonizar a necessária transparência democrática do processo e o direito individual à intimidade, tal como traz o parágrafo único do art. 11 do novo Código, ao prever, em casos em segredo de justiça, a restrição de participação aos representantes das partes e ao Ministério Público.

A lei segue atenta aos princípios constitucionais que tutelam a privacidade e, mesmo ao tratar do novel princípio de cooperação jurídica, dispõe em matéria de cooperação internacional que a publicidade é regra, mas devem ser respeitadas as hipóteses de sigilo previstas na legislação brasileira ou no ordenamento do Estado requerente (art. 26, inciso III).

O segredo de justiça impõe, pela disciplina do novo Código de Processo Civil, restrição inclusive aos advogados não constituídos, que não podem ter acesso aos autos sob restrição de privacidade (art. 107, inciso I), no que não inovou o dispositivo.

O terceiro interessado que não participa do processo não pode sequer obter certidão do escrivão ou chefe de serventia (art. 152, inciso V, e 189, §1º), salvo quando demonstrar ao juízo ter legítimo interesse jurídico, hipótese em que também poderá obter certidão de inventário e de partilha resultantes de divórcio ou separação (art. 189, § 2º), em regra sigilosos.

Interessante alteração em matéria de privacidade no novo Código de Processo Civil está no art. 145, §1º, parte final, em que ao texto original sobre suspeição do Código revogado, que dispunha que "poderá o juiz declarar-se suspeito por motivo de foro íntimo", acresceu "sem necessidade de declarar suas razões", para assegurar aos magistrados a dispensa de fundamentar sua declaração de suspeição. A norma, que preserva a intimidade dos magistrados, tem utilidade haja vista longo debate no âmbito do Conselho Nacional de Justiça, onde se chegou a pretender regular a necessidade de fundamentação da declaração de suspeição, o que não prevaleceu.

Elenca o art. 189 as hipóteses em que os processos tramitam em segredo de justiça, listando em seus incisos: I — em que o exija o interesse público ou social; II — que versem sobre casamento, separação de corpos, divórcio, separação, união estável, filiação, alimentos e guarda de crianças e adolescentes; III — em que constem dados protegidos pelo direito constitucional à intimidade; IV — que versem sobre arbitragem, inclusive sobre cumprimento de carta arbitral, desde que a confidencialidade estipulada na arbitragem seja comprovada perante o juízo.

O inciso III do art. 189, na verdade, é a *regra processual geral de privacidade*, que efetiva, na legislação ordinária processual, a ampla aplicação a normas constitucionais que tutelam a intimidade. Todavia, preferiu o legislador não detalhar hipóteses, nem mesmo exemplificativas, deixando para a jurisprudência verificação de incidência concreta das normas da Constituição da República.

No que concerne à arbitragem, reforçou-se a possibilidade de cláusula de confidencialidade prevista na Lei nº 9.307/1996 — art. 13 §6º (discrição dos árbitros), art. 14 (árbitros têm as mesmas responsabilidades, causas de suspeição e causas de impedimento de magistrados, previstas no Código de Processo Civil), art. 22-C, parágrafo único (possibilidade imposição de sigilo) — salvo se envolver ente público (art. 2º, §3º), quando não pode ser estabelecido o sigilo.

Em matéria de mediação, como ensina Dalla,[19] o mediador obriga-se a manter sigilo sobre tudo que toma conhecimento em razão do desempenho dessa função, sendo esse sigilo protegido no ordenamento, por se tratar de um sigilo profissional.

O Conselho Nacional de Justiça editou a Resolução nº 125/2010, alterada pela Emenda nº 1/2013, que dispôs sobre o Código de Ética de Conciliadores e Mediadores, estabelecendo em seu art. 1º, inciso I, que a confidencialidade consiste no *dever de manter sigilo sobre todas as informações obtidas na sessão, salvo autorização expressa das partes, violação à ordem pública ou às leis vigentes, não podendo o mediador ser testemunha do caso, nem atuar como advogado dos envolvidos, em qualquer hipótese.*

Nesse sentido, o art. 166 dispõe que a conciliação e a mediação são informadas por vários princípios, entre os quais a confidencialidade.

A confidencialidade estende-se a todas as informações produzidas no curso do procedimento, cujo teor não poderá ser utilizado para fim diverso daquele previsto por expressa deliberação das partes (§1º).

Essa disposição é particularmente importante, pois protege a privacidade das partes ao vedar que as informações reveladas no curso da mediação sejam utilizadas como prova em outro momento do processo ou fora dele. Essa blindagem jurídica às informações trocadas durante o procedimento de mediação tem como escopo dar segurança às partes para que exponham seus verdadeiros interesses e não fiquem confinadas em posições antagônicas, com receio de que, revelando fatos que poderiam ser úteis à autocomposição do litígio, acabem sendo prejudicadas no processo, se a composição não for alcançada.

Desse modo, em razão do dever de sigilo, inerente às suas funções, o conciliador e o mediador, assim como os membros de suas equipes, não poderão divulgar ou depor acerca de fatos ou elementos oriundos da conciliação ou da mediação (§2º). A violação do dever de confidencialidade do mediador pode levar à exclusão do cadastro de conciliadores e mediadores do tribunal (art. 173, inciso I).

Note-se que as manifestações do mediador e das partes da mediação devem ser sigilosas, inclusive para o juiz, e não vinculantes para as partes, sendo sua finalidade exclusiva a de orientá-las na tentativa de composição amigável do conflito.[20]

Assim, não há dúvida de que a privacidade inerente ao procedimento de mediação traduz-se em limitação probatória legítima, destinada a criar uma esfera de confiança recíproca, permi-

---

[19] PINHO, Humberto Bernardina Dalla. *Mediação*: a redescoberta de um velho aliado na solução de conflitos. Disponível em: <www.humbertodalla.pro.br/arquivos/mediacao_161005.pdf>. Acesso em: 7 jul. 2012.

[20] Ibid.

tindo a revelação dos verdadeiros interesses e aprimorando a interação entre as partes, tudo voltado à solução consensual do conflito.

O novo Código de Processo Civil, ao tratar do registro de ato processual eletrônico, dispõe no art. 195 que, quanto aos casos que tramitem em segredo de justiça, deve ser observada a confidencialidade.

Recomenda-se uma interpretação cautelosa para nova regra de prova emprestada estabelecida pelo art. 372, que não tem correspondente no Código revogado. Embora já fosse aceita pela jurisprudência a prova emprestada, o dispositivo não cuidou de repetir as mesmas ressalvas, já estabelecidas em sede jurisprudencial, que, entretanto, continuam válidas.

Não é possível prova emprestada de processo em que, onde foi produzida, havia motivo para determinada superação de direito à privacidade, se o processo que recebe a prova não tiver em equivalente situação. Uma prova obtida no processo penal, mediante escuta telefônica, não poderá ser usada em processo civil, salvo na hipótese de liquidação de dano do mesmo processo criminal. A limitação à utilização de escuta telefônica para fins processuais penais do art. 5º, inciso XII, da Constituição da República é imperativa.

O art. 379, *caput*, inova ao consagrar expressamente o direito da parte de não produzir prova contra si mesma, excluindo a possibilidade de imposição de procedimentos invasivos de prova, clara exceção ao dever de colaboração.

Note-se que o direito da parte de não produzir prova contra si não revoga nem derroga os artigos 231 e 232 do Código Civil, que dispõem que aquele que se nega a se submeter a exame médico pericial não poderá se aproveitar de sua recusa, bem como que a recusa à perícia médica ordenada pelo juiz poderá suprir a prova que se pretendia obter com o exame.

Cumpre consignar que tais dispositivos estariam mais bem localizados no novo Código de Processo Civil do que no Código Civil, haja vista que inequivocamente tratam de prova e norma de julgamento no âmbito do processo, e não de prova de negócios jurídicos.

A nova modalidade de prova consistente na *ata notarial* (art. 384), no tocante à gravação de som e imagem, submete-se às mesmas regras de tutela da privacidade dessas mídias, devendo ser observados os entendimentos jurisprudenciais sobre gravação ambiental, interpessoal, consensual e não consensual, para fim de validação da prova.

Trata o novo Código de Processo Civil das provas, mencionando a privacidade profissional no art. 388, inciso II, dispensando a parte de depor sobre fatos a cujo respeito, por estado ou profissão, deva guardar sigilo. O mesmo artigo inova nos incisos III e IV, passando a tutelar a privacidade sobre fatos que a parte não possa responder sem causar desonra própria, de seu cônjuge ou companheiro, ou de parente em grau sucessível, bem como que coloquem em risco a vida das mesmas pessoas.

Mantendo o respeito à privacidade, excluindo excepcionalmente o dever de colaboração da parte e de terceiros com o desempenho da função jurisdicional, dispõe o art. 404 que estão dispensados de exibição em juízo, documento ou coisa requisitada pelo órgão julgador, se: I — concernente a negócios da própria vida da família; II — sua apresentação puder violar dever de honra; III — sua publicidade redundar em desonra à parte ou ao terceiro, bem como a seus parentes consanguíneos ou afins até o terceiro grau, ou lhes representar perigo de ação penal; IV — sua exibição acarretar a divulgação de fatos a cujo respeito, por estado ou profissão, devam guardar segredo; V — subsistirem outros motivos graves que, segundo o prudente arbítrio do juiz, justifiquem a recusa da exibição; VI — houver disposição legal que justifique a recusa da exibição.

Frise-se que as escusas de fornecimento de prova obstam, quando se verificam, a aplicação da nova norma do parágrafo único do art. 380, protegendo o terceiro das medidas coercitivas, indutivas, mandamentais e sub-rogatórias nele previstas, para obtenção de prova.

Todas as hipóteses mencionadas no artigo são de situações de privacidade e, portanto, nesses casos, optou o legislador por fazer preponderar o direito de não ter fatos pessoais conhecidos por terceiros sobre o direito de acesso à justiça e o dever de prestação jurisdicional do Estado.

Insta salientar que, além das hipóteses de expressa possibilidade de recusa pela parte ou de terceiro, mesmo outras que ingressem na privacidade de sujeitos do processo ou estranhos a ele somente poderão ser deferidas fundamentadamente (art. 370, *caput* e parágrafo único) mediante a comprovação de que sejam efetivamente imprescindíveis para o processo.[21]

Com já salientado, aplica-se analogicamente o art. 805, para recomendar a adoção sempre do meio de prova menos oneroso para a privacidade das partes e de terceiros, constituindo a *menor onerosidade à privacidade* em princípio a ser destacado e aplicado.

O novo parágrafo único do art. 400, interpretado em conjunto com o novo art. 854, *caput*, vem regular o procedimento de consultas e requisições bancárias, realizadas pelo juízo diretamente ao Banco Central. Tal procedimento, embora já aceito na jurisprudência, deve estar submetido à rigorosa necessidade.

---

[21] Nesse sentido já se posicionava a jurisprudência do Superior Tribunal de Justiça: "RECURSO ORDINÁRIO. MANDADO DE SEGURANÇA. DIREITO LÍQUIDO E CERTO. SEPARAÇÃO E DIVÓRCIO. PROVA INÚTIL E QUE FERE O DIREITO À PRIVACIDADE PREVISTO NA CONSTITUIÇÃO. SEGURANÇA CONCEDIDA. 1. O direito líquido e certo a que alude o art. 5º, inciso LXIX, da Constituição Federal deve ser entendido como aquele cuja existência e delimitação são passíveis de demonstração de imediato, aferível sem a necessidade de dilação probatória. 2. A culpa pela separação judicial influi na fixação dos alimentos em desfavor do culpado. Na hipótese de o cônjuge apontado como culpado ser o prestador de alimentos, desnecessária a realização de provas que firam seu direito à intimidade e privacidade, porquanto a pensão não será aferida em razão da medida de sua culpabilidade (pensão não é pena), mas pela possibilidade que tem de prestar associada à necessidade de receber do alimentando. 3. Recurso ordinário provido" (Superior Tribunal de Justiça. QUARTA TURMA. RECURSO ORDINÁRIO EM MANDADO DE SEGURANÇA 28336/SP. Processo 2008/0262860-6. Relator(a) ministro João Otávio de Noronha. Data do Julgamento: 24/3/2009. Data da Publicação/Fonte: *DJe*, 6/4/2009).

No caso das requisições de bloqueio, a questão é menos complexa, mas, com relação à consulta de dados, a jurisprudência exige maior cuidado e uma motivação mais consistente, especialmente se envolver fiscalização tributária e econômica.[22]

Vale lembrar que a norma do art. 415, que trata da utilização de cartas e registros domésticos como prova e cuja redação foi atualizada, deve ser interpretada em cotejo com todas as normas constitucionais e processuais que tutelam a privacidade. Os artigos 417 a 421 regulam a privacidade empresarial, como já salientado, tendo o novo Código de Processo Civil atualizado o conceito de livros comerciais.

No que tange à prova testemunhal, o art. 448 estabelece que a testemunha não é obrigada a depor sobre fatos: I — que lhe acarretem grave dano, bem como ao seu cônjuge ou companheiro e aos seus parentes consanguíneos ou afins, em linha reta ou colateral, até o terceiro grau; II — a cujo respeito, por estado ou profissão, deva guardar sigilo. Aplica-se aqui tutela à intimidade similar à regra do depoimento pessoal da parte (art. 388). Embora com menos incisos, as normas de ambos os artigos se equivalem.

Na fase de cumprimento de sentença ou execução, prevê o novo sistema processual que o juiz poderá, de ofício ou a requerimento, determinar as medidas necessárias ao cumprimento da ordem de entrega de documentos e dados, porém, quando em decorrência disso o juízo receber dados sigilosos, deverá adotar as medidas necessárias para assegurar a confidencialidade (art. 773, parágrafo único).

Trata-se no referido dispositivo de norma extensiva a todos os atos de força praticados pela autoridade judicial. Em qualquer situação no processo em que um ato judicial implique intervenção na esfera de privacidade de qualquer pessoa, cumpre ao juízo adotar medidas que minimizem a exposição e a violação da privacidade de quem foi atingido pelo ato.

Há diferentes situações processuais, algumas pouco consideradas, em que a privacidade de parte ou terceiro é atingida, ainda que legitimamente, por um ato judicial. Seja durante a efeti-

---

[22] MEDIDA CAUTELAR. BUSCA E APREENSÃO. CONCESSÃO DE EFEITO SUSPENSIVO. POSSIBILIDADE. SITUAÇÃO URGENTE E EXCEPCIONAL. 1. Em casos de cabal demonstração de ameaça de lesão irreversível e da presença de *fumus boni iuris*, é admissível a concessão de efeito suspensivo a Recurso Especial ainda não interposto na origem. 2. Excepcionalmente, o STJ pode dispensar a publicação do acórdão (art. 506, III, do CPC), pressuposto para a interposição de Recurso Especial, que busca conferir àquele efeito suspensivo. 3. Situação em que se devem preservar os poderes de investigação da Secretaria de Direito Econômico, que merecem especial deferência em razão da alta complexidade da matéria e da especialização técnica do órgão. 4. Autorização para o deslacre dos objetos apreendidos na Ação de Busca e Apreensão, impondo-se, entretanto, sigilo ao processo administrativo em trâmite perante a Secretaria de Direito Econômico, nos termos do art. 35, §2º, da Lei 8.884/94, resguardando-se, a um só tempo, a celeridade do processo administrativo e o direito de privacidade das empresas. 5. Liminar parcialmente deferida, pois preenchidos os requisitos necessários para a concessão da medida, diante da presença do *fumus boni iuris* e *periculum in mora*. 6. Decisão referendada pela Turma Julgadora (art. 288/RISTJ). (Superior Tribunal de Justiça. SEGUNDA TURMA. MEDIDA CAUTELAR 13103/SP. Processo 2007/0183505-6. Relator(a) ministro Herman Benjamin. Data do Julgamento: 7/8/2007. Data da Publicação/Fonte: *DJ*, 14/8/2007, p. 279)

vação de um despejo ou reintegração de posse, ou mesmo em uma diligência de busca e apreensão de pessoas ou coisas, é possível que se depare no processo com coisas pessoais, pessoas em situação de intimidade e todo tipo de contato com a vida privada das pessoas atingidas pelo ato de força do juízo; em todos esses casos devem o magistrado e os auxiliares da justiça cuidar para evitar exposição, além do estritamente necessário para a realização do ato.

Situação rotineira na prática forense — e tratada sem a devida cautela — consiste na juntada aos autos de declarações apresentadas pelas partes à Receita Federal.

Dotados de evidente sigilo, tais documentos fiscais não devem ser meramente juntados e mantidos acessíveis ao público, como quaisquer outros documentos. Embora o direito de acesso à justiça permita que o exequente investigue os bens do devedor, não é lícito expor no processo, sem restrição de acesso, dados de sua vida pessoal e fiscal.

Não é caso de impor segredo de justiça a todo o processo, mas de limitar o acesso a documentos como esses, preservando, assim, a intimidade das partes. Observa-se, pois, a relevância do art. 773, parágrafo único, do novo Código de Processo Civil, sem correspondente na lei revogada.

Importante, por fim, a inovação do art. 695, $\S 1^\circ$, que regula o conteúdo do mandado de citação em matéria de direito de família. Visando a preservar a intimidade do réu citando, inclusive na hipótese de eventual citação por hora certa ou mesmo para evitar situações constrangedoras para réu, perante aqueles que estejam presentes ao ato citatório.

A norma estabelece que o mandado de citação conterá apenas os dados necessários à ciência da audiência e deverá estar desacompanhado de cópia da petição inicial, assegurado ao réu o direito de examinar seu conteúdo a qualquer tempo. Eventualmente tal cautela deve ser adotada em atos de intimação, por analogia.

Saliente-se que, como já se verificou em casos concretos, o simples fato de constar do mandado que o réu é citado em ação de "investigação de paternidade", por si só, é apto a causar desnecessário constrangimento, além de quebrar o sigilo processual legalmente estabelecido.

5. Conclusão

A gestão processual de interferências à esfera de privacidade das pessoas deve ser técnica e ponderada, tal como previsto no novo Código de Processo Civil. Trata-se de conformar um direito fundamental, que senta raízes no bem mais basilar da ordem jurídica: a dignidade da pessoa humana, embora se manifeste em diferentes níveis de intensidade, que se afastam paulatinamente desse núcleo juridicamente mais protegido.

Na verdade, o acesso à justiça, inclusive no que compreende sua manifestação na instrução regulada pela lei processual, é um direito fundamental e legitima a busca da verdade no processo civil. Todavia, esta deve observar as limitações probatórias, notadamente, *in casu*, a privacidade.

Não significa dizer que, em qualquer caso, a proteção à privacidade prevalecerá sobre a busca da verdade. Apenas e sempre que houver, na produção de prova, intromissão na esfera privada de outrem, técnicas processuais específicas do tema devem ser utilizadas para assegurar o adequado cotejo entre esses dois direitos fundamentais: a privacidade e o acesso à justiça.

O legislador foi diligente ao regulamentar os atos processuais no novo Código de Processo Civil, preocupando-se em atender aos princípios constitucionais regentes da matéria, confirmando a marca do novo diploma, que consistiu em dar tratamento infraconstitucional a matérias processuais que ainda não haviam sido adaptadas na lei anterior e que, em grande parte, eram colmatadas na jurisprudência.

Pontificou-se com sucesso em matéria de privacidade no âmbito do novo Código, estabelecendo pelo conjunto de normas um *estatuto processual de tutela à privacidade*.

Entre tantos dispositivos examinados, alguns merecem destaque, sendo certo que aquele que mais reflete a privacidade no processo e melhor resume os demais é o art.189, inciso III: "Os atos processuais são públicos, todavia tramitam em segredo de justiça os processos: [...] III — em que constem dados protegidos pelo direito constitucional à intimidade".

Estabeleceu o novo Código uma cláusula geral, aplicável a todos os outros dispositivos.

Omitiu-se o novo Código de Processo Civil quanto à formulação de disposição expressa obrigando os sujeitos do processo, partes, advogados, juiz, auxiliares da justiça e *amicus curiae*, a manterem o sigilo sobre os fatos atinentes à intimidade de qualquer pessoa, de que tomem conhecimento em razão do processo; todavia, essa norma pode ser extraída do conjunto de regras sobre intimidade do diploma processual e, ainda, dos respectivos códigos de ética de cada profissão, além das demais normas jurídicas de direito material.

Dispositivo que também é de aplicação geral e estrutura o estatuto processual de tutela à privacidade é a norma do art. 773, parágrafo único, que impõe a adoção de medidas necessárias para assegurar a confidencialidade das informações protegidas pelo direito à privacidade, vindas ao processo por força da autoridade judicial ou por necessidade de tutela judicial.

Nenhuma parte ou terceiro pode ser prejudicado ou exposto em sua privacidade além do estritamente necessário, quando é despojado de sua intimidade para atender à situação processual.

Frise-se que o só fato de a parte ser obrigada a apresentar informações pessoais em juízo não permite presumir que aceitou ou deseja a publicidade. A publicidade dos atos e termos do processo, quando intervier na esfera privada de pessoas, deve ser somente aquela necessária ao acesso à justiça e à tutela judicial, aliás, como reiterada e setorialmente asseguram as normas examinadas.

Por fim, a última norma geral do estatuto processual de tutela à privacidade, instituído pelo novo Código de Processo Civil, obtém-se por intepretação do art. 805.

O dispositivo regula o zelo com informações privadas obtidas em procedimento de execução; porém, como tais normas aplicam-se a quaisquer casos de efetivação ou execução de decisão judicial, é possível afirmar que foi positivado o *princípio da menor onerosidade à privacidade*, pelo qual os atos processuais devem necessariamente ser realizados com menor impacto possível à privacidade dos sujeitos do processo.

O princípio tem respaldo nas normas constitucionais que tutelam a intimidade, articuladas com a lógica das normas processuais trazidas no novo Código de Processo Civil. Logo, quando por vários meios uma prova puder ser obtida ou um ato puder ser praticado, o juiz deverá mandar que se faça pelo modo menos gravoso para a intimidade de quem sofrer a intervenção judicial em sua esfera privada.

O *estatuto processual de tutela à privacidade*, instituído pelos novos dispositivos do Código de Processo Civil que renovou o sistema processual, consiste em importante contribuição desse novel diploma ao ordenamento jurídico pátrio.

REFERÊNCIAS

DONEDA, Danilo. *Privacidade à proteção de dados pessoais*. São Paulo: Renovar, 2006.

GRECO, Leonardo. *Instituições de processo civil*. Rio de Janeiro: Forense, 2010. v. II.

_____. O conceito de prova. In: _____. *Estudos de direito processual*. Campos dos Goytacazes: Faculdade de Direito de Campos, 2005. p. 423-470.

LUÑO, Henrique Perez. *Manual de informática y derecho*. Barcelona: Ariel, 1996.

PINHO, Humberto Bernardina Dalla. *Mediação*: a redescoberta de um velho aliado na solução de conflitos. Disponível em: <www.humbertodalla.pro.br/arquivos/mediacao_161005.pdf>. Acesso em: 7 jul. 2012.

SARMENTO, Daniel. *A ponderação de interesses na constituição federal*. Rio de Janeiro: Lumen Juris, 2000.

O Ministério Público no novo Código de Processo Civil: alguns tópicos

ROBSON RENAULT GODINHO

1. Delimitação objetiva do tema

Em texto escrito em coautoria[1] pouco antes da aprovação do novo CPC, apontávamos que o Ministério Público, mesmo após a Constituição de 1988, ainda não é percebido como um personagem multifacetado no processo civil, com toda uma nova dimensão jurídica advinda de diversos textos normativos e da própria prática institucional. Anotávamos também que há certo silêncio da doutrina, que, em linhas gerais, persiste na análise do Ministério Público apenas na tradicional função de *custos legis* ou, na linguagem do novo CPC, fiscal da ordem jurídica,[2] salvo quando se abordam questões envolvendo a legitimidade para ações coletivas. Se houve evidente modificação do Ministério Público,[3] com necessárias repercussões processuais, a manutenção de uma

---

[1] DIDIER JR., Fredie; GODINHO, Robson Renault. Questões atuais sobre as posições do Ministério Público no processo civil. *Revista de Processo*, São Paulo, n. 237, p. 45-87, nov. 2014.

[2] ESTELLITA, Guilherme. *O Ministério Público e o processo civil*. Rio de Janeiro: Freitas Bastos, 1956; CAMPOS, Benedicto de. *O Ministério Público e o novo Código de Processo Civil*. São Paulo: Revista dos Tribunais, 1976; LOPES, José Fernando da Silva. *O Ministério Público e o processo civil*. São Paulo: Saraiva, 1976; MACHADO, Antônio Cláudio da Costa. *A intervenção do Ministério Público no processo civil brasileiro*. 2. ed. São Paulo: Saraiva, 1998; ZENKNER, Marcelo. *Ministério Público e efetividade do processo civil*. São Paulo: Revista dos Tribunais, 2006; LIMA, Fernando Antônio Negreiros. *A intervenção do Ministério Público no processo civil brasileiro como custos legis*. São Paulo: Método, 2007; MOREIRA, Jairo Cruz. *A intervenção do Ministério Público no processo civil à luz da Constituição*. Belo Horizonte: Del Rey, 2009.

[3] Para a formação histórica geral do Ministério Público e/ou para notícias de direito comparado, vale conferir os seguintes estudos, que também trazem outras referências bibliográficas sobre o tema: GARCIA, Emerson.

interpretação "retrospectiva" é incompatível com uma realidade que, se não é exatamente nova, exige um tratamento condizente com tais transformações. Barbosa Moreira chegou a afirmar que o silêncio da Instituição no processo civil teria sido interrompido exatamente em razão do processo coletivo, que ensejou a "revitalização do Ministério Público, arrancado à relativa quie-

---

Ministério Público: organização, atribuições e regime jurídico. 4. ed. São Paulo: Saraiva, 2014; MAZZILLI, Hugo Nigro. *Regime jurídico do Ministério Público*. 7. ed. São Paulo: Saraiva, 2013; CARNEIRO, Paulo Cezar Pinheiro. *O Ministério Público no processo civil e penal*: promotor natural, atribuição e conflito. 6. ed. Rio de Janeiro: Forense, 2001. LYRA, Roberto. *Teoria e prática da promotoria pública*. Reimp. Porto Alegre: Sergio Antonio Fabris, 2001. DIAS, Mario. *Ministério Público brasileiro*. 2. ed. Rio de Janeiro: José Konfino, 1955. 2 v.; RITT, Eduardo. *O Ministério Público como instrumento de democracia e garantia constitucional*. Porto Alegre: Livraria do Advogado, 2002; SAUWEN FILHO, João Francisco. *Ministério Público brasileiro e o estado democrático de direito*. Rio de Janeiro: Renovar, 1999; PAES, José Eduardo Sabo. *O Ministério Público na construção do estado democrático de direito*. Brasília: Brasília Jurídica, 2003; RIBEIRO, Diaulas Costa. *Ministério Público*: dimensão constitucional e repercussão no processo penal. São Paulo: Saraiva, 2003; NERY, Rosa Maria de Andrade. Notas sobre a justiça e o Ministério Público no direito da Alemanha ocidental. *Revista de Processo*, São Paulo, n. 47, jul./set. 1987; VIGLIAR, José Marcelo Menezes. A participação do Ministério Público no processo civil. In: FERRAZ, Antonio Augusto Mello de Camargo (Coord.). *Ministério Público*: instituição e processo. São Paulo: Atlas, 1997; PROENÇA, Luis Roberto. Participação do Ministério Público no processo civil nos Estados Unidos da América. In: Antonio Augusto Mello de Camargo Ferraz, *Ministério Público*, op. cit.; FERRAZ, Antonio Augusto Mello de Camargo. Anotações sobre os Ministérios Públicos brasileiro e americano. In: _____. *Ministério Público e afirmação da cidadania*. São Paulo: s.l., 1997; COSTA, Eduardo Maia. Ministério Público em Portugal. In: VIGLIAR, José Marcelo Menezes; MACEDO JÚNIOR, Ronaldo Porto (Coord.). *Ministério Público II*: democracia. São Paulo: Atlas, 1999; SALLES, Carlos Alberto de. *A legitimação do Ministério Público para defesa de direitos e garantias constitucionais*. Dissertação (mestrado) — Universidade de São Paulo, 1992; SALLES, Carlos Alberto de. Entre a razão e a utopia: a formação histórica do Ministério Público. In: José Marcelo Menezes Vigliar e Ronaldo Porto Macedo Júnior, *Ministério Público II*, op. cit.; MACEDO JÚNIOR, Ronaldo Porto. A evolução institucional do Ministério Público brasileiro. In: SADEK, Maria Tereza (Org.). *Uma introdução ao estudo da justiça*. São Paulo: Idesp; Sumaré, 1995; PORTO, Sérgio Gilberto. *Sobre o Ministério Público no processo não criminal*. 2. ed. Rio de Janeiro: Aide, 1998; ARANTES, Rogério Bastos. *Ministério Público e política no Brasil*. São Paulo: Idesp; Educ; Sumaré, 2002; ALVES, Airton Buzzo; RUFINO, Almir Gasquez; SILVA, José Antônio Franco da (Org.). *Funções institucionais do Ministério Público*. São Paulo: Saraiva, 2001; FARIAS, Cristiano Chaves de; ALVES, Leonardo Barreto Moreira; ROSENVALD, Nelson (Org.). *Temas atuais do Ministério Público*. 3. ed. Salvador: Jus Podivm, 2012; JATAHY, Carlos Roberto de C. *O Ministério Público e o estado democrático de direito*: perspectivas constitucionais de atuação institucional. Rio de Janeiro: Lumen Juris, 2007; RODRIGUES, João Gaspar. *Ministério Público resolutivo*: um novo perfil institucional. Porto Alegre: Sergio Antonio Fabris, 2012; SACCO, Ricardo Ferreira. *Constitucionalismo e Ministério Público*. Belo Horizonte: Mandamentos, 2008; MACHADO, Bruno Amaral. *Ministério Público*: organização, representação e trajetórias. Curitiba: Juruá, 2007; RIBEIRO, Carlos Vinícius Alves (Org.). *Ministério Público*: reflexões sobre princípios e funções institucionais. São Paulo: Atlas, 2009; ALMEIDA, Gregório Assagra; SOARES JÚNIOR, Jarbas. *Teoria geral do Ministério Público*. Belo Horizonte: Del Rey, 2013; SABELLA, Walter Paulo; DAL POZZO, Antônio Araldo Ferraz; BURLE FILHO, José Emmanuel (Coord.). *Ministério Público*: vinte e cinco anos do novo perfil constitucional. São Paulo: Malheiros, 2013; GOULART, Marcelo Pedroso. *Elementos para uma teoria geral do Ministério Público*. Belo Horizonte: Arraes, 2013. Convém mencionar interessante livro que oferece um panorama comparado: DIAS, João Paulo; AZEVEDO, Rodrigo Ghiringhelli de (Coord.). *O papel do Ministério Público*: estudo comparado dos países latino-americanos. Coimbra: Almedina, 2008. Para uma visão crítica e interdisciplinar: Rogério Bastos Arantes, *Ministério Público e política no Brasil*, op. cit.; SILVA, Cátia Aida Pereira da. *Justiça em jogo*: novas facetas da atuação dos promotores de justiça. São Paulo: Edusp, 2001; KERCHE, Fábio. *Virtude e limites*: autonomia e atribuições do Ministério Público no Brasil. São Paulo: Edusp, 2009.

tude em que usualmente o mantinham, no tocante ao processo civil, as atribuições tradicionais".[4] Entretanto, não basta concentrar tintas na legitimidade do Ministério Público para os processos coletivos se outras dimensões continuam negligenciadas pela doutrina e jurisprudência.

A vigência de um novo Código de Processo Civil, portanto, pode significar especial oportunidade para que se lance um olhar renovado sobre as dimensões e posições do Ministério Público, ainda que, a rigor, poucas modificações estruturais tenham ocorrido com a nova legislação,[5] o que pode ser explicado tanto por essa discreta importância doutrinária antes referida como também pela anêmica participação da instituição no decorrer do processo legislativo.

O propósito deste breve texto consiste em descrever diversos tópicos que parecem relevantes, em uma primeira leitura do novo Código, tendo como referência a atuação do Ministério Público, sem, contudo, haver qualquer objetivo de esgotar os temas, tanto em relação à amplitude quanto à profundidade. A proposta é basicamente elaborar uma espécie de sumário para a realização de uma leitura da atuação do Ministério Público no novo CPC.

2. A adaptação processual do Ministério Público à Constituição

O novo CPC possui diversos dispositivos cuja finalidade é unicamente pedagógica: reproduzir normas constitucionais a fim de que, paradoxalmente, a consagração infraconstitucional sirva à efetividade da Constituição. Basta ter em conta a preocupação legislativa em explicar como se devem concretizar o princípio do contraditório e o devido processo legal, como nos artigos 9º, 10, 321, 373, §1º, parte final, 489, §1º, entre outros, para se constatar essa opção pela reprodução ou detalhamento de normas constitucionais. Por ser o primeiro código debatido e editado em regime democrático, é natural essa opção pela expressa e didática constitucionalização das disposições processuais, sobretudo quando se revela cada vez mais necessária a afirmação insistente e reiterada, aproximando-se do truísmo, de normas constitucionais em um ambiente em que há um déficit de concretização de tais comandos.

Esse objetivo legislativo de adaptação do processo civil à Constituição evidentemente abrange também o Ministério Público em sua disciplina específica nos artigos 176 e 177 do novo Código.

E aqui está a unidade hermenêutica que didaticamente o novo CPC impõe para a análise de qualquer tema relacionado com o Ministério Público no processo civil: sua atuação somente se justifica a partir do que está estabelecido no art. 127 da Constituição da República.

---

[4] BARBOSA MOREIRA, José Carlos. Os novos rumos do processo civil brasileiro. In: _____. *Temas de direito processual* (sexta série). São Paulo: Saraiva, 1997. p. 73.

[5] Refiro-me à ausência de mudanças profundas diretamente relacionadas com a disciplina específica do Ministério Público, já que o novo Código de Processo Civil, se analisado o conjunto de normas, apresenta indiscutíveis modificações estruturais e paradigmáticas.

Toda análise da atuação e da participação do Ministério Público no processo civil, seja como agente, seja como interveniente, necessariamente deverá partir dessa ideia básica de ser constitucionalmente autorizada.

Essa obviedade é necessária e deve ser repetida à exaustão, sob pena de o hábito atávico — que enseja a inércia da reflexão e a repetição automática de comportamentos — obnubilar qualquer avanço institucional, permanecendo o Ministério Público em sua "relativa quietude" no processo civil, afastando-se inexoravelmente dos balizamentos constitucionais.

Isso significa que mesmo algumas funções tradicionais do Ministério Público, que há décadas são exercidas irrefletidamente, devem ser revistas dessa perspectiva, não cabendo mais a mera repetição de atuações burocráticas que são normalmente atribuídas a uma tradição inventada e se perpetuam como se fossem situações ontológicas. Um exemplo: a intervenção do Ministério Público em atos de disposição de última vontade. É difícil encontrar um exemplo mais afastado do perfil constitucional do Ministério Público do que sua atuação em razão de um ato de vontade individual, patrimonial e disponível. Nada justifica a atuação do Ministério Público nessas situações, mas o fetiche legal e a obediência cega a hábitos arraigados fazem com que existam promotorias especializadas em se manifestar no cumprimento de testamentos, sem que haja qualquer outra justificativa para essa atuação. Como o novo Código, fica evidente o que já era patente desde a promulgação da Constituição, mas que não era sequer cogitado — e não será surpreendente se houver resistências a essa "modificação" — por não haver intermediação legislativa.

Essa adaptação processual do Ministério Público à Constituição, portanto, é ao mesmo tempo óbvia e necessária, consistindo em traçar o parâmetro fundamental de atuação: o artigo 127 da Constituição e seu espelho processual, o artigo 176 do novo Código.

3. O novo CPC e a apatia do Ministério Público no processo legislativo: ausência de avanços fundamentais

Basicamente o que foi exposto no item anterior constitui o único avanço legislativo em relação ao Ministério Público, o que é muito pouco se considerarmos que um novo Código é sempre um momento para correções de rumos, aperfeiçoamentos e progressos. No caso do Ministério Público, o único avanço, portanto, foi a reprodução de normas constitucionais.

Ao mesmo tempo, não se pode considerar que tenha havido contundentes retrocessos, mas, em um Código em que todos obtiveram importantes conquistas, permanecer na mesma situação pode ser percebido como prejuízo.

Entre os motivos que podem ser creditados para esse fato certamente está o processo legislativo, sob dois pontos de vista: 1) o primeiro decorre das virtudes do Ministério Público, fazendo com que sua atuação efetiva, sobretudo em ações coletivas e na seara criminal, provoque uma reação contrária de grupos de poder que reflita em um ambiente legislativo que lhe é hostil ou pouco receptivo; 2) o segundo advém de seus defeitos e pode ser subdividido em dois subitens: 2.1) não se pode ignorar que algumas distorções funcionais casuísticas justifiquem, no plano político, a reação dos grupos de poder; 2.2) a desconcertante apatia do Ministério Público na participação do processo legislativo, salvo em questões envolvendo conquistas funcionais corporativas, não raro decorrente de uma postura autossuficiente de não buscar o diálogo com os atores políticos por se considerar uma entidade pura e superior, incompatível com o varejo político, quando é notório que as imensas conquistas institucionais se deram exatamente em razão de uma efetiva, articulada e contundente participação política. Felizmente, parece que começa a haver um retorno a essas raízes do diálogo político, com maior participação em processos legislativos, mas o fato é que em relação ao anteprojeto e especialmente ao projeto que deu origem ao novo Código a participação do Ministério Público foi próxima de irrelevante, fragmentada, inconstante e, em muitos momentos, desinteressada. Não é que o Ministério Público não foi ouvido; ele não se fez ouvir. E isso, evidentemente, reflete-se no texto aprovado.

Após esses itens introdutórios, os seguintes cuidarão do exame de alguns tópicos relevantes para a atuação do Ministério Público no novo Código de Processo Civil.

4. As normas fundamentais

O novo CPC conta com uma Parte Geral que é inaugurada com a previsão de "normas fundamentais", que apresentam desde o início seu compromisso com a finalidade pedagógica da constitucionalização antes referida. Cabe ao Ministério Público a estrita observância das normas fundamentais do CPC em duas frentes, isto é, em sua própria atuação e também zelando para que sejam obedecidas pelos demais integrantes do processo.

O novo CPC estabelece a boa-fé objetiva e a cooperação[6] também para a atuação do Ministério Público, o que significa que se lhe exigem deveres de conduta, como lealdade e esclarecimento (e a fase de saneamento é concebida definitivamente para que todos os sujeitos dela participem ativamente, incluindo o Ministério Público como fiscal da ordem jurídica). Mas antes de se preocupar com o aspecto externo da boa-fé objetiva e da cooperação, deve o Ministério Público se ocupar dessas questões e de seus desdobramentos no âmbito interno, a fim de superar o que neste texto será designado como o "mal-estar no princípio da unidade" e ao qual se dedicará item próprio.

---

[6] Sobre a boa-fé objetiva e a cooperação, DIDIER JR., Fredie. *Curso de direito processual civil*. 17. ed. Salvador: Juspodivm, 2015. v. 1, p. 104-113 e 120-132; THEODORO JÚNIOR, Humberto et al. *Novo CPC*: fundamentos e sistematização. 2. ed. Rio de Janeiro: Forense, 2015. p. 69-92 e 183-240.

O efetivo contraditório previsto nos artigos 9º e 10 do novo CPC afeta o Ministério Público não apenas passivamente, mas também como causa ativa para sua atuação a fim de que seja estritamente observado. Nesse particular, aliás, há um caso concreto ocorrido no Tribunal de Justiça do Rio de Janeiro recentemente e ilustra a um só tempo a aplicação patológica do contraditório e também a necessidade de pensarmos criticamente o princípio da unidade: liminarmente, com base nas alegações da parte e com erros fáticos impressionantes, um desembargador concedeu liminar suspendendo os efeitos de uma ação ajuizada pelo Ministério Público, que havia obtido a tutela antecipada em primeiro grau; diante disso e especialmente em razão do equívoco fático, o promotor de justiça procurou o julgador para demonstrar documentalmente o erro; chegando ao gabinete, o desembargador estava reunido com os advogados da outra parte e disse que era para o promotor de justiça "despachar" ali mesmo, diante de todos, porque não pode haver "segredos" e há que se prestigiar o contraditório. Seria correta a postura do desembargador, se não fosse o detalhe de que simplesmente o Ministério Público não foi avisado de que haveria uma reunião com os advogados da outra parte. Ou seja: o contraditório, no caso, era capenga e só valeria se fosse para atender o Ministério Público. Eis um exemplo do uso de um princípio para, contraditoriamente, negá-lo. Por essa e outras razões, é fundamental que o Ministério Público melhor se articule para uma efetiva atuação perante e junto aos Tribunais. De nada adianta o incremento da legitimidade ativa se, depois, há uma atuação desarticulada e desinteressada nas fases recursais.

Ainda nas normas fundamentais, a conciliação, a mediação e outros métodos de solução consensual de conflitos mereceram especial atenção no novo CPC, e o artigo 3º dispõe que devem ser estimulados pelo Ministério Público, que, para tanto, deverá se capacitar. Nesse ponto, cabe registrar a repercussão da Lei nº 13.140 (Lei da Mediação), que, em seu artigo 3º, §2º, dispõe que "o consenso das partes envolvendo direitos indisponíveis, mas transigíveis, deve ser homologado em juízo, exigida a oitiva do Ministério Público". Ainda que se considere esse dispositivo integrante de lei especial e posterior ao novo CPC, não se pode extrair que o Ministério Público atuará em todas as mediações em que haja direitos indisponíveis,[7] mas transigíveis, caso se entenda que essas duas características estejam presentes nos casos de consenso envolvendo

---

[7] A indisponibilidade do direito é um tema complexo e que não pode mais ser encarado pelos processualistas como se fosse um conceito preconcebido e ontologicamente perene. Sobre o tema, que será abordado oportunamente com mais vagar, vale conferir: OLIVERO, Luciano. *l'indisponibilità dei diritti*: analisi di una categoria. Turim: G. Giappichelli, 2008; DESSÌ, Ombretta. *L'indisponibilità dei diritti del lavoratore secondo l'art. 2113 C.C.* Turim: G. Giappichelli, 2011; GUIDARA, Antonio. *Indisponibilità del tributo e accordi in fase di riscossione.* Milão: Giuffrè, 2010; MARTEL, Letícia de Campos Velho. Indisponibilidade dos direitos fundamentais: conceito lacônico, consequências duvidosas. *Espaço Jurídico*, v. 11, p. 334-373, jul./dez. 2010; MARTEL, Letícia de Campos Velho. *Direitos fundamentais indisponíveis*: limites e padrões do consentimento para a autolimitação do direito fundamental à vida. Tese (doutorado) — Universidade do Estado do Rio de Janeiro, 2010; NETO, Luísa. *O direito fundamental à disposição sobre o próprio corpo (a relevância da vontade na configuração do seu regime).* Coimbra: Coimbra, 2004; ADAMY, Pedro Augustin. *Renúncia a direito fundamental.* São Paulo: Malheiros, 2011.

matéria de família e a Fazenda Pública, por exemplo. Essa conclusão deriva do fato de que, como já afirmado, a atuação do Ministério Público decorre do artigo 127 da Constituição, cuja compreensão, nesse particular, está cristalizada nos artigos 178, parágrafo único, e 698 do novo CPC, o que significa que somente se houver incapazes[8] será obrigatória sua intervenção.

5. Prazos processuais e intimações

O novo CPC traz importantes inovações quanto aos prazos processuais, a começar pelo artigo 219, que estabelece sua contagem apenas em dias úteis. No artigo 220 também há inovação, ao se prever a suspensão dos prazos entre os dias 20 de dezembro a 20 de janeiro, deixando claro seu §1º que não se trata de recesso ou férias forenses, mas, sim, de causa suspensiva de prazos que afetem a advocacia privada. Por essa razão, cotejando-se o *caput* do artigo 220 com seus §§1º e 2º, é possível a designação de audiências e sessões de julgamento quando não houver advogado privado no processo, já que as atividades dos juízes, membros do Ministério Público, da Defensoria Pública e da Advocacia Pública deverão ser exercidas integral e normalmente, sem qualquer paralisação. Os destinatários dessa suspensão dos prazos são inequivocamente — e tão somente — os advogados privados. Entender essa regra como período de recesso forense será uma interpretação contrária ao texto legal que atenderá a anseios corporativos, mas prestará um desserviço para a prestação jurisdicional, sem contar a frontal violação, para dizer o mínimo, ao previsto no artigo 93, XII, da Constituição da República.

Especificamente afetando a disciplina do Ministério Público, há fixação de prazo de 30 dias para suas manifestações como fiscal da ordem jurídica (artigo 178). Quando não houver fixação de prazo específico, todas as suas manifestações terão prazo em dobro, a partir de sua intimação pessoal, contado em dias úteis (artigo 180 combinado com o citado artigo 219). Quando houver prazo específico, como os 30 dias do artigo 178 ou os 10 dias do artigo 12 da Lei do Mandado de Segurança, não haverá a contagem em dobro, conforme expressa previsão do artigo 180, §2º.

Novidade relevante está no artigo 180, §1º do novo CPC, fixando prazo próprio[9] para a atuação do Ministério Público: findo o prazo para manifestação do Ministério Público sem o oferecimento de parecer, o juiz requisitará os autos e dará andamento ao processo, e o membro do Ministério Público deve restituir os autos no prazo do ato a ser praticado, prevendo-se multa

---

[8] Registre-se que o artigo 114 da Lei nº 13.146/2015, que instituiu o Estatuto da Pessoa com Deficiência, alterou os artigos do Código Civil que tratam das incapacidades.

[9] Mesmo diante do mencionado artigo 12, o STJ considerou se tratar de prazo impróprio, razão pela qual não será surpresa se interpretar o artigo 180, §1º, do novo CPC da mesma forma, criando, assim, o prazo impropriamente próprio: "Em mandado de segurança, o prazo para a manifestação do Ministério Público como *custos legis* (art. 12 da Lei nº 12.016/09) não tem a mesma natureza dos prazos das partes, denominados próprios, cujo

pessoal para o caso de retardamento injustificado, sem prejuízo de responsabilidade disciplinar (artigo 234, *caput* e parágrafos, do novo CPC).

Em conhecida conceituação, prazos impróprios são os que não geram preclusões e se referem ao cumprimento de um dever e, ainda, quando vinculados a interesses da própria parte que não importem em atrasos no processo. Tradicionalmente, os prazos dos juízes, por significarem cumprimento de dever, são considerados impróprios, assim também com o Ministério Público, ou seja, não ensejam preclusão.[10] O disposto no artigo 180, §1º, contraria esse entendimento, já que fixa prazo próprio para cumprimento de um dever. Trata-se de dispositivo que vai ao encontro, portanto, de linha doutrinária que defende a necessidade de revisão desse entendimento de que não haveria preclusão temporal para o juiz, não podendo haver prazos anódinos.[11]

Diante da nova sistemática legal, é necessário buscar uma harmonização do sistema e não rechaçar uma questão de política legislativa sob o argumento de que não se adequaria a uma sistemática "antiga". Como a tarefa interpretativa não pode ser confundida com imposição de preferências pessoais, ainda que se discorde da opção legislativa, é imperiosa sua recepção, não cabendo uma acomodação hermenêutica que inviabilize por completo a aplicação da norma. Ainda que se discorde no âmbito da política legislativa, o dado normativo não pode ser ignorado e, sem tergiversações, temos agora um sistema em que se optou por essa regra processual, inexistindo qualquer inconstitucionalidade nessa escolha. Estamos em uma seara de política

---

descumprimento acarreta a preclusão (art. 183 do CPC). Trata-se de prazo que, embora improrrogável, é impróprio, semelhante aos do juiz e seus auxiliares, a significar que a extemporaneidade da apresentação do parecer não o invalida, nem inibe o julgamento da demanda" (RMS 32.880/SP, rel. ministro Teori Albino Zavascki, Primeira Turma, julgado em 20/9/2011, *DJe*, 26/9/2011). Nesse sentido, Fernando Gajardoni entende que "a regra do artigo 180, §1º, do CPC/2015 é aplicada, exclusivamente, nos casos em que o MP atua como fiscal da ordem jurídica. Findo o prazo assinado para manifestação do MP sem o oferecimento de parecer, o juiz requisitará os autos e dará andamento ao processo, independentemente da manifestação. Trata-se daquilo que temos convencionado chamar de *prazo impróprio anômalo*, pois, embora eventual manifestação fora do prazo não deixe de ser considerada pelo julgador e nem impeça que o MP volte a atuar em outras fases do processo (não há preclusão), o não cumprimento do prazo pode implicar a tomada de decisões independentemente da manifestação do MP, com a apreensão dos autos" (GAJARDONI, Fernando et al. *Teoria geral do processo*: comentários ao CPC de 2015 — Parte Geral. São Paulo: Método, 2015. p. 584). Essa realidade já é percebida nos processos eletrônicos: após um período em que ocorreu a intimação tácita, os autos são retirados da vista eletrônica e recebem andamento. Parece claro se tratar de preclusão para o ato processual específico.

[10] DINAMARCO, Cândido Rangel. *Instituições de direito processual civil*. 4. ed. São Paulo: Malheiros, 2004. v. II, p. 552-554; FERRAZ, Cristina. *Prazos no processo de conhecimento*. São Paulo: Revista dos Tribunais, 2001. p. 123. Por isso que se diz que inexiste preclusão temporal para o juiz: NEVES, Daniel Amorim Assumpção. *Preclusões para o juiz*: preclusão *pro judicato* e preclusão judicial no processo civil. São Paulo: Método, 2004. p. 41-42; SICA, Heitor Vitor Mendonça. *Preclusão processual civil*. São Paulo: Atlas, 2006. p. 106; GIANNICO, Maurício. *A preclusão no direito processual civil brasileiro*. São Paulo: Saraiva, 2005. p. 110-112; ROCHA, Raquel Heck Mariano da. *Preclusão no processo civil*. Porto Alegre: Livraria do Advogado, 2011. p. 88.

[11] Fredie Didier Jr., *Curso de direito processual civil*, op. cit., p. 429.

legislativa, não havendo que se falar aqui em conceitos jurídicos fundamentais, como se estivéssemos diante de problemas ontológicos. A controvérsia, na realidade, deve ser resolvida a partir dos conceitos jurídico-positivos.[12] Se foi essa a opção legislativa, não pode haver uma rebelião prática apenas por questão de preferência pessoal.

A opção do novo CPC por fixar preclusão temporal evidentemente pode afetar a atuação do Ministério Público e, assim, a tutela dos interesses arrolados nos artigos 176 e 178. Como não se trata de mera formalidade desprovida de significado relevante, a atuação do Ministério Público constitui também um dever, de modo que o silêncio, ao mesmo tempo que não desnatura a preclusão, já que se deve exigir uma atuação responsável, não pode ser entendido como não intervenção, de modo que, nesse contexto, o juiz deve prosseguir com o andamento dos autos, mas, ao mesmo tempo, oficiar ao procurador-geral para que, internamente, seja resolvida a questão, compatibilizando-se as questões envolvidas.

Em relação às intimações, devem ser registrados dois dispositivos do novo CPC: no artigo 272, §6º, consta que a retirada dos autos do cartório ou da secretaria em carga pelo Ministério Público implicará intimação de qualquer decisão contida no processo retirado, ainda que pendente de publicação; já no artigo 1.003, §1º, temos a previsão no sentido de que o prazo para interposição de recurso conta-se da data em que o Ministério Público é intimado da decisão, considerando-se realizada a intimação em audiência quando nela for proferida a decisão.[13]

---

[12] "O conceito jurídico-positivo é construído a partir da observação de uma determinada realidade normativa e, por isso mesmo, apenas a ela é aplicável. Acrescentando que são conceitos contingentes, históricos: descrevem realidades criadas pelo homem em certo lugar, em certo momento. [...] Como se vê, trata-se de conceito que fica submetido às contingências das transformações do Direito positivo. A definição desses objetos variará conforme o tempo e o espaço. Não há, portanto, uma disciplina jurídica única e imutável para esses institutos. Não se pode pretender encontrar, nesses conceitos, elementos invariáveis, que compusessem uma espécie de essência imprescindível do objeto definido." DIDIER JR., Fredie. *Sobre a teoria geral do processo, essa desconhecida*. Salvador: Juspodivm, 2012. p. 39-40.

[13] Modifica-se, assim, o entendimento jurisprudencial corrente: "Processual civil. Ministério Público. Intimação do acórdão proferido em segundo grau. Ausência. Nulidade. Presença na sessão de julgamento. Irrelevância. Prerrogativa. Intimação pessoal.1. O Ministério Público, ao ser chamado a manifestar-se, e o fazendo tanto através de parecer quanto na sessão de julgamento, passa a integrar a relação processual como custos legis. Sua intimação deve ser sempre pessoal com a vista dos autos, principalmente por se tratar de prerrogativa inerente ao cargo. Precedentes. 2. A presença do membro do Ministério Público na sessão de julgamento não afasta a necessidade de sua intimação pessoal do acórdão. Precedentes. 3. As demais teses inseridas no agravo regimental — extensão do recurso do Ministério Público abrangendo apenas a nulidade; falta de interesse e legitimidade para recorrer; manifestações incompatíveis com a pretensão recursal — não podem ser analisadas, pois não fizeram parte das contrarrazões ao recurso especial e não foram objeto de debate na instância ordinária. 4. Agravo regimental não provido" (AgRg nos EDcl no AREsp 265.096/RN, rel. ministro Castro Meira, Segunda Turma, julgado em 13/8/2013, *DJe*, 19/8/2013). "Habeas corpus. Processual penal. Crime de desrespeito a superior. Artigo 160 do CPM. Defensoria Pública. Presença de defensor na audiência de leitura da sentença. Intimação do órgão defensivo mediante remessa dos autos. Inocorrência. Recurso de apelação julgado intempestivo. Inobservância das prerrogativas da defensoria pública. 1. À Defensoria Pública, instituição permanente e essencial à função jurisdicional do Estado, compete promover a assistência jurídica judicial e extrajudicial aos necessitados (art. 134 da Constituição Federal), sendo-lhe asseguradas determinadas prerrogativas para o efetivo exercício

Prevê-se, ainda, que as intimações realizam-se, sempre que possível, por meio eletrônico, na forma da lei, aplicando-se ao Ministério Público a obrigação de manter cadastro nos sistemas de processo em autos eletrônicos, para efeito de recebimento de citações e intimações, as quais serão efetuadas preferencialmente por esse meio (artigo 270, parágrafo único, do novo CPC), sem que isso desnature a finalidade da intimação pessoal com entrega dos autos, que, por meio eletrônico, significa a disponibilização do conteúdo na íntegra para o órgão com atribuição (artigo 183, §1º, do novo CPC).

6. Intervenção como fiscal da ordem jurídica (*custos legis*)

O novo CPC traz importantes modificações na atividade interventiva do Ministério Público no processo civil, a começar pela denominação "fiscal da ordem jurídica". Basicamente, são as seguintes as inovações mais relevantes: 1) reprodução do artigo 127 da Constituição, tornando claramente didática a definição da regra-matriz que inspira a atuação do Ministério Público; 2) não repetição das referências às ações de Estado, disposições de última vontade e à ausência; 3) intervenção em ações de família somente quando presentes incapazes; 4) expressa referência às hipóteses de intervenção do art. 178, quando se tratar também de jurisdição voluntária; 5) fixação de prazos próprios e modificação na forma de fixação e contagem de prazos; 6) previsão de responsabilidade por ilícito processual; 7) expressas disposições sobre a possibilidade de suscitar incompetência relativa e requerer desconsideração da personalidade jurídica; 8) clara definição do papel do Ministério Público como fiscal da ordem jurídica, sem qualquer similitude com a figura de curador especial; 9) necessidade de intervenção em caso de litígio coletivo pela posse rural ou urbana; 10) intervenção obrigatória em casos de incidente de resolução de demandas repetitivas e também no incidente de assunção de competência, por ser obrigatória sua intervenção na formação de precedentes obrigatórios; 11) procedimento específico para a citação de pessoas com deficiência;[14] 12) decretação de invalidade pela ausência de intervenção apenas após a intimação do Ministério Público, que se manifestará sobre a existência ou não de prejuízo.[15]

---

de sua missão constitucional. 2. Constitui prerrogativa a intimação pessoal da Defensoria Pública para todos os atos do processo, estabelecida pelo art. 370, §4º, do Código de Processo Penal; art. 5º, §5º, da Lei 1.060/1950; e art. 44, I, da Lei Complementar 80/1994, sob pena de nulidade processual. 3. A intimação da Defensoria Pública, a despeito da presença do defensor na audiência de leitura da sentença condenatória, se perfaz com a intimação pessoal mediante remessa dos autos. 4. Ordem concedida"(HC 125270, relator(a): min. Teori Zavascki, Segunda Turma, julgado em 3/6/2015, Processo Eletrônico Dje-151, p. 03-08-2015).

[14] Todo tema referente a pessoa com deficiência sofreu grande impacto da Lei nº 13.146/2015, que, entre outras relevantes previsões, reduziu a incapacidade absoluta apenas aos menores de 16 anos.

[15] Essas questões são bem desenvolvidas em NOGUEIRA, Alécio Silveira. As posições do Ministério Público no novo CPC. In: SILVA, Cláudio Barros; BRASIL, Luciano de Faria (Org.). *Reflexões sobre o novo Código de Processo Civil*. Porto Alegre: Livraria do Advogado, 2016.

Todos esses pontos serão mencionados neste item. Antes, porém, cabem algumas reflexões genéricas sobre essa atividade interventiva.

Em razão do perfil constitucional que indica uma atuação mais ativa, a intervenção do Ministério Público na condição de *custos legis* vem sendo fortemente questionada há anos, dando origem ao que se convencionou denominar de *racionalização da intervenção no processo civil*. Busca-se evitar que a função do membro do Ministério Público se resuma ao que foi denominado de "parecerismo", entendido como o "fenômeno pelo qual os promotores de justiça passam a elaborar pareceres cada vez mais em tudo semelhantes a sentenças judiciais, atendendo a todos requisitos formais de uma sentença e esquecendo-se, por vezes, da própria finalidade com que intervinham no feito".[16]

Não há dúvidas de que a intervenção como *custos legis* deve ser redimensionada, mas nos parece que também há uma resistência injustificada a esse tipo de atuação, já que, inclusive por meio dela, é possível a tutela de direitos. Na realidade, exige-se uma nova compreensão de uma antiga função, não sendo mais compatível uma postura passiva e contemplativa do evolver processual.[17]

Não só as hipóteses que ensejam a intervenção do Ministério Público e o número de órgãos que possuam atribuição exclusivamente interveniente devem ser objeto de profunda reflexão, mas também o modo como se deve dar essa participação no processo. Também a aceitação irrefletida da fixação legal de hipóteses de intervenção não é compatível com o perfil constitucional do Ministério Público, devendo haver uma filtragem constitucional das normas legais que criam causas de intervenção.[18]

---

[16] MACEDO JÚNIOR, Ronaldo Porto. A evolução institucional do Ministério Público brasileiro. In: Maria Tereza Sadek, *Uma introdução ao estudo da justiça*, op. cit.. p. 44. Prossegue o autor: "Importa, todavia, apontar para um dado importante para a compreensão deste papel, de aparente 'assessor do juiz' no processo judicial (especialmente no cível). O Poder Judiciário de primeiro grau está organizado de tal modo que todo o poder da decisão repousa sobre a decisão de um juízo monocrático [...] Dentro dessa engenharia institucional, o promotor de justiça sempre representou um importante contrapeso contra a possível arbitrariedade do magistrado, situação particularmente verdadeira se lembrarmos que, em nosso sistema judicial, especialmente em cidades pequenas, os advogados contam com pouca possibilidade real de conflitarem com atitudes e decisões dos magistrados, sob pena de se indisporem e comprometerem sua própria sobrevivência profissional. Neste sentido, a atribuição de 'fiscal da lei' significa concreta e salutarmente ser o promotor de justiça um 'fiscal do juiz'" (p. 45).

[17] Sobre a relação entre a atividade interventiva e a repercussão na legitimidade ativa do Ministério Público, vale conferir o REsp 1155793/DF, rel. ministra Maria Isabel Gallotti, Quarta Turma, julgado em 1/10/2013, *DJe*, 11/10/2013.

[18] Ver Marcelo Zenkner, *Ministério Público e efetividade do processo civil*, op. cit., passim.

É necessária uma postura mais ativa também na função de interveniente,[19] com efetiva participação na instrução do processo, na fase de saneamento e com formulação de pedido de antecipação dos efeitos da tutela provisória.

Quanto à tutela provisória, há quem defenda sua ampla legitimidade[20] e há posicionamento doutrinário no sentido de que o Ministério Público poderá requerer tutela provisória antecipada quando for "assistente diferenciado de incapazes"; já na condição de fiscal da ordem jurídica, poderá "apoiar/sugerir/repelir o pleito provisório formulado; não poderá, entretanto, formular requerimento autônomo de tutela provisória".[21] Em que pese a indicação de que o novo CPC estabeleceu uma necessária diferenciação entre as hipóteses de intervenção, qualificando efetivamente a atuação do Ministério Público quando presentes incapazes, ainda me parece possível aceitar o requerimento de tutela provisória em todas as hipóteses de intervenção, por não se tratar de ampliação objetiva do processo — e, por isso, não há que se equiparar tal requerimento à substituição processual — e se relacionar com a causa que justificou sua atuação, sem que isso, evidentemente, signifique qualquer vinculação do conteúdo do pronunciamento final.

No que toca à alegação de incompetência relativa, é comum a afirmação de que cabe somente à parte interessada o ônus de opor a exceção específica,[22] em razão de sua conveniência acerca

---

[19] Em estudo publicado há mais de 60 anos, Enrico Allorio assim se pronunciou: "*séame consentido expresar mi esperanza de que la intervención del Ministerio Público en el proceso civil, ya que no extenderse en superficie, mejorará cualitativamente: de manera que, en los procesos en que intervenga, el Ministerio Público preste a la causa una atención diligente, participando ya en la fase instructoria, concluyendo por escrito y motivadamente, desplegando, en suma, las iniciativas que puedan impedir que su participación en el juicio quede reducida a mera formalidad*", afirmando ao final que, em tempos complexos, instituições como o Ministério Público "*mantienen encendida, en las tempestades, la antorcha de la justicia como principio moral del Estado, para transmitirla resplandeciente a un futuro más sereno*" (*El Ministerio Público*. Problemas de derecho procesal. Tradução de Santiago Sentís Melendo. Buenos Aires: Ejea, 1963. v. I, p. 437).

[20] Marcelo Zenkner, *Ministério Público e efetividade do processo civil*, op. cit., p. 161-166. Escrevendo sobre o CPC ainda vigente, Cassio Scarpinella Bueno já entendia que o Ministério Público possui legitimidade para requerer tutela antecipada mesmo quando atua como *custos legis*, "desde que, evidentemente, seu pedido vá ao encontro dos interesses e direitos que motivam sua participação no feito naquela qualidade. Pensar diferentemente não é somente apequenar o Ministério Público e seus misteres constitucionais; é muito mais do que isso. É apequenar a função social do processo e o interesse do próprio estado — imposto pela própria Constituição Federal — em que ele, o processo, seja eficaz, em que ele produza os efeitos que devem surtir em prol daquele que procedimentalmente, apresenta-se com 'melhor direito' do que o outro. Ser 'fiscal da lei', não é despropositado sublinhar, é forma de atenuar os rigores do 'princípio dispositivo', garantindo-se a necessária imparcialidade do magistrado. Neste sentido, não há como recusar ao Ministério Público, quando atua naquela qualidade, ter legitimidade para formular o pedido de tutela antecipada" (*Tutela antecipada*. 2. ed. São Paulo: Saraiva, 2007. p. 49).

[21] DIDIER JR., Fredie; BRAGA, Paula Sarno; OLIVEIRA, Rafael Alexandria. *Curso de direito processual civil*. 10. ed. Salvador: Juspodivm, 2015. p. 575. Acolhem os autores a terminologia proposta por Antônio Cláudio da Costa Machado, *A intervenção do Ministério Público no processo civil brasileiro*, op. cit., p. 225-230.

[22] Enunciado nº 33 da súmula de jurisprudência do Superior Tribunal de Justiça: "a incompetência relativa não pode ser declarada de ofício". Ver, na doutrina: BARBOSA MOREIRA, José Carlos. Pode o juiz declarar de ofício a incompetência relativa? In: ____. *Temas de direito processual (quinta série)*. São Paulo: Saraiva, 1994; DINAMARCO, Cândido Rangel. Declaração *ex-officio* da incompetência relativa? In: ____. *Fundamentos do*

do local em que será demandado. Certamente poderá ser da vontade do réu que o processo se estabeleça em outro local que o indicado por lei, mas não se pode excluir peremptoriamente o interesse de o Ministério Público examinar, no caso concreto, se o interesse público que autoriza sua intervenção não está sendo prejudicado por um comportamento desidioso da parte ou de seu advogado.

Afirmava-se que o Ministério Público não poderia suscitar a incompetência relativa quando atua como *custos legis* por não se tratar de matéria de ordem pública, mas, sim, de questão afeta à esfera da disponibilidade das partes de acordo com seus interesses particulares,[23]-[24] mas, se a causa que legitima a intervenção do Ministério Público puder ser prejudicada pelo deslocamento da competência, sempre nos pareceu que lhe devia ser garantida a possibilidade de atuar no sentido do interesse pelo qual foi chamado a intervir.[25] O novo CPC, felizmente, encerra essa discussão ao dispor expressamente em seu artigo 65, parágrafo único, que "a incompetência relativa pode ser alegada pelo Ministério Público nas causas em que atuar".[26]

Também quanto à desconsideração da personalidade jurídica, o artigo 133 do novo CPC é expresso ao admitir a possibilidade de o Ministério Público requerer a medida na condição de *custos legis*.

---

processo civil moderno. 3. ed. São Paulo: Malheiros, 2000. v. I; NERY JUNIOR, Nelson. Legitimidade para arguir incompetência relativa. *Revista de Processo*, São Paulo, n. 52, out./dez. 1988.

[23] Nelson Nery Junior, "Legitimidade para arguir incompetência relativa", op. cit., p. 217-218.

[24] O Superior Tribunal de Justiça possui decisões nos dois sentidos: "Processo civil. Incompetência relativa. Legitimidade. Ministério público. O Ministério Público, mesmo quando atua no processo como custos legis, tem legitimidade para arguir a incompetência relativa do Juízo" (RESP 223142 / MG — rel. min. Garcia Vieira, *DJ*, 25.10.1999, p. 66); "Ministério Público, na qualidade de custos legis. Impossibilidade. Nulidade do acórdão embargado. Ausência de demonstração da divergência. 1. As regras de competência relativa são instituídas para a tutela de interesses privados. Consectariamente, é vedado ao juiz declarar ex officio a sua incompetência relativa (Súmula 33 do STJ), porquanto estar-se-ia admitindo inserção na esfera de disponibilidade das partes. 2. Deveras, eleito o foro pelo autor no momento da propositura da ação, e não lhe sendo lícito requerer alteração posterior deste, somente o réu tem legitimidade para arguir a incompetência relativa. Pode ocorrer, entretanto, que haja concordância com o foro eleito para a causa, deixando o demandado de opor exceção, fato que acarreta a prorrogação da competência com a *perpetuatio jurisdictionis* prevista no art. 114 do Código de Processo Civil. 3. Conseqüentemente, tratando-se de competência territorial relativa, e não tendo sido oposta exceção declinatória do foro pela parte ré, falece ao Ministério Público legitimidade para, na qualidade de custos legis, arguir a incompetência. 4. Aliás, in casu, versando a ação, repetição de indébito tributário, relativo a direito individual patrimonial, não tem o Ministério Público legitimidade para intervir sequer como custos legis. 5. A finalidade dos embargos de divergência é a uniformização da jurisprudência interna da Corte, sendo requisito essencial à sua admissibilidade, a demonstração de que os órgãos colegiados deram interpretação diversa à mesma tese jurídica suscitada" (ERESP 222006/MG — rel. min. Luiz Fux, *DJ*, 13.12.2004, p. 199).

[25] GODINHO, Robson Renault. *A proteção processual dos direitos dos idosos*: Ministério Público, tutela de direitos individuais e coletivos e acesso à justiça. 2. ed. Rio de Janeiro: Lumen Juris, 2010. p. 95-97.

[26] Simetricamente, assim dispõe o artigo 951, parágrafo único, do novo CPC: "o Ministério Público somente será ouvido nos conflitos de competência relativos aos processos previstos no art. 178, mas terá qualidade de parte nos conflitos que suscitar".

Ainda nessa exemplificação de posturas ativas na atividade interventiva, merece especial registro a aposta do novo CPC na fase de saneamento (artigo 357), ocasião em que o Ministério Público poderá intervir de modo relevante no processo. Nesse particular, não é incomum verificar na prática forense que o juiz somente se lembre de intimar o Ministério Público próximo da audiência de instrução e julgamento ou mesmo antes da sentença, isto é, após o saneamento. Nessas situações, com base no artigo 279, §2º, estará evidenciado o prejuízo, anulando-se o processo a fim de que o Ministério Público participe do saneamento, salvo manifestação fundamentada[27] em sentido contrário.[28]

Quanto ao conteúdo do pronunciamento do Ministério Público nas causas que exigem sua participação, é necessário abordar as hipóteses que ensejam sua intervenção no processo.

Na hipótese da intervenção em razão da existência de interesse público ou social, na dicção do artigo 178, I,[29] do novo Código de Processo Civil, estamos diante de um conceito jurídico indeterminado e, embora possam ser retiradas algumas regras abstratas sobre a atuação do Ministério Público — por exemplo, a de que não há interesse público nas ações patrimoniais

---

[27] O disposto no artigo 489, §1º, do novo CPC se aplica igualmente às manifestações do Ministério Público, já que se trata apenas de uma espécie de receituário de como deve ser exercido o dever de fundamentação que lhe é imposto. Essa ideia possui relevância inclusive para o desenvolvimento da ideia de "disponibilidade motivada", como bem notou Hermes Zaneti Junior em texto ainda inédito, gentilmente por ele cedido (o texto integrará uma obra coletiva destinada a comentar o novo CPC e o trecho a seguir transcrito insere-se nas considerações sobre o artigo 178): "a possibilidade de determinar graus de interesse público e de indisponibilidade do direito, ao mesmo tempo que, caberia ao MP, a decisão de intervir ou não nos processos, conforme fundamentação adequada, quando a norma que determina a intervenção assentar-se em um conceito jurídico indeterminado (ex.: *interesse social e interesse público*). Trata-se de estabelecer, como premissa técnica de controle da atuação, o '*princípio da disponibilidade motivada*', demonstrando o membro as razões de sua atuação, toda vez que, no exercício de suas funções constitucionais, ao extrair o conteúdo normativo dos textos legais, resolver pela intervenção ou não intervenção na esfera cível, em concreto. O dever de fundamentação adequada decorre de mandamento constitucional (art. 93, IX) e é um dos pilares nos quais se assenta a estrutura de controle dos deveres-poderes do juiz no novo Código de Processo (art. 489, §1º), nada mais natural que ele se estenda igualmente ao MP".

[28] "Neste caso, excepcionalmente, a palavra do Ministério Público é definitiva para se decretar ou não a nulidade. A última palavra sobre a necessidade de intervenção do Ministério Público no feito é do Ministério Público e não do juiz." WAMBIER, Teresa Arruda Alvim. In: _____ et al. (Coord.). *Breves comentários ao novo Código de Processo Civil*. São Paulo: Revista dos Tribunais, 2015. p. 738.

[29] Sobre a discussão suscitada pela redação do art. 82, III, do Código de Processo Civil de 1973, inclusive com abordagem histórica e de direito comparado, vale conferir o trabalho de Antônio Cláudio da Costa Machado antes citado, especialmente as páginas 315-345, onde se encontram outras referências bibliográficas valiosas. Também merece ser mencionado, pela maneira peculiar com que examina a matéria, um estudo de PASSOS, Calmon de. Intervenção do Ministério Público nas causas a que se refere o art. 82, III, do C. Pr. Civ. *Revista Forense*, Rio de Janeiro, v. 268, 1978. E ainda: ÁVILA, Humberto. Repensando o "princípio da supremacia do interesse público sobre o particular". *Revista Trimestral de Direito Público*, São Paulo, n. 24, 1998, e JUSTEN FILHO, Marçal. Conceito de interesse público e a "personalização" do direito administrativo. *Revista Trimestral de Direito Público*, São Paulo, n. 26, 1999, além de FERRAZ, Antonio Augusto Mello de. Considerações sobre interesse social e interesse difuso. In: MILARÉ, Edis (Coord.). *A ação civil pública após 20 anos*: efetividade e desafios. São Paulo: Revista dos Tribunais, 2005.

envolvendo empresas públicas, nem em execuções fiscais,[30] chegando a afirmar Cândido Rangel Dinamarco que constitui aberração a intervenção do Ministério Público em causas nas quais é parte uma entidade estatal, só pela presença desta no processo —,[31] apenas as circunstâncias do caso concreto indicarão se haverá necessidade de intervenção da Instituição. O novo CPC, no entanto, é expresso ao acolher orientação doutrinária[32] e jurisprudencial no sentido de que "a participação da Fazenda Pública não configura, por si só, hipótese de intervenção do Ministério Público" (artigo 178, parágrafo único).

Há quem faça distinção acerca do conteúdo da intervenção do Ministério Público, vinculando-o se a participação no processo se der em razão da qualidade da parte.

---

[30] Confiram-se os seguintes pronunciamentos do Superior Tribunal de Justiça: "Processual civil. Recurso especial. Intervenção do Ministério Público em ação reparatória de danos morais. Desnecessidade. 1. Tratando-se de ação indenizatória por danos morais promovida em face do Estado por abuso de autoridade em face de denúncia promovida pelo Ministério Público, não se impõe a atuação do Parquet como custos legis, consoante jurisprudência da E. Corte. (RESP 327.288/DF, 4ª T., rel. min. Cesar Asfor Rocha, *DJ*, 17/11/2003; AGRESP 449643/SC, rel. min. Francisco Falcão, *DJ*, 28.6.2004; AgRg no Resp 258.798, rel. min. Eliana Calmon, *DJ*, 11.11.2002; Resp 137.186, rel. min. José Delgado, *DJ*, 10/9/2001) 2. O artigo 82, inciso III, do CPC, dispõe que compete ao Ministério Público intervir: 'III — em todas as demais causas em que há interesse público, evidenciado pela natureza da lide ou qualidade da parte.' 3. A escorreita exegese da dicção legal impõe a distinção jus-filosófica entre o interesse público primário e o interesse da administração, cognominado 'interesse público secundário.' Lições de Carnelutti, Renato Alessi, Celso Antônio Bandeira de Mello e Min. Eros Roberto Grau. 3. O Estado, quando atestada a sua responsabilidade, revela-se tendente ao adimplemento da correspectiva indenização, coloca-se na posição de atendimento ao 'interesse público.' Ao revés, quando visa a evadir-se de sua responsabilidade no afã de minimizar os seus prejuízos patrimoniais, persegue nítido interesse secundário, subjetivamente pertinente ao aparelho estatal em subtrair-se de despesas, engendrando locupletamento à custa do dano alheio. 4. Deveras, é assente na doutrina e na jurisprudência que indisponível é o interesse público, e não o interesse da administração. Nessa última hipótese, não é necessária a atuação do Parquet no mister de custos legis, máxime porque a entidade pública empreende a sua defesa através de corpo próprio de profissionais da advocacia da União. Precedentes jurisprudenciais que se reforçam, na medida em que a atuação do Ministério Público não é exigível em várias ações movidas contra a administração, como, v.g., sói ocorrer, com a ação de desapropriação prevista no Decreto-lei n. 3.365/41 (Lei de Desapropriação). 5. In genere, as ações que visam ao ressarcimento pecuniário contêm interesses disponíveis das partes, não necessitando, portanto, de um órgão a fiscalizar a boa aplicação das leis em prol da defesa da sociedade. 6. Hipótese em que revela-se evidente a ausência de interesse público indisponível, haja vista tratar-se de litígio travado entre o Estado de Rondônia e INSS e o Procurador de Estado Beniamine Gegle de Oliveira Chaves, onde se questiona a reparação por danos morais, tendo em vista ter sido injustamente denunciado pelo crime tipificado no art. 89, da lei 8.666/93. 7. Ademais, a suposta nulidade somente pode ser decretada se comprovado o prejuízo para os fins de justiça do processo, em razão do Princípio de que 'não há nulidade sem prejuízo' ('pas des nullités sans grief'). 8. Recurso especial desprovido" (RESP 303806/RO — rel. min. Luiz Fux, *DJ*, 25.4.2005, p. 224). Nos casos de execução fiscal, foi editado o enunciado nº 189 da súmula da jurisprudência predominante: "é desnecessária a intervenção do Ministério Público nas execuções fiscais".

[31] *Instituições de direito processual civil*. São Paulo: Malheiros, 2001. v. I, p. 679. No segundo volume de suas *Instituições*, Dinamarco afirma que o Ministério Público sempre será parte no processo, tanto quando atuar como assistente (parte auxiliar), quanto como *custos legis* (4. ed. São Paulo: Malheiros, 2004. p. 427).

[32] Ver Cândido Rangel Dinamarco, *Instituições de direito processual civil*, op. cit., p. 428-430.

Em outra perspectiva, entende-se que o Ministério Público possui liberdade na atuação como *custos legis*, no que se refere ao mérito do processo, podendo se manifestar contrariamente à pretensão da parte que ensejou sua intervenção no processo, havendo limitação apenas ao seu interesse recursal. Ou seja: em uma ação ajuizada, por exemplo, por incapaz, pode o Ministério Público manifestar-se contrariamente à pretensão veiculada na petição inicial; entretanto, se o pedido for julgado procedente, não poderá recorrer por ausência de interesse recursal.[33]

Concordamos parcialmente com essa última opinião. Parece-me que a questão deve ser resolvida com base no artigo 127 da Constituição da República, isto é, o Ministério Público só intervirá em processos individuais pela qualidade da parte se houver direitos indisponíveis em disputa, o que é reforçado pelo novo CPC nos artigos 178 e 698. Se não estiver presente o direito do incapaz, não haverá nenhuma indisponibilidade e simplesmente o Ministério Público não poderá atuar em seu favor por absoluta legitimidade. Também a questão recursal parece ser mais bem situada no plano da legitimidade do que no do interesse recursal. Na hipótese de a sentença favorecer o titular de um direito indisponível, não poderá o Ministério Público recorrer contra a sentença por não ter legitimidade, já que, ao prolongar a relação processual, por via reflexa estará atuando como uma espécie de substituto processual de um titular de direito individual disponível, o que lhe é vedado constitucionalmente. O interesse recursal sempre estará presente, mas a legitimidade, não. Note-se que são duas situações distintas: 1) antes da sentença, há uma relação processual instaurada por um titular de um direito afirmado, que, por questões variadas, o ordenamento considera indisponível. O Ministério Público não está obrigado a defender de modo automático a parte que se afirma titular de um direito indisponível.[34]

---

[33] Paulo Cezar Pinheiro Carneiro, *O Ministério Público no processo civil e penal*, op. cit., p. 12-14. No mesmo sentido: Hugo Nigro Mazzilli. *Regime jurídico do Ministério Público*, op. cit., p. 215-216. Também no sentido da atuação desvinculada do Ministério Público temos a posição de José Fernando da Silva Lopes (*O Ministério Público e o processo civil*, op. cit.), que entende que o Ministério Público sempre atua em prol do interesse público. Ainda: Marcelo Zenkner, *Ministério Público e efetividade do processo civil*, op. cit., p. 123-130.

[34] Excelente síntese do problema, com original proposta de compatibilização das teses existentes em Hermes Zaneti Junior, em texto ainda inédito, gentilmente por ele cedido (o texto integrará uma obra coletiva destinada a comentar o novo CPC e o trecho a seguir transcrito insere-se nas considerações sobre o artigo 178: "o problema surge quando, ao atuar, o Ministério Público encontra uma situação de perplexidade diante de um incapaz que pleiteia um direito contrário ao ordenamento jurídico, segundo o juízo do agente do MP oficiante nos autos. A questão relaciona-se com a correta interpretação da Constituição (Art. 127, *caput*), isto é, pergunta-se: se o incapaz não tem direito, deve o *parquet* manifestar-se contra sua pretensão para garantir a tutela do ordenamento jurídico? Existem três posições na doutrina: a) intervenção com poderes amplíssimos e obrigatoriedade de manifestação no mérito, inclusive recorrendo, mesmo contra os interesses dos incapazes (Nelson Nery Jr.); b) intervenção *ad coadjuvandum*, ou seja, apenas para beneficiar os interesses do incapaz, deixando de se manifestar no mérito, quando, no entendimento do *parquet*, o incapaz não possuir razão (Cândido Rangel Dinamarco); c) liberdade de opinião durante o processo de conhecimento, com manifestação obrigatória quanto ao mérito, vedada a recorribilidade quando a decisão de mérito for favorável ao incapaz, por falta de interesse processual, mesmo após parecer contrário do MP (Mazzilli: 2011). Nos parece que nenhuma das teses está completamente correta quando iluminadas pela incorporação explícita dos vetores constitucionais ao texto a novo CPC (Art. 1º

A independência funcional garantida constitucionalmente ao Ministério Público assegura a liberdade de manifestação sobre o mérito do processo[35] e o Superior Tribunal de Justiça vem sufragando essa tese.[36]

De todo modo, merece ser registrado que ao Ministério Público caberá a valoração da existência do interesse público, de modo que é ilegítima a existência de uma ordem judicial cogente que obrigue sua intervenção, tendo em vista que a independência funcional garante à Instituição a verificação de quando e como exercer suas funções. Se o membro do Ministério Público entender que não é hipótese de sua intervenção e o juiz discordar, os autos deverão ser remetidos ao procurador-geral, que dará a interpretação definitiva sobre a situação.[37] No caso de o membro do Ministério Público resolver atuar e o juiz entender que não é hipótese de intervenção por ausência de interesse público, a palavra final sobre a questão será do Judiciário, por meio da análise dos recursos interpostos. Em síntese, sobre a atuação como fiscal da ordem jurídica, devem ser registrados os seguintes pontos que receberam alguma inovação no CPC: 1) a intervenção na jurisdição voluntária somente será necessária se estiver presente alguma hipótese do art. 178, não havendo mais lugar para a antiga discussão sobre a obrigatoriedade dessa intervenção independentemente do caso concreto (artigo 721 do novo CPC);[38] 2) consequentemente, não

---

c/c Art. 176). Entendemos que o MP, quando intervém no processo civil apenas em razão da presença de incapaz, não pode se manifestar no mérito contra o interesse deste mesmo incapaz; portanto, adotamos, no ponto, a doutrina da intervenção *ad coadjuvandum*. Isso porque a opinião jurídica do MP, por mais relevante, culta e bem construída que seja, não tem pertinência para os direitos disponíveis das partes, nos quais falte relevância social. Nestes casos, deverá o membro do MP falar apenas sobre a regularidade processual. Contudo, quando concorrer na causa um interesse contraposto com relevância social ou individual indisponível, combinado com as funções institucionais previstas no Art. 178 CPC e Art. 129 e incisos, CF/88, caberá ao Ministério Público, obrigatoriamente, manifestar-se no mérito e, inclusive, recorrer da sentença que decida contrariamente aos direitos fundamentais ali previstos. A legitimação para intervenção está presente por se tratar de *causa de intervenção autônoma*, independente do interesse do incapaz. Logo, entendemos por somar as três teses, tendo como vetor interpretativo o comando constitucional, ou seja, tratando-se de direito disponível e sem relevância social, não caberá ao MP zelar pelo ordenamento jurídico (intervenção *ad coadjuvandum*). Tratando-se, por outro lado, de direito indisponível ou com relevância social, caberá ao MP, não só tutelar o ordenamento jurídico, como inclusive recorrer, caso o incapaz que não tem direito, na visão do *parquet*, saia vencedor na fase de conhecimento. Em outras palavras, o MP não recorrerá sempre, atua em nome do incapaz e somente pode atuar contrariamente a pretensão deste, inclusive recorrendo, quando visualizar interesse social ou direito individual indisponível na pretensão da parte contrária. A liberdade de opinião diz respeito à independência funcional e deve ser respeitada em qualquer dos casos, porém esta será controlada pelo dever de fundamentar adequadamente (disponibilidade mitigada)".

[35] Ver Emerson Garcia, *Ministério Público*, op. cit., p. 473.

[36] REsp 135744 / SP — rel. min. Barros Monteiro, *DJ*, 22.9.2003, p. 327.

[37] Emerson Garcia, *Ministério Público*, op. cit., p. 474-476.

[38] MENDONÇA LIMA, Alcides de. *Comentários ao Código de Processo Civil*. São Paulo: Revista dos Tribunais. 1982. v. XII, p. 43; CASTRO FILHO, José Olympio de. *Comentários ao Código de Processo Civil*. 4. ed. Rio de Janeiro: Forense, 1995. v. X, p. 14-18. Lembre-se, também, da conhecida opinião do autor sobre a não obrigatoriedade de intervenção do Ministério Público em todos os processos de jurisdição voluntária (*Ministério Público e jurisdição voluntária*. Fundamentos do processo civil moderno. 3. ed. São Paulo: Malheiros, 2000. v. I,

há mais intervenção obrigatória em casos de ausência ou de disposições de última vontade, não mais cabendo ao Ministério Público a proteção de patrimônio individual disponível, seja como interveniente ou como agente, sendo inconstitucional a legitimidade conferida pelo artigo 22 do Código Civil e a previsão do artigo 745, §4º, do novo CPC. No caso dos testamentos, o artigo 735, §2º, do novo CPC aparentemente prevê a intervenção obrigatória do Ministério Público, o que somente se justificaria com base em uma tradição irrefletida. Diante do artigo 127 da Constituição e dos artigos 176, 178 e 721 do novo CPC, é incabível sustentar a simples tutela de patrimônio individual disponível pelo Ministério Público, cabendo salientar que não há reprodução no referido artigo 178 do vetusto rol do artigo 82, II, do CPC de 1973;[39] 3) nas ações de família a intervenção somente se justifica se houver incapazes (artigo 698); 4) na ação rescisória, somente haverá intervenção se igualmente estiverem presentes as hipóteses do artigo 178, conforme expressa previsão do artigo 967, parágrafo único, encerrando-se a dúvida acerca da obrigatoriedade de sua oitiva.[40] Parece-me, porém, que também se faz necessária a intervenção no caso de a decisão rescindenda decorrer de simulação ou de colusão das partes, a fim de fraudar a lei, porque, se a lei lhe confere legitimidade para agir nesse caso (artigo 967, III, *b*), estabelece-se uma hipótese evidente de interesse público; 5) no incidente de resolução de demandas repetitivas, como haverá fixação de tese para causas de massa e também formação de precedente obrigatório, é fundamental a ampliação do diálogo e também está subjacente o interesse social, tornando obrigatória a intervenção prevista no artigo 976, §2º; 6) nas ações possessórias envolvendo litígio coletivo, a intervenção será obrigatória, independentemente de haver hipossuficiência econômica, conforme dispõe o artigo 554, §1º, do novo CPC: "no caso de ação possessória em que figure no polo passivo grande número de pessoas, serão feitas a citação pessoal dos ocupantes que forem encontrados no local e a citação por edital dos demais, determinando-se, ainda, a intimação do

---

p. 399-406). Como contraponto a esse posicionamento acerca da jurisdição voluntária: NERY JÚNIOR, Nelson. Intervenção do Ministério Público nos procedimentos especiais de jurisdição voluntária. *Revista de Processo*, São Paulo, n. 46, abr./jun. 1987. Síntese da controvérsia em LUCENA, João Paulo. *Comentários ao Código de Processo Civil*. São Paulo: Revista dos Tribunais, 2000. v. 15, p. 68-72.

[39] A doutrina, buscando explicar a razão pela qual o Ministério Público deveria zelar pelas declarações de última vontade, afirma que se trata de observância de "normas de ordem pública" (LIMA, Fernando Antônio Negreiros. *A intervenção do Ministério Público no processo civil brasileiro como custos legis*. São Paulo: Método, 2007. p. 143-144) ou ainda explica porque, "como o testador, porque falecido, não mais pode velar para que sua vontade seja obedecida, a lei coloca o Ministério Público na função de cuidar de que não se descumpra a vontade manifestada no testamento" (BARBI, Celso Agrícola. *Comentários ao Código de Processo Civil*. 9. ed. Rio de Janeiro: Forense, 1994. v. I, p. 230) e, por fim, em virtude de um suposto "interesse indisponível do Estado (da sociedade) em ver realizada a vontade do falecido" (Antônio Cláudio da Costa Machado, *A intervenção do Ministério Público no processo civil brasileiro*, op. cit., p. 302). O testamento é um negócio jurídico unilateral que tem a morte como causa relacionada à sua eficácia, de modo que não há nada que o vincule a "ordem pública" ou disponibilidade.

[40] BARBOSA MOREIRA, José Carlos. *Comentários ao Código de Processo Civil*. 12. ed. Rio de Janeiro: Forense, 1995. v. V, p. 199-200.

Ministério Público e, se envolver pessoas em situação de hipossuficiência econômica, da Defensoria Pública". Esse dispositivo fornece também importante subsídio para reforçar a legitimidade ativa do Ministério Público em casos de posse envolvendo direitos individuais homogêneos, já que reconhece a lei a presença de interesse social; 7) como o recurso de apelação somente passará pelo juízo de admissibilidade no Tribunal competente (artigo 1.010, §3º), também não haverá necessidade de qualquer pronunciamento como *custos legis* após a prolação da sentença do órgão que atua em primeiro grau, acabando, enfim, com o que foi denominado de "parecer recursal", sem prejuízo de ser necessária a atuação nos casos em que for possível o juízo de retratação do juiz; 8) o artigo 245 do novo CPC simplifica o procedimento peculiar para a citação de pessoa mentalmente incapaz ou que esteja impossibilitado de recebê-la, prevendo-se que o oficial de justiça descreva e certifique minuciosamente a ocorrência, devendo ser nomeado médico para examinar o citando, que apresentará laudo no prazo de cinco dias, salvo se pessoa da família apresentar declaração do médico do citando que ateste a incapacidade deste, e, reconhecida a impossibilidade de receber o mandado, será nomeado curador ao citando especificamente para a causa, recebendo a citação e lhe incumbindo a defesa dos interesses do incapaz para o ato. Note-se que não se trata de procedimento de interdição, mas de verificação tópica da capacidade para a prática de atos processuais. Por haver incapacidade, será necessária a intervenção do Ministério Público na própria verificação prevista no artigo 245[41] e, caso se constate que o citando é incapaz, nos demais atos do processo; 9) o artigo 190 do novo CPC permite a formação de negócios processuais atípicos e o Ministério Público como fiscal da ordem jurídica — e, com mais razão, quando atuar como parte — poderá propor ou participar dessas convenções, sendo potencialmente atingido por essa mudança paradigmática e devendo se preparar para explorar adequadamente suas potencialidades.[42]

7. Ministério Público e a necessidade de curador especial

O novo CPC corretamente distingue de modo expresso a função do Ministério Público como fiscal da ordem jurídica e, dependendo da hipótese, a necessidade de nomeação de curador es-

---

[41] Contra, entendendo que o Ministério Público só atua a partir da constatação da incapacidade para o ato, ROQUE, Andre Vasconcelos. In: GAJARDONI, Fernando da Fonseca et al. *Teoria geral do processo*: comentários ao CPC de 2015 — Parte geral. São Paulo: Método, 2015. p. 748.

[42] Ver CABRAL, Antonio do Passo. A Resolução nº 118 do Conselho Nacional do Ministério Público e as convenções processuais. In: CABRAL, Antonio do Passo; DIDIER JR., Fredie; NOGUEIRA, Pedro Henrique (Coord.). *Negócios processuais*. Salvador: Juspodivm, 2015. Sobre os fundamentos para a admissibilidade dos negócios jurídicos processuais: GODINHO, Robson. *Negócios Processuais sobre o ônus da prova no novo Código de Processo Civil*. São Paulo: Revista dos Tribunais, 2015.

pecial, eliminando equívocos conceituais, como no caso da interdição (confronte-se, por exemplo, o artigo 752, §§1º e 2º, do novo CPC com o artigo 1.770 do Código Civil, que será revogado pelo artigo 1.072, II, do novo CPC).[43]

A atuação do Ministério Público não elimina a necessidade de o incapaz ser assistido ou representado, na forma do artigo 71 do novo CPC, já que sua participação se dará na condição de fiscal da ordem jurídica, cabendo-lhe, inclusive, por zelar pela adequada observância da atuação dos representantes legais. A intervenção do Ministério Público se dá precisamente em benefício do incapaz, não podendo significar em nenhum momento a diminuição de sua proteção jurídica. A mesma ideia deve incidir quando presente hipótese que justifique a nomeação de curador especial, que nunca será o próprio Ministério Público.

O art. 72 do CPC reproduz em essência o texto correspondente do Código anterior, com aperfeiçoamento redacional e correção técnica do parágrafo único. Trata-se de hipótese de suprimento de capacidade processual e não material, não dispensando a intervenção do Ministério Público, quando incidir o artigo 178, aplicando-se aqui, como visto, o mesmo raciocínio utilizado na análise do art. 71, CPC. O Ministério Público não atua no processo para integrar a capacidade, mas, sim, como fiscal da ordem jurídica. Se uma das funções do curador especial está no reforço do contraditório e da proteção da esfera jurídica do incapaz, a subtração de sua atuação em virtude da atuação do Ministério Público na verdade levaria a um déficit protetivo.

O parágrafo único do art. 72, CPC, é uma adequação à evolução normativa após a edição do Código anterior, especialmente à disciplina constitucional do Ministério Público, afastando-o definitivamente da possibilidade de ser curador especial, e das Leis Complementares n°s 80/1994 e 132/2009, que dispõem sobre a Defensoria Pública e a erigem à condição de curador especial por excelência. Nas localidades em que ainda não houver Defensoria Pública devidamente instalada, a curadoria especial recairá sobre advogado idôneo. Não há necessidade de o curador ser advogado, mas, como para praticar atos no processo é necessária a capacidade postulatória, não faz sentido prático que a nomeação recaia sobre outra pessoa que terá que contratar profissional habilitado, já que são inconfundíveis os graus de incapacidade e o curador especial somente supre a incapacidade processual.

---

[43] As revogações previstas no artigo 1.072, II, do novo CPC sofreram uma espécie de constrangimento legislativo, na medida em que o artigo 114 do Estatuto da Pessoa com Deficiência, editado após a aprovação do CPC e com período menor de vacância, altera dispositivos do Código Civil sem revogar a norma revogadora ou estabelecer alguma compatibilização sistemática.

O que deve ser bem compreendido é a impossibilidade de o Ministério Público exercer a função de curador especial após a Constituição da República de 1988. A função do Ministério Público no processo se dá apenas de três maneiras: como legitimado ordinário, nos casos em que defende situação jurídica própria, como legitimado extraordinário e como fiscal da ordem jurídica. O Ministério Público deve zelar pela nomeação de curador especial nos procedimentos em que intervier e tal providência for exigida, como corretamente dispõe o art. 74, II, do Estatuto do Idoso, mas não pode ele exercer essa função por ser ela incompatível com suas atividades institucionais e finalísticas. Nem mesmo na ausência da Defensoria Pública deverá o Ministério Público exercer a curadoria especial, devendo a nomeação recair sobre outra pessoa, preferencialmente um advogado dativo.[44] Se a curadoria especial tiver lugar em hipóteses previstas no art. 178, CPC, ou em alguma outra situação prevista legalmente, haverá necessidade de intervenção do Ministério Público na condição de fiscal da ordem jurídica, o que, como já afirmado, não exclui a necessidade de nomeação de curador especial, havendo, pois, uma dupla tutela do contraditório justificada por questões de política legislativa. Em suma, o Ministério Público, sendo o caso, deve conviver com o curador especial, mas não exerce essa função. O STJ cometeu grave equívoco nesse sentido, ao entender que era desnecessária a nomeação de curador especial ao interditando, por haver intervenção obrigatória do Ministério Público (REsp 1099458/PR, rel. ministra Maria Isabel Gallotti, Quarta Turma, *DJe*, 10/12/2014). Confundiu-se a atuação como fiscal da ordem jurídica com a integração de capacidade processual do curador especial. O artigo 752, §§1º e 2º, CPC, corrige o equívoco.

Situação completamente distinta da que foi exposta no item anterior consiste na atuação do Ministério Público como substituo processual e a desnecessidade de nomeação de curador especial. Não perceber essa diferença é o mesmo que não entender a distinção entre substituição processual e fiscalização da ordem jurídica. Não se nomeia curador especial sob o pretexto de equilibrar um contraditório que está plenamente estabelecido, sem que incida nenhuma daquelas hipóteses antes mencionadas. Nesses casos, o Ministério Público é quem figura como autor, na tutela de direitos indisponíveis, não havendo necessidade de nomeação de curador especial. Essa controvérsia se instaurou em diversos casos envolvendo a destituição de poder familiar, em que a Defensoria Pública passou a atuar na condição de curador especial sem inclusive prévia nomeação judicial, incidindo em duplo equívoco. O CPC não possui regra expressa sobre o tema e a polêmica que se instaurou deveria ter sido suficiente para animar regramento específi-

---

[44] Contra, entendendo que há possibilidade de nomeação subsidiária do Ministério Público: SILVA, Ovídio Baptista. *Comentários ao Código de Processo Civil*. São Paulo: Revista dos Tribunais, 2000. v. I, p. 86. Em sentido semelhante, já escrevendo sobre o novo CPC: Fredie Didier Jr., *Curso de direito processual civil*, op. cit., p. 332-333.

co. Mas esse entendimento sobre a desnecessidade de nomeação de curador especial decorre do sistema e vem sendo acolhido pelo STJ.[45]

8. Ministério Público como legitimado ativo[46]

Em passado recente, o STJ se opunha de modo franco à possibilidade de o Ministério Público atuar como substituto processual para a tutela de direitos indisponíveis, basicamente por exigir expressa lei concedendo essa autorização para atuar.[47]

Partia o STJ e parte da doutrina da interpretação literal do artigo 6º do CPC de 1973, o que já era uma postura contra a doutrina que, corretamente, vinculava a substituição processual a uma autorização normativa,[48] existindo, no caso do Ministério Público, uma previsão constitucional genérica de substituição processual para a tutela de direitos individuais indisponíveis (art. 127 da Constituição). Em nosso atual sistema jurídico, toda a legitimidade do Ministério Público decorre diretamente da Constituição, inclusive a substituição processual, de modo que sempre soou como um desvio de perspectiva negar a possibilidade de o Ministério Público ajuizar uma ação para a garantia de um direito indisponível sob o argumento de inexistir lei ordinária autorizativa.

Enfim, o artigo 18 do novo CPC agora é expresso em dispor que a substituição processual decorre do "ordenamento jurídico", o que faz com que se suponha que a antiga discussão está definitivamente superada.

---

[45] AgRg no Ag 1369745/RJ, rel. ministro Paulo de Tarso Sanseverino, Terceira Turma, *DJe*, 16/4/2012; AgRg no Ag 1415049/RJ, rel. ministra Maria Isabel Gallotti, Quarta Turma, *DJe*, 17/5/2012; AgRg no Ag 1410673/RJ, rel. ministro Marco Buzzi, Quarta Turma, *DJe*, 29/10/2014; AgRg no REsp 1478366/RJ, rel. ministro Luis Felipe Salomão, Quarta Turma, *DJe*, 11/12/2014.

[46] Evidentemente, o Ministério Público pode figurar no polo passivo de uma relação processual, como abordamos no artigo em conjunto com Fredie Didier Jr., já citado. Entretanto, abordaremos no presente trabalho apenas a legitimação ativa, ainda que se concorde com as críticas doutrinárias acerca da redação do artigo 177 do novo CPC, que, repetindo o artigo 81 do Código anterior, dá a entender que o Ministério Público somente atua como autor: GAJARDONI, Fernando. In: _____ et al., *Teoria geral do processo*, op. cit., p. 559; STEFANI, Marcos. In: Teresa Arruda Alvim Wambier et al., *Breves comentários ao novo Código de Processo Civil*, op. cit., p. 550.

[47] Amplo exame da questão em Robson Renault Godinho, *A proteção processual dos direitos dos idosos*, op. cit., p. 112-142.

[48] O que não significa que necessariamente seja autorização *legal*. Assim, ALVIM NETTO, José Manoel de Arruda. *Código de Processo Civil comentado*. São Paulo: Revista dos Tribunais, 1975. v. 1, p. 426; MOREIRA, José Carlos Barbosa. Notas sobre o problema da efetividade do processo. In: _____. *Temas de direito processual civil — terceira série*. São Paulo: Saraiva, 1984. p. 33, nota 7; ZANETI JR., Hermes. A legitimação conglobante nas ações coletivas: a substituição processual decorrente do ordenamento jurídico. In: ASSIS, Araken de et al. (Coord.). *Direito civil e processo*: estudos em homenagem ao professor Arruda Alvim. São Paulo: Revista dos Tribunais, 2008. p. 859-866.

Sobre a atuação do Ministério Público como legitimado ativo, o novo CPC possui regra que pode ser útil nos casos em que houve uma inadequada formação de título extrajudicial pelo Ministério Público, incluindo, por exemplo, a má formulação de um termo de ajustamento de conduta, dispondo o artigo 785 que "a existência de título executivo extrajudicial não impede a parte de optar pelo processo de conhecimento, a fim de obter título executivo judicial".

Ainda na seara da efetivação de título executivo extrajudicial, o novo CPC também resolve antiga controvérsia ao prever, no artigo 911, parágrafo único, a possibilidade de imposição de prisão em caso de descumprimento injustificado de acordo de alimentos, reforçando a atuação extrajudicial do Ministério Público.

A nova sistemática da recorribilidade de decisões interlocutórias prevista nos artigos 1.009, §§1º, 2º e 3º, e 1.015 do novo CPC pode causar sérios problemas práticos na atuação do Ministério Público como legitimado ativo, especialmente nos processos envolvendo a tutela de direitos de crianças ou adolescentes que se protraem no tempo e não encontram sentença final em prazo razoável, embora inúmeras decisões interlocutórias sejam proferidas. Nesses casos, a utilização de mandado de segurança talvez seja necessária, a fim de conferir efetividade à atuação.

Ainda sob o aspecto recursal, o novo CPC permitirá a sustentação oral em julgamentos de agravo de instrumento contra decisões referentes à tutela provisória (artigo 937, VIII). Em razão do escalonamento da carreira do Ministério Público e da equivocada ideia de que somente procuradores de justiça podem sustentar oralmente perante os Tribunais, na prática essa situação poderá gerar tensões internas, afetando o exercício funcional, como será examinado de modo mais detido no item reservado ao mal-estar do princípio da unidade.

Em várias passagens o novo CPC cuida do Ministério Público como legitimado ativo, como no requerimento de desconsideração da personalidade jurídica (artigo 133), requerimento de inventário em favor de incapazes (artigo 616, VII), requerimento em jurisdição voluntária (artigo 720), ação de interdição (artigo 748, sendo que o artigo 114 do Estatuto da Pessoa com Deficiência amplia essa legitimidade, mas alterando dispositivo do Código Civil que será revogado pelo novo CPC, o que ensejará uma acomodação normativa sistemática), a extinção de fundação (artigo 765), ajuizamento de ação rescisória (artigo 967, III), o incidente de resolução de demandas repetitivas (artigo 977, III), reclamação (artigo 988), na reclamação, reforçando a antiga regra que já lhe conferia tal legitimidade, entre outros.

Entretanto, talvez as mais relevantes inovações sejam as mais sutis e signifiquem embaraços práticos em sua legitimidade ativa, notadamente em relação ao custo do processo, como pode se depreender dos artigos 82, §1º, e 91, §§1º e 2º, do novo CPC, que aparentemente constituirão em obstáculo para a atuação do Ministério Público.

9. Suspeição e impedimento

A finalidade primordial da previsão de situações que geram impedimento e suspeição de sujeitos relevantes para a participação e condução de processos e procedimentos é a proteção da imparcialidade e, em consequência, a garantia dos princípios da legalidade, isonomia e impessoalidade, na medida em que o ordenamento jurídico aprioristicamente estabelece hipóteses em que se presume, de forma relativa ou absoluta, uma espécie de contaminação cognitiva e volitiva para a prática de atos em determinadas circunstâncias.

Cumpre registrar, porém, que a imparcialidade não assegura, por si só, a independência necessária para atuação do juiz ou do membro do Ministério Público. Nas precisas palavras de Gustavo Badaró,

> um juiz sem independência será sempre um juiz parcial. Por outro lado, um juiz independente não será, somente por isso, um juiz imparcial. A independência é um meio para que o juiz cumpra o seu dever de imparcialidade. Assegurada a independência, outros mecanismos concretos deverão atuar para garantir que o juiz, ainda que independente, seja também imparcial ou, melhor dizendo, não seja um juiz parcial. Um desses mecanismos é a garantia do juiz natural.[49]

E nesse ponto em que a pretensão de imparcialidade, no sentido de atuação desvinculada de características subjetivas ou situações objetivas que a contaminem, encontra-se com a independência funcional, é fundamental aderir expressamente às precisas considerações do relator sobre a relação entre os princípios e a Instituição.

Com efeito, o princípio da independência funcional, verdadeira glória do Ministério Público brasileiro, não possui alcance ilimitado e nunca pode ser invocado para que o membro deixe de cumprir sua função. Trata-se de garantia constitucional para assegurar o cumprimento de atividades finalísticas e não de álibi para a omissão funcional. Como qualquer outro princípio jurídico, a independência funcional não pode ser erigida à condição de ídolo absoluto, devendo

---

[49] Ainda: "A razão de ser da garantia do juiz natural é, exatamente, assegurar um julgador imparcial. Obviamente, não basta o juiz natural para que se tenha um juiz imparcial. Mas a garantia do juiz natural, enquanto juiz pré-constituído e definido segundo critérios legais de competência, é um mecanismo eficiente para permitir que o acusado não seja julgado por um juiz parcial, evitando a manipulação dos poderes do Estado para atribuir um caso a um tribunal específico, escolhendo seu julgador". BADARÓ, Gustavo Henrique Righi Ivahy. *A garantia do juiz natural no processo penal*: delimitação do conteúdo e análise em face das regras constitucionais e legais de determinação e modificação de competência no direito processual penal brasileiro. Tese (livre-docência) — Universidade de São Paulo, São Paulo, 2010. p. 33 e 35 (essa tese foi publicada comercialmente em setembro de 2014 pela editora Revista dos Tribunais, com o título *Juiz natural no processo penal*, mas consultamos o trabalho original, de modo que as páginas referidas serão da versão que consta na biblioteca de teses da USP). Mais adiante esse autor relacionará a figura do juiz natural com a "pessoa do julgador" e não apenas com o órgão jurisdicional, conforme anuncia na p. 44 e desenvolve na p. 213 e seguintes da referida tese).

ser aplicada em conjunto com outros princípios correlatos. Não há dúvidas de que a independência funcional é a mais importante garantia para que o membro do Ministério Público exerça sua função constitucional, mas não pode ser constituída em refúgio indevassável para o não exercício discricionário de atribuições. Trata-se de garantia do livre exercício da atuação do Ministério Público e não de um escudo para a falta de intervenção. A independência funcional não se confunde com liberdade de crença e não serve como álibi para a omissão do Ministério Público, sob pena de transmudar-se de garantia para ameaça institucional.

Ou seja: a garantia da independência funcional está inexoravelmente ligada à imparcialidade do membro do Ministério Público, mas isso não significa que sua asseguração formal seja suficiente para possibilitar uma adequada atuação finalística, na medida em que o pretexto de preservá-la pode escamotear uma fórmula de sacrificar o interesse público por motivos privados.[50]

Isso não significa, entretanto, que inexista um núcleo intangível da independência funcional que sirva precisamente para garantir a imparcialidade do membro do Ministério Público. Se a independência não pode ser tão ampla que signifique um absolutismo privado, também não pode ser reduzida à condição de *slogan* vazio, propiciando uma interferência forçada no exercício funcional.

Para reforçar a independência, portanto, o CPC estabelece hipóteses que maculam ou impedem a atuação do Ministério Público. Como se sabe, enquanto o impedimento relaciona-se com o objeto da causa, a suspeição é a desconfiança, a dúvida, o receio de que o membro do Ministério Público, ainda quando honesto e probo, não terá condições psicológicas de atuar com isenção dada sua relação com qualquer das partes em razão de algum vínculo subjetivo com determinada causa.[51]

O CPC de 1973 prevê diversas hipóteses de tais situações, devendo-se ler o artigo 138, I, cuja redação pode soar um tanto truncada, da seguinte forma: aplica-se ao Ministério Público, quando for parte no processo, o disposto nos incisos II a VI do art. 134 e I a IV do art. 135.[52]

Já o novo CPC, além de acabar com o problema citado anteriormente, já que seu artigo 148, I, é muito claro ao dispor que se aplicam os motivos de impedimento e suspeição aos membros do Ministério Público, traz algumas novidades relevantes: 1) novas hipóteses de impedimento,

---

[50] Sobre o tema: Emerson Garcia, *Ministério Público*, op. cit., p. 141-150; Marcelo Pedroso Goulart, *Elementos para uma teoria geral do Ministério Público*, op. cit., p. 135-137.

[51] TORNAGHI, Hélio. *Comentários ao Código de Processo Civil*. 2. ed. São Paulo: Revista dos Tribunais, 1976. v. I, p. 416. "Quem está sob suspeição está em situação de dúvida de outrem quanto ao seu bom procedimento. Quem está impedido está fora de dúvida, pela enorme probabilidade de ter influência maléfica para a sua função" (PONTES DE MIRANDA, Francisco Cavalcanti. *Comentários ao Código de Processo Civil*. 3. ed. Rio de Janeiro: Forense, 1998. t. II, p. 420).

[52] Hélio Tornaghi, *Comentários ao Código de Processo Civil*, op. cit., p. 430; DALL'AGNOL, Antônio. *Comentários ao Código de Processo Civil*. São Paulo: Revista dos Tribunais, 2000. v. 2, p. 175-176.

especialmente as previstas no artigo 144, VII e VIII, isto é: em que figure no processo como parte instituição de ensino com a qual tenha relação de emprego ou decorrente de contrato de prestação de serviços e, também, em que figure como parte cliente do escritório de advocacia de seu cônjuge, companheiro ou parente, consanguíneo ou afim, em linha reta ou colateral, até o terceiro grau, inclusive, mesmo que patrocinado por advogado de outro escritório; 2) além disso, ao especificar o impedimento decorrente da postulação no processo, como defensor público, advogado ou membro do Ministério Público, de seu cônjuge ou companheiro, ou de qualquer parente, consanguíneo ou afim, em linha reta ou colateral, até o terceiro grau, inclusive, o novo CPC amplia a situação no artigo 144, §§1º e 3º, e essa situação só incide quando a causa do impedimento já integrava o processo antes da atividade judicante do juiz (e funcional do membro do Ministério Público), verificando-se esse impedimento também no caso de mandato conferido a membro de escritório de advocacia que tenha em seus quadros advogado que individualmente ostente a condição nele prevista, mesmo que não intervenha diretamente no processo; 3) também é estabelecido que é vedada a criação de fato superveniente a fim de caracterizar impedimento (artigo 144, §2º); 4) será ilegítima a alegação de suspeição quando houver sido provocada por quem a alega ou a parte que a alega houver praticado ato que signifique manifesta aceitação do arguido (artigo 145, I e II); 5) o artigo 146 modifica a disciplina do procedimento da verificação da suspeição ou impedimento, que será suscitado em petição específica, seguindo, após, o procedimento detalhado nos respectivos parágrafos.

10. A responsabilidade do Ministério Público

O novo CPC fixou um regime comum[53] de responsabilidade civil dos agentes públicos em razão da atividade funcional nos artigos 143, 145, 181, 184 e 187. Ainda que esse regime decorra diretamente da Constituição, o regramento expresso é relevante sobretudo para o Ministério Público, cujos membros vêm sendo alvos de pretensões de responsabilização pessoal.[54] Com essa expressa previsão legal, bem como uma aposta do Código no trabalho dos juízes no controle da admissibilidade da demanda, sempre em contraditório, e na fase de saneamento, espera-se que

---

[53] Verificando sutis diferenças sistemáticas: TALAMINI, Daniele Coutinho; TALAMINI, Eduardo. In: Teresa Arruda Alvim Wambier et al., *Breves comentários ao novo Código de Processo Civil*, op. cit., p. 565.

[54] Sobre o tema: PUOLI, José Carlos Baptista. *Responsabilidade civil do promotor de justiça na tutela aos interesses coletivos*. São Paulo: Juarez de Oliveira, 2007; GODINHO, Robson Renault. Ministério Público e assistência: o interesse institucional como expressão do interesse jurídico. In: DIDIER. JR., Fredie; WAMBIER, Teresa Arruda Alvim (Coord.). *Aspectos polêmicos e atuais sobre os terceiros no processo civil e assuntos afins*. São Paulo: Revista dos Tribunais, 2004. No STJ: REsp 1435582/MG, rel. ministra Nancy Andrighi, Terceira Turma, julgado em 10/6/2014, *DJe*, 11/9/2014.

a ilegitimidade passiva do membro para responsabilidade direta passe a ser examinada expressamente e, em consequência, seja reconhecida.

Em relação aos deveres de probidade processual previstos no artigo 77 do novo CPC, os agentes públicos estão excluídos do pagamento de multa, reservando-se a responsabilização disciplinar para o órgão interno competente (artigo 77, §6º).

Manteve-se a responsabilidade pelas despesas dos atos processuais adiados ou repetidos para o Ministério Público, se não houve justo motivo (artigo 93), prevendo-se, ainda, responsabilidade pessoal do membro que, injustificadamente, não restituir os autos quando intimado para tanto (artigos 234, §4º, e 235).

11. A atuação do Ministério Público e o escalonamento da carreira: o mal-estar no princípio da unidade

Um problema interno específico da carreira do Ministério Público será intensificado pelo novo CPC. Trata-se da atuação escalonada da Instituição, com classes estanques, cujo diálogo é desejável, mas nem sempre estabelecido, levando a uma latente tensão na atuação processual que vem sendo intensificada com a maior atuação do Ministério Público como legitimado ativo. O novo CPC, ao estimular a maior concentração da atividade do Ministério Público na legitimação ativa e exigir um aumento qualitativo da função como interveniente, aprofundará esse mal-estar já detectado, especialmente quando necessária uma atuação mais efetiva na fase recursal, em que necessariamente o membro que recorre não é aquele a quem, tradicionalmente, são conferidas as atribuições necessárias para o exercício pleno do ato postulatório, como a sustentação oral, cuja relevância assumirá novas cores com a possibilidade de seu exercício em agravo de instrumento.

O Superior Tribunal de Justiça, por exemplo, já percebeu esse problema decorrente da unidade e vem entendendo em alguns julgados que, quando o Ministério Público figura como parte, é desnecessária a intervenção do procurador de justiça na condição de *custos legis*. Note-se que se trata de situação diferente daquela que gerou antiga controvérsia acerca da necessidade de dois ou mais órgãos do Ministério atuarem em um mesmo processo. O que agora vem sendo decidido é a desnecessidade de atuação de mais de um membro do Ministério Público, ainda que em diferentes graus de jurisdição, desde que o órgão seja parte no processo. Trata-se de leitura peculiar tanto do disposto no artigo 5º, §1º, da Lei da Ação Civil Pública, quanto do princípio da unidade.[55] A se vingar esse entendimento, teremos um redimensionamento da atuação

---

[55] Para o presente item, interessa primordialmente uma das dimensões do princípio da unidade, isto é, seu aspecto funcional. Para aspectos conceituais do referido princípio: Emerson Garcia, *Ministério Público*, op. cit., p. 122-130; Marcelo Pedroso Goulart, *Elementos para uma teoria geral do Ministério Público*, op. cit., p. 131-134.

dos procuradores de justiça, com no mínimo os seguintes desdobramentos que terão que ser resolvidos institucional e jurisprudencialmente: a) em ação proposta pelo Ministério Público, não mais haverá atuação de procurador de justiça; b) ou, no mesmo caso, o promotor de justiça somente atuará até a sentença, passando o procurador de justiça a assumir o comando do processo; c) ou seja: o procurador de justiça é que responderá ao recurso de apelação; d) entretanto, em caso de recurso de agravo haverá um acréscimo de perplexidade; e) deverá ser fixado qual órgão receberá as intimações pessoais; f) por fim, também será afetada a atuação dos membros do Ministério Público que atuam perante os Tribunais Superiores.

Isso se deve, em linhas gerais, a uma peculiar estrutura administrativa simétrica à dos Tribunais, bem como à tensão entre os princípios da independência funcional e da unidade e de uma dificuldade de trabalho conjunto entre as classes, cuja explicação pode situar-se essencialmente em plano metajurídico.

Com efeito, embora uno e indivisível, por razões lógicas e funcionais, e seguindo critérios abstratamente fixados por atos normativos, o Ministério Público exerce suas funções por meio de plexos de atribuições individualizados em unidades autônomas, cada qual ocupada por membros previamente investidos à luz do regramento de regência, seja por provimento ou por substituição. Além dos critérios estabelecidos em virtude da matéria e do território, com a finalidade de melhor dimensionamento do exercício funcional do Ministério Público, a mais eloquente cisão de atribuições se dá em nível legislativo e tem como referencial precisamente uma vinculação entre atribuição e competência e a separação da carreira em classes, na forma das respectivas Leis Orgânicas que disciplinam as atribuições genéricas dos promotores de justiça e dos procuradores de justiça, no âmbito estadual, e do Ministério Público Federal. Essa rígida separação de atribuições de acordo com os graus jurisdicionais não raro enseja desencontros técnicos, o que é explicado pela convivência entre a unidade e a independência funcional,[56] mas recentemente a doutrina[57] e a jurisprudência[58] identificaram alguma perplexidade na manutenção da separação funcional, em

---

[56] Ver Emerson Garcia, *Ministério Público*, op. cit., p. 129-130.

[57] Ver ZENKNER, Marcelo. Reflexos processuais dos princípios institucionais da unidade e da indivisibilidade – revisitando as atribuições dos órgãos de execução do Ministério Público brasileiro. In: Cristiano Chaves de Farias, Leonardo Barreto Moreira Alves e Nelson Rosenvald, *Temas atuais do Ministério Público*, op. cit., passim.

[58] RMS 16409/MG, rel. ministro Luiz Fux, Primeira Turma, julgado em 17/2/2004, *DJ*, 22/3/2004, p. 197. REsp 554.906/DF, rel. ministra Eliana Calmon, Segunda Turma, julgado em 15/5/2007, *DJ*, 28/5/2007, p. 308. REsp 1183504/DF, rel. ministro Humberto Martins, Segunda Turma, julgado em 18/5/2010, *DJe*, 17/6/2010.HC 87926, relator(a): min. Cezar Peluso, Tribunal Pleno, julgado em 20/2/2008, DJe-074, 25/4/2008. Entretanto, na jurisprudência do Superior Tribunal de Justiça permanece pacífica a tese contrária: "A previsão de manifestação do Ministério Público em segunda instância, contida no art. 610 do Código de Processo Penal, decorre de sua função de fiscal da lei, o que não se confunde com a atribuição de titular da ação penal pública, a teor do que preconiza o art. 257 do referido diploma legal. 4. Assim, após a manifestação ministerial, não há falar em contraditório a ser exercido pela defesa, visto que, quando o Ministério Público atua como *custos legis*, não compõe nenhum dos polos da relação processual, ainda que se oponha às teses trazidas pelo réu" (HC 244.999/SP, rel. ministro Og Fernandes, Sexta Turma, julgado em 23/4/2013, *DJe*, 30/4/2013).

um mesmo processo, na atuação do Ministério Público. Essas referências sobre a heterodoxia da simultaneidade da atuação do Ministério Público não significam absoluta adesão a tais decisões,[59] mas, sim, servem para ilustrar uma situação que se tornou ainda mais sensível com o exercício das suas atribuições envolvendo atuação como parte em seara não penal, o que, até recentemente, não era um quadro com que se trabalhava institucionalmente. Com efeito, a atuação do Ministério Público como parte autora sempre esteve relacionada com o processo penal e só em período mais recente, especialmente após a promulgação da atual Constituição, sua atividade como autor no campo cível passou a merecer maior atenção e, mesmo legitimado para o exercício de diversas ações que tutelam direitos individuais, o Ministério Público passou a ser conhecido como o legitimado por excelência para a tutela de direitos transindividuais.

Um ponto que merece especial atenção é a relação entre a necessidade de interposição de recurso por promotor de justiça para que o procurador de justiça passe a ter as atribuições regulares. Ou seja: por não possuir atribuição para ajuizamento de ações, os procuradores de justiça possuem atribuição vinculada à interposição recursal, passando, então, a exercer as funções do Ministério Público junto ao Tribunal de Justiça, invariavelmente na condição de fiscal da lei.

Esse dado demonstra que a atuação dos procuradores de justiça *junto* ao Tribunal convive harmonicamente com as atribuições dos promotores de justiça que atuam como postulantes *perante* aquele mesmo órgão jurisdicional.[60]

---

[59] Importante registro de Emerson Garcia: "Embora seja desnecessária a simultânea intervenção de dois membros do Ministério Público na mesma relação processual, um na condição de órgão agente, outro na de órgão interveniente, esse raciocínio não é extensivo às causas que, sucessivamente, tramitem em instâncias distintas, perante as quais atuem órgãos de execução diversos. Assim, ainda que a petição inicial seja subscrita por um Promotor de Justiça, em segunda instância intervirá obrigatoriamente um Procurador de Justiça: o primeiro atuando como órgão agente, o segundo como órgão interveniente. Tratando-se de Instituição essencial à função jurisdicional do Estado e funcionalmente escalonada, o que delimita a instância perante a qual os respectivos agentes estão legitimados a atuar, torna-se evidente que a lei somente poderá afastar a intervenção dúplice do Ministério Público, não a sucessiva" (Emerson Garcia, *Ministério Público*, op. cit., p. 589).

[60] "E se a função jurisdicional de primeira instância termina com a prolação da sentença, é lógico concluir que, no mesmo momento processual, cessarão também as atribuições do órgão de execução do Ministério Público que até então atuava no feito, ressalvada a interposição de recursos pelo próprio *Parquet*. Assim, interposta apelação pelo autor, pelo réu ou por um terceiro prejudicado, não cabe ao Promotor de Justiça opinar, como interveniente, quanto ao pleito recursal, já que tal atribuição será oportunamente exercida pelo Procurador de Justiça com atribuição 'junto' ao órgão respectivo do Tribunal de Justiça, que atua, da mesma forma, como interveniente. E aqui há que se estabelecer a distinção existente entre o atuar 'perante' os tribunais e o atuar 'junto' aos tribunais. A primeira forma de intervenção se dá comumente nas hipóteses de interposição de qualquer recurso pelo membro do *Parquet* com atuação em primeiro grau. Existe, no primeiro caso, apenas uma postulação dirigida ao órgão *ad quem*, sem que o postulante atue efetivamente naquele colegiado. Situação distinta é a que ocorre quando se atua 'junto' aos tribunais, ali tomando assento, elaborando pareceres e realizando sustentações orais que antecedem à própria decisão que há de ser lavrada. Não se trata aqui de um recurso ou postulação vinda de um órgão de instância diversa, mas de uma intervenção oriunda de um órgão de atuação também em segundo grau, que atua, por isso mesmo, 'junto' aos tribunais' (Marcelo Zenkner, "Reflexos processuais dos princípios institucionais da unidade e da indivisibilidade", op. cit., p. 142).

Decorre dessa estrutura organizacional que, enquanto estiver exercendo atos postulatórios referentes à interposição de recursos, os promotores de justiça estarão no estrito campo de atuação que lhes foi conferido pelos atos normativos de regência.

Destoaria do sistema legal permitir que o promotor de justiça interponha recurso e, entrementes, vedar-lhe, por exemplo, a possibilidade de acrescer às razões recursais a apresentação de prova nova ou a correção de erros materiais[61] porventura existentes na própria petição de recurso. Todo e qualquer aditamento ao recurso interposto pelo promotor de justiça é de sua atribuição, por decorrência lógica da atribuição recursal.

Em suma, tudo aquilo que se referir ao desdobramento da atribuição para recorrer de decisão proferida em primeiro grau está inserido no plexo de atribuições dos promotores de justiça.

Esse raciocínio me parece intuitivo e elementar, mas, por questões desconhecidas, pelo menos no plano técnico, não se permite que o promotor de justiça sustente oralmente recurso por ele interposto ou contra-arrazoado. É interessante anotar que a sustentação oral decorre do ato postulatório — tanto assim que inexiste sustentação oral em reexame necessário, exatamente por não haver postulação nesse caso —, é um desdobramento do ato de recorrer e consiste precisamente em atuação perante o tribunal. É o exercício pleno do ato recursal. Logo, somente quem possui legitimidade para recorrer pode sustentar oralmente. E o entendimento de que aqui incidiria o princípio da unidade — já que o recorrente é o Ministério Público e não o membro, obviamente — é um desserviço para a plena efetividade do ato e decorre de uma interpretação simplista, indiferente aos aspectos factuais, já que tal princípio não serve para transmutação da atribuição que foi fixada com a interposição do recurso. Evidentemente, pode o promotor de justiça postular perante o segundo grau e lhe deve ser assegurado o pleno exercício de todos os atos que integrarem essa postulação.

Note-se que, salvo as evidentes exceções dos embargos de declaração e de recursos para a Turma Recursal, os atos recursais dos promotores de justiça terão como destinatário necessário o Tribunal de Justiça, não havendo nessa atuação nenhuma situação heterodoxa, já que o juiz de primeiro grau, como visto, nem mais exercerá um preliminar juízo de admissibilidade.

---

[61] O erro material também pode constar no ato da parte, como nos casos de equívoco em datas, nomes etc. De todo modo, não há que se falar em preclusão e os erros podem ser corrigidos de ofício: "O erro material, passível de ser corrigido de ofício, e não sujeito à preclusão, é o reconhecido *primu ictu oculi*, consistente em equívocos materiais sem conteúdo decisório propriamente dito" (REsp 1151982/ES, rel. ministra Nancy Andrighi, Terceira Turma, julgado em 23/10/2012, *DJe*, 31/10/2012); "A correção de erro material disciplinado pelo art. 463 do CPC não se sujeita aos institutos da preclusão e da coisa julgada, porquanto constitui matéria de ordem pública cognoscível de ofício pelo magistrado. Precedentes: REsp 824.289/TO, rel. ministro João Otávio de Noronha, Segunda Turma, *DJ*, 16/10/2006; AgRg no REsp 773273/MG, rel. ministro Luiz Fux, Primeira Turma, *DJ*, 27/2/2008" (AgRg no REsp 1160801/CE, rel. ministro Benedito Gonçalves, Primeira Turma, julgado em 3/5/2011, *DJe*, 10/5/2011).

Para reforçar de modo eloquente essa atribuição perante o Tribunal, basta lembrar a sistemática adotada nos recursos de agravo, em que, além de a interposição ser realizada diretamente em segundo grau, as contrarrazões também são oferecidas pelos promotores de justiça.[62]

Outro dado a se considerar, após todos os argumentos técnicos expostos, refere-se, na realidade, a uma questão factual: não raro precedido por procedimento administrativo ou inquérito civil, não raro com diversos volumes e com laboriosa atividade processual, com dezenas de laudas produzidas, não se pode esperar de um promotor de justiça um comportamento indiferente, por exemplo, com o resultado de um recurso por ele interposto e considerar que, após todo o trabalho desenvolvido, com o processo ainda sob julgamento e exatamente por ato postulatório de sua iniciativa, há que permanecer inerte por ter a atribuição coartada. Note-se que, com a proliferação de decisões monocráticas, robustece ainda mais a necessidade de o promotor de justiça permanecer atento com o trâmite recursal, a fim de evitar uma apreciação sumária e com cognição parcial sobre os fatos e argumentos relevantes para o processo. Lembre-se, outrossim, do fato de que, pela independência funcional, pode o procurador de justiça discordar frontalmente da tese veiculada no recurso interposto pelo Ministério Público por meio do promotor de justiça, inclusive com parecer formal nesse sentido, ou simplesmente considerar que não é pertinente o acréscimo que se quer fazer ao recurso, o que é tecnicamente lícito, mas pode ser processualmente indesejável. Não se apregoa, evidentemente, uma relação pessoal entre o membro do Ministério Público e seu trabalho — a propósito, invariavelmente o voluntarismo desprovido de técnica é responsável por práticas contraproducentes —, mas, sim, pretende-se assinalar que, além das questões técnicas, também aspectos factuais devem ser associados à análise do tema.

Não é incomum encontrar na atuação de procuradores de justiça um ânimo processual menos intenso do que o promotor de justiça que vivenciou os fatos e que desenvolveu todo o trabalho anterior, havendo, assim, o que aqui é denominado de mal-estar da unidade, isto é, a constatação de um absoluto descompasso na forma e no conteúdo da atuação entre as classes. Esse quadro ainda piora se tivermos em mente que o procurador de justiça que atuar no processo sequer será o mesmo que participará da sessão de julgamento, já que inexiste essa vinculatividade, o que pode significar prejuízo para a efetividade da atuação do Ministério Público (note-se, a propósito, que o artigo 1.003, §1º, do novo CPC prevê que a intimação será realizada na audiência em que proferida a decisão), o que pode aprofundar o problema relacionado com essa descoincidência de atuação).

Dois exemplos baseados em casos de que tomamos conhecimento que podem ilustrar a hipótese: 1) promotor de justiça instaura procedimento para verificar situação de risco envolvendo criança; após diligências investigatórias, constata-se a situação de risco e ajuíza-se ação de

---

[62] Ver Emerson Garcia, *Ministério Público*, op. cit., p. 595-596. Ainda, com propostas de mudanças na sistemática recursal, Marcelo Zenkner, "Reflexos processuais dos princípios institucionais da unidade e da indivisibilidade", op. cit., itens 4.3 e 4.4.

destituição de poder familiar; o pedido é julgado improcedente; o promotor de justiça interpõe recurso de apelação e, recusada a retratação pelo juiz, os autos são remetidos ao Tribunal, após as contrarrazões; um procurador de justiça oferecerá parecer sobre o caso; no dia do julgamento, aquele promotor de justiça não poderá oferecer sustentação oral, porque se entende que não está em sua atribuição, e o procurador de justiça que estará presente na sessão poderá ser outro, que nunca viu aqueles autos e desconhece os fatos; 2) promotor de justiça, após averiguação formal dos fatos, ajuíza ação coletiva visando à tutela do patrimônio público, obtendo a tutela provisória de bloqueio de elevada quantia que seria repassada à ré por entidade pública; contra o deferimento da tutela provisória, a ré interpõe agravo, não obtendo, contudo, a suspensão da tutela provisória; o promotor de justiça oferece contrarrazões ao agravo e, entrementes, a agravante, inconformada com a decisão do relator, impetra mandado de segurança perante o órgão especial do Tribunal, deslocando a competência e, consequentemente, passando a atribuição para o procurador-geral de justiça; o relator do mandado de segurança concede a liminar e determina a liberação das verbas, o que pode causar grave lesão ao erário; o promotor de justiça, tomando ciência fática dessa decisão, comunica ao procurador-geral que a liminar concedida é grave e baseada em equívocos fáticos evidentes, que podem ser facilmente esclarecidos ao relator; o procurador-geral se nega a peticionar sob a alegação de que não foi formalmente intimado da decisão; contra essa postura interna passiva, formalista, burocrática, palaciana, desinteressada e em desacordo com tudo o que se espera do Ministério Público nos dias de hoje, o promotor de justiça nada pode fazer, salvo lamentar e combater o inevitável desânimo.

Esses exemplos acontecem com desconcertante frequência e revelam uma fragilidade e um descompasso interno de difícil solução, quase uma espécie de esquizofrenia funcional, e, como antes afirmado, poderá ser agravado pelo novo CPC, sem qualquer trocadilho.

Com efeito, o artigo 937, VIII, do novo CPC permite a sustentação oral em julgamento de recurso de agravo de instrumento interposto contra decisões interlocutórias que versem sobre tutelas provisórias de urgência ou de evidência. Ou seja: em situações sensíveis, em que a urgência integra o recurso, o promotor de justiça interporá o agravo ou oferecerá contrarrazões, mas, a se manter a atual tradição, não poderá oferecer sustentação oral e dependerá do empenho do procurador de justiça para que seu ato postulatório tenha a adequada complementação.

Essa interpretação de que a sustentação oral é exclusiva dos procuradores de justiça, como visto, não encontra respaldo técnico, já que se trata de ato postulatório perante o Tribunal e não junto a ele. Assim, por se tratar de desdobramento de ato postulatório, somente aquele que pode interpor o recurso está legitimado a proferir sustentação oral.

Por uma constatação empírica, a urgência e o empenho do recorrente não são simétricos à atuação do parecerista que, por uma tradição inventada, passa a ostentar exclusividade na sustentação oral.

Acrescente-se, outrosssim, que, se se aderisse à tese de que promotores de justiça não podem pleitear perante Tribunal de Justiça, haveria evidente retrocesso na posição institucional que defende a possibilidade de os Ministérios Públicos estaduais atuarem perante os Tribunais Superiores, na medida em que se sufragaria, ainda que por via transversa, a ideia de que há exclusividade topográfica na atuação finalística da Instituição.[63]

---

[63] Como é cediço, trata-se de tema muito caro aos Ministérios Públicos estaduais — com proeminente atuação do Ministério Público do Rio de Janeiro — e ainda está viva a controvérsia na jurisprudência, com julgamento sobre o tema na Corte Especial do Superior Tribunal de Justiça (AREsp/DF 285810). Recentes julgados apontam para uma evolução jurisprudencial, ainda em andamento: "Processual civil. Agravos regimentais. Ministério Público estadual. Legitimidade recursal. Recurso especial. Tempestividade. Recesso forense. Comprovação posterior. Precedente da Corte Especial (AResp 137.141/SE). Conversão em recurso especial. 1. É sabido que esta Corte Superior de Justiça até aqui ampara a tese de que o Ministério Público Estadual não é parte legítima para atuar perante os Tribunais Superiores, uma vez que tal atividade estaria restrita ao Ministério Público Federal. 2. O Ministério Público dos Estados não está vinculado nem subordinado, no plano processual, administrativo e/ou institucional, à Chefia do Ministério Público da União, o que lhe confere ampla possibilidade de postular, autonomamente, perante esta Corte Superior de Justiça. 3. Não permitir que o Ministério Público Estadual atue perante esta Corte Superior de Justiça significa: (a) vedar ao MP Estadual o acesso ao STF e ao STJ; (b) criar espécie de subordinação hierárquica entre o MP Estadual e o MP Federal, onde ela é absolutamente inexistente; (c) cercear a autonomia do MP Estadual; e (d) violar o princípio federativo. 4. A atuação do Ministério Público Estadual perante o Superior Tribunal de Justiça não afasta a atuação do Ministério Público Federal, um agindo como parte e o outro como *custos legis*. 5. Recentemente, durante o julgamento da questão de ordem no Recurso Extraordinário nº 593.727/MG, em que discutia a constitucionalidade da realização de procedimento investigatório criminal pelo Ministério Público, decidiu-se pela legitimidade do Ministério Público Estadual atuar perante a Suprema Corte. 6. Legitimidade do Ministério Público Estadual para atuar perante esta Corte Superior de Justiça, na qualidade de autor da ação, atribuindo efeitos prospectivos à decisão. [...]" (AgRg no AgRg no AREsp 194892/RJ, rel. ministro Mauro Campbell Marques, Primeira Seção, julgado em 24/10/2012, *DJe*, 26/10/2012). No Superior Tribunal de Justiça o tema foi pacificado na Corte Especial: "Embargos de divergência no recurso especial. Penal e processo penal. Legitimidade do Ministério Público estadual. Atuação, como parte, para atuar diretamente no STJ. Possibilidade. Questão de ordem no recurso extraordinário nº 593.727/MG. Legitimidade do ministério público estadual para atuar perante o STF. Possibilidade. Embargos de divergência conhecidos e providos, para que, afastada a preliminar, a sexta turma prossiga no julgamento do agravo regimental. 1. O acórdão embargado e o acórdão indicado como paradigma discrepam a respeito da interpretação do art. 47, §1º, da Lei Complementar nº 75, de 1993, um conhecendo de agravo regimental interposto por membro de Ministério Público, e o outro, não; 2. Cindindo em um processo o exercício das funções do Ministério Público (o Ministério Público Estadual sendo o autor da ação, e o Ministério Público Federal opinando acerca do recurso interposto nos respectivos autos), não há razão legal, nem qualquer outra ditada pelo interesse público, que autorize uma restrição ao Ministério Público enquanto autor da ação. 3. Recentemente, durante o julgamento da questão de ordem no Recurso Extraordinário nº 593.727/MG, em que discutia a constitucionalidade da realização de procedimento investigatório criminal conduzido pelo Ministério Público, decidiu-se pela legitimidade do Ministério Público Estadual atuar perante a Suprema Corte" (EREsp 1327573/RJ, rel. ministro Ari Pargendler, rel. p/acórdão ministra Nancy Andrighi, Corte Especial, julgado em 17/12/2014, *DJe*, 27/2/2015). Também o Supremo Tribunal Federal conferiu novo enfoque e alterou anterior entendimento: "Reclamação. Ilegitimidade ativa do Ministério Público estadual. Inicial ratificada pelo procurador-geral da república. Afastamento da incidência do art. 127 da lep por órgão fracionário de tribunal estadual. Violação da súmula vinculante 9. Procedência. 1. Inicialmente, entendo que o Ministério Público do Estado de São Paulo não possui legitimidade para propor originariamente Reclamação perante esta Corte, já que 'incumbe ao Procurador-Geral da República exercer as funções do Ministério Público junto ao Supremo Tribunal Federal, nos termos do art. 46 da Lei Complementar 75/93' (Rcl 4453 MC-AgR-AgR/SE, de minha relatoria, *DJe* 059, 26.3.2009). 2. Entretanto, a ilegitimidade ativa foi corrigida pelo Procurador-Geral da República, que ratificou a petição inicial e assumiu a iniciativa da demanda. 3. Entendimento original da relatora foi superado, por maioria de votos, para reconhecer a

Imagine-se, por exemplo, um Recurso Especial interposto por procurador de justiça de Tutela Coletiva de Ministério Público estadual. Eventual comprovação de fato relevante, como superveniência de decisão jurisdicional pertinente ou algum outro esclarecimento que se fizesse necessário para o acolhimento do recurso dependeria de ato de subprocurador-geral da República ou, por ser desdobramento de ato inerente à atribuição do procurador de justiça, sua atribuição seria estendida para complementação de ato postulatório? Toda a construção técnica e argumentativa da tese institucional sobre o tema se baseia precisamente na permanência da atribuição do Ministério Público estadual perante os Tribunais Superiores por se tratar de legítimo exercício da atribuição recursal. Com efeito, se existe atribuição para a interposição do recurso, forçosamente também existirá para quaisquer medidas que lhe sejam conexas. Um enfoque restrito do princípio da unidade e uma visão radical sobre a rigidez compartimentada das atribuições afetariam a possibilidade de litisconsórcios entre os Ministérios Públicos, bem como a possibilidade de se desvincular a competência e a atribuição de modo amplo.

Além dessas situações, pense-se no ajuizamento de reclamação diretamente no Supremo Tribunal Federal por descumprimento de súmula vinculante, além das sustentações orais em Tribunais Superiores, e se constatará a vinculação entre a hipótese dos autos com a tese institucional ora mencionada. Por fim, basta cogitar a situação em que procurador de justiça ou procurador-geral de justiça interpõe recurso especial e lhe é vedada a sustentação oral, passando a depender do

---

legitimidade ativa autônoma do Ministério Púbico Estadual para propor reclamação". Durante o julgamento, cuja íntegra está disponível no sítio daquele Tribunal, o min. Celso de Mello afirmou que o "Ministério Público estadual dispõe, ele próprio, de legitimidade para ajuizar reclamação, em sede originária, perante o Supremo Tribunal Federal, quando atua no desempenho de suas prerrogativas institucionais e no âmbito de processos cuja natureza justifique sua formal participação, quer como órgão agente, quer como órgão interveniente. Não tem sentido, por implicar ofensa manifesta à autonomia institucional do Ministério Público dos Estados-membros, exigir que sua atuação processual se faça por intermédio do senhor Procurador-Geral da República, que não dispõe de poder de ingerência na esfera orgânica do Parquet estadual [...] Não vejo razão alguma para restringir a atuação processual do Ministério Público dos Estados-membros no Supremo Tribunal Federal. Entendo assistir ao Parquet local plena legitimação para impetrar, p. ex., mandado de segurança, em sede originária, perante esta Suprema Corte, naqueles casos em que o remédio constitucional objetive preservar prerrogativas inerentes a essa Instituição, quando lesadas ou ameaçadas de lesão por qualquer das autoridades cujos atos estejam sujeitos, em sede mandamental, à competência desta Corte", complementando que não se pode estabelecer uma incompreensível "hermenêutica da submissão", que se instalaria caso a atuação do Ministério Público estadual fosse condicionada a um ato volitivo do procurador-geral da República. Ainda: "Reclamação. Execução penal. Restabelecimento dos dias remidos. Contrariedade à súmula vinculante n. 9 do Supremo Tribunal Federal. Reconhecida, por maioria, a legitimidade do Ministério Público do Estado de São Paulo para propor reclamação, independentemente de ratificação da inicial pelo procurador-geral da república. Decisão reclamada contrária à súmula vinculante n. 9 e proferida após a sua publicação. 1. O Supremo Tribunal reconheceu a legitimidade ativa autônoma do Ministério Público estadual para ajuizar reclamação no Supremo Tribunal, sem que se exija a ratificação da inicial pelo Procurador-Geral da República. Precedente: Reclamação n. 7.358. 2. A decisão reclamada foi proferida após a publicação da súmula vinculante n. 9 do Supremo Tribunal, pelo que, nos termos do art. 103-A da Constituição da República, está a ela sujeita. 3. Reclamação julgada procedente" (Rcl 7101, relatora: min. Cármen Lúcia, Tribunal Pleno, julgado em 24/2/2011, DJe-152).

compromisso e da boa vontade do subprocurador-geral da República, sob o argumento de que o ingresso do recurso em ambiente federal exclui a postulação do recorrente originário...

O fato de o caso dos autos se referir a atribuições dentro de um mesmo Ministério Público evidentemente apresenta peculiaridades, mas não é suficiente para se excluir a preocupação revelada neste item, já que a controvérsia não é resolvida pela singela aplicação do princípio da unidade. Evidentemente, no debate envolvendo a atuação dos Ministérios Públicos perante os Tribunais Superiores há a nota adicional de eventual subordinação à atividade do Ministério Público federal, mas, em essência, estamos igualmente diante de uma controvérsia envolvendo limitações artificiais de atribuições exercidas e, principalmente, em exercício.

Acrescente-se, nesse contexto, que o fato de a atribuição ser dos promotores de justiça não implica a exclusão de uma postulação conjunta com as Procuradorias de Justiça, na linha de pretéritos casos emblemáticos nesse sentido que ocorreram neste Ministério Público e que sempre reforçaram efetivamente a unidade institucional. Na realidade, a interface e o entrosamento entre as classes não só é desejável institucionalmente, como também é relevante processualmente, de modo que a atuação conjunta e o diálogo constante devem sempre ser buscados e incentivados.[64] Somente haverá efetiva atuação do Ministério Público, com reais resultados decorrentes de sua atuação, se o princípio da unidade for efetivamente levado a sério[65] e o trabalho entre promotores e procuradores de justiça se der de modo harmônico. O trabalho em segundo grau dos procuradores de justiça é fundamental para uma atuação institucional efetiva e produtiva, razão pela qual se deve prestigiar uma atuação cooperativa, sem que, com isso, haja fissuras na independência funcional — que, repita-se, não é um princípio absoluto e não deve ser usado para frustrar a atuação funcional — e na divisão de atribuições.[66]

Não há dúvidas, porém, de que a possibilidade de oferecimento de sustentação oral em julgamento de recurso de agravo de instrumento envolvendo tutela provisória aprofundará o já existente mal-estar no princípio da unidade.

Como já mencionado, o novo CPC trabalha com a ideia de cooperação e de boa-fé objetiva, cabendo ao Ministério Público internamente extrair as consequências dessas normas para a consecução de seus objetivos institucionais.

---

[64] Ver OLIVEIRA JUNIOR, Oto; ANJOS FILHO, Robério. Breves anotações sobre a atuação conjunta de membros do Ministério Público. In: Cristiano Chaves de Farias, Leonardo Barreto Moreira Alves e Nelson Rosenvald, *Temas atuais do Ministério Público*, op. cit., especialmente item 7.4.

[65] Ver Marcelo Pedroso Goulart, *Elementos para uma teoria geral do Ministério Público*, op. cit., item 20.3.

[66] Reflexão sobre a necessidade de redimensionar a atuação em segundo grau do Ministério Público: BERCLAZ, Márcio Soares. O Ministério Público em Segundo Grau diante do *enigma da* esfinge (e a Constituição da República): decifra-me ou devoro-te! In: RIBEIRO, Carlos Vinícius Alves (Org.). *Ministério Público*: reflexões sobre princípios e funções institucionais. São Paulo: Atlas, 2009.

12. Encerramento

A maior presença do Ministério Público na seara processual é inversamente proporcional ao número de estudos dedicados a compreender suas peculiaridades, responsabilidades, progressos, possibilidades, desvios e vicissitudes. Não é exagerado afirmar que, salvo textos dedicados ao exame da legitimidade do Ministério Público para o ajuizamento de ações coletivas, grassa um inexplicável silêncio sobre sua atuação processual, que não mais pode ser resumida apenas à condição de órgão interveniente no processo civil individual.

Evidentemente, o impacto da atuação do Ministério Público pós-Constituição de 1988 não se resume aos aspectos jurídico-processuais, exigindo, na realidade, uma investigação multidisciplinar,[67] especialmente no âmbito de implantação das políticas públicas, da atuação extrajudicial e de seu comportamento nas relações de poder, incluindo o difícil equilíbrio entre a tutela da probidade de terceiros e a convivência com práticas administrativas endógenas que, às vezes, podem reproduzir atos que são combatidos no exercício da atividade institucional.

Trata-se, pois, de uma instituição complexa que, no âmbito processual, revela-se pródiga em novas abordagens.

Este trabalho pretende apenas integrar essa tentativa de contribuição para o entendimento do "novo" Ministério Público no processo civil, cuja compreensão crítica, incluindo a discussão do princípio da unidade, é fundamental para o progresso da Instituição.

REFERÊNCIAS[68]

ARANTES, Rogério Bastos. *Ministério Público e política no Brasil*. São Paulo: Idesp; Educ; Sumaré, 2002.

BERCLAZ, Márcio Soares. O Ministério Público em Segundo Grau diante do *enigma da* esfinge (e a Constituição da República): decifra-me ou devoro-te! In: RIBEIRO, Carlos Vinícius Alves (Org.). *Ministério Público*: reflexões sobre princípios e funções institucionais. São Paulo: Atlas, 2009.

DIDIER JR., Fredie; GODINHO, Robson Renault. Questões atuais sobre as posições do Ministério Público no processo civil. *Revista de Processo*, São Paulo, n. 237, p. 45-87, nov. 2014.

GARCIA, Emerson. *Ministério Público*: organização, atribuições e regime jurídico. 4. ed. São Paulo: Saraiva, 2014.

---

[67] Para uma visão crítica e interdisciplinar: Rogério Bastos Arantes, *Ministério Público e política no Brasil*, op. cit.; Cátia Aida Pereira da Silva, *Justiça em jogo*, op. cit.; Fábio Kerche, *Virtude e limites*, op. cit.

[68] Serão referidas apenas algumas obras básicas citadas no texto. A bibliografia consultada está integralmente apontada nas notas de rodapé.

GODINHO, Robson Renault. *A proteção processual dos direitos dos idosos*: Ministério Público, tutela de direitos individuais e coletivos e acesso à justiça. 2. ed. Rio de Janeiro: Lumen Juris, 2010.

_____. *Negócios processuais sobre o ônus da prova no novo Código de Processo Civil*. São Paulo: Revista dos Tribunais, 2015.

GOULART, Marcelo Pedroso. *Elementos para uma teoria geral do Ministério Público*. Belo Horizonte: Arraes, 2013.

KERCHE, Fábio. *Virtude e limites*: autonomia e atribuições do Ministério Público no Brasil. São Paulo: Edusp, 2009.

LIMA, Fernando Antônio Negreiros. *A intervenção do Ministério Público no processo civil brasileiro como* custos legis. São Paulo: Método, 2007.

MACEDO JÚNIOR, Ronaldo Porto. A evolução institucional do Ministério Público brasileiro. In: SADEK, Maria Tereza (Org.). *Uma introdução ao estudo da justiça*. São Paulo: Idesp; Sumaré, 1995.

MACHADO, Antônio Cláudio da Costa. *A intervenção do Ministério Público no processo civil brasileiro*. 2. ed. São Paulo: Saraiva, 1998.

MAZZILLI, Hugo Nigro. *Regime jurídico do Ministério Público*. 7. ed. São Paulo: Saraiva, 2013.

MOREIRA, Jairo Cruz. *A intervenção do Ministério Público no processo civil à luz da Constituição*. Belo Horizonte: Del Rey, 2009.

SILVA, Cátia Aida Pereira da. *Justiça em jogo*: novas facetas da atuação dos promotores de justiça. São Paulo: Edusp, 2001.

ZENKNER, Marcelo. *Ministério Público e efetividade do processo civil*. São Paulo: Revista dos Tribunais, 2006.

_____. Reflexos processuais dos princípios institucionais da unidade e da indivisibilidade — revisitando as atribuições dos órgãos de execução do Ministério Público brasileiro. In: FARIAS, Cristiano Chaves de; ALVES, Leonardo Barreto Moreira; ROSENVALD, Nelson (Org.). *Temas atuais do Ministério Público*. 3. ed. Salvador: Juspodivm, 2012.

O artigo 139, IV, do novo Código de Processo Civil: a atipicidade dos meios executivos

ELIAS MARQUES DE MEDEIROS NETO

O artigo 139, IV, do novo Código de Processo Civil dispõe que cabe ao magistrado determinar todas as medidas indutivas, coercitivas, mandamentais ou sub-rogatórias necessárias para assegurar o cumprimento de ordem judicial, inclusive nas ações que tenham por objeto prestação pecuniária.

É inegável a preocupação do legislador com a efetividade do processo, competindo ao magistrado assegurar que o litigante tenha, na medida do possível, praticamente aquilo que ele naturalmente teria se não precisasse ir ao Poder Judiciário.[1]

A preocupação com a efetividade do processo é uma tônica constante no universo processual moderno, sendo um verdadeiro desafio para a ciência processual auxiliar na eficaz arquitetura de ferramentas para que o Poder Judiciário possa conferir ao jurisdicionado uma tutela tempestiva, oportuna e adequada, de forma a lhe conceder o bem da vida devido em conformidade com o direito material vigente.

E essa preocupação está longe de estar restrita aos corredores forenses e acadêmicos nacionais, na medida em que processualistas de diferentes formações e origens dividem suas experiências na linha de se tentar obter uma diretriz uniforme — um *guideline* universal — para que os diversos sistemas jurídicos possam contribuir para a efetividade processual.

---

[1] DINAMARCO, Cândido Rangel. *A instrumentalidade do processo*. São Paulo: Malheiros, 2008. p. 319.

Neste sentido, naturalmente surge a lembrança do Projeto Unidroit/American Law Institute, que resultou nos conhecidos Princípios do Processo Civil Transnacional, os quais podem ser conferidos em obra publicada em 2006 pela Cambridge University Press.[2] Aquele projeto, liderado pelos professores Geoff Hazard e Michele Taruffo, teve o desafio de reunir nomes de expressão do processo civil relacionados com a *common law* e a *civil law*, tudo com o escopo de identificar os princípios de processo civil que devem estar uniformemente presentes nos sistemas estatais.

E, entre os princípios eleitos, houve destacada tônica para a preocupação com uma justiça efetiva, pronta e célere, com o dever das partes de evitar propositura de ações temerárias e abuso do processo, com o dever das partes de agirem de forma justa e de estimularem procedimentos eficientes e rápidos, e com o seu respectivo dever de cooperação.

A busca de uma tutela jurisdicional justa e efetiva também está presente nos princípios do moderno processo civil inglês, e essa diretriz já constava da obra do professor Neil Andrews de 1994 (*Principles of civil procedure*), sendo depois reafirmada no livro *English civil procedure* de 2003 (Oxford University Press), além de estar constante nas atuais CPR de 1998 ("O Código de Processo Civil inglês").[3]

E no Brasil não é diferente: a busca de um processo efetivo consta não só na atual Constituição Federal (art. 5º, LXXVIII, da CF de 1988), mas também nos artigos do novo CPC.

Nos seguintes artigos do novo CPC, busca-se positivar a importância de um processo efetivo:

Art. 4º As partes têm o direito de obter em prazo razoável a solução integral do mérito, incluída a atividade satisfativa.

Art. 5º Aquele que de qualquer forma participa do processo deve comportar-se de acordo com a boa-fé.

Art. 6º Todos os sujeitos do processo devem cooperar entre si para que se obtenha, em tempo razoável, decisão de mérito justa e efetiva.

Art. 7º É assegurada às partes paridade de tratamento em relação ao exercício de direitos e faculdades processuais, aos meios de defesa, aos ônus, aos deveres e à aplicação de sanções processuais, competindo ao juiz zelar pelo efetivo contraditório.

Art. 8º Ao aplicar o ordenamento jurídico, o juiz atenderá aos fins sociais e às exigências do bem comum, resguardando e promovendo a dignidade da pessoa humana e observando a proporcionalidade, a razoabilidade, a legalidade, a publicidade e a eficiência.

---

[2] ANDREWS, Neil. *O moderno processo civil*. Tradução de Teresa Arruda Alvim Wambier. 2. ed. São Paulo: Revista dos Tribunais, 2012.

[3] Ibid.

O princípio da efetividade é bem presente na exposição de motivos do projeto de um novo CPC, assinada em 8 de junho de 2010 pela comissão de juristas (Luiz Fux, Teresa Arruda Alvim Wambier, Adroaldo Furtado Fabrício, Benedito Cerezzo Pereira Filho, Bruno Dantas, Elpídio Donizetti Nunes, Humberto Theodoro Jr., Jansen Fialho de Almeida, José Miguel Garcia Medina, José Roberto dos Santos Bedaque, Marcus Vinicius Furtado Coelho, Paulo Cezar Pinheiro Carneiro), lastreada no ato do presidente do Senado Federal nº 379 de 2009: "Um sistema processual civil que não proporcione à sociedade o reconhecimento e a realização dos direitos, ameaçados ou violados, que têm cada um dos jurisdicionados, não se harmoniza com as garantias constitucionais de um Estado Democrático de Direito".

Os principais objetivos da reforma, na importante visão da comissão de juristas, foram:

[...] poder-se-ia dizer que os trabalhos da comissão se orientaram precipuamente por cinco objetivos: 1) estabelecer expressa e implicitamente verdadeira sintonia fina com a Constituição Federal; 2) criar condições para que o juiz possa proferir decisão de forma mais rente à realidade fática subjacente à causa; 3) simplificar, resolvendo problemas e reduzindo a complexidade de subsistemas, como, por exemplo, o recursal; 4) dar todo o rendimento possível a cada processo em si mesmo considerado; e 5) finalmente, sendo talvez este último objetivo parcialmente alcançado pela realização daqueles mencionados antes, imprimir maior grau de organicidade ao sistema, dando-lhe, assim, mais coesão.

E, sempre na busca da efetividade da tutela, os juristas reconhecem que:

Foram criados institutos inspirados no direito estrangeiro, como se mencionou ao longo desta Exposição de Motivos, já que a época em que vivemos é de interpenetração das civilizações. O Novo CPC é fruto de reflexões da Comissão que o elaborou, que culminaram em escolhas racionais de caminhos considerados adequados, à luz dos cinco critérios acima referidos, à obtenção de uma sentença que resolva o conflito, com respeito aos direitos fundamentais e no menor tempo possível, realizando o interesse público da atuação da lei material.

O artigo 4º do novo CPC revela a preocupação com a satisfação do direito devido ao seu titular, sendo certo que o processo efetivo deve ser aquele que realmente assegura a tempestiva e oportuna realização do direito anteriormente reconhecido ao autor.

Em outras palavras, o processo deve garantir que o direito material devido ao seu titular seja, de fato, assegurado.

A necessária e fluente relação entre o direito processual e o direito material foi observada na obra de José Roberto dos Santos Bedaque,[4] da qual se extrai a necessidade de uma visão instrumental do processo civil, voltada ao processo de resultados, na busca de servir adequadamente ao direito material.

Cássio Scarpinella Bueno destaca que existe uma ligação umbilical entre o direito processual e o direito material, sendo aquele instrumento para tutelar de forma eficaz este último, não se podendo olvidar que é missão essencial do Estado garantir um eficaz exercício da jurisdição: entendendo-se por isso não só uma adequada e eficiente formal resposta do Poder Judiciário quanto à solução da lide, mas também se compreendendo a garantia de própria realização do direito material tutelado.[5]

Como a jurisdição tem como fim a resolução de conflitos,[6] almejando à obtenção da paz social,[7] é certo que o princípio da efetividade do processo torna-se a verdadeira essência da jurisdição; principalmente porque um processo tardio, ineficaz e sem real impacto no mundo dos fatos, fracassando na tutela e na realização do direito material, não terá proporcionado nem a paz social e nem o almejado adequado desfecho da resolução de conflitos.[8]

Neste passo, significativo é o desafio de se atingir a efetividade processual, a qual consiste em se garantir ao litigante, na medida do possível, praticamente aquilo que ele naturalmente teria se não precisasse ir ao Poder Judiciário.[9]

O artigo 8º do novo CPC demonstra a importância de o magistrado agir em conformidade com o princípio da eficiência. O princípio da eficiência foi positivado na Magna Carta por meio da EC nº 19 de 1998, e traz consigo a imposição ao agente público de atuar de forma a permitir que o Estado atinja os seus fins perante a sociedade, buscando-se sempre, nesse sentido, resultados favoráveis ao todo social.[10]

---

[4] BEDAQUE, José Roberto dos Santos. *Direito e processo*. 4. ed. São Paulo: Malheiros, 2006. p. 19.

[5] BUENO, Cassio Scarpinella. *Curso sistematizado de direito processual civil*. 6. ed. São Paulo: Saraiva, 2012. v. 1, p. 91.

[6] "A pacificação é o escopo magno da jurisdição e, por consequência, de todo o sistema processual (uma vez que todo ele pode ser definido como a disciplina jurídica da jurisdição e seu exercício). É um escopo social, uma vez que se relaciona com o resultado do exercício da jurisdição perante a sociedade." (ARAÚJO CINTRA, Antônio Carlos de; GRINOVER, Ada Pelegrini; DINAMARCO, Cândido Rangel. *Teoria geral do processo*. 23. ed. São Paulo: Malheiros, 2007. p. 30).

[7] A necessidade de a jurisdição resolver de forma eficiente a lide está na doutrina de Cândido Rangel Dinamarco: "A força das tendências metodológicas do direito processual civil na atualidade dirige-se com grande intensidade para a efetividade do processo, a qual constitui expressão resumida da ideia de que o processo deve ser apto a cumprir integralmente toda a sua função sócio-político-jurídica, atingindo em toda a plenitude todos os seus escopos institucionais" (Cândido Rangel Dinamarco, *A instrumentalidade do processo*, op. cit., p. 277).

[8] Ibid., p. 319.

[9] Ibid.

[10] BONAVIDES, Paulo; MIRANDA, Jorge; AGRA, Walber de Moura. *Comentários à Constituição Federal de 1988*. Rio de Janeiro: Forense, 2009. p. 728.

A Lei nº 9.784/1999, em seu art. 2º, *caput*, igualmente faz referência ao princípio da eficiência como um dos que regem o processo administrativo, e Maria Sylvia Zanella Di Pietro, acerca de sua natureza, bem disserta que esse princípio:

> pode ser considerado em relação ao modo de atuação do agente público, do qual se espera o melhor desempenho possível de suas atribuições, para lograr os melhores resultados; e em relação ao modo de organizar, estruturar, disciplinar a administração pública, também com o mesmo objetivo de alcançar os melhores resultados na prestação do serviço público.[11]

E especificamente sobre a necessidade de o processo ser regido com a máxima eficiência e dentro dos parâmetros da economia e da instrumentalidade, de modo a ser efetivo e atender ao seu escopo social, interessante é a seguinte passagem da administrativista da Faculdade de Direito da Universidade de São Paulo:

> há que se ter sempre presente a ideia de que o processo é instrumento para aplicação da lei, de modo que as exigências a ele pertinentes devem ser adequadas e proporcionais ao fim que se pretende atingir. Por isso mesmo, devem ser evitados os formalismos excessivos, não essenciais à legalidade do procedimento que só possam onerar inutilmente a administração pública, emperrando a máquina administrativa.[12]

Alexandre de Moraes, também analisando o princípio da eficiência, proclama que esse é:

> aquele que impõe à administração pública direta e indireta e a seus agentes a persecução do bem comum, por meio do exercício de suas competências de forma imparcial, neutra, transparente, participativa, eficaz, sem burocracia e sempre em busca da qualidade, primando pela adoção dos critérios legais e morais necessários para a melhor utilização possível dos recursos públicos, de maneira a evitar-se desperdícios e garantir-se uma maior rentabilidade social.[13]

Indubitavelmente, o princípio da eficiência,[14] que rege a atuação da administração pública, apresenta estreita e íntima ligação com o princípio da efetividade processual; pois o Poder Judi-

---

[11] DI PIETRO, Maria Sylvia Zanella. *Direito administrativo*. 13. ed. São Paulo: Atlas, 2001. p. 83.

[12] Ibid., p. 504.

[13] MORAES, Alexandre de. *Direito constitucional*. 17. ed. São Paulo: Atlas, 2005. p. 300.

[14] Fábio Soares de Melo enfatiza que "o princípio da eficiência tem por finalidade principal a obrigatoriedade de que a atuação da administração pública obtenha resultados de forma satisfatória e eficiente" (MELO, Fábio Soares de. *Processo administrativo tributário*: princípios, vícios e efeitos jurídicos. São Paulo: Dialética, 2012. p. 54).

ciário (art. 93 da CF de 1988), como ente do Estado que concentra o exercício da jurisdição, deve pautar seus atos com observância das diretrizes que estão consagradas no art. 37 da CF de 1988.

Fredie Didier Jr.,[15] nesse contexto, pontua que

o processo, para ser devido, há de ser eficiente. O princípio da eficiência, aplicado ao processo, é um dos corolários da cláusula geral do devido processo legal. Realmente, é difícil conceber um devido processo legal ineficiente. Mas não é só. Ele resulta, ainda, da incidência do art. 37, *caput*, da CF/88. Esse dispositivo também se dirige ao Poder Judiciário.

A noção de efetividade processual está presente nos referidos conceitos ligados ao princípio da eficiência, podendo-se dizer que cabe ao Poder Judiciário se organizar da forma mais adequada para garantir que a tutela jurisdicional possa ser conferida ao titular do direito material de maneira oportuna, econômica e tempestiva; tudo de modo a se garantir que a resolução de conflitos não se limite apenas à prolação de uma sentença judicial, mas sim que possa efetivamente realizar o direito devido ao seu titular e formalmente reconhecido em decisão proferida no processo.

Bem oportuno, aliás, é o disposto no art. 22 do Código de Defesa do Consumidor, que prevê a necessidade de os órgãos públicos, aí se incluindo o Poder Judiciário, fornecerem serviços adequados, eficientes, seguros e, quanto aos essenciais, contínuos.

É importante salientar que a busca de um processo efetivo e eficiente não pode relativizar o devido processo legal e as garantias constitucionais, como bem lembra José Roberto dos Santos Bedaque:[16]

Processo efetivo é aquele que, observado o equilíbrio entre os valores segurança e celeridade, proporciona às partes o resultado desejado pelo direito material. Pretende-se aprimorar o instrumento estatal destinado a fornecer a tutela jurisdicional. Mas constitui perigosa ilusão pensar que simplesmente conferir-lhe celeridade é suficiente para alcançar a tão almejada efetividade. Não se nega a necessidade de reduzir a demora, mas não se pode fazê-lo em detrimento do mínimo de segurança, valor também essencial ao processo justo. Em princípio, não há efetividade sem contraditório e ampla defesa. A celeridade é apenas mais uma das garantias que compõem a ideia do devido processo legal, não a única. A morosidade excessiva não pode servir de desculpa para o sacrifício de valores também fundamentais, pois ligados à segurança do processo.[17]

---

[15] DIDIER JR., Fredie. Apontamentos para a concretização do princípio da eficiência do processo. In: FREIRE, Alexandre et al. (Org.). *Novas tendências do processo civil*. Salvador: Juspodivm, 2013. p. 433.

[16] BEDAQUE, José Roberto dos Santos. *Efetividade do processo e técnica processual*. São Paulo: Malheiros, 2007. p. 49.

[17] Não são diferentes os magistérios de João Batista Lopes e Cássio Scarpinella Bueno: "Como se pretende sustentar, porém, efetividade não é sinônimo de celeridade, ainda que deva ser considerada aspecto importante daquela,

Este cenário, de preocupação com a obtenção de um processo efetivo, se acentua nos procedimentos de execução, pois são nesses procedimentos que há um verdadeiro teste de fogo para a eficiência do Poder Judiciário e para os mecanismos processuais existentes, já que é nessa etapa que a satisfação do direito do legítimo credor deve ocorrer.

A profunda e necessária relação entre a efetividade e a execução já foi muito bem observada por Miguel Angel Fernández-Ballesteros, afirmando-se com propriedade que: "*asi todas las actividades necesarias para que la tutela sea 'efectiva' — como quiere el art. 24, I. de nuestra Constitución — están encomendadas al proceso de ejecución; de ahi su importanda científica y práctica*".[18]

Esse tema teve a especial atenção de Marcelo Lima Guerra,[19] para quem a efetividade processual passa a ser direito fundamental do credor na execução, cujo legítimo crédito deve ser protegido e amparado pelo sistema processual:

> No presente trabalho, o que se denomina direito fundamental à tutela executiva corresponde, precisamente, à peculiar manifestação do postulado da máxima coincidência possível no âmbito da tutela executiva. No que diz com a prestação de tutela executiva, a máxima coincidência traduz-se na exigência de que existam meios executivos capazes de proporcionar a satisfação integral de qualquer direito consagrado em título executivo. É a essa exigência, portanto, que se pretende "individualizar", no âmbito daqueles valores constitucionais englobados no "due process", denominando-a direito fundamental à tutela executiva e que consiste, repita-se, na exigência de um sistema completo de tutela executiva, no qual existam meios executivos capazes de proporcionar pronta e integral satisfação a qualquer direito merecedor de tutela executiva.[20]

---

como se exporá mais adiante. [...]. Verifica-se, para logo, que o conceito de efetividade é mais complexo do que geralmente se supõe, não se identificando, pura e simplesmente, com o resultado do processo. É necessário que o resultado alcançado obedeça ao princípio do devido processo legal, isto é, que as garantias do processo sejam observadas, que se tenha um processo *equo* e *giusto*, como dizem os italianos. Também não se pode confundir efetividade com celeridade processual. Se é certo que a celeridade constitui um valor a ser perseguido, especialmente ante o quadro atual de morosidade da justiça, também é exato que a ideia de efetividade não se exaure na de celeridade" (LOPES, João Batista. Princípio da proporcionalidade e efetividade do processo civil. In: MARINONI, Luiz Guilherme (Coord.). *Estudos de direito processual civil*: homenagem ao professor Egas Dirceu Moniz de Aragão. São Paulo: Revista dos Tribunais, 2006. p. 135); e "O grande norte a ser seguido pelo legislador e, consequentemente, pela técnica processual é o do princípio da efetividade da jurisdição, ou do acesso à justiça ou à ordem jurídica justa, constante do artigo 5, XXXV, da Constituição Federal, sempre equilibrado e dosado, como bom princípio que é, pelos princípios do devido processo legal e do contraditório e da ampla defesa (artigo 5, LIV e LV, da Constituição Federal)" (BUENO, Cássio Scarpinella. *Curso sistematizado de direito processual civil*. São Paulo: Saraiva, 2007. v. 1, p. 148). No mesmo sentido: Cândido Rangel Dinamarco, *A instrumentalidade do processo*, op. cit., p. 360.

[18] FERNÁNDEZ-BALLESTEROS, Miguel Angel. *La ejecución forzosa y las medidas cautelares en la nueva ley de enjuiciamiento civil*. Madri: Iurgium, 2001. p. 13.

[19] GUERRA, Marcelo Lima. *Direitos fundamentais do credor e a proteção do credor na execução civil*. São Paulo: Revista dos Tribunais, 2003. p. 90.

[20] Luis Roberto Barroso, com a mesma preocupação quanto à efetividade na execução, doutrina que a efetividade apenas ocorre quando se dá a: "realização do direito, o desempenho concreto de sua função social. Ela

Sidnei Agostinho Beneti,[21] dentro da mesma margem de relação entre a efetividade e a execução, proclama que:

> tem-se que decidir e executar. De nada adianta à parte ver a bela sentença ornada de citações poliglotas e abstrata doutrina de sutis filamentos. A parte quer saber do dinheiro dela; o réu criminal deseja ver se recebeu a pena adequada ou foi absolvido; a vítima busca verificar se quem lhe causou dano foi condenado; o locador quer o despejo do inquilino inadimplente. A prestação jurisdicional com a pratização do decidido, simples fato, cuja beleza, para o juiz, é mais significativa do que arranjos florais de extratos de livros pinçados no afogadilho das últimas horas — que geralmente não provam cultura, mas simplesmente acesso a uma biblioteca própria ou alheia.

Rodolfo de Camargo Mancuso,[22] abordando sobre a crise de efetividade dos comandos condenatórios, leciona que esta,

> além de ser muito grave em si mesma, na medida em que a constituição federal erige a eficiência dentre os princípios retores do setor público, ainda projeta inquietantes externalidades negativas: desprestigia a função judicial do Estado, na medida em que não oferece aos jurisdicionados a devida contrapartida por haver criminalizado a justiça de mão própria (Código Penal, artigo 345); desestimula o acesso à justiça dos que têm os seus direitos injustamente resistidos ou contrariados; penaliza aqueles que, embora tendo obtido o reconhecimento judicial de suas posições de vantagem, todavia não conseguem usufruí-las concretamente, ante as postergações e resistências consentidas na fase jurissatisfativa; fomenta a hostilidade entre os contraditores, ante a dilação excessiva das lides; exacerba a contenciosidade social, ao insuflar os bolsões de frustração e de insatisfação ao interno da coletividade.

É neste contexto, de preocupação com a efetividade do processo de execução, que o tema da atipicidade dos meios executivos ganha especial destaque.

E dentro desse espírito, voltado à plena efetividade da tutela jurisdicional executiva, Cássio Scarpinella Bueno[23] defende a mitigação do princípio da tipicidade dos atos executivos; o

---

representa a materialização, no mundo dos fatos, dos preceitos legais e simboliza a aproximação, tão íntima quanto possível, entre o dever ser normativo e o ser da realidade social" (BARROSO, Luis Roberto. *O direito constitucional e a efetividade de suas normas*: limites e possibilidades da Constituição brasileira. 5. ed. Rio de Janeiro: Renovar, 2001. p. 85).

[21] BENETI, Silvio Agostinho. *Da conduta do juiz*. São Paulo: Saraiva, 2003. p. 13.

[22] MANCUSO, Rodolfo de Camargo. *Acesso à justiça*. São Paulo: Revista dos Tribunais, 2011. p. 111.

[23] Cassio Scarpinella Bueno, *Curso sistematizado de direito processual civil*, op. cit., v. 3, p. 60.

qual consiste na necessidade de que as ferramentas executivas a serem utilizadas pelo credor e manejadas pelo Poder Judiciário estejam exaustivamente previstas em lei. Justamente visando--se a máxima eficiência da execução, buscando tutelar o direito constitucional à efetividade do processo, desde que observado o sistema processual como um todo e o devido processo legal, é certo que o magistrado pode e deve — na ausência de previsão legal específica — criar

> os melhores meios executivos para a satisfação do exequente, para a realização concreta e adequada do direito tal qual reconhecido no título executivo. Estas técnicas não previstas expressa e previamente pelo legislador representam o amplo papel que pode e deve ser desempenhado pelos meios atípicos de prestação da tutela jurisdicional executiva [...]. A atipicidade dos meios executivos tem cabimento, portanto, nos casos em que a lei não fez escolhas expressas quanto aos mecanismos de efetivação das decisões judiciais ou quando as escolhas existentes se mostrem, em cada caso concreto, insuficientes porque desconformes ao "modelo constitucional do processo civil".[24]

A mitigação do princípio da tipicidade dos meios executivos consiste, portanto, no poder conferido ao magistrado para criar as melhores condições para que a tutela executiva realmente seja efetiva e possa garantir a realização do direito devido ao credor. Essa mitigação também se faz possível nas hipóteses em que os meios típicos existentes se mostrem insuficientes para cumprir o seu fim, merecendo aperfeiçoamentos no caso concreto; claro que tudo em observância aos princípios do sistema processual vigente e ao devido processo legal, em especial.[25]

Sérgio Gilberto Porto,[26] no mesmo sentido, defende:

> E na disciplina processual civil em concreto, com o fito de adequar o direito processual civil à realidade, poderá o juízo, se houver lei, ao interpretá-la, deformar, estender ou restringir sua compreensão nos moldes antes apontados e, se não houver, colmatar a lacuna existente, por meio da atividade criativa, que busque dar eficiência ao processo dentro do cenário material posto à apreciação, ou, dito de outro modo, adequar o direito processual à natureza (objetiva ou subjetiva) do direito posto em causa.

---

[24] Ibid., p. 61.

[25] Ibid.

[26] PORTO, Sérgio Gilberto. A crise de eficiência do processo — a necessária adequação processual à natureza do direito posto em causa, como pressuposto de efetividade. In: FUX, Luiz; NERY JR., Nelson; WAMBIER, Teresa Arruda Alvim. *Processo e Constituição*: estudos em homenagem ao professor José Carlos Barbosa Moreira. São Paulo: Revista dos Tribunais, 2006. p. 186.

Sem prejuízo da predominância da responsabilidade patrimonial, e na linha de obter-se um processo civil cada vez mais efetivo, os poderes atípicos do magistrado se relacionam com a tendência da jurisprudência, da doutrina e do legislador de adotarem posturas que incentivam o magistrado a manejar, cada vez mais, medidas executivas que tendem a persuadir o executado a adimplir a obrigação exigida; seja através de medidas de incentivo ao espontâneo adimplemento, seja através de técnicas de coerção que acabam atingindo a esfera de direitos do executado.[27]

É a certeza já delineada na obra de Miguel Angel Fernandez-Ballesteros, ao defender a eficácia dos meios executivos de coação: *la actividad ejecutiva no sólo afecta al patrimonio del ejecutado, también alcanza a la persona del deudor*.[28]

O sistema processual brasileiro passou a conviver mais intensamente com a tendência de "pessoalização" da execução; a qual, sem prejuízo do princípio da responsabilidade patrimonial, se somou às técnicas tradicionais de penhora para dar um fôlego maior ao Poder Judiciário na busca da máxima eficiência da tutela executiva. São os chamados meios de coerção, os quais, em conjunto com as tradicionais técnicas de penhora, buscam conferir maior efetividade à execução.

São três as famosas escolas de adoção de técnicas de coerção para a satisfação do direito do credor: (i) a francesa, das *astreintes*, que consiste na aplicação de sanções pecuniárias ao devedor, cujo montante se converte em favor do credor, o qual aumenta em virtude do descumprimento da ordem do juízo pelo devedor; (ii) a germânica-austríaca, que combina a técnica de sanção pecuniária, mas devida ao Estado, com a de prisão do devedor nos casos estipulados em lei; (iii) a anglo-saxônica, fundada no *contempt of court*, que consiste na aplicação de sanções pecuniárias em favor do credor, e em prisão nos casos de conduta de desobediência ao juízo.

Mais recentemente, doutrina, jurisprudência e a própria legislação deram coro à aplicação de técnicas de coerção mais incisivas na execução por quantia certa contra devedor solvente, tudo de modo a se buscar tutelar de forma mais eficiente o crédito do exequente.

Um grande primeiro exemplo é a inscrição do devedor nos cadastros restritivos de crédito — tais como Serasa e o cadastro informativo de créditos não quitados do setor público federal ("Cadin") —, com a possibilidade, inclusive, de se interromper o fornecimento de serviços e produtos ao devedor inadimplente. Trata-se de eficiente mecanismo de coerção que, atuando na esfera de direitos do devedor, auxilia na obtenção do adimplemento do crédito.[29]

---

[27] Cassio Scarpinella Bueno, *Curso sistematizado de direito processual civil*, op. cit., v. 3, p. 57.

[28] Miguel Angel Fernandez-Ballesteros, *La ejecución forzosa y las medidas cautelares en la nueva ley de enjuiciamiento civil*, op. cit., p. 209.

[29] *"Essa ha trovato, nella doutrina e nella jurisprudenza, interessanti applicazioni – Che confermano la tendenza ad allargare Ia tutela 'in forma especifica' dei diritto di credito – nel contratto di somministrazione di energia elletrica o li acqua, allorchè l'imprenza somministrante abia attuato la sospenzione della erogazione mediante il taglio dei fili e dei tubi conduttori"* (GIORGIANNI, Michele. Tutele del creditore e tutela "reale". *Revista Trintestrale de Diritto e Procedura Civile*, Milão, n. 3, p. 860, set. 1975).

A validade desses cadastros é reconhecida pela jurisprudência[30] e, sem dúvida nenhuma, a inscrição do devedor no rol desses cadastros é um poderoso mecanismo para auxiliar o credor a obter a satisfação do seu crédito, na medida em que o devedor será publicamente apontado como inadimplente e, com isso, terá restrições no mercado.[31]

No estado de São Paulo, cada vez que uma ação de execução é distribuída, ocorre uma automática comunicação entre o Poder Judiciário e o Serasa, havendo o lançamento do nome do devedor no cadastro de inadimplentes.[32]

Os cadastros de dívidas tributárias, previdenciárias e trabalhistas também atuam com força para convidar as empresas a se regularizarem perante os respectivos credores; e as famosas certidões negativas de débito — da Receita Federal, da Previdência Social e do Ministério do Trabalho[33] — são documentos necessários para que as empresas possam ter acesso ao crédito público, participar de licitações e transferir patrimônio.

Na mesma linha, a Lei nº 10.522/2002 instituiu o Cadin, o qual consiste em banco de dados onde se lançam os nomes de devedores dos órgãos e entidades federais. A Secretaria do Tesouro Nacional administra o banco de dados, por meio do Banco Central do Brasil.

O Poder Judiciário também já autorizou o corte de fornecimento de produtos e serviços — ainda que essenciais para o consumidor —, em razão da inadimplência. Apesar da polêmica que existe

---

[30] "[...] a simples existência de demanda judicial não autoriza, por si só, a suspensão do registro do devedor dos cadastros de inadimplentes. Para a Corte, o devedor deve dar garantia idônea e suficiente para retirar nome de cadastro de inadimplentes" (Superior Tribunal de Justiça — 4ª Turma — v.u. — Recurso Especial n. 599.525/MA — relator ministro Hélio Quaglia Barbosa — 28.5.2007). No mesmo sentido: "[...] o banco-recorrente, ao promover a inscrição do nome dos autores no cadastro restritivo, agiu no exercício regular do seu direito, em razão da incontroversa inadimplência contratual dos recorridos, que ensejou a execução judicial do contrato de financiamento por eles celebrado com o Banco" (Superior Tribunal de Justiça — 4ª Turma — v.u. — Recurso Especial n. 746.755/MG, relator Ministro Jorge Scartezzini — 1.7.2005); e "Civil e Processual. Negativação em Banco de Dados. Existência de Execuções em Curso. Possibilidade. Ausência de Ordem Judicial Vedando a Inscrição. Ação Improcedente. I. Não age ilicitamente a instituição credora que promove a inscrição do devedor em banco de dados, quando a dívida já é objeto de execuções judiciais em curso. II. A circunstância de haver penhora sobre bens do devedor não constitui impedimento à inscrição, posto que não representa quitação, além do que os dados já são públicos, por constarem do cartório de distribuição de feitos judiciais. III. Inexistência, de outra parte, de qualquer ordem judicial cautelar ou em tutela antecipatória vedando a inscrição que fora promovida" (Superior Tribunal de Justiça — 4ª Turma — v.u. — Recurso Especial n. 556.448/SP — relator ministro Aldir Passarinho Junior — 15.10.2007).

[31] GONÇALVES, Renato Afonso. *Banco de dados nas relações de consumo*. São Paulo: Max Limonad, 2002.

[32] MARZANO, Ângelo Alexandre; ZANLUQUI, Wilson Julio. Considerações sobre a negativação no Serasa em decorrência do ajuizamento de execução civil. In: SHIMURA, Sérgio; WAMBIER, Teresa Arruda Alvim (Coord.). *Processo de execução e assuntos afins*. São Paulo: Revista dos Tribunais, 2001. v. II.

[33] Lei nº 12.440/2011.

sobre esse tema, é certo que a autorização do corte também atua como poderoso instrumento de pressão contra o devedor, para convidá-lo a adimplir os seus débitos.[34]

Outro exemplo de técnica de coerção, já adotada pelo Poder Judiciário — em situação extrema — para persuadir o devedor a pagar os seus débitos foi a proibição de empresa funcionar e exercer suas atividades enquanto não adimplisse corretamente suas dívidas.

Vale lembrar que as súmulas n°s 70, 323 e 547 do STF são cristalinas ao impedirem, em caso de inadimplência de dívidas, a aplicação de sanções por parte das autoridades que tendam a vedar o livre exercício das atividades empresariais.[35]

Mas, relativizando o teor das referidas súmulas, em 2007, o pleno do STF, ao aplicar o princípio da proporcionalidade no caso concreto, entendeu como válida a proibição de determinada empresa exercer suas atividades, sanção esta aplicada porque referida pessoa jurídica, de forma corriqueira, não honrava suas dívidas tributárias; e, com isso, podia vender seus produtos a preços abaixo do padrão de mercado, em flagrante prática anticoncorrencial.[36]

---

[34] "Administrativo. Processual Civil. Suspensão do fornecimento de energia elétrica, em razão de inadimplemento do consumidor. Possibilidade. '[...] Nos termos do art. 22 da Lei 8.078/90 (Código de Defesa do Consumidor), 'os órgãos públicos, por si ou suas empresas, concessionárias, permissionárias ou sob qualquer outra forma de empreendimento, são obrigados a fornecer serviços adequados, eficientes, seguros e, quanto aos essenciais, contínuos'. 3. A Lei 8.987/95, por sua vez, que dispõe sobre o regime de concessão e permissão da prestação de serviços públicos previsto no art. 175 da Constituição Federal, em seu Capítulo II ('do serviço adequado'), traz a definição, para esse especial objeto de relação de consumo, do que se considera 'serviço adequado', prevendo, nos incs. I e II do §3º do art. 6º, duas hipóteses em que é legítima sua interrupção, em situação de emergência ou após prévio aviso: (a) por razões de ordem técnica ou de segurança das instalações; (b) por inadimplemento do usuário, considerado o interesse da coletividade. 4. Tem-se, assim, que a continuidade do serviço público assegurada pelo art. 22 do CDC não constitui princípio absoluto, mas garantia limitada pelas disposições da Lei 8.987/95, que, em nome justamente da preservação da continuidade e da qualidade da prestação dos serviços ao conjunto dos usuários, permite, em hipóteses entre as quais o inadimplemento, a suspensão no seu fornecimento'" (Superior Tribunal de Justiça — 1ª Turma — Recurso Especial n. 591.692/RJ — relator ministro Teori Albino Zavascki —14.3.2005). No mesmo sentido: "Agravo Regimental. Suspensão. Deferimento. Fornecimento de Energia. Corte por Inadimplência. Município. Possibilidade. '1. A interrupção do fornecimento de energia elétrica por inadimplemento não configura descontinuidade da prestação do serviço público. Precedentes. 2. O interesse da coletividade não pode ser protegido estimulando-se a mora, até porque esta poderá comprometer, por via reflexa, de firma mais cruel, toda a coletividade, em sobrevindo má prestação dos serviços de fornecimento de energia, por falta de investimentos, como resultado do não recebimento, pela concessionária, da contraprestação pecuniária'" (Superior Tribunal de Justiça — Agravo Regimental na Suspensão de Segurança n. 1.497/SE — relator ministro Edson Vidigal, 1.8.2005). Doutrina: GALDINO, Flávio. *Introdução à teoria dos custos dos direitos*: direitos não nascem em árvores. Rio de Janeiro: Lumen Juris, 2005.

[35] Súmula 70 — É inadmissível a interdição de estabelecimento como meio coercitivo para cobrança de tributo. Súmula 323 — É inadmissível a apreensão de mercadorias como meio coercitivo para pagamento de tributos. Súmula 547 — Não é lícito à autoridade proibir que o contribuinte em débito adquira estampilhas, despache mercadorias nas alfândegas e exerça suas atividades profissionais.

[36] PINHEIRO, Paulo Eduardo D'Arce. *Poderes executórios do juiz*. São Paulo: Saraiva, 2011. p. 297.

Assim, até que a empresa regularizasse sua situação fiscal, ela deveria interromper suas atividades:

> Recurso. Extraordinário. Efeito suspensivo. Inadmissibilidade. Estabelecimento industrial. Interdição pela Secretaria da Receita Federal. Fabricação de cigarros. Cancelamento do Registro Especial para Produção. Legalidade aparente. Inadimplemento sistemático e isolado da obrigação de pagar Imposto sobre Produtos Industrializados — IPI. Comportamento ofensivo à livre concorrência. Singularidade do mercado e do caso. Liminar indeferida em ação cautelar. Inexistência de razoabilidade jurídica da pretensão. Votos vencidos. "Carece de razoabilidade jurídica, para efeito de emprestar efeito suspensivo a recurso extraordinário, a pretensão de indústria de cigarros que, deixando sistemática e isoladamente de recolher o Imposto sobre Produtos Industrializados, com consequente redução do preço de venda da mercadoria e ofensa à livre concorrência, viu cancelado o registro especial e interditados os estabelecimentos." (STF — Pleno — m.v. — Ação Cautelar n. 1.657 — rel. min. Cezar Peluso — 27.6.2007).

Marcelo Lima Guerra ainda defende a aplicação de multa diária contra o devedor que não paga tempestivamente o débito objeto da execução por quantia certa contra devedor solvente; além de propor que a lista de bens impenhoráveis seja diminuída, tudo na linha de contribuir-se para a obtenção da tutela executiva efetiva.[37]

Essas técnicas de coerção apenas demonstram o atual espírito do processo civil, que visa à efetividade da tutela executiva, de modo a que o credor tenha, dentro de um prazo razoável e seguindo os ditames do devido processo legal, a plena realização do seu direito material.

Michele Taruffo observa ser essa uma preocupação uniforme em diversos sistemas processuais, chamando especial atenção para o modelo norte-americano, no qual se privilegia o princípio da adequabilidade da execução,

> pelo qual todo o direito deve encontrar atuação por meio do instrumento executivo mais idôneo e eficaz em função das específicas necessidades do caso concreto. [...] Ademais, o que parece fora de dúvida é que o sistema dos remédios executivos, devendo ser adequado, tem também de ser completo, isto é, deve assegurar sempre uma tutela executiva eficaz. É significativo, de fato, que o aparecimento de situações substanciais novas não tenha comportado a crise do sistema e a criação de lacunas de tutela executiva e tenha consubstanciado, ao invés, um potente fator de evolução, no sentido da busca e da criação de novos instrumentos executivos ou de adaptação

---

[37] Marcelo Lima Guerra, *Direitos fundamentais do credor e a proteção do credor na execução civil*, op. cit., p. 150 e 165. No mesmo sentido: BAUMÖHL, Debora Ines Kram. *A nova execução*. São Paulo: Atlas, 2006. p. 139.

de velhos instrumentos, mas sempre no sentido do princípio pelo qual a tutela jurisdicional deve compreender também uma eficaz tutela executiva.[38]

O citado professor italiano, nesse contexto de busca da plena efetividade processual executiva, destaca que as Rules 53 e 70 da Federal Rules of Civil Procedure dos Estados Unidos da América, por exemplo, preveem a possibilidade de o Poder Judiciário nomear um *receiver*, o qual, com a função típica de um administrador, tem o poder de gerir a empresa devedora, de modo a garantir que ela cesse determinada atividade nociva ao meio ambiente, bem como promova obras de despoluição e indenize os danos oriundos de sua atividade ofensiva à sociedade.[39]

Esse é um bom exemplo de como o moderno processo civil está intensamente preocupado em como garantir que a execução garanta e promova, dentro do prazo razoável, a devida satisfação do direito material por parte do seu legítimo titular.

E é nesse contexto que se insere o artigo 139, IV, do novo CPC, o qual permite expressamente que o magistrado se valha de todos os poderes necessários para garantir a efetividade do processo, inclusive na execução por quantia certa contra devedor solvente. É a positivação mais do que clara dos poderes atípicos do magistrado na execução por quantia certa contra devedor solvente.

Mas, para a leitura desse dispositivo dentro do contexto do devido processo legal, é fundamental não se olvidar que o novo CPC também positivou os princípios da cooperação, da proporcionalidade e da razoabilidade.

O princípio da cooperação está previsto no artigo 6º do novo CPC e não há dúvida de que esse princípio também é destinado ao magistrado na sua relação com os demais sujeitos processuais, sendo essa a leitura que bem faz a doutrina processual portuguesa:

> A ideia de cooperação no CPC de Portugal como um dever processual é bem ressaltada pelo processualista português Miguel Teixeira de Sousa, para quem se pode extrair desse princípio positivado basicamente quatro principais deveres do órgão judicial: a) dever de esclarecimento; b) dever de prevenção; c) dever de consultar as partes; e d) dever de auxiliar as partes.[40]

No direito processual português, o princípio da cooperação está positivado no artigo 7º do CPC/13: "na condução e intervenção do processo, devem os magistrados, os mandatários judi-

---

[38] TARUFFO, Michele. *Processo civil comparado*: ensaios. Apresentação, organização e tradução de Daniel Mitidiero. São Paulo: Marcial Pons, 2013. p. 95.

[39] Ibid., p. 91.

[40] ZUFELATO, Camilo. Análise comparativa da cooperação e colaboração entre os sujeitos processuais nos projetos de novo CPC. In: FREIRE, Alexandre et al. *Novas tendências do processo civil*. Salvador: Juspodivm, 2013. p. 113.

ciais e as próprias partes cooperar entre si, concorrendo para se obter, com brevidade e eficácia, a justa composição do litígio".

Fredie Didier Jr., acerca do princípio da cooperação no direito processual português, bem sinaliza que "é fonte direta de situações jurídicas ativas e passivas, típicas e atípicas, para todos os sujeitos processuais, inclusive para o órgão jurisdicional".[41]

Abílio Neto,[42] ainda sobre o princípio da cooperação no direito processual português, ressalta que a aplicação desse princípio vincula o órgão jurisdicional em sua relação com as partes, transformando-se em verdadeiro dever, o qual

> desdobra-se em dois deveres essenciais: um é o dever de esclarecimento ou de consulta, isto é, o dever de o tribunal esclarecer junto das partes as eventuais dúvidas que tenha sobre suas alegações ou posições em juízo, de molde a evitar que a sua decisão tenha por base a falta de esclarecimento de uma situação e não a verdade sobre ela apurada; o outro é o dever de prevenção ou de informação, ou seja, o dever de o tribunal prevenir as partes sobre eventuais deficiências ou insuficiências das suas alegações ou pedidos e de as informar sobre aspectos de direito ou de fato que por elas não foram considerados.

Fernando Pereira Rodrigues[43] sustenta que o princípio da cooperação "consiste no dever imposto aos magistrados, aos mandatários, às partes e a terceiros intervenientes acidentais no processo, de prestarem o seu contributo para que se obtenha, com brevidade e eficácia, a justa composição do litígio".

Merece destaque a decisão do STJ português, de 21 de março de 2012, processo nº 41/06.4tbcsc.l1.s1, da magistrada Ana Paula Boularot: "Os princípios que regem o processo civil, nomeadamente os da igualdade e da cooperação, fazem com que o processo judicial em curso se transforme numa comunidade de trabalho".

Nesse passo, a aplicação dos poderes atípicos do magistrado deve ocorrer dentro do modelo de um processo cooperativo, pautado por um contraditório participativo entre todos os sujeitos processuais. O magistrado, na busca de tutelar de forma efetiva o direito a ser garantido, ao adotar medidas atípicas, deverá observar a necessidade de as partes serem prévia e adequadamente alertadas quanto ao manejo de tais medidas atípicas, bem como deverá motivar suas decisões, nos termos do art. 489 do novo CPC.

---

[41] DIDIER JR., Fredie. *Fundamentos do princípio da cooperação no direito processual civil português*. Coimbra: Coimbra, 2010. p. 109.

[42] NETO, Abílio. *Novo Código de Processo Civil anotado*. 2. ed. Lisboa: Ediforum, 2014. p. 92.

[43] RODRIGUES, Fernando Pereira. *O novo processo civil e os princípios estruturantes*. Coimbra: Almedina, 2013. p. 113.

É claro que o uso dos poderes atípicos também deve ser cotejado com os importantes princípios da proporcionalidade e da razoabilidade, previstos no art. 8º do novo CPC.

Em definição exemplar, João Batista Lopes sintetiza:

Em sentido amplo, refere-se a doutrina ao princípio da proporcionalidade como compreensivo de subprincípios (adequação, necessidade e princípio da proporcionalidade em sentido estrito). Para o fim destas reflexões, interessa-nos, particularmente, o princípio da proporcionalidade em sentido estrito, isto é, o sopesamento dos valores e interesses em jogo a que procede o juiz para chegar à solução do conflito. Considerando que cada princípio tem o seu peso, deve o juiz, ao julgar a causa, comparar os pesos dos princípios em tensão conflitiva para chegar à solução que atenda aos valores da ordem jurídica.[44]

Francisco Fernandes de Araújo, na linha de diferenciar os princípios da proporcionalidade e da razoabilidade, estabelece que esta estaria mais atrelada a uma diretriz de interpretação, com indicação de como não agir e de como controlar o excesso de poder, enquanto a proporcionalidade seria um princípio de dosimetria entre valores em colisão, de modo a estabelecer a melhor equação entre esses valores em um determinado caso concreto:

a razoabilidade é um princípio de interpretação, que está (ou deve estar) presente em todo agir individual e social, enquanto a proporcionalidade, além desse aspecto, também é um princípio de calibragem ou dosimetria na feitura e na aplicação da norma, isto é, tem uma "materialização" mais forte do que o princípio da razoabilidade.[45]

A importância de um modelo cooperativo de processo civil, também pautado pelo respeito às garantias constitucionais, bem como pela observância dos princípios da proporcionalidade e razoabilidade, pode ajudar na construção das diretrizes necessárias para a aplicação do artigo 139, IV, do novo CPC.

O tema já desperta polêmicas.

---

[44] João Batista Lopes, "Princípio da proporcionalidade e efetividade do processo civil", op. cit., p. 136.

[45] ARAUJO, Francisco Fernandes de. *Princípio da proporcionalidade*: significado e aplicação prática. Campinas: Copola, 2002. p. 54. No mesmo sentido: "O princípio da racionalidade proscreve a ilogicidade, o absurdo, a incongruência na ordenação da vida privada; fulmina, portanto, os condicionamentos logicamente desconectados da finalidade que legitima a interferência do legislador na matéria ou desproporcional em relação a ela. As opções legislativas devem se apresentar com escolhas racionais, aptas não só a conduzir aos efeitos desejados, como a fazê-lo do melhor modo possível. O princípio da razoabilidade — cuja inspiração na ideia de racionalidade não se pode negar — incorpora valores éticos ao universo jurídico fulminando as opções legislativas desatenta desses padrões" (SUNDFELD, Carlos Ari. *Direito administrativo ordenador*. São Paulo: Malheiros, 1997. p. 68).

Para Fernando da Fonseca Gajardoni,[46] o artigo 139, IV, revela um verdadeiro dever de efetivação, e

diante do risco de violação do correlato dever de efetivação, o juiz, sendo possível, deverá advertir a parte ou o terceiro de que seu comportamento poderá ser considerado ato atentatório à dignidade da justiça. Após, sendo constatada a violação, deverá o juiz: (a) aplicar sanções criminais e civis ao litigante improbo; (ii) aplicar ao responsável multa de até vinte por cento do valor da causa, de acordo com a gravidade da conduta; e (c) tomar as medidas indutivas, coercitivas, mandamentais ou sub-rogatórias necessárias para assegurar o cumprimento da ordem judicial, inclusive nas ações que tenha por objeto prestação pecuniária (astreintes, bloqueio de bens móveis, imóveis, de direitos e de ativos financeiros, restrição de direitos, prolação de decisões substitutivas da declaração de vontade, etc.).

Na mesma linha segue a doutrina de Cássio Scarpinella Bueno,[47] no sentido de que o artigo 139 revela

regra que convida à reflexão sobre o CPC de 2015 ter passado a admitir, de maneira expressa, verdadeira regra de flexibilização das técnicas executivas, permitindo ao magistrado, consoante as peculiaridades de cada caso concreto, modificar o modelo preestabelecido pelo código, determinando a adoção, sempre de forma fundamentada, dos mecanismos que mostrem mais adequados para a satisfação do direito, levando em conta as peculiaridades do caso concreto. Um verdadeiro dever-poder geral executivo, portanto. Aceita esta proposta, que, em última análise, propõe a adoção de um modelo atípico de atos executivos, ao lado da tipificação feita pelos arts. 513 a 538, que disciplinam o cumprimento de sentença, e ao longo de todo o livro II da parte especial, voltado ao processo de execução, será correto ao magistrado flexibilizar as regras previstas naqueles dispositivos codificados consoante se verifiquem insuficientes para a efetivação da tutela jurisdicional.

Teresa Arruda Alvim Wambier,[48] por outro lado, enfatiza a necessidade de o inciso IV do artigo 139 do novo CPC ser interpretado

---

[46] GAJARDONI, Fernando da Fonseca. O modelo presidencial cooperativista e os poderes e deveres do juiz do novo CPC. In: VVAA. *O novo Código de Processo Civil, questões controvertidas*. São Paulo: Atlas, 2015. p. 142.

[47] BUENO, Cassio Scarpinella. *Manual de direito processual civil*. São Paulo: Saraiva, 2015. p. 165.

[48] WAMBIER, Teresa Arruda Alvim et al. *Primeiros comentários ao novo Código de Processo Civil*. São Paulo: Revista dos Tribunais, 2015. p. 264.

com grande cuidado, sob pena de, se entender que em todos os tipos de obrigações, inclusive na de pagar quantia em dinheiro, pode o juiz lançar mão de medidas típicas das ações executivas *lato sensu*, ocorrendo completa desconfiguração do sistema engendrado pelo próprio legislador para as ações de natureza condenatória.

Flávio Luiz Yarshell,[49] por sua vez, doutrina que, quanto ao artigo 139, IV,

será preciso cuidado na interpretação desta norma, porque tais medidas precisam ser proporcionais e razoáveis, lembrando-se que pelas obrigações pecuniárias responde o patrimônio do devedor, não sua pessoa. A prisão civil só cabe no caso de dívida alimentar e mesmo eventual outra forma indireta de coerção precisa ser vista com cautela, descartando-se aquelas que possam afetar a liberdade e ir e vir e outros direitos que não estejam diretamente relacionados com o patrimônio do demandado.

Como visto, já há rica polêmica quanto à aplicação do inciso IV do artigo 139 do novo CPC. A doutrina e a jurisprudência terão importante papel na definição dos limites da aplicação dos meios atípicos de execução.

Porém, independentemente da polêmica já existente, pode-se afirmar que o magistrado, na aplicação dos poderes atípicos previstos no inciso IV do artigo 139, deve zelar pela efetividade do processo, observando as garantias e os princípios constitucionais, o princípio da proporcionalidade, o princípio da razoabilidade, e sempre tendo como norte um modelo cooperativo de processo civil.

REFERÊNCIAS

ANDREWS, Neil. *O moderno processo civil*. Tradução de Teresa Arruda Alvim Wambier. 2. ed. São Paulo: Revista dos Tribunais, 2012.

ARAUJO, Francisco Fernandes de. *Princípio da proporcionalidade*: significado e aplicação prática. Campinas: Copola, 2002.

ARAÚJO CINTRA, Antônio Carlos de; GRINOVER, Ada Pelegrini; DINAMARCO, Cândido Rangel. *Teoria geral do processo*. 23. ed. São Paulo: Malheiros, 2007.

BARROSO, Luis Roberto. *O direito constitucional e a efetividade de suas normas*: limites e possibilidades da Constituição brasileira. 5. ed. Rio de Janeiro: Renovar, 2001.

---

[49] COELHO, Marcus Vinicius Furtado et al. *O novo Código de Processo Civil*: breves anotações para a advocacia. Brasília: OAB; Conselho Federal, 2016. p. 28.

BAUMÖHL, Debora Ines Kram. *A nova execução*. São Paulo: Atlas, 2006.

BEDAQUE, José Roberto dos Santos. *Direito e processo*. 4. ed. São Paulo: Malheiros, 2006.

_____. *Efetividade do processo e técnica processual*. São Paulo: Malheiros, 2007.

BENETI, Silvio Agostinho. *Da conduta do juiz*. São Paulo: Saraiva, 2003.

BONAVIDES, Paulo; MIRANDA, Jorge; AGRA, Walber de Moura. *Comentários à Constituição Federal de 1988*. Rio de Janeiro: Forense, 2009.

BUENO, Cassio Scarpinella. *Curso sistematizado de direito processual civil*. 6. ed. São Paulo: Saraiva, 2012. v. 1.

BUENO, Cassio Scarpinella. *Manual de direito processual civil*. São Paulo: Saraiva, 2015.

COELHO, Marcus Vinicius Furtado et al. *O novo Código de Processo Civil*: breves anotações para a advocacia. Brasília: OAB; Conselho Federal, 2016.

DI PIETRO, Maria Sylvia Zanella. *Direito administrativo*. 13. ed. São Paulo: Atlas, 2001.

DIDIER JR., Fredie. Apontamentos para a concretização do princípio da eficiência do processo. In: FREIRE, Alexandre et al. (Org.). *Novas tendências do processo civil*. Salvador: Juspodivm, 2013.

DIDIER JR., Fredie. *Fundamentos do princípio da cooperação no direito processual civil português*. Coimbra: Coimbra, 2010.

DINAMARCO, Cândido Rangel. *A instrumentalidade do processo*. São Paulo: Malheiros, 2008.

FERNÁNDEZ-BALLESTEROS, Miguel Angel. *La ejecución forzosa y las medidas cautelares en la nueva ley de enjuiciamiento civil*. Madri: Iurgium, 2001. p. 13.

GAJARDONI, Fernando da Fonseca. O modelo presidencial cooperativista e os poderes e deveres do juiz do novo CPC. In: VVAA. *O novo Código de Processo Civil, questões controvertidas*. São Paulo: Atlas, 2015.

GALDINO, Flávio. *Introdução à teoria dos custos dos direitos*: direitos não nascem em árvores. Rio de Janeiro: Lumen Juris, 2005.

GIORGIANNI, Michele. Tutele del creditore e tutela "reale". *Revista Trintestrale de Diritto e Procedura Civile*. Milão, n. 3, p. 860, set. 1975.

GONÇALVES, Renato Afonso. *Banco de dados nas relações de consumo*. São Paulo: Max Limonad, 2002.

GUERRA, Marcelo Lima. *Direitos fundamentais do credor e a proteção do credor na execução civil*. São Paulo: Revista dos Tribunais, 2003.

LOPES, João Batista. Princípio da proporcionalidade e efetividade do processo civil. In: MARINONI, Luiz Guilherme (Coord.). *Estudos de direito processual civil*: homenagem ao professor Egas Dirceu Moniz de Aragão. São Paulo: Revista dos Tribunais, 2006.

MANCUSO, Rodolfo de Camargo. *Acesso à justiça*. São Paulo: Revista dos Tribunais, 2011.

MARZANO, Ângelo Alexandre; ZANLUQUI, Wilson Julio. Considerações sobre a negativação no Serasa em decorrência do ajuizamento de execução civil. In: SHIMURA, Sérgio; WAMBIER,

Teresa Arruda Alvim (Coord.). *Processo de execução e assuntos afins*. São Paulo: Revista dos Tribunais, 2001. v. II.

MELO, Fábio Soares de. *Processo administrativo tributário*: princípios, vícios e efeitos jurídicos. São Paulo: Dialética, 2012.

MORAES, Alexandre de. *Direito constitucional*. 17. ed. São Paulo: Atlas, 2005.

NETO, Abílio. *Novo Código de Processo Civil anotado*. 2. ed. Lisboa: Ediforum, 2014.

PINHEIRO, Paulo Eduardo D'Arce. *Poderes executórios do juiz*. São Paulo: Saraiva, 2011.

PORTO, Sérgio Gilberto. A crise de eficiência do processo — a necessária adequação processual à natureza do direito posto em causa, como pressuposto de efetividade. In: FUX, Luiz; NERY JR., Nelson; WAMBIER, Teresa Arruda Alvim. *Processo e Constituição*: estudos em homenagem ao professor José Carlos Barbosa Moreira. São Paulo: Revista dos Tribunais, 2006.

RODRIGUES, Fernando Pereira. *O novo processo civil e os princípios estruturantes*. Coimbra: Almedina, 2013.

SUNDFELD, Carlos Ari. *Direito administrativo ordenador*. São Paulo: Malheiros, 1997.

TARUFFO, Michele. *Processo civil comparado*: ensaios. Apresentação, organização e tradução de Daniel Mitidiero. São Paulo: Marcial Pons, 2013.

WAMBIER, Teresa Arruda Alvim et al. *Primeiros comentários ao novo Código de Processo Civil*. São Paulo: Revista dos Tribunais, 2015.

ZUFELATO, Camilo. Análise comparativa da cooperação e colaboração entre os sujeitos processuais nos projetos de novo CPC. In: FREIRE, Alexandre et al. *Novas tendências do processo civil*. Salvador: Juspodivm, 2013.

Convenções processuais *versus* poderes do juiz

LEONARDO GRECO

A partir da emergência do Código de Processo Civil de 2015, vários estudos têm surgido a respeito dos chamados *negócios jurídicos processuais*, denominação sob a qual têm sido analisados os dispositivos do novo diploma que conferem às partes a celebração de convenções sobre questões processuais.

No âmbito desses estudos, com frequência vem à baila a possibilidade de que o juiz também participe como sujeito principal desses acordos e a indagação de se a utilização dessas convenções não pode vir a retirar do magistrado a própria direção e controle do desenvolvimento do processo.

Afasto, desde logo, a necessidade de que a abordagem do tema exija a aceitação do conceito de *negócio jurídico processual*, noção polêmica,[1] a que Barbosa Moreira preferiu a de *convenção processual*, no seu estudo pioneiro de 1984,[2] e a que eu preferi a de *atos de disposição das partes*, no meu ensaio publicado em 2007,[3] que tenho visto frequentemente citado, nos livros e estudos que têm sido publicados sobre o assunto.

---

[1] Sobre a controvérsia em torno da existência de negócios jurídicos processuais e o seu conceito, ver NOGUEIRA, Pedro Henrique. *Negócios jurídicos processuais*. Salvador: Juspodivm, 2016.

[2] MOREIRA, José Carlos Barbosa. Convenções das partes sobre matéria processual. In: _____. *Temas de direito processual*. 3ª série. São Paulo: Saraiva, 1984. p. 87-98.

[3] Ver meu estudo: Os atos de disposição processual — primeiras reflexões. In: MEDINA, José Miguel Garcia et al. (Coord.). *Os poderes do juiz e o controle das decisões judiciais*: estudos em homenagem à profa. Teresa Arruda Alvim Wambier. São Paulo: Revista dos Tribunais. 2008. p. 290-304. Também tratei do tema nas minhas *Instituições de processo civil*: v. I, Introdução ao direito processual civil. 5. ed. Rio de Janeiro: Forense. 2015. p. 58-64 e 277-282.

A noção de negócio processual foi elaborada pela doutrina alemã (Kohler, Wach, Bülow, Schidermair, Hellwig) e acolhida pelos clássicos (Chiovenda, Carnelutti, Denti, Betti, Satta), mas caiu em desuso na doutrina processual, pela sua vinculação a pressupostos civilísticos. O ato processual é um momento de transição em direção a ulteriores atos e consequências jurídicas. Sua eventualidade e sua interdependência implicariam negação da normatividade dos atos anteriores e, portanto, seu caráter negocial.

A vinculação da convencionalidade ou do autorregramento das partes ao conceito de negócio jurídico poderia sugerir sua análise à luz dos dispositivos do Código Civil sobre o instituto, como de forma percuciente procedeu Flávio Luiz Yarshell, em recente estudo,[4] mas tem os seus riscos, porque o regime desses atos nem sempre deve ser o que lhes corresponderia no direito material, seja ele público ou privado.

Também não consigo ver no artigo 190 do novo Código, como outros, uma cláusula geral, um superdireito, conceito que por si já entranha um elevado grau de autoritarismo, como se as partes pudessem dizer ao juiz: "agora quem manda somos nós; cumpra as nossas ordens, sob pena de desobediência, prevaricação, ato atentatório à dignidade da justiça, multa ou proibição de falar nos autos. Aliás, será que precisamos mesmo do juiz?".

A compreensão das regras do novo CPC que autorizam a celebração de convenções processuais impõe confrontá-las com o que eu, para espanto de muitos, denominaria de *disponibilidade dos poderes do juiz*, o que nos obrigaria a conceituá-los, bem como a destacar entre eles os que, sendo inerentes à função jurisdicional, devem sempre concentrar-se nas mãos do próprio juiz, e a admitir que outros, apesar da sua relevância, possam ser exercidos consensualmente pelas partes, com o simples controle judicial de validade dos atos por aquelas praticados ou até mesmo com a necessária adesão voluntária do próprio juiz à sua implementação, não mais bastando nesse último caso o simples controle judicial de validade.

Divirjo, portanto, daqueles que, fiéis a um publicismo radical e vinculados a uma tradição paternalista tipicamente ibérica, pretendem ver nas previsões do novo Código apenas sugestões das partes, que os juízes podem aceitar ou não e que, como tal, quando aceitas, são atos exclusivamente do juiz, cuja eficácia sempre dependa da sua aprovação ou homologação e que, a qualquer tempo, possam ser exclusivamente por ele próprio revogados ou modificados.

Essa visão é inteiramente desmentida pelos princípios adotados pelo Código de 2015, em especial o contraditório efetivo (art. 7º), que impõe a cooperação entre todos os sujeitos do processo "para que se obtenha, em tempo razoável, decisão de mérito justa e efetiva" (art. 6º), e pelo princípio político da subsidiariedade, que, em todas as esferas de atuação do estado de

---

[4] YARSHELL, Flávio Luiz. Convenção das partes em matéria processual: rumo a uma nova era. In: CABRAL, Antonio do Passo; NOGUEIRA, Pedro Henrique (Coord.). *Negócios processuais*. Salvador: Juspodivm, 2015. p. 63-80.

direito contemporâneo, rege as relações deste com os cidadãos, intervindo nas relações privadas apenas para suprir as insuficiências da própria sociedade, conforme a lição de José Alfredo de Oliveira Baracho.[5]

Entendo como poderes do juiz as "prerrogativas inerentes ao exercício de uma vontade em nome do Estado, a que devem se sujeitar todos os cidadãos". Seguindo doutrina tradicionalmente difundida entre nós, tenho apontado como inerentes à função jurisdicional do Estado os poderes de decisão, de coerção e de documentação e, como auxiliares dos dois primeiros, os poderes de conciliação e de impulso processual.[6] Esses poderes se exercem na prática dos mais diversos tipos de atos processuais, como as decisões judiciais, os atos de movimentação, os atos de coação, os atos instrutórios, a imposição de sanções e a atividade cautelar. As regras que diretamente asseguram a independência e a imparcialidade dos juízes, como as que disciplinam a arguição de impedimentos ou motivos de suspeição, são inderrogáveis pela vontade das partes. Também são inderrogáveis e insuscetíveis de convencionalidade as regras que autorizam o juiz a coibir o processo simulado ou fraudulento, os atos atentatórios à dignidade da justiça ou que munem o juiz de poderes de tornar efetivo o cumprimento de suas decisões ou de impor sanções pelo seu descumprimento. Também são alheias à disposição pelas partes as regras que reduzem a eficácia de garantias fundamentais do processo indisponíveis pelas partes, como as que tratam da publicidade das decisões judiciais, da fundamentação das decisões, da duração razoável do processo, da concorrência das condições da ação,[7] do direito de postular e se defender, a que eu tenho denominado, não por simpatia, mas pela falta de outro nome melhor, de *ordem pública processual*.

Não obstante esse poder agora conferido às partes se contraponha aos poderes do juiz, não deve ser interpretado, de forma alguma, como uma tendência de privatização da relação processual, mas representa simplesmente a aceitação de que aquelas — as partes —, como destinatárias da prestação jurisdicional, têm também interesse em influir na atividade-meio e, em certas circunstâncias, estão mais habilitadas do que o próprio julgador a adotar decisões sobre os seus rumos e a ditar providências em harmonia com os objetivos publicísticos do processo, consistentes em assegurar a paz social e a própria manutenção e efetividade da ordem jurídica. Afinal, se é certo que o processo judicial não é apenas *coisa das partes*, são elas que delimitam o âmbito em que a função jurisdicional será exercida, são elas as destinatárias da tutela jurisdicional e são

---

[5] BARACHO, José Alfredo de Oliveira. *Princípio de subsidiariedade*: conceito e evolução. Rio de Janeiro: Forense. 1997. passim.

[6] Leonardo Greco, *Instituições de processo civil*, op. cit., p. 105-112.

[7] Por exceção, os acordos extrajudiciais de paz, de mediação ou conciliação prévias retiram, enquanto não cumpridos os procedimentos pré-processuais ajustados, o interesse de agir, ressalvada a necessidade de tutela de urgência.

os seus interesses que a decisão judicial diretamente atinge, e, por meio deles, pretende alcançar seus fins últimos, embora remotos e abstratos, de tutela dos interesses da sociedade agasalhados pelo ordenamento jurídico, da própria ordem jurídica e da paz social.

Se as partes podem convencionar a solução extrajudicial do litígio pela instituição da arbitragem e nesta ditar o procedimento, desde que observadas as garantias fundamentais do processo justo, num processo de que resultará decisão com a mesma força da decisão estatal, não há razão para negar-lhes semelhante espaço de autonomia privada quando submetem seu litígio ao juiz estatal.

São os *contrats de procédure*, adotados na França,[8] e a ampliação dos espaços de contratualização do processo judicial, que, sujeitos à supervisão do juiz para evitar abusos, podem constituir uma opção valiosa para recuperar a credibilidade nos juízes e agasalhar postulações que sem essa autonomia teriam de dirigir-se a uma arbitragem por interlocutores inexperientes, sem o duplo grau de jurisdição, ou serem resolvidas pela força ou por acordos iníquos, impostos pelo litigante mais forte ou pela própria incapacidade da Justiça de tutelar com eficiência e celeridade os direitos dos cidadãos.

O Código de 2015, além de impor a todos os sujeitos do processo os deveres de boa-fé e de cooperação, prevê nos artigos 190 e 191 a possibilidade de as partes celebrarem convenções processuais, cuja validade o juiz controlará (art. 190, parágrafo único), ditando alterações no procedimento, disciplinando seus ônus, poderes, faculdades e deveres processuais ou, de comum acordo com o juiz, fixando calendário para a sequência dos atos processuais a serem praticados.

Em diversos outros dispositivos, o Código faculta que a vontade das partes interfira nos poderes do juiz, como: quando prevê a delimitação consensual dos pontos controvertidos (art. 357, §2º), que, homologada, "vincula as partes e o juiz"; quando prevê a escolha consensual do perito pelas partes (art. 471), desde que plenamente capazes e a causa possa ser resolvida por autocomposição; ou quando admite que, "de comum acordo, o juiz e as partes" estabeleçam calendário para a prática dos atos processuais, vinculando as partes e o juiz, inclusive na fixação de prazos, e somente podendo ser modificado "em casos excepcionais, devidamente justificados" (art. 191).

Na verdade, nesses casos, as partes não substituem o juiz, mas a lei reconhece que as partes podem estar em posição mais favorável do que o próprio juiz para ditar a marcha do processo e o conteúdo dos atos a serem praticados, sem prejuízo de que o juiz, em muitos casos, concorra também com a sua vontade na aprovação das escolhas feitas pelas partes e na avaliação da sua conveniência e adequação para o cumprimento da finalidade de prestar a jurisdição do modo mais justo, rápido e efetivo.

---

[8] Ver GUINCHARD, Serge; CHAINAIS, Cécile; FERRAND, Frédérique. *Procédure civile*: droit interne et droit de l'Union Européenne. 30. ed. Paris: Dalloz, 2010. p. 1220-1221.

Em todas as convenções processuais, o juiz exerce o controle da sua validade para reconhecer-lhes ou não eficácia no processo. Mesmo que não sujeitas expressamente a homologação, verificará o juiz se não incidem em nulidade, se não violam poderes indisponíveis do juiz e se não foram abusivamente inseridas em contrato de adesão ou em contrato em que alguma das partes se encontre em manifesta situação de vulnerabilidade (art. 190, parágrafo único).

Se a convenção afeta apenas direitos, deveres ou ônus das próprias partes, em princípio, o controle judicial é apenas de legalidade. Sua eficácia, nos termos do artigo 200, é imediata, embora deva o juiz homologá-la, atestando a sua conformidade com o ordenamento jurídico. A nulidade que pode atingi-la é somente a nulidade absoluta, porque da nulidade relativa a parte pode abrir mão. O controle de legalidade abrangerá: a) a possibilidade de autocomposição a respeito do próprio direito material posto em juízo ou a impossibilidade de que a convenção prejudique o direito material indisponível ou a sua tutela;[9] b) a celebração por partes plenamente capazes; c) o respeito ao equilíbrio entre as partes e à paridade de armas, para que uma delas, em razão de atos de disposição seus ou de seu adversário, não se beneficie de sua particular posição de vantagem em relação à outra quanto ao direito de acesso aos meios de ação e de defesa; e d) a preservação da observância dos princípios e garantias fundamentais do processo e da ordem pública processual.

Essas convenções podem afetar apenas direitos subjetivos processuais das próprias partes, como a redução de prazos ou a dispensa de intimações. Mas, ao prever a nova lei que elas disponham sobre ônus, poderes e deveres processuais, podem interferir no exercício de prerrogativas do juiz, como as de direção e impulso do processo, o exercício dos poderes instrutórios e até a observância de regras de avaliação das provas na formação do seu convencimento por ocasião da sentença final. Nesse caso, é preciso examinar cuidadosamente se o controle judicial de simples legalidade ou validade seja suficiente ou se a ele deve acrescentar-se também o de conveniência e de adequação para alcançar com êxito os escopos finais da jurisdição, o que colocará o juiz na posição de coautor da deliberação conjunta, a que todos estarão vinculados.

Tito Carnacini, citado por Federico Carpi, já sustentava que "não só a tutela jurisdicional está entregue à vontade das partes, mas, em determinadas condições, também a técnica do processo".[10] Não se trata mais de simples atos prejudiciais aos direitos das próprias partes, mas de atos que, independentemente do seu resultado favorável ou contrário, decidem sobre os rumos do processo, sobre seu conteúdo ou sobre o modo de instruir e decidir as questões nele penden-

---

[9] ALMEIDA, Diogo Assumpção Rezende de. *Das convenções processuais no processo civil*. Tese (doutorado) — Universidade do Estado do Rio de Janeiro, Rio de Janeiro, 2014. p. 176-178; Pedro Henrique Nogueira, *Negócios jurídicos processuais*, op. cit., p. 160-161, 224-232 e 238-239.

[10] Ver CARPI, Federico. Introduzione. In: _____ et al. *Accordi di parte e processo*. Milão: Giuffrè, 2008. p. 5.

tes ou, conforme a lição de Carnelutti, de atos mediante os quais "o agente regula, segundo o seu interesse, a composição ou o desenvolvimento do processo".[11]

Podemos, então, passar a considerar três espécies de convenções processuais. A primeira, composta de acordos ou contratos que afetam apenas a direitos ou situações jurídicas das partes; a segunda, dos que afetam poderes do juiz, que por força de lei ou pela sua própria natureza podem ser limitados pela conjugação da vontade das partes, porque dispõem sobre situações jurídicas de interesse delas próprias, em que o juiz é chamado a arbitrar as suas divergências, se elas não se compõem;[12] e a terceira, dos que limitam os poderes do juiz e se perfazem com a conjugação da vontade das partes e do juiz, mas exigem o controle judicial da sua conveniência e adequação à implementação dos fins últimos da jurisdição. Nas duas primeiras espécies, essas convenções se perfazem com a conjugação, simultânea ou sucessiva, da vontade dos litigantes e, como tal, produzem efeitos jurídicos de imediato, nos termos do artigo 200 do Código de 2015. Esses atos estão sujeitos ao controle de simples legalidade por parte do juiz, mas, na verdade, a deliberação é das partes. Assim, por exemplo, na convenção sobre a distribuição do ônus da prova, cuja validade o juiz deve rejeitar se recair sobre direito indisponível ou se tornar excessivamente difícil a uma das partes o exercício do direito (art. 373, §§3º e 4º). Igualmente na delimitação das questões de fato e de direito no saneamento do processo (art. 357, §2º), o poder do juiz estabelecido nos incisos II e IV do *caput* é substituído pela delimitação das próprias partes, que nada mais é do que uma decorrência do princípio da demanda, com a vantagem de evitar que o juiz, em violação a esse princípio, introduza no processo questões de fato e de direito que dependam da iniciativa dos litigantes. O controle de legalidade dessa convenção deve verificar a correspondência da delimitação proposta com o pedido, a defesa e a réplica anteriormente oferecidas, ou, eventualmente, a necessidade de inclusão de alguma matéria cognoscível de ofício.[13] Também na convenção de escolha consensual de perito (art. 471), em que o juiz deverá verificar se as partes são plenamente capazes e se a causa pode ser resolvida por autocomposição ou se a convenção não prejudica a tutela de direito insuscetível de autocomposição e na convenção para suspensão do processo (art. 313, inc. II), em que o juiz deverá controlar a observância do prazo-limite estabelecido no §4º, assim como a livre manifestação de vontade das partes e a proibição de uso do processo para praticar ato simulado ou conseguir fim vedado por lei (art. 142).

---

[11] CARNELUTTI, Francisco. *Sistema de derecho procesal civil*. Buenos Aires: Uteha Argentina, 1944. v. III, p. 7.

[12] Ugo Rocco, citando o pacto *de non petendo*, admite que as partes possam ajustar a inobservância dos limites em que a lei permite a prorrogação da própria competência territorial (ROCCO, Ugo. *Trattato di diritto processuale civile*. Turim: Utet, 1957. v. II, p. 211).

[13] LORCA NAVARRETE, Antonio Maria. *Estudio jurisprudencial de los poderes del juez civil en materia probatória*. San Sebastián: Dijusa Libros Jurídicos, 2006. p. 14-16.

Já na definição do calendário (arts. 191 e 357, §8º), devem concorrer as vontades das partes e do próprio juiz, que se autolimita no poder de instruir o processo e de movimentar o processo, em benefício de regramento ao qual anui, verificando sua perfeita consonância com a realização dos escopos do processo.[14] A meu ver, também os contratos de procedimento, a que se refere o *caput* do artigo 190, quando envolvem restrições aos poderes do juiz ou aos deveres das partes para com o juiz, são convenções processuais dessa terceira espécie, devendo o juiz, a par do controle de legalidade, formular um juízo de conveniência, oportunidade e adequação, aderindo ou não à convenção. O juiz participa da deliberação, que se insere no seu poder ou atinge direito seu e, assim, no mais autêntico exercício do dever de cooperação (art. 6º), compatibiliza a autonomia da vontade das partes com os fins imediatos e mediatos da jurisdição estatal, que lhe incumbe resguardar.

Cabe incluir nas convenções dessa terceira espécie aquelas que visam a orientar ou impor limites ao poder discricionário do juiz, conforme o ensinamento insuperável de Picardi.[15] Assim, por exemplo, a deliberação das partes de que, na escolha do perito, o juiz se atenha aos exercentes de determinada profissão, delimitação que o juiz poderá acolher ou não, conforme lhe pareça mais adequada à apuração e avaliação dos fatos sujeitos à prova técnica. Também na transação resultante de conciliação promovida pelo próprio juiz, seu papel não é apenas de controle de legalidade do acordo, mas, em decorrência do seu caráter assistencial, concorre ele com sua vontade no juízo de conveniência, oportunidade e adequação do pactuado.[16] Já a transação extrajudicial ou a judicial promovida pelo conciliador e trazida à homologação judicial é convenção da segunda espécie.[17]

---

[14] Antonio do Passo Cabral recusa ao calendário, de que trata o artigo 191, a natureza convencional, porque, segundo ele, os seus efeitos resultam substancialmente da decisão judicial, da qual a conjugação de vontades das partes seria apenas um ato estimulante (CABRAL, Antonio do Passo. *Convenções processuais*. Salvador: Juspodivm, 2016. p. 68-70). Parece-me uma distinção artificial, porque não se trata de ato que o juiz possa praticar sem a concordância das partes e justamente seu caráter de compromisso intersubjetivo, bem no espírito dos deveres de cooperação e boa-fé, é que justifica que, no seu cumprimento, juiz e partes possam afastar-se dos direitos, deveres, ônus e poderes prescritos pela lei.

[15] PICARDI, Nicola. *Jurisdição e processo*. Rio de Janeiro: Forense, 2008. p. 15-24.

[16] Em contrário, VAZ, Alexandre Mário Pessoa. *Poderes e deveres do juiz na conciliação judicial*. Coimbra: Coimbra, 1976. p. 47-59.

[17] Incluo na primeira espécie de convenções que afetam apenas os interesses das próprias partes: os pactos de impenhorabilidade; os acordos de rateio de despesa; a dispensa consensual de assistente técnico; o acordo para retirar o efeito suspensivo da apelação; o acordo para não promover a execução provisória; a estabilização negociada da tutela antecipada de urgência antecedente; a dispensa de caução no cumprimento provisório de sentença; as cláusulas de paz, que subordinam o ingresso em juízo a uma prévia instância de mediação ou de conciliação, ressalvada a tutela de urgência; os acordos pré-processuais que dispensam a audiência de conciliação; a renúncia prévia à apelação contra a sentença final desfavorável ou contra a decisão interlocutória sobre determinada questão. Incluo na segunda espécie de convenções: sobre a determinação das provas a serem produzidas; sobre a redução de prazos processuais das partes. Incluo na terceira espécie de convenções: os acordos de ampliação de prazos das partes; acordos para realização de sustentação oral; acordos para ampliação do tempo de sustentação

Como observa Giorgio de Nova,[18] num paralelo com a arbitragem, na qual o árbitro aceita atuar como julgador, nas convenções da terceira espécie o juiz aceita atuar de acordo com as regras definidas de comum acordo por ele e pelas partes, porque o juiz pode não concordar que os seus poderes sejam limitados ou modificados.[19]

As convenções processuais das duas primeiras espécies produzem efeitos de imediato, ou seja, no mesmo momento em que o ato é praticado pelas partes ou no momento em que o próprio ato fixar. Eventual homologação do juiz é mero ato de controle de legalidade e não condição de eficácia do ato. Já as da terceira espécie produzirão seus efeitos no momento em que o juiz concorrer com sua vontade, aprovando ou homologando a deliberação das partes.

Quanto à revogabilidade das convenções processuais, seja por iniciativa das partes, seja por iniciativa do juiz, parece-me que deve, ao mesmo tempo, respeitar esse novo modelo de gestão cooperativa do processo e manter a necessária flexibilidade, para atender às novas exigências e circunstâncias que forem se apresentando no curso da sua tramitação. Nesse sentido, não compartilho as opiniões dos que querem vincular as declarações de vontade dos sujeitos processuais à mais absoluta irrevogabilidade, invocando teorias civilistas como a do *venire contra factum proprium* ou da *suppressio*. O processo é uma relação jurídica complexa e dinâmica e, por isso mesmo, instável, em que todos os atos praticados por todos os sujeitos são influenciados por circunstâncias eventuais, que se modificam continuamente. A boa-fé não obriga as partes e o juiz a ficarem inexoravelmente comprometidos com as suas declarações anteriores, feitas sem a mais clara e precisa previsibilidade de todas as suas consequências jurídicas e de todos os desdobramentos que possam ocorrer. Afinal, o processo não é um jogo de espertezas em que uma das partes vai ali adiante tirar proveito de uma declaração feita aqui atrás pelo seu adversário ou pelo juiz, sem que a situação subsequente que o processo apresenta fosse por este previsível. Isto não é atuar de boa-fé. Ela, a boa-fé, exige que as partes e o próprio juiz se comportem com sinceridade e destemor, cooperando na elucidação dos fatos, na formulação das questões de direito e na definição das diretrizes mais úteis que o processo deva seguir para que, no seu momento culminante, que é a sentença, ela seja a mais justa possível. Neste aspecto, o Código de 2015 é omisso e não poderia deixar de sê-lo pela incipiente reflexão doutrinária, mesmo em

---

oral; acordos para julgamento antecipado do mérito; acordos sobre a redução de prazos de terceiros; elevação do número legal de testemunhas; acordos para adoção de determinado procedimento licitatório na execução de obrigação de fazer por terceiro (CPC de 2015, art. 817); acordos de execução negociada de políticas públicas (v. COSTA, Eduardo José da Fonseca. A "execução negociada" de políticas públicas em juízo. *Revista de Processo*, São Paulo, ano 37, n. 212, p. 25-56, out. 2012). São vedadas as convenções: para modificação da competência absoluta; para supressão da primeira instância; para exclusão da intervenção do Ministério Público.

[18] DE NOVA, Giorgio. Accordi delle parti e decisione. In: Federico Carpi et al., *Accordi di parte e processo*, op. cit., p. 60.

[19] Não admitindo que o Estado seja parte em convenção processual, ver Antonio do Passo Cabral, *Convenções processuais*, op. cit., p. 38.

outros países, nos quais esse novo modelo de gestão cooperativa está apenas se esboçando. Mas é claro que, tendo os atos dispositivos das partes e também os atos dispositivos do juiz produzido efeitos no processo, sua revogação, por imposição da boa-fé, deve submeter-se a alguns pressupostos que eu me arrisco a propor.

De início, cumpre ressaltar que os atos dispositivos das partes, com a concorrência ou não da homologação ou da aprovação judicial, podem ser anulados por decisão do juiz no curso do processo, se ficar comprovado que não preencheram na sua celebração os requisitos de validade que expus anteriormente. Assim, por exemplo, se uma convenção sobre procedimento suprimir uma fase do processo com evidente efeito discriminatório relativamente a atos de uma das partes, cumpre ao juiz declará-la absolutamente nula, por violação da paridade de armas e da garantia fundamental do devido processo legal.[20] A própria lei processual, em alguns casos específicos, admite a anulação do ato processual, mesmo que não seja um ato de disposição, por erro de fato, coação, fraude ou simulação. É o que ocorre, por exemplo, com a revogação da confissão por erro de fato ou coação (art. 393), com a ação rescisória, por erro de fato, por prova falsa ou por prova nova, ou, ainda, por prevaricação, concussão ou corrupção do juiz, por dolo ou coação de uma parte contra a outra, de simulação ou fraude à lei (art. 966, incs. I, III, VI, VII e VIII).

Quanto à indisponibilidade do direito material, pode ela afetar convenções processuais que disponham sobre o direito material, como a transação. Entretanto, a indisponibilidade do direito material, salvo respeitosas opiniões em contrário, não implica sempre e necessariamente indisponibilidade processual. Mas muitas vezes uma convenção sobre matéria estritamente processual, como a dispensa de uma prova, pode ser fatal para o reconhecimento de um direito indisponível. Nesse caso, a indisponibilidade do direito material inquinará de nulidade essa convenção.

Já a revogação, propriamente dita, deve ser a exceção e não a regra. Os atos de disposição celebrados de boa-fé geram em todos os sujeitos envolvidos a expectativa de que sejam cumpridos e é lícito que todos se comportem nessa suposição. Assim, a revogação do ato de disposição processual, seja por uma das partes que dele participou, seja pelo juiz, no caso de o ato ter afetado algum dos seus poderes, a meu ver, deve observar os seguintes requisitos:

1º) A existência de um relevante motivo que a justifique. Podem existir motivos relevantes que evidenciem que um dos sujeitos, no momento da prática do ato, não poderia ter razoavelmente previsto as consequências fáticas e jurídicas que poderiam dele decorrer no processo e que essas consequências o coloquem numa posição de nítida desvantagem no acesso aos meios de defesa ou de impossibilidade de exercê-la plenamente. Essas mutações imprevisíveis são mais comuns nas convenções processuais celebradas antes do processo, muito suscetíveis da aplicação da teoria da imprevisão. Já nas celebradas no curso do processo, a imprevisibilidade deve ser

---

[20] CASTRO, Carlos Roberto Siqueira. *O devido processo legal e os princípios da razoabilidade e da proporcionalidade*. 3. ed. Rio de Janeiro: Forense, 2005. p. 295.

analisada com mais rigor, mas ainda pode ocorrer, especialmente quando o processo se prolonga demasiadamente, aumentando a distância de tempo entre o momento em que a convenção foi celebrada e o momento em que deva ser aplicada. Além disso, o incipiente grau de informação dos litigantes pode aumentar a possibilidade de ocorrência da imprevisão.

Pode ocorrer também que, em face das mudanças em circunstâncias relevantes da causa ou do processo, a convenção já não possa regular de modo adequado, justo e eficiente os atos subsequentes.

2º) Segundo requisito é o de que a revogação não prejudique a eficácia dos atos subsequentes ao ato revogado, até a sua revogação, nem eventuais direitos adquiridos dele decorrentes. Com efeito, com fundamento na convenção processual, os diversos sujeitos processuais seguiram praticando todos os atos processuais. Se essa convenção lhes conferiu prazos mais longos do que os da lei, por exemplo, e nesses prazos os atos foram praticados, conservarão a sua validade, mesmo depois de revogada a convenção. Se lhes suprimiu determinadas faculdades processuais, não poderá a parte, após a revogação, pretender repristinar o processo para praticar atos que na vigência da convenção não lhe cabia praticar.

Por outro lado, as convenções das duas primeiras espécies, ou seja, aquelas para cuja formação não tenha o juiz concorrido com sua vontade por se inserirem na autonomia da vontade das partes, ainda podem ser revogadas com a conjugação das vontades de todos os sujeitos que anuíram à sua celebração. De qualquer modo, a revogação preservará a eficácia dos atos praticados na vigência do ato revogado.

Resta saber se o juiz pode revogar ou recusar-se a cumprir convenções das partes. Todas as espécies de convenções processuais, desde que hígidas sob o prisma da legalidade, vinculam o juiz, criando para as partes e para os demais sujeitos do processo direitos subjetivos e expectativas que devem ser respeitados, como corresponsáveis, juntamente com o juiz, pela eficiência do processo como instrumento de realização dos seus fins. O juiz a elas está vinculado em respeito ao princípio da boa-fé e ao dever de cooperação (arts. 5º e 6º). Poderão, entretanto, ver recusada pelo juiz sua homologação ou seu cumprimento por violação de requisito essencial, como a incapacidade do sujeito ou o desrespeito à ordem pública processual. A eventual homologação de quaisquer convenções não terá significado renúncia pelo juiz ou pelo Estado, que ele representa, do dever de fiscalização e controle sobre a sua legalidade.

Já a revogação das convenções das duas primeiras espécies, às quais o juiz não anuiu com sua vontade, não cabe ao juiz, embora lhe caiba reconhecer a eficácia da revogação promovida por uma das partes, nos termos que expusemos. Assim, salvo insanável vício de nulidade, o juiz está vinculado ao cumprimento das convenções processuais sobre a delimitação dos pontos controvertidos (art. 357, §2º), distribuição do ônus da prova (art. 373, §§3º e 4º), para suspensão do processo (art. 313, inc. II), adiamento da audiência (art. 362, inc. I) e escolha consensual do perito (art. 471).

Já nos atos convencionais da terceira espécie, ou seja, celebrados de comum acordo entre o juiz e as partes, como os acordos de procedimento, a que se refere o artigo 190, e no calendário a que se refere o artigo 191, mesmo que afetem os poderes do juiz, este somente poderá revogá-los unilateralmente se houver um relevante motivo que justifique a revogação, resultante de nova avaliação da conveniência e oportunidade do ato e das suas consequências fáticas e jurídicas, resultante de fatos e circunstâncias devidamente comprovados, posteriores à consumação do ato ou cujo conhecimento foi posterior a essa consumação, em especial, mas não exclusivamente, o desequilíbrio entre as partes, a excessiva onerosidade do acordo questionado ou o impasse por ele criado à continuidade do processo ou à sua duração razoável.

Assim, por exemplo, considero motivos legítimos que justificam que o juiz, de ofício ou a requerimento de uma das partes, revogue ou modifique a convenção processual que fixou a sequência e os prazos dos atos instrutórios ou o calendário:

I. na ocorrência de fato relevante superveniente ou o surgimento de prova superveniente ou de prova que se tornou conhecida, acessível ou disponível após a homologação da convenção;

II. para deferir a produção de novas provas em favor de uma das partes a fim de contrapô-las às produzidas no processo ou às novas alegações fáticas da parte contrária;

III. para a admissão de novas provas com a finalidade de possibilitar a apreciação de questão cognoscível de ofício pelo juiz.

Além disso, a revogação pelo juiz não deve afetar a autonomia da vontade das partes na fixação do objeto litigioso e das questões de direito material de que podem livremente dispor, deve preservar os efeitos de todos os atos praticados na vigência da convenção revogada, não pode violar direito adquirido de qualquer das partes, devendo preservar as expectativas razoáveis e legítimas que dela devessem decorrer em relação a atos futuros e a direitos, deveres e ônus que da revogação viessem a resultar.

A anulação, revogação ou modificação pelo juiz será sempre admissível com a concordância expressa e válida das duas partes que ajustaram a convenção e, em qualquer caso, deverá ser antecedida da audiência das partes, nos termos do artigo 10.

Resta saber se a expansão da convencionalidade pode afetar a direção do processo pelo juiz, transferindo-a para a esfera de disponibilidade das partes. Para mim, a resposta é negativa. O poder de dirigir o processo e de velar pela sua rápida solução é um poder indisponível do juiz, porque dele depende a tutela jurisdicional efetiva dos direitos dos litigantes num prazo razoável. Por outro lado, é um poder que deve ser exercido de modo que a mesma atenção e o mesmo grau de efetividade do Estado-juiz sejam conferidos a todos os litigantes e a todos os processos que lhe são submetidos.[21]

---

[21] Nesse sentido, dispõe a regra n. 1.1(2) das Civil Procedure Rules na Inglaterra: *"(2) Dealing with a case justly and at proportionate cost includes, so far as is practicable — (a) ensuring that the parties are on an equal footing;*

Cândido Dinamarco e Bruno Vasconcelos Carrilho Lopes, em obra recente, trazem dois escólios que dão suporte a esse entendimento.[22] No §34, sobre a liberdade das partes, após exaltar a importância da liberdade que devem ter as partes de atuar segundo suas próprias estratégias, suas escolhas, sua vontade e sua conveniência, alertam: "como é natural ao próprio conceito de liberdade, a das partes não é absoluta; nem o sujeito está imune às possíveis consequências desfavoráveis das opções ilegítimas que vier a fazer". Impõe-se conciliar a de cada um com a do outro e a de ambos com o interesse público no correto exercício da jurisdição com segurança para todos, com as exigências formais do sistema, com a realização dos atos em locais adequados, e com a observância de requisitos mínimos quanto ao modo de sua feitura, respeitadas as exigências éticas, assim como aplicadas as sanções cominadas aos infratores.

E no §131, sobre os chamados negócios jurídicos processuais, reafirmam o seu caráter pontual e que o controle judicial, expresso no parágrafo único do artigo 190, é uma exigência necessária para compatibilizar esses atos das partes com superiores regras de direito, inclusive constitucional.

Como vimos, o poder de dirigir o processo é indisponível e indelegável. Em qualquer caso, no curso do processo, velará o juiz para que o autorregramento estabelecido pelas partes respeite a ordem pública processual, não comprometa o equilíbrio entre elas e observe, portanto, todos os requisitos de validade. Se se tratar de regramento que limite os poderes do juiz, ao controle da sua validade deverá acrescer-se o da sua conveniência e adequação e da preservação do cumprimento dos fins essenciais da jurisdição, de tutela justa, efetiva e tempestiva dos direitos dos jurisdicionados e de respeito às garantias indisponíveis do seu exercício por um tribunal independente e imparcial.

Dierle Nunes esclarece que essa "implementação dinâmica dos princípios fundamentais do processo mediante a estruturação técnica adequada permitirá uma democratização do processo sem preocupações com o esvaziamento do papel diretor do juiz e do papel contributivo das partes na formação das decisões".[23]

Solidariedade, interatividade, protagonismo, participação democrática e transparência são palavras da linguagem cotidiana da nossa época, que precisam ser respeitadas no processo ju-

---

(b) saving expense; (c) dealing with the case in ways which are proportionate — (i) to the amount of money involved; (ii) to the importance of the case; (iii) to the complexity of the issues; and (iv) to the financial position of each party; (d) ensuring that it is dealt with expeditiously and fairly; (e) allotting to it an appropriate share of the court's resources, while taking into account the need to allot resources to other cases; and (f) enforcing compliance with rules, practice directions and orders".

[22] DINAMARCO, Cândido Rangel; LOPES, Bruno Vasconcelos Carrilho. *Teoria geral do novo processo civil*. São Paulo: Malheiros, 2016. p. 66-68 e 187-188.

[23] NUNES, Dierle José Coelho. *Processo jurisdicional democrático*. Curitiba: Juruá, 2008. p. 197.

dicial, conferindo legitimidade democrática ao exercício da autoridade estatal, fortalecida pela gestão cooperativa dos rumos do próprio processo, que as convenções processuais visam a implementar.

REFERÊNCIAS

ALMEIDA, Diogo Assumpção Rezende de. *Das convenções processuais no processo civil*. Tese (doutorado) — Universidade do Estado do Rio de Janeiro, Rio de Janeiro, 2014.

BARACHO, José Alfredo de Oliveira. *Princípio de subsidiariedade*: conceito e evolução. Rio de Janeiro: Forense, 1997.

CABRAL, Antonio do Passo. *Convenções processuais*. Salvador: Juspodivm, 2016.

CARNELUTTI, Francisco. *Sistema de derecho procesal civil*. Buenos Aires: Uteha Argentina, 1944. v. III.

CARPI, Federico. Introduzione. In: ____ et al. *Accordi di parte e processo*. Milão: Giuffrè, 2008. p. 1-4.

CASTRO, Carlos Roberto Siqueira. *O devido processo legal e os princípios da razoabilidade e da proporcionalidade*. 3. ed. Rio de Janeiro: Forense, 2005.

COSTA, Eduardo José da Fonseca. A "execução negociada" de políticas públicas em juízo. *Revista de Processo*, São Paulo, ano 37, n. 212, p. 25-56, out. 2012.

DE NOVA, Giorgio. Accordi delle parti e decisione. In: CARPI, Federico et al. *Accordi di parte e processo*. Milão: Giuffrè, 2008. p. 59-68.

DINAMARCO, Cândido Rangel; LOPES, Bruno Vasconcelos Carrilho. *Teoria geral do novo processo civil*. São Paulo: Malheiros, 2016.

GRECO, Leonardo. *Instituições de processo civil*: v. I, Introdução ao direito processual civil. 5. ed. Rio de Janeiro: Forense. 2015.

—. Os atos de disposição processual — primeiras reflexões. In: MEDINA, José Miguel Garcia et al. (Coord.). *Os poderes do juiz e o controle das decisões judiciais*: estudos em homenagem à profa. Teresa Arruda Alvim Wambier. São Paulo: Revista dos Tribunais. 2008. p. 290-304.

GUINCHARD, Serge; CHAINAIS, Cécile; FERRAND, Frédérique. *Procédure civile*: droit interne et droit de l'Union Européenne. 30. ed. Paris: Dalloz, 2010.

LORCA NAVARRETE, Antonio Maria. *Estudio jurisprudencial de los poderes del juez civil en materia probatória*. San Sebastián: Dijusa Libros Jurídicos, 2006.

MOREIRA, José Carlos Barbosa. Convenções das partes sobre matéria processual. In: ____. *Temas de direito processual*. 3ª série. São Paulo: Saraiva, 1984. p. 87-98.

NOGUEIRA, Pedro Henrique. *Negócios jurídicos processuais*. Salvador: Juspodivm, 2016.

NUNES, Dierle José Coelho. *Processo jurisdicional democrático*. Curitiba: Juruá, 2008.

PICARDI, Nicola. *Jurisdição e processo*. Rio de Janeiro: Forense, 2008.

ROCCO, Ugo. *Trattato di diritto processuale civile*. Turim: Utet, 1957. v. II.

VAZ, Alexandre Mário Pessoa. *Poderes e deveres do juiz na conciliação judicial*. Coimbra: Coimbra, 1976.

YARSHELL, Flávio Luiz. Convenção das partes em matéria processual: rumo a uma nova era. In: CABRAL, Antonio do Passo; NOGUEIRA, Pedro Henrique (Coord.). *Negócios processuais*. Salvador: Juspodivm, 2015. p. 63-80.

Tutela provisória de urgência no novo Código de Processo Civil

FLÁVIA PEREIRA HILL

1. Introdução. Breve digressão histórica

A terminologia tutela provisória, contemplada no Livro V da Parte Geral do novo Código de Processo Civil, não estava prevista no Código de Processo Civil de 1973.

A codificação processual de 1973, em sua redação original, dispunha apenas a respeito da ação cautelar no Livro III (artigos 796 e ss.).

A tutela cautelar consiste, em sua acepção técnica, de acordo com a sistemática do CPC/1973, na tutela de urgência, veiculada em ação autônoma (ação cautelar), voltada a debelar, mediante cognição sumária, um *risco à efetividade de um outro processo judicial* (processo principal) já em curso (cautelar incidente) ou em vias de ser instaurado (cautelar antecedente).

Para tanto, incumbia ao autor da ação cautelar demonstrar os requisitos consubstanciados no *periculum in mora* (risco à efetividade do processo principal) e no *fumus boni iuris* (probabilidade de êxito quanto ao mérito do processo principal, instrumentalidade hipotética).

Com o passar dos anos, e premidos pela necessidade prática de se valer de um instrumento processual que debelasse o risco de periclitação *do próprio direito material*, e não propriamente a efetividade do processo, os advogados passaram a se valer da ação cautelar inominada[1]

---

[1] Ação cautelar inominada ou atípica consistia naquela não expressamente prevista no Código de Processo Civil de 1973, mas passível de ser concedida pelo magistrado com fulcro no poder geral de cautela (artigo 798, CPC/1973).

com a finalidade de obter uma tutela com caráter satisfativo *do próprio direito material* do autor.

Foi então que se cunhou a expressão "ação cautelar satisfativa", que seria, a rigor, uma contradição em termos, tendo em vista que, guardada a sua pureza técnica, a ação cautelar fora concebida não para satisfazer a pretensão da parte, mas para resguardar a efetividade de um processo principal que, este sim, atenderia ao direito material pleiteado pela parte interessada.

No entanto, mais do que técnica, a solução baseou-se em uma necessidade de ordem prática, como forma de garantir o acesso à justiça, a utilidade e a efetividade da prestação jurisdicional, evitando-se o perecimento do direito invocado pela parte autora.

Inicialmente, a doutrina reagiu a essa construção de forma crítica, apontando sua atecnia, uma vez que se falar em "ação cautelar satisfativa" seria, a rigor, um desvirtuamento da tutela genuinamente cautelar.

De igual sorte, ressaltava-se que a solução não oferecia tampouco qualquer segurança para o jurisdicionado, uma vez que, não havendo expressa previsão legal que a embasasse, a aceitação das cautelares satisfativas ficaria ao sabor do entendimento adotado por magistrado.

Sensível a essa problemática, o legislador editou, 20 anos após a entrada em vigor do CPC/1973, a Lei Federal nº 8.952/1994, que inseriu o artigo 273 no referido diploma processual, a fim de contemplar expressamente a tutela antecipada.

O instituto da tutela antecipada veio, então, com a dupla finalidade de, a uma, corrigir a inicial atécnica ao se falar em ação cautelar satisfativa, e, a duas, garantir a isonomia entre os jurisdicionados, ao prever expressamente a possibilidade de concessão de tutela de urgência voltada a *satisfazer o direito material* em estado de periclitação, evitando-se, assim, que a parte dependesse do entendimento adotado pelo juiz competente.

Com o advento da referida lei federal, detectou-se, inicialmente, um movimento da doutrina no sentido de valorizar a distinção entre os institutos da tutela cautelar e da tutela antecipada, preconizando-se sua pureza técnica. Passamos, então, a uma fase de maior apego às características distintivas de cada qual dos institutos, envidando-se esforços no sentido de se evitar confusão entre ambos.[2]

Alguns anos mais tarde, começou-se a notar um novo movimento doutrinário, tendente a mitigar a importância de se traçar uma separação hermética entre os institutos. Passou-se a defender a *fungibilidade* entre as tutelas cautelar e antecipada, apregoando-se uma maior flexibilização dos tribunais no trato do tema.[3]

---

[2] Luiz Guilherme Marinoni publicou artigo dedicado a examinar as diferenças entre tutela antecipada e processo cautelar: MARINONI, Luiz Guilherme. A tutela antecipatória não é tutela cautelar. *Revista de Processo*, São Paulo, v. 74, p. 98-101, 1994.

[3] Uma das primeiras vozes nesse sentido em nosso país foi Araken de Assis. ASSIS, Araken de. Fungibilidade das medidas inominadas cautelares e satisfativas. *Revista de Processo*, São Paulo, v. 100, 2000.

Paulatinamente, a doutrina pátria assimilou e difundiu tais ideias.[4]

Como resposta, o legislador inseriu, em 2002, a noção de fungibilidade expressamente no §7º do artigo 273 do CPC/1973, por meio da Lei Federal nº 10.444.

Consagrou-se, assim, uma "visão unitária", reconhecendo-se o chamado "regime geral da tutela de urgência", do qual seriam espécies as tutelas cautelar e antecipada, sem o rigor formal antes apregoado. Reconheceu-se que, em ambas as hipóteses, visa o direito processual a debelar uma situação de risco, "o tempo como fator de corrosão de direitos" ou "tempo-inimigo",[5] pretendendo conceder ao jurisdicionado um provimento jurisdicional de caráter urgente mediante cognição sumária, não exauriente.

Prevaleceu, ao final de tais idas e vindas, a noção de que há mais pontos de convergência do que de divergência entre as tutelas cautelar e antecipada, estando norteadas pelos mesmos princípios gerais.

A fungibilidade pressupõe, ainda, uma maior flexibilidade do magistrado, recomendando o deferimento da tutela de urgência correta, ainda que o autor a tenha pleiteado erroneamente, desde que presentes os requisitos do *fumus boni iuris* e do *periculum in mora*.

O novo CPC, por sua vez, reuniu a tutela antecipada e a tutela cautelar no gênero tutela provisória (Livro V da Parte Geral), deixando clara a opção legislativa por chancelar a adoção de um regime geral da tutela de urgência.

A fungibilidade foi expressamente contemplada no artigo 305, parágrafo único, do novo CPC. Embora o referido dispositivo legal preveja apenas o recebimento, como tutela antecipada, do pedido de tutela cautelar erroneamente formulado, vem-se entendendo, com correção, que a fungibilidade se opera em mão dupla, de modo que, em caso de formulação equivocada do pedido a título de tutela antecipada, seja ele recebido como tutela cautelar pelo magistrado, em homenagem ao acesso à justiça, à economia e à efetividade do processo.[6]

Observa-se, contudo, uma mudança substancial no tocante à estrutura formal da tutela cautelar, ao compararmos os dois diplomas processuais.

Enquanto o CPC/1973 exigia que, em regra, a tutela cautelar fosse pleiteada em processo autônomo instaurado com essa finalidade, reservando-se o processo principal para a veiculação da pretensão material (bem da vida almejado pelo autor), o novo CPC admite que a tutela cautelar seja requerida no mesmo processo em que formulado o pedido principal (pretensão material).

---

[4] Afirmou Cândido Rangel Dinamarco, em 2003, que "à moderna ciência processual, avessa a conceitualismos e prioritariamente preocupada com os resultados do processo e do exercício da jurisdição, muito mais relevância tem a descoberta dos elementos comuns que aquelas duas espécies apresentam, do que a metafísica busca dos fatores que as diferenciam". DINAMARCO, Cândido Rangel. O regime jurídico das medidas urgentes. In: _____. *A nova era do processo civil*. São Paulo: Malheiros, 2003. p. 59.

[5] Ibid., p. 55.

[6] MEDINA, José Miguel Garcia. *Direito processual civil moderno*. São Paulo: Revista dos Tribunais, 2016. p. 479.

No que concerne à tutela antecipada, não houve a mesma ruptura, uma vez que o novo CPC mantém, em linhas gerais, a sistemática do CPC/1973, que já admitia o requerimento de tutela antecipada no mesmo processo onde veiculado o pedido principal.

Conclui-se, assim, que o novo CPC reúne as tutelas cautelar e antecipada sob a rubrica da tutela provisória de urgência, dispensando a ambas o mesmo regime geral, eis que veiculadas no bojo do mesmo processo em que formulado o pedido principal.

Apesar da adoção de um mesmo regime geral, constata-se que o novo CPC manteve a dualidade tutela cautelar e tutela antecipada, reforçando serem espécies diversas de tutela provisória de urgência,[7] ao reservar o Capítulo II do Título I para a tutela antecipada e o Capítulo III do mesmo título para a tutela cautelar. Vale dizer, embora submetidas a regras gerais comuns, tutela cautelar e tutela antecipada possuem, cada qual, regras especiais diferentes, em atenção às suas respectivas especificidades.

Embora tenhamos suplantado a fase anterior de profundo apego formal à distinção entre ambas e o tema seja, atualmente, examinado à luz da fungibilidade, forçoso reconhecer a utilidade técnica e prática de estremá-las[8] e, principalmente, de se identificar a natureza da tutela provisória de urgência pleiteada em cada caso concreto.[9] Isso porque, conforme veremos ao longo do presente trabalho, o legislador, em diferentes pontos, disciplinou diversamente cada qual delas, podendo-se exemplificar com a estabilização da tutela antecipada, que não se aplica à tutela cautelar, até mesmo em razão de suas características essenciais. Do mesmo modo, a tutela de evidência refere-se à tutela antecipada (caráter satisfativo), não à cautelar (essencialmente instrumental e assecuratória).

---

[7] Ibid., p. 467.

[8] Cândido Rangel Dinamarco manifesta-se no mesmo sentido, afirmando que "permanece relevante distinguir os conceitos referentes a cada uma delas", notadamente tutela antecipada e cautelar. Prossegue destacando que "realmente, o novo Código de Processo Civil optou por distinguir muito nitidamente o trato de cada uma das tutelas de urgência (as cautelares e as antecipadas)". DINAMARCO, Cândido Rangel. *Teoria geral do novo processo civil*. São Paulo: Malheiros, 2016. p. 27-28.

[9] Cândido Rangel Dinamarco assim pontua a distinção entre as duas espécies de tutela de urgência, *in verbis*: "A distinção é portanto esta: são cautelares as medidas com que a ordem jurídica visa a evitar que o passar do tempo prive o processo de algum meio exterior que poderia ser útil ao correto exercício da jurisdição e consequente produção, no futuro, de resultados úteis e justos; e são antecipações de tutela aquelas que vão diretamente à vida das pessoas e, antes do julgamento final da causa, oferecerem a algum dos sujeitos em litígio o próprio bem pelo qual ele pugna ou algum benefício que a obtenção do bem poderá proporcionar-lhe. As primeiras são medidas de apoio ao processo e as segundas, às pessoas". Cândido Rangel Dinamarco, "O regime jurídico das medidas urgentes", op. cit., p. 58. Humberto Theodoro Junior confirma o propósito do legislador brasileiro de distinguir a tutela antecipada da tutela cautelar, embora estabelecendo a fungibilidade entre ambas. "Nosso sistema jurídico tradicional tem sido infenso a unificar as tutelas cautelares e antecipatórias, preferindo, antes do novo Código, submetê-las a conceituações, requisitos e procedimentos distintos." THEODORO JUNIOR, Humberto. *Curso de direito processual civil*. 56. ed. Rio de Janeiro: GEN Forense, 2015. v. I, p. 601.

Parte da doutrina já se eleva para criticar a regulamentação diversa dispensada pelo legislador para cada espécie de tutela provisória de urgência, entendendo que melhor seria regulamentá-las conjunta e uniformemente.[10] De nossa parte, entendemos que não merece retoque a sistemática adotada pelo novo CPC, tendo em vista que o legislador apenas regulou diversamente cada qual das espécies na exata medida em que suas peculiaridades exigiam. Por se tratar de providências que guardam especificidades entre si, não haveria como prescindir de trazer normas que lidassem com elas. *Ad exemplum tantum*, o novel instituto da estabilização, de que nos ocuparemos mais à frente, não pode ser aplicado à tutela cautelar, pelo simples fato de que esta almeja tutelar o processo, ou seja, afastar um risco à efetividade do processo judicial, sendo, pois, ontologicamente inapta a se perenizar, visto que não regula a relação jurídica de direito material posta em juízo.

Consideramos, pois, que o legislador andou bem ao traçar, em alguns momentos, procedimento próprio para cada qual das espécies de tutela provisória de urgência, pois expediente contrário apenas transferiria ao intérprete o ônus de harmonizar as normas-padrão com as características de cada qual delas, afastando o regramento que fosse incompatível com alguma das espécies.

Entendemos que o novo CPC regulou adequadamente a tutela provisória de urgência, refletindo a evolução doutrinária e jurisprudencial a respeito do tema. Logrou deformalizar o procedimento, ao permitir a formulação da tutela provisória no mesmo processo em que pleiteado o pedido principal e distanciou o regramento da tutela cautelar em relação à tutela antecipada na exata medida em que os institutos ontologicamente se distinguem.

2. Conceito de tutela provisória

A tutela provisória consiste na tutela jurisdicional exercida em cognição sumária voltada a oferecer uma resposta não definitiva, passível de ser modificada no curso do processo em que foi concedida ou em processo autônomo em que seja exercida cognição exauriente.[11]

A noção de tutela provisória possui como fundamento a garantia da duração razoável do processo, inserida no artigo 5º, inciso LXXVIII, da Constituição Federal de 1988 pela Emenda Constitucional nº 45/2004.

---

[10] Cândido Rangel Dinamarco, *Teoria geral do novo processo civil*, op. cit., p. 28.

[11] GRECO, Leonardo. A tutela da urgência e a tutela da evidência no código de processo civil de 2014/2015. *Revista Eletrônica de Direito Processual*, v. XIV, p. 298, 2015. Disponível em: <www.e-publicacoes.uerj.br/index. php/redp/index>.

Prestigia a celeridade, almejando abreviar o tempo necessário para que a parte receba uma resposta jurisdicional.[12] Afina-se com a expectativa da sociedade moderna, que se pauta por interações ágeis e espera igual agilidade na prestação de serviços públicos, entre os quais a prestação jurisdicional. Da mesma forma com que as relações jurídicas e sociais são estabelecidas velozmente, espera-se que a solução das crises decorrentes dessas mesmas relações seja dada com brevidade.[13]

Não poderia o direito processual alhear-se dessa expectativa, sob pena de experimentar nefasta crise de legitimidade decorrente do descontentamento do jurisdicionado, o destinatário e consumidor final da prestação jurisdicional.

Dentro do atávico embate entre segurança jurídica (certeza) e celeridade, pendemos, em nossos dias, de forma inegável, para a celeridade.

Apenas um aparte se faz necessário: não podemos descurar da certeza, sob pena de chancelarmos uma tutela jurisdicional injusta. O preço da celeridade não pode ser a justiça, pois seria um preço alto demais.

Assim como no tráfego, aqui também é preciso encontrar e estabelecer um limite máximo de velocidade, que garanta a necessária segurança dos passageiros. Caso contrário, o final da viagem poderá não ser tão agradável assim.

Nas precisas palavras de Ovídio Baptista da Silva, "a ideia de processo não se concilia com a instantaneidade", e "as leis de processos poderão reduzir inconvenientes que o tempo provoca, inevitavelmente, na vida dos direitos, procurando afeiçoá-los às exigências dos casos concretos, porém jamais poderão suprimir inteiramente o fator temporal".[14]

---

[12] "Essas tutelas levam o nome de provisórias justamente porque não são predestinadas a se perpetuar no mundo jurídico. Por disposição expressa do Código de Processo Civil, toda tutela provisória 'pode, a qualquer tempo, ser revogada ou modificada' (art. 296). E elas são assim suscetíveis de revogação ou modificação porque são concedidas mediante uma *instrução sumária*, que não oferece ao juiz a certeza da existência do direito do autor, mas uma idônea *probabilidade*, a que a doutrina denomina *fumus boni iuris*. Todas as tutelas provisórias relacionam-se de algum modo com o decurso do tempo e visam a proporcionar à parte algum grau de satisfação em relação ao bem ou situação pretendido, sem a imposição das inevitáveis longas esperar pela solução final da causa." Cândido Rangel Dinamarco, *Teoria geral do novo processo civil*, op. cit., p. 26-27. Itálicos no original.

[13] Ovídio Baptista traz ponderações no mesmo sentido ora sustentado, in *verbis*: "Esta luta constante contra o tempo que não apenas o juiz, mas, igualmente, o legislador e o próprio doutrinador de processo desenvolvem buscando reduzir sua influência, de modo que haja sempre a maior aderência possível entre a estrutura e as exigências de cada espécie de direito e o correspondente instrumento processual criado para dar-lhe efetiva *vigência prática*, este anseio pela *efetividade* dos direitos subjetivos reconhecidos pela ordem jurídica, é que tem determinado o descomunal crescimento não só da tutela cautelar, mas das outras formas de tutela sumária não cautelares. A civilização moderna pós-industrial, marcada pela pressa, pelas mudanças vertiginosas, que funciona preponderantemente com base na *aparência* determinada pela inevitável superficialidade de nossos contatos sociais, é a causa determinante desse fenômeno, que se acentua e avoluma na mesma proporção em que se exacerba a inadequação do procedimento ordinário, como resposta jurisdicional capaz de atender às exigências impostas pela consciência jurídica contemporânea". SILVA, Ovídio A. Baptista da. *Do processo cautelar*. 3. ed. Rio de Janeiro: Forense, 2001. p. 79. Itálicos no original.

[14] Ibid., p. 78-79.

O legislador exige que o juiz, para a concessão da tutela provisória, exerça cognição sumária (artigo 300 do CPC/2015). Trata-se de juízo de probabilidade, mais superficial comparativamente com o juízo de certeza ínsito à sentença prolatada pelo magistrado em cognição exauriente, após o transcurso da fase instrutória.

O requerente da tutela provisória não precisa demonstrar, exaustivamente, a existência de seu direito, bastando que demonstre a probabilidade de sua existência (*fumus boni iuris*).

3. Classificação da tutela provisória

A tutela provisória no novo Código de Processo Civil pode ser classificada segundo quatro critérios, a seguir expostos.

1º critério de classificação: segundo a natureza da providência pleiteada. Artigo 294, CPC/15.
a) Tutela de urgência (arts. 300 a 302):
    a.1) tutela antecipada (arts. 303 e 304);
    a.2) tutela cautelar (arts. 305 a 310).
b) Tutela da evidência (art. 311): Refere-se apenas à tutela antecipada.
    b.1) punitiva ou fundada no abuso do direito (art. 311, inciso I);
    b.2) fundada em prova suficiente (art. 311, inc. II a IV).

2º critério de classificação: temporal. Artigo 294, parágrafo único, novo CPC.
Esse critério considera o momento em que a tutela de urgência é pleiteada, adotando como referencial a formulação do pedido principal.

Tutela provisória *antecedente*: consiste na tutela provisória pleiteada *antes* da veiculação do pedido principal. Tanto a tutela cautelar quanto a tutela antecipada *de urgência* podem ser antecedentes. Por outro lado, a tutela antecipada de *evidência não* pode ser antecedente. Isso porque a tutela de evidência não pressupõe pressa (*periculum in mora*), então, nada mais justo do que exigir que o autor apresente o pedido principal juntamente com o pedido de tutela antecipada. A admissão da tutela provisória antecedente se justifica precisamente pela urgência.

Tutela provisória *incidente*: pleiteada *conjunta ou posteriormente* à veiculação do pedido principal (artigo 308, §1º, CPC/15). A tutela cautelar e a tutela antecipada de urgência podem ser incidentes. A tutela antecipada de evidência, por sua vez, é necessariamente incidente.

3º critério de classificação: quanto aos efeitos da tutela concedida.[15] Volta-se apenas para a tutela provisória cautelar.

Tutela cautelar *constritiva*: restringe a esfera jurídica do requerido, geralmente o seu patrimônio. Exemplos: arresto e sequestro (artigo 301, CPC/15).

Tutela cautelar *conservativa*: não é diretamente invasiva da esfera jurídica do requerido. Exemplo: produção antecipada da prova (artigos 381 a 383, CPC/15).

4º critério de classificação: segundo a tipicidade. Votado apenas à tutela provisória cautelar.

a) típicas ou nominadas: as medidas cautelares típicas ou nominadas são aquelas previstas expressamente em lei. Exemplos: arresto (art. 813, CPC/73) e sequestro (art. 822, CPC/73). O artigo 301, primeira parte, do novo CPC alude a arresto, sequestro, arrolamento de bens e registro de protesto contra alienação de bens, embora não regulamente seu procedimento. Os artigos 381 a 383, CPC/15, por seu turno, regulamentam a produção antecipada de prova e o arrolamento de bens. Por fim, os artigos 396 a 404, do CPC/15, regulamentam a exibição de documento ou coisa.

b) atípicas ou inominadas: consistem nas medidas cautelares que, apesar de não estarem expressamente previstas em lei, podem ser concedidas pelo juiz, em razão do chamado poder geral de cautela (art. 798, CPC/73 e artigo 297, CPC/15). O Superior Tribunal de Justiça havia firmado, sob a égide do CPC/1973, que as medidas cautelares atípicas somente poderiam ser concedidas pelo magistrado, caso não houvesse medida cautelar típica adequada para debelar o risco em tela (*subsidiariedade* das medidas atípicas). Era como o STJ interpretava a redação do artigo 798 do CPC/73, que dispunha que "*Além* dos procedimentos cautelares específicos [...] poderá o juiz determinar as medidas provisórias que julgar adequadas". Com isso, entendia o STJ que as medidas atípicas teriam aplicação subsidiária. Como o novo CPC mudou a redação legal e excluiu a menção às cautelares típicas, contida no CPC/1973, entendemos que a exigência de subsidiariedade tende a ser afastada, até mesmo porque o novo CPC praticamente não traz regulamentação específica para as cautelares, aplicando a todas basicamente o mesmo procedimento e exigindo os mesmos requisitos, o que esvazia a utilidade da exigência de subsidiariedade.

---

[15] BUENO, Cassio Scarpinella. *Curso sistematizado de direito processual civil*. 6. ed. São Paulo: Saraiva, 2014. v. 4, p. 171; PINHO, Humberto Dalla Bernardina de. *Direito processual civil contemporâneo*. São Paulo: Saraiva, 2012. v. 2, p. 356.

4. Características da tutela provisória

Podemos destacar as seguintes características da tutela provisória.[16]

a) Inércia: a concessão da tutela provisória depende da prévia instauração de processo judicial pela parte interessada. Artigo 2º, novo CPC.

b) Provisoriedade ou temporariedade:[17] a tutela provisória envolve cognição sumária, ou seja, não exauriente e, por essa razão, não promove o acertamento definitivo da relação jurídica controvertida, estando, via de regra, vocacionada a cessar seus efeitos.

c) Modificabilidade e revogabilidade: a tutela provisória é revogável e modificável a qualquer tempo, enquanto pender o processo (artigo 296, CPC/15). A revogabilidade se deve ao fato de que a cognição, no processo cautelar, é sumária, decidindo o magistrado com fulcro em um juízo de probabilidade. Além disso, pode ocorrer de as circunstâncias fáticas e/ou jurídicas mudarem ao longo do processo, justificando que o magistrado altere ou revogue a tutela provisória que havia concedido ou conceda a tutela provisória que havia indeferido anteriormente.

d) Instrumentalidade: a tutela provisória, em regra, é acessória da pretensão principal (de conhecimento ou de execução), oferecendo-se como instrumento voltado a permitir que o pedido principal possa ser adequadamente julgado (na sentença) e devidamente executado (fase de cumprimento de sentença) no momento processual adequado.[18]

5. Competência para a concessão da tutela provisória: artigo 299, CPC/2015

O artigo 299 do novo CPC mantém a sistemática do artigo 800 do CPC/1973.

Dispõe o artigo 299 do novo CPC que a tutela provisória será requerida ao juízo da causa, ou seja, sendo a tutela provisória incidente, o mesmo juiz que apreciará o pedido principal também examinará o pedido de tutela provisória, que a ele está diretamente relacionado e dele é acessório. Trata-se de competência absoluta, funcional.

---

[16] Leonardo Greco, "A tutela da urgência e a tutela da evidência no Código de Processo Civil de 2014/2015", op. cit.

[17] Parte da doutrina sustenta que a provisoriedade seria um atributo da tutela antecipada, enquanto a temporariedade o seria da tutela cautelar. José Miguel Garcia Medina, *Direito processual civil moderno*, op. cit., p. 469.

[18] Fala-se em instrumentalidade atenuada, no caso da antecipação de tutela, o que se mostra ainda mais evidente no caso de estabilização da tutela antecipada, tendo em vista que, nessa hipótese, não haverá a formulação de pedido principal. Ibid., p. 482.

Por outro lado, se o pedido de tutela provisória for antecedente, ou seja, formulado antes mesmo da apresentação do pedido principal, então, caberá ao autor verificar as regras de competência para a apreciação do pedido principal, a fim de apurar o juízo competente.

Na hipótese em que já foi prolatada sentença no processo principal e interposta a apelação, sendo que os autos *estão no tribunal*, a tutela provisória deverá ser requerida ao tribunal, conforme artigo 299, parágrafo único, CPC/2015.

Comungamos o entendimento de Cândido Rangel Dinamarco, ao afirmar que, estando os autos ainda perante o juízo *a quo*, esse será competente para apreciar a concessão de medidas de urgência, pois a parte não poderia aguardar a remessa dos autos que, em muitos tribunais, é demorada,[19] sob pena de se incorrer em violação à garantia do acesso à justiça.

Discordamos, assim, de Cassio Scarpinella Bueno, para quem a mera interposição do recurso já torna o tribunal competente para a apreciação da cautelar, ainda que os autos estejam no juízo *a quo*. Entende o autor que, nesse caso, o requerente instruirá o pedido com a cópia dos documentos pertinentes e serão formados novos autos, provisoriamente.[20] Entendemos que essa solução se afigura mais formal e burocrática, impondo ônus ao requerente, que almeja precisamente correr contra o tempo.

De se consignar que, com a expansão do processo eletrônico, esse problema tende a ser mitigado.

6. Poder geral de cautela do juiz: artigos 297 c/c 301, do novo CPC

O poder geral de cautela, também denominado poder geral de antecipação[21] ou poder geral de prevenção do juiz,[22] consiste na autorização concedida pelo legislador ao juiz para que este

---

[19] Esclarece Cândido Rangel Dinamarco, *in verbis*: "Mesmo depois de proferida a sentença de mérito, é mais do que razoável entender que permanece a competência do juiz de primeiro grau para apreciar pedidos de antecipação tutelar, desde que os autos ainda estejam em seu poder, não havendo sido remetidos ao tribunal. Essa afirmação poderia parecer obstada pela regra do exaurimento da competência, pela qual o juiz cumpre e acaba seu ofício jurisdicional a partir de quando publica a sentença em cartório (CPC, art. 463), seria realmente um desfalque a essa garantia a negação absoluta de um remédio para as situações urgentes, excluindo-se a competência do juiz inferior, sob o pretexto de que sua competência está exaurida, e não podendo o tribunal conhecer do pedido porque ainda não dispõe dos autos. Teríamos nesses casos um período de hibernação mais ou menos longo, em que nada se poderia fazer em cumprimento da promessa constitucional de uma tutela jurisdicional efetiva e tempestiva. Só depois de remetidos os autos ao tribunal *ad quem* é que se consumam as situações regidas pelo parágrafo do art. 800, reputando-se então transferida a competência para a concessão de medidas urgentes". Cândido Rangel Dinamarco, *A nova era do processo civil*, op. cit., p. 83. Sublinhou-se.

[20] Cassio Scarpinella Bueno, *Curso sistematizado de direito processual civil*, op. cit., v. 4, p. 202.

[21] José Miguel Garcia Medina, *Direito processual civil moderno*, op. cit., p. 448.

[22] Com o advento do novo CPC, Humberto Theodoro Junior passou a utilizar a nomenclatura "poder geral de prevenção do juiz". Humberto Theodoro Junior, *Curso de direito processual civil*, op. cit., v. I, p. 627.

conceda a tutela urgente mais adequada a contornar o risco verificado no caso concreto, independentemente de qual seja a providência específica requerida pelo autor.

Cabe ao magistrado ponderar, sopesar dois elementos com vistas a identificar a tutela urgente a ser deferida:

a) Adequação da medida: identificar a providência mais apta e adequada para contornar o risco narrado pelo autor. Exemplo: se as partes estão discutindo em torno da titularidade de uma determinada obra de arte e a parte autora alega que o réu está deixando o objeto ao relento, de modo que este corre o risco de, ao final do processo, já ter perecido, não adianta que o juiz exija do réu a prestação de uma caução, porque o que interessa ao autor, ao final do processo, é a obra de arte intacta (execução específica) e não uma quantia em dinheiro (sucedâneo indenizatório). Isso revela que, nessa hipótese, a caução não é a medida mais adequada, pois não protege o bem, sendo recomendável a decretação do sequestro da obra de arte.

b) Menor onerosidade possível para o réu: identificar a providência menos onerosa para o réu. Se o risco narrado pelo autor puder ser contornado por mais de uma forma, deve o magistrado escolher a menos gravosa para o réu.

O poder geral de cautela é um consectário da garantia do acesso à justiça, da efetividade da tutela jurisdicional[23] e da economia processual. Isso porque, tendo em vista, a uma, que a tutela provisória visa a contornar um risco atual ou iminente e, a duas, que incumbe ao magistrado zelar pelo correto e célere andamento do processo (artigo 2º c/c artigo 139, inciso II, novo CPC), afigura-se de todo conveniente possa o magistrado deferir a tutela *mais adequada*, ainda que diversa daquela requerida pelo autor.

De outra parte, considerando-se que incumbe ao juiz zelar pela isonomia entre as partes (artigo 5º, CFRB/1988 c/c artigos 7º e 139, inciso I, novo CPC), não há que se conceber seja ele compelido a deferir uma providência desnecessariamente mais gravosa para o réu, somente porque o autor a pleiteou, se outra providência menos gravosa seria igualmente apta a contornar o risco narrado.

Consideramos que, com o advento do novo CPC, o poder geral de cautela ampliou seu espectro de abrangência, sendo conferida ao magistrado ainda maior discricionariedade na identificação da tutela provisória mais adequada.

Isso porque o CPC/1973 distinguia as medidas cautelares típicas ou nominadas, submetidas a requisitos e a procedimento específicos, expressamente previstos em lei, das medidas cautelares atípicas ou inominadas, submetidas genericamente ao preenchimento dos requisitos *fumus boni iuris* e *periculum in mora* e ao procedimento comum cautelar. Sob a égide do CPC/1973,

---

[23] BEDAQUE, José Roberto dos Santos. *Tutela cautelar e tutela antecipada*: tutelas sumárias e de urgência. Tentativa de Sistematização. 4. ed. São Paulo: Malheiros, 2006. p. 290-293.

elaborou-se o entendimento — que considerávamos, à época, correto — segundo o qual as medidas cautelares típicas deveriam ser deferidas preferencialmente em relação às medidas cautelares atípicas, e estas ostentariam, assim, caráter subsidiário.[24]

Considerando-se que o novo CPC procurou aplicar a todas as modalidades de tutela cautelar o mesmo procedimento padrão,[25] perde sentido a exigência de subsidiariedade, podendo, assim, o magistrado deferir qualquer providência que, a seu prudente arbítrio, seja a mais apta a, de um lado, contornar o risco narrado pelo autor e, de outro, impor o menor gravame possível ao réu.

Acrescente-se que o novo CPC também ampliou o poder geral de cautela em outra vertente, na medida em que o CPC de 1973 apenas o previa para a tutela cautelar, e o novo diploma a autoriza inclusive para a tutela antecipada.[26]

7. Contracautela

O artigo 300, §1º, do novo CPC (artigo 804, parte final, CPC/1973) autoriza o magistrado a determinar, de ofício, que o autor preste caução para ressarcir eventuais danos que o réu possa vir a sofrer em decorrência do cumprimento da liminar que concede a tutela cautelar.

A caução visa a contornar o *periculum in mora in verso*, ou seja, o risco imposto ao réu em decorrência do cumprimento da tutela provisória, principalmente — embora não exclusivamente — a liminar *inaudita altera parte*, concedida antes de instaurado o contraditório.

A necessidade de o juiz exigir contracautela está atrelada preponderantemente a dois fatores: (a) menor robustez do *fumus boni iuris*; e/ou (b) maior onerosidade/gravosidade da medida para o réu.

Quanto menor a segurança do magistrado quanto à existência do direito narrado pelo autor (maior fluidez da fumaça do bom direito) e, de outra parte, quanto maior a constrição da esfera jurídica do réu com a implementação da providência, mais recomendável será a exigência de contracautela, pois maior aptidão ela terá para ser futuramente revogada e/ou vir a causar pre-

---

[24] José Miguel Garcia Medina esclarece que, durante a vigência do CPC/1973, foi paulatinamente mitigada, pela jurisprudência, a exigência de subsidiariedade para a adoção de medidas cautelares atípicas. José Miguel Medina, *Direito processual civil moderno*, op. cit., p. 451-452.

[25] Logramos identificar, especialmente entre os procedimentos especiais contemplados no novo CPC, providências de natureza cautelar que se encontram submetidas a requisitos específicos. No entanto, trata-se de providências cautelares a serem deferidas especificamente no bojo daquele processo a que o legislador impôs um procedimento especial, justamente em razão das especificidades do direito material pleiteado pelo autor. Trata-se, assim, de hipóteses específicas, com aplicabilidade restrita àquele procedimento especial, que não se confundem com o regime geral da tutela de urgência regulado nos artigos 300 a 310, do novo CPC, que ora estudamos.

[26] "Deixando ao critério do juiz a determinação das medidas práticas cabíveis no âmbito do poder geral de prevenção, a lei, na realidade, investe o magistrado de um poder discricionário de amplíssimas dimensões." Humberto Theodoro Junior, *Curso de direito processual civil*, op. cit., v. I, p. 626.

juízos ao réu. Assim, quanto mais gravosa para o réu for a tutela provisória e/ou mais rarefeito for o *fumus boni iuris* apresentado pelo autor, mais recomendável será a exigência de caução.[27]

O novo CPC possui disposição que não constava expressamente no CPC/1973, dispensando o hipossuficiente da prestação de caução, na parte final do artigo 300, §1º.

A seguir, analisaremos separadamente as duas modalidades de tutela provisória de urgência, notadamente a tutela cautelar e a tutela antecipada.

8. Tutela provisória cautelar

A tutela cautelar consiste na modalidade de tutela provisória de urgência destinada a eliminar risco concreto, atual ou iminente à efetividade do processo, assegurando que ele possa alcançar um resultado útil (artigo 305, novo CPC).

8.1 Requisitos de concessão da tutela cautelar

Para que seja concedida a tutela cautelar, é necessário o preenchimento de dois requisitos, notadamente, *fumus boni iuris* e *periculum in mora*, que, a nosso sentir, consistem no *mérito* da tutela provisória cautelar.[28]

O novo CPC prestigiou o processo sincrético, dispensando, ao contrário do previsto no CPC/1973, a instauração de um processo judicial autônomo com a exclusiva finalidade de veicular o pedido de tutela cautelar.[29]

---

[27] Cândido Rangel Dinamarco cunhou as expressões "juízo do mal maior", a recomendar que o magistrado tenha maior parcimônia na concessão de tutelas provisórias mais invasivas da esfera jurídica do réu, e "juízo do direito mais forte", a recomendar, por seu turno, que o magistrado sopese, de um lado, o direito invocado pelo autor e, de outro, os valores sacrificados, caso a tutela provisória seja deferida. Cândido Rangel Dinamarco, "O regime jurídico das medidas urgentes", op. cit., p. 65.

[28] Cassio Scarpinella Bueno, *Curso sistematizado de direito processual civil*, op. cit., p. 161; José Roberto dos Santos Bedaque, *Tutela cautelar e tutela antecipada*, op. cit., p. 167; CÂMARA, Alexandre Freitas. *Lições de direito processual civil*. 11. ed. Rio de Janeiro: Lumen Juris, 2006. v. III, p. 41-46.

[29] Humberto Theodoro Junior ratifica a adoção de um novo regime para a tutela cautelar no CPC/2015: "As medidas cautelares no regime do Código revogado eram objeto de ação apartada do processo principal, embora tivessem seus efeitos atrelados ao destino deste (arts. 796 e 800 a 804 do CPC/1973). Já as medidas satisfativas urgentes eram invocáveis sempre no bojo do próprio processo principal (art. 273 do CPC/1973), não dependendo, portanto, do manejo de ação distinta. Eram, assim, objeto de mero incidente do processo já em curso. O novo Código eliminou essa dualidade de regime processual. Tanto a tutela conservativa como a satisfativa são tratadas, em regra, como objeto de mero incidente processual, que pode ser suscitado na petição inicial ou em petição avulsa (art. 294, parágrafo único, do NCPC)". Humberto Theodoro Junior, *Curso de direito processual civil*, op. cit., p. 600.

Forçoso convir que o novo diploma legal, ao prever a formulação do pedido de tutela cautelar e do pedido de tutela principal na mesma relação jurídica processual, autoriza, assim, a *cumulação objetiva de ações*.[30] Em outras palavras, com o novo CPC, teremos duas pretensões, que outrora eram veiculadas em processos distintos, e que são cumuladas, agora, em um mesmo processo. Desse modo, cada pretensão possui seu objeto, seu mérito, que será julgado pelo magistrado com vistas a conceder ou rejeitar a tutela pleiteada pelo autor.

Assim, para que o magistrado conceda a tutela cautelar, necessário será examinar seu mérito, que consiste precisamente no binômio *fumus boni iuris* e *periculum in mora*, a seguir analisado.

a) *Fumus boni iuris*

A expressão latina *fumus boni iuris*, em tradução literal para o vernáculo, "fumaça do bom direito", pressupõe a aparência da existência do direito alegado pela parte autora. Incumbe, portanto, ao requerente da tutela de urgência demonstrar, em cognição sumária, a probabilidade de existência do direito material invocado.

Está prevista no artigo 300 do novo CPC, quando o legislador condiciona a concessão de tutela de urgência à existência de "elementos que evidenciem a probabilidade do direito" e, novamente, no artigo 305, ao exigir que o autor, na petição inicial, apresente a "exposição sumária do direito que objetiva assegurar". Esse requisito encontrava-se previsto, com os mesmos contornos gerais, no artigo 801, IV, CPC/1973.

A tutela cautelar, conforme esclarecemos anteriormente, é espécie do gênero tutela provisória de urgência e, assim, visa a contornar os males do tempo, almejando debelar o risco de que o processo não consiga alcançar seu resultado prático esperado. Por isso, a tutela cautelar tem de ser rápida.

---

[30] Leonardo Greco assim conceitua a cumulação de ações, *in verbis*: "A posição da doutrina tradicional, à qual adiro, firmou-se no sentido de que toda vez em que houver pluralidade de algum desses elementos há tantas ações quanto forem os elementos plúrimos. [...] Verifica-se, por sua vez, a cumulação de ações quando, num mesmo processo, se reúnem duas ou mais demandas a serem instruídas e decididas ou resolvidas simultaneamente. Um só processo é usado como instrumento para dar solução a duas ou mais ações. É da essência da cumulação de ações a formação do *simultaneus processus*, ou seja, de um processo cumulativo, no qual as ações cumuladas serão instruídas e resolvidas em conjunto, pelo menos no julgamento do mérito. Os objetivos precípuos do fenômeno da cumulação de ações são o de atender à economia processual e o de evitar a prolação de decisões contraditórias. Quanto às espécies de ações ou do chamado processo cumulativo, a doutrina costuma adotar dois critérios principais. O primeiro leva em consideração o elemento diverso nas ações cumuladas. De acordo com esse critério, a cumulação pode ser objetiva quando o elemento diverso, plural, é um dos elementos objetivos da demanda, vale dizer, quando há pluralidade de pedidos ou de causas de pedir; ou subjetiva, quando há pluralidade de autores, de réus, ou de ambos simultaneamente (elemento subjetivo da demanda)". GRECO, Leonardo. *Instituições de processo civil*. 5. ed. Rio de Janeiro: GEN Forense, 2015. v. I, p. 199-200.

Devendo ser rápida, não há como se exigir que o autor, que requer a concessão de medida cautelar, demonstre exaustivamente a existência do direito que alega (cognição exauriente), pois isso exigiria um longo período de tempo.

Por essa razão, o legislador exige apenas que o juiz, ao apreciar o pedido de tutela cautelar, exerça cognição sumária, a fim de verificar se a medida cautelar deve ou não ser concedida. Trata-se de juízo de probabilidade, que se contrapõe ao juízo de certeza ínsito ao procedimento comum (cognição exauriente).

b) Periculum in mora

A expressão latina *periculum in mora*, em tradução literal, perigo da demora, pressupõe que o autor demonstre a existência de "risco ao resultado útil do processo", conforme disposto nos artigos 300 e 305 do novo CPC, ou seja, que haja risco de que o processo não alcance seu resultado prático esperado.

O requisito encontrava-se previsto no artigo 801, inciso IV, CPC/1973, ao se referir a "receio da lesão".

O risco deve ser concreto e atual ou iminente. Não basta uma conjectura, uma divagação, devendo-se narrar uma conduta do réu que configure uma ameaça concreta à efetividade do processo e em vias de se concretizar.

O risco que se busca evitar incide, conforme dissemos, sobre a *efetividade do processo*, vale dizer, o risco de que o processo não alcance o desfecho para o qual está preordenado, e não diretamente sobre o direito material invocado pelo autor.

A tutela cautelar não antecipa, portanto, a entrega do bem da vida ao autor, não ostentando caráter satisfativo, mas apenas assecuratório ou conservativo.[31]

8.2 Procedimento da tutela cautelar antecedente

Houve profunda mudança no procedimento para a concessão da tutela cautelar, com o advento do CPC/2015, consoante anunciamos na parte introdutória do presente trabalho.

Isso porque o CPC/1973 dispunha que, como regra, caberia ao autor instaurar um processo cautelar autônomo, com vistas a formular o pedido de concessão de tutela cautelar. Paralelamente, seria necessário instaurar outro processo judicial, dito principal, no qual seria veicu-

---

[31] Alexandre Freitas Câmara, *Lições de direito processual civil*, op. cit., p. 39.

lado exclusivamente o pedido principal, de conhecimento ou de execução. De acordo com o CPC/1973, haveria, pois, três espécies de processos judiciais, segundo a carga preponderante, a saber: processo de conhecimento, processo de execução e processo cautelar, cada qual com sua autonomia técnica e regramento específico.

O novo CPC instaura uma nova sistemática, elevando o processo sincrético à sua máxima potência. Se, com a reforma do CPC/1973 trazida pela Lei Federal nº 11.232/2005, foi trazido o processo sincrético, como regra, ao estabelecer que o cumprimento da sentença se consubstanciaria em nova fase do mesmo processo judicial já em curso, sendo despicienda a instauração de um processo de execução autônomo, o CPC de 2015 avança nesse sentido no tocante à tutela cautelar.

Diz-se sincrético o processo judicial no qual é admissível a veiculação de pedidos de naturezas distintas (de conhecimento, de execução ou cautelar).

De fato, com o novo CPC, o mesmo processo judicial poderá instrumentalizar o pedido de concessão de tutela cautelar (antecedente ou incidente), o pedido de tutela principal e o pedido de cumprimento do provimento jurisdicional concessivo de qualquer dos pedidos anteriores formulados pelo autor (pedido de tutela cautelar ou principal). Tudo isso *sine intervallo*, nos autos do mesmo processo sincrético.

Sob a égide do CPC/1973, em regra, seria necessária a instauração de dois processos: um com a finalidade de veicular o pedido de tutela cautelar (processo cautelar) e outro com a finalidade de veicular o pedido principal (processo principal).

Verifica-se, ainda, que o novo CPC abandona a técnica adotada pelo CPC de 1973, que regulava um procedimento comum cautelar ao lado de procedimentos cautelares específicos. Com o advento do novo diploma processual, o legislador traçou apenas uma distinção quanto ao procedimento a ser adotado. Caso a tutela cautelar seja incidente, ou seja, pleiteada conjunta ou posteriormente à veiculação do pedido principal, aplicar-se-á o procedimento comum desde o momento da instauração do processo judicial (artigos 318 a 512).

Por outro lado, sendo antecedente a tutela cautelar, vale dizer, pleiteada antes mesmo da formulação do pedido principal nos autos do processo, dever-se-á observar o procedimento contemplado nos artigos 305 a 310.

Nessa hipótese, o processo sincrético se desdobrará em três fases, a saber:

1ª fase: fase cautelar antecedente. Inicia-se com a apresentação da petição inicial contendo o pedido de tutela cautelar e estende-se até o indeferimento da tutela cautelar ou sua efetivação, em caso de deferimento. Observará o procedimento previsto nos artigos 305 a 310, do novo CPC.

2ª fase: fase de conhecimento. Intitulamos fase de conhecimento, uma vez que se destina a, precipuamente, definir o acertamento da relação jurídica controvertida, possuindo carga preponderantemente cognitiva. Inicia-se com a formulação do pedido principal pelo autor e estende-se até a prolação da sentença. Observa o procedimento comum (artigos 318 a 512) ou, dependendo do pedido principal, algum entre os procedimentos especiais previstos em lei.

3ª fase: fase de cumprimento. Inicia-se a partir do momento em que a sentença judicial seja eficaz e possa ser executada, ainda que provisoriamente, e estende-se até a integral satisfação do direito contemplado no título executivo judicial (artigos 513 a 538, novo CPC).

a) Formulação do pedido de tutela cautelar antecedente: artigos 305 c/c 312, novo CPC

Tratando-se de tutela cautelar *antecedente*, o processo judicial será instaurado precisamente com a formulação de tal pedido. Desse modo, caberá à parte autora apresentar petição inicial, com vistas a instaurar o processo judicial sincrético. É o que está textualmente previsto no artigo 305, do novo CPC, ao exigir a apresentação de petição inicial pela parte autora, com vistas a formular o pedido de tutela cautelar antecedente.

Incumbirá à parte autora preencher os requisitos gerais da petição inicial, previstos no artigo 319 do novo CPC.

Ao lado dos requisitos gerais, cumpre à parte autora preencher, *cumulativamente*, os seguintes requisitos específicos da tutela cautelar (artigo 305, novo CPC), a saber:

a) Indicação sucinta do *pedido principal* que será formulado subsequentemente nos mesmos autos e sua respectiva *causa de pedir*. Essa exigência está contemplada no artigo 305 do novo CPC ao prever a indicação "da lide e seu fundamento". Isso não significa que o autor deverá, desde já, formular o pedido principal; caberá a ele, nesse momento, apenas indicá-lo sucintamente. De se destacar que o autor não fica atrelado ao teor da causa de pedir e do pedido principal genericamente indicados na petição inicial, tanto assim que o artigo 308, *caput* e §2º, admite o seu aditamento. Faz-se necessária, contudo, sua declinação na petição inicial, a fim de que o magistrado possa analisar a necessidade e a adequação da tutela cautelar pleiteada diante da pretensão principal que será posteriormente apresentada, cuja efetividade a tutela cautelar se presta a resguardar (instrumentalidade). Exemplo: não se mostra adequada a concessão de tutela cautelar de arresto de bens indeterminados, caso o pedido principal verse sobre a titularidade de um bem determinado, como, *ad exemplum tantum*, uma joia de família ou uma obra de arte de um escultor ou pintor renomado. A narrativa, ainda que breve, do pedido principal e de sua respectiva causa de pedir permitirão que o magistrado possa aferir a presença do *periculum in mora* e possa deferir a providência adequada.

b) Fumus boni iuris: está contemplado no artigo 305 do novo CPC quando o legislador exige "a exposição sumária do direito que se objetiva assegurar".

c) Periculum in mora: a tutela cautelar é eminentemente de urgência, razão pela qual incumbe ao autor declinar "o risco ao resultado útil do processo", consoante disposto na segunda parte do artigo 305 do novo CPC.

Caso o magistrado, ao receber a petição inicial, verifique tratar-se, em verdade, de tutela antecipada, será aplicada a fungibilidade entre as espécies de tutela provisória, aproveitando-se a petição inicial apresentada e observando-se o procedimento atinente à tutela antecipada antecedente (artigos 303 e 304, novo CPC), conforme dispõe o parágrafo único do artigo 305 do novo CPC.

Recebendo o juiz a petição inicial e estando ela em ordem, determinará a citação do réu para contestar no prazo de cinco dias (artigo 307, do novo CPC).

Havendo irregularidades na petição inicial, deverá o magistrado assinar prazo para que o autor as sane ou, não sendo possível, deverá indeferir liminarmente a petição inicial, na forma do artigo 330, CPC/2015.

Em hipóteses excepcionais, poderá o juiz conceder imediatamente a tutela cautelar requerida pelo autor, antes mesmo da citação do réu (medida cautelar *inaudita altera parte*), se entender que a ciência do réu poderá comprometer a sua efetivação, na forma do artigo 9º, parágrafo único, inciso I, e artigo 300, §2º, CPC/2015.

Se o juiz reconhecer que a ciência do réu pode comprometer a eficácia da tutela cautelar, mas entender ser necessário que o autor preste esclarecimentos adicionais antes de concedê-la, poderá designar audiência de justificação (artigo 300, §2º, CPC/2015).

O réu será citado logo após o cumprimento da medida cautelar *inaudita altera parte*. Prova de que a citação do réu deve ocorrer em seguida ao cumprimento da tutela cautelar encontra-se no teor do artigo 302, inciso II, do novo CPC, ao prever a responsabilidade objetiva do requerente pelos danos causados ao requerido, caso deixe de providenciar sua cientificação no prazo de cinco dias.

b) Citação do réu e resposta

A citação do réu será feita segundo as mesmas regras do procedimento comum, previstas nos artigos 242 a 259, do novo CPC, sendo, em regra, via postal.

Interessante notar que, embora o novo CPC, comparativamente com o CPC de 1973, tenha ampliado o prazo para manifestação das partes em diversos procedimentos especiais — como é o caso, *ad exemplum tantum*, das ações possessórias, artigo 564, CPC/2015 e artigo 930, CPC/1973 e da ação divisória, artigo 592, CPC/2015 e artigo 971, CPC/1973; no inventário, artigo 647, CPC/15 e artigo 1.022, CPC/1973; artigo 652, CPC/2015 e artigo 1.024, CPC/1973;

artigo 679, CPC/2015 e artigo 1.053, CPC/1973 —, não fez o mesmo no tocante à tutela cautelar, tendo optado por manter o exíguo prazo de cinco dias para que o réu conteste o pleito autoral de concessão da tutela cautelar (artigo 802, CPC/1973 e artigo 306, CPC/2015).

Uma das tônicas principais do novo CPC consiste precisamente na valorização do contraditório e da ampla defesa, o que se infere claramente a partir da leitura do diploma legal. Por tal razão, causa-nos estranheza a manutenção do prazo de cinco dias para que o réu ofereça contestação. De se destacar que, por se tratar de tutela cautelar antecedente, incumbirá ao réu, nessa oportunidade, apresentar, inclusive, as defesas processuais, tais como carência de ação, bem como arguir incompetência, impedimento ou suspeição. Consideramos, assim, que melhor seria aumentar o prazo para 15 dias, a fim de que o réu oferecesse resposta. Não acreditamos que, via de regra, a dilação do prazo para 15 dias seria suficiente para impor severo comprometimento da celeridade processual, certamente o valor tomado em consideração pelo legislador a fim de manter a exiguidade do prazo.

Ponderando os dois valores em jogo, notadamente, celeridade processual e garantia do contraditório, consideramos que melhor seria dilargar o prazo para resposta do réu do que pretender acelerar o procedimento em apenas 10 dias. Esse interregno será mais proveitoso e relevante para o réu, na elaboração de sua defesa, do que propriamente para a celeridade processual como um todo.

Por outro lado, em situações excepcionais, caso o risco narrado pela parte autora seja premente a ponto de tornar impossível o aguardo do prazo para resposta, poderia o magistrado conceder a tutela cautelar *inaudita altera parte*, caso constatasse também a presença do *fumus boni iuris* (cognição superficial).

Decorrido o prazo de cinco dias sem contestação, será decretada à revelia do réu, presumindo-se verdadeiros os fatos alegados pelo autor,[32] na forma do artigo 307, CPC/2015. Aplica-se, portanto, o efeito material da revelia ao réu revel quanto ao pedido de tutela cautelar. De se recordar que, conforme destacamos anteriormente, o novo CPC autoriza a cumulação de ações ao prever a formulação da tutela cautelar e da tutela principal no mesmo processo, razão pela qual serão presumidos verdadeiros apenas os fatos já narrados, diretamente relacionados com o julgamento da tutela cautelar antecedente (*fumus boni iuris* e *periculum in mora*), em nada interferindo, em regra, para o futuro julgamento da tutela principal, a ser formulada nos mesmos autos.

No novo CPC, o parágrafo único do artigo 307 dispõe que, se o réu contestar, dali em diante o processo observará o procedimento comum, cessando, pois, nesse momento, o regramento especial. Observar-se-á eventualmente o procedimento especial previsto em lei, caso o ordenamento processual o preveja para a instrumentalização do pedido principal.

---

[32] THEODORO JUNIOR, Humberto. *Curso de direito processual civil*. 46. ed. Rio de Janeiro: GEN Forense, 2011. v. II, p. 543; Ovídio A. Baptista da Silva, *Do processo cautelar*, op. cit., p. 179.

Caberá ao juiz examinar a presença das condições da ação e dos pressupostos processuais. Se algum deles não for preenchido, prolatará sentença de extinção do processo sem resolução do mérito, o que tornará inviável a formulação do pedido principal no mesmo processo.

c) Formulação do pedido principal: artigo 308, novo CPC

O artigo 308 do novo CPC dispõe que, tratando-se de tutela cautelar antecedente, incumbirá à parte autora formular o pedido principal nos mesmos autos, no prazo de 30 dias a contar da data da efetivação da tutela cautelar.

O pedido principal será formulado em petição simples, não sendo necessário o preenchimento dos requisitos da petição inicial, uma vez que o processo judicial já se encontra em curso e fora instaurado por ocasião da formulação da tutela cautelar antecedente, esta sim apresentada tendo por instrumento uma petição inicial com todos os seus requisitos formais (artigo 305, novo CPC).

A previsão do prazo de 30 dias, previsto no artigo 308 do novo CPC, traz, *mutatis mutandis*, solução semelhante ao disposto no artigo 806 do CPC/1973, que exigia da parte autora o ajuizamento da ação principal em igual prazo.

A diferença entre ambos os diplomas reside na sistemática processual, uma vez que, com o advento do novo CPC, privilegiou-se o processo sincrético, não mais sendo necessário que a parte autora instaure um novo processo judicial, com vistas a formular o pedido principal, bastando que apresente uma petição simples nos autos do mesmo processo que havia sido deflagrado por ocasião da formulação do pedido de tutela provisória.

Não obstante tais diferenças, podemos considerar a construção doutrinária e jurisprudencial no tocante à aplicação do trintídio legal, que havia sido elaborada sob a égide do CPC/1973, uma vez que sua finalidade se mantém a mesma.

Dessa feita, tem-se que o prazo de 30 dias para a formulação do pedido principal será exigido apenas caso tenha sido deferida tutela cautelar constritiva, ou seja, a providência cautelar que tenha o condão de restringir a esfera jurídica do réu, causando-lhe um gravame, no mais das vezes em seu patrimônio, como é o caso, *ad exemplum tantum*, do arresto e do sequestro. Não há que se exigir a observância rigorosa do referido prazo em se tratando de tutela cautelar conservativa, como é o caso da produção antecipada da prova.

O prazo de 30 dias, previsto no artigo 306 do novo CPC, aplicável às cautelares constritivas, é decadencial, peremptório, razão pela qual não se suspende nem se interrompe.

Deixando o autor de formular o pedido principal no prazo legal, cessará a eficácia da tutela cautelar deferida (artigo 309, inciso I, novo CPC) e o magistrado prolatará sentença de extinção do processo sem resolução do mérito. Isso porque, se a tutela cautelar é instrumental ao pedido principal, prestando-se justamente a resguardar a efetividade do processo em caso de procedência do pedido principal (instrumentalidade hipotética), não há que se falar nem na manutenção da tutela cautelar, nem no prosseguimento do processo, caso o autor não venha a formular o pedido principal, pois não haveria o que preservar.

De outra parte, no que concerne à tutela cautelar conservativa, embora não seja aplicável o prazo decadencial de 30 dias para a formulação do pedido principal, certo é que, deixando o autor de formular o pedido principal por longo período, aplicar-se-á o regramento geral do abandono da causa pelo autor, incumbindo ao magistrado intimá-lo e, mantendo o autor a conduta desidiosa pelo prazo de 30 dias previsto no artigo 485, inciso III, do novo CPC, será prolatada sentença de extinção do processo sem resolução do mérito.[33]

Assim, conclui-se que haverá maior rigor quanto à formulação do pedido principal, caso tenha sido deferida tutela cautela constritiva, cabendo ao autor apresentá-lo necessariamente no trintídio legal, a contar da data da efetivação da tutela cautelar. Quanto às cautelares conservativas, ainda será providenciada intimação pessoal do autor, sendo-lhe, pois, conferida uma nova oportunidade para que, após a cientificação, possa, então, apresentar em juízo o pedido principal no prazo de 30 dias.

d) Provas

Podem as partes valer-se de todos os meios de prova, com vistas a comprovar suas alegações a respeito da tutela cautelar. Cumpre destacar apenas que, por prestigiar a celeridade e envolver cognição sumária, a tutela cautelar não se lastreará em provas complexas, como é o caso de algumas provas periciais, as quais serão produzidas para a comprovação ou refutação do pedido principal.[34]

O objeto da prova na tutela cautelar não é o mesmo do processo principal. A tutela cautelar volta-se para a comprovação de *fumus boni iuris* e *periculum in mora*, enquanto a tutela principal, se for de conhecimento, visa a promover o acertamento da relação jurídica controvertida, comprovando-se o direito material alegado pelo autor ou, sendo de

---

[33] Considerando-se que o novo CPC mantém a mesma regulamentação do abandono da causa pelo autor contemplado no CPC/1973, mantêm-se pertinentes as lições de Egas Moniz Dirceu de Aragão sobre o tema: "O momento inicial do prazo coincide com a intimação do autor, pessoalmente ou por seu advogado, para a realização de algum ato a seu cargo. Decorridos 30 dias, sem que haja sido realizado, poderá o réu, ou o Ministério Público, requerer ao juiz que declare a extinção do processo, e mesmo este, de ofício, tomar essa iniciativa [...]". ARAGÃO, Egas Dirceu Moniz de. *Comentários ao Código de Processo Civil*. 9. ed. Rio de Janeiro: Forense, 2000. v. II, p. 385.

[34] Humberto Theodoro Junior, *Curso de direito processual civil*, op. cit., v. II, p. 531; Ovídio A. Baptista da Silva, *Do processo cautelar*, op. cit., p. 171-172.

execução, torna-se, por regra de princípio, despicienda a instrução probatória, eis que o exequente já dispõe de título executivo, almejando, assim, a pronta satisfação do direito nele contemplado.

e) Provimento jurisdicional concessivo da tutela cautelar e coisa julgada

Pode o magistrado deferir a tutela cautelar em decisão interlocutória, caso vislumbre, em qualquer fase do processo — inclusive liminarmente, ou seja, antes da citação do réu (artigo 300, §2º, novo CPC) —, estarem presentes os requisitos *fumus boni iuris* e *periculum in mora*.

De igual modo, pode a tutela cautelar ser deferida apenas na sentença, seja porque o *periculum in mora* surgiu naquela ocasião, seja porque somente então o magistrado reputou que o autor teria logrado carrear aos autos provas suficientes do direito alegado.

Independentemente da natureza do provimento jurisdicional, se decisão interlocutória ou sentença, fato é que a tutela cautelar é eminentemente instrumental e visa a contornar um risco à efetividade do processo, de modo que, como o processo não tramitará indefinidamente, resta claro que o provimento jurisdicional que decide acerca da concessão de tutela cautelar não se pereniza, não ostentando a autoridade da coisa julgada material.

Ainda assim, não pode o autor renovar o mesmo pedido de tutela cautelar, devendo baseá-lo em novas circunstâncias, conforme dispõe o artigo 309, parágrafo único do novo CPC, que traz previsão equivalente ao disposto no artigo 808, parágrafo único do CPC/1973. Entendimento contrário autorizaria o *bis in idem* e chancelaria comportamento abusivo e de duvidosa lealdade processual por parte do autor.

A decisão judicial que examina o pedido de tutela cautelar, em regra, não possui o condão de influir no julgamento do pedido principal. Isso ocorre porque, conforme destacamos, a cognição exercida pelo magistrado para o exame do pedido de tutela cautelar é sumária, vale dizer, a profundidade da cognição não é suficiente para que se firme a certeza acerca da relação jurídica controvertida. De fato, para a concessão da tutela cautelar, o magistrado aferirá a presença dos requisitos consubstanciados no *fumus boni iuris*, que se cinge à verificação incipiente da existência do direito material alegado pela parte autora — e que será detidamente examinada, em cognição exauriente, somente por ocasião do julgamento do pedido principal —, e no *periculum in mora*, que nem sequer é examinado por ocasião do julgamento do pedido principal, sendo peculiar à tutela cautelar, por ser esta emergencial.

Desse modo, ainda que o magistrado indefira a tutela cautelar, por não vislumbrar a presença de *fumus boni iuris* e/ou de *periculum in mora*, pode a parte autora formular, subsequentemente, o pedido principal no mesmo processo.

A única hipótese em que o julgamento da tutela cautelar interfere no julgamento do pedido principal e faz coisa julgada material consiste na decisão judicial que decreta a prescrição ou a decadência do direito material alegado pelo autor, antes mesmo de este ter formulado o pedido principal. Nesse caso, o artigo 310 do novo CPC replica a solução trazida pelo artigo 810 do CPC/1973, autorizando que o magistrado, ao julgar o pedido de tutela cautelar antecedente, decrete a prescrição ou a decadência do direito material que seria objeto do pedido principal ainda não formulado naquele processo. Trata-se de um expediente voltado à economia processual, uma vez que não seria razoável autorizar o prosseguimento do feito, se o magistrado já possui elementos suficientes quanto à improcedência do pedido principal, em virtude da clara ocorrência de prescrição ou decadência. Assim, não mais será autorizado ao autor formular o pedido principal, seja nesse processo, seja em outro processo autônomo, podendo-se afirmar que, nesse caso, a sentença fará coisa julgada material.

f) Recursos

Caso o magistrado tenha examinado o pedido de tutela cautelar em sede de decisão interlocutória, seja para concedê-la ou denegá-la, caberá à parte interessada interpor recurso de agravo de instrumento, conforme expressamente autorizado no artigo 1.015, inciso I, do novo CPC. Embora o cabimento de agravo de instrumento seja excepcional no novo diploma processual, tem-se que o inciso I do artigo 1.015 autoriza expressamente seu manejo contra a decisão interlocutória que decide acerca de tutela provisória.

Merece destaque que poderão os patronos das partes fazer sustentação oral pelo prazo de 15 minutos, cada qual, na sessão de julgamento do agravo de instrumento pelo tribunal, a teor do artigo 937, inciso VIII, do novo CPC, o que não era garantido pelo CPC/1973.

Por outro lado, caso o pedido de tutela provisória cautelar tenha sido julgado apenas na sentença, deverá a parte interessada interpor recurso de apelação, o qual ostentará apenas efeito devolutivo, não se revestindo, pois, de efeito suspensivo, conforme artigo 1.012, §1º, inciso V, do novo CPC.

Entende o Tribunal de Justiça do Estado do Rio de Janeiro que a decisão proferida pelo magistrado *a quo* que examina o pedido de concessão de tutela provisória somente poderá ser reformada excepcionalmente pelo Tribunal, caso seja teratológica, contrária à lei ou a evidente prova dos autos, na forma da Súmula 58.[35]

Apenas ostentará efeito suspensivo a apelação voluntária ou remessa necessária que desafia sentença em processo cautelar proferida contra pessoa jurídica de direito público ou seus agen-

---

[35] Súmula 58 do TJRJ: "Somente se reforma a concessão ou indeferimento de liminar, se teratológica, contrária à Lei ou à evidente prova dos autos".

172   Reflexões sobre o novo Código de Processo Civil

tes, que importe em outorga ou adição de vencimentos ou de reclassificação funcional, conforme art. 3º, da Lei nº 8.437/1992.

9. Tutela antecipada de urgência: artigos 303, 304 e 311, novo CPC

Por meio da tutela antecipada, antecipam-se os efeitos de uma eventual sentença de procedência do pedido principal. Não se trata apenas de garantir a efetividade do processo (resultado útil), como ocorre com a tutela cautelar, mas permitir a fruição imediata dos efeitos de uma eventual sentença que reconheça o direito material invocado pela parte autora (caráter satisfativo).

A tutela antecipada, no novo CPC, se desdobra em duas subespécies, a saber: tutela antecipada de urgência, da qual nos ocuparemos no presente trabalho, e tutela antecipada de evidência.

9.1 Requisitos

A tutela antecipada de urgência assemelha-se à tutela cautelar, por serem ambas espécies de tutela provisória de urgência. Envolvem a premência na concessão da tutela jurisdicional que, se demorada, importaria na denegação de justiça.

Por essa razão, são igualmente exigidos, para a concessão de tutela antecipada de urgência, os mesmos requisitos da tutela cautelar, a saber: (a) *fumus boni iuris*; e (b) *periculum in mora*, e, a eles, se agrega um terceiro requisito, peculiar à tutela antecipada, (c) reversibilidade.

a) Fumus boni iuris: artigo 303, novo CPC

Sob a égide do Código de Processo Civil de 1973, verificava-se que o Superior Tribunal de Justiça tendia a ser mais rigoroso com a comprovação do *fumus boni iuris* para a concessão de tutela antecipada, exigindo, via de regra, prova mais robusta da probabilidade do direito material invocado pelo requerente comparativamente com aquele exigido para a concessão de tutela cautelar, o que se convencionou chamar de *fumus boni iuris qualificado*.[36]

---

[36] PROCESSO CIVIL. AÇÃO CAUTELAR. AUSÊNCIA DE AJUIZAMENTO DA AÇÃO PRINCIPAL. OFENSA AO ART. 806 DO CPC. INOCORRÊNCIA. AUSÊNCIA DE NATUREZA SATISFATIVA. 1. Recurso Especial contra acórdão que extinguiu a ação cautelar ante à falta de ajuizamento da ação principal, nos termos do art. 806 do CPC. 2. É de sabença que o Direito Brasileiro adotou um livro próprio para o processo cautelar especificando-lhe a natureza instrumental, impondo-lhe condições de assegurar a eficácia do processo principal, que por expressa determinação do Código de Processo Civil, deve ser promovido no trintídio subsequente à proposição da Ação

Parte da doutrina diverge do entendimento do E. STJ, defendendo a equivalência desse requisito para todas as espécies de tutela provisória de urgência.[37]

O Fórum Permanente de Processualistas Civis editou o Enunciado 143, para sustentar a identidade de requisitos para a concessão de ambas as espécies de tutela provisória de urgência.[38]

Consideramos que, quanto mais gravosa for a tutela de urgência, mais robusta deve ser a demonstração da titularidade do direito material invocado pela parte autora. Em geral, a tutela antecipada, por ostentar caráter satisfativo, tende a ser insitamente mais gravosa do que a tutela cautelar, que se mostra essencialmente conservativa, tutelando a efetividade do processo. No entanto, nada obsta que, em dado caso concreto, vislumbrem-se medidas cautelares mais drásticas e gravosas — como pode ser o arresto de bens de uma sociedade que precisa oferecer higidez patrimonial com vistas a participar de licitação pública ou precisa de capital de giro — do que determinada tutela antecipada — que pode se consubstanciar em tutela inibitória, voltada a uma obrigação de não fazer, como, *ad exemplum tantum*, não se aproximar da residência ou do local de trabalho do autor.

Assim, consideramos que o rigor quanto à exigência de *fumus boni iuris* deverá ser proporcional à gravidade da providência de urgência pleiteada para o réu, considerando-se as circunstâncias do caso concreto, independentemente de se tratar de tutela cautelar ou de tutela antecipada. O grau de urgência também deve ser considerado, conforme esclareceremos ao final do item subsequente.

O *fumus boni iuris* está previsto no artigo 303 do novo CPC, ao exigir "a exposição da lide, do direito que se busca realizar".

b) Periculum in mora: artigo 303, novo CPC

Cautelar. 3. *In casu*, não obstante seja duvidosa a natureza cautelar do pedido, esse fato, por si só, não autoriza a manutenção da medida por mais de um trintídio haja vista que ao deduzir a sua pretensão nos moldes cautelares, o requerente limitou-se à demonstração do *fumus boni juris*, ao passo que a liminar antecipatória satisfativa reclama prova inequívoca. 4. Ademais, esse requisito do direito líquido e certo para a concessão da tutela antecipada obsta a possibilidade de fungibilidade entre provimentos urgentes cautelares e satisfativos. 5. Consequentemente, por outros fundamentos; vale dizer, o da inadequação da ação, o destino do processo cautelar não seria outro senão a extinção terminativa. 6. Precedentes do STJ: (Resp 139.587, rel. min. João Otávio de Noronha, *DJ* de 28/2/2005; Resp 327.380, rel. min. Pádua Ribeiro, *DJ* de 4/5/05) 7. Recurso Especial conhecido e improvido. Superior Tribunal de Justiça. REsp 676.630/SE, rel. ministro Luiz Fux, Primeira Turma, julgado em 13/9/2005, *DJ*, 26/9/2005, p. 219. Grifou-se. José Miguel Garcia Medina reconhece que "embora o texto do CPC/2015 não nos permita extrair que a maior probabilidade conduz à tutela de urgência antecipada, e o menor grau de certeza à mera conservação, a isso se acaba se conduzindo logicamente". José Miguel Garcia Medina, *Direito processual civil moderno*, op. cit., p. 473.

[37] CÂMARA, Alexandre Freitas. *O novo processo civil brasileiro*. São Paulo: Atlas, 2015. p. 159; NEVES, Daniel Amorim Assumpção. *Manual de direito processual civil*. 8. ed. Salvador: Juspodivum, 2016. p. 430.

[38] Enunciado 143 FPPC: "A redação do artigo 300, *caput*, superou a distinção entre os requisitos da concessão para a tutela cautelar e para a tutela satisfativa de urgência, erigindo a probabilidade e o perigo na demora a requisitos comuns para a prestação de ambas as tutelas de forma antecipada".

Por se tratar de tutela provisória de urgência, faz-se necessário que o requerente comprove a ocorrência de *periculum in mora*, que, a nosso sentir, possui contornos diversos daquele a ser demonstrado para a concessão de tutela cautelar. Embora o novo CPC não trace tais distinções, elas decorrem da própria ontologia de cada qual das espécies de tutela provisória de urgência.

Não obstante, forçoso convir que, em razão da fungibilidade entre as espécies de tutela provisória de urgência, ainda que, no caso concreto, a parte autora descreva um risco de periclitação do direito material e pleiteie, erroneamente, tutela cautelar, poderá o magistrado deferir a tutela urgente correta e adequada para debelar o *periculum in mora* verificado *in casu*.

Note-se, porém, que a fungibilidade vem corrigir um equívoco; não tem o condão de tornar idênticas as características do *periculum in mora* para tutela antecipada e para tutela cautelar. Muito ao revés. É justamente porque as espécies de tutela provisória de urgência são diferentes entre si — e uma das marcas distintivas consiste justamente nos contornos do *periculum in mora* — que se faz útil e necessária a aplicação da fungibilidade. Há *fungibilidade* entre institutos *diversos*; se fossem o mesmo instituto, haveria *identidade*.

Na tutela antecipada, o risco incide sobre o próprio direito material invocado pela parte autora, não apenas sobre a efetividade ou o resultado útil do processo. Cabe ao autor demonstrar que o próprio direito material pode perecer, caso não seja deferida a tutela antecipada, de pouco ou nada adiantando que futuramente seja prolatada sentença de procedência do pedido principal.

Encontra-se previsto no artigo 303 do novo CPC, ao exigir que o requerente demonstre "perigo de dano".

Atualmente, entende-se que a análise dos requisitos do *fumus boni iuris* e do *periculum in mora* deve ser realizada conjuntamente, de acordo com as circunstâncias do caso concreto. Trata-se da chamada "teoria dos vasos intercomunicantes".[39] Em determinado caso concreto, a urgência (*periculum in mora*) pode se revelar tamanha, que se afigura adequado contentar-se com um grau menor de demonstração da probabilidade do direito material invocado pela parte autora (*fumus boni iuris*) e vice-versa.

c) Reversibilidade dos efeitos da decisão: artigo 300, §3º, novo CPC

O novo CPC dispõe expressamente, em seu artigo 300, §3º, que "a tutela de urgência de natureza antecipada não será concedida quando houver perigo de irreversibilidade dos efeitos da decisão".

A irreversibilidade consiste no *periculum in mora inverso*, ou seja, na possibilidade de, caso seja revogada a tutela antecipada antes deferida, não seja mais viável retornar ao *status quo ante*,

---

[39] José Miguel Garcia Medina, *Direito processual civil moderno*, op. cit., p. 474.

como é o caso, *ad exemplum tantum*, da destruição de um documento original expedido em via única.

Isso implicaria prejuízos perenes ao réu, que continuaria a suportar injustamente os efeitos de uma tutela provisória que fora revista.

Preocupado com a esfera jurídica do réu, o legislador impôs o requisito da reversibilidade dos efeitos da decisão para que a tutela antecipada seja deferida.

Não é feita tal exigência para a concessão da tutela cautelar, pois, conforme esclarecido, esta visa apenas a contornar os riscos para a efetividade do processo, zelando para que, no momento próprio, seja possível conceder ao autor o bem da vida a que faça jus. Em outras palavras, a tutela cautelar não possui caráter satisfativo, não entrega imediatamente o bem da vida ao requerente, apenas cria condições para assegurar que, no momento processual oportuno, isso seja possível.

A Escola Nacional de Formação e Aperfeiçoamento de Magistrados (Enfam) editou o Enunciado 25,[40] que admite que o magistrado, analisando as circunstâncias do caso concreto, possa dispensar esse requisito, em homenagem à garantia do acesso à justiça.[41]

O Fórum Permanente de Processualistas Civis, por seu turno, editou o Enunciado 419, no mesmo sentido.[42]

Entendemos que, diante da literalidade da lei, deve o magistrado admitir a concessão de tutela antecipada de urgência irreversível apenas em situações excepcionais. Deve-se evitar, a todo custo, a consolidação de uma interpretação *contra legem*, voltada a dispensar, indiscriminadamente, um requisito expressamente previsto em lei, a ponto de tornar a exigência legal "letra morta".

Para tanto, consideramos que cumpre ao magistrado levar em consideração os seguintes critérios, a fim de justificar a dispensa da exigência de reversibilidade:[43]

---

[40] Enunciado 25, Enfam: A vedação da concessão de tutela de urgência cujos efeitos possam ser irreversíveis (art. 300, §3º, do CPC/2015) pode ser afastada no caso concreto com base na garantia do acesso à justiça (art. 5º, XXXV, CRFB)

[41] No mesmo sentido, Daniel Amorim Assumpção Neves, *Manual de direito processual civil*, op. cit., p. 444.

[42] Enunciado 419, FPPC: "Não é absoluta a regra que proíbe a tutela provisória com efeitos irreversíveis".

[43] Alexandre Câmara concorda com tal flexibilização, exemplificando com a concessão de alimentos provisórios, que são irrepetíveis, intervenção cirúrgica ou fornecimento de medicamento. Ele chama tal situação de "irreversibilidade recíproca", que, em suas palavras, "consiste isso na hipótese em que o juiz verifica que a concessão da medida produziria efeitos irreversíveis, mas sua denegação também teria efeitos irreversíveis". Alexandre Freitas Câmara, *O novo processo civil brasileiro*, op. cit., p. 159.

a) Ponderar os valores em jogo: analisar, de um lado, o bem da vida de titularidade do requerente que se almeja tutelar com o deferimento da tutela antecipada e, de outro lado, verificar o bem da vida de titularidade do réu que será atingido, em caso de irreversibilidade.[44] Deve ser considerada, ainda, em qual medida será atingida a esfera jurídica do réu, em caso de revogação da tutela antecipada irreversível. É preciso que o valor invocado pelo autor seja de maior estatura do que aquele invocado pelo réu. Podemos exemplificar com a situação em que a tutela antecipada consiste em autorização, a ser dada por plano de saúde, para a realização de cirurgia de suma gravidade. Para o autor, a tutela antecipada almeja preservar sua vida, e, para o réu, seu cumprimento envolve uma prestação pecuniária, correspondente aos custos da cirurgia.

b) De outra parte, quanto maiores as chances de irreversibilidade da tutela antecipada deferida ao autor, maior a densidade do *fumus boni iuris* a ser comprovada por ele, dado que isso mitiga as chances de a tutela antecipada ser revogada futuramente.

9.2 Procedimento

Assim como a tutela cautelar, a tutela antecipada de urgência pode ser requerida antes mesmo da formulação do pedido principal, caso não haja tempo hábil para elaborar a petição inicial contemplando o pedido principal (artigo 303, novo CPC). Na petição inicial, cabe ao autor indicar, desde já, o valor da causa contemplando o valor do pedido principal (artigo 303, §4º, novo CPC).

Nesse caso, à semelhança do que vimos quanto à tutela cautelar, caberá ao autor apresentar petição inicial que preencha os requisitos genéricos do artigo 319 do novo CPC acrescidos dos requisitos específicos anteriormente examinados.

Caso o magistrado entenda que o autor não logrou preencher os requisitos para a concessão da tutela antecipada, indeferirá o pedido de tutela provisória e determinará que o autor adite a petição inicial em cinco dias, com vistas a formular o pedido principal acompanhado dos respectivos argumentos e novos documentos que comprovem o pleito principal (artigo 303, §6º, novo CPC).

Não é necessário o pagamento de novas custas judiciais, conforme artigo 303, §3º, novo CPC, até mesmo porque o pedido principal será formulado nos autos do mesmo processo judicial (§2º).

Por outro lado, dispõe o artigo 303, §1º, inciso I, que, caso seja deferida a tutela antecipada, caberá ao autor, no prazo de 15 dias (caso o juiz não defira prazo maior), aditar a petição inicial, com vistas a formular o pedido principal. Parece-nos que o termo inicial da contagem do prazo de 15 dias para formulação do pedido principal deva ser a partir da intimação do autor

---

[44] José Miguel Garcia Medina, *Direito processual civil moderno*, op. cit., p. 456. O autor prefere falar em "definição dos bens a serem protegidos", em vez de se referir à ponderação.

acerca da concessão da tutela antecipada, tendo em vista o disposto no §1º do artigo 303, que afirma que "concedida a tutela antecipada...". Dessa feita, com a intimação, o autor toma ciência da concessão da tutela antecipada e, assim, deflagra-se o transcurso do prazo de 15 dias.

De acordo com o disposto no inciso II do §1º do artigo 303, será o réu citado para tomar ciência do ajuizamento da ação, integrando a relação jurídica processual, e intimado acerca da tutela antecipada deferida, com vistas a lhe dar cumprimento e, querendo, interpor recurso contra a decisão interlocutória que deferiu a tutela antecipada.[45]

A partir do oferecimento de contestação, que ocorrerá apenas caso frustrada a tentativa de acordo na sessão de conciliação ou mediação, o processo observará o procedimento comum (artigo 336 e ss., novo CPC).

9.3 Estabilização da tutela antecipada de urgência: artigo 304, novo CPC

O artigo 304 do novo CPC traz uma inovação, ao dispor que, caso o réu não interponha recurso contra a decisão interlocutória que defira a tutela antecipada antecedente de urgência requerida pelo autor, a decisão se tornará estável.[46]

O novel instituto assemelha-se às soluções contempladas nos direitos francês e italiano.[47-48]

O legislador optou por prever a possibilidade de estabilização apenas da tutela antecipada de urgência *antecedente*, ao contemplá-la no artigo 304 do novo CPC, sob a rubrica "Do Procedimento da Tutela antecipada requerida em caráter antecedente". Dessa feita, consideramos inadmissível a estabilização da tutela antecipada incidente, ainda que formulada no bojo da mesma petição inicial em que foi formulado o pedido principal ou mesmo que seja deferida antes da citação do réu (*inaudita*

---

[45] A partir da leitura do artigo 303, §1º, do novo CPC, parece-nos que o legislador não condicionou a cientificação do réu ao prévio aditamento tempestivo da petição inicial pelo autor.

[46] Daniel Amorim Assumpção Neves defende interpretação extensiva do artigo 304 do novo CPC, com vistas a admitir a estabilização da tutela antecipada de evidência, com o que não concordamos, tendo em vista que a parte ré não poderia ser surpreendida com hipótese de estabilização não expressamente prevista na lei. Se o réu não tem ciência de que seria possível a estabilização na hipótese, já que a lei não a contempla, como seria possível presumir que, a partir da ausência de interposição de recurso, estaria ele concordando com a estabilização? O argumento no sentido de que poderia o réu ajuizar a ação autônoma prevista no artigo 304 do novo CPC não nos parece suficiente, pois seria demasiado oneroso impor ao réu, surpreendido com a estabilização não contemplada na lei, o ajuizamento de uma nova ação judicial com vistas a revertê-la. Daniel Amorim Assumpção Neves, *Manual de direito processual civil*, op. cit., p. 450.

[47] Humberto Theodoro Junior, *Curso de direito processual civil*, op. cit., v. I, p. 667.

[48] MITIDIERO, Daniel. Autonomização e estabilização da antecipação da tutela no novo código de processo civil. Disponível em: <www.rkladvocacia.com/arquivos/artigos/art_srt_arquivo20150331142307.pdf>. Acesso em: 11 abr. 2016.

altera parte).[49] Isso porque a estabilização traz consequências severas para o réu, devendo-se, por isso, evitar interpretações extensivas que tragam insegurança jurídica, tomando-o de surpresa.

Tendo o legislador previsto a possibilidade de estabilização expressamente na hipótese de tutela antecipada antecedente, ou seja, formulada anteriormente à apresentação do pedido principal, decerto o réu, uma vez citado e intimado acerca do deferimento de tutela antecipada incidente, suporá, de boa-fé, sua inaptidão para se estabilizar, não se preocupando, pois, em interpor recurso contra a decisão concessiva. Nesse caso, estariam vulnerados os pilares do estado democrático de direito, que se projetam sobre o direito processual, se pudesse o réu, nessa circunstância, ser surpreendido pela estabilização em hipótese não expressamente contemplada no novo CPC, mediante inoportuna e inadequada interpretação extensiva do disposto no artigo 304 da codificação processual.

Gostaríamos, ainda, de consignar um alerta. Caso o magistrado venha a adotar entendimento diverso ao ora defendido, empregando interpretação extensiva ao artigo 304, com vistas a admitir a estabilização da tutela antecipada incidental, entendemos ser indispensável que conste menção expressa a essa possibilidade no mandado de intimação do réu. Dessa forma, estará consignado, no mandado, que, caso o réu não interponha o recurso cabível contra a decisão concessiva da tutela antecipada incidente, o juízo considerará estabilizada a tutela antecipada. Esta cautela, a nosso sentir, consiste na providência mínima voltada a zelar pelo contraditório e pela ampla defesa, permitindo que o réu conheça o entendimento adotado pelo magistrado, que amplia a hipótese legal, e, ciente disso, possa conscientemente adotar a conduta processual mais condizente com seus interesses.

De fato, a cientificação plena e completa das partes acerca de seus ônus foi alçada a uma das normas fundamentais do processo civil (artigo 7º c/c artigo 10, do novo CPC). É, pois, defeso ao magistrado considerar estabilizada a tutela antecipada *incidente*, mediante interpretação extensiva do artigo 304, sem cientificar previamente o réu acerca de tal possibilidade, permitindo-lhe, ciente disso, desincumbir-se do ônus de interpor o recurso cabível de modo a afastar a possibilidade de perenização não expressamente contemplada pelo legislador.

Pelas mesmas razões, consideramos inaplicável a estabilização da tutela antecipada de evidência, uma vez que o instituto se encontra previsto no Título II, voltado à Tutela de Urgência.

Entendemos, ainda, que o legislador foi extremamente claro no artigo 304, ao prever que somente a interposição de *recurso* possui o condão de obstar a estabilização da tutela antecipada, não sendo correto entender que o oferecimento de contestação ou de petição avulsa nos autos possa evitar a estabilização.[50]

---

[49] Em sentido contrário, admitindo o emprego de interpretação extensiva ao artigo 304, do novo CPC, com vistas a permitir a estabilização da tutela antecipada incidente *inaudita altera parte*, Daniel Amorim Assumpção Neves, *Manual de direito processual civil*, op. cit., p. 450-451.

[50] No mesmo sentido, Humberto Theodoro Junior, *Curso de direito processual civil*, op. cit., v. I, p. 637. Comungando o mesmo entendimento ora apregoado, Alexandre Freitas Câmara, *O novo processo civil brasileiro*, op. cit., p. 164-165. Em sentido contrário, Daniel Mitidiero, *Autonomização e estabilização da antecipação da tutela no*

Embora concordemos com o argumento de que a admissão da contestação ou de petição avulsa prestigiaria a economia processual, evitando a interposição de agravo de instrumento e a consequente mobilização do tribunal com o único propósito de obstar a estabilização, o fato é que a letra da lei é o primeiro parâmetro interpretativo do aplicador do direito. E, nesse caso, o legislador foi cristalino no artigo 304, ao erigir a interposição do *recurso* como a única conduta processual praticada pelo réu apta a afastar a estabilização da decisão concessiva de tutela antecipada de urgência. Podemos — e, a meu sentir, devemos — criticar a previsão legal, por vulnerar a economia processual; todavia, não podemos dela nos afastar, sob pena de adotarmos interpretação manifestamente *contra legem*.

Para que sejam prestigiadas a economia e a celeridade processuais, evitando-se a movimentação do tribunal *ad quem*, mostra-se perfeitamente cabível e, a nosso sentir, absolutamente recomendável a interposição do recurso de *embargos de declaração* com a finalidade de o réu insurgir-se contra a estabilização da tutela antecipada.

De fato, os embargos de declaração encontram-se expressamente elencados no rol dos recursos previsto no artigo 994 do novo CPC, atendendo, pois, ao princípio da tipicidade recursal. Acrescente-se que o novo Código de Processo Civil prestigiou, de forma significativa, tal modalidade recursal, ao prever expressamente o cabimento de embargos de declaração com efeitos modificativos, a necessidade de contraditório nessa hipótese (artigo 1.023, §2º, novo CPC), a produção de efeito interruptivo (artigo 1.026, novo CPC) e a possibilidade de concessão de efeito suspensivo (artigo 1.026, §1º, novo CPC).

A circunstância de que os embargos de declaração ostentam efeito devolutivo *lato sensu* ou efeito regressivo, eis que julgados pelo próprio juízo prolator da decisão recorrida, não possui o condão de torná-los inaptos a obstar a estabilização.

O legislador impôs ao réu, no artigo 304 do novo CPC, o ônus de interpor o respectivo recurso, ou seja, recurso cabível e adequado, com vistas a obstar a estabilização, e não se pode, em nossos dias, divergir seriamente, *de lege lata*, da assertiva de que os embargos de declaração possuem a natureza jurídica de recurso, sendo cabíveis contra qualquer provimento jurisdicional, interlocutório ou final.[51]

Desse modo, constata-se que a interposição de embargos de declaração contra a decisão interlocutória que defere a tutela antecipada de urgência possui o condão de obstar sua estabilização, consistindo em providência que concilia, a um só tempo, a exigência legal de interposição de recurso adequado e o prestígio à economia e à celeridade processuais. Isso porque os embar-

---

novo código de processo civil, op. cit., p. 3. Adotando posicionamento oposto ao ora defendido, Daniel Amorim Assumpção Neves, *Manual de direito processual civil*, op. cit., p. 451-453.

[51] MOREIRA, José Carlos Barbosa. *Comentários ao Código de Processo Civil*. 10. ed. Rio de Janeiro: Forense, 2002. v. V, p. 540-543; José Miguel Garcia Medina, *Direito processual civil moderno*, op. cit., p. 1242-1243.

gos de declaração não ensejam o recolhimento de custas processuais, não movimentam o tribunal *ad quem*, sendo julgados pelo próprio juízo prolator da decisão interlocutória recorrida, com economia de tempo, energia e recursos financeiros. Ademais, tendo o réu interposto embargos de declaração com vistas a se insurgir contra a estabilização da tutela antecipada, terá ele externado, inequívoca e adequadamente, seu propósito de evitar a perenização da tutela de urgência.

Em sede de embargos de declaração, o julgador acolherá a insurgência do réu contra a estabilização da tutela antecipada, dando imediato prosseguimento ao feito, com vistas a, ao final, julgar o pedido principal em cognição exauriente. Essa sistemática afigura-se, a nosso sentir, a solução tecnicamente mais adequada e que oferece maior segurança jurídica às partes, pois evita delicada interpretação extensiva da expressão "respectivo recurso", prevista textualmente no artigo 304 do novo CPC, além de se mostrar menos custosa e demorada. Concilia-se, assim, a melhor técnica com os valores mais caros à ciência processual.

Diverge a doutrina acerca da necessidade do exercício de juízo positivo de admissibilidade do recurso para que este seja apto a obstar a estabilização (ainda que, no mérito, seja desprovido).

Uma primeira corrente doutrinária[52] entende que somente em caso de admissão do recurso ficará obstada a estabilização, ainda que lhe seja negado provimento.

Corrente intermediária sustenta que, ainda que inadmitido o recurso, a tutela antecipada não se estabilizará, uma vez que, a despeito da inadmissão, terá o réu manifestado expressamente seu desinteresse pela manutenção da tutela de urgência concedida pelo juízo *a quo*.[53]

Em terceiro lugar, uma corrente intermediária defende que somente em caso de inadmissão do recurso de agravo devido à sua intempestividade a estabilização se operará. Nas demais hipóteses de juízo negativo de admissibilidade, o recurso, ainda assim, terá o condão de obstar a estabilização.[54]

Filiamo-nos à terceira corrente doutrinária, com uma ressalva apenas. Consideramos que, ao lado da intempestividade do recurso, a flagrante inadequação da via eleita, ou seja, a interposição de recurso manifestamente inadequado, como, *ad exemplum tantum*, a interposição de apelação contra decisão interlocutória concessiva de tutela antecipada, também se mostra inapta a obstar a estabilização. Isso porque o legislador, no *caput* do artigo 304, dispõe que a estabilização será evitada no caso da interposição do "recurso respectivo", ressaltando, assim, a preocupação com seu cabimento.

---

[52] Enunciado 28, Enfam: "Admitido o recurso interposto na forma do art. 304 do CPC/2015, converte-se o rito antecedente em principal para apreciação definitiva do mérito da causa, independentemente do provimento ou não do referido recurso".

[53] Daniel Amorim Assumpção Neves, *Manual de direito processual civil*, op. cit., p. 453.

[54] GAJARDONI, Fernando da Fonseca et al. *Teoria geral do processo*: comentários ao CPC de 2015. São Paulo: Método, 2015. p. 900.

Não interposto recurso pelo réu, caberá ao juiz prolatar sentença de extinção do processo. O novo CPC não diz se a extinção será com ou sem resolução do mérito. A nosso sentir, trata-se de extinção *sui generis*, sendo um *tertium genus* entre a extinção com e sem resolução do mérito, pois o magistrado terá concedido ao autor o bem da vida que ele almejava obter ao final da ação, tendo, contudo, se baseado em cognição sumária, eis que havia concedido mera tutela provisória.

A nosso sentir, não se trata de extinção com resolução do mérito. Para tanto, é necessário fazer a leitura conjugada e harmônica dos artigos 304, §6º, 487, inciso I e 52, todos do novo CPC, interpretando-os sistematicamente.

De fato, o inciso I do artigo 487 do novo CPC é vago, ao estatuir que haverá resolução de mérito quando o juiz acolher ou rejeitar o pedido formulado na ação. A leitura isolada do referido dispositivo legal poderia, à primeira vista, conduzir o intérprete à errônea conclusão de que, tratando-se a tutela antecipada de um pedido formulado pelo autor na petição inicial, consequentemente, o seu acolhimento acarretaria a extinção do processo com resolução do mérito.

No entanto, o artigo 502 dispõe que a decisão de mérito não mais sujeita a recurso possui a autoridade de coisa julgada. O §6º do artigo 304, novo CPC,[55-56] por seu turno, prevê expressamente que a decisão estabilizada não faz coisa julgada material. Dessa feita, não é possível afirmar que a sentença extingue o processo com resolução de mérito, uma vez que tais provimentos jurisdicionais estão vocacionados a fazer coisa julgada material, o que não ocorre na hipótese de estabilização da tutela antecipada.

E não poderia ser diferente, uma vez que a coisa julgada material pressupõe o exercício de cognição exauriente pelo julgador, o que não está presente na tutela provisória, em que é exercida cognição sumária.

Por outro lado, forçoso convir que a estabilização confere um grau mais elevado de segurança do que a coisa julgada formal, uma vez que, a não se ajuizar a ação prevista no artigo 304, §2º, do novo CPC, a estabilização tende a se perenizar, não mais sendo possível aos interessados buscar revertê-la em juízo.

A extinção do processo em virtude da estabilização da tutela antecipada não se amolda, pois, à clássica bipartição "com e sem resolução do mérito", que está fundada, por sua vez, na dualidade de coisa julgada material e formal.

---

[55] Humberto Theodoro Junior traz as seguintes ponderações, *in verbis*: "A opção, *in casu*, pela não ocorrência da coisa julgada é lógica e faz sentido, pois não se poderia conferir a mesma dignidade processual a um provimento baseado em cognição sumária e a um provimento lastreado em cognição plena". Humberto Theodoro Junior, *Curso de direito processual civil*, op. cit., v. I, p. 668.

[56] Daniel Mitidiero considera tratar-se de extinção do processo com resolução do mérito, pois "a decisão provisória projetará seus efeitos para fora do processo". Daniel Mitidiero, *Autonomização e estabilização da antecipação da tutela no novo Código de Processo Civil*, op. cit.

Instalou-se divergência doutrinária quanto à dinâmica da cientificação das partes após o deferimento da tutela antecipada e quanto aos efeitos da ausência de formulação do pedido principal pelo autor, na forma do artigo 303, §1º, inciso I, do novo CPC.

Humberto Theodoro Junior entende que as providências elencadas no §1º devem ser cronologicamente implementadas seguindo-se a ordem numérica dos incisos, ou seja, primeiramente, deverá o autor ser intimado acerca do deferimento da tutela antecipada para que providencie o aditamento da petição inicial (inciso I). Somente se o autor providenciar o aditamento na forma da lei, serão realizadas a citação e a intimação do réu (inciso II). Inversamente, se o autor deixar de apresentar o aditamento tempestivamente, caberá ao magistrado, desde já, extinguir o processo sem resolução do mérito. Nesse caso, o réu será apenas cientificado acerca da sentença de extinção.

Entendemos, contudo, que a cientificação de ambas as partes será realizada concomitantemente, até mesmo porque o legislador não dispôs diversamente. O mais recomendável é que o magistrado defira prazo superior a 15 dias para que o autor adite a petição inicial, pois, dessa forma, permite-se o prévio escoamento do prazo para o réu interpor recurso contra a decisão concessiva de tutela antecipada.[57] Escoado *in albis* o prazo recursal, o autor estará ciente de que estão reunidas todas as condições legais para que se opere a estabilização da tutela antecipada e, diante disso, concordando o autor com a estabilização, torna-se despiciendo o aditamento da petição inicial, evitando-se, assim, a prática de ato processual inútil.

De todo modo, ainda que o magistrado mantenha o prazo de 15 dias, entendemos que, caso o réu, regularmente citado e intimado, deixe de interpor recurso contra a decisão concessiva da tutela antecipada, ela se estabilizará, mesmo que o autor tenha deixado de aditar a petição inicial.[58] Isso porque seria paradoxal e contraproducente erigir o aditamento à petição inicial como condição para a estabilização da tutela antecipada, pois esta possui justamente o condão de ensejar a extinção do processo (artigo 304, §1º, novo CPC). Ora, se o processo será extinto com a estabilização da tutela antecipada, então, razão não há para exigir do autor o aditamento da petição inicial para a formulação de um pedido principal que, afinal de contas, não será julgado nos autos.

Cumpre destacar que a Enfam contemplou, em seu Enunciado 18, uma sanção premial em favor do réu que concorra para a estabilização da tutela antecipada, ao dispor que "na estabilização da tutela antecipada, o réu ficará isento do pagamento das custas e os honorários deverão ser fixados no percentual de 5% sobre o valor da causa (art. 304, *caput*, c/c art. 701, *caput*, do CPC/2015)".

---

[57] No mesmo sentido, José Miguel Garcia Medina, *Direito processual civil moderno*, op. cit., p. 478.

[58] Alexandre Freitas Câmara, *O novo processo civil brasileiro*, op. cit., p. 166.

A Enfam aplicou, por analogia, a solução prevista no novo CPC em caso de cumprimento, pelo réu, do mandado monitório (artigo 701, novo CPC).[59]

Com isso, pretendeu-se estimular o réu a concordar com a estabilização da tutela antecipada deferida, de modo a permitir que o processo se encerre em sua fase inicial.

Caso o magistrado defira apenas parcialmente o pedido de tutela antecipada antecedente formulado pelo autor, não será possível a estabilização da tutela concedida, pois, nesse caso, o processo necessariamente prosseguirá, em razão da parcela do pedido antecipatório que fora rejeitado.

Dessa forma, como o processo obrigatoriamente prosseguirá para que o magistrado julgue, em cognição exauriente, a parcela do pedido antecipatório que fora inicialmente rejeitada, o mais adequado é que a instrução probatória abarque todo o pleito autoral, inclusive quanto à parcela concernente à tutela antecipada inicialmente deferida. Com isso, a sentença julgará todo o pleito autoral em cognição exauriente, estando apta a produzir a coisa julgada material, que oferece grau de segurança jurídica mais elevado do que a mera estabilização.

Considerando-se que, nessa hipótese, o processo prosseguiria de qualquer maneira, afigura-se mais correto aproveitá-lo ao máximo, deixando-se de se contentar apenas com a estabilização de parte do pedido inicial e aproveitando-se para permitir que as partes exerçam o contraditório e a ampla defesa plenamente. Entendimento contrário vulneraria a economia processual, pois o processo prosseguiria apenas quanto à parcela do pedido antecipatório que fora indeferida, permitindo-se, por outro lado, o posterior ajuizamento de ação autônoma com vistas a rediscutir o teor da decisão que concedera parte da tutela antecipada pleiteada pelo autor. Ou seja, teríamos dois processos com cognição exauriente, cada qual com vistas a promover a instrução e a cognição exauriente de uma parcela do pedido antecipatório, promovendo-se um desmembramento contraproducente e desaconselhável.[60]

---

[59] Daniel Amorim Assumpção Neves diverge desse entendimento, por dois motivos. A uma, por entender ser incabível o emprego da analogia com o procedimento monitório, diante das profundas diferenças entre ambos os procedimentos. A duas, por considerar desnecessário o emprego de analogia, sob o fundamento de que o magistrado poderia aplicar sanções premiais independentemente de qualquer previsão legal, eis que consistem em meios de execução indireta. Acrescentamos que o autor se refere ao que se vem denominando "poder geral de efetivação do juiz", previsto no artigo 139, inciso IV, do novo CPC. De nossa parte, não nos incomoda a edição do Enunciado 18 pela Enfam, pois almejou-se, com isso, apenas recomendar aos magistrados a adoção da sanção premial na espécie, sem que, com isso, seja imposto qualquer prejuízo ou agravamento do ônus imposto ao réu. Muito pelo contrário. Daniel Amorim Assumpção Neves, *Manual de direito processual civil*, op. cit., p. 453.

[60] Nesse sentido, Daniel Amorim Assumpção Neves, *Manual de direito processual civil*, op. cit., p. 451.

9.4 Ação rescisória

Há divergência quanto ao cabimento do ajuizamento de ação rescisória em face da decisão interlocutória estabilizada que defere a tutela antecipada de urgência antecedente.

Majoritariamente, vem-se considerando, com acerto, ser incabível o ajuizamento de ação rescisória com vistas a reverter a decisão concessiva de tutela antecipada que se estabilizou. Nesse sentido, foram editados os Enunciados 27 da Enfam[61] e 33 do FPPC.[62] Consideramos esse posicionamento acertado, em razão de a estabilização não se confundir com a coisa julgada material, esta sim passível de ser afastada por meio da ação rescisória.

Se o legislador optou claramente por distinguir a estabilização da coisa julgada material (artigo 304, §6º, do novo CPC), consequentemente devem ser dispensados tratamentos díspares para os institutos, entre os quais, de forma coerente, considerar inadmissível o manejo da ação rescisória, cunhada para rescindir a sentença transitada em julgado.

De igual modo, o artigo 966 do novo CPC é bastante claro ao prever que poderá ser rescindida a "decisão de mérito, transitada em julgado", o que não é propriamente o caso da decisão estabilizada.

No §6º do artigo 304, o próprio legislador cuidou de prever que a estabilidade "só será afastada" em sede de ação autônoma contemplada no §2º, o que consequentemente exclui a ação rescisória.

Em sentido oposto, Humberto Theodoro Junior admite o cabimento de ação rescisória após transcorrido *in albis* o prazo decadencial de dois anos para o ajuizamento da ação autônoma prevista no artigo 340, §2º, novo CPC. Nesse caso, o autor a classifica como "estabilização definitiva" e afirma que ela seria "equivalente" à coisa julgada material, apesar de reconhecer que não se trata de institutos idênticos.[63]

De todo modo, consideramos um mal ainda maior negar o cabimento da ação rescisória, mas admitir-se a aplicação da perigosa e fluida teoria da "relativização" após o decurso do prazo decadencial para a ação autônoma prevista no artigo 304 do novo CPC. É necessário evitar a aplicação da teoria da relativização à estabilização da tutela antecipada. Para sua revisão, o legislador criou instrumento próprio, notadamente a ação autônoma prevista no artigo 304, §2º, do

---

[61] Enunciado 27, Enfam: "Não é cabível ação rescisória contra decisão estabilizada na forma do art. 304 do CPC/2015".

[62] Alexandre Freitas Câmara, *O novo processo civil brasileiro*, op. cit., p. 163.

[63] Sustenta Humberto Theodoro Junior, *in verbis*: "Admitida a equivalência com a coisa julgada, o prazo de dois anos para a modificação da decisão estabilizada não abrangeria nem anularia o prazo correspondente à ação rescisória, uma vez que este somente começa a correr após o trânsito em julgado das decisões. Assim, apenas após a estabilização definitiva da decisão sumária é que se iniciaria eventual prazo para o manejo da rescisória". Humberto Theodoro Junior, *Curso de direito processual civil*, op. cit., v. I, p. 670.

novo CPC, que analisaremos a seguir. Transcorrido *in albis* o prazo para seu ajuizamento, não mais será possível às partes rever a decisão estabilizada, seja mediante ação rescisória, seja de outra ação judicial. Entendimento contrário traz nefasta insegurança jurídica e atenta contra a economia processual, valores que a estabilização visa justamente prestigiar.

9.5 Possibilidade de o autor optar pelo julgamento do pedido principal

É autorizado que a parte autora prefira que a ação por ela proposta prossiga até que o magistrado prolate sentença final julgando o pedido principal, fundada em cognição exauriente e revestida da autoridade de coisa julgada.

Para tanto, basta que o autor se manifeste nos autos externando seu propósito.[64]

É perfeitamente possível e coerente que o autor prefira obter sentença prolatada em cognição exauriente, com autoridade de coisa julgada material, em vez de contentar-se com a estabilização da tutela provisória exercida em cognição sumária. Com efeito, a coisa julgada material continua a ser o mais elevado grau de segurança conferido ao provimento jurisdicional, sendo, pois, admissível que o autor almeje que a solução judicial se revista de tal autoridade.

Embora a celeridade seja prestigiada no novo CPC, como sinal dos nossos tempos e resposta aos reclamos da sociedade moderna, por outro lado, não se pode sonegar ao autor o direito de ação com vistas a tentar obter um provimento jurisdicional de mérito passível de se revestir da coisa julgada material, sepultando, assim, de vez, a situação de indefinição que o aflige. Por conseguinte, entre celeridade e segurança, o autor pode sim optar por esta.

9.6 Ação autônoma do artigo 304, §§2º a 6º, novo CPC

Após estabilizada a tutela antecipada, dispõe o artigo 304 do novo CPC que qualquer das partes poderá ajuizar ação autônoma, no prazo de dois anos, contados da ciência da decisão que extin-

---

[64] Humberto Theodoro Junior entende que cabe ao autor externar expressamente na petição inicial que, em caso de deferimento da tutela antecipada de urgência, pretenderá obter sua estabilização. Entendemos, ao contrário, que, ainda que o autor silencie a esse respeito na petição inicial, poderá ele obter a estabilização. Por outro lado, consideramos que o autor deverá ser expresso caso pretenda o prosseguimento do feito até julgamento do pedido principal, no caso de, deferida a tutela antecipada, o réu não interpuser recurso. Ibid., p. 664 e 667. Nesse sentido, Daniel Amorim Assumpção Neves, *Manual de direito processual civil*, op. cit., p. 453-454. Concordamos com o processualista quando afirma ser autorizado ao autor manifestar seu interesse no julgamento do pedido principal em cognição exauriente depois de escoado *in albis* o prazo para o réu interpor recurso, uma vez que o prosseguimento do feito permite ao réu produzir provas suficientes para infirmar o pleito autoral, obtendo-se, ao final, sentença judicial apta a se revestir da autoridade de coisa julgada material.

guiu o processo, com vistas a pleitear a revisão, a reforma ou a invalidação da tutela antecipada estabilizada.[65]

Trata-se de prazo decadencial, que não se suspende nem se interrompe, à semelhança do prazo para o ajuizamento da ação rescisória (artigo 975, novo CPC).[66]

Qualquer das partes possui legitimidade ativa para a propositura da ação autônoma, conforme expressamente previsto na primeira parte do §2º do artigo 304 do novo CPC. A estabilização decorreu do interesse de ambas; contudo, em um segundo momento, é autorizado que qualquer delas pretenda a obtenção, em ação própria, de sentença que ostente coisa julgada material.[67]

Consequentemente, da mesma forma que o réu está autorizado a propor a ação autônoma com vistas a reverter a decisão estabilizada, poderá o autor ajuizá-la com o propósito diametralmente oposto, notadamente de ratificar a tutela antecipada estabilizada, de modo a obter sentença judicial em cognição exauriente, apta a se revestir de coisa julgada material.

Conclui-se, assim, que o legislador disse menos do que pretendia na segunda parte do §2º do artigo 304, ao se limitar a prever o cabimento da ação autônoma com vistas a "rever, reformar ou invalidar a tutela antecipada estabilizada". Isso porque, por óbvio, a se prever a legitimidade ativa do autor da ação originária para a propositura da ação autônoma contemplada no artigo 304, este apenas terá interesse em fazê-lo com a finalidade de obter a confirmação, em cognição exauriente, da tutela provisória anteriormente deferida.

Será competente para o julgamento da ação autônoma o mesmo juízo prolator da decisão concessiva da tutela antecipada (competência funcional, absoluta),[68] conforme artigo 304, §4º, novo CPC. A parte interessada deverá requerer o desarquivamento dos autos em que fora concedida a tutela antecipada, a fim de instruir a petição inicial da ação autônoma (artigo 304, §4º, do novo CPC). Trata-se de documento essencial para o julgamento da ação autônoma.

Entendemos que o §3º do artigo 304 c/c o artigo 1.012, §1º, inciso V, do novo CPC dispõem que a apelação interposta nos autos da ação autônoma não possui efeito suspensivo, eis que a sentença apelada confirmou ou revogou a tutela provisória estabilizada. Portanto, caso a sentença seja de improcedência, a tutela antecipada continua a produzir efeitos. Por outro lado, caso a sentença seja de procedência, ficam suspensos os efeitos da tutela antecipada, ainda que seja interposta apelação pelo beneficiário da tutela antecipada.

---

[65] Humberto Theodoro Junior a chama de "ação principal". Humberto Theodoro Junior, *Curso de direito processual civil*, op. cit., v. I, p. 669.

[66] Ibid., p. 670; Alexandre Freitas Câmara, *O novo processo civil brasileiro*, op. cit., p. 163; Daniel Amorim Assumpção Neves, *Manual de direito processual civil*, op. cit., p. 456-457.

[67] Humberto Theodoro Junior a chama de "ação principal". Humberto Theodoro Junior, *Curso de direito processual civil*, op. cit., v. I, p. 670.

[68] Ibid.; Daniel Amorim Assumpção Neves, *Manual de direito processual civil*, op. cit., p. 457.

A ação autônoma prevista no artigo 304 seguirá o procedimento previsto para o processamento do pedido principal — será adotado o procedimento comum ou procedimento especial, de acordo com a natureza da pretensão veiculada —, com ampla instrução probatória, e o juiz, ao final, prolatará sentença com cognição exauriente e, aí sim, a sentença transitará em julgado (coisa julgada material).

A Enfam dispõe, no Enunciado 26, o cabimento da concessão de tutela antecipada em sede de ação autônoma, nos seguintes termos:

> Caso a demanda destinada a rever, reformar ou invalidar a tutela antecipada estabilizada seja ajuizada tempestivamente, poderá ser deferida em caráter liminar a antecipação dos efeitos da revisão, reforma ou invalidação pretendida, na forma do art. 296, parágrafo único, do CPC/2015, desde que demonstrada a existência de outros elementos que ilidam os fundamentos da decisão anterior.

Ao se referir a "outros elementos", a Enfam exige que o autor da ação autônoma apresente argumentos e provas não veiculados na ação originária, em cujos autos fora concedida a tutela antecipada estabilizada. E tais fundamentos novos devem ser considerados razoáveis e plausíveis a ponto de o magistrado reputá-los suficientes para desafiar a decisão estabilizada, gerando uma dúvida razoável acerca do acerto de sua concessão e justificando a reabertura de seu exame. Trata-se do *fumus boni iuris* para a concessão de tutela antecipada nesta sede.

Esgotado *in albis* o biênio legal para a propositura da ação autônoma prevista no artigo 304, §2º, entende Daniel Mitidiero que, ainda assim, poderá a parte interessada instaurar ação judicial pelo procedimento comum, em cognição exauriente, com vistas a revolver a questão objeto da tutela antecipada estabilizada, enquanto não verificada a prescrição, a decadência ou a *supressio*. Considera o autor que a sumarização trazida pela estabilização da tutela antecipada somente se harmoniza com os ideais de um processo justo se for garantida às partes a possibilidade de esgotar suas razões em sede própria, com cognição exaustiva, não se restringindo ao prazo decadencial de dois anos para o ajuizamento da ação autônoma.[69]

Entendemos, contudo, que andou bem o legislador ao adotar prazo semelhante àquele previsto para o ajuizamento da ação rescisória, uma vez que o prolongamento da situação de indefinição, marcado pela possibilidade de instauração de outra ação judicial com vistas a reverter a estabilização, fragiliza a paz social e a segurança jurídica.[70]

---

[69] Daniel Mitidiero, *Autonomização e estabilização da antecipação da tutela no novo código de processo civil*, op. cit., p. 6.

[70] Humberto Theodoro Junior, *Curso de direito processual civil*, op. cit., v. I, p. 671.

10. Conclusão

O novo Código de Processo Civil instituiu um regime geral único para a tutela de urgência, com disposições gerais comuns. O pedido de tutela provisória (tutela antecipada ou cautelar) é formulado no mesmo processo em que veiculado o pedido principal, em homenagem à economia processual. Chancelou-se, na tutela provisória, a adoção do processo sincrético, que já vinha sendo prestigiado pelo legislador a partir das sucessivas reformas empreendidas no CPC/1973.

Essa medida merece nossos aplausos, pois simplifica a sistemática da tutela cautelar, até então veiculada em processo autônomo, diverso do processo principal.

Restou mantida a noção de fungibilidade entre as espécies de tutela provisória de urgência, de modo que, ainda que a parte formule o pedido erroneamente, o magistrado poderá deferir a tutela provisória adequada (artigo 305, parágrafo único, novo CPC).

Embora pertençam ao mesmo gênero (tutela provisória de urgência), a tutela antecipada e a tutela cautelar possuem peculiaridades destacadas ao longo do presente trabalho, em razão das quais coube ao legislador trazer algumas regras especiais para cada espécie. Assim, o procedimento da tutela antecipada antecedente foi regulado nos artigos 303 e 304 do novo CPC, enquanto o procedimento da tutela cautelar antecedente foi regulado nos artigos 305 a 309.

Cremos que a principal inovação no tocante à tutela antecipada consiste na possibilidade de sua estabilização. Estamos certos de que essa mudança possui o propósito de promover o rápido encerramento do litígio, conferindo um grau razoável de segurança à decisão que defere a tutela antecipada, ainda que não possa ser equiparada à coisa julgada, uma vez que esta pressupõe cognição exauriente, que não é exercida na tutela provisória. Assim, em troca de maior celeridade, abre-se mão de um grau máximo de segurança, que seria a coisa julgada.

O novo instituto da estabilização amolda-se perfeitamente aos anseios da sociedade moderna, ávida por respostas rápidas aos litígios submetidos ao Judiciário.

No entanto, não seria razoável autorizar a produção de coisa julgada a um provimento jurisdicional proferido em cognição sumária. Assim, a solução encontrada — que já fora anteriormente adotada em outros ordenamentos jurídicos estrangeiros — consiste na estabilização.

Para que a estabilização se opere, faz-se necessária a concorrência de vontade das partes. Somente haverá estabilização da decisão concessiva de tutela antecipada de urgência caso o réu deixe de interpor o recurso cabível e o autor não manifeste o seu interesse no prosseguimento do feito, com o julgamento do pedido principal.

Consideramos ser incabível a estabilização da tutela antecipada de urgência incidente, bem como da tutela antecipada de evidência, uma vez que o legislador cuidou de prever o instituto sob a rubrica da tutela antecipada de urgência requerida em caráter antecedente.

Por outro lado, entendemos que somente a interposição de recurso pela parte ré possui o condão de evitar a estabilização, não sendo suficiente a apresentação de contestação ou de petição avulsa com essa finalidade. Isso porque o legislador foi claro ao redigir o artigo 304 do novo CPC, aludindo à interposição do "recurso respectivo".

A solução, a nosso sentir, tecnicamente mais acertada e que homenageia a economia processual consiste na interposição de embargos de declaração pelo réu contra a decisão interlocutória concessiva da tutela antecipada de urgência, com vistas a afastar a possibilidade de estabilização. Essa providência, além de atender a exigência legal, evita a movimentação do tribunal *ad quem* por meio da interposição de agravo de instrumento, com economia de tempo, energias e custos.

A partir da análise do regime da tutela antecipada e da tutela cautelar no novo CPC, constata-se a preocupação do legislador em oferecer um procedimento menos burocrático e mais célere, apto a instrumentalizar o pedido de tutela de urgência.

Em uma sociedade marcada pela agilidade, mostra-se coerente e previsível que o legislador, ao elaborar um novo diploma processual, se preocupe em empreender modificações quanto à tutela de urgência, cada vez mais utilizada pelo jurisdicionado.

A única preocupação que deve pautar a atuação do operador do direito no trato do tema consiste em interpretar e aplicar a disciplina legal da tutela de urgência à luz das demais garantias processuais, entre as quais o contraditório, a ampla defesa e a segurança jurídica, que está diretamente relacionada com a (desejável) paz social.

REFERÊNCIAS

ARAGÃO, Egas Dirceu Moniz de. *Comentários ao Código de Processo Civil*. 9. ed. Rio de Janeiro: Forense, 2000. v. II.

ASSIS, Araken de. Fungibilidade das medidas inominadas cautelares e satisfativas. *Revista de Processo*. São Paulo, v. 100, 2000.

BEDAQUE, José Roberto dos Santos. *Tutela cautelar e tutela antecipada*: tutelas sumárias e de urgência. Tentativa de Sistematização. 4. ed. São Paulo: Malheiros, 2006.

BUENO, Cassio Scarpinella. *Curso sistematizado de direito processual civil*. 6. ed. São Paulo: Saraiva, 2014. v. 4.

CÂMARA, Alexandre Freitas. *O novo processo civil brasileiro*. São Paulo: Atlas, 2015.

_____. *Lições de direito processual civil*. 11. ed. Rio de Janeiro: Lumen Juris, 2006. v. III.

DINAMARCO, Cândido Rangel. O regime jurídico das medidas urgentes. In: _____. *A nova era do processo civil*. São Paulo: Malheiros, 2003.

_____. *Teoria geral do novo processo civil*. São Paulo: Malheiros, 2016.

ENFAM. Escola Nacional de Formação e Aperfeiçoamento de Magistrados. *Enunciados 25, 27 e 28*. Disponíveis em: <www.enfam.jus.br/wp-content/uploads/2015/09/ENUNCIADOS-VERS%C3%83O-DEFINITIVA-.pdf>. Acesso em: 1º mar. 2016.

FÓRUM PERMANENTE DE PROCESSUALISTAS CIVIS. *Enunciados 143 e 419*. Disponíveis em: <http://portalprocessual.com/wp-content/uploads/2015/06/Carta-de-Vit%C3%B3ria.pdf>. Acesso em: 1º mar. 2016.

GAJARDONI, Fernando da Fonseca et al: *Teoria geral do processo*: comentários ao CPC de 2015. São Paulo: Método, 2015.

GRECO, Leonardo. A tutela da urgência e a tutela da evidência no código de processo civil de 2014/2015. *Revista Eletrônica de Direito Processual*, v. XIV, 2015. Disponível em: <www.e-publicacoes.uerj.br/index.php/redp/index>. Acesso em: 1º mar. 2016.

GRECO, Leonardo. *Instituições de processo civil*. 5. ed. Rio de Janeiro: GEN Forense, 2015. v. I.

MARINONI, Luiz Guilherme. A tutela antecipatória não é tutela cautelar. *Revista de Processo*, São Paulo, v. 74, p. 98-101, 1994.

MEDINA, José Miguel Garcia. *Direito processual civil moderno*. São Paulo: Revista dos Tribunais, 2016.

MITIDIERO, Daniel. *Autonomização e estabilização da antecipação da tutela no novo código de processo civil*. Disponível em: <www.rkladvocacia.com/arquivos/artigos/art_srt_arquivo 20150331142307.pdf>. Acesso em: 11 abr. 2016.

MOREIRA, José Carlos Barbosa. *Comentários ao Código de Processo Civil*. 10. ed. Rio de Janeiro: Forense, 2002. v. V.

NEVES, Daniel Amorim Assumpção. *Manual de direito processual civil*. 8. ed. Salvador: Juspodivm, 2016.

PINHO, Humberto Dalla Bernardina de. *Direito processual civil contemporâneo*. São Paulo: Saraiva, 2012. v. 2.

SILVA, Ovídio A. Baptista da. *Do processo cautelar*. 3. ed. Rio de Janeiro: Forense, 2001.

SUPERIOR TRIBUNAL DE JUSTIÇA. REsp 676.630/SE, rel. ministro Luiz Fux, Primeira Turma, julgado em 13/9/2005, *DJ*, 26/9/2005.

THEODORO JUNIOR, Humberto. *Curso de direito processual civil*. 56. ed. Rio de Janeiro: GEN Forense, 2015. v. I.

_____. *Curso de direito processual civil*. 46. ed. Rio de Janeiro: GEN Forense, 2011. v. II.

TRIBUNAL DE JUSTIÇA DO ESTADO DO RIO DE JANEIRO. *Súmula 58*. Disponível em: <www.tjrj,jus.br>. Acesso em: 1º out. 2015.

Sobre o requisito da irreversibilidade das tutelas de urgência no Código de Processo Civil de 2015 (art. 300, §3º)

FERNANDO GAMA DE MIRANDA NETTO

1. Introdução

O presente estudo examina o requisito da irreversibilidade das tutelas de urgência no §3º do art. 300 da Lei nº 13.105, de 2015, que dispõe sobre o novo Código de Processo Civil. Procurou-se, a partir da técnica da ponderação de interesses, cuidar de hipóteses de colisão de direitos fundamentais em casos que exigem do magistrado uma decisão urgente. Parte-se da ideia de que cada pessoa tem o direito a uma tutela jurisdicional tempestiva contra atos que violem os direitos fundamentais, garantido pela Constituição ou por convenção internacional. Contudo, uma medida de urgência não pode desrespeitar os princípios decorrentes do devido processo legal. Isso significa que o uso de tais medidas deve assegurar ao demandado o direito de ser ouvido. Essa é a razão de o Código de Processo Civil brasileiro não permitir decisões liminares quando as coisas não puderem retornar ao seu estado anterior. Por outro lado, o demandante pode perder um direito fundamental, se houver demora na entrega da prestação jurisdicional. Nesse caso, questiona-se a possibilidade de ser a garantia do contraditório sacrificada, ainda que a decisão seja irreversível. Utilizando a técnica da ponderação, a pesquisa traz alguns critérios que poderão ser úteis na resolução de casos difíceis.

A pesquisa pretende responder: a) como ocorreu a inserção do dispositivo no novo diploma legal; b) qual o significado ou conceito de irreversibilidade; c) se é proveitoso ou não trabalharmos com o termo irreversibilidade; d) se há no dogma do indeferimento no caso de irreversibilidade (art. 300, §3º, CPC) algum excesso legislativo; e) a aptidão da técnica da ponderação para solucionar casos em que a irreversibilidade é recíproca; f) quais os critérios que devem ser necessariamente considerados na ponderação de interesses nas tutelas de urgência irreversível.

2. Antecedentes legislativos

Embora o requisito da irreversibilidade já fosse conhecido em nosso ordenamento jurídico com redação semelhante no §2º do art. 273 do Código de Processo Civil de 1973,[1] ele restou esquecido no Anteprojeto da Comissão dos Notáveis entregue ao Congresso (ver arts. 277 a 296 do Projeto de Lei nº 166/2010 do Senado). Cumpre, ademais, reconhecer que sua inserção não foi tranquila. Com efeito, em seu Parecer, o senador Valter Pereira, ao mencionar a Emenda nº 33 ao PL do senador Adelmir Santana,[2] que tentava restabelecê-lo, findou por rejeitá-la.[3]

Encaminhado o Projeto à Câmara dos Deputados, o PL recebeu no ano de 2010 o número 8.046. Foi a vez, então, de o deputado federal Júnior Coimbra tentar reintroduzir o requisito da irreversibilidade por meio da Emenda nº 383, de 2011.[4] Por seu turno, o deputado Miro Teixeira reforçou o coro ao apresentar a Emenda nº 809.[5]

---

[1] Observe-se que o requisito foi introduzido pela Lei nº 8.952, de 1994. Ver o PL 3.803, de 1993. Disponível em: <www.camara.gov.br/proposicoesWeb/prop_mostrarintegra?codteor=1138335&filename= Dossie+-PL+3803/1993>. Acesso em: 4 abr. 2016.

[2] PEREIRA, Valter. *Parecer*. p. 89-90. Disponível em: <www.senado.gov.br/atividade/materia/getPDF.asp?t=84495>. Acesso em: 4 abr. 2016: "Trata-se de proposta do Senador Adelmir Santana para acrescentar parágrafo único ao art. 277, para prever que não será concedida tutela de urgência ou de evidência quando houver perigo de irreversibilidade do provimento ou quando este implicar dano reverso. O Senador justifica a medida afirmando que o projeto não resguarda o direito da outra parte nos casos em que são concedidas tais formas de tutela, por não excepcionar os casos de reversão do provimento. Ele ressalta que nos casos em que a parte que recebeu tutela de urgência ou tutela de evidência restar vencida, a outra parte, vencedora, terá tido o seu direito prejudicado, sendo necessária a correção desse desequilíbrio, com o dispositivo que se pretende acrescentar ao artigo".

[3] Valter Pereira, *Parecer*, op. cit., p. 203: "Rejeitamos a Emenda nº 33, considerando que o parágrafo único proposto contraria o espírito do *caput* do art. 277 do projeto, especificamente no que se refere à tutela satisfativa. Esse parágrafo único contém uma restrição das hipóteses de cabimento das tutelas de urgência e da vidência que, em última análise, pode acabar inviabilizando, por completo, a sua concessão, além de se verificar que a emenda pode representar uma quebra do sistema proposto".

[4] "Art. 269 [...] §3º Não se concederá a tutela de urgência ou a tutela de evidência quando houver perigo de irreversibilidade do provimento ou quando este implicar dano reverso. JUSTIFICATIVA: Ante a igualdade constitucional entre as partes, só se pode antecipar a tutela na hipótese de haver reversibilidade da medida. Caso contrário, haverá lesão ao princípio do contraditório, pois a defesa será meramente formal, com perda de utilidade da discussão sobre o bem da vida objeto da lide. O princípio do devido processo legal admite a entrega provisória do bem da vida ao autor somente se houver impossibilidade concreta de esperar pelo contraditório. Tal como está, a tutela de urgência desequilibra a situação das partes perante o Poder Judiciário e distribui de forma desarrazoada o ônus do tempo de espera no processo civil." Disponível em: <www.camara.gov.br/proposicoesWeb/prop_mostrarinteg ra?codteor=940480&filename=EMC+383/2011+PL602505+%3D%3E+PL+8046/2010>. Acesso em: 4 abr. 2016.

[5] "Converta-se o parágrafo único em §1º e acrescentem-se os §§2º e 3º ao art. 276: Art. 276 [...] §1º Na concessão liminar da tutela de urgência, o juiz poderá exigir caução real ou fidejussória idônea para ressarcir os danos que

Assim foi que, em março de 2014, o PL nº 8.046, de 2010, retornava ao Senado e naquele momento já com a presença do requisito da irreversibilidade no art. 302: "A tutela antecipada de urgência não será concedida quando houver perigo de irreversibilidade dos efeitos da decisão".

No ajuste final da Lei nº 13.105 de 2015, o §3º do art. 300 da Lei nº 13.105 de 2015 estabeleceu que: "A tutela de urgência de natureza antecipada não será concedida quando houver perigo de irreversibilidade dos efeitos da decisão".

Registre-se, no entanto, a opinião de Fredie Didier Jr., Paula Braga e Rafael de Oliveira,[6] para quem a irreversibilidade já pode ser observada na Lei nº 8.437, de 1992. Como o §3º do art. 1º veda liminares que esgotem o objeto da ação, perfeitamente crível que o legislador tivesse a intenção de impedir o deferimento de liminares com efeitos *irreversíveis*.

3. Direitos fundamentais e o dogma do indeferimento em caso de irreversibilidade

Para Leonardo Greco, a tutela jurisdicional efetiva é um direito fundamental, cuja eficácia irrestrita é preciso assegurar, em respeito à própria dignidade humana.[7] Segundo Luigi Comoglio,[8] efetividade significa que todos devem ter pleno acesso à atividade estatal, sem qualquer óbice (*effettività soggetiva*); devem ter a seu dispor meios adequados (*effetività tecnica*) para a obtenção de um resultado útil (*effetività qualitativa*) e suficiente para assegurar aquela determinada situação da vida reconhecida pelo ordenamento jurídico material (*effetività oggetiva*).[9]

---

o requerido possa vir a sofrer, ressalvada a impossibilidade da parte economicamente hipossuficiente. §2º Não se concederá a tutela de urgência quando houver perigo de irreversibilidade da medida. §3º A tutela de urgência de caráter satisfativo será concedida com fundamento em prova inequívoca e na verossimilhança da alegação. (NR)" "JUSTIFICAÇÃO: O Deputado Paes Landim encaminha, aos membros dessa Comissão Especial, Emendas ao PL 8.046/2010. A emenda proposta acima e a justificação que segue são de autoria do Dr. Caio Leonardo Bessa Rodrigues/Presidente da Comissão de Acompanhamento da Reforma do Código de Processo Civil, Ordem dos Advogados do Brasil — Seccional Distrito Federal. [...] a lei que introduziu a tutela antecipada vedou a sua concessão quando a medida puder revelar-se irreversível, introduzindo dose de equilíbrio a esse instituto. Para tanto, o §2º do art. 273 do CPC vigente prevê que não será concedida 'a antecipação da tutela quando houver perigo de irreversibilidade do provimento antecipado'. Essa regra sempre foi vista como uma salvaguarda serena. É imprescindível que essa ressalva seja mantida no PL 8046, portanto, quando da concessão da tutela de urgência satisfativa." Disponível em: <www.camara.gov.br/proposicoesWeb/prop_mostrarintegra?codteor=955 606&filename=EMC+809/2011+PL602505+%3D%3E+PL+8046/2010>. Acesso em: 4 abr. 2016.

[6] *Curso de direito processual civil*. 11. ed. Salvador: Juspodivm, 2016. v. 2, p. 630.

[7] Garantias fundamentais do processo: o processo justo. *Revista Jurídica*, v. 305, p. 89, mar. 2003.

[8] Giurisdizione e processo nel quadro delle garanzie constituzionali. *Rivista Trimestrale di Diritto e Procedura Civile*, a. XLVIII, p. 1070, 1994.

[9] Ver MOREIRA, José Carlos Barbosa. Efetividade do processo e técnica processual. In: _____. *Temas de direito processual*, sexta série. São Paulo: Saraiva, 1997. p. 17 e ss.

É preciso registrar que os fatores que contribuíram em grande parte para a mudança do pensamento jurídico-processual podem ser resumidos, basicamente, a três: o culto aos direitos humanos, o alto custo do processo e a demora excessiva na entrega da prestação jurisdicional.[10] Cuidar-se-á do último fator apenas. A razão da demora reside no fato de o devido processo legal precisar consumir *tempo* para alcançar a certeza jurídica. Por isso, o valor do tempo, embora imenso, finda por ser um inimigo contra quem deve o juiz travar uma luta sem tréguas.[11] Com efeito, de acordo com as máximas chiovendianas legadas, o processo deve proporcionar àquele que tem razão tudo aquilo a que ele tem direito;[12] e o tempo não pode prejudicar aquele que tiver evidentemente razão.[13]

Nesse particular, cumpre invocar o que reza o art. 5º, XXXV, de nossa Lei Fundamental para compreender que norma alguma pode excluir da apreciação do Poder Judiciário lesão ou ameaça a direito.[14] Entende-se que tal dispositivo abrange não só a garantia da inafastabilidade da prestação jurisdicional, "mas a possibilidade de um acesso efetivo à justiça e, assim, um direito à tutela jurisdicional adequada, efetiva e tempestiva".[15] Em outras palavras: há para toda pessoa um direito constitucional à liminar, já que o Estado tem o dever de tutelar situações de urgência para evitar *ameaça a direito* (art. 5º, XXXV, CRFB). O legislador não pode suprimir tal direito sob pena de legitimar a autotutela privada.[16]

---

[10] Pioneiro no tema dos problemas do processo: CAPPELLETTI, Mauro; GARTH, Bryant. *Acesso à justiça*. Tradução de Ellen Gracie Northfleet. Porto Alegre: SAF, 1988. passim.

[11] CARNELUTTI, Francesco. *Diritto e Processo*. Nápoles: Morano, 1958. p. 354.

[12] CHIOVENDA, Giuseppe. *Principii di diritto processuale civile*. 4. ed., 2. tir. Nápoles: Nicola Jovene E. C., 1928. p. 81; *Instituições de direito processual civil*. Tradução da 2. ed. italiana por J. Guimarães Menegale. São Paulo: Saraiva, 1965. v. I, p. 46; Dell'azione nascente dal contratto preliminare. In: *Saggi di diritto processuale civile*. Milão: Giuffré, 1993. v. I, p. 110: "*Il principio generale che nel nostro diritto rimane per così dire scoperto, per mancanza di norma simile a queste, si desume dalla natura stessa dell'ordinamento giuridico e dalla esistenza del processo: il processo deve dare per quanto è possibile praticamente a chi há un diritto tutto quello e proprio quello ch'egli ha diritto di conseguire*".

[13] Giuseppe Chiovenda, *Instituições de direito processual civil*, op. cit., v. I, p. 159: "Tendo em conta que a atividade do Estado, para operar a atuação da lei, exige tempo e despesa, urge impedir que aquele, que se viu na necessidade de servir-se do processo para obter razão, tenha prejuízo do tempo e da despesa exigidos: *a necessidade de servir-se do processo para obter razão não deve reverter em dano a quem tem razão*" (grifos no original).

[14] No direito tedesco, conclui, com pesar, Wolfgang Grunsky (Grundlagen des einstweiligen Rechtsschutzes. *Juristische Schulung*, Heft 5, p. 277, 1976) que não é possível afirmar o significado preciso das tutelas de urgência: "*eine genaue Aussage über die Bedeutung des einstweiligen Rechtsschutzes im geltenden Recht ist nicht möglich*". Ressalta, porém, que a quantidade extraordinária de processos cautelares lhe justifica a existência.

[15] MARINONI, Luiz Guilherme. Garantia da tempestividade da tutela jurisdicional. In: TUCCI, José Rogério Cruz e (Coord.). *Garantias constitucionais do processo civil*. 1. ed., 2. tir. São Paulo: Revista dos Tribunais, 1998. p. 218.

[16] MARINONI, Luiz Guilherme. O direito à adequada tutela jurisdicional. *Revista dos Tribunais*, v. 663, p. 245, jan. 1991.

Sobre o requisito da irreversibilidade das tutelas de urgência no Código de Processo Civil de 2015

Contudo, o ordenamento estabelece alguns requisitos para que a parte obtenha uma medida liminar. Ao lado dos tradicionais requisitos *fumus boni iuris* e o *periculum in mora*, o §3º do artigo 300 do Código de Processo Civil brasileiro inclui a irreversibilidade dos efeitos da decisão como requisito negativo para o deferimento da antecipação de tutela. Percebe-se aqui clara preferência legislativa pela segurança jurídica do réu em detrimento de uma tutela tempestiva para o autor, em homenagem ao contraditório. Mas impedir que o julgador ofereça tempestiva proteção a direito ameaçado de dano irreparável significa vilipendiar o direito fundamental do autor a uma tutela jurisdicional efetiva.

Nessa ordem de ideias, as situações de *irreversibilidade recíproca*, ou em que os interesses das partes baseiam-se em princípios em rota de colisão, representam verdadeira prova de fogo para o *dogma do indeferimento em caso de irreversibilidade* e põem em relevo, no exame das tutelas de urgência, a utilidade da ponderação dos interesses envolvidos, quer sejam individuais, coletivos ou públicos.

Deve-se tomar como premissa que, em um estado democrático de direito, as escolhas do legislador têm de ser respeitadas. Mas elas se submetem à autoridade da Constituição, isto é, às garantias materiais e processuais por ela conferidas. Nenhum dogma legal pode desrespeitar, portanto, os direitos humanos fundamentais. Essa é a premissa de uma jurisdição constitucionalmente vinculada.

4. Irreversibilidade fática e irreversibilidade jurídica

A ideia de irreversibilidade — impossibilidade de retorno à situação anterior — não suscita maiores questionamentos. Dificuldades surgem, todavia, quando do uso do termo. Por isso, questiona-se, em sede doutrinária: 1) se a reversibilidade se refere ao próprio provimento antecipatório ou aos seus efeitos; 2) se a regra da irreversibilidade é absoluta ou comporta alguma exceção; 3) qual o alcance do termo "irreversibilidade".

Quanto à primeira questão, a maior parte da doutrina, na vigência do CPC de 1973 já adota o entendimento de que o art. 273, §2º, do CPC cuidava da "irreversibilidade fática", já que a decisão interlocutória é, por natureza, revogável (art. 273, §4º).[17] Outros, porém, sustentam se

---

[17] Só para citar alguns: MOREIRA, José Carlos Barbosa. A antecipação da tutela jurisdicional na reforma do Código de Processo Civil. *Revista de Processo*, a. 21, v. 81, p. 204, jan./mar. 1996; BELLINETTI, Luiz Fernando. Irreversibilidade do provimento antecipado. In: WAMBIER, Teresa (Coord.). *Aspectos polêmicos da antecipação da tutela*. São Paulo: Revista dos Tribunais, 1997. p. 247 e ss.; ALVIM, Carreira. *Ação monitória e temas polêmicos da reforma processual*. 3. ed. Belo Horizonte: Del Rey, 2001. p. 188; SILVA, Ovídio Baptista da. A "antecipação" da tutela na recente reforma processual. In: TEIXEIRA, Sálvio de Figueiredo (Coord.). *Reforma do Código de Processo Civil*. São Paulo: Saraiva, 1996. p. 142; CARNEIRO, Athos Gusmão. *Da antecipação da tutela*. 3. ed. Rio

tratar de "irreversibilidade jurídica", já que a redação do citado artigo se refere à *irreversibilidade do provimento*, e não de seus efeitos.

Nessa última linha está Luiz Guilherme Marinoni,[18] esclarecendo que o "que o §2º do artigo 273 veda é apenas a tutela antecipatória (de natureza constitutiva ou declaratória) nas ações relativas ao estado ou à capacidade das pessoas". Era do mesmo sentir Sérgio Sahione Fadel,[19] para quem "a irreversibilidade do provimento deve ser avaliada, exclusivamente, sob o prisma jurídico, e não pelos efeitos simplesmente materiais do provimento".

De fato, se uma decisão liminar anulasse um casamento, o corolário jurídico seria levar os cônjuges à condição de solteiros, de modo que lhes seria permitido contrair novo casamento. A eventual revogação de tal liminar não poderia tornar nulo o segundo casamento, gerando enorme insegurança jurídica.[20]

Realmente, como pondera Ovídio Baptista da Silva, apenas os efeitos *executivo* e *mandamental* são antecipáveis, sendo privilégio apenas da eficácia mandamental compor as sentenças cautelares de mérito.[21] As eficácias declaratórias, constitutivas e condenatórias nunca poderão ser conteúdo das providências cautelares, porque tais eficácias não podem adquirir o caráter de temporariedade, imprescindível para as medidas cautelares.[22]

Luiz Guilherme Marinoni[23] admitia, entretanto, a constituição provisória de aluguel, por meio da antecipação da tutela, na ação revisional do valor da locação. Por seu turno, José Miguel Garcia de Medina[24] sustentava a possibilidade de modificação de cláusulas contratuais em sede liminar. Já Athos Gusmão Carneiro[25] lembrava que "não cabe adiantar a alteração de estado civil ou a anulação de um contrato, mas não repugna ao sistema a constituição provisória de uma servidão de trânsito". Nesta última hipótese, há, segundo Ovídio Baptista da Silva,[26] eficácia

---

de Janeiro: Forense, 2002. p. 71; NERY JR., Nelson. Procedimentos e tutela antecipatória. In: Teresa Wambier, *Aspectos polêmicos da antecipação da tutela*, op. cit., p. 394; OLIVEIRA, Carlos Alberto Alvaro de. Alcance e natureza da tutela antecipatória. In: MOREIRA, José Carlos Barbosa (Coord.). *Estudos de direito processual em homenagem a Luiz Machado Guimarães.* 1. ed., 2. tir. Rio de Janeiro: Forense, 1999. p. 113.

[18] *A antecipação da tutela.* 4. ed. São Paulo: Malheiros, 1998. p. 167.

[19] *Antecipação da tutela no processo civil.* 2. ed. São Paulo: Dialética, 2002. p. 35. Explica o autor que "o que a lei quis dizer, é que não se poderá, com a decisão antecipatória, criar situação jurídica irreversível, no plano do objeto da tutela, uma vez que, em princípio, os seus efeitos materiais e provisórios serão sempre reversíveis, ou *in natura* ou sob a forma sucedânea da recomposição patrimonial" (p. 34).

[20] Ibid.

[21] *Curso de processo civil.* 2. ed. São Paulo: Revista dos Tribunais, 1998. v. 3, p. 149.

[22] Ibid.

[23] *A antecipação da tutela*, op. cit., p. 50.

[24] Tutela antecipatória e o perigo da irreversibilidade do dano. *Revista de Processo*, a. 23, v. 91, p. 315, jul./ set. 1998.

[25] *Da antecipação da tutela*, op. cit., p. 46.

[26] *Do processo cautelar.* 3. ed., 2. tir. Rio de Janeiro: Forense, 2001. p. 118 e ss.

mandamental, e não constituição provisória. Humberto Theodoro Jr.[27] parecia aderir à doutrina do último autor, ao afirmar: "sempre, pois, que de uma demanda declaratória ou constitutiva for possível extrair uma pretensão executiva ou mandamental, haja ou não cumulação de pedidos, é irrecusável a possibilidade de usar a antecipação de tutela, se presentes, naturalmente, os seus pressupostos legais".

Gize-se: o processo de conhecimento visa obter uma sentença que gere a certeza do direito, não podendo haver antecipação dessa certeza. Ou o juiz está em condições de julgar antecipadamente a lide e proferir desde logo uma sentença de mérito, ou nada poderá declarar sem que esgote a fase de instrução. Parece-nos, pois, absurda uma tutela antecipada declaratória em uma investigação de paternidade, mesmo que o autor tenha o exame de DNA nas mãos. O juiz não pode antecipar a investidura do filho nos direitos decorrentes ao estado de filiação enquanto não transitar em julgado a sentença. É claro que, no momento em que houver o trânsito em julgado da sentença, essa eficácia poderá retroagir. Nada impede o juiz, entretanto, de antecipar a eficácia executiva da prestação de alimentos, desde que presentes os requisitos.[28]

Se, por um lado, o texto legal do legislador de 1973 pareceu hesitante, melhor sorte não assiste à redação do novo Código de Processo Civil. Na verdade, irreversibilidade fática e irreversibilidade jurídica constituem, pois, dois problemas interligados, porém, distintos. Aqui se pode perceber a insuficiência da lei no tratamento da matéria, que deverá receber melhor disciplina no futuro. Ainda que se sustente que a *irreversibilidade do provimento antecipado* do CPC de 1973 sugira uma "irreversibilidade jurídica", e a *irreversibilidade dos efeitos da decisão* aponte para a irreversibilidade fática, isto não esgota as possíveis respostas dogmáticas que podem surgir dentro da moldura da irreversibilidade.

---

[27] *Tutela jurisdicional de urgência.* 2. ed. Rio de Janeiro: América Jurídica, 2001. p. 53.

[28] Não obstante, em nossa experiência forense, tivemos oportunidade de observar uma "declaração cautelar de legitimidade do ato" em que o juízo autorizava (e não ordenava!) dois sócios de uma sociedade limitada a pagar as dívidas da empresa com dispensa da assinatura dos demais sócios nos cheques, para evitar que a empresa tivesse a sua saúde financeira comprometida (a ação principal tratava da dissolução parcial da sociedade já que era insuportável a convivência entre os quatro sócios). Aliás, anota José Maria Tesheiner (Antecipação de tutela e litisregulação [estudo em homenagem a Athos Gusmão Carneiro]. *Revista Jurídica*, Porto Alegre, a. 48, v. 274, p. 30, ago. 2000) que "não se pode antecipar a indiscutibilidade, mas se pode proferir declaração resolúvel. Declaração provisória pode ser útil. Exemplo: em antecipação de tutela, declara-se que este e não aquele sindicato é o legítimo representante da categoria. Ainda que a sentença final venha a declarar o contrário, permanecerão válidos os atos praticados pelo representante vencido, quando mais não seja pela teoria da aparência".

5. Sobre a possibilidade de ser relativizado o dogma da irreversibilidade

A regra da irreversibilidade é absoluta ou comporta alguma exceção? Em relação a essa questão, há quem diga que "sem contraditório não pode haver medida irreversível";[29] e, também, que o direito "não tolera o sacrifício de direito algum",[30] não podendo o juiz "expor o réu aos males da irreversibilidade".[31]

No entanto, grande parte da doutrina é favorável a um juízo de ponderação, podendo eventual direito ser sacrificado.[32] A experiência do direito comparado pode ser útil aqui. No direito italiano, Lotario Dittrich, apesar de ser contrário à antecipação que acarrete *mutazioni irreversibili dello stato di fatto*, abre exceção para alguns casos, aduzindo que o problema é sempre o de se verificar quem tem provavelmente razão, sendo, pois, inevitável imputar à parte sucumbente o peso da imutabilidade dos efeitos.[33] Já Giovanni Verde entende haver aqui uma distorção no uso da tutela cautelar, não sendo correto que, por meio de uma cognição superficial, admita--se que o provimento incida sobre a situação jurídica dos destinatários de maneira *"definitiva e irreversibile"*.[34]

Deve-se lembrar, por outro lado, que foi o direito alemão que incluiu, pioneiramente, ao lado dos tradicionais requisitos do *fumus boni iuris* e do *periculum in mora* — respectivamente,

---

[29] Luiz Fernando Bellinetti, "Irreversibilidade do provimento antecipado", op. cit., p. 261.

[30] DINAMARCO, Cândido Rangel. *A reforma do Código de Processo Civil*. 5. ed. São Paulo: Malheiros, 2001. p. 146.

[31] Ibid.

[32] Ver Luiz Guilherme Marinoni, *A antecipação da tutela*, op. cit., p. 168 e ss.; CARNEIRO, Paulo Cezar Pinheiro. *Acesso à justiça*. 2. ed. Rio de Janeiro: Forense, 2003. p. 83 e 97; ZAVASCKI, Teori Albino. *Antecipação da tutela*. 3. ed. São Paulo: Saraiva, 2000. p. 98; MEDINA, José Miguel Garcia. A tutela antecipatória e o perigo de irreversibilidade do provimento. *Revista de Processo*, v. 86, p. 29, abr./jun. 1997; FIGUEIRA JR., Joel Dias. *Comentários ao Código de Processo Civil*. São Paulo: Revista dos Tribunais, 2001. v. 4, t. I, p. 228; CUNHA, Alcides Munhoz da. *Comentários ao Código de Processo Civil*. São Paulo: Revista dos Tribunais, 2001. v. 11, p. 359-360. Parece-nos que o primeiro doutrinador a relacionar, no Brasil, a proporcionalidade às tutelas de urgência foi Egas Moniz de Aragão (Medidas cautelares inominadas. *Revista Brasileira de Direito Processual*, Rio de Janeiro, v. 57, p. 43-44, 1. trim. 1988; Poder cautelar do juiz. *Revista de Direito da Procuradoria Geral do RJ*, v. 42, p. 40, 1990; Alterações no Código de Processo Civil: tutela antecipada, perícia. In: Sálvio de Figueiredo Teixeira, *Reforma do Código de Processo Civil*, op. cit., p. 241).

[33] DITTRICH, Lotario. Il provvedimento d'urgenza. In: TARZIA, G. *Il nuovo processo cautelare*. Padova: Cedam, 1993. p. 196. O autor sustenta também a possibilidade de antecipação nas tutelas declaratórias (ex.: declaração de legitimidade de um ato por conta de uma cláusula contratual nula) e constitutivas (ex.: constituição coativa de uma *servitù prediale*).

[34] Il processo cautelare (osservazioni sparse sui Codici di Procedura in Italia e in Brasile). *Revista de Processo*, v. 79, p. 38, jul./set. 1995. A nosso ver, esquece o autor que o crédito, a posse e a propriedade recebem uma tutela jurisdicional diferenciada (há uma série de *procedimentos especiais*, como o monitório, o possessório etc.), enquanto os direitos de personalidade foram jogados na vala comum do *procedimento ordinário*. Por isso, na falta de uma tutela jurisdicional diferenciada para os direitos da personalidade, torna-se legítima a antecipação irreversível.

Anordnungsanspruch (pretensão à ordem) e *Anordnungsgrund* (motivo da ordem) — o requisito da ponderação *ad hoc* (e não em abstrato) dos interesses público e privado. Assim, resolve-se a ponderação na *comparação dos prejuízos econômicos* entre partes iguais, de forma que aquele que tiver que sofrer maior prejuízo deverá ser tutelado.[35] Em outros casos, diante de partes desiguais, a providência deverá ser deferida a quem mais necessite da proteção.

No direito luso, ensinam Antunes Varela, Miguel Bezerra e Sampaio e Nora[36] que "a providência deve, entretanto, ser recusada (mesmo que os seus dois pressupostos se verifiquem), se o prejuízo por ela causado ao requerido for superior ao dano que o requerente pretende evitar". E exemplificam os autores:

a imediata execução da deliberação social impugnada causa, por hipótese, um prejuízo de 10 ao requerente da suspensão; mas a suspensão da deliberação envolve para a sociedade um dano que se computa em 15. O dano que o embargante da obra nova pretende evitar é de 5, sendo de 7 o prejuízo provavelmente causado pelo embargo ao dono da obra. Em qualquer destes casos, desde que o prejuízo resultante da providência exceda o dano que o requerente visa prevenir, deve a providência ser indeferida.[37]

Outra questão, digna de nota, é a pertinente à ponderação de prejuízos de ordem diversa: não patrimonial (moral, pessoal, físico) e patrimonial (dano emergente e lucro cessante).

No CPC português de 1939, rezava o art. 406, III: "O tribunal procurará manter o justo equilíbrio entre os dois prejuízos, o que a providência pode causar e o que pode evitar". Lecionava Alberto dos Reis:

uma das alegações que o contestante pode opor é esta: que o prejuízo emergente da providência será superior ao que resultará do indeferimento do pedido. Se o juiz entender que a alegação é exata, deve negar a providência pedida ou limitá-la por forma que o prejuízo causado ao arguido não exceda o que o indeferimento acarretaria ao requerente.[38]

---

[35] DAMM, Reinhard. Achtes Buch: Zwangsvollstreckung — Fünfter Abschnitt: Arrest und einstweilige Verfügung. In: *Alternativ-Kommentar zurZivilprozebordnung*. Darmstadt: Hermann Luchterhand, 1987. p. 2.192.

[36] *Manual de processo civil*. 2. ed. Coimbra: Coimbra, 1985. p. 25.

[37] A nova redação do art. 387º, n. 2, consagrou o princípio da proporcionalidade: "A providência pode, não obstante, ser recusada pelo tribunal, quando o prejuízo dela resultante para o requerido exceda consideravelmente o dano que com ela o requerente pretende evitar".

[38] *Código de Processo Civil anotado*. 3. ed., reimp. da obra de 1948. Coimbra: Coimbra, 1982. v. I, p. 690.

Na redação do art. 368, 2,[39] do CPC português, Lei nº 41 de 2013 (correspondente ao art. 387, 2, do CPC de 1961),[40] consta que: "A providência pode, não obstante, ser recusada pelo tribunal quando o prejuízo dela resultante para o requerido exceda consideravelmente o dano que com ela o requerente pretende evitar". Para António Geraldes,[41] na impossibilidade de mensurar valores pertencentes a escalas diversas, devem as desvantagens patrimoniais, em regra, ceder perante interesses não patrimoniais. Assim, conclui que o exercício de uma atividade ruidosa em período noturno não deve prevalecer quando causar a perturbação do sono e sossego dos cidadãos.

Não desconhecem os norte-americanos, igualmente, a avaliação comparativa dos danos a serem causados às partes (*balance of convenience*).[42] Nesse particular, deve o demandante demonstrar a necessidade da medida, em razão de dano irreparável que possa sofrer. A Corte deverá sopesar os relativos inconvenientes que terão as partes para deferir ou não a providência, até mesmo antes da ciência do demandado.[43]

Tem-se um verdadeiro dilema em casos extremos, quando o deferimento da tutela cautelar puder prejudicar de forma irreparável o direito do demandado; ou a rejeição do pedido de cautela puder trazer grave dano ao demandante. É o caso da irreversibilidade dos efeitos. Em geral, entende-se que a prestação de caução pelo demandante não é um meio efetivo de compensar o eventual dano do demandado engendrado por uma errônea decisão.[44]

Observa John Leubsdorf que a Corte não precisa levar em conta todo o gravame resultante da decisão liminar, mas tão somente aquele gravame que a tutela final não puder reverter.[45] Outros acrescentam que, quanto mais certo estiver o magistrado em relação à sua decisão no mérito principal, menos terá que se preocupar com a decisão liminar em sede cautelar.[46]

Considera-se, então, superado o requisito negativo da tutela de urgência se ficar constatada a "irreversibilidade recíproca".[47] É o que ocorre, por exemplo, com o pedido de liberação de

---

[39] Disponível em: <www.pgdlisboa.pt/leis/lei_mostra_articulado.php?ficha=301&artigo_id=&nid=1959&pagina =4&tabela=leis&nversao=&so_miolo=>. Acesso em: 4 abr. 2016.

[40] A antiga redação dizia que a medida poderia ser concedida, "salvo se o juiz, em seu prudente arbítrio, entender que o prejuízo resultante da providência sobreleva o dano que se pretende evitar".

[41] *Temas da reforma do processo civil*. 2. ed. Coimbra: Almedina, 2000. v. III, p. 222.

[42] BEDAQUE, José Roberto dos Santos. *Tutela cautelar e tutela antecipada*: tutelas sumárias e de urgência. 2. ed. São Paulo: Malheiros, 2001. p. 37.

[43] FRIEDENTHAL, Jack H.; KANE, Mary Kay; MILLER, Arthur R. *Civil procedure*. 4. ed. St. Paul, MN: West Academic Publishing, 2005. p. 720-721.

[44] YEAZELL, Stephen. *Civil procedure*. 5. ed. Nova York: Aspen Law & Business, 2000. p. 367.

[45] Apud ibid., p. 367.

[46] Ibid., p. 367.

[47] Athos Gusmão Carneiro, *Da antecipação da tutela*, op. cit., p. 76-77. Na jurisprudência já encontramos uma relativização do dogma do indeferimento em caso de irreversibilidade: "Se há de convir, no entanto, que 'a

mercadorias perecíveis retidas na Alfândega para exame sanitário. Se o exame não puder ser realizado em virtude de greve dos servidores, deve-se liberar a mercadoria ou aguardar até que o exame seja realizado? Em tais casos, o deferimento ou não da tutela de urgência é definitivo, e cabe ao juiz ponderar os interesses em jogo.[48]

Ademais, na antecipação do efeito executivo na indenização do ilícito sob forma de *alimentos* há mais que "perigo de irreversibilidade", pois a irreversibilidade é definitiva, e nosso ordenamento jurídico tolera antecipação em tal hipótese

6. Alcance do termo irreversibilidade

Na vigência do Código de Processo Civil de 1973, vários juristas se debruçaram sobre o sentido do termo irreversibilidade. Para José Miguel Garcia de Medina,[49] "o §2º do art. 273 encarta um conceito vago, porquanto a lei não explica o que entende por 'perigo de irreversibilidade'".

Segundo Luiz Fux, "irreversibilidade significa a impossibilidade de restabelecimento da situação anterior caso a decisão antecipada seja reformada".[50] Mais sintético foi Araken de Assis, que definiu a irreversibilidade como a "impossibilidade de retorno à situação anterior".[51] Já para Luiz Fernando Bellinetti, há perigo de irreversibilidade "quando for faticamente impossível reconstituir a *situação pretérita*".[52]

Teresa Arruda Alvim Wambier assevera que, apesar de ser preferível a reversibilidade *in natura*, também haverá reversibilidade toda vez que a indenização for efetivamente capaz de compensar o dano sofrido.[53] Reconhece, porém, que há danos insubstituíveis por pecúnia, como no caso da demolição de prédio histórico.[54]

Para Sergio Bermudes, "não se admite a antecipação quando a irreversibilidade só puder ser reparada em dinheiro".[55] Vale dizer, em caso de dano, a reparação pecuniária não é uma forma

---

exigência da irreversibilidade inserta no §2º do art. 273 do CPC não pode ser levada ao extremo, sob pena de o novel instituto da tutela antecipatória não cumprir a excelsa missão a que se destina." (STJ, 2ª Turma, REsp nº 144.656-ES, rel. min. Adhemar Maciel, julgado em 6/10/97. In: NEGRÃO, Theotonio. *Código de Processo Civil* e *legislação processual em vigor*. 31. ed. São Paulo: Saraiva, 2000. p. 344).

[48] Exemplo colhido em Teori Albino Zavascki, *Antecipação da tutela*, op. cit., p. 98.

[49] "Tutela Antecipatória e o perigo da irreversibilidade do dano", op. cit., p. 313.

[50] *Tutela de segurança e tutela da evidência*. São Paulo: Saraiva, 1996. p. 350-1.

[51] Antecipação de Tutela. In: Teresa Wambier, *Aspectos polêmicos da antecipação da tutela*, op. cit., p. 27.

[52] Irreversibilidade do provimento antecipado. In: ibid., p. 262.

[53] Da liberdade do juiz na concessão de liminares. In: ibid., p. 542.

[54] Ibid.

[55] *A reforma do Código de Processo Civil*. 2. ed. São Paulo: Saraiva, 1996. p. 30.

perfeita de compensação, ou seja, não é suficiente para reverter os efeitos do provimento antecipatório.

Calmon de Passos[56] chega mesmo a afirmar que a irreversibilidade pode também ser econômico-financeira, de forma que o carente de recursos, que não pode repor as coisas no estado anterior, não poderá obter a medida urgente. Tal posicionamento favorece apenas o rico, e parece de todo desaconselhável.

O argumento de indeferir a medida cautelar porque o dano não é de natureza irreparável ou mesmo irreversível, pois reparável em dinheiro, admitiria sempre a prévia violação do direito e acarretaria o fim da tutela cautelar.[57]

Isso tudo mostra como é difícil a conceituação da (ir)reversibilidade, em razão da variedade de situações fáticas, pois a reversão pode ser parcial ou incompleta, seja em termos quantitativos, seja em termos qualitativos.[58]

7. Moldura da irreversibilidade

Dever-se-ia abandonar a palavra irreversibilidade? Por ser fluida, talvez fosse melhor adotar uma outra expressão, como o *periculum in mora* inverso.[59] Contudo, questiona-se o proveito de se trocar um termo, consagrado na doutrina pátria e na legislação, por outro, expresso em latim, para designar o mesmo fenômeno. Lembra Egas Moniz de Aragão,[60] citando inúmeros autores, que a expressão "dano irreparável" está na legislação luso-brasileira há mais de cinco séculos e jamais conseguiu ser satisfatoriamente definida.

Ademais, devemos reconhecer que há uma série de questões a distinguir e que podem ser didaticamente agrupadas na "moldura da irreversibilidade":

1) Irreversibilidade jurídica (ex.: declaração de paternidade; ordem de prestação de alimentos irrepetíveis);[61]

---

[56] *Comentários ao Código de Processo Civil*. 8. ed. Rio de Janeiro: Forense, 1998. vol. III, p. 45.

[57] Ver Ovídio Baptista da Silva, *Do processo cautelar*, op. cit., p. 85-86.

[58] Athos Gusmão Carneiro, *Da antecipação da tutela*, op. cit., p. 72.

[59] Utiliza-a como sinônimo de irreversibilidade Humberto Theodoro Jr., Tutela antecipada. In: Teresa Wambier, *Aspectos polêmicos da antecipação da tutela*, op. cit., p. 198. Isabel Celeste Fonseca chega mesmo a empregar as expressões "urgência ponderada" e "urgência proporcional" (*Introdução ao estudo sistemático da tutela cautelar no processo administrativo*. Coimbra: Almedina, 2002. p. 166).

[60] "Alterações no Código de Processo Civil", op. cit., p. 239.

[61] Observa Luiz Fernando Bellinetti ("Irreversibilidade do provimento antecipado", op. cit., p. 250) que no plano jurídico não há irreversibilidade absoluta, já que as normas são revogáveis. Para o autor, mesmo o direito adquirido, o ato jurídico perfeito e a coisa julgada podem, em tese, sofrer "reversão constitucional".

2) Perigo de irreversibilidade fática, devendo-se considerar: 2.1) (ir)reversibilidade específica (*in natura*);[62] 2.2) (ir)reversibilidade pelo equivalente prático; e 2.3) (ir)reversibilidade genérica (econômica ou pecuniária).

Tal classificação leva em consideração os ventos da efetividade que autorizaram a modificação, no Código de Processo Civil de 1973, do art. 461 e seus parágrafos[63] (correspondentes aos arts. 497-500 do CPC de 2015), na medida em que impõe ao magistrado o dever de procurar ao máximo a realização da *tutela específica*.[64]

A técnica da ponderação terá maior aplicação nas hipóteses de irreversibilidade específica (recíproca). Seria recomendável o estabelecimento de uma regra de preferência no sentido de não permitir a irreversibilidade específica ante a irreversibilidade genérica. Assim, se um hipossuficiente necessita de proteção jurisdicional por correr risco de vida, e sua seguradora afirma que seu plano de saúde não cobre o tratamento hospitalar, estaremos diante de um conflito de interesses em que o dano de difícil reparação ao direito do autor contém *irreversibilidade específica*, enquanto o direito da seguradora ré apresenta uma *irreversibilidade genérica*.

Nesses casos, o direito fundamental que corre o risco de nunca mais ser reparado deve ser tutelado. Extrai-se a ilação de que os valores relativos à pessoa humana têm preferência sobre os valores de índole patrimonial.[65] Por isso, será lícito formular pedido antecipatório de valor pecuniário quando a demora no pagamento de uma indenização por acidente aéreo, por exemplo, puder deixar a pessoa, chefe de família, em uma situação de penúria. Contudo, a fixação do *quantum* deve estar de acordo com o mínimo valor indenizatório devido.[66] Já se decidiu que igual solução deve ter a vítima que, em acidente de trânsito, perdeu vários dentes e não pode estar obrigada a passar por constrangimentos.[67]

---

[62] Ibid., p. 262, lembra que há casos de infungibilidade do bem ou circunstância (ex.: segredo) em que é desaconselhável a antecipação.

[63] Para Ernane Fidelis dos Santos (Antecipação da tutela satisfativa na doutrina e na jurisprudência. *Revista de Processo*, a. 25, v. 97, p. 210, jan./mar. 2000), a irreversibilidade, como requisito negativo, não se aplica ao art. 461, §3º do CPC.

[64] Ver Victor Bonfim Marins (Antecipação da tutela e tutela cautelar. In: Teresa Wambier, *Aspectos polêmicos da antecipação da tutela*, op. cit., p. 567), que nos remete ao art. 461 e seus §§.

[65] Ver MENDES, Gilmar Ferreira et al. *Hermenêutica constitucional e direitos fundamentais*. Brasília: Brasília Jurídica, 2000. p. 283.

[66] Jurisprudência Geral Civil do 1º TacivSP, 2ª Cam., AgIn 865.267-9, j. 1.9.1999, rel. Juiz Alberto Tedesco. *Revista dos Tribunais*, v. 771, p. 259, jan. 2000.

[67] Jurisprudência Geral Civil do 1º TacivSP, 2ª Cam., AgIn 871.049-8, j. 23.6.1999, rel. Juiz Alberto Tedesco. *Revista dos Tribunais*, v. 770, p. 281, dez. 1999.

Poderá o juiz, em alguns casos, perceber que a reversibilidade específica será impossível, mas a parte terá a chance de obter o equivalente prático, e não só a tutela genérica das perdas e danos. Haverá a mitigação do risco de irreversibilidade, caso uma *caução* seja prestada.[68]

Por exemplo, se duas emissoras disputam os direitos de um campeonato estadual, pode o magistrado, por meio de um juízo de verossimilhança, deferir a antecipação para a autora, já que apresenta o direito mais provável, porém, exigindo como "caução" os direitos de transmissão de outro campeonato equivalente para o caso de improcedência do pedido. Ora, se a antecipação de tutela não fosse confirmada na sentença, e o campeonato já estivesse terminado, seria extremamente prejudicial ao réu. Mas aí haveria reversibilidade pelo equivalente prático. Seria um caso em que os direitos são homogêneos.[69] Tal construção evidentemente é *de lege ferenda*, e dependeria das particularidades do caso concreto.

Calmon de Passos oferece ainda o seguinte exemplo:

> Estou acionando o réu para que me entregue um determinado equipamento cujo uso me foi assegurado contratualmente. Peço a antecipação, mas a entrega do equipamento envolve o risco de, amanhã, vencedor que seja meu adversário, receber o equipamento em estado deplorável e até nem mesmo logre sua recuperação, porque destruído ou desviado. No caso, ou se conclui por que a execução antecipada é impossível ou se terá de dar tratamento igual ao que se daria na execução provisória comum — exigir-se caução, se idônea para possibilitar ao réu a aquisição de bem de igual natureza, com o que as coisas terão voltado ao seu estado anterior.[70]

Em outro caso, pode o juiz autorizar, a requerimento do demandado, em ação que a companheira pede a dissolução da união estável cumulada com a divisão de bens, a venda de imóvel, mediante caução referente ao valor questionado.

Destarte, em uma futura reforma legislativa, dever-se-ão levar em conta as hipóteses de irreversibilidade existentes, já que a disciplina do art. 273, §2º, não traz soluções satisfatórias.

---

[68] DINAMARCO, Cândido Rangel. O regime jurídico das medidas urgentes. *Revista Forense*, a. 97, v. 356, p. 44, jul./ago. 2001.

[69] Vale lembrar, por oportuno, que as cauções não são a única forma de contracautela possível. Quando o juiz defere uma liminar, por exemplo, pode impor ao autor, como contracautela, a obrigação de contratar um seguro que cubra os eventuais danos que venham a ser causados ao réu pela danificação ou perda do objeto em testilha.

[70] PASSOS, Calmon de. Da antecipação da tutela. In: TEIXEIRA, Sálvio de Figueiredo (Coord.). *Reforma do Código de Processo Civil*. São Paulo: Saraiva, 1996. p. 210.

8. Irreversibilidade e tutela de urgência cautelar

Como se observou, ao lado dos requisitos da plausibilidade do direito afirmado existir (*fumus boni iuris*) e do perigo na demora (*periculum in mora*),[71] deve-se acrescentar um terceiro: a reversibilidade da medida. Destarte, o "perigo de irreversibilidade", requisito negativo, funciona como óbice ao deferimento da medida.

Dúvidas poderiam existir sobre a aplicabilidade do §3º do art. 300 às tutelas de urgência de natureza cautelar, tendo em vista que a redação menciona "tutela de urgência de natureza antecipada", embora o art. 300 esteja inserido entre as "Disposições Gerais".

Afirme-se, desde já, que tal requisito abrange não só a tutela antecipatória satisfativa,[72] mas igualmente a tutela cautelar: "também as medidas cautelares que causem um *dommage irréparable*, provocando uma situação definitiva e *irreversível*, não perdem, por isso, sua condição de medidas 'provisórias', posto que, relativamente ao 'fundo do litígio', elas nada *antecipam*".[73]

Recorde-se que, mesmo na vigência do Código de Processo Civil de 1973, embora o requisito se vinculasse apenas à tutela antecipada satisfativa (art. 273), já se encontrava na jurisprudência o entendimento de que a irreversibilidade também deveria ser observada para o deferimento de medidas cautelares. Nesse sentido, adere-se ao pensamento de que não se pode deferir medida cautelar para suspender benefício previdenciário de pessoa idosa, porque os efeitos da decisão trariam um prejuízo irreversível.[74]

---

[71] É estéril a discussão acerca da distinção entre "juízo de verossimilhança" e *fumus boni iuris* (Neste sentido, ver MACHADO, Antônio Cláudio da Costa. *Tutela antecipada*. 3. ed. São Paulo: Juarez de Oliveira, 1999. p. 445). Em primeiro lugar, porque há situações que a doutrina e jurisprudência não apontam com precisão se a tutela é satisfativa ou cautelar. Em segundo lugar, o princípio processual da fungibilidade, presente no §7º do art. 273 do Código de Processo Civil de 1973, já indicava que os operadores não deveriam se apegar a uma distinção que tem valor meramente acadêmico. Na verdade, como ensina Cândido Rangel Dinamarco (*A reforma da reforma*. 2. ed. São Paulo: Malheiros, 2002. p. 90), "*devem ficar reduzidas as preocupações em separar muito precisamente as duas espécies*, dando-lhes tratamento diferentes como se fossem dois estranhos e não, como realmente são, dois irmãos quase gêmeos (ou dois gêmeos quase univitelinos)". Por fim, diga-se que tal distinção não existe no direito comparado, de modo que as tutelas de urgência, quer tenham caráter satisfativo, quer tenham índole cautelar, têm os mesmos requisitos, quais sejam, o *fumus boni iuris* e *periculum in mora*, termos que, embora latinos, são mais compreensíveis que os do nosso próprio idioma!

[72] Segundo Ovídio Baptista da Silva (*Do processo cautelar*, op. cit., p. 65), a satisfação do direito implica a sua efetiva realização existencial, ainda que provisória. Para Teori Albino Zavascki ("Antecipação da tutela", op. cit., p. 97), irreversibilidade e satisfatividade são termos que não se confundem. De acordo com o autor, toda medida antecipatória é satisfativa, mas ela pode ser reversível ou irreversível no plano dos fatos. Ver José Roberto dos Santos Bedaque, *Tutela cautelar e tutela antecipada*, op. cit., p. 349-351.

[73] Ovídio Baptista da Silva, *Do processo cautelar*, op. cit., p. 52. Nesse sentido: Antônio Claudio da Costa Machado (*Tutela antecipada*, op. cit., p. 268) acrescenta que "deve ser aceita a satisfatividade no contexto da tutela cautelar". Sobre a irreversibilidade na tutela cautelar, ver. Alcides Munhoz da Cunha, *Comentários ao Código de Processo Civil*, op. cit., v. 11, p. 362-363.

[74] GAJARDONI, Fernando et al. *Teoria geral do processo*: comentários ao CPC de 2015. São Paulo: Forense, 2015. p. 877-878.

9. Excesso legislativo?

Partindo-se da premissa de que não são os atos administrativos apenas que devem respeitar o princípio da proporcionalidade, mas também os atos legislativos, resta saber se o dogma do indeferimento em caso de irreversibilidade resiste ao teste da proporcionalidade.

É de se reconhecer, inicialmente, que o fim alvejado pelo legislador é legítimo.[75] Deveras,

> antecipar irreversivelmente seria antecipar a própria vitória definitiva do autor, sem assegurar ao réu o exercício do seu direito fundamental de se defender, exercício esse que, ante a irreversibilidade da situação de fato, tornar-se-ia absolutamente inútil, como inútil seria, nestes casos, o prosseguimento do próprio processo.[76]

Ademais, o dogma do indeferimento em caso de irreversibilidade se revela *adequado*. Realmente, ele é meio apto a preservar a garantia do devido processo legal. Tal dogma é, igualmente, *necessário*. Embora seja uma intervenção gravosa, nenhuma outra seria tão eficaz na manutenção do *status quo* do demandado.

Certo é que o legislador entendeu que a única forma de equilibrar a antecipação que neutraliza um provável dano irreparável para o autor era estipulando que tal neutralização somente seria lícita na medida em que ela própria não fizesse nascer a probabilidade de um outro dano irreparável contra o réu.[77] Contudo, em alguns casos concretos, pode o indeferimento trazer mais desvantagens que vantagens, quando, por exemplo, o dano para o autor seja igualmente irreversível, e seu prejuízo, muito superior ao do demandado (dano irreparável).[78]

---

[75] Observe-se que alguns autores e também a Corte Europeia de Direitos Humanos arrolam a "legitimidade dos fins" como uma das máximas do princípio da proporcionalidade que precede as outras três (SILVA, Luís Virgílio Afonso da. O proporcional e o razoável. *Revista dos Tribunais*, v. 798, p. 35, abr. 2002). Bodo Pieroth e Bernhard Schlink (*Grundrechte Staatsrecht II*. 14. ed. Heidelberg: C.F. Müller, 1998. p. 65), além da "legitimidade dos fins", incluem a máxima da "legitimidade dos meios". Não basta, então, que aqueles fins sejam perseguidos pela Constituição, devendo-se analisar se os meios utilizados para atingi-los são permitidos.

[76] ZAVASCKI, Teori Albino. Antecipação da tutela e colisão de direitos fundamentais. In: TEIXEIRA, Sálvio de Figueiredo (Coord.). *Reforma do Código de Processo Civil*. São Paulo: Saraiva, 1996. p. 162-163.

[77] Antônio Claudio da Costa Machado, *Tutela antecipada*, op. cit., p. 483.

[78] Daí asseverarem Carlos Alberto Alvaro de Oliveira e Galeno Lacerda (*Comentários ao Código de Processo Civil*. 3. ed., 2. tir. Rio de Janeiro: Forense, 1998. v. VIII, t. II, p. 24) que "tampouco o requisito negativo da irreversibilidade dos efeitos da antecipação poder-se-á aplicar sempre indiscriminadamente. A restrição generalizada e indistinta estatuída no §2º do art. 273 trata o problema de forma míope por privilegiar demasiadamente e de forma engessada o ponto de vista da parte demandada em detrimento do autor da providência, este também pode estar em risco de sofrer prejuízo irreparável em virtude de irreversibilidade fática de alguma situação da vida. Só o órgão judicial está habilitado para apreciar o conflito de valores, no caso concreto, sempre presente, por sinal, em qualquer problema humano, e dar-lhe solução adequada. A resposta *a priori* do legislador esbarra com as exigências da própria vida, desconhecendo, além do mais, a riqueza infinita da problemática do viver

De outra parte, o dogma do indeferimento no caso de irreversibilidade finda por trancar, para o cidadão, as portas do Poder Judiciário, negando ao autor o direito fundamental a uma tutela jurisdicional tempestiva, ainda que ele tenha razão. Tal opção parece afrontar, portanto, o art. 5º, XXXV, de nossa Constituição, bem como a garantia fundamental da prestação jurisdicional sem dilações indevidas. Deve-se questionar, então, se o "dogma do indeferimento em caso de irreversibilidade" é ou não constitucional.

Posicionando-se a favor da máxima proteção aos direitos fundamentais, sustentava Jônatas de Paula que o requisito negativo esculpido no §2º do art. 273 do Código de Processo Civil deve ser tido como inexistente.[79] Tal postura radical parece precipitada, porque a *reversibilidade*, segundo ensinava Arruda Alvim, "é necessária até mesmo pela regra do art. 5º, LIV, da Constituição, pois, se irreversível fosse, alguém restaria condenado 'sem o devido processo legal', e, ainda, teria sido esse alguém privado de seus bens sem o contraditório e ampla defesa *com os meios e recursos a ela inerentes* (CF, art. 5º, LV)".[80]

Um caminho seria promover uma leitura ampliada de tal dogma, da seguinte forma: "não haverá deferimento em caso de irreversibilidade, salvo nas hipóteses de *periculum in mora inverso*, isto é, quando a denegação importe em maior e irreversível dano ao autor do que vantagem ao réu".[81] Tal leitura é feita em consonância com o art. 5º, XXXV, de nossa Lei Fundamental. É claro que o deferimento da tutela jurisdicional de urgência depende da presença do *fumus boni iuris* e do *periculum in mora*. Mas a realização de tal direito fundamental não é automática, pois existe para o réu um direito igualmente fundamental, que é o contraditório, e que legitima a regra contida no §3º do art. 300 do CPC de 2015.

Todavia, em uma filtragem constitucional o dogma da irreversibilidade não pode ser visto de modo absoluto, devendo-se aceitar exceções à regra, porque a irreversibilidade pode também surgir para o autor (dano irreparável). É de rigor, então, que seja feita uma *interpretação conforme à Constituição (Verfassungskonforme Auslegung)*, não sendo possível respeitar a escolha do legislador em todos os casos.

Assim, não parece ser necessária uma declaração de inconstitucionalidade. Basta que tal dispositivo seja interpretado conforme a Constituição para que não seja afetado o núcleo essencial da garantia da tutela jurisdicional efetiva e tempestiva. Afinal, se um texto legal comportar uma

---

humano. Essa realidade determina a validade relativa da regra mencionada, pois sempre que se verificar o conflito o Juiz haverá de se inclinar pelo provável titular do direito em discussão, sob pena de dificultar o acesso à jurisdição, com violação evidente da garantia contida no inc. XXXV do art. 5º da Constituição da República".

[79] *Comentários ao Código de Processo Civil*. 2. ed. Baueri: Manoli, 2003. v. 2, p. 152.

[80] Tutela Antecipatória (algumas noções — contrastes e coincidências em relação às medidas cautelares satisfativas). In: Sálvio de Figueiredo Teixeira, *Reforma do Código de Processo Civil*, op. cit., p. 94.

[81] Athos Gusmão Carneiro, *Da antecipação da tutela*, op. cit., p. 77.

interpretação que o coloque em sintonia com o arcabouço constitucional, deve tal norma ser aproveitada ao invés de ter sua inconstitucionalidade declarada.

De tal arte, parece acertada a tese de que nos casos de irreparabilidade ou irreversibilidade recíproca terá lugar a técnica da ponderação. Contudo, no caso do abuso do direito de defesa ou intuito protelatório do réu (tutela de evidência — art. 311, I, do CPC de 2015) não é conveniente a antecipação quando os efeitos forem irreversíveis, já que inexiste dano irreparável para o autor, e a parte ré não pode ter a sua esfera jurídica comprometida.[82]

10. Sobre a técnica da ponderação de interesses

A complexidade de nossos tempos desmitificou a figura do legislador onipotente. Com efeito, reconhecida sua incapacidade para prever todas as hipóteses possíveis e imaginárias, sob a forma de *regras* (mandados definitivos), deve-se aceitar que as leis e também a Constituição protejam inúmeras situações da vida por meio de *princípios* (mandados que exigem ao máximo a concreta tutela de um interesse em suas possibilidades fáticas e jurídicas).

Nessa linha de pensamento, ninguém mais pode duvidar que a técnica da *subsunção* seja insuficiente para resolver todos os casos jurídicos. Também não se pode mais contestar, hodiernamente, a imprescindibilidade da técnica da *ponderação* na tarefa de interpretar o direito, já que introduz enfoques axiológicos e permite uma maior mobilidade do magistrado na realização da justiça. Advoga-se, então, o respeito à *segurança propiciada pelas regras jurídicas*, mas não se tolera a ofensa aos *princípios promotores da justiça*. Assentada a premissa de que a regra do indeferimento no caso de irreversibilidade deve ser interpretada conforme à Constituição e, portanto, numa perspectiva garante da efetividade e do contraditório, será a técnica da ponderação o meio legítimo e apto a equacionar o problema da rapidez-segurança.

A ponderação difere do postulado da proporcionalidade porque pode atuar como uma das submáximas do referido princípio ou isoladamente. Quando examinamos a arbitrariedade ou não de um ato, fazemos uso do postulado da proporcionalidade; quando analisamos a colisão de princípios, utilizamos a técnica da ponderação, como veremos.

O termo ponderação comporta dois sentidos:

> *en un sentido amplio, ponderar significa determinar el peso de una cosa y, figurativamente, examinar con cuidado algún asunto. El concepto más reducido, que nos interesa apunta a la idea*

---

[82] Neste sentido: José Roberto dos Santos Bedaque, *Tutela cautelar e tutela antecipada*, op. cit., p. 348; Antônio Claudio da Costa Machado, *Tutela antecipada*, op. cit., p. 482.

de contrapesar o equilibrar. [...] En común tienen el concepto vulgar y el jurídico de la ponderación el ser, ante todo, una forma de decidir. [grifos no original][83]

Observa Alberto Vespaziani que a *operazioni di bilanciamento* exige o reconhecimento da legitimidade de interpretações divergentes.[84]

É na chamada jurisprudência dos interesses que surge a noção de ponderar os interesses, substituindo assim, em alguns casos, a ideia de subsunção.[85]

De fato, a *técnica da ponderação* deve ser utilizada de maneira complementar, isto é, como alternativa à *técnica da subsunção*: "*substantividad propria cobra la ponderación, sobre todo, cuando se la presenta como un* método jurídico opuesto a la subsunción" (grifos no original).[86]

Realmente, três são as grandes *técnicas hermenêuticas*. Quando não houver norma alguma (ou incompleta), o procedimento será o de *integração*; se houver uma regra, útil será a técnica da *subsunção*; e, no caso de colisão de princípios, terá vez a *ponderação*.

É curial aqui fazer uma advertência de ordem terminológica. Segundo Robert Alexy,[87] a proporcionalidade não tem status de *princípio*, porque seus subprincípios (adequação, necessidade e ponderação) não são usados com referência a outros, isto é, não é uma norma que prevalece em alguns casos e em outros não. Para o autor, a pergunta é se os subprincípios (*Teilgrundsätze*) estão satisfeitos ou não, podendo por isso ser a proporcionalidade classificada como *regra*.

Segundo Klaus Röhl,[88] não se trata de um *princípio*, mas talvez do mais importante *método* de tratamento racional e concretização dos direitos fundamentais. Margarida Lacombe Camargo[89] classifica a proporcionalidade como *metaprincípio*, já que orienta a aplicação de outros. Na

---

[83] RODRÍGUEZ SANTIAGO, José María. *La ponderación de bienes e intereses en el derecho administrativo*. Madri: Marcial Pons, 2000. p. 9.

[84] *Interpretazioni del bilanciamento dei diritti fondamentali*. Padova: Cedam, 2002. p. 36. Registre-se que o autor faz excelente histórico da ponderação no direito norte-americano e alemão.

[85] TORRES, Ricardo Lobo. A legitimação dos direitos humanos e os princípios da ponderação e da razoabilidade. In: TORRES, Ricardo Lobo (Coord.). *Legitimação dos direitos humanos*. Rio de Janeiro: Renovar, 2002. p. 421. Noticia José Lamêgo (*Hermenêutica e jurisprudência*. Lisboa: Fragmentos, 1990. p. 44, n. 71) que a expressão "ponderação de interesses" foi cunhada por Ernst Stampe, em 1905, no estudo "*Rechtsfindung durch Interessenwägung*", podendo ser encontrado em coletânea organizada por Ellscheid e Hassemer (*Interessenjurisprudenz*. Darmstadt, 1974).

[86] José María Rodríguez Santiago, *La ponderación de bienes e intereses en el derecho administrativo*, op. cit., p. 11. Observa o mesmo autor que alguns "suportes fáticos" das regras (pressuposto da subsunção) expressam insegurança, superando em complexidade os casos de ponderação (p. 147).

[87] *Theorie der Grundrechte*. 3. ed. Frankfurt: Suhrkamp, 1996. p. 100, n. 84.

[88] *Allgemeine Rechtslehre*. 2. ed. Berlim: Carl Heymanns Verlag KG, 2001. p. 603.

[89] Eficácia constitucional: uma questão hermenêutica. In: BOUCAULT, Carlos; RODRIGUEZ, José Rodrigo (Org.). *Hermenêutica plural*. São Paulo: Martins Fontes, 2002. p. 384.

mesma linha de raciocínio, considera Humberto Ávila[90] a proporcionalidade uma metanorma ou norma de segundo grau, preferindo, entretanto, o termo *postulado*, que oferece a vantagem de não confundir a proporcionalidade com outras normas.

Assim, define-se o postulado da proporcionalidade como a metanorma que controla a aplicação de outras normas, com a análise da *relação meio-fim*.

Tenha-se presente que a ponderação não é uma fórmula mágica,[91] imprevisível, que macula a segurança jurídica. Ao revés, ela consiste em uma técnica racional.[92]

A "lei da ponderação" contém o seguinte enunciado: "o cumprimento de um princípio depende da importância do outro; o peso de um princípio não pode ser determinado de modo absoluto, pois o discurso apenas pode versar sobre os pesos relativos".[93]

Cuida-se, a bem ver, de revelar as razões da preferência de um princípio (*rectius*: interesse) em detrimento de outro. Em síntese, trata-se de saber o porquê de um interesse ter sido considerado mais valioso em determinado caso.[94] Isso ocorre pelo fato de a nossa Constituição não regular o alcance de seus princípios, que, portanto, podem entrar em colisão, o que é comum, especialmente em matéria de direitos fundamentais.

Cabe ao intérprete procurar a harmonização dos interesses, reconhecendo portar a Constituição inúmeros paradoxos, mas que são geridos pela ciência jurídica, a partir do *princípio da unidade*.[95]

O uso da técnica da ponderação exige a observância de três fases: 1) identificação dos interesses (bens jurídicos) que, embora tutelados por normas principiológicas, estão em rota de

---

[90] *Teoria dos princípios*. 2. ed. São Paulo: Malheiros, 2003. p. 80-82.

[91] Alerta-nos Nicolò Trocker (*Processo civile e Costituzione*. Milão: Giuffrè, 1974. p. 411-412) que a ponderação de interesses pode permitir uma notável margem de discricionariedade ao intérprete e conduzir a consequências aberrantes, ainda mais quando as Cortes Constitucionais reconhecem que o sopesamento, em decisões anteriores, foi aplicado de forma equivocada.

[92] É do mesmo sentir Karl Larenz (*Metodologia da ciência do direito*. Tradução de José Lamêgo. 3. ed. Lisboa: Fund. Calouste Gulbenkian, 1997. p. 587): "a 'ponderação de bens' não é simplesmente matéria do sentimento jurídico, é um processo racional que há de fazer-se, em absoluto, unilateralmente, mas que, pelo menos até um certo grau, segue princípios identificáveis e, nessa medida, é também comprovável".

[93] Ricardo Lobo Torres, "A legitimação dos direitos humanos e os princípios da ponderação e da razoabilidade", op. cit., p. 424.

[94] Para ver as razões de ser o interesse o verdadeiro objeto da ponderação, consulte-se o trabalho que foi resultado de nossa dissertação de mestrado: *A ponderação de interesses na tutela de urgência irreversível*. Rio de Janeiro: Lumen Juris, 2005. cap. 4.

[95] De acordo com Paulo Bonavides (*Curso de direito constitucional*. 10. ed. São Paulo: Malheiros, 2000. p. 387), "partindo-se do princípio da unidade da Constituição, mediante o qual se estabelece que nenhuma norma constitucional seja interpretada em contradição com outra norma da Constituição, e atentando-se, ao mesmo passo, para o rigor da regra de que não há formalmente graus distintos de hierarquia entre normas de direitos fundamentais — todas se colocam no mesmo plano — chega-se de necessidade ao 'princípio da concordância prática', cunhado por Konrad Hesse, como uma projeção do princípio da proporcionalidade, cuja virtude interpretativa já foi jusprudencialmente comprovada em colisões de direitos fundamentais".

colisão;[96] 2) valoração de tais interesses de acordo com as circunstâncias do caso concreto, com invocação dos argumentos (*topoi*); 3) decisão fundamentada sobre a prevalência (*rectius*: preferência) de um interesse sobre o outro.[97]

Recorde-se que o CPC de 2015 estabelece, em seu §2º do art. 489, que, "No caso de colisão entre normas, o juiz deve justificar o objeto e os critérios gerais da ponderação efetuada, enunciando as razões que autorizam a interferência na norma afastada e as premissas fáticas que fundamentam a conclusão".

11. Parâmetros a serem observados

Observa Aluisio Gonçalves de Castro Mendes que "a miscelânea de pronunciamentos, liminares e definitivos, diferenciados e antagônicos, do Poder Judiciário passa a ser fonte de descrédito para a própria função judicante, ensejando enorme insegurança jurídica para a sociedade".[98] Por isso, Cândido Rangel Dinamarco reclama, com razão, do instituto da antecipação da tutela, em virtude da falta de parâmetros a serem observados.[99]

Certo é que, uma vez apreciado o *fumus boni iuris* e o *periculum in mora* nas alegações do autor, mas constatado o perigo de irreversibilidade para o réu, não se deverá decidir automaticamente pelo indeferimento da medida, em razão do art. 273, §2º, do Código de Processo Civil.

A regra é que, diante de uma irreversibilidade específica, deverá ser desconsiderada a irreversibilidade meramente pecuniária. Todavia, em face de uma irreversibilidade recíproca específica, o uso da técnica da *subsunção* será insuficiente, pois não soluciona a colisão entre princípios.

Assentada a premissa de que a regra do indeferimento no caso de irreversibilidade deve ser interpretada conforme a Constituição e, portanto, numa perspectiva garante da efetividade e do contraditório, será a técnica da ponderação a pedra de toque apta a equacionar o problema da rapidez-segurança.

---

[96] Na primeira fase, devem ser identificados os *núcleos essenciais* de proteção ao interesse ou modos primários típicos de exercício de um direito.

[97] José María Rodríguez Santiago, *La ponderación de bienes e intereses en el derecho administrativo*, op. cit., p. 121.

[98] *Ações coletivas no direito comparado e nacional*. São Paulo: Revista dos Tribunais, 2002. (Coleção Temas atuais de direito processual civil, v. 4). p. 37.

[99] *A reforma do Código de Processo Civil*, op. cit., p. 142.

Como poderá fundamentar o magistrado sua decisão liminar com base na *ponderação*?[100] É preciso buscar, além dos argumentos legais, outros de natureza fático-axiológica, já que não se pode desprezar o valor do caso concreto.[101]

Nessa ordem de ideias, a opção que se afigura correta é a do *jurisprudencialismo*, que tem por base a tópica jurídica.[102] A seguir, então, procederemos à exposição de alguns dos argumentos que podem ser utilizados na fundamentação das decisões liminares. Tais argumentos constituem premissas consensualizadas pelo "auditório jurídico".

Deve-se desde logo descartar a hierarquização de tais *topoi*,[103] pois a lógica jurídica, como já foi dito alhures,[104] é a *lógica da preferência fundamentada*, não a lógica da consequência cega. Assim, a preferência de um interesse em detrimento de outro está diretamente ligada à carga argumentativa derramada sobre o *topos* (argumento) invocado.[105] Empregamos o termo *topos* num sentido bem amplo,[106] como qualquer argumento, normativo ou não, capaz de influenciar uma decisão.[107] Assim, pode a parte invocar diversos *topoi* para tentar convencer o juiz de que tem razão, como regras, princípios, valores, máximas, dogmas etc. Na ponderação de interesses vários *topoi* (argumentos) poderão ser convocados para afirmar a importância de determinado interesse sobre o

---

[100] Consulte-se a análise jurisprudencial feita por PENNA, Newton; OLIVEIRA, Fábio Cesar; ANCIÃES, Marta. O perigo de irreversibilidade na antecipação de tutela. *Revista de Processo*, São Paulo, v. 27, n. 106, p. 84-101, abr./jun. 2002. p. 95-100.

[101] Ver MENDES, Gilmar Ferreira. *Direitos fundamentais e controle de constitucionalidade*. 2. ed. São Paulo: Celso Bastos, 1999. p. 494 e ss.

[102] Já havia advertido Paulo Bonavides (*Curso de direito constitucional*, op. cit., p. 387): "na medida em que se possa tomar por método interpretativo, o princípio da proporcionalidade tem muito que ver com a tópica, embora os juristas alemães não hajam ainda atentado para esse aspecto. Com efeito, o critério da proporcionalidade é tópico, volve-se para a justiça do caso concreto ou particular, se aparenta consideravelmente com a equidade e é um eficaz instrumento de apoio às decisões judiciais que, após submeterem o caso a reflexões prós e contras (*Abwägung*), a fim de averiguar se na relação entre meios e fins não houve excesso (*Übermassverbot*), concretizam assim a necessidade do ato decisório de correção".

[103] ANDRADE, José Vieira de. *Os direitos fundamentais na Constituição portuguesa de 1976*. 2. ed. Coimbra: Almedina, 2001. p. 102, 104 e 286; Teresa Arruda Alvim Wambier, "Da liberdade do juiz na concessão de liminares", op. cit., p. 498.

[104] Consulte-se o trabalho que foi resultado de nossa dissertação de mestrado: *A ponderação de interesses na tutela de urgência irreversível*, op. cit., cap. 1.

[105] Francisco Amaral (*Direito civil*: introdução. 5. ed. Rio de Janeiro: Renovar, 2003. p. 49) chega mesmo a afirmar que "o instrumento decisivo do método jurídico não é a subsunção, mas sim a *retórica* e o *argumento*".

[106] Aristóteles (*Arte retórica e arte poética*. 14. ed. Tradução de Antônio Pinto de Carvalho; estudo introdutório de Goffredo Telles Júnior. Rio de Janeiro: Ediouro, s.d. p. 37) consignou que "os lugares-comuns [*topos*] aplicam-se indistintamente às questões de Direito, de Física, de Política e a muitas outras matérias de espécie diferente".

[107] Explica Juan Antonio Garcia Amado (*Teorias de la tópica jurídica*. Madri: Civitas, 1988. p. 365) que "*cuando en la tópica jurídica se sostiene que la ley es un tópico más entre los otros, no se está proponiendo la abolición práctica de la vinculación a las normas positivas, sino afirmando que en la praxis jurídica real la ley se suele invocar como criterio decisorio en concurrencia con otros 'tópicos', tales como principios generales del Derecho, argumentos analógicos, máximas jurídicas, principios de Derecho natural, postulados de sentido común, etc.*".

outro.[108] Existem dois *topoi* que devem necessariamente ser considerados nas hipóteses de irreversibilidade recíproca, sob pena de a decisão ter uma fundamentação insuficiente.

Há que se considerar, primeiramente, o *topos da irreparabilidade do dano*, intimamente ligado ao tema da irreversibilidade.[109] Admitir que todo dano é *reparável* pecuniariamente é aceitar a possibilidade de violação de todo o direito subjetivo, desde que haja ulterior indenização. Tal postura determinaria o fim da tutela de urgência. Por outro lado, entender que todo dano é reversível economicamente culminaria com a denegação de liminares para os carentes de recursos.

Adverte Humberto Theodoro Jr., não se pode transferir o risco de dano da parte autora para a parte ré.[110] Na verdade, o dano irreparável nada mais é que o "perigo de irreversibilidade", que existe para o autor de nunca mais poder exercer um direito que entende ser seu.[111] Daí não ser

---

[108] Seguimos a linha de pensamento de CAMARGO, Margarida Lacombe. Interpretação constitucional. In:_____ (Org.). *1988-1998*: uma década de Constituição. Rio de Janeiro: Renovar, 1999. p. 435 e ss. Nesse estudo, a autora realiza irretocável análise de caso envolvendo concurso público para juiz substituto, ensinando como trabalhar com os *topoi*.

[109] Nos autos do processo de revisão de pensão movida contra o Montepio dos Funcionários do Município de Porto Alegre, entendeu-se que "dado o caráter alimentar da ação de revisão de pensão, não deve ser aplicado o requisito da irreversibilidade, pois a restrição generalizada e indistinta estatuída no §2º do art. 273 do CPC privilegia demasiadamente, e de forma engessada, o ponto de vista da parte demandada em detrimento do autor da providência". O des. João Pedro Freire assim votou: "entendo presente o requisito do *fumus boni iuris*, pois o art. 40, §5º, da CF não deixava margem a dúvida ou entredúvida, ao estabelecer que a pensão devida aos dependentes do funcionário público deveria corresponder à totalidade dos vencimentos ou proventos do servidor falecido. Também o Supremo Tribunal Federal não só proclamou sua autoaplicabilidade como também esclareceu que a expressão contida no referido artigo ('até o limite estabelecido em lei') referia-se ao teto dos servidores (*v.g.*, Agravo Regimental no Mandado de Injunção nº 274-DF, Pleno, "RTJ" nº 152/357)". E a seguir consignou: "Também entendo presente o pressuposto do receio de lesão, dada a inafastável natureza alimentar da pensão, pois, mesmo havendo meios suficientes para garantia da futura execução, o prejuízo do provável credor verifica-se pela permanência do estado de insatisfação do direito, em razão das naturais dilações do procedimento ordinário. Noto que a pensão bruta atualmente recebida pela agravante é da ordem de R$ 224,14 (fl. 18), a evidenciar ainda com mais força o permanente estado de insatisfação e, assim, o *periculum in mora*. Por fim, quanto à alegada irreversibilidade da antecipação, penso que o requisito negativo da irreversibilidade não deve ser aplicado às espécies de natureza alimentar como a dos autos, pois a restrição generalizada e indistinta estatuída no §2º do art. 273 do CPC trata o problema de forma míope, por privilegiar demasiadamente e de forma engessada o ponto de vista da parte demandada, em detrimento do autor da providência. Este também pode estar em risco de sofrer prejuízo irreparável, como ocorre no caso *sub judice*. Essa realidade determina a validade relativa da regra mencionada, pois sempre que se verificar o conflito de valores, o Juiz haverá de inclinar-se pelo provável titular do direito em discussão, sob pena de dificultar o acesso à jurisdição, com violação evidente da garantia assegurada no inc. XXXV do art. 5º da Constituição da República. Lembro que o poder do legislador infraconstitucional não chega ao ponto de pretender interferir em direitos fundamentais, reduzindo ou enfraquecendo algum em detrimento de outro" (AI nº 70000544395, 6ª Câmara Cível, Porto Alegre. *Revista de jurisprudência do TJRS*, a. XXXV, n. 201, ago. 2000).

[110] *Curso de direito processual civil*. 33. ed. Rio de Janeiro: Forense, 2002. vol. II, p. 563.

[111] Observa José Roberto dos Santos Bedaque (*Tutela cautelar e tutela antecipada*, op. cit., p. 340) que o pressuposto do dano irreparável é justamente a impossibilidade de retorno ao estado anterior, vale dizer, a irreversibilidade. No mesmo sentido, Calmon de Passos ("Da antecipação da tutela", op. cit., p. 210), explicando que "há, numa e noutra hipótese, o *risco*, isto é, algo entre a certeza, que elimina toda e qualquer dúvida, e a impossibilidade de firmar um juízo fundado e seguro".

estranho que alguns chamem o dano irreparável de *periculum in mora*, reservando a expressão *periculum in mora* inverso para a irreversibilidade.[112] A propósito, Giovanni Arieta chega mesmo a definir a *irreparabilità* como um *pregiudizio di carattere irreversibile alla realizzazione del diritto*.[113]

Reafirme-se que a técnica adequada para a resolução de conflitos nos casos de irreparabilidade ou irreversibilidade recíproca é a ponderação. Houve no Rio de Janeiro, certa vez, o caso de uma pessoa cega que foi impedida de entrar no Theatro Municipal com o seu cão-guia. Se o magistrado negasse o requerimento liminar, o dano seria irreparável, já que, realizado o concerto, perderia o processo seu objeto, sendo, igualmente, *irreversível o fato*. Nesse caso, inúmeros *topoi* foram invocados contra o argumento de que não se poderia colocar a plateia em risco por causa de um cachorro.

Certamente, um ataque a pessoas do teatro ou latidos durante o espetáculo também constituiriam fatos irreversíveis. Mas, considerando que era um cão-guia e, portanto, especialmente treinado, não haveria esse perigo. A pessoa portadora de deficiência visual possuía, ainda, uma especial autorização da Secretaria Municipal de Saúde para ingressar em locais públicos com o seu cão.

Após impetrar o *writ* cabível, a pessoa com deficiência visual conseguiu decisão favorável. É um caso deveras envolvente, em que um *interesse individual* foi tutelado em detrimento do *interesse da coletividade* que queria, seguramente, não correr o risco de que o cão atrapalhasse o espetáculo.

Em segundo lugar, cumpre examinar o *topos da ponderação das consequências*. Às vezes, o caráter programático de algumas normas constitucionais, que descansam no ordenamento constitucional apenas como promessas, pode trazer consequências indesejáveis a uma nação que cultue os direitos fundamentais. É o caso do art. 196 da Carta de 1988: "A saúde é direito de todos e dever do Estado, garantido mediante políticas sociais e econômicas que visem à redução do risco de doença e de outros agravos e ao acesso universal e igualitário às ações e serviços para sua promoção, proteção e recuperação". Mas um Poder Judiciário consciente pode e deve concretizar tais preceitos, suprindo a omissão legislativa. Assim, têm decidido os tribunais que a administração deve fornecer medicamentos para doentes sem recursos financeiros, portadores de doença incurável.[114] O direito à vida sempre prevalece sobre o interesse meramente patrimonial.

---

[112] Nesse sentido: Antônio Claudio da Costa Machado, *Tutela antecipada*, op. cit., p. 483-484.

[113] *I provvedimenti d'urgenza*. 2. ed. Padova: Cedam, 1985. p. 129. Noticia Isabel Celeste Fonseca (*Introdução ao estudo sistemático da tutela cautelar no processo administrativo*, op. cit., p. 164 e 195) que desde 1970 a expressão "prejuízo irreversível" é utilizada como sinônimo de "prejuízo grave" e "dano irreparável" no Tribunal de Justiça das Comunidades Europeias, e que desde 1957, por criação jurisprudencial, este realiza a concreta ponderação de interesses em jogo, levando em conta obrigatoriamente o interesse da comunidade.

[114] Em caso de pacientes com Aids sem recursos financeiros, já se decidiu no Supremo Tribunal Federal: "O direito público subjetivo à saúde representa prerrogativa jurídica indisponível, assegurada à generalidade

O tema está ligado à *dimensão social do processo*. Com efeito, o magistrado, em sua decisão, deve estar atento a três momentos: 1) o *problema* a ele submetido; 2) a *resposta normativa* que deve dar aos jurisdicionados; 3) o *impacto* de sua decisão.[115] Ora, existe grande responsabilidade para a função jurisdicional, que não se esgota na sentença, mas vai além: alcança as consequências. Com isso, há o reconhecimento da perspectiva dos consumidores, e não só a dos produtores do direito.[116]

Nessa linha de raciocínio, em assuntos de enorme complexidade, *v.g.*, em que no polo passivo da demanda está uma agência reguladora que autorizou o aumento de preço de certo serviço e, de outro, consumidores que cobram daquela as razões para o aumento, deve o magistrado, em sede liminar, ordenar a suspensão da autorização, fazendo plena aplicação do *topos quieta non movere*. Afinal, os consumidores têm direito à informação e transparência nas relações.

Sugere Neyton Fantoni Júnior um referencial prático para a avaliação do perigo de irreversibilidade, de modo que deve o juiz realizar "uma análise prospectiva, através de operação mental que projete a situação fática para o futuro e ofereça a antevisão de suas consequências jurídicas, permitindo, assim, a elaboração de um juízo hipotético, à luz da situação concreta exposta na petição inicial".[117]

---

das pessoas pela própria Constituição da República (art. 196). Traduz bem jurídico constitucionalmente tutelado, por cuja integridade deve velar, de maneira responsável, o Poder Público, a quem incumbe formular e implementar políticas sociais e econômicas que visem a garantir, aos cidadãos, o acesso universal e igualitário à assistência médico-hospitalar. O caráter programático da regra inscrita no art. 196 da Carta Política que tem por destinatários todos os entes políticos que compõem, no plano institucional, a organização federativa do Estado brasileiro não pode converter-se em promessa constitucional inconsequente, sob pena de o Poder Público, fraudando justas expectativas nele depositadas pela coletividade, substituir, de maneira ilegítima, o cumprimento de seu impostergável dever, por um gesto irresponsável de infidelidade governamental ao que determina a própria Lei Fundamental do Estado. A legislação editada pelo Estado do Rio Grande do Sul (consubstanciada nas Leis nºˢ 9.908/93, 9.828/93 e 10.529/95), ao instituir programa de distribuição gratuita de medicamentos a pessoas carentes, dá efetividade a preceitos fundamentais da Constituição da República (arts. 5º, *caput*, e 196) e representa, na concreção do seu alcance, um gesto reverente e solidário de apreço à vida e à saúde das pessoas, especialmente daquelas que nada têm e nada possuem, a não ser a consciência de sua própria humanidade e de sua essencial dignidade. Precedentes do Supremo Tribunal Federal". E mais adiante ficou registrado: "Tal como pude enfatizar, em decisão por mim proferida no exercício da Presidência do Supremo Tribunal Federal, em contexto assemelhado ao da presente causa (Petição nº 1.246-SC), entre proteger a inviolabilidade do direito à vida e à saúde, que se qualifica como direito subjetivo inalienável, assegurado a todos pela própria Constituição da República (arts. 5º, *caput*, e 196), ou fazer prevalecer, contra essa prerrogativa fundamental, um interesse financeiro e secundário do Estado, entendo uma vez configurado esse dilema que razões de ordem ético-jurídica impõem ao julgador uma só e possível opção: aquela que privilegia o respeito indeclinável à vida e à saúde humana, notadamente daqueles, como os ora recorridos, que têm acesso, por força de legislação local, ao programa de distribuição gratuita de medicamentos, instituído em favor de pessoas carentes" (Relator: Celso de Mello, Recurso Extraordinário nº 267.612-8. *Revista de Jurisprudência do TJRS*, a. XXXVI, n. 206, jun. 2001).

[115] CAPPELLETTI, Mauro. Problemas de reforma do processo civil nas sociedades contemporâneas. *Revista de Processo*, v. 65, p. 130, jan./mar. 1992.

[116] Ibid.

[117] A tutela antecipada à luz da efetividade da CF e do prestígio da função jurisdicional. *Revista de Processo*, a. 22, v. 86, p. 43, abr./jun. 1997.

Por derradeiro, ao ponderar os interesses em jogo, não deve o intérprete desconsiderar os precedentes dos tribunais. Se a jurisprudência é pacífica na proteção de certos valores em situações fáticas que possuem alguma regularidade, deve isso entrar em consideração no manejo da técnica, de modo a não violar o disposto no art. 926 do CPC de 2015.

12. Conclusão

A noção de irreversibilidade — impossibilidade de retorno à situação anterior — não suscita maiores questionamentos. Dificuldades surgem, todavia, quando do uso do termo. De fato, a redação do §3º do art. 300 do CPC em vigor trata da "irreversibilidade dos efeitos da decisão", e não mais do "provimento antecipado" (CPC de 1973). Afinal, a irreversibilidade ali é fática ou jurídica? A conclusão é de que são dois problemas que comportam tratamentos distintos. Na *irreversibilidade jurídica*, veda-se a antecipação de tutela constitutiva e declaratória, com o objetivo de que a segurança jurídica não seja abalada. Na *irreversibilidade fática*, havendo irreversibilidade recíproca, não há motivo para negar uma tutela jurisdicional tempestiva quando o autor apresentar argumentos plausíveis que demonstrem que seu interesse, do ponto de vista constitucional, é mais valioso que o interesse do réu. Esta última hipótese abre um enorme espaço para o manejo da técnica da ponderação.

Se o uso do termo irreversibilidade comporta dois sentidos diversos, há alguma vantagem na utilização do termo? Não seria melhor trabalhar com a expressão *periculum in mora* inverso? A prestabilidade da palavra irreversibilidade é ratificada na medida em que ela permite trabalhar com inúmeras situações fáticas existentes. Assim, parece razoável tratar na "moldura da irreversibilidade", agrupando, além da irreversibilidade jurídica, os casos possíveis na *irreversibilidade fática*: a) reversibilidade específica; b) reversibilidade pelo equivalente prático; c) reversibilidade meramente pecuniária.

Ao estabelecer no art. 300, §3º, do CPC, o dogma do indeferimento em caso de irreversibilidade, pretendeu o legislador pátrio assegurar o *due process of law*, isto é, a garantia de que o réu não terá sua liberdade restringida ou será privado de seus bens sem que haja contraditório e oportunidade para apresentar defesa. Houve algum excesso legislativo? No teste da proporcionalidade, o dogma se revela *adequado*. Realmente, ele é meio apto a preservar o devido processo legal. Tal dogma é, igualmente, *necessário*. Embora seja uma intervenção gravosa, nenhuma outra seria tão eficaz na manutenção do *status quo* do demandado. Contudo, em alguns casos, pode o indeferimento de uma liminar ser extremamente gravoso para o autor, causando sacrifício muito mais relevante que o deferimento causaria à esfera jurídica do demandado. É de rigor, então, que seja feita uma interpretação conforme a Constituição, não sendo possível respeitar a escolha do legislador em todos os casos.

Ninguém mais pode duvidar que a técnica da *subsunção* seja insuficiente para resolver todos os casos jurídicos. Também não se pode mais contestar, hodiernamente, a imprescindibilidade da técnica da *ponderação* na tarefa de interpretar o direito, já que introduz enfoques axiológicos e permite uma maior mobilidade do magistrado na realização da justiça. O juiz, no entanto, não recebe um cheque em branco para decidir. Ele terá de observar alguns parâmetros, como o §2º do art. 489 e o art. 926 do CPC em vigor.

REFERÊNCIAS

ALEXY, Robert. *Colisão e ponderação como problema fundamental da dogmática dos direitos fundamentais*. Palestra proferida na Fundação Casa de Rui Barbosa; tradução de Gilmar Ferreira Mendes. Rio de Janeiro, 10 dez. 1998.

____. Sistema jurídico, principios jurídicos e razón práctica. In: ____. *Derecho y razón práctica*. Tradução de Manuel Atienza. Reimp. México: Fontamara, 2002.

____. *Theorie der Grundrechte*. 3. ed. Frankfurt: Suhrkamp, 1996.

AMARAL, Francisco. *Direito civil*: introdução. 5. ed. Rio de Janeiro: Renovar, 2003.

AMARAL, Júlio de Paula. *Tutela antecipatória*. São Paulo: Saraiva, 2001.

ANDRADE, José Carlos Vieira de. *Os direitos fundamentais na Constituição portuguesa de 1976*. 2. ed. Coimbra: Almedina, 2001.

ARAGÃO, Egas Moniz de. Alterações no Código de Processo Civil: tutela antecipada, perícia. In: TEIXEIRA, Sálvio de Figueiredo (Coord.). *Reforma do Código de Processo Civil*. São Paulo: Saraiva, 1996.

____. Medidas cautelares inominadas. *Revista Brasileira de Direito Processual*, Rio de Janeiro, v. 57, 1. trim. 1988.

____. Poder cautelar do juiz. *Revista de Direito da Procuradoria Geral do RJ*, v. 42, 1990.

ARIETA, Giovanni. *I provvedimenti d'urgenza*. 2. ed. Padova: Cedam, 1985.

ARISTÓTELES. *Arte retórica e arte poética*. 14. ed. Tradução de Antônio Pinto de Carvalho; estudo introdutório de Goffredo Telles Júnior. Rio de Janeiro: Ediouro, s.d.

____. Ética a Nicômaco. In: ____. *Os pensadores*. São Paulo: Nova Cultural, 1996.

ARRUDA ALVIM, José Manoel de. Anotações sobre alguns aspectos das modificações sofridas pelo processo hodierno entre nós. *Revista de Processo*: estudos em homenagem ao min. Sálvio de Figueiredo Teixeira, a. 25, v. 97, jan./mar. 2000.

____. Tutela antecipatória (algumas noções — contrastes e coincidências em relação às medidas cautelares satisfativas). In: TEIXEIRA, Sálvio de Figueiredo (Coord.). *Reforma do Código de Processo Civil*. São Paulo: Saraiva, 1996.

ASSIS, Araken. Antecipação de tutela. In: WAMBIER, Teresa (Coord.). *Aspectos polêmicos da antecipação da tutela*, São Paulo: Revista dos Tribunais, 1997.

ÁVILA, Humberto Bergmann. *Teoria dos princípios*. 2. ed. São Paulo: Malheiros, 2003.

BARBOSA MOREIRA, José Carlos. A antecipação da tutela jurisdicional na reforma do Código de Processo Civil. *Revista de Processo*, a. 21, v. 81, jan./mar. 1996.

____. A tutela de urgência num episódio recente da história política brasileira. In: ____. *Temas de direito processual*. São Paulo: Saraiva, 2001. Sétima Série.

____. As reformas do Código de Processo Civil: condições de uma avaliação objetiva. In: ____. *Temas de direito processual*. São Paulo: Saraiva, 1997. Sexta Série.

____. Efetividade do processo e técnica processual. In: ____. *Temas de direito processual civil*. São Paulo: Saraiva, 1997. Sexta Série.

____. Le misure cautelari nel processo latino-americano. In: ____. *Temas de direito processual civil*. São Paulo: Saraiva, 1997. Sexta Série.

BARROS, Suzana Toledo de. *O princípio da proporcionalidade e o controle de constitucionalidade das leis restritivas de direitos fundamentais*. 2. ed. Brasília: Brasília Jurídica, 2000.

BARROSO, Luís Roberto. *Interpretação e aplicação da Constituição*. 2. ed. São Paulo: Saraiva, 1998.

BAUMBACH, Adolf et al. *Zivilprozebordnung*: Beck'tche Kurz-Kommentare. 60. ed. Band. 1, 2002.

BAUR, Fritz. *Tutela jurídica mediante medidas cautelares*. Tradução de Armindo Laux. Porto Alegre: Sergio Antonio Fabris, 1985.

BEDAQUE, José Roberto dos Santos. *Tutela cautelar e tutela antecipada*: tutelas sumárias e de urgência. 2. ed. São Paulo: Malheiros, 2001.

BELLINETTI, Luiz Fernando. Irreversibilidade do provimento antecipado. In: WAMBIER, Teresa (Coord.). *Aspectos polêmicos da antecipação da tutela*. São Paulo: Revista dos Tribunais, 1997.

BERMUDES, Sergio. *A reforma do Código de Processo Civil*. 2. ed. São Paulo: Saraiva, 1996.

BONAVIDES, Paulo. *Curso de direito constitucional*. 10. ed. São Paulo: Malheiros, 2000.

BROX, Hans; WALKER, Wolf-D. *Zwangsvollstreckungsrecht*. 5. ed. Bonn: Heymanns Verlag, 1996.

CÂMARA, Alexandre Freitas. *Lições de direito processual civil*. 3. ed. Rio de Janeiro: Lumen Juris, 2001. v. 3.

CAMARGO, Margarida Maria Lacombe. Eficácia constitucional: uma questão hermenêutica. In: BOUCAULT, Carlos; RODRIGUEZ, José Rodrigo (Org.). *Hermenêutica plural*. São Paulo: Martins Fontes, 2002.

____. *Hermenêutica e argumentação*. 2. ed. Rio de Janeiro: Renovar, 2001.

____. Interpretação constitucional. In: ____ (Org.). *1988-1998*: uma década de Constituição. Rio de Janeiro: Renovar, 1999.

CAPPELLETTI, Mauro. *Fundamental guarantees of the parties in civil litigation*. Milão: Giuffrè, 1973.

____. Problemas de reforma do processo civil nas sociedades contemporâneas. *Revista de Processo*, v. 65, jan./mar. 1992.

____; GARTH, Bryant. *Acesso à justiça*. Tradução de Ellen Gracie Northfleet. Porto Alegre: SAF, 1988.

CARNEIRO, Athos Gusmão. *Da antecipação da tutela*. 3. ed. Rio de Janeiro: Forense, 2002.

____. Direitos individuais homogêneos, limitações à sua tutela pelo Ministério Público. *Revista Forense*, a. 97, v. 356, jul./ago. 2001.

CARNEIRO, Paulo Cezar Pinheiro. *Acesso à justiça*. 2. ed. Rio de Janeiro: Forense, 2003.

CARNELUTTI, Francesco. *Diritto e processo*. Nápoles: Morano, 1958.

____. *Sistema del dirittto processuale civile*. Padova: Cedam, 1936. v. 1.

CARREIRA ALVIM, J. E. *Ação monitória e temas polêmicos da reforma processual*. 3. ed. Belo Horizonte: Del Rey, 2001.

____. Medidas cautelares satisfativas. *Cadernos de Direito Tributário e Finanças Públicas*, v. 7, 1994.

CHIOVENDA, Giuseppe. *Instituições de direito processual civil*. Tradução da 2. ed. italiana por J. Guimarães Menegale. São Paulo: Saraiva, 1965. v. I.

____. *Dell'azione nascente dal contratto preliminare*. In: ____. *Saggi di diritto processuale civile*. Milão: Giuffré, 1993. v. I.

____. *Principii di diritto processuale civile*. 4. ed., 2. tir. Nápoles: Nicola Jovene E. C., 1928.

COMOGLIO, Luigi Paolo. Giurisdizione e processo nel quadro delle garanzie constituzionali. *Rivista Trimestrale di Diritto e Procedura Civile*, a. XLVIII, 1994.

____; FERRI, Conrado; TARUFFO, Michele. *Il procedimento cautelare*. In: *Lezioni sul processo civile*. Bolonha: Il Mulino, 1995.

____. I provvedimenti anticipatori. In: *Lezioni sul processo civile*. Bolonha: Il Mulino, 1995.

CUNHA, Alcides Munhoz. *Comentários ao Código de Processo Civil*. São Paulo: Revista dos Tribunais, 2001. v. 11.

DAMM, Reinhard. Achtes Buch: Zwangsvollstreckung — Fünfter Abschnitt: Arrest und einstweilige Verfügung. In: ____. *Alternativ-Kommentar zurZivilprozebordnung*. Darmstadt: Hermann Luchterhand, 1987.

DIDIER JR., Fredie; BRAGA, Paula Sarno; OLIVEIRA, Rafael Alexandria de. *Curso de direito processual civil*. 11. ed. Salvador: Juspodivm, 2016. v. 2.

DINAMARCO, Cândido Rangel. *A instrumentalidade do processo*. 6. ed. São Paulo: Malheiros, 1998.

____. *A reforma da reforma*. 2. ed. São Paulo: Malheiros, 2002.

____. *A reforma do Código de Processo Civil*. 5. ed. São Paulo: Malheiros, 2001.

____. O regime jurídico das medidas urgentes. *Revista Forense*, a. 97, v. 356, jul./ago. 2001.

DITTRICH, Lotario. Il provvedimento d'urgenza. In: TARZIA, G. *Il nuovo processo cautelare*. Padova: Cedam, 1993.

DWORKIN, Ronald. *Taking rights seriously*. 17. tir. Cambridge: Harvard University Press, 1999.

FABRÍCIO, Adroaldo Furtado. Breves notas sobre provimentos antecipatórios, cautelares e liminares. In: MOREIRA, José Carlos Barbosa (Coord.). *Estudos de direito processual em homenagem a Luiz Machado Guimarães*. 2. tir. Rio de Janeiro: Forense, 1999.

FADEL, Sérgio Sahione. *Antecipação da tutela no processo civil*. 2. ed. São Paulo: Dialética, 2002.

FANTONI JÚNIOR, Neyton. A tutela antecipada à luz da efetividade da CF e do prestígio da função jurisdicional. *Revista de Processo*, a. 22, v. 86, abr./jun. 1997.

FERRAJOLI, Luigi. O Direito como sistema de garantias. In: OLIVEIRA JR., José Alcebíades de (Org.). *O novo em direito e política*. Porto Alegre: Livraria do Advogado, 1997.

FERREIRA FILHO, Manoel Gonçalves. *Direitos humanos fundamentais*. 4. ed. São Paulo: Saraiva, 2000.

FIGUEIRA JR., Joel Dias. *Comentários ao Código de Processo Civil*. São Paulo: Revista dos Tribunais, 2001. v. 4, t. I.

FONSECA, Isabel Celeste M. *Introdução ao estudo sistemático da tutela cautelar no processo administrativo*. Coimbra: Almedina, 2002.

FRIEDENTHAL, Jack H.; KANE, Mary Kay; MILLER, Arthur R. *Civil procedure*. 4. ed. St. Paul, MN: West Academic Publishing, 2005.

FUX, Luiz. *Tutela de segurança e tutela da evidência*. São Paulo: Saraiva, 1996.

GAJARDONI, Fernando et al. *Teoria geral do processo*: comentários ao CPC de 2015. São Paulo: Forense, 2015.

GARCIA AMADO, Juan Antonio. *Teorias de la tópica jurídica*. Madri: Civitas, 1988.

GERALDES, António Santos Abrantes. *Temas da reforma do processo civil*. 2. ed. Coimbra: Almedina, 2000. v. III.

GRECO, Leonardo. Eficácia da declaração erga omnes de constitucionalidade ou inconstitucionalidade em relação à coisa julgada anterior. In: ROCHA, Valdir de Oliveira (Coord.). *Problemas de processo judicial tributário*. São Paulo: Dialética, 2002. v. 5.

_____. Execução de liminar em sede de mandado de segurança. *Revista de Direito da Associação dos Procuradores do Novo Estado do Rio de Janeiro (Direito Processual Civil)*, Rio de Janeiro, v. X, 2002.

_____. Garantias fundamentais do processo: o processo justo. *Revista Jurídica*, v. 305, mar. 2003.

_____. *Processo de execução*. Rio de Janeiro: Renovar, 2001. v. 2.

GRUNSKY, Wolfgang. Grundlagen des einstweiligen Rechtsschutzes. *Juristische Schulung*, Heft 5, 1976.

HECK, Philipp. *El problema de la creación del derecho*. Tradução de Manuel Entenza. Granada: Comares, 1999.

HESSE, Konrad. *Grundzüge des Verfassungsrechts der Bundesrepublik Deutschland*. 20. ed. Heidelberg: C. F. Müller, 1995.

HORN, *Einführung in der Rechtwissenschaft und Rechtsphilosophie*. 2. ed. Heidelberg: Müller, 2001.

HUERGO LORA, *Las pretensiones de condena en el contencioso-administrativo*. Navarra: Aranzadi, 2000.

KIRCHHOF, Pablo. La jurisprudencia constitucional de los derechos fundamentales. In: PINA, Antonio López (Coord.). *La garantía constitucional de los derechos fundamentales*: Alemania, España, Francia, Italia. Madri: Civitas, 1991.

KRAUSS, Rupprecht v. *Der Grunsatz der Verhältnismässigkeit*. Hamburgo: Kommissionsverlag Ludwig Appel, 1955.

LACERDA, Galeno. *Comentários ao Código de Processo Civil*. 7. ed. Rio de Janeiro: Forense, 1998. v. VIII, t. I.

LAMÊGO, José. *Hermenêutica e jurisprudência*. Lisboa: Fragmentos, 1990.

LARENZ, Karl. *Metodologia da ciência do direito*. Tradução de José Lamêgo. 3. ed. Lisboa: Fund. Calouste Gulbenkian, 1997.

MACHADO, Antônio Cláudio da Costa. *Tutela antecipada*. 3. ed. São Paulo: Juarez de Oliveira, 1999.

MANDRIOLI, Crisanto. *Corso di diritto processuale civile*. Editio minor. Turim: G. Giappicheli Editore, 2000. v. III.

MARIN, Carmen Chinchchilla. *La tutela cautelar en la nueva justicia administrativa*. Madri: Civitas, 1991.

MARINONI, Luiz Guilherme. O direito à adequada tutela jurisdicional. *Revista dos Tribunais*, v. 663, jan. 1991.

_____. *Tutela cautelar e tutela antecipada*. São Paulo: Revista dos Tribunais, 1992.

_____. A tutela antecipatória nas ações declaratória e constitutiva. In: WAMBIER, Teresa (Coord.). *Aspectos polêmicos da antecipação da tutela*. São Paulo: Revista dos Tribunais, 1997.

_____. *A antecipação da tutela*. 4. ed. São Paulo: Malheiros, 1998.

_____. Garantia da tempestividade da tutela jurisdicional. In: TUCCI, José Rogério Cruz e (Coord.). *Garantias constitucionais do processo civil*. 1. ed., 2. tir. São Paulo: Revista dos Tribunais, 1998.

MARINS, Victor Bonfim. Antecipação da tutela e tutela cautelar. In: WAMBIER, Teresa (Coord.). *Aspectos polêmicos da antecipação da tutela*. São Paulo: Revista dos Tribunais, 1997.

MEDINA, José Miguel Garcia. A tutela antecipatória e o perigo de irreversibilidade do provimento. *Revista de Processo*, v. 86, abr./jun. 1997.

_____. Tutela antecipatória e o perigo da irreversibilidade do dano. *Revista de Processo*, a. 23, v. 91, jul./set. 1998.

MENDES, Aluisio Gonçalves de Castro. *Ações coletivas no direito comparado e nacional*. São Paulo: Revista dos Tribunais, 2002. (Coleção Temas atuais de direito processual civil, v. 4).

MENDES, Gilmar Ferreira. *Direitos fundamentais e controle de constitucionalidade*. 2. ed. São Paulo: Celso Bastos, 1999.

_____; COELHO, Inocêncio Mártires; BRANCO, Paulo Gustavo Gonet. *Hermenêutica constitucional e direitos fundamentais*. Brasília: Brasília Jurídica, 2000.

MIRANDA NETTO, Fernando Gama de. *A ponderação de interesses na tutela de urgência irreversível*. Rio de Janeiro: Lumen Juris, 2005.

NEGRÃO, Theotonio. *Código de Processo Civil e legislação processual em vigor*. 31. ed. São Paulo: Saraiva, 2000.

NERY JR., Nelson. *Princípios do processo civil na Constituição federal*. 5. ed. São Paulo: Revista dos Tribunais, 1999.

_____. Procedimentos e tutela antecipatória. In: WAMBIER, Teresa (Coord.). *Aspectos polêmicos da antecipação da tutela*. São Paulo: Revista dos Tribunais, 1997.

NERY JR., Nelson; NERY, Rosa Maria Andrade. *Código de Processo Civil comentado*. 4. ed. São Paulo: Revista dos Tribunais, 1999.

OLIVEIRA, Carlos Alberto Álvaro de. Alcance e natureza da tutela antecipatória. In: MOREIRA, José Carlos Barbosa (Coord.). *Estudos de direito processual em homenagem a Luiz Machado Guimarães*. 1. ed., 2. tir. Rio de Janeiro: Forense, 1999.

OLIVEIRA, Carlos Alberto Alvaro de; LACERDA, Galeno. *Comentários ao Código de Processo Civil*. 3. ed., 2. tir. Rio de Janeiro: Forense, 1998. v. VIII, t. II.

PASSOS, José Joaquim Calmon de. *Comentários ao Código de Processo Civil*. 8. ed. Rio de Janeiro: Forense, 1998. v. III.

_____. *Comentários do Código de Processo Civil*. São Paulo: Revista dos Tribunais, 1984. v. X, t. I.

_____. Da antecipação da tutela. In: TEIXEIRA, Sálvio de Figueiredo (Coord.). *Reforma do Código de Processo Civil*. São Paulo: Saraiva, 1996.

PAULA, Jônatas L. M. de. *Comentários ao Código de Processo Civil*. 2. ed. Baueri: Manoli, 2003. v. 2.

PENNA, Newton; OLIVEIRA, Fábio Cesar; ANCIÃES, Marta. O perigo de irreversibilidade na antecipação de tutela. *Revista de Processo*, São Paulo, v. 27, n. 106, p. 84-101, abr./jun. 2002.

PEREIRA, Valter. *Parecer* (Projeto de Lei n. 166 do Senado sobre o novo Código de Processo Civil). Disponível em: <www.senado.gov.br/atividade/materia/getPDF.asp?t=84495>. Acesso em: 4 abr. 2016.

PIEROTH, Bodo; SCHLINK, Bernhard. *Grundrechte Staatsrecht II*. 14. ed. Heidelberg: C.F. Müller, 1998.

PONTES, Helenilson Cunha. *O princípio da proporcionalidade e o direito tributário*. São Paulo: Dialética, 2000.

PONTES DE MIRANDA, Francisco Cavalcanti. *Comentários ao Código de Processo Civil*. 2. ed., atualização da obra de 1976 por Sérgio Bermudes. Rio de Janeiro: Forense, 2003. t. XII.

RADBRUCH, Gustav. *Filosofia do direito*. Tradução e prefácio de L. Cabral de Moncada. 6. ed. Coimbra: Armênio Amado, 1997.

REIS, Alberto dos. *Código de Processo Civil anotado*. 3. ed., reimp. da obra de 1948. Coimbra: Coimbra, 1982. v. I.

RODRÍGUEZ SANTIAGO, José María. *La ponderación de bienes e intereses en el derecho administrativo*. Madri: Marcial Pons, 2000.

RÖHL, Klaus F. *Allgemeine Rechtslehre*: Ein Lehrbuch. 2. ed. Berlim: Carl Heymanns Verlag KG, 2001.

RORIZ, Liliane. *Conflito entre normas constitucionais*. 2. ed. Rio de Janeiro: América Jurídica, 2002.

RÜTHERS, Bernd. *Rechtstheorie*. Munique: Beck, 1999.

SANTOS, Ernane Fidélis dos. Antecipação da tutela satisfativa na doutrina e na jurisprudência. *Revista de Processo*, a. 25, v. 97, jan./mar. 2000.

SARMENTO, Daniel. *A ponderação de interesses na Constituição Federal*. Rio de Janeiro: Lumen Juris, 2000.

SATTA, Salvatore; PUNZI, Carmine. *Diritto processuale civile*. 12. ed. Padova: Cedam, 1996.

SILVA, Luís Virgílio Afonso da. O proporcional e o razoável. *Revista dos Tribunais*, v. 798, abr. 2002.

SILVA, Ovídio Baptista da. *A ação cautelar inominada no direito brasileiro*. 4. ed. Rio de Janeiro: Forense, 1994.

_____. A "antecipação" da tutela na recente reforma processual. In: TEIXEIRA, Sálvio de Figueiredo (Coord.). *Reforma do Código de Processo Civil*. São Paulo: Saraiva, 1996.

_____. *Curso de processo civil*. 2. ed. São Paulo: Revista dos Tribunais, 1998. v. 3.

_____. Decisões interlocutórias e sentença liminar. In: _____. *Da sentença liminar à nulidade da sentença*. Rio de Janeiro: Forense, 2001.

_____. *Do processo cautelar*. 3. ed., 2. tir. Rio de Janeiro: Forense, 2001.

_____. *Jurisdição e execução na tradição romano-canônica*. 2. ed. São Paulo: Revista dos Tribunais, 1997.

_____. Reforma dos processos de execução e cautelar. *Revista da Associação dos Juízes do Rio Grande do Sul (Ajuris)*, a. XXIII, v. 68, nov. 1996.

TEPLITZKY, Otto. Arrest und einstweilige Verfügung. *Juristische Schulung*, Heft 12, 1980.

TESHEINER, José Maria. Antecipação de tutela e litisregulação (estudo em homenagem a Athos Gusmão Carneiro). *Revista Jurídica*, Porto Alegre, a. 48, v. 274, ago. 2000.

THEODORO JR., Humberto. *Curso de direito processual civil*. 33. ed. Rio de Janeiro: Forense, 2002.

_____. Tutela antecipada. In: WAMBIER, Teresa (Coord.). *Aspectos polêmicos da antecipação de tutela*. São Paulo: Revista dos Tribunais, 1997.

_____. Tutela de emergência. Antecipação de tutela e medidas cautelares. In: _____. *O processo civil brasileiro no limiar do novo século*. 2. ed. Rio de Janeiro: Forense, 2001.

_____. *Tutela jurisdicional de urgência*. 2. ed. Rio de Janeiro: América Jurídica, 2001.

TORRES, Ricardo Lobo. A legitimação dos direitos humanos e os princípios da ponderação e da razoabilidade. In: TORRES, Ricardo Lobo (Coord.). *Legitimação dos direitos humanos*. Rio de Janeiro: Renovar, 2002.

_____. Da ponderação de interesses ao princípio da ponderação. In: ZILLES, Urbano (Coord.). *Miguel Reale*: estudos em homenagem a seus 90 anos. Organização de Antonio Paim, Luis Alberto De Boni e Ubiratan Borges de Macedo. Porto Alegre: EDIPUCRS, 2000.

TROCKER, Nicolò. *Processo civile e Costituzione*. Milão: Giuffrè, 1974.

VARELA, Antunes; BEZERRA, J. Miguel; NORA, Sampaio e. *Manual de processo civil*. 2. ed. Coimbra: Coimbra, 1985.

VERDE, Giovanni, Il processo cautelare (osservazioni sparse sui Codici di Procedura in Italia e in Brasile). *Revista de Processo*, v. 79, jul./set. 1995.

VESPAZIANI, Alberto. *Interpretazioni del bilanciamento dei diritti fondamentali*. Padova: Cedam, 2002.

VIEHWEG, Theodor. *Topik und Jurisprudenz*. 5. ed. Munique: C.H. Beck, 1974.

WAMBIER, Teresa Arruda Alvim. Da liberdade do juiz na concessão de liminares e a tutela antecipatória. In: _____ (Coord.). *Aspectos polêmicos da antecipação da tutela*. São Paulo: Revista dos Tribunais, 1997.

YEAZELL, Stephen. *Civil procedure*. 5. ed. Nova York: Aspen Law & Business, 2000.

ZAVASCKI, Teori Albino. *Antecipação da tutela*. 3. ed. São Paulo: Saraiva, 2000.

_____. Antecipação da tutela e colisão de direitos fundamentais. In: TEIXEIRA, Sálvio de Figueiredo (Coord.). *Reforma do Código de Processo Civil*. São Paulo: Saraiva, 1996.

_____. *Título executivo e liquidação*. 2. ed. São Paulo: Revista dos Tribunais, 2002.

DO PROCESSO DE CONHECIMENTO

A improcedência liminar do pedido no novo Código de Processo Civil

MARCO ANTONIO DOS SANTOS RODRIGUES

1. A duração razoável do processo e a improcedência liminar do pedido

A Emenda Constitucional nº 45/2004 trouxe ao artigo 5º da Constituição da República mais um direito fundamental processual: o direito à duração razoável do processo, constante do inciso LXXVIII desse dispositivo. Esse direito consagra aos jurisdicionados um processo sem dilações indevidas, ou seja, que o processo não se atrase indevidamente.

Nesse sentido, o novo Código de Processo Civil no artigo 4º, no capítulo que cuida das normas fundamentais do processo civil, consagra expressamente tal direito fundamental, prevendo o direito de as partes obterem a solução integral do mérito em prazo razoável. Note-se, entretanto, que corretamente o legislador não previu qual seria a duração adequada para um processo, considerando que isso depende de circunstâncias relativas ao desenvolvimento de cada relação processual.[1]

---

[1] "Portanto, o que o artigo 5º, inciso LXXVIII, da Carta Magna consagra é um direito a um processo que tramite sem dilações indevidas, ainda que necessite de uma duração considerável" (RODRIGUES, Marco Antonio dos Santos. *A modificação do pedido e da causa de pedir no processo civil*. Rio de Janeiro: GZ, 2014. p. 209). José Rogério Cruz e Tucci, por sua vez, com razão constata não ser possível fixar *a priori* uma regra específica que delimite quando a garantia da duração razoável do processo é respeitada ou não. Diante disso, informa que a Corte Europeia dos Direitos do Homem usa três critérios, a partir das circunstâncias do caso concreto, para a verificação da observância dessa garantia. São eles: a complexidade do assunto; o comportamento das partes e de seus procuradores, ou da acusação e da defesa do processo penal; e a atuação do órgão jurisdicional (TUCCI, José Rogério Cruz e. Garantia do processo sem dilações indevidas. *Revista Jurídica*, Porto Alegre, a. 48, n. 277, p. 8, nov. 2000).

O direito a um processo com prazo razoável é efetivado pelo Código de Processo Civil por meio de diferentes mecanismos que procuram trazer uma prestação jurisdicional de forma mais rápida, o que, em última análise, promove o direito ao processo célere.

A improcedência liminar do pedido, chamada pelo Código de Processo Civil de 1973 de julgamento liminar do mérito, insere-se no contexto de busca de uma tutela efetiva, porém de maneira mais célere, evitando uma desnecessária dilação processual.[2] O legislador, em prol da celeridade e da efetividade da tutela jurisdicional, permitiu que, ao realizar o juízo de admissibilidade da demanda, o juiz dispensasse a citação do réu, proferindo desde logo sentença de mérito. Passa-se, então, à análise dos requisitos para a realização de tal julgamento liminar.

2. Requisitos e hipóteses de cabimento

Inicialmente, verifica-se que o artigo 332 do novo Código de Processo Civil efetuou alteração em relação ao sistema do artigo 285-A do estatuto processual anterior. Isso porque, para o reconhecimento da improcedência liminar do pedido, a demanda deve dispensar instrução probatória, o que configura o primeiro requisito para a adoção de tal técnica. O diploma, então, abandona a ideia de que a ação que terá seu pedido apreciado de plano necessita ser exclusivamente de direito. Trata-se, com efeito, de alteração salutar, já que uma demanda dificilmente cuida apenas de norma jurídica, havendo muitas vezes fatos que estão sujeitos à subsunção a tais questões de direito.[3]

Assim, ainda que a ação proposta cuide de fatos, caso tais alegações fáticas não demandem instrução probatória, é possível ocorrer a solução liminar do mérito do processo iniciado.

O segundo requisito para a improcedência liminar, embora não expressamente arrolado no dispositivo sob análise, é que tal improcedência seja total. Se o juiz proferisse julgamen-

---

[2] Convém lembrar a clássica lição de José Carlos Barbosa Moreira, no sentido de que não necessariamente a justiça célere é adequada: "Para muita gente, na matéria, a rapidez constitui o valor por excelência, quiçá o único. Seria fácil invocar aqui um rol de citações de autores famosos, apostados em estigmatizar a morosidade processual. Não deixam de ter razão, sem que isso implique — nem mesmo, quero crer, no pensamento desses próprios autores — hierarquização rígida que não reconheça como imprescindível, aqui e ali, ceder o passo a outros valores. Se uma justiça lenta demais é decerto uma justiça má, daí não se segue que uma justiça muito rápida seja necessariamente uma justiça boa. O que todos devemos querer é que a prestação jurisdicional venha a ser melhor do que é. Se para torná-la melhor é preciso acelerá-la, muito bem: não, contudo, a qualquer preço" (MOREIRA, José Carlos Barbosa. O futuro da justiça: alguns mitos. *Revista de Processo*, v. 102, p. 232, abr./jun. 2001).

[3] "Com efeito, no processo há uma indissociável relação entre fatos e direito afirmados em juízo" (Marco Antonio dos Santos Rodrigues, *A modificação do pedido e da causa de pedir no processo civil*, op. cit., p. 50). Nessa linha, NIEVA FENOLL, Jordi. *El hecho y el derecho en la casación penal*. Barcelona: Bosch, 2000. p. 124.

to do mérito procedente em alguma medida, antes da citação do réu, isso representaria um prejuízo à esfera jurídica do demandado, sem que lhe fosse propiciado o direito ao processo e sobretudo à utilização de mecanismos para a defesa de seus interesses, a fim de influenciar a tomada de decisão do julgador.[4] Diante disso, haveria ofensa ao devido processo legal e ao contraditório.

No que diz respeito às hipóteses de cabimento da improcedência liminar, cumpre destacar que o novo Código as ampliou, em relação ao sistema do julgamento liminar de mérito constante do Código de Processo Civil de 1973, o que denota uma busca de celeridade no procedimento. São elas:

> Art. 332. Nas causas que dispensem a fase instrutória, o juiz, independentemente da citação do réu, julgará liminarmente improcedente o pedido que contrariar:
>
> I — enunciado de súmula do Supremo Tribunal Federal ou do Superior Tribunal de Justiça;
>
> II — acórdão proferido pelo Supremo Tribunal Federal ou pelo Superior Tribunal de Justiça em julgamento de recursos repetitivos;
>
> III — entendimento firmado em incidente de resolução de demandas repetitivas ou de assunção de competência;
>
> IV — enunciado de súmula de tribunal de justiça sobre direito local.

No que se refere aos casos previstos nos incisos I, II, III e IV, constata-se que a busca de celeridade no processamento da demanda de conhecimento em primeiro grau de jurisdição se alia ao prestígio à isonomia e à segurança jurídica. Procura-se, por meio de tais regras, conferir efetividade aos precedentes e gerar respeito aos entendimentos já firmados pelos tribunais superiores ou pelos tribunais locais. Nessa esteira, cumpre observar que o Superior Tribunal de Justiça, analisando o julgamento liminar de mérito por repetitivas decisões de improcedência do artigo 285-A do Código de Processo Civil anterior, já entendeu que sua aplicação depende da

---

[4] No estágio atual do processo civil, o contraditório deixou de ser visto com base meramente no binômio informação/possibilidade de defesa, passando a exigir seja possibilitado às partes o direito de influência na tomada de decisão pelo órgão jurisdicional, contribuindo para a formação da solução do conflito. Vendo o contraditório como direito de influência, à guisa de exemplo, pode-se indicar LUISO, Francesco P. *Principio del contraddittorio ed efficacia della sentenza verso terzi*. Milão: Giuffrè, 1981. p. 18; GRECO, Leonardo. O princípio do contraditório. In: _____. *Estudos de direito processual*. Campos dos Goytacazes: Ed. Faculdade de Direito de Campos, 2005. p. 545; THEODORO JÚNIOR, Humberto; NUNES, Dierle José Coelho. Uma dimensão que urge reconhecer ao contraditório no direito brasileiro: sua aplicação como garantia de influência, de não surpresa e de aproveitamento da atividade processual. *Revista de Processo*, São Paulo, v. 34, n. 168, p. 109, fev. 2009; OLIVEIRA, Carlos Alberto Alvaro de. A garantia do contraditório. *Revista Forense*, Rio de Janeiro, v. 95, n. 346, p. 16, abr./jun. 1999; Marco Antonio dos Santos Rodrigues, *A modificação do pedido e da causa de pedir no processo civil*, op. cit., p. 158-159.

conformidade do entendimento do juízo prolator da sentença com o do tribunal a que pertence[5] e com o dos tribunais superiores.[6]

Nessa linha, o inciso I busca o respeito aos enunciados de súmula do Superior Tribunal de Justiça e do Supremo Tribunal Federal, o que prestigia a segurança jurídica, uma vez que vai ser adotada para o caso que está em juízo a solução que já foi consolidada por Tribunal Superior. Ademais, ainda que o juízo decidisse em sentido distinto ao de enunciado de súmula daqueles tribunais, caso a demanda chegasse às cortes superiores por meio de recursos, muito provavelmente elas fariam prevalecer o entendimento do enunciado sumulado.

Da mesma forma, o acórdão proferido por tais tribunais em sede de recurso representativo de controvérsia, como será seguido pelos tribunais locais no julgamento de outros recursos,[7]

---

[5] Note-se que esse autor já defendeu, sob a égide do atual Código de Processo Civil, a necessidade de que o entendimento do juízo prolator da sentença liminar esteja em consonância com o do tribunal a que pertence (RODRIGUES, Marco Antonio dos Santos. Da inaplicabilidade da teoria da causa madura ao julgamento liminar de improcedência em demandas repetitivas. *Revista Dialética de Direito Processual*, v. 124, p. 63-71, 2013).

[6] "DIREITO PROCESSUAL CIVIL. IMPROCEDÊNCIA PRIMA FACIE. ART. 285-A DO CPC. ENTENDIMENTO DO JUÍZO SENTENCIANTE. DISSIDÊNCIA RELATIVA ÀS INSTÂNCIAS SUPERIORES. APLICAÇÃO DA NOVA TÉCNICA. DESCABIMENTO. EXEGESE TELEOLÓGICA. 1. A aplicação do art. 285-A do CPC, mecanismo de celeridade e economia processual, supõe alinhamento entre o juízo sentenciante, quanto à matéria repetitiva, e o entendimento cristalizado nas instâncias superiores, sobretudo junto ao Superior Tribunal de Justiça e Supremo Tribunal Federal. 2. Recurso especial não provido" (STJ, REsp 1109398/MS, rel. ministro Luis Felipe Salomão, Quarta Turma, julgado em 16/6/2011, *DJe*, 1/8/2011).

[7] Destaque-se que a Corte Especial do Superior Tribunal de Justiça já decidiu nessa linha: "PROCESSUAL CIVIL. RECURSO ESPECIAL. ART. 105, III, A E C, DA CF/1988. SOBRESTAMENTO DO JULGAMENTO DA APELAÇÃO, POR FORÇA DE SUBMISSÃO DA QUAESTIO IURIS CONTROVERTIDA AO RITO PREVISTO NO ART. 543-C, DO CPC — RECURSO ESPECIAL REPRESENTATIVO DE CONTROVÉRSIA. POSSIBILIDADE. INTERPRETAÇÃO TELEOLÓGICO-SISTÊMICA. PRINCÍPIO CONSTITUCIONAL DA RAZOÁVEL DURAÇÃO DOS PROCESSOS (ART. 5º, LXXVIII, DA CRFB/1988). 1. A submissão de matéria jurídica sob o rito prescrito no artigo 543-C, do Código de Processo Civil, inserido pela Lei nº 11.672, de 8 de maio de 2008, justifica a suspensão do julgamento de recursos de apelação interpostos nos Tribunais. 2. A suspensão dos julgamentos das apelações que versam sobre a mesma questão jurídica submetida ao regime dos recursos repetitivos atende a exegese teleológico-sistêmica prevista, uma vez que decidida a irresignação paradigmática, a tese fixada retorna à Instância *a quo* para que os recursos sobrestados se adequem à tese firmada no STJ (art. 543-C, §7º, I e II, do CPC). 3. É que o novel instituto tem como *ratio essendi* evitar o confronto das decisões emanadas dos Tribunais da Federação com a jurisprudência do Superior Tribunal de Justiça, mercê de a um só tempo privilegiar os princípios da isonomia e da segurança jurídica. 4. A ponderação de valores, técnica hoje prevalecente no pós-positivismo, impõe a duração razoável dos processos ao mesmo tempo em que consagra, sob essa ótica, a promessa calcada no princípio da isonomia, por isso que para causas com idênticas questões jurídicas, as soluções judiciais devem ser iguais. 5. *Ubi eadem ratio ibi eadem dispositio*, na uniformização de jurisprudência, a cisão funcional impõe que a tese fixada no incidente seja de adoção obrigatória no julgado cindido, por isso que a tese repetitiva adotada pelo Tribunal competente para conferir a última exegese à legislação infraconstitucional também é, com maior razão, de adoção obrigatória pelos Tribunais locais. 6. A doutrina do tema assenta que: Outro é, pois, o fenômeno que se tem em vista quando se alude à conveniência de adotar medidas tendentes à uniformização dos pronunciamentos judiciais. Liga-se ele ao fato da existência, no aparelho estatal, de uma pluralidade de órgãos judicantes que podem ter (e com frequência têm) de enfrentar iguais questões de direito e, portanto, de enunciar teses jurídicas em idêntica matéria. Nasce daí a possibilidade de que, num mesmo instante histórico — sem variação das condições culturais, políticas, sociais, econômicas, que possa

também é admitido pelo novo estatuto processual civil como causa de improcedência liminar, assim como o entendimento firmado em sede de incidente de resolução de demandas repetitivas ou de assunção de competência, em consonância com a necessidade de observância de tais julgados, como forma de evitar soluções contraditórias para uma mesma questão de direito.

Com relação aos casos de improcedência liminar mencionados, decorrentes de precedentes relevantes, vê-se que o Código adota postura melhor que a constante do artigo 285-A do Código de Processo Civil de 1973, que previa a possibilidade de uso de tal técnica por repetitivas decisões de improcedência no juízo, o que dava margem a dúvidas em sede doutrinária e nos tribunais acerca de quais decisões justificariam esse julgamento ao início do processo.

Além de tais hipóteses de improcedência liminar, o §1º do mesmo artigo prevê o reconhecimento de plano de prescrição ou decadência, que já era prevista no Código de Processo Civil de 1973, no artigo 295, inciso IV. Note-se que o artigo 487, inciso II, do novo diploma, estabelece que o reconhecimento de prescrição ou decadência é caso de resolução de mérito, o que faz com que um julgamento ao início do processo com tal teor também seja de mérito.

2.1 Exigência de contraditório?

Questão importante que surge, ao se analisar a improcedência liminar do pedido no Código de Processo Civil de 2015, se refere à necessidade de contraditório antes da prolação da sentença liminar de improcedência.

O Código de 2015 conferiu grande importância ao contraditório, enquanto direito fundamental que assegura a influência das partes na formação do convencimento judicial. Assim é que o artigo 9º do novo diploma estabeleceu um dever de oitiva prévia da parte contra quem será proferida uma decisão, ao prever que não se proferirá decisão contra uma das partes sem que ela seja previamente ouvida.

Note-se que tal contraditório deve ser útil, ou seja, se o pronunciamento judicial em nada for prejudicar a parte, não há necessidade de que seja ouvida. Assim, no caso da improcedência

---

justificar a discrepância —, a mesma regra de direito seja diferentemente entendida, e a espécies semelhantes se apliquem teses jurídicas divergentes ou até opostas. Assim se compromete a unidade do direito — que não seria posta em xeque, muito ao contrário, pela evolução homogênea da jurisprudência dos vários tribunais — e não raro se semeiam, entre os membros da comunidade, o descrédito e o ceticismo quanto à efetividade da garantia jurisdicional (MOREIRA, José Carlos Barbosa. *Comentários ao Código de Processo Civil*, Lei nº 5.869, de 11 de janeiro de 1973, v. V: arts. 476 a 565. 15. ed. Rio de Janeiro: Forense, 2009. p. 4 e 5). 7. Deveras, a estratégia político-jurisdicional do precedente, mercê de timbrar a interpenetração dos sistemas do *civil law* e do *common law*, consubstancia técnica de aprimoramento da aplicação isonômica do Direito, por isso que para 'casos iguais', 'soluções iguais'. 8. Recurso especial conhecido e desprovido" (REsp 1111743/DF, rel. ministra Nancy Andrighi, rel. p/ Acórdão ministro Luiz Fux, Corte Especial, julgado em 25/2/2010, *DJe*, 21/6/2010).

liminar do pedido, como se trata de decisão que em nada prejudica a esfera jurídica do réu, ele não precisa ser ouvido.

No caso do autor, de outro lado, diante do mencionado artigo 9º, e do dever de alerta instituído pelo artigo 10, no sentido de que as partes possuem o direito de que lhes seja possibilitada a manifestação sobre fundamento que as partes não tiveram a oportunidade de tratar, será preciso que o demandante seja intimado para se manifestar acerca do fundamento que o julgador adotará para proferir a improcedência liminar do mérito?

O artigo 487, parágrafo único, prevê que ressalvada a hipótese do §1º do art. 332, a prescrição e a decadência não serão reconhecidas sem que antes seja dada às partes oportunidade de manifestar-se. Dessa forma, verifica-se que, no caso de reconhecimento liminar de prescrição ou decadência, houve expressa opção legislativa por excluir tal hipótese da necessidade de oitiva prévia das partes — ou seja, tanto do autor como do réu.

Nas demais hipóteses de cabimento da improcedência liminar, constantes dos incisos do artigo 332, não houve previsão autorizativa da decisão de mérito antes da oitiva do autor. Note-se que, entre as exceções ao artigo 9º, constantes do parágrafo único do mesmo dispositivo legal ou de outras normas, não há a previsão de que seja possível proferir julgamento liminar de improcedência sem a oitiva do autor. Assim, impõe-se seja o autor ouvido antes de tal sentença, pois pode demonstrar não ser caso de aplicação ao caso concreto do precedente invocado pelo magistrado.

3. O procedimento da apelação em face da sentença liminar de improcedência

Uma vez proferida a sentença liminar, é possível que o autor não a impugne, deixando precluir o prazo para recurso. Nesse caso, conforme estatui o §2º do artigo 332 do Código de Processo Civil, uma vez ocorrido o trânsito em julgado, o réu deverá ser intimado, para tomar conhecimento da decisão que lhe foi integralmente favorável.[8] Verifica-se que o legislador se preocupou em dar ciência ao réu da sentença, o que parece ter como grande objetivo que o demandado possa opô-la em face do autor no futuro, caso este pretenda ajuizar nova ação que ofenda aquela primeira coisa julgada.

De outro lado, como desdobramento do exercício de seu direito de ação, pode o autor recorrer da sentença de improcedência *initio litis* por meio de apelação, consoante previsto no §3º do mesmo dispositivo. Em tal hipótese, o §4º estabelece que o juiz pode efetuar juízo de retratação quanto

---

[8] O §2º remete a intimação aos termos do artigo 241 do Código, que assim prevê: "Art. 241. Transitada em julgado a sentença de mérito proferida em favor do réu antes da citação, incumbe ao escrivão ou ao chefe de secretaria comunicar-lhe o resultado do julgamento".

à sentença liminar em cinco dias, reconsiderando seu entendimento e determinando o prosseguimento do processo por suas regras gerais, com a citação do réu. Trata-se do efeito regressivo dos recursos,[9] que, via de regra, a apelação não possui no Código de Processo Civil de 2015.[10]

Se, entretanto, o magistrado não se retratar quanto à sentença prolatada, determinará a citação do réu, para contrarrazões ao recurso de apelação, no prazo de 15 dias.

Destaque-se que as aludidas contrarrazões configuram mera resposta ao recurso de apelação, mas não resposta à demanda.[11] Com efeito, responder à apelação é puramente demonstrar as razões pelas quais não pode ser provida. A contestação à demanda, de outro lado, possui espectro muito maior, valendo destacar que, no novo Código, tal peça processual reúne ainda mais matérias, já que engloba a impugnação ao valor da causa, segundo prevê o artigo 337, inciso III do estatuto processual; a arguição de incompetência relativa, conforme consta do inciso II do mesmo artigo; a impugnação à gratuidade da justiça — artigo 337, inciso XII[12] —; e a reconvenção, que o artigo 343 estabelece que pode se dar por meio de pedido na contestação.

Dessa forma, o direito fundamental ao contraditório, enquanto direito de as partes amplamente influenciarem a tomada de decisão de mérito, fica prejudicado, caso as contrarrazões à apelação sejam consideradas com natureza de contestação, pois isso pode vir a afetar o resultado do julgamento desse recurso. Como consequência do que se afirma, caso anulada a sentença, não fica satisfeito o direito a responder a demanda. Quando do retorno dos autos ao primeiro grau, deve ser oportunizado ao réu ofertar as modalidades de resposta possíveis no procedimento em curso.[13]

---

[9] Trata-se de expressão utilizada, entre outros autores, por Alcides de Mendonça Lima (LIMA, Alcides de Mendonça. *Introdução aos recursos cíveis*. 2. ed. São Paulo: Revista dos Tribunais, 1976. p. 289).

[10] No que se refere à apelação, o artigo 1.010, §3º, do Código prevê que, após as formalidades de intimação para apresentação de contrarrazões, e de eventual apelação adesiva e oportunidade de contrarrazões a esta última, o juiz remeterá os autos do processo ao tribunal, independentemente de juízo de admissibilidade.

[11] Já pudemos nos manifestar sobre o julgamento liminar de mérito do artigo 285-A do Código de Processo Civil de 1973 nesse sentido: "Com efeito, o ato de comunicação processual convoca o réu a se manifestar quanto ao recurso ofertado pelo autor. Por isso, trata-se de uma mera resposta à apelação, e não à demanda. Ao contrário, a resposta à ação deve ser efetuada por meio de alguma das figuras legalmente previstas no artigo 297 do Código de Processo Civil, quais sejam, a contestação, a exceção e a reconvenção, bem como pela impugnação ao valor da causa, regulada no artigo 261 do mesmo diploma" (Marco Antonio dos Santos Rodrigues, "Da inaplicabilidade da teoria da causa madura ao julgamento liminar de improcedência em demandas repetitivas", op. cit., p. 63-71). Em sentido contrário: DIDIER JUNIOR, Fredie. *Curso de direito processual civil*. 8. ed. Salvador: Juspodivm, 2007. v. 1, p. 422.

[12] "Art. 337. Incumbe ao réu, antes de discutir o mérito, alegar:
[...]
II — incompetência absoluta e relativa;
III — incorreção do valor da causa;
[...]
XII — indevida concessão do benefício da gratuidade de justiça".

[13] No mesmo sentido, MOUTA, José Henrique. Processos repetidos e os poderes do magistrado diante da Lei 11.277/06. Observações e críticas. *Revista Dialética de Direito Processual*, São Paulo, n. 37, p. 78, 2006.

Em primeiro lugar, cabe frisar que a apelação é recurso de fundamentação livre, que pode ter dois diferentes objetivos, isto é, a anulação e a reforma de uma sentença. A anulação é finalidade recursal buscada quando invocado suposto erro procedimental na demanda, o chamado *error in procedendo*. Já a reforma ocorre, se provido recurso que pretenda atacar erro na apreciação da ação, o *error in iudicando*.

Na hipótese de apelação em face da sentença de improcedência liminar proferida com base no artigo 332 do Código de Processo Civil de 2015, pode ser que tenha ocorrido um erro procedimental na prolação da aludida decisão recorrida, acarretando o pleito recursal de anulação. É o caso, por exemplo, da aplicação do dispositivo em questão para julgamento de demanda fundada em matéria fática que demande instrução probatória, o que ofende norma constante do *caput* do referido dispositivo. Caso o Tribunal observe que a sentença foi proferida em sede de ação que ainda precisa da produção de provas, cabível a anulação do julgado, o que acarreta a remessa dos autos em retorno ao primeiro grau, para seu processamento conforme as regras comuns do procedimento, com a adoção das fases processuais de postulação, saneamento e instrução.

Note-se que, se anulada a sentença de improcedência liminar baseada no aludido artigo 332, não se vislumbra prejuízo aos direitos fundamentais processuais em virtude da adoção de tal resultado no julgamento do recurso.

De outro lado, é possível que, embora tenham sido cumpridos os requisitos previstos no artigo 332, o tribunal recursal competente verifique que houve má aplicação do direito à espécie, porque o entendimento correto sobre a questão não poderia ser pela improcedência total da pretensão autoral.

Ocorrendo tal situação, a solução que parece adequada, à luz dos direitos fundamentais do devido processo legal, do contraditório e da ampla defesa, é a anulação, e não a reforma da sentença.

Registre-se, contudo, que, no que concerne ao julgamento liminar do artigo 285-A do atual Código de Processo Civil, há entendimento que admite a possibilidade de aplicação da teoria da causa madura, prevista no artigo 515, §3º do Código de Processo Civil de 1973 e consagrada no §3º do artigo 1.013 do novo estatuto processual,[14] para permitir a reforma da sentença de improcedência, com sua substituição por um acórdão de procedência total ou parcial da pretensão.[15]

---

[14] "§3º Se o processo estiver em condições de imediato julgamento, o tribunal deve decidir desde logo o mérito quando:

I — reformar sentença fundada no art. 485;

II — decretar a nulidade da sentença por não ser ela congruente com os limites do pedido ou da causa de pedir;

III — constatar a omissão no exame de um dos pedidos, hipótese em que poderá julgá-lo;

IV — decretar a nulidade de sentença por falta de fundamentação".

[15] "Como se trata de causa que cujo julgamento dispensa a produção de outras provas (porque as questões de fato se provam documentalmente), não assustará se o tribunal, acaso pretenda reformar essa sentença, ao invés de determinar a devolução dos autos à primeira instância, também examine o mérito e julgue procedente a

O §3º do artigo 1.013 do Código de Processo, como forma de promover a celeridade no desenvolvimento do processo, permitiu, no julgamento de apelação em face de sentença terminativa, bem como em outras hipóteses, que, caso a demanda esteja em condições de imediato julgamento, haja a reforma da decisão recorrida, com a consequente prolação de acórdão de mérito. Com isso, buscou-se, da mesma forma que no artigo 515, §3º do Código de Processo Civil de 1973, evitar situações de desnecessária anulação de sentença, para a prolação de novo julgamento em primeiro grau, que estaria sujeito a novo recurso dirigido ao tribunal.

Diante disso, como a ação que permite a aplicação do artigo 332 dispensa a fase instrutória, pode-se vir a imaginar a aplicação do mesmo entendimento de que, por analogia, se aplica o artigo 1.013, §3º, às demandas com improcedência liminar baseada no primeiro dispositivo, pois este exige que a ação esteja em condições de imediato julgamento.[16]

---

demanda, sob o argumento de que o réu já apresentou a defesa (em forma de contrarrazões) e a causa dispensa atividade probatória em audiência [...]" (Fredie Didier Junior, *Curso de direito processual civil*, op. cit., p. 422). Em sentido contrário: "Em face do que sustentei, a respeito da insuficiência do contraditório em 2º grau, essa solução não me parece possível. Se o tribunal der provimento à apelação para reformar a sentença liminar de improcedência, deverá determinar o retorno dos autos à primeira instância para que o processo siga todo o procedimento normal perante esse juízo, intimando-se o réu, já citado, para defender-se, nos termos do artigo 297 do Código" (GRECO, Leonardo. *Instituições de processo civil*. Rio de Janeiro: Forense, 2010. v. II, p. 49).

[16] Nessa linha, cabe destacar inclusive julgados que não veem óbice à aplicação analógica da teoria da causa madura ao julgamento do artigo 285-A do Código vigente: "CONSTITUCIONAL — PROCESSUAL CIVIL — PRINCÍPIO DA RAZOÁVEL DURAÇÃO DO PROCESSO. CIVIL E CONSUMIDOR. CÉDULA DE CRÉDITO BANCÁRIO. JUROS. CAPITALIZAÇÃO MENSAL. POSSIBILIDADE. CONTRATO FIRMADO NA VIGÊNCIA DA MP Nº 2.170-36/01. COMISSÃO DE PERMANÊNCIA. DEFESO A SUA CUMULAÇÃO COM OUTROS ENCARGOS. TABELA PRICE. POSSIBILIDADE DE USO. REPETIÇÃO EM DOBRO DO INDÉBITO. 1. 'Art. 285-A. Quando a matéria controvertida for unicamente de direito e no juízo já houver sido proferida sentença de total improcedência em outros casos idênticos, poderá ser dispensada a citação e proferida sentença, reproduzindo-se o teor da anteriormente prolatada'. 1.1 O julgamento *initio litis* previsto no supracitado dispositivo legal veio atender ao mandamento constitucional de efetiva celeridade processual, incluído entre os direitos e garantias fundamentais (Constituição Federal, artigo 5º, inciso LXXVIII). 1.2 Com a entrada em vigor daquela nova Norma Constitucional, a efetiva prestação jurisdicional foi erigida a princípio fundamental denominado 'prazo razoável do processo', que assegura a razoável duração do processo e os meios que garantam a celeridade de sua tramitação. 1.3 'faz-se necessária à alteração do sistema processual brasileiro com o escopo de conferir racionalidade e celeridade ao serviço de prestação jurisdicional, sem, contudo, ferir o direito ao contraditório e à ampla defesa' (exposição motivos). 2. Sendo a matéria exclusivamente de direito e tendo sido o réu devidamente citado para exercer a ampla defesa e o contraditório, possível o julgamento pelo juízo *ad quem*, em aplicação ao artigo 515, §3º do Código de Processo Civil, que prestigia os princípios da instrumentalidade e da celeridade, permitindo ao tribunal ingressar diretamente no mérito quando afastada a preliminar e a causa estiver 'madura', a dispensar instrução suplementar. [...] 8. Recurso conhecido e parcialmente provido" (TJDFT, Acórdão n. 402863, 20080111543327APC, relator João Egmont, 6ª Turma Cível, julgado em 20/1/2010, *DJ*, 3/3/2010, p. 134). Na mesma linha: "PROCESSUAL CIVIL E ADMINISTRATIVO. POUPANÇA. EXPURGOS INFLACIONÁRIOS. PLANO BRESSER E PLANO VERÃO. SENTENÇA ANULADA. AFASTADA A PRESCRIÇÃO QUINQUENAL. LEGITIMIDADE PASSIVA DA CEF. JULGAMENTO DO MÉRITO NA FORMA DO ART. 515, §3º DO CPC. HONORÁRIOS ADVOCATÍCIOS. 1 — Na ação em que se objetiva a condenação da instituição financeira ao pagamento de expurgos relativos aos meses de junho/87 e janeiro/89, a prescrição é vintenária. Precedentes do STJ. 2 — A causa está madura para julgamento, uma vez que a CEF foi citada na forma do art. 285-A, §2º do CPC, a questão discutida é meramente de direito e o autor trouxe aos autos os extratos

No entanto, com o devido respeito, não pode prosperar o raciocínio anteriormente explicitado, decorrente da interpretação do Código de Processo Civil. Em primeiro lugar, o direito fundamental ao contraditório, positivado no artigo 5º, inciso LV da Constituição da República, impõe que seja dada a ambas as partes a oportunidade de exercer seu direito de influência na formação da decisão em todos os graus de jurisdição, e não apenas em grau recursal. Ocorre que, caso admitida a aplicação da teoria da causa madura, o réu não teve a oportunidade de apresentar argumentos a fim de convencer o julgador de primeiro grau quanto a seu direito, para a prolação da sentença. Diferentemente do que exige o contraditório, o demandado teve apenas disponibilizada em seu favor a defesa em face da apelação autoral.

Dessa forma, verifica-se que foi suprimida uma instância decisória, prejudicando o réu, que não teve como contribuir à formação da sentença.

Frise-se, ainda, que a ofensa ao contraditório parece se agravar, ao se recordar que, caso a reforma da sentença seja à unanimidade de votos, caberão somente os recursos especial e extraordinário, e apenas se o acórdão supostamente tiver violado dispositivo de lei federal ou da Constituição da República, respectivamente, e tais mecanismos de impugnação possuem uma série de exigências que limitam bastante sua admissibilidade.

Assim, não parece legítimo, à luz das garantias fundamentais do processo, permitir a aplicação analógica da teoria da causa madura no julgamento de apelação em face de sentença de improcedência liminar fundada no artigo 332 do novo diploma legal.[17]

---

das contas-poupança, demonstrando a existência de saldo ao tempo de cada plano econômico. [...] 6 — Recurso provido" (TRF-2, AC 200751010114330 AC — APELAÇÃO CÍVEL — 416430; Sexta Turma Especializada; relator: desembargador federal Leopoldo Muylaert, julgado em 13/10/2008, publicado no *DJU*, 23/10/2008, p. 195). Vale destacar, também, outros julgados no mesmo sentido: TJRS, Apelação Cível nº 70042437798, Terceira Câmara Cível, Tribunal de Justiça do RS, relator: Eduardo Delgado, julgado em 20/6/2012; TJDFT, Acórdão n. 439352, 20100110291094APC, relator Natanael Caetano, 1ª Turma Cível, julgado em 12/8/2010, *DJ*, 24/8/2010, p. 78; TJSE, APELAÇÃO CÍVEL Nº 8.721/2009, 9ª VARA CÍVEL, RELATOR DES. MARILZA MAYNARD SALGADO DE CARVALHO, Julgado em 5/3/2010.

[17] Nesse sentido, à luz do artigo 285-A do Código de Processo Civil atual, há precedentes: "TRIBUTÁRIO. EXTINÇÃO DO MANDADO DE SEGURANÇA SEM RESOLUÇÃO DO MÉRITO. A AUSÊNCIA DE NOTIFICAÇÃO DA AUTORIDADE IMPETRADA CONSTITUI EM ÓBICE À APLICAÇÃO DA TEORIA DA CAUSA MADURA. NÃO INCIDE, NO CASO, O DISPOSTO NO ARTIGO 285-A DO CPC. SENTENÇA ANULADA PARA O REGULAR PROCESSAMENTO DO WRIT. 1. A sentença recorrida extinguiu o mandado de segurança, ao fundamento de que a impetração não pode ser comutada em ação de cobrança, nos termos da vedação prevista no verbete sumulado pelo STF, nº 269, antes mesmo que a autoridade impetrada tivesse sido notificada. 2. A incidência do artigo 285-A do Código de Processo Civil, com a redação com a qual foi instituído pela Lei nº 11.277, de 27.02.2006, pressupõe o julgamento do processo com resolução do mérito, sem o que não se poderá concluir pela improcedência do pedido, de modo que o dispositivo não pode ser invocado para aplicação do princípio da instrumentalidade das formas. 3. Não se pode aplicar a "teoria da causa madura" no caso, pois o processo não está em condições de imediato julgamento, até mesmo sob pena de violação ao respeito que se deve conferir à não supressão de instância, além da ausência da citação da parte ré, cumpre anular (cassar) a sentença recorrida e determinar o regular prosseguimento do feito no juízo "a quo". 4. Apelo a que se dá parcial provimento" (TRF-2, AMS 200651010041424 AMS — APELAÇÃO EM MANDADO

Corroborando a tese da inaplicabilidade da teoria da causa madura à situação sob análise, recorde-se que o papel das contrarrazões apresentadas pelo réu após ser citado é de resposta à apelação, não à demanda. Aplicar tal teoria no julgamento da apelação em face da sentença liminar de improcedência afastaria do réu as possibilidades de ofertar diferentes fundamentos de resposta, que possuem variadas finalidades, o que acarretaria um claro prejuízo ao seu direito fundamental ao contraditório.

4. Considerações finais

Diante do sentido que deve ser dado à celeridade, pode-se afirmar que ela configura um interesse público, sendo de relevância ao Poder Judiciário e à própria sociedade que haja uma solução para a demanda, mas tal interesse deve respeitar a promoção das demais garantias do processo justo, de maneira a promover o interesse público na realização concreta do direito em jogo.[18]

Assim, pode-se afirmar que o julgamento liminar de improcedência do pedido é técnica que prestigia a efetividade e a tempestividade da tutela jurisdicional. No entanto, isso não justifica que as contrarrazões de apelação assumam natureza de contestação à demanda, restringindo o

---

DE SEGURANÇA — 64498; Quarta Turma Especializada; relator desembargador federal Luiz Antônio Soares; julgado em 21/11/2006; publicado *DJU* em 31/1/2007, p. 172). No mesmo tribunal, cabe destacar: TRF-2, AC 200751010145830 AC — APELAÇÃO CÍVEL — 418194; Oitava Turma Especializada; relator desembargador federal Paul Erik Dyrlund; julgado em 29/7/2008; publicado no *DJU* em 4/8/2008, p. 294. No Tribunal de Justiça do Rio Grande do Sul: "APELAÇÃO CÍVEL. DIREITO PRIVADO NÃO ESPECIFICADO. INCLUSÃO INDEVIDA EM CADASTRO DE INADIMPLENTES. CANCELAMENTO DE REGISTRO. SENTENÇA LIMINAR DE IMPROCEDÊNCIA (ART. 285-A DO CPC). RESPONSABILIDADE PASSIVA DO MANTENEDOR DOS CADASTROS. SISTEMA INTEGRADO DE INFORMAÇÕES. AUSÊNCIA DE COMUNICAÇÃO DO ART. 43, §2º, DO CDC. QUESTÃO DE FATO. 1. Legitimidade passiva: o órgão que administra e mantém cadastros de proteção ao crédito tem legitimidade para responder a demanda que busca o cancelamento dos registros, pelo descumprimento do artigo 43, §2º, do Código de Defesa do Consumidor. 2. Desconstituição da sentença liminar: o art. 285-A do CPC autoriza ao Juiz proferir sentença liminar de improcedência dos pedidos da inicial, sendo desnecessária a citação da parte ré. 3. Comunicação prévia do art. 43, §2º, do CDC: a demanda fundada na ausência de envio da correspondência de que trata a norma em comento exige a análise da situação fática, impondo-se seja oportunizada às partes a ampla dilação probatória, nos termos do art. 333, I e II, do CPC. 4. Caso dos autos: os elementos dos autos não autorizam o julgamento do feito, à luz da teoria da causa madura (art. 515, §3º, do CPC), devendo o feito retornar à origem, para que se oportunize, à parte ré, que conteste e, a ambas as partes, a ampla dilação probatória, em atenção aos ditames do devido processo legal. Sentença desconstituída de ofício, prejudicado o apelo" (TJRS, Apelação Cível Nº 70036490449, Décima Segunda Câmara Cível, relator des. Umberto Guaspari Sudbrack, Julgado em 15/12/2011).

[18] Nessa linha, BEDAQUE, José Roberto dos Santos. *Efetividade do processo e técnica processual*. 3. ed.. São Paulo: Malheiros, 2010. p. 131. Na doutrina portuguesa, José João Baptista defende a necessidade de ponderação da celeridade com a justiça (BAPTISTA, José João. *Processo civil I*: parte geral e processo declarativo. 8. ed. Coimbra: Coimbra, 2006. p. 78).

contraditório do réu. Ademais, eventual apelação em face da sentença liminar de improcedência não pode levar à reforma desta, com acórdão de procedência, mas apenas à sua anulação.

REFERÊNCIAS

BAPTISTA, José João. *Processo civil I*: parte geral e processo declarativo. 8. ed. Coimbra: Coimbra, 2006.

BEDAQUE, José Roberto dos Santos. *Efetividade do processo e técnica processual*. 3. ed. São Paulo: Malheiros, 2010.

DIDIER JUNIOR, Fredie. *Curso de direito processual civil*. 8. ed. Salvador: Juspodium, 2007. v. I.

GRECO, Leonardo. *Instituições de processo civil*. Rio de Janeiro: Forense, 2010. v. II.

_____. O princípio do contraditório. In: _____. *Estudos de direito processual*. Campos dos Goytacazes: Ed. Faculdade de Direito de Campos, 2005.

LIMA, Alcides de Mendonça. *Introdução aos recursos cíveis*. 2. ed. São Paulo: Revista dos Tribunais, 1976.

LUISO, Francesco P. *Principio del contraddittorio ed efficacia della sentenza verso terzi*. Milão: Giuffrè, 1981.

MOREIRA, José Carlos Barbosa. O futuro da justiça: alguns mitos. *Revista de Processo*, v. 102, p. 228-237, abr./jun. 2001.

MOUTA, José Henrique. Processos repetidos e os poderes do magistrado diante da Lei 11.277/06. Observações e críticas. *Revista Dialética de Direito Processual*, São Paulo, n. 37, 2006.

NIEVA FENOLL, Jordi. *El hecho y el derecho en la casación penal*. Barcelona: Bosch, 2000.

OLIVEIRA, Carlos Alberto Alvaro de. A garantia do contraditório. *Revista Forense*, Rio de Janeiro, v. 95, n. 346, p. 9-19, abr./jun. 1999.

RODRIGUES, Marco Antonio dos Santos. *A modificação do pedido e da causa de pedir no processo civil*. Rio de Janeiro: GZ, 2014.

_____. Da inaplicabilidade da teoria da causa madura ao julgamento liminar de improcedência em demandas repetitivas. *Revista Dialética de Direito Processual*, v. 124, p. 63-71, 2013.

THEODORO JÚNIOR, Humberto; NUNES, Dierle José Coelho. Uma dimensão que urge reconhecer ao contraditório no direito brasileiro: sua aplicação como garantia de influência, de não surpresa e de aproveitamento da atividade processual. *Revista de Processo*, São Paulo, v. 34, n. 168, p. 107-141, fev. 2009.

TUCCI, José Rogério Cruz e. Garantia do processo sem dilações indevidas. *Revista Jurídica*, Porto Alegre, a. 48, n. 277, p. 5-25, nov. 2000.

O saneamento do processo e as condições da ação

TRÍCIA NAVARRO XAVIER CABRAL

1. Introdução

O saneamento do processo, embora expressamente previsto no CPC/73, passou a ser subutilizado na prática forense. Isso porque a quantidade exacerbada de processos fez com que os juízes não perdessem tempo durante o procedimento analisando questões que poderiam ser perfeitamente enfrentadas na sentença, momento em que necessariamente haveria de dispensar mais energia verificando tanto a regularidade do procedimento quanto as matérias meritórias propriamente ditas.

Por sua vez, os advogados não cobravam do juiz uma postura diferente, seja pela necessidade de acelerar o momento da entrega jurisdicional de mérito, seja para guardar para uma oportunidade estratégica a análise de uma questão não abordada tempestivamente, por vezes visando o reconhecimento de uma nulidade capaz de ensejar o retrocesso do processo, ora para ganhar tempo ou ora para tentar a rediscussão da controvérsia.

Com o advento do CPC/15 essa postura dos sujeitos processuais deverá ser repensada. O Código menciona o saneamento em diversas passagens, conferindo-lhe a importância de regularizar tempestivamente os eventuais defeitos processuais, otimizando, assim, a relação processual.

Os dispositivos mais específicos são: o art. 352 que trata do saneamento preliminar e o art. 357 e seus incisos que identificam o que deve ser objeto da decisão saneadora. Na sequência, o Código estabelece três tipos de atividade saneadora: a) feita pelo juiz em gabinete, oportunizando às partes o pedir esclarecimentos ou solicitar ajustes em cinco dias, findo o qual a decisão se torna estável (art. 357, §1º); o saneamento negociado, em que as partes estipulam uma delimitação consensual das questões de fato e de direito e submetem à homologação, que se aceita vincula as partes e o juiz (art. 357, §2º); e por fim c) o saneamento compartilhado, em que o juiz designa audiência para que o ato de sanear seja feito em cooperação com as partes (art. 357, §3º).

Como se observa, o legislador deixou clara a sua intenção de não mais permitir que essa etapa seja suprimida do procedimento, e ainda suplantou a concepção de saneamento implícito, defendido no CPC/73 como decorrente de ato omisso do juiz em enfrentar as questões prévias levantadas, o que levaria ao entendimento de que eventuais vícios estariam implicitamente superados.

Assim, com a nova legislação em vigor, o ato de saneamento passa a consistir um dever processual do juiz, que pode e deve ser exigido pelas partes para que o procedimento siga devida e tempestivamente corrigido.

E, entre as questões objeto de uma decisão saneadora, têm-se as condições da ação, que sofreram alterações no CPC/15, gerando grandes debates acadêmicos sobre sua permanência no âmbito do processo civil brasileiro.

2. O saneamento do processo

O CPC/15, seguindo suas premissas de dar todo o rendimento possível a cada processo em si mesmo considerado e de imprimir maior grau de organicidade ao sistema, dando-lhe, assim, mais coesão, fincou no saneamento do processo grande expectativa de solucionar tempestivamente os defeitos processuais, a fim de que o alcance do mérito fosse atingido sem máculas e sem alegações de nulidades futuras.

Com efeito, o processo contemporâneo utiliza as formas e formalidades a seu favor, e o controle precoce dos atos deve servir para tentar salvar o processo e não para invalidá-lo. Como se vê, à ideologia do processo foram agregados os valores da efetividade[1] e da duração razoável.[2] É consequência

---

[1] Dispondo sobre o que seria um "programa básico" da campanha em prol da efetividade, ver: MOREIRA, José Carlos Barbosa. Efetividade do processo e técnica processual. In: _____. *Temas de direito processual*: sexta série. São Paulo: Saraiva, 1997. p. 17-29.

[2] *"Certo, non è mia intenzione assumere una prospettiva unilaterale eche, per ciò solo, risulte rebbeins od disfacente. Il principio di ragionevole durata non opera in modo isolato, manel quadro constitucional ed iun processo giusto (e quindi, com lacorretta applicazione del diritto), svolto nel pienori spetto del contraddittorio, governato da un giudice terzo ed imparziale. Non si tratta neppure di svuotare la regola iura novi tcuria, quasi imponendo alle cortidi di menticare le norme, pur di arrivare a decidere presto. Il punto è invece quello di uma ragione vole selezione dei tempi e deu momenti di intervento officioso del giudice nel sollevarele questioni e dicostruire una corretta* policy *che tenga conto delle esigenze complessive del sistema. Se il rilievo d'ufficio di questioni di diritto sostanziale è ine-*

lógica da jurisdição proporcionar uma resposta de mérito aos jurisdicionados e não virar refém das regras de processo, de modo que eventuais defeitos processuais devem ser corrigidos sempre que possível, e o quanto antes, a fim de que o processo possa ter seu regular e tempestivo desfecho.

Para tal intento, o juiz deve se valer do saneamento do processo,[3] feito por meio do juízo de admissibilidade dos atos processuais e também do procedimento como um todo, eliminando vícios, irregularidades ou nulidades processuais, e preparar o processo para receber a sentença.[4] Em outros termos, a ideia de que o saneamento[5] do processo só se inicia após o contraditório e subsiste somente até a fase instrutória não se confirma, uma vez que a referida providência do juiz ocorre em diversos momentos do processo, desde a inicial, e independe da citação do réu.

Destarte, o juízo de admissibilidade é ato cognitivo que tem como conteúdo a análise da regularidade formal e material do processo.[6] Trata-se de provimento jurisdicional de cunho decisório, que visa: a) declarar a regularidade do processo; b) determinar a correção de defeitos sanáveis; ou c) desconstituir a relação jurídica processual diante da existência de vícios insanáveis ou questões prejudiciais.

De outra banda, a cognição do juiz pode se dar em relação à admissibilidade do processo ou então ao seu mérito. Assim, compete ao juiz da causa o exercício do juízo de admissibilidade das questões que surgem durante o procedimento, resolvendo-as tempestivamente para que se possa alcançar o provimento de mérito.

---

lubibile, perché collegato strutturalmente alla giustizia della decisione di merito, diverso mi sembral' atteggiamento che il giudice deve tenere nell'apllicare le regole del gioco, vale a dire le disposizioni processuali." (BIAVATI, Paolo. Appunti sulla struttura dela decisione e l'ordine dele questioni. *Revista Trimestrale di Diritto e Procedura Civile*, Milão, a. LXIII, n. 1, p. 1322, mar. 2009).

[3] Galeno Lacerda atribui a José Alberto dos Reis a sistematização do saneador (LACERDA, Galeno. *Despacho saneador*. 2. ed. Porto Alegre: Sergio Antonio Fabris, 1985. p. 40). Ainda sobre a sua origem: "Em sua origem clássica, sob o pálio do Código de Processo Civil português, o despacho saneador surgiu, inicialmente, no Decreto-Lei nº 960, de 17.12.1938, sem o *nomen iuris* — anterior ao Código de Processo Civil de 1939 (Decreto-Lei nº 1.608, de 18.09.1939, com vigência a partir de 01.03.1940)" (LIMA, Alcides de Mendonça. Do saneamento do processo. In: OLIVEIRA, Carlos Alberto Álvaro de (Org.). *Saneamento do processo*: estudos em homenagem ao professor Galeno Lacerda. Porto Alegre: Sergio Antonio Fabris, 1989. p. 62).

[4] "Podemos conceituar o despacho saneador como a decisão proferida logo após a fase postulatória, na qual o juiz, examinando a legitimidade da relação processual, nega ou admite a continuação do processo ou da ação, dispondo, se necessário, sobre a correção dos vícios sanáveis" (Galeno Lacerda, *Despacho saneador*, op. cit., p. 7).

[5] "Contudo, a unidade era mantida do ponto de vista teleológico. Por maior que fosse o desdobramento, o despacho saneador era considerado um só por ficção. Sua finalidade era, como o nome estava a indicar, SANEAR, equivalente a 'curar, sarar, sanar: *sanear enfermos*' (Novo Dicionário Aurélio), empregado, no processo, em acepção fictícia, em relação aos atos irregulares que precisam ser *sarados*, para normalização dos autos, não maculando a sentença, ponto culminante da luta judiciária" (Alcides de Mendonça Lima, "Do saneamento do processo", op. cit., p. 61).

[6] Sobre os efeitos do saneador: "Provoca, portanto, a concentração do material de conhecimento neste ato do processo, e habilita o juiz a dirigi-lo com perfeito domínio da causa, o que, sem dúvida, representa para a sentença uma garantia de segurança e de justiça" (Galeno Lacerda, *Despacho saneador*, op. cit., p. 178).

Assim, em regra, o juízo de admissibilidade se inicia com os pressupostos processuais, passando pelas condições da ação, prosseguindo pelas prejudiciais de mérito, até se chegar ao exame do mérito propriamente dito.

Não obstante, ele pode envolver questões de fato ou de direito, prévias ou de fundo, processuais ou materiais, capazes de comprometer ou impedir o alcance de um pronunciamento judicial meritório. Além disso, o sistema processual brasileiro estabelece técnicas quanto à ordem cronológica de enfrentamento das questões prévias,[7] como forma de superar gradativamente as etapas, de acordo com a prejudicialidade da questão para o processo, garantindo que seja feito um saneamento progressivo, de acordo com a finalidade da matéria para a cadeia procedimental.[8]

Toda essa atividade visa o alcance da ordem pública processual, entendida como técnica de controle adequado e tempestivo das irregularidades e do desenvolvimento do processo, que tem o juiz como seu principal protagonista. Assim, com base no dever de direção do processo, o magistrado tem de atentar para a existência de obstáculos que possam macular o ato ou o procedimento, para afastá-los o quanto antes do processo, permitindo a entrega integral da tutela jurisdicional.

De qualquer modo, observa-se que, na prática forense, seja por impossibilidade ou por incapacidade técnica, os juízes acabam prorrogando a análise da regularidade do processo, permitindo que ele caminhe por diversas fases sem o adequado e necessário controle, o que muitas vezes pode acarratar desperdício de tempo de todos os envolvidos, aumento de custos e insatisfação dos juridicionados, comprometendo, inclusive, a credibilidade do Poder Judiciário.

Portanto, a nova legislação exige que o juiz exerça o saneamento nos momentos indicados e permita o regular desenvolvimento do feito até o pronunciamento de natureza meritória.

3. As questões de ordem pública processual

As questões de ordem pública são aquelas cujo interesse público envolvido é elevado a ponto de justificar uma intervenção corretiva do juiz, em nome da boa administração da justiça.[9] Contu-

---

[7] Analisando a ordem de enfrentamento das questões processuais, ver: MOREIRA, José Carlos Barbosa. Aspectos da "extinção do processo" conforme o art. 329 CPC. In: ____. *Temas de direito processual*: quinta série. São Paulo: Saraiva, 1994. p. 85-94.

[8] Ao tratar das questões prejudiciais e preliminares, Barbosa Moreira adverte que o critério para as distinguir deve repousar no tipo de relação existente entre a questão prioritária e a que dela depende (MOREIRA, José Carlos Barbosa. Questões prejudiciais e questões preliminares. In: ____. *Direito processual civil*: ensaios e pareceres. Rio de Janeiro: Borsoi, 1971. p. 88-89).

[9] *"A questo proposito (e ripetendo ciò che rammentavo in un incontro di studi, in questa medesima sede, pochi mesi da), è sempre utileri legger el'art. 1 delle* Civil procedure rules *inglesi del 1998, che ricorda come il giudice deve governare il processo in modo da <<deal with cases justly>>. È forse questa la chiave per passare da in*

do, a relação entre a questão de ordem pública e a atividade de cognição de ofício pelo juiz nem sempre se confirma e não devem ser confundidas.[10]

Isso porque as questões cognoscíveis de ofício, embora geralmente apresentem boa dose de interesse público, podem ser criadas para atender à política legislativa ou judiciária, não se identificando, necessariamente, como o conteúdo e a densidade das questões ou matérias afetas à ordem pública processual ou material.

Assim, uma matéria que hoje é tratada como direito disponível pode amanhã passar a integrar o rol de questões cognoscíveis de ofício, o que não terá o condão de transformá-la em uma questão de ordem pública, mas apenas de permitir que em relação a ela o magistrado dê um tratamento jurídico diferenciado.

Um exemplo disso foi o que ocorreu com a prescrição, que antes constituía matéria que dependia de arguição pela parte interessada e que com o Código Civil de 2002 passou a poder ser conhecida de ofício. Ora, esse poder cognitivo dado ao juiz em razão de política legislativa não tornou a prescrição uma questão de ordem pública, ou seja, aquela em que há um efetivo comprometimento do desenvolvimento do processo. E tanto é assim que ainda cabe a renúncia, embora ela passasse a ser inserida em um regime jurídico processual próprio.

Registre-se que essa maleabilidade política em relação à abrangência de situações cognoscíveis de ofício, apesar de sugerir aparente insegurança jurídica, na verdade, modela o sistema processual de acordo com as novas tendências e necessidades sociais, sendo, pois, relevante para o bom funcionamento da justiça.[11]

Nesse passo, as modernas técnicas de efetividade decorrentes da evolução do próprio direito processual, o poder criativo do juiz para adequar o princípio da instrumentalidade às particularidades do caso concreto e ainda as modificações legislativas, jurisprudenciais e doutrinárias

---

approcciodi rigorosa logica giuridica, ad in altro diverso, che, senza negare le norme, ante pongalo scopo di offrire ai cittadini inagiustizia credibile" (Paolo Biavati, "Appunti sulla struttura dela decisione e l'ordine dele questioni", op. cit., p. 1323).

[10] "Nessa perspectiva, a cognição sobre questões de ordem pública e a cognição que o magistrado pode realizar por ato espontâneo configuram fenômenos diferentes. Se é fato que as matérias de ordem pública podem ser examinadas de ofício, o inverso não se verifica, ao contrário. Muito poucas das atividades que se realizam de ofício possuem traços próprios da ordem pública. Ser ou não apreciada de ofício, ao que tudo indica, decorre exclusivamente de política legislativa, eis que a grande variedade destas hipóteses nem sequer apresenta traços comuns, que permitam extrair razões desta classificação" (APRIGLIANO, Ricardo de Carvalho. *Ordem pública e processo*: o tratamento das questões de ordem pública no direito processual civil. São Paulo: Atlas, 2011. [Coleção Atlas de Processo Civil. Coord. Carlos Alberto Carmona]. p. 114-115).

[11] "*En trambe le pronuncecitate all'inizio di questo studio contemplano la necessità di circo scrivere i poteri ufficiosi del giudice in materia di giurisdizione in applicazione della regola del precetto constituzionale della 'ragionevole durata del processo' di cui all'art. 111 cost., ritenendo quest'ultimo prevalente anche sugli altri precetti constituzionali che possano occasionarela pronuncia d'illegittimità della parte del giudice delle leggi riguardo all enorme sulla giurisdizione (arg., in ispecie, dagliart. 25 e 102 cost.)*" (BARLETTA, Antonino. I limiti al rilievo d'ufficio del difetto di giurisdizione. *Revista Trimestrale di Diritto e Procedura Civile*, Milão, a. LXIII, n. 1, p. 1197, mar. 2009).

são fatores que servem para oxigenar a ciência processual, permitindo sua constante adaptação e atualização aos anseios sociais e jurídicos.

No contexto histórico, o regime jurídico das questões de ordem pública acompanhou os novos contextos processuais que, de tempos em tempos, sofreram modificações ideológicas, científicas e pragmáticas. Assim, na época em que o processo civil era tratado como acessório do direito material, as questões de ordem pública processual consistiam basicamente em um simples meio de se levar as controvérsias ao Poder Judiciário. Com a autonomia do direito processual esse panorama se altera para conferir ao processo uma legitimação própria e necessária à formação da decisão judicial.

Desse modo, a origem e os fundamentos da ordem pública ganham importância para o processo civil somente a partir do século XIX, ocasião em que se consagrou a autonomia da referida ciência jurídica em relação ao direito material.[12] Na realidade, a relevância do tema para o processo surge com a instituição dos pressupostos processuais por Oscar von Bülow, em 1868.[13] Esse foi o marco inicial para o estudo do assunto.[14]

Posteriormente, com o estabelecimento das condições da ação, estas também passaram a integrar o rol das regras processuais denominadas de ordem pública.

Destarte, os pressupostos processuais e as condições da ação consistiam no que podia ser entendido como intransponível no processo, cujo resultado era o reconhecimento imediato do vício pelo juiz, inclusive de ofício, gerando, entre outras consequências, a decretação de nulidade absoluta do ato ou a extinção do processo sem a resolução do mérito.

Não obstante, outras hipóteses passaram a ser inseridas na qualidade de ordem pública e, além disso, sofreram diferentes tratamentos pela doutrina e pela jurisprudência.

Portanto, resta analisar como esses fatos refletiram no processo civil, especialmente na nova legislação.

---

[12] Sobre a evolução do direito processual, consultar: DINAMARCO, Cândido Rangel. *Instituições de direito processual civil*. São Paulo: Malheiros, 2001. v. 1, p. 259-262.

[13] "Em poucas palavras, eis a síntese do que se procurou expor no presente trabalho: 1. Os pressupostos processuais foram sistematizados por Oskar von Bülow e diziam respeito unicamente à existência do processo. 2. Ulteriormente, quando os olhos dos processualistas passaram a se voltar ao objeto do processo e não mais a seu nascimento, consolidada que estava sua autonomia, os pressupostos processuais passaram a abranger questões atinentes à validade do processo, chegando à categoria, na doutrina alemã (e também mais recentemente na italiana), a ser alargada a ponto de abarcar todos os requisitos condicionantes do julgamento de mérito. Evidentes problemas terminológicos surgiram de referido alargamento e a doutrina voltou seus olhos a esses problemas deixando de lado a efetividade do processo. [...]" (BATISTA, Lia Carolina. Pressupostos processuais e efetividade do processo civil — uma tentativa de sistematização. *Revista de Processo*, São Paulo, v. 214, p. 115, dez. 2012).

[14] O processo civil contemporâneo também foi moldado por Franz Klein, na reforma legislativa austríaca de 1895, e possibilitou medidas em nome do princípio da economia processual, como a modificação da demanda após a citação, a correção dos vícios de forma e a direção do processo pelo juiz. Ver: BEDAQUE, José Roberto dos Santos. *Efetividade do processo e técnica processual*. 3. ed. São Paulo: Malheiros, 2010. p. 97-98.

4. Identificação das questões de ordem pública no CPC/15

No que tange ao rol de questões de ordem pública[15] — na esfera processual —, é comum vê-lo relacionado, basicamente, com os pressupostos processuais, com as condições da ação,[16] além de requisitos específicos de admissibilidade e recursais.[17] Há quem inclua nessa categoria as nulidades processuais.[18] Contudo, as nulidades processuais são as consequências resultantes dos diversos tipos de vícios e não integram a mesma natureza jurídica dos requisitos de admissibilidade, até porque aquelas precisam ser declaradas pelo magistrado após o reconhecimento judicial dos defeitos processuais.

---

[15] "As questões de ordem pública, que refletem a supremacia do interesse público sobre o interesse particular, são imperativos que devem ser reconhecidos de ofício pelo julgador para que se tenha a correta prestação jurisdicional por parte do Estado-juiz" (MIRANDA, Gladson Rogério de Oliveira. *Prequestionamento nas questões de ordem pública*. Disponível em: <HTTP://jus2.uol.com.br/doutrina/texto.asp?id=4606>. Acesso em: 4 ago. 2008).

[16] Segundo Rodrigo Freire: "Os pressupostos processuais e as condições da ação constituem requisitos de admissibilidade para o julgamento do mérito, de caráter público, tendo em vista os altos custos do processo para as partes e — principalmente — para o Estado." E prossegue dizendo que, por essa razão, "[...] as questões atinentes a estas duas categorias jurídicas são consideradas questões de ordem pública" (FREIRE, Rodrigo da Cunha Lima. *Ainda sobre a declaração ex officio da falta de um pressuposto processual ou de uma condição da ação em agravo de instrumento*. Disponível em: <HTTP://jus2.uol.com.br/doutrina/texto.asp?id=2007>. Acesso em: 4 ago. 2008). Fredie Didier Jr. Entende que o mais correto seria dividir as questões em questões de mérito e questões de admissibilidade do processo, já que só há dois tipos de juízos que o magistrado pode fazer em um procedimento (de validade do procedimento; aptidão para a prolação do ato final e de mérito), não sendo lógico distingui-los em pressupostos processuais, condições da ação e mérito. Ver DIDIER JUNIOR, Fredie. *Pressupostos processuais e condições da ação*: o juízo de admissibilidade do processo. São Paulo: Saraiva, 2005. p. 72.

[17] Leonardo Greco, ao discorrer sobre o tema, adota um posicionamento abrangente quanto às hipóteses de ordem pública: "Entre esses princípios indisponíveis, porque impostos de modo absoluto, apontei então: a independência, a imparcialidade e a competência absoluta do juiz; a capacidade das partes; a liberdade de acesso à tutela jurisdicional em igualdade de condições por todos os cidadãos (igualdade de oportunidades e de meios de defesa); um procedimento previsível, equitativo, contraditório e público; a concorrência das condições da ação; a delimitação do objeto litigioso; o respeito ao princípio da iniciativa das partes e ao princípio da congruência; a conservação do conteúdo dos atos processuais; a possibilidade de ampla defesa e oportuna utilização de todos os meios de defesa, inclusive a defesa técnica e a autodefesa; a intervenção do Ministério Público nas causas que versam sobre direitos indisponíveis, as de curador especial ou de curador à lide; o controle da legalidade e causalidade das decisões judiciais por meio da fundamentação. A esses acrescento agora a celeridade do processo, pois a litigiosidade é uma situação de crise na eficácia dos direitos dos cidadãos que o juiz tem o dever de remediar com a maior rapidez possível (CPC, art. 125), especialmente após a introdução do novo inc. LXXVIII do art. 5º da Constituição pela EC 45/2004. Acrescentaria também a garantia de uma cognição adequada pelo juiz, pois esse é um dos objetivos essenciais de toda a atividade processual" (GRECO, Leonardo. Os atos de disposição processual — primeiras reflexões. In: MEDINA, José Miguel Garcia et al. (Coord.). *Os poderes do juiz e o controle das decisões judiciais*. São Paulo: Revista dos Tribunais, 2008. p. 293).

[18] "De outro lado, integram a ordem pública processual as nulidades processuais absolutas, fruto de vícios formais de maior gravidade, que afetam universo de interesses da própria jurisdição. Em vista de valores fundamentais do processo (abrangidos pela cláusula mais geral do devido processo legal), o sistema reconhece a relevância de determinados atos do procedimento, retira das partes a disponibilidade sobre a matéria e autoriza o reconhecimento de ofício de eventual nulidade" (Ricardo de Carvalho Aprigliano, *Ordem pública e processo*, op. cit., p. 91).

Com efeito, as condições da ação, os pressupostos processuais e as demais garantias constitucionais e requisitos processuais constituem espécies e formas de controle do regular desenvolvimento do processo, se amparam em interesse público graduável de acordo com o momento e o espaço em que são observados, podendo sofrer alterações inclusive em razão de política legislativa ou judiciária. Por essa razão, o interesse público está intimamente ligado à própria noção de ordem pública, podendo, ainda, configurar uma de suas facetas.

Ademais, por questões de ordem pública material devem ser entendidas aquelas que se referem ao direito substancial, mas que podem ser conhecidas de ofício diante do interesse público declarado pela lei ou pela própria jurisprudência.

De qualquer forma, diante das limitações de extensão do presente trabalho, serão analisadas, apenas, as condições da ação, matérias reconhecidamente incluídas na categoria de questões de ordem pública.

5. Condições da ação

As condições da ação tiveram como marco teórico os ensinamentos do italiano Enrico Tullio Liebman,[19] cujas lições foram imediatamente absorvidas pela Escola Processual de São Paulo, que passou a difundir seu conceito e suas vantagens para nosso ordenamento. Sua doutrina também foi seguida pelo professor Alfredo Buzaid, encarregado de elaborar o anteprojeto do atual Código de Processo Civil, oportunidade em que inseriu as referidas condições e previu suas consequências processuais.

Liebman, ao tentar conciliar as teorias[20] da ação,[21] criou a chamada teoria eclética da ação que, apesar de se filiar à doutrina dualista que reconhece a autonomia do direito processual em

---

[19] Liebman chegou ao Brasil em 1939 e constatou na doutrina nacional um pensamento bastante privatístico em relação ao processo civil, passando a propor uma visão mais publicista do processo, para considerá-lo como função pública exercida em benefício do interesse coletivo, e não mais como mero instrumento a serviço da defesa dos direitos dos indivíduos. Ver DINAMARCO, Cândido Rangel. *Fundamentos do processo civil moderno*. 6. ed. São Paulo: Malheiros, 2010. t. I, p. 33-47.

[20] As mais conhecidas teorias sobre a natureza da ação seriam: a) teoria imanentista ou civilista (Savigny): a ação e o processo eram simples capítulos do direito material; b) teoria concreta da ação (Wach): reconhece a autonomia do instituto da ação em relação ao direito material mas condiciona a existência daquele à existência deste; c) teoria abstrata da ação (Degenkolb): o direito de ação não é visto como um direito a uma sentença favorável, mas como o direito de obter do Estado um provimento judicial, favorável ou não; e d) teoria eclética da ação (Liebman): segue a doutrina dualista que defende a autonomia do direito de ação em relação ao direito material e mantém o caráter abstrato do direito de ação, mas condiciona a existência da própria ação e da função jurisdicional à presença de questões que antecedem à apreciação do mérito, chamadas de condições da ação. Ver BRANDÃO, Fábio Nobre Bueno. Uma visão atual das condições da ação: requisitos do provimento final. *Revista Ibero-Americana de Direito Público*, Rio de Janeiro, a. III, n. 8, p. 95-97, abr./jun. 2002

[21] Em brevíssimo resumo sobre a evolução das teorias da ação: "A concepção civilista vigorou até 1856, apenas com certas variantes, como a variante de Savigny, que considerava a ação como um direito novo, nascido da

relação ao direito material e manter o caráter público e abstrato do direito da ação em relação ao direito substancial, vislumbrava a necessidade de se examinar de plano a presença de algumas situações relacionadas com a relação jurídica material como condição de admissibilidade da propositura da demanda e, por conseguinte, do exame do mérito.

São as chamadas condições da ação, identificadas em três espécies: a possibilidade jurídica do pedido,[22] a legitimidade *ad causam* e o interesse de agir. Como se observa, cada uma dessas condições se identifica com um dos elementos da ação, quais sejam: pedido, partes e causa de pedir, respectivamente.[23]

Para Liebman as condições da ação devem ser tratadas como uma categoria independente dos pressupostos processuais e do mérito, representando uma posição intermediária entre essas duas classes. Em outros termos, as condições da ação não se confundiriam com os pressupostos processuais e nem com o mérito, sendo inclusive prejudiciais à apreciação deste.

No entanto, as condições da ação seriam questões de natureza processual, relacionadas apenas com alguns aspectos da relação jurídica material, cuja análise deve ser feita preliminarmente pelo juiz, de forma superficial e abstrata, ou seja, baseada na hipotética existência do direito subjetivo alegado pelo autor, e sem as quais não seria possível a apreciação do mérito.

Com isso, a estrutura do processo seria formada por três categorias autônomas, formando o trinômio processual, qual seja: a) os pressupostos processuais, que seriam os requisitos do

---

lesão ao direito subjetivo material, mas sempre um direito voltado contra o devedor, o titular da obrigação. Com pequenas variantes, vigorou a concepção civilista até 1856 quando, neste ano, surgiu na Alemanha uma célebre polêmica ente Windscheid e Muther a respeito da *actio* romana. Esta polêmica marca o primeiro passo no sentido da independência, da autonomia científica do direito processual. [...] Logo depois disto surge a célebre, a primeira, *Revista de Direito Processual* alemã, fundada por Bülow. Bülow sustenta a tese da relação jurídica processual de direito público, como um passo avante, decorrente das premissas lançadas por Muther. [...] A concepção de Chiovenda, o maior mestre italiano, é conhecida na doutrina como teoria da 'ação como direito potestativo'. Chiovenda a apresentou numa conferência pronunciada em Bucareste, em 1902. Esta conferência é encontrada no primeiro volume dos *Ensaios* de Chiovenda. Antes disto, lá por 1898 ou 1899, Chiovenda redigiria o verbete sobre a 'ação' no *Dicionário Jurídico de Direito Privado* de Scialoja, onde trata já do problema da ação. [...] Essa teoria culminou com o grande Couture. Ele realiza a etapa final, completa a obra da publicização do processo, pela inserção definitiva do direito processual no direito constitucional. Diz Couture: 'Chegados a esse extremo, de que a ação nada mais é do que o direito à jurisdição, verifica-se que, na verdade, esse direito de ação nada mais é do que aquilo que os constitucionalistas já conheciam: uma modalidade de direito constitucional de *petição*'" (LACERDA, Galeno. *Teoria geral do processo*. Rio de Janeiro: Forense, 2008. p. 215-228. Sobre o assunto, por todos ver: OLIVEIRA, Carlos Alberto Alvaro de. *Teoria e prática da tutela jurisdicional*. Rio de Janeiro: Forense, 2008. p. 19-80).

[22] Com a entrada em vigor na Itália em 1970 da lei que instituiu o divórcio, o principal exemplo de Liebman, na 3. edição de seu *Manuale de direito processual civil* de 1973, o autor retirou a possibilidade jurídica das condições da ação, mantendo somente a legitimidade *ad causam* e o interesse de agir, no qual estaria embutida a possibilidade jurídica do pedido. Ver Cândido Rangel Dinamarco, *Fundamentos do processo civil moderno*, op. cit., p. 49.

[23] "As três condições da ação, se bem examinadas, referem-se a cada um dos três elementos da ação (demanda): legitimidade *ad causam*/partes; possibilidade jurídica do pedido/pedido; interesse de agir/causa de pedir" (Fredie Didier Jr., *Pressupostos processuais e condições da ação*, op. cit., p. 278).

próprio processo; b) as condições da ação, relacionadas com alguns aspectos da relação jurídica material; e c) o mérito, que seria a análise sobre a lide. Já a cognição judicial seria dividida em dois tipos: a) sobre os requisitos de admissibilidade da análise do mérito, que envolveria os pressupostos processuais e as condições da ação; e b) o exame do mérito da causa.

Como consequência, a questão poderia ser arguida ou declarada de ofício pelo juiz, em qualquer fase do processo, e o reconhecimento da ausência de uma das referidas condições tornaria o autor carecedor da ação.

Apesar das críticas, a justificativa doutrinária para a mantença das condições da ação no ordenamento jurídico reside em possíveis benefícios para o processo. Com efeito, o tema tem como fundamento científico o princípio da economia processual,[24] responsável por impedir o desenvolvimento ou a continuidade do processo cuja impossibilidade de tutela jurisdicional se verifica de plano em relação ao cabimento jurídico do pedido, à pertinência subjetiva da demanda e à necessidade/adequação da pretensão autoral.[25]

O fato é que as condições da ação foram inseridas no Código de Processo Civil de 1973[26] e, a partir dessa previsão legislativa, foram estabelecidos importantes reflexos processuais. Passaram a ter tratamento de situações intransponíveis, oriundas de norma cogente, cognoscíveis de ofício pelo juiz e a qualquer tempo e grau de jurisdição, capazes de ensejar a extinção do feito sem o exame do mérito.

Pelo Código de 1973, constatada a ausência de uma das condições da ação, o juiz deve se pronunciar no primeiro momento, de ofício ou mediante requerimento, gerando, por conseguinte, inúmeras consequências processuais, que podem ir desde o indeferimento da petição inicial até a extinção do processo sem o exame do mérito, hipótese que, para alguns doutrinadores, impediria, inclusive, a repropositura da demanda caso a condição não fosse atendida, interpretação extraída do *caput* do artigo 268, do CPC/73.

---

[24] "O texto constitucional não prevê, de modo expresso e geral, pressupostos processuais ou condições da ação, o que já denota que as limitações infraconstitucionais impostas deverão ser comedidas e ter por finalidade o cumprimento expresso na Carta Magna. Portanto, não poderão representar denegação de justiça e deverão ser vir exatamente aos escopos constitucionais do acesso à ordem jurídica justa e da duração razoável dos processos. Sendo assim, a exigência dos pressupostos processuais e das condições da ação, bem como a solução diante da inexistência destes requisitos, devem estar pautadas pelo acesso à justiça e pela economia processual" (MENDES, Aluisio Gonçalves de Castro. O acesso à Justiça e as condições da ação. *Revista de Processo*, São Paulo, a. 34, n. 174, p. 327-328, 2009).

[25] Entendendo que a falta de uma das condições da ação leva a um julgamento sem resolução do mérito, não importando o momento em que for constatada, ver: MOUTA, Madson da Cunha. Ação: ausência de condição constatada no final do processo, carência de ação ou improcedência do pedido? *Revista Síntese de Direito Civil e Processual Civil*, Porto Alegre, v. 1, n. 1, p. 34, set./out. 1999.

[26] Concordando com a opção legislativa brasileira de optar pelo trinômio pressupostos processuais, condições da ação e mérito, consultar: THEODORO JÚNIOR, Humberto. Pressupostos processais, condições da ação e mérito da causa. *Revista de Processo*, São Paulo, a. V, n. 17, p. 45, jan./mar. 1980.

Atualmente, os processualistas brasileiros já divergem sobre a existência e o tratamento dado às referidas figuras processuais,[27] e muitos entendendo tratar-se de hipóteses relacionadas com o próprio mérito da demanda[28] e que por tal razão não deveriam mais subsistir.[29]

Não bastasse, a própria utilidade dessa categoria autônoma de cognição judicial vem sendo questionada, seja porque na prática os magistrados não se dedicam a dar às condições da ação a economia processual inicialmente propagada, seja porque, apesar do estreito liame com a relação jurídica de direito material, o reconhecimento da ausência de uma das condições da ação tem como consequência legislativa a extinção do feito sem o exame do mérito, sem resolver definitivamente a lide instaurada.

Importante salientar que as condições da ação, durante uma fase mais formalista do processo, serviram de justificativa para inúmeras sentenças terminativas, em verdadeiro abuso da atividade jurisdicional, já que para o magistrado era muito mais fácil extinguir de forma anômala o feito do que adentrar nas questões meritórias.[30]

Por outro lado, apesar de a doutrina condicionar a propositura de nova demanda ao preenchimento da condição faltante e a lei fazer algumas exigências de ordem financeira, não existia o necessário controle estatal sobre a qualidade dessas novas proposições, o que também não contribuía para o processo, para as partes e nem para a eficiência do Judiciário. Já a jurisprudência continuou dando a idêntica receptividade às condições da ação, sem tecer maiores críticas ou trazer entendimentos divergentes capazes de ajudar no debate do assunto numa perspectiva mais contemporânea.

Daí a necessidade de se continuar investindo no estudo e aperfeiçoamento da função e efeitos das condições da ação, para que sua existência no sistema, caso persista, possa ter a correta compreensão e utilização pelos operadores do direito.

De qualquer forma, as condições da ação foram inicialmente divididas em três espécies: impossibilidade jurídica do pedido, legitimidade para a causa e interesse de agir. Das três, a mais

---

[27] Adotando a corrente majoritária que distingue as condições da ação, de caráter puramente processual, daquelas proferidas com a análise do mérito, em razão de economia processual, ver: Fábio Nobre Bueno Brandão, "Uma visão atual das condições da ação", op. cit., p. 106.

[28] No sentido de que as condições da ação são pertinentes ao mérito por se referirem à relação de direito material, ver: SILVA, Ovídio A. Baptista da; GOMES, Fábio Luiz. *Teoria geral do processo civil*. 5. ed., ver. e atual. São Paulo: Revista dos Tribunais, 2009. p. 106.

[29] "Reiteramos, após essa análise individualizada das chamadas condições da ação, nosso convencimento no sentido de que a denominada sentença de carência em nada se pode distinguir daquela de improcedência." FABRÍCIO, A. F. Extinção do processo e mérito da causa. In: OLIVEIRA, Carlos Alberto Álvaro de (Org.). *Saneamento do processo*: estudos em homenagem ao professor Galeno Lacerda. Porto Alegre: Sergio Antonio Fabris, 1989. p. 44.

[30] "Por outro lado, a própria teoria das condições da ação foi levada a pontos de exagero no Brasil, seja em sede doutrinária, seja pelos tribunais, sendo frequentes as afirmações de ser o autor carecedor da ação em casos de nítida improcedência da demanda ou de algum pressuposto de direito material." Cândido Rangel Dinamarco, *Fundamentos do processo civil moderno*, op. cit., p. 49.

controvertida[31] era a possibilidade jurídica do pedido, especialmente em razão da dificuldade de se dissociar a análise puramente hipotética e processual da viabilidade jurídica do direito subjetivo afirmado pelo autor das questões afeitas ao mérito.[32]

O próprio Liebman, pai das condições da ação, retirou a possibilidade jurídica do pedido do rol das condições da ação. Porém, o autor italiano considerou a hipótese absorvida pelo interesse de agir, levando a crer que essa incorporação não teria o condão de transformar a natureza processual da condição para meritória, e a até os dias de hoje os processualistas divergem sobre o assunto, sendo certo que a controvérsia só reside na esfera acadêmica diante da previsão legislativa expressa da referida condição da ação.

Contudo, quando da elaboração do Projeto de novo Código de Processo Civil, criaram-se expectativas quanto à mantença das condições da ação da forma como foram sedimentadas no meio jurídico, ou então se a lei caminharia para a extinção da referida categoria jurídica, seguindo parte da doutrina atual que defende o seu fim.

No entanto, pelo CPC/15, houve modificação da legislação original das condições da ação para retirar a possibilidade jurídica do pedido de suas hipóteses, mas sem deixar expresso se adotava a natureza processual ou meritória da questão, mantendo incólume a existência da legitimidade *ad causam* e do interesse de agir como categorias de extinção do feito sem resolução de mérito.[33]

---

[31] "Verifica-se, pois, que *impossibilidade jurídica e improcedência* são fenômenos ontologicamente iguais. A diferença está no maior ou menor grau de incompatibilidade entre a pretensão e o sistema. Contrariar frontalmente a regra do direito material é impossibilidade jurídica. Divergir da orientação de determinados tribunais implica improcedência passível de verificação na própria inicial. Questões de direito mais complexas podem ensejar o julgamento antecipado. Por isso, errou o legislador ao considerar a possibilidade jurídica como condição da ação cuja ausência importaria decisão sem conteúdo de mérito (CPC, arts. 267, VI, e 295, parágrafo único, I), apenas porque manifesta a incompatibilidade da demanda com o ordenamento jurídico-material." José Roberto dos Santos Bedaque, *Efetividade do processo e técnica processual*, op. cit., p. 280.

[32] "Por muito que nos tenhamos empenhado na meditação do assunto e por maior que tenha sido nosso esforço em penetrar as razões do convencimento que parece ser o da maioria (sobre ser a solução da lei), fortalecemos sempre mais nossa convicção no sentido de ser a sentença declaratória da impossibilidade jurídica uma típica e acabada sentença de mérito. Ao proferi-la, o juiz 'rejeita o pedido do autor', nos exatos termos do art. 269, I; denega-lhe o *bem da vida* por ele perseguido através do processo; afirma que ele não tem o direito subjetivo material invocado; diz que ele não tem razão; indefere-lhe o pedido mediato formulado; repele a sua demanda. Podem-se alinhar às dezenas outras maneiras de dizer, mas todas significarão sempre que a ação (*rectius*, o pedido) não procede." A. F. Fabrício, "Extinção do processo e mérito da causa", op. cit., p. 35-36.

[33] "O ideal é que também a legitimidade para agir e o interesse processual fossem retirados do âmbito dos casos em que não há resolução de mérito. Nada obstante a teoria da asserção resolva em parte o problema, ao permitir a construção de que a efetiva verificação da ilegitimidade para a causa e da ausência de interesse processual redundem em decisões de mérito, o mais adequado está em desde logo reconhecer-se o fato de que estas categorias pertencem à situação jurídica material deduzida em juízo. Como durante muito tempo se discutiu esse tema e o Código vigente veio, por assim dizer, para pacificá-lo, não basta a simples supressão do inciso VI do art. 467. O mais conveniente é que se explicite no art. 469 que o exame da legitimidade para a causa e do interesse processual implicam resolução do mérito e verdadeira improcedência do pedido." MARINONI, Luiz Guilherme; MITIDIERO, Daniel. *O projeto do CPC*: críticas e propostas. São Paulo: Revista dos Tribunais, 2010. p. 126-127.

Daí iniciou-se uma nova discussão doutrinária sobre se a real intenção do legislador teria sido atribuir à possibilidade jurídica do pedido a caraterística de verdadeira questão de mérito,[34] por resolver por completo a crise do direito material judicializada, ou se a ideia do CPC/2015 teria sido aderir à última versão de Liebman, que considerava a possibilidade jurídica do pedido uma espécie integrante do interesse de agir e, nesse caso, continuaria correspondendo a um caso de decisão de inadmissibilidade.[35]

Também chamou atenção dos juristas o fato de o novo texto legislativo não fazer referência à expressão "condição da ação" e nem "carência da ação", que há muito vinha sendo criticada pela doutrina nacional.[36] A opção legislativa também gerou dúvidas sobre a subsistência das condições da ação[37] como categoria autônoma ou se essas passariam a integrar os requisitos de admissibilidade do julgamento de mérito ou então o próprio mérito.[38]

---

[34] Nesse sentido: DIDIER JR., Fredie. Será o fim da categoria "condição da ação"? Um elogio ao projeto do novo Código de Processo Civil. *Revista de Processo*, São Paulo, a. 36, n. 197, p. 258, jun. 2011. Também seguindo o entendimento de que a possibilidade jurídica do pedido deixou de integrar a categoria das condições da ação, ver: MACEDO, Bruno Regis Bandeira Ferreira. Os aspectos procedimentais da petição inicial e da contestação e o novo Código de Processo Civil. In: DIDIER JR., Fredie; MOUTA, José Henrique; KLIPPEL, Rodrigo (Coord.). *O projeto do novo Código de Processo Civil*. Estudos em homenagem ao professor José de Albuquerque Rocha. Salvador: Juspodivm, 2011. p. 99.

[35] "É que, a meu juízo, a ausência de possibilidade jurídica é, na verdade, um caso de falta de interesse de agir. Afinal, aquele que vai a juízo em busca de algo proibido aprioristicamente pelo ordenamento jurídico postula, a rigor, uma providência jurisdicional que não lhe pode trazer qualquer utilidade. E isto nada mais é do que ausência de interesse de agir." CÂMARA, Alexandre Freitas. Será o fim da categoria "condição da ação"? Uma resposta a Fredie Didier Júnior. *Revista de Processo*, São Paulo, a. 36, n. 197, p. 263, jun. 2011. Também defendendo que o Projeto do novo Código de Processo Civil acolheu a posição de Liebman, que passou a incluir a possibilidade jurídica do pedido no interesse processual, ver: ALMEIDA, Gregório Assagra de; GOMES JUNIOR, Luiz Manoel. *Um novo Código de Processo Civil para o Brasil*: análise teórica e prática da proposta apresentada ao Senado Federal. Rio de Janeiro: GZ, 2010. p. 156.

[36] "Ao prevalecer a proposta, não mais haverá razão para o uso, pela ciência do processo brasileira, do conceito 'condição da ação'. A legitimidade *ad causam* e o interesse de agir passarão a ser explicados com suporte no repertório teórico dos pressupostos processuais. [...] A mudança não é pequena. Sepulta-se um conceito que, embora prenhe de defeitos, estava amplamente disseminado no pensamento jurídico brasileiro. Inaugura-se, no particular, um novo paradigma teórico, mais adequado que o anterior, e que, por isso mesmo, é digno de registro e aplauso. É certo que o projeto poderia avançar ainda mais, para reconhecer que a fala de legitimação ordinária implica improcedência do pedido, e não juízo de inadmissibilidade. Mas este texto é para celebrar o avanço e não para lamentar eventual timidez da proposta. [...] A legitimidade extraordinária, e apenas ela, deverá ser compreendida como pressuposto processual de validade, cuja falta leva à extinção sem resolução do mérito." Fredie Didier Jr., "Será o fim da categoria 'condição da ação'?", op. cit., p. 259-260.

[37] Entendendo que a carência da ação se refere ao processo e não à ação, ver: PACAGNAN, Rosaldo Elias. Breves reflexões sobre as condições da ação. *Revista Jurídica*: órgão nacional de doutrina, jurisprudência, legislação e crítica judiciária, Porto Alegre, a. 53, n. 331, p. 69, maio 2005.

[38] Segundo Leonardo Cunha, o texto dos dispositivos do Projeto do novo Código de Processo Civil que não prevê os termos "condições da ação" e "carência da ação" indica a opção pela extinção das condições da ação como categoria autônoma do direito processual. CUNHA, Leonardo Carneiro da. Será o fim da categoria "condição da ação"? Uma intromissão no debate travado entre Fredie Didier Jr. e Alexandre Freitas Câmara. *Revista de Processo*, São Paulo, a. 36, n. 198, p. 234, ago. 2011.

A Exposição de Motivos do Anteprojeto do Código de Processo Civil[39] não deixa dúvidas de que a possibilidade jurídica do pedido deixou de integrar o juízo de admissibilidade para fazer parte do exame de mérito, inclusive com previsão de julgamento liminar de improcedência do pedido, prejudicando, assim, todas as dúvidas sobre o referido assunto.

Contudo, em relação à legitimidade e ao interesse, o CPC/2015, infelizmente, não fez qualquer alteração substancial, mantendo as referidas hipóteses na categoria de "condições da ação", embora não tenha feito uso dessa expressão.

Observa-se, pois, que o tema ainda suscita divergências no âmbito doutrinário, mas a legislação está, aos poucos, adequando a verdadeira função dessa técnica processual que inicialmente foi criada para servir ao direito material, mas que depois foi desvirtuada com uma dimensão que não se justifica cientificamente e muito menos no campo pragmático.

6. O contraditório no reconhecimento das condições da ação

Observa-se do tratamento conferido ao conhecimento das questões preliminares ou consideradas de ordem pública pelo juiz no CPC/73, que não se oportunizava a abertura ao contraditório[40] antes de se firmar um juízo cognitivo sobre o assunto. Contudo, a nova sistemática processual do CPC/15 permite não só que as partes conheçam da questão antecipadamente, evitando-se surpresas, como também possibilita que elas tenham a plena capacidade de interferir na decisão judicial.

O princípio do contraditório e da ampla defesa, previsto no artigo 5º, LV, da Constituição Federal, é a expressão mais fiel do estado democrático de direito, de modo que sua não observância viola as mais basilares garantias do nosso ordenamento jurídico. Por sua vez, o exercício do contraditório não envolve só as partes, mas compreende também o juiz e todos os demais

---

[39] "Com o objetivo de dar maior rendimento a cada processo, individualmente considerado, e, atendendo a críticas tradicionais da doutrina, deixou, a possibilidade jurídica do pedido, de ser condição da ação. A sentença que, à luz da lei revogada seria de carência da ação, à luz do Novo CPC é de improcedência e resolve definitivamente a controvérsia." Comissão de Juristas Responsável pela Elaboração de Anteprojeto de Código de Processo Civil. *Anteprojeto do Código de Processo Civil*. Brasília: Senado Federal, Presidência, 2010.

[40] Edoaldo Ricci entende que o princípio do contraditório como uma garantia fundamental não é conexo com os dispositivos legais que disciplinam os poderes das partes e sua vedação pelo juiz, provocando seu efetivo exercício, para que as partes façam o que também poderiam realizar na ausência de solicitação, uma vez que tais dispositivos se prestam a outras finalidades, que não dizem respeito à cooperação com o juiz na busca da solução mais justa, e nem à cooperação do juiz com as partes por questão de solidariedade, já que essas duas hipóteses se referem a outros valores que nada têm a ver com a garantia do contraditório. RICCI, Edoardo F. Princípio do contraditório e questões que o juiz pode propor de ofício. In: FUX, Luiz; NERY JUNIOR, Nelson; WAMBIER, Teresa Arruda Alvim (Coord.). *Processo e Constituição*: estudos em homenagem ao professor José Carlos Barbosa Moreira. São Paulo: Revista dos Tribunais, 2006. p. 498-499.

participantes do processo, num imprescindível diálogo judicial.[41] Essa cooperação e dialética processual entre os sujeitos processuais têm inegável importância no alcance do processo justo e legítimo.[42]

Não obstante, o princípio do contraditório possui estreita associação com o princípio da igualdade.[43]-[44] E complementa Nelson Nery Júnior: "Essa igualdade de armas[45] não significa, entretanto, paridade absoluta, mas sim na medida em que as partes estiverem diante da mesma realidade em igualdade de situações processuais".[46]

Nesse contexto, deve o juiz zelar que as questões capazes de gerar efeitos relevantes para o processo possam se submeter ao prévio contraditório. Assim, o julgador acaba assumindo dois

---

[41] "Como se vê, o contraditório não é um princípio que deva ser observado somente na relação entre as partes no processo, ou seja, no sentido de uma poder manifestar-se sobre as alegações da outra. Aplica-se com a mesma intensidade imperativa no que diz respeito às partes e o órgão julgador, não sendo dado a este fazer do processo uma 'caixinha de surpresas', de cujo conteúdo as partes só poderão tomar conhecimento após a prolação da decisão" (PIRES, Adriana. Prova e contraditório. In: OLIVEIRA, Carlos Alberto Alvaro de (Coord.). *Prova cível.* Rio de Janeiro: Forense, 1999. p. 65).

[42] "A sentença final só pode resultar do trabalho conjunto de todos os sujeitos do processo. Ora, a ideia de cooperação, além de exigir, sim, um juiz ativo e leal, colocado no centro da controvérsia, importará senão o restabelecimento do caráter isonômico do processo pelo menos na busca de um ponto de equilíbrio. Esse objetivo impõe-se alcançado pelo fortalecimento dos poderes das partes, por sua participação mais ativa e leal no processo de formação da decisão, em consonância com uma visão não autoritária do papel do juiz e mais contemporânea quanto à divisão do trabalho entre o órgão judicial e as partes" (OLIVEIRA, Carlos Alberto Alvaro de. O formalismo-valorativo no confronto com o formalismo excessivo. *Revista de Processo*, São Paulo, a. 31, n. 137, p. 13, jul. 2006).

[43] Sobre o tema, Luigi Paolo Comoglio assevera que o contraditório da parte, como forma de obtenção de condição de paridade, também é tido no ordenamento jurídico italiano, espanhol e latino-americano como uma das garantias mínimas para se atingir o justo processo, e que deve ser respeitado, principalmente quando estão em jogo os poderes de iniciativa instrutória do juiz, cuja possibilidade já reconheceu a legislação italiana. Trata-se de garantia mínima de legalidade processual, juntamente com a figura institucional do juiz imparcial. In: Il "giusto processo" civile in Italia e in Europa. *Revista de Processo*, São Paulo, a. 29, n. 116, p. 97-158, jul./set. 2004. O mesmo autor também aborda a matéria em: COMOGLIO, Luigi Paolo. Garanzie minime del "giusto processo" civil em egli ordinamenti ispano-latino americani. *Revista de Processo*, São Paulo, a. 28, n. 112, p. 159-176, out./dez. 2003.

[44] "Na medida que toda a convivência social se apresenta como uma grande competição para a obtenção de bens escassos, a igualdade de oportunidades tem como objetivo oferecer a todos os membros de determinada comunidade condições de participar, valendo-se de posições iguais de partida, da competição pela vida, ou pela conquista do que é vitalmente mais significativo. O parentesco entre o princípio da igualdade de oportunidades e o do contraditório é irrefutável" (MATTOS, Sérgio Luís Wetzel de. Iniciativa probatória do juiz e princípio do contraditório no processo civil. In: Carlos Alberto Alvaro de Oliveira, *Prova cível*, op. cit., p. 133).

[45] "Ocorre, entretanto, que nem sempre existe inteira coincidência entre o princípio da igualdade e o contraditório. Como se sabe, a igualdade das partes deve ser assegurada ao juiz na condução do processo na conformidade do que dispõe o art. 125, I, do CPC. Porém, a igualdade não se projeta apenas no nível do contraditório, mas sim ela deve ser garantida em tudo que se refere aos poderes, aos deveres, aos direitos das partes no processo. Assim, deve haver igualdade de prazos para recorrer, igualdade de oportunidades em recorrer, enfim, igualdade de oportunidades de modo geral no processo" (PIRES, Adriana. Prova e contraditório. In: Carlos Alberto Alvaro de Oliveira, *Prova cível*, op. cit., p. 69).

[46] NERY JUNIOR, Nelson. *Princípios do processo civil na Constituição Federal*. 5. ed. São Paulo: Revista dos Tribunais, 1999. p. 153.

papéis distintos: o de sujeito que participa e se submete ao contraditório e, ao mesmo tempo, o de responsável pelo exercício e controle do contraditório e da ampla defesa das partes no processo.

Destarte, também no conhecimento de questões de ordem pública ou de interesse público se mostra imprescindível o atendimento ao princípio do contraditório, o que deve ser proporcionado pelo julgador quando da condução do processo, na qualidade de seu presidente. Isso porque a natureza jurídica das referidas questões não deve afastar o contraditório, uma vez que todas elas são capazes de interferir no convencimento do juiz.

Desse modo, não importa se a relação jurídica é de direito disponível ou indisponível, ou se a iniciativa do conhecimento é judicial ou pelas partes. Em qualquer caso, compete ao magistrado respeitar e controlar o contraditório, conferindo legitimidade aos seus posicionamentos.

Apesar disso, registre-se que a não submissão de uma questão ao contraditório quando do juízo de admissibilidade não enseja necessariamente um vício insanável e a consequente anulação do ato, tendo em vista que os defeitos processuais devem ser analisados sob a ótica da finalidade do processo e também da demonstração do prejuízo, o que deve ser sopesado pelo julgador.[47]

De qualquer forma, trata-se de exigência constitucional tanto para os procedimentos judiciais quanto para os administrativos, consistindo um direito fundamental imprescindível ao desenvolvimento regular do processo, aplicando-se tanto ao juízo de admissibilidade quanto ao juízo de mérito.[48]

Nesse passo, na apreciação das questões cognoscíveis de ofício também deve ser oportunizado às partes o exercício do direito de defesa, até porque, em alguns casos, pode-se demonstrar que o acolhimento de uma questão tida como de ordem pública não trará benefício aos litigantes ou ao processo, especialmente quando este já estiver maduro para o julgamento com o exame do mérito.

Em outro vértice, tem-se que o fato de o juiz poder conhecer de algumas questões de ofício não autoriza que o julgamento das mesmas também seja de modo oficioso, sem a ciência e contribuição argumentativa das partes.

---

[47] Defendendo que o desrespeito ao contraditório em decisões sobre questões cognoscíveis de ofício não gera necessariamente a invalidade do ato, devendo ser ponderados o prejuízo e a gravidade da violação do contraditório pelo juiz em momento posterior à decisão, conferir: CHIARLONI, Sergio. Questioni rilevabili d'ufficio, diritto di defesa e "formalismo dele garanzie". *Revista de Processo*, São Paulo, a. 37, n. 212, p. 83-93, out. 2012.

[48] "Não há dúvidas de que, por razões já expostas, o julgador deva *conhecer* de determinadas matérias sem que, sobre elas, tenha havido prévia manifestação das partes; contudo, e tal distinção não pode ser olvidada, revela-se manifestamente ilegítima a *decisão ex officio* (de terceira via ou surpresa), pouco importando se ela diz respeito a questões de admissibilidade, meritórias ou até acessórias como os honorários de sucumbência. Tem-se, assim, o contraditório prévio sobre as questões de ofício como um limite ou vínculo aos poderes decisórios dos órgãos jurisdicionais a seu respeito" (FARIA, Márcio Carvalho. O princípio do contraditório, a boa-fé processual. In: FUX, Luiz (Coord.). *Processo constitucional*. Rio de Janeiro: Forense, 2013. p. 761).

Seguindo essa tendência que, na verdade, tem ganhado bastante expressão em outros ordenamentos jurídicos, o CPC/15, à semelhança da reforma italiana, prevê expressamente que as matérias cognoscíveis de ofício deverão passar pelo crivo do contraditório antes da manifestação do juiz, evitando-se surpresa para o jurisdicionado.[49]

Ademais, há necessidade de adequada fundamentação, permitindo a ciência e a ampla defesa pelas partes e, ainda, conferindo legitimidade ao ato judicial.

Por fim, registre-se, apenas, que as partes devem agir com cooperação, boa-fé e lealdade dentro do processo, de modo a não postergar a alegação de questões processuais apenas para que, em momento oportuno e desfavorável, possam usar como um trunfo na tentativa de reverter os resultados do feito.

7. Considerações finais

Conforme restou demonstrado, o CPC/2015 reforça o princípio da sanabilidade dos atos processuais, incentivando, assim, a superação de qualquer tipo de vício processual, até mesmo os mais graves, visando o alcance do pronunciamento de mérito.

Por sua vez, a denominada "ordem pública processual"[50] representa uma técnica destinada à correta identificação e aplicação das técnicas processuais, bem como ao exercício do controle da regularidade processual, por todos os sujeitos processuais, mas em especial pelo juiz, de modo adequado e tempestivo, visando resolver concreta e proporcionalmente os eventuais defeitos e suas consequências, a fim de que a prestação da tutela jurisdicional seja legítima e integral, com a pronúncia de mérito.

O tratamento das questões de ordem pública nunca foi uniforme, tendo acompanhado os novos contextos processuais que, de tempos em tempos, sofreram modificações ideológicas, científicas e pragmáticas.

Entretanto, trata-se de importante filtro processual, responsável por garantir a regularidade do procedimento, em benefício da boa administração da justiça e do equilíbrio das partes, legitimando a prestação jurisdicional.

As questões de ordem pública no CPC/2015 sofreram pontuais alterações estruturais, como a eliminação da impossibilidade jurídica do pedido da categoria das condições da ação, mas,

---

[49] "Aspecto interessante do devido processo legal é o que vem de ser consagrado na parte geral do projeto do Código de Processo Civil, admitindo-se o contraditório ainda que o juiz possa extinguir o processo sem análise do mérito, tendo em vista que o réu pode pretender que a resolução atinja a questão material de fundo para que não mais seja molestado acerca daquele tema *sub judice*" (FUX, Luiz. Processo e Constituição. In: Luiz Fux, *Processo constitucional*, op. cit., p. 35).

[50] Ver CABRAL, Trícia Navarro Xavier. *Ordem pública processual*. Brasília: Gazeta Jurídica, 2015.

acima de tudo, importantes mudanças ideológicas, especialmente em relação à necessidade de se atender ao contraditório das partes para a formação da convicção judicial acerca das matérias cognoscíveis de ofício.

Além disso, o juiz continua com o importante papel no controle ideal das irregularidades processuais, por meio do exercício de um correto juízo de admissibilidade que leva em consideração o melhor momento, a forma, o objeto e as consequências processuais do reconhecimento de uma questão de ordem pública. Portanto, deve existir um ponto de equilíbrio entre o garantismo processual e a efetividade, levando-se em conta, ainda, as particularidades do direito processual[51] e a observância dos valores contemporâneos que rondam a ordem jurídica.

REFERÊNCIAS

ALMEIDA, Gregório Assagra de; GOMES JUNIOR, Luiz Manoel. *Um novo Código de Processo Civil para o Brasil*: análise teórica e prática da proposta apresentada ao Senado Federal. Rio de Janeiro: GZ, 2010.

APRIGLIANO, Ricardo de Carvalho. *Ordem pública e processo*: o tratamento das questões de ordem pública no direito processual civil. São Paulo: Atlas, 2011. (Coleção Atlas de Processo Civil. Coord. Carlos Alberto Carmona).

BARLETTA, Antonino. I limiti al rilievo d'ufficio del difetto di giurisdizione. *Rivista Trimestrale di Diritto e Procedura Civile*, Milão, a. 63, n. 1, p. 1.193-1.212, mar. 2009.

BATISTA, Lia Carolina. Pressupostos processuais e efetividade do processo civil — uma tentativa de sistematização. *Revista de Processo*, São Paulo, v. 214, p. 79-119, dez. 2012.

BEDAQUE, José Roberto dos Santos. *Efetividade do processo e técnica processual*. 3. ed. São Paulo: Malheiros, 2010.

_____. *Poderes instrutórios do juiz*. 3. ed. rev., atual. e ampl. São Paulo: Revista dos Tribunais, 2001.

BIAVATI, Paolo. Appunti sulla struttura dela decisione e l'ordine dele questioni. *Revista Trimestrale di Diritto e Procedura Civile*, Milão, a. LXIII, n. 1, p. 1301-1323, mar. 2009.

BRANDÃO, Fábio Nobre Bueno. Uma visão atual das condições da ação: requisitos do provimento final. *Revista Ibero-Americana de Direito Público*, Rio de Janeiro, a. III, n. 8, p. 95-107, abr./jun. 2002.

---

[51] "É possível afirmar-se que a utilidade do processo passa, necessariamente, por um enfoque que tem como linhas principais a instrumentalidade do processo e a sua efetividade, trazendo como consequências necessárias a rapidez, a garantia do bem da vida, a execução específica, a abrangência da decisão do ponto de vista subjetivo e objetivo e, finalmente, o tratamento adequado do ato processual com uma nova sistematização das nulidades" (CARNEIRO, Paulo Cezar Pinheiro. *Acesso à justiça*: juizados especiais cíveis e ação civil pública: uma nova sistematização da teoria geral do processo. 2. ed. rev. e atual. Rio de Janeiro: Forense, 2007. p. 106).

CABRAL, Trícia Navarro Xavier. *Ordem pública processual*. Brasília: Gazeta Jurídica, 2015.

CÂMARA, Alexandre Freitas. Será o fim da categoria "condição da ação"? Uma resposta a Fredie Didier Júnior. *Revista de Processo*, São Paulo, a. 36, n. 197, p. 261-270, jun. 2011.

CARNEIRO, Paulo Cezar Pinheiro. *Acesso à justiça*: juizados especiais cíveis e ação civil pública: uma nova sistematização da teoria geral do processo. 2. ed. rev. e atual. Rio de Janeiro: Forense, 2007.

CHIARLONI, Sergio. Questioni rilevabili d'ufficio, diritto di defesa e "formalismo dele garanzie". *Revista de Processo*, São Paulo, a. 37, n. 212, p. 83-93, out. 2012.

COMOGLIO, Luigi Paolo. Garanzie minime del "giusto processo" civil en egli ordinamenti ispano-latino americani. *Revista de Processo*, São Paulo, a. 28, n. 112, p. 159-176, out./dez. 2003.

_____. Il "giusto processo" civile in Italia e in Europa. *Revista de Processo*, São Paulo, a. 29, n. 116, p. 97-158, jul./set. 2004.

CUNHA, Leonardo Carneiro da. Será o fim da categoria "condição da ação"? Uma intromissão no debate travado entre Fredie Didier Jr. e Alexandre Freitas Câmara. *Revista de Processo*, São Paulo, a. 36, n. 198, p. 227-236, ago. 2011.

DIDIER JR., Fredie. *Pressupostos processuais e condições da ação*: o juízo de admissibilidade do processo. São Paulo: Saraiva, 2005.

_____. Será o fim da categoria "condição da ação"? Um elogio ao projeto do novo Código de Processo Civil. *Revista de Processo*, São Paulo, a. 36, n. 197, p. 255-260, jun. 2011.

DINAMARCO, Cândido Rangel. *Fundamentos do processo civil moderno*. 6. ed. São Paulo: Malheiros, 2010. t. I.

_____. *Instituições de direito processual civil*. São Paulo: Malheiros, 2001. v. 1.

FABRÍCIO, A. F. Extinção do processo e mérito da causa. In: OLIVEIRA, Carlos Alberto Álvaro de (Org.). *Saneamento do processo*: estudos em homenagem ao professor Galeno Lacerda. Porto Alegre: Sergio Antonio Fabris, 1989. p. 15-53.

FARIA, Márcio Carvalho. O princípio do contraditório, a boa-fé processual. In: FUX, Luiz (Coord.). *Processo constitucional*. Rio de Janeiro: Forense, 2013.

FREIRE, Rodrigo da Cunha Lima. *Ainda sobre a declaração ex officio da falta de um pressuposto processual ou de uma condição da ação em agravo de instrumento*. Disponível em: <HTTP://jus2.uol.com.br/doutrina/texto.asp?id=2007>. Acesso em: 4 ago. 2008.

FUX, Luiz. Processo e Constituição. In: _____ (Coord.). *Processo constitucional*. Rio de Janeiro: Forense, 2013.

GRECO, Leonardo. Os atos de disposição processual — primeiras reflexões. In: MEDINA, José Miguel Garcia et al. (Coord.). *Os poderes do juiz e o controle das decisões judiciais*. São Paulo: Revista dos Tribunais, 2008.

LACERDA, Galeno. *Despacho saneador*. 2. ed. Porto Alegre: Sergio Antonio Fabris, 1985.

_____. *Teoria geral do processo*. Rio de Janeiro: Forense, 2008.

LIMA, Alcides de Mendonça. Do saneamento do processo. In: OLIVEIRA, Carlos Alberto Álvaro de (Org.). *Saneamento do processo*: estudos em homenagem ao professor Galeno Lacerda. Porto Alegre: Sergio Antonio Fabris, 1989. p. 59-72.

MACEDO, Bruno Regis Bandeira Ferreira. Os aspectos procedimentais da petição inicial e da contestação e o novo Código de Processo Civil. In: DIDIER JR., Fredie; MOUTA, José Henrique; KLIPPEL, Rodrigo (Coord.). *O projeto do novo Código de Processo Civil*. Estudos em homenagem ao professor José de Albuquerque Rocha. Salvador: Juspodivm, 2011. p. 81-102.

MARINONI, Luiz Guilherme; MITIDIERO, Daniel. *O projeto do CPC*: críticas e propostas. São Paulo: Revista dos Tribunais, 2010.

MATTOS, Sérgio Luís Wetzel de. Iniciativa probatória do juiz e princípio do contraditório no processo civil. In: OLIVEIRA, Carlos Alberto Alvaro de (Coord.). *Prova cível*. Rio de Janeiro: Forense, 1999. p. 119-135.

MENDES, Aluisio Gonçalves de Castro. O acesso à justiça e as condições da ação. *Revista de Processo*, São Paulo, a. 34, n. 174, 2009.

MIRANDA, Gladson Rogério de Oliveira. *Prequestionamento nas questões de ordem pública*. Disponível em: <HTTP://jus2.uol.com.br/doutrina/texto.asp?id=4606>. Acesso em: 4 ago. 2008.

MOREIRA, José Carlos Barbosa. Aspectos da "extinção do processo" conforme o art. 329 CPC. In: _____. *Temas de direito processual*: quinta série. São Paulo: Saraiva, 1994. p. 85-94.

_____. Efetividade do processo e técnica processual. In: _____. *Temas de direito processual*: sexta série. São Paulo: Saraiva, 1997. p. 17-29.

_____. Questões prejudiciais e questões preliminares. In: _____. *Direito processual civil*: ensaios e pareceres. Rio de Janeiro: Borsoi, 1971. p. 73-93.

MOUTA, Madson da Cunha. Ação: ausência de condição constatada no final do processo, carência de ação ou improcedência do pedido? *Revista Síntese de Direito Civil e Processual Civil*, Porto Alegre, v. 1, n. 1, p. 31-34, set./out. 1999.

NERY JUNIOR, Nelson. *Princípios do processo civil na Constituição Federal*. 5. ed. São Paulo: Revista dos Tribunais, 1999.

OLIVEIRA, Carlos Alberto Alvaro de. O formalismo-valorativo no confronto com o formalismo excessivo. *Revista de Processo*, São Paulo, a. 31, n. 137, p. 7-31, jul. 2006.

PACAGNAN, Rosaldo Elias. Breves reflexões sobre as condições da ação. *Revista Jurídica*: órgão nacional de doutrina, jurisprudência, legislação e crítica judiciária, Porto Alegre, a. 53, n. 331, p. 65-74, maio 2005.

PIRES, Adriana. Prova e contraditório. In: OLIVEIRA, Carlos Alberto Alvaro de (Coord.). *Prova cível*. Rio de Janeiro: Forense, 1999.

RICCI, Edoardo F. Princípio do contraditório e questões que o juiz pode propor de ofício. In: FUX, Luiz; NERY JUNIOR, Nelson; WAMBIER, Teresa Arruda Alvim (Coord.). *Processo e*

Constituição: estudos em homenagem ao professor José Carlos Barbosa Moreira. São Paulo: Revista dos Tribunais, 2006.

SILVA, Ovídio A. Baptista da; GOMES, Fábio Luiz. *Teoria geral do processo civil.* 5. ed. rev. e atual. São Paulo: Revista dos Tribunais, 2009.

THEODORO JÚNIOR, Humberto. Pressupostos processuais, condições da ação e mérito da causa. *Revista de Processo*, São Paulo, a. V, n. 17, p. 41-49, jan./mar. 1980.

Ensaio sobre a prova pericial no Código de Processo Civil de 2015

BRUNO VINÍCIUS DA RÓS BODART

1. Introdução

Sancionada e publicada a Lei nº 13.105/2015, que contempla a nova codificação processual civil pátria, é o momento de se debruçar sobre os seus mais diversos aspectos, na tentativa de estabelecer um norte interpretativo adequado à aplicação prática dos institutos previstos no diploma. O presente ensaio, imbuído desse espírito, tem o objetivo de tecer alguns comentários sobre a disciplina da prova pericial no Código de Processo Civil de 2015.

2. Topologia da prova pericial no novo CPC

O primeiro aspecto a ser considerado diz respeito à topologia, que fomenta debates acadêmicos sobre a natureza jurídica da prova pericial. Esta, vale lembrar, consiste na realização de exames, vistorias ou avaliações por pessoas portadoras de conhecimentos científicos, técnicos ou especializados, para apurar ou interpretar fatos cujo esclarecimento dependa de tais conhecimentos.[1] Nada obstante a aparente simplicidade desse conceito, a doutrina se divide quanto à caracterização da prova pericial.

---

[1] Nesse sentido: GRECO, Leonardo. *Instituições de processo civil*. Rio de Janeiro: Forense, 2010. v. II, p. 271.

O enquadramento topológico da matéria no Código de Processo Civil de 2015, a exemplo do diploma de 1973, não auxilia na definição da natureza do instituto, visto que as normas sobre o perito são analisadas no capítulo referente aos auxiliares da Justiça (artigos 156 a 158 do CPC/2015), enquanto a perícia é regulamentada no capítulo denominado "das provas", ao lado de outros meios de prova (artigos 464 e seguintes). O art. 212, V, do Código Civil de 2002, por sua vez, dispõe que "o fato jurídico pode ser provado mediante perícia", mas a enumera em um rol que não contém meios de prova por excelência, como o depoimento pessoal ou a inspeção judicial.

Ante a falta de norte no direito positivo, parte dos juristas brasileiros qualifica a perícia como uma consulta do juiz e não como um meio de prova.[2] Já outra parcela dos estudiosos entende a perícia como meio de prova propriamente dito. É a visão de Barbosa Moreira, para quem a perícia constitui meio de prova, apesar de também caracterizá-la como um "meio de integração da atividade do juiz".[3]

A compreensão da perícia como meio de prova sofre severas críticas em outros países. Na Itália, como alerta Luigi Paolo Comoglio, a *"perizia"* foi expungida da enumeração tradicional dos meios de prova, pois reputada "instituto ineficiente", tendo sido substituída pela *"consulenza tecnica"*. O autor entende que a *"consulenza tecnica"* não deve ser considerada um meio de prova em sentido estrito, pois não possui o escopo de provar — é dizer, de tornar certos — os fatos controvertidos, mas sim o de oferecer um "auxílio integrativo", tendo por objeto conhecimentos técnicos ou científicos, superiores ao grau de cultura média geral, dos quais o magistrado não dispõe, permitindo a este valorar corretamente os dados que emergem das provas. Seria, portanto, um meio de instrução probatória em sentido lato.[4] Fornaciari se refere ao *"consulente tecnico"* como "um *alter ego* do juiz", dado que tem a função de emprestar-lhe os conhecimentos específicos que este não detém, constituindo uma ponte entre o juiz e os elementos de prova.[5]

Diogo Rezende de Almeida adota posição híbrida, defendendo que a perícia tem dupla natureza: funciona como meio de prova para as partes e como auxílio para o juiz na sua atividade

---

[2] Por todos: MIRANDA, Francisco Cavalcanti Pontes de. *Comentários ao Código de Processo Civil*. 3. ed. Rio de Janeiro: Forense, 1996. v. IV, p. 473.

[3] Diz o autor: "pessoas e coisas podem servir de fontes de prova, mediante o exercício, pelo juiz, de seus sentidos. [...] Às vezes, basta para fornecer a informação desejada o exercício pessoal, pelo próprio juiz, do sentido pertinente. [...] Outras vezes, para captar a informação, torna-se necessário algo mais: um conhecimento científico ou técnico que o juiz não tem, ou a utilização de métodos especializados, cujo manejo requer preparação também especializada, para revelar, na pessoa, na coisa ou no fenômeno, a realidade só perceptível por meio deles. É então que tem lugar a perícia, qualificada com acerto como 'meio de integração da atividade do juiz'. Em qualquer hipótese, fonte de prova será sempre a pessoa, a coisa ou o fenômeno. Meio de prova será, conforme o caso, a inspeção judicial ou a perícia" (MOREIRA, José Carlos Barbosa. *Temas de direito processual*. 9ª série. São Paulo: Saraiva, 2007. p. 152-153).

[4] COMOGLIO, Luigi Paolo. *Le prove civili*. 3. ed. Turim: Utet, 2010. p. 841 e 852.

[5] FORNACIARI, Michele. A proposto di prova testimoniale "valutativa". *Rivista di Diritto Processuale*, n. 4-5, p. 1.004 e ss., 2013.

de acertamento dos fatos técnico-científicos. O referido processualista consigna ainda a valiosa e inegável observação de Vittorio Denti: a classificação da perícia como auxílio ou meio de prova não traz grandes efeitos práticos.[6]

3. Cabimento da perícia

O art. 464, §1º, do CPC/2015 prevê as hipóteses de indeferimento da prova pericial. A primeira delas ocorre quando "a prova do fato não depender de conhecimento especial de técnico" (inciso I). Nos termos do art. 156, *caput*, do CPC/2015, o juiz "será assistido por perito quando a prova do fato depender de conhecimento técnico ou científico". Noutras palavras, sendo necessária a utilização de conhecimento técnico ou científico, é imperioso que o juiz seja assistido por perito; sendo ela desnecessária, obrigatoriamente deve ser indeferida a perícia por impertinência.

Considera-se conhecimento científico todo aquele produzido de acordo com alguma ciência, observando seus métodos e aplicando as concepções geralmente aceitas naquela área do saber. Por sua vez, o conhecimento técnico é aquele que resulta de regras destinadas ao exercício de determinada atividade prática (ex.: técnica de combate a incêndios). O STJ já decidiu que a quantificação da indenização por danos morais não depende da atuação de perito, sendo ato do juiz, baseado nas regras da experiência.[7]

Ainda que o magistrado possua o conhecimento especializado exigido para a adequada compreensão do caso, deverá nomear perito para auxiliá-lo — o tema será retomado adiante.

O inciso II do art. 464, §1º, do CPC/2015 trata do indeferimento da perícia quando "for desnecessária em vista de outras provas produzidas". Nesse sentido, o art. 472 do mesmo Código permite ao juiz dispensar a prova pericial quando as partes, na inicial e na contestação, apresentarem, sobre as questões de fato, pareceres técnicos ou documentos elucidativos que considerar suficientes. De acordo com a iterativa jurisprudência do Superior Tribunal de Justiça, o magistrado possui discricionariedade para indeferir a prova pericial quando entender ser desnecessária ao deslinde da controvérsia, em observância ao princípio do livre convencimento motivado.[8]

A última hipótese de indeferimento da perícia se dá quando "a verificação for impraticável" (inciso III do art. 464, §1º, do CPC/2015). Luiz Fux sustenta que a verificação é impraticável

---

[6] ALMEIDA, Diogo Assumpção Rezende. *A prova pericial no processo civil*: o controle da ciência e a escolha do perito. Rio de Janeiro: Renovar, 2011. p. 60.

[7] STJ, EDcl nos EDcl no AgRg no Ag 309.117/SP, rel. ministro Ari Pargendler, Terceira Turma, julgado em 30/4/2002, *DJ*, 17/6/2002, p. 256.

[8] Por todos: STJ, AgRg no REsp 1381876/RS, rel. ministro Og Fernandes, Segunda Turma, julgado em 18/9/2014, *DJe*, 2/10/2014.

quando se observa a total ausência de vestígios aferíveis, ressalvada, nessa hipótese, a necessidade de prova exatamente com o escopo de reaviá-los.[9] Figure-se a hipótese de demanda proposta com o objetivo de declaração da invalidade de procuração outorgada por determinada pessoa para a prática de atos de gestão do seu patrimônio. Tendo o outorgante falecido, seus herdeiros postulam a responsabilização do mandatário sob a alegação de indevido desfalque do patrimônio do *de cujus*, aduzindo que havia vício da vontade causado por enfermidade. O réu vem a juízo sustentando que o mandante estava em pleno gozo de suas faculdades mentais, acostando aos autos declaração do médico responsável pelo outorgante. A princípio, a verificação dos fatos seria impraticável, por ter o mandante falecido. No entanto, ainda assim é possível a determinação de perícia, a fim de que outro profissional médico avalie o prontuário do paciente para aferir a confiabilidade dos métodos e critérios adotados no laudo acostado pelo réu.

4. A prova pericial simplificada

Os parágrafos do art. 464 do CPC/2015 regulamentam a denominada "prova técnica simplificada". Na verdade, trata-se também de uma prova pericial, com a peculiaridade de consistir em depoimento oral do *expert* sobre o ponto controvertido, em vez do laudo escrito. Cuida-se de medida que tem pouca ou nenhuma aceitação na praxe forense. Submete-se à discricionariedade do juiz a caracterização da questão como "de menor complexidade" para a dispensa do laudo escrito. O perito será ouvido, via de regra, na audiência de instrução e julgamento. É prudente que se observe o rito do art. 477, §§3º e 4º, do CPC/2015 para assegurar que o *expert* tenha tempo de se preparar para responder aos questionamentos realizados.

5. A escolha do perito

O CPC/2015 manteve como regra o sistema do perito do juízo, com a finalidade de assegurar a nomeação de *expert* capaz de proferir opinião técnica e isenta sobre o ponto controvertido. Como alternativa, as partes podem consensualmente indicar o perito que funcionará nos autos, desde que preenchidos os requisitos do art. 471 do CPC/2015, que serão oportunamente analisados neste ensaio.

Quanto à liberdade de escolha do profissional sobre o qual incidirá a nomeação como perito judicial, há três tipos de sistemas: (i) o da livre escolha, que é o sistema geralmente adotado

---

[9] FUX, Luiz. *Curso de direito processual civil*. 4. ed. Rio de Janeiro: Forense, 2008. v. I, p. 622.

nos ordenamentos da *common law*; (ii) o da escolha vinculada a requisito legal, previsto no CPC/1973, exigindo o seu art. 145, §1º, apenas que a escolha do perito recaia sobre pessoa com formação universitária e inscrição em órgão de classe; e (iii) o da escolha vinculada a lista estabelecida pelo Judiciário, albergado pelo CPC/2015.

Dessa forma, o art. 156, §1º, do CPC/2015 restringe a discricionariedade do juiz na nomeação do perito, determinando seja este escolhido entre os profissionais inscritos em cadastro mantido pelo Tribunal. A exigência de nomeação do perito entre os profissionais previamente cadastrados perante o Tribunal também é a regra no ordenamento italiano, conforme previsto no art. 61 do *codice di procedura civile*.

De acordo com as lições de Diogo Rezende de Almeida, é possível apontar as seguintes vantagens do sistema da escolha do perito vinculada a lista: (i) garantir que o juiz escolha peritos capacitados para a atividade que exercerá no processo; e (ii) facilitar a seleção de profissional detentor dos conhecimentos necessários para a causa, evitando situações em que o magistrado desconhece pessoa com currículo adequado.[10]

A "livre escolha" do perito pelo juiz existirá apenas quando não houver, na localidade, profissional inscrito no cadastro disponibilizado pelo Tribunal, devendo ser nomeado *expert* comprovadamente detentor do conhecimento necessário à realização da perícia (art. 156, §5º, CPC/2015). Ao contrário do que sugere a dicção legal, o caso não é de livre escolha e sim de escolha vinculada a requisitos legais.

Salvante as exceções apontadas, é nula a nomeação de perito não cadastrado pelo Tribunal, desde que alguma das partes suscite a invalidade da nomeação na oportunidade a que se refere o art. 465, §1º, do CPC/2015. Caso contrário, deve ser aplicada por analogia a solução do art. 471 do CPC/2015, entendendo-se que as partes consensualmente aquiesceram com a nomeação do perito indicado pelo juiz.

Caso o exame tenha por objeto a autenticidade ou a falsidade de documento, ou caso seja de natureza médico-legal, o art. 478 do CPC/2015 determina seja o perito escolhido, de preferência, entre os técnicos dos estabelecimentos oficiais especializados. Não há, nesse caso, obrigatoriedade, mas deverá o juiz motivar eventual nomeação de perito não pertencente aos quadros dos referidos estabelecimentos.

Se a intenção da formação do cadastro é garantir que os peritos estejam constantemente atualizados em suas áreas de conhecimento, é de rigor que o cadastramento de cada profissional expire após determinado prazo. Por isso, o art. 156, §3º, do CPC/2015 determina que os Tribunais realizem avaliações e reavaliações periódicas para manutenção do cadastro, considerando a formação profissional, a atualização do conhecimento e a experiência dos peritos interessados.

---

[10] Diogo Assumpção Rezende Almeida, *A prova pericial no processo civil*, op. cit., p. 160 e ss.

A matéria deverá ser regulamentada em ato normativo de cada Corte, pois se insere na competência privativa dos Tribunais para organizar os serviços auxiliares dos juízos que lhes forem vinculados (art. 96, I, 'b', da CRFB/1988).

Inovação interessante do CPC/2015 é a possibilidade de nomeação, como perito, de pessoa jurídica. Permite o art. 156, §1º, a nomeação de órgão técnico ou científico devidamente inscrito em cadastro mantido pelo Tribunal. Em homenagem ao contraditório, tão logo nomeado, o órgão deverá informar ao juiz os nomes e os dados de qualificação dos profissionais que participarão da atividade, a fim de permitir a verificação de eventual impedimento ou motivo de suspeição (art. 156, §4º, do CPC/2015). O prazo para que as partes possam arguir impedimento ou suspeição (art. 465, §1º, I, do CPC/2015), nesse caso, deverá ser contado da data em que sejam cientificadas sobre os dados dos profissionais que atuarão no feito.

O art. 157, §2º, do CPC/2015 exige que cada juízo mantenha uma lista de peritos, disponibilizando para consulta aos interessados os "documentos exigidos para habilitação", bem como que "a nomeação seja distribuída de modo equitativo". A regra é inegavelmente conflitante com o art. 156, §1º, do CPC/2015, segundo o qual a manutenção de cadastro de peritos é de competência do Tribunal. Uma adequação possível entre as duas normas é entender que a Vara ou a secretaria deve manter uma lista dos peritos que já foram nomeados naquele juízo, disponibilizando a outros profissionais interessados informações sobre os requisitos necessários para habilitação no cadastro mantido pelo Tribunal. Assim, permite-se um controle público do dever de distribuição das nomeações de modo equitativo entre os peritos cadastrados, evitando a criação de um nicho de mercado para a atuação de alguns poucos profissionais.

Na hipótese de inobservância, pelo juízo, do dever de distribuição equitativa das nomeações entre os peritos listados (art. 157, §2º, do CPC/2015), não há nulidade ou qualquer outra consequência de ordem processual derivada isoladamente desse motivo. Em casos que tais, a única possível consequência será eventual responsabilização disciplinar do juiz, solução essa também adotada na Itália.[11]

Ao contrário do que sugere o art. 465, §1º, do CPC/2015, o ato do juiz que nomeia o perito é caracterizado como decisão interlocutória, nos termos do art. 203, §2º, do mesmo diploma, e não como despacho, considerando a inegável carga decisória do provimento. A nomeação do perito normalmente ocorrerá na decisão de saneamento e de organização do processo, conforme previsto no art. 357, II, do CPC/2015.

A nomeação pode ser comunicada informalmente ao perito, por correio eletrônico ou telefone, considerando a possibilidade de esses dados constarem do cadastro perante o Tribunal (art. 156, §1º, do CPC/2015). Uma vez nomeado, o *expert* deve apresentar em cinco dias proposta

---

[11] Ver MOCCI, Mauro. La scelta del consulente tecnico d'ufficio nella prospettiva del giusto processo. In: ____. *Il giusto processo civile*. Nápoles: Edizioni Scientifiche Italiane, 2012. v. 7, 2, p. 593-611.

de honorários, currículo com comprovação de especialização e seus contatos profissionais, em especial o endereço eletrônico, para onde serão dirigidas as intimações pessoais (art. 465, §2º, do CPC/2015).

O art. 465, *caput*, do CPC/2015 exige que o juiz fixe de imediato prazo para a entrega do laudo. Já o art. 357, §8º, do mesmo diploma determina que, caso seja possível, o juiz estabeleça calendário para a realização da prova pericial. O "calendário" abrangeria também outras datas relativas à perícia, como o dia em que terá início a produção da prova (art. 474 do CPC/2015) ou aquele em que será realizada a audiência de instrução e julgamento (art. 477, §§3º e 4º, do CPC/2015). No entanto, na maioria dos casos, o magistrado somente poderá definir essas datas a partir das previsões informadas pelo perito nomeado. Portanto, a única data que poderá ser definida imediatamente na decisão de saneamento é a de entrega do laudo.

Também deve o juiz, ao nomear o perito, formular os quesitos que entender pertinentes (art. 470, III, do CPC/2015), até porque o magistrado é o destinatário da prova, sendo a perícia destinada a solucionar suas dúvidas.

Outra providência a ser adotada pelo juiz nesse momento processual é a definição da parte que será responsável pelo adiantamento das custas ao perito. Como regra, o réu apenas será responsável por prover as despesas da perícia caso a tenha requerido (art. 95 do CPC/2015). Situação delicada ocorre quando invertido o ônus da prova, providência admitida, por exemplo, nas hipóteses do art. 373, §1º, do CPC/2015 e do art. 6º, VIII, do CDC. A inversão do ônus da prova significa, em síntese, que a ocorrência do fato constitutivo do direito do autor passa a ser relativamente presumida, atribuindo-se ao demandado o ônus de provar a sua inexistência. Diante disso, uma vez invertido o ônus da prova, é de rigor que também o ônus de adiantamento dos honorários periciais seja atribuído ao réu. Afinal, caso não realizada a diligência, a ausência de provas militará em seu desfavor.

Sobre o tema, o Superior Tribunal de Justiça possui acórdão no sentido de que "[n]ão é lícito obrigar a parte contra quem o ônus da prova foi invertido a custear os honorários do perito, porque lhe assiste a faculdade de não produzir a prova pericial e arcar com as consequências processuais da omissão".[12] De fato, não há uma obrigação de o réu adiantar o valor da perícia, mas verdadeiro ônus — caso não efetue o pagamento, a consequência é a perda da oportunidade de produção da prova e a presunção de veracidade das alegações do autor. Entretanto, não se pode concordar com os precedentes do Superior Tribunal de Justiça segundo os quais "[a]s regras do ônus da prova não se confundem com as regras do seu custeio, cabendo a antecipação da remuneração do perito àquele que requereu a produção da prova pericial, na forma do artigo

---

[12] STJ, AgRg no AgRg no AREsp 153.797/SP, rel. ministro Marco Buzzi, Quarta Turma, julgado em 5/6/2014, *DJe*, 16/6/2014.

19 do CPC".[13] Ora, o autor diligente sempre formulará na inicial os requerimentos de inversão do ônus da prova e de produção da prova pericial (art. 319, VI, do CPC/2015), garantindo que a perícia seja produzida caso a inversão não seja acolhida pelo juiz. Uma vez deferida a inversão do ônus da prova, também deve ser atribuído o ônus de custeio da perícia à parte ré. Caso contrário, duas situações igualmente incoerentes podem ocorrer: (i) o autor simplesmente deixar de adiantar os honorários do perito, visto que a preclusão do meio de prova lhe é favorável; ou (ii) se o demandante for beneficiário de gratuidade de justiça, a perícia será realizada sem qualquer adiantamento, prejudicando o profissional (que será pago com base em valor definido em tabela) e conferindo injusta benesse ao réu.

No caso de a perícia ter sido requerida por ambas as partes, ou caso tenha ela sido determinada de ofício pelo juiz, o CPC/2015 determina que o adiantamento do valor dos honorários seja rateado entre as partes (art. 95). Difere, assim, do regime do CPC/1973, cujo art. 33 indica o pagamento pelo autor nessas situações.

Caso o responsável pelo adiantamento seja beneficiário de gratuidade da justiça, dispõe o art. 95, §3º, do CPC/2015 que a perícia pode ser custeada de duas formas distintas. Sendo o *expert* nomeado servidor do Poder Judiciário ou profissional de órgão público conveniado, o custeio correrá a cargo do orçamento do ente público correlato. Por outro lado, tratando-se de perito particular, fará jus a ajuda de custeio em valor fixado conforme tabela do Tribunal respectivo (em caso de omissão, o montante será definido pelo Conselho Nacional de Justiça). Em qualquer caso, se o beneficiário da gratuidade de justiça sagrar-se vencedor ao final do processo, deverá a parte vencida ressarcir os valores gastos pela Fazenda Pública (art. 95, §4º, do CPC/2015). Na hipótese de derrota do detentor da justiça gratuita, ficará este sujeito a execução pela Fazenda Pública se deixar de existir a situação de insuficiência de recursos no prazo de cinco anos a que alude o art. 98, §3º, do CPC/2015.

Percebe-se, com a sistemática apresentada, a preocupação do CPC/2015 em impedir que o perito seja obrigado a trabalhar sem receber honorários.

Uma vez apresentada a proposta de honorários pelo *expert*, as partes devem ser intimadas para manifestação sobre a proposta de honorários, em cinco dias. É da praxe forense ouvir o perito, em prazo a ser estipulado pelo juiz, sobre os questionamentos das partes a respeito do valor da remuneração. Por fim, o juiz arbitrará o montante dos honorários e intimará a parte responsável pelo adiantamento da verba para depositá-la em juízo (art. 465, §3º, e 95, §1º, do CPC/2015). Consoante disposto no verbete nº 232 da Súmula da jurisprudência dominante no Superior Tribunal de Justiça, "A Fazenda Pública, quando parte no processo, fica sujeita à exigência do depósito prévio dos honorários do perito".

---

[13] STJ, REsp 908.728/SP, rel. ministro João Otávio de Noronha, Quarta Turma, julgado em 6/4/2010, *DJe*, 26/4/2010. Assim também: STJ, AgRg no AREsp 426.062/SP, rel. ministro Sidnei Beneti, Terceira Turma, julgado em 11/2/2014, *DJe*, 13/3/2014.

Uma vez intimado para iniciar os trabalhos, passa a correr para o perito o prazo fixado para a apresentação do laudo pericial (art. 465, *caput*, do CPC/2015).

6. Deveres do perito — escusa, recusa e substituição

Segundo Leonardo Greco, o perito possui os seguintes deveres: (i) aceitar o exercício da função; (ii) proceder a todos os exames e observações necessários (art. 473, §3º, do CPC/2015); (iii) elaborar o laudo no prazo assinalado (art. 465 do CPC/2015); (iv) comparecer à presença do juiz para ser inquirido, se intimado, e responder às perguntas; e (v) ser fiel à verdade e às regras da sua ciência, da sua área de conhecimento ou da sua profissão (art. 158 do CPC/2015).[14]

O perito nomeado tem o dever de cumprir o encargo, sendo possível a escusa apenas quando o juiz reconhecer a existência de "motivo legítimo" (art. 157, *caput*, CPC/2015). Em outros países o profissional designado não é obrigado a funcionar como perito. Assim, por exemplo, nos EUA a Federal Rule of Civil Procedure 706 (a) prevê que apenas pode ser nomeado como *expert witness* alguém que queira exercer a função.

O perito deve apresentar a escusa no prazo de 15 dias, contado da intimação (art. 157, §1º, CPC/2015). Em caso de suspeição ou impedimento supervenientes, o prazo será contado da ciência inequívoca da circunstância nos autos — apesar da omissão do dispositivo, idêntica deve ser a contagem do prazo em se tratando de qualquer outro motivo legítimo posterior. Expirado o prazo, considera-se que o perito renunciou ao direito de alegar a escusa.

Um motivo legítimo é a existência de impedimento ou suspeição. De acordo com o art. 148, III, do CPC/2015, aplicam-se os motivos de impedimento ou suspeição previstos nos artigos 144 e 145 do mesmo diploma aos auxiliares da justiça, entre eles o perito. Outro motivo legítimo é a alegação de falta de conhecimento técnico ou científico para a apuração do ponto controvertido. Igualmente, reputam-se legítimos motivos aqueles previstos no art. 448 do CPC/2015 (causas de escusas das testemunhas). Uma escusa comumente encontrada na praxe forense é aquela baseada no acúmulo de serviço do profissional designado para funcionar em várias causas, o que pode ser considerado um motivo legítimo. Em todos os casos, a alegação deve ser apreciada pelo juiz, que deve indeferir a escusa quando perceber a improcedência dos motivos declinados pelo *expert*.

A parte apenas poderá recusar o perito por impedimento ou suspeição dentro do prazo de 15 dias contados da intimação do despacho de nomeação, conforme preceitua o art. 465, §1º, I, do CPC/2015, sob pena de preclusão. Na mesma oportunidade deverá a parte recusar o perito

---

[14] Leonardo Greco, *Instituições de processo civil*, op. cit., v. II, p. 279.

quando entender que o profissional não possui currículo suficiente para o esclarecimento do *thema probandi*, precluindo a alegação em caso de inércia — assim já decidiu o Superior Tribunal de Justiça.[15] A nomeação de perito previamente cadastrado perante o Tribunal (art. 156, §1º, do CPC/2015) e a manutenção de lista de peritos na Vara ou na Secretaria (art. 157, §2º, do CPC/2015) asseguram que as partes conheçam o currículo do *expert* nomeado e possam se manifestar sobre a capacidade técnica ou científica do profissional no prazo a que alude o art. 465, §1º, I, do CPC/2015.

Caso alguma das partes recuse o perito por impedimento ou suspeição, deverá o juiz determinar o processamento da recusa como incidente em separado e sem suspensão do processo, ouvindo o arguido no prazo de 15 dias e facultando a produção de prova, quando necessária (art. 148, §2º, do CPC/2015). A arguição será decidida pelo próprio juiz da causa, ainda que seja dele o ato de indicação do perito.

Entre os deveres do perito figura o de veracidade. O perito que presta informações inverídicas fica sujeito a responsabilização: (i) penal, podendo ser condenado por crime de falsa perícia (art. 342 do Código Penal); (ii) civil, pois ficará obrigado a ressarcir os prejuízos que causar à parte; e (iii) administrativa, consistente em inabilitação para atuar em outras perícias no prazo de 2 a 5 anos. Além disso, o juiz que verificar a ocorrência do falso deve comunicar o fato ao órgão de classe ao qual vinculado o perito para adoção das medidas cabíveis.

Para evitar o tumulto processual, a única sanção que pode ser aplicada ao perito diretamente nos autos em que nomeado é a inabilitação. A responsabilidade civil (e, por óbvio, também a penal) deve ser pleiteada em processo autônomo.[16]

O Código permite que o juiz substitua o perito quando constatar que lhe falta conhecimento técnico ou científico, bem como quando inobservado o prazo de entrega do laudo sem motivo legítimo (art. 468 do CPC/2015). Há, em verdade, dois prazos que devem ser observados pelo perito: o primeiro é aquele fixado pelo juiz para a entrega do laudo (arts. 465, *caput*, e 471, §2º, do CPC/2015) e o segundo a antecedência mínima de 20 dias em relação à audiência de instrução e julgamento para o protocolo do laudo em juízo (art. 477 do CPC/2015). A jurisprudência reconhece, ainda, a possibilidade de substituição do perito quando o juiz entender que desapareceu a necessária confiança em relação ao *expert*. A substituição independe de prévia instauração de processo administrativo disciplinar ou de contraditório.[17]

---

[15] STJ, REsp 1175317/RJ, rel. ministro Raul Araújo, Quarta Turma, julgado em 7/5/2013, *DJe*, 26/3/2014.

[16] Em sentido análogo: STJ, AgRg no Ag 1349903/RS, rel. ministro Paulo de Tarso Sanseverino, Terceira Turma, julgado em 27/3/2012, *DJe*, 10/4/2012.

[17] Confira-se, sobre o tema, a seguinte decisão do Superior Tribunal de Justiça: "O perito judicial é um auxiliar do Juízo e não um servidor público. Logo, sua desconstituição dispensa a instauração de qualquer processo administrativo ou arguição por parte do magistrado que o nomeou, não lhe sendo facultada a ampla defesa ou o contraditório nestes casos, pois seu afastamento da função pode se dar ex officio e ad nutum, quando não houver

Caso o perito deixe de cumprir o encargo no prazo assinado, o juiz deve comunicar a ocorrência à corporação profissional respectiva e pode impor multa ao profissional (art. 468, §1º, do CPC/2015). O valor da multa deve ser fixado pelo magistrado com atenção ao valor da causa e ao possível prejuízo decorrente do atraso no processo. Já decidiu o Superior Tribunal de Justiça que o perito não tem legitimidade para recorrer nos autos do processo em que lhe foi aplicada a multa, sendo cabível, no entanto, a impetração de mandado de segurança contra o ato judicial.[18] O valor da multa deve ser revertido para o Estado.[19]

Determina o §2º do art. 468 do CPC/2015 que o perito substituído deve restituir os valores recebidos pelo trabalho não realizado, no prazo de 15 dias, sob pena de ficar impedido de atuar como perito judicial pelo prazo de cinco anos. A comunicação do impedimento deve ser feita ao órgão do Tribunal responsável pela manutenção do cadastro a que se refere o art. 156, §1º, do CPC/2015. A lei não é clara quanto à hipótese em que a falta de conhecimento técnico ou científico do perito é constatada apenas após a realização do exame, vistoria ou avaliação. O art. 465, §5º, do CPC/2015 permite ao juiz a redução dos honorários inicialmente arbitrados quando a perícia for inconclusiva ou deficiente, ou seja, quando a falta de conhecimento técnico ou científico é verificada a partir do laudo produzido. Há omissão do Código no que tange à possibilidade de compelir o perito, após a entrega do laudo, a devolver os valores já recebidos. Em casos que tais, a melhor solução é confiar ao juiz a prerrogativa de decidir sobre a necessidade de restituição dos valores já levantados pelo profissional, considerando sua boa-fé e as peculiaridades do caso concreto.

Caso o *expert* não restitua os valores pagos voluntariamente em 15 dias, ficará impedido de atuar como perito judicial pelo prazo de cinco anos (art. 468, §2º, do CPC/2015), penalidade que deverá ser aplicada nos próprios autos em que ocorreu a nomeação. O perito não tem legitimidade para recorrer da decisão que lhe aplicar a sanção, cabendo apenas a impetração de mandado de segurança contra ato judicial. Além disso, a decisão que determinou a devolução constitui título executivo judicial em favor da parte que adiantou o montante.

---

mais o elo de confiança. Isto pode ocorrer em razão da precariedade do vínculo entre ele e o poder público, já que seu auxílio é eventual. Além desta hipótese, sua desconstituição poderá ocorrer naquelas elencadas no art. 424, do CPC [de 1973] ('O perito pode ser substituído quando: I — carecer de conhecimento técnico ou científico; II — sem motivo legítimo, deixar de cumprir o encargo no prazo que lhe foi assinado'). Estas são espécies expressas no texto da lei. Porém, a quebra da confiança entre o auxiliar e o magistrado é espécie intrínseca do elo, que se baseia no critério personalíssimo da escolha do profissional para a função. Assim como pode o juiz nomeá-lo, pode removê-lo a qualquer momento" (RMS 12.963/SP, rel. ministro Jorge Scartezzini, Quarta Turma, julgado em 21/10/2004, *DJ*, 6/12/2004, p. 311).

[18] STJ, RMS 21.546/SP, rel. ministro Castro Meira, Segunda Turma, julgado em 5/5/2009, *DJe*, 15/5/2009. Em igual sentido: REsp 187.997/MG, rel. ministro Sálvio de Figueiredo Teixeira, Quarta Turma, julgado em 20/11/2001, *DJ*, 18/2/2002, p. 447.

[19] Assim também Leonardo Greco, *Instituições de processo civil*, op. cit., p. 281.

Em determinadas situações, pode ser necessária a realização da perícia em outra comarca, sendo expedida carta precatória para tanto. Poderá o juízo deprecante atribuir ou não ao deprecado a tarefa de nomear o perito e receber a indicação de assistentes técnicos (art. 465, §6º, do CPC/2015). Sendo delegada essa tarefa, deverá o juízo deprecado apreciar eventuais escusas e recusas do *expert* por ele nomeado. O art. 260, §2º, do CPC/2015 dispõe que, quando o objeto da carta for exame pericial sobre documento, este será remetido em original, ficando nos autos reprodução fotográfica.

7. A manifestação das partes sobre a nomeação do perito

Conforme já esclarecido, da decisão de nomeação do *expert* deverão as partes ser intimadas para, querendo, se manifestarem em 15 dias, arguindo a suspeição ou impedimento do perito, indicando assistentes técnicos ou apresentando quesitos (art. 465, §1º, do CPC/2015). No item anterior, foram tecidos comentários sobre a recusa do perito por impedimento ou suspeição. Quanto à indicação de assistentes técnicos ou formulação de quesitos, o Superior Tribunal de Justiça possui pacífica jurisprudência no sentido de que o prazo previsto no art. 465, §1º, II e III, do CPC/2015 não é preclusivo, podendo as partes indicar assistente técnico ou apresentar quesitos posteriormente, desde que antes do início dos trabalhos periciais.[20]

A redação do Código sugere ser admitido que cada parte indique apenas um assistente técnico, salvante a hipótese de perícia complexa que abranja mais de uma área de conhecimento especializado, caso em que o art. 475 do CPC/2015 autoriza a indicação de mais de um desses profissionais. A restrição é indevida, pois tolhe injustificadamente o direito constitucional à ampla defesa (art. 5º, LV, da CRFB), que inclui o direito de defender-se provando. A única interpretação compatível com a Carta Magna é a que admite como regra a indicação de mais de um assistente técnico por cada parte, conferindo ao juiz a possibilidade de indeferir, motivadamente, uma ou mais das indicações sobressalentes, se verificar a ocorrência de tumulto processual.

Os honorários dos assistentes técnicos são pagos a eles diretamente pelas partes que os indicaram (art. 95 do CPC/2015). Segundo já decidiu o Superior Tribunal de Justiça, a parte sucumbente deverá ressarcir, ao final do processo, os honorários do assistente técnico pagos pelo adversário.[21]

---

[20] STJ, AgRg no AREsp 554.685/RJ, rel. ministro Luis Felipe Salomão, Quarta Turma, julgado em 16/10/2014, *DJe*, 21/10/2014.

[21] STJ, AgRg no REsp 1131213/SC, rel. ministro Marco Buzzi, Quarta TurMA, julgado em 9/4/2013, *DJe*, 18/4/2013.

8. Quesitos suplementares

O art. 469 do CPC/2015 permite às partes a formulação de quesitos suplementares "durante a diligência". Apesar do adjetivo "suplementar", conforme já afirmado, a jurisprudência admite a apresentação de quesitos após a oportunidade a que se refere o art. 465, §1º, III, do CPC/2015 mesmo quando não oferecidos os "quesitos iniciais", desde que antes do início dos trabalhos periciais,[22] devendo as partes ser intimadas da data agendada para o começo da produção da prova (art. 474 do CPC/2015). Esse termo final não parece correto, pois o próprio art. 469 do CPC/2015 (equivalente ao art. 425 do CPC/1973) admite a apresentação de "quesitos suplementares durante a diligência", ou seja, após iniciados os trabalhos periciais. Os quesitos suplementares serão apresentados em juízo e o escrivão deverá oportunizar o contraditório à parte contrária, independentemente de despacho do juiz (art. 469, parágrafo único, do CPC/2015). Decorrido o prazo para a manifestação da parte *ex adverso*, o juiz deverá avaliar os quesitos formulados, podendo indeferi-los caso entenda impertinentes (art. 470, I, do CPC/2015).

Sendo certo que é possível apresentar quesitos durante a diligência, indaga-se sobre a possibilidade de formulá-los após o término desta. Conforme pondera Leonardo Greco, a limitação temporal para os quesitos suplementares não pode ser rígida, visto que a necessidade de novas perguntas pode surgir em razão do próprio teor do laudo pericial.[23] Nesse sentido, o art. 477, §1º, do CPC/2015 confere às partes a oportunidade de se manifestar sobre o laudo do perito no prazo comum de 15 dias, ocasião na qual também poderão apresentar quesitos suplementares. Se os esclarecimentos prestados por escrito pelo perito não forem suficientes, a parte pode requerer ao juiz que o *expert* seja intimado a comparecer à audiência de instrução e julgamento, caso em que o requerente deve formular perguntas sob a forma de quesitos (art. 477, §3º, do CPC/2015). Por fim, o art. 480 do CPC/2015 prevê a possibilidade de realização de nova perícia quando a matéria não estiver suficientemente esclarecida, devendo ser assegurado às partes, sob o mesmo raciocínio, o direito de apresentar novos quesitos. Percebe-se, portanto, que a parte possui diversas oportunidades para a apresentação de quesitos, mesmo após o início dos trabalhos periciais.

A resposta do perito aos quesitos suplementares pode ser prestada: (i) no próprio laudo, caso os quesitos suplementares sejam apresentados durante a diligência; (ii) por escrito, no prazo de 15 dias após intimado pelo juízo (art. 477, §2º, do CPC/2015); ou (iii) oralmente, na audiência de instrução e julgamento, desde que intimado com pelo menos 10 dias de antecedência da audiência (art. 477, §§3º e 4º, do CPC/2015).

---

[22] STJ, AgRg no AREsp 554.685/RJ, rel. ministro Luis Felipe Salomão, Quarta Turma, julgado em 16/10/2014, *DJe*, 21/10/2014.

[23] Leonardo Greco, *Instituições de processo civil*, op. cit., p. 282.

9. A possibilidade de escolha consensual do perito

O Código de 2015 prevê, no seu art. 471, a possibilidade de as partes escolherem consensualmente o perito, contemplando mais uma hipótese de convenção processual.

O art. 190 do CPC/2015 já permite às "partes plenamente capazes estipular mudanças no procedimento para ajustá-lo às especificidades da causa e convencionar sobre os seus ônus, poderes, faculdades e deveres processuais, antes ou durante o processo", desde que o processo verse sobre direitos que admitam autocomposição. As exigências de plena capacidade das partes e de que os direitos envolvidos admitam autocomposição foram reproduzidas para a escolha consensual do perito. Contudo, não há sentido em impedir a eleição consensual do perito nas hipóteses em que a causa não possa ser resolvida por autocomposição. Trata-se de restrição absolutamente incompatível com o intuito do Código de prestigiar as convenções processuais entre as partes. A vedação a que os envolvidos transacionem sobre o direito em disputa não obsta a convenção entre eles para a adaptabilidade do procedimento.[24]

Observa Diogo Rezende de Almeida que a escolha do perito de comum acordo pelas partes, em substituição à nomeação judicial, já é permitida pelo direito argentino e possui a inegável vantagem de evitar a ocorrência de futuras impugnações.[25]

O perito consensualmente escolhido pelas partes não precisa ser inscrito no cadastro mantido pelo Tribunal ao qual o juiz da causa está vinculado (art. 156, §1º, do CPC/2015). Afinal, a principal razão do cadastro é assegurar a competência técnica ou científica do profissional nomeado. A eleição do perito pelas partes demonstra que ambas reconhecem a competência do profissional eleito.

A convenção entre as partes para a escolha do perito pode ser formulada antes ou durante o processo, desde que não o façam após a nomeação de perito pelo juiz, o que normalmente ocorre na decisão de saneamento do processo (art. 357 do CPC/2015). Compete ao juiz o controle da validade da convenção, inclusive nos casos de inserção abusiva em contrato de adesão ou na hipótese em que uma das partes esteja em manifesta situação de vulnerabilidade, nos termos do art. 190, parágrafo único, do CPC/2015.

A remuneração do perito deve ser estipulada pelas próprias partes que o escolheram, devendo constar do requerimento formulado ao juízo o valor dos honorários, o momento do pagamento e a forma de rateio desse montante, nada impedindo que recaia apenas sobre uma delas. A matéria é totalmente remetida à livre manifestação de vontade das partes. Podem elas

---

[24] Sobre o tema, ver BODART, Bruno Vinícius Da Rós. Simplificação e adaptabilidade no anteprojeto do novo CPC brasileiro. In: FUX, Luiz (Org.). *O novo processo civil brasileiro*: direito em expectativa. Rio de Janeiro: Forense, 2011.

[25] Diogo Assumpção Rezende Almeida, *A prova pericial no processo civil*, op. cit., p. 164-165.

convencionar que uma adiantará os honorários e a sentença condenará o vencido a ressarci-la. É igualmente possível que ajustem o pagamento dos honorários por um dos contendores, sem a possibilidade de reaver o valor ao final do processo, ainda que saia vencedor aquele que adiantou a verba do perito. Por isso a importância de a matéria constar do requerimento dirigido ao magistrado, a fim de que este regule as verbas de sucumbência conforme o avençado.

Nada impede que o juiz determine a realização de nova perícia caso entenda insuficiente o laudo produzido pelo perito consensualmente escolhido, na forma do art. 480 do CPC/2015.

10. A realização dos trabalhos de perícia

A fim de resguardar o contraditório efetivo, que abrange o direito de postular em juízo provando, deve o juiz assegurar que as partes sejam intimadas da data e do local por ele designados ou indicados pelo perito para ter início o exame, a vistoria ou a avaliação. Para Luiz Fux, a falta de intimação nulifica a perícia, salvo se a parte nada arguir.[26] Assim, a parte que alega a nulidade pela inobservância do dispositivo em apreço deve demonstrar a ocorrência de efetivo prejuízo, sob pena de validade da perícia realizada. Esta a pacífica jurisprudência do Superior Tribunal de Justiça.[27]

Ressalte-se que a intimação é das partes e não dos assistentes técnicos. Assim, compete às partes comunicar a data e o local de início da produção da prova aos assistentes técnicos. Nesse sentido decidiu o Superior Tribunal de Justiça: "O art. 431-A do CPC [de 1973] é claro ao determinar a intimação das partes e não dos assistentes técnicos, cujo comparecimento deve ser providenciado pela parte que foi devidamente intimada acerca da realização da perícia".[28] De qualquer forma, o art. 466, §2º, do CPC/2015 atribui ao perito o dever de assegurar aos assistentes das partes o acesso e o acompanhamento das diligências e dos exames que realizar. Para tanto, deverá o *expert* do juízo efetuar comunicação com antecedência mínima de cinco dias, devidamente comprovada nos autos.

O §3º do art. 473 do CPC/2015 confere tanto ao perito quanto aos assistentes técnicos a prerrogativa de valer-se de todos os meios necessários para o desempenho de sua função. Assim, pode o perito ouvir testemunhas diretamente, efetuar registros fotográficos ou audiovisuais, requisitar documentos perante repartições públicas etc.

---

[26] Luiz Fux, *Curso de direito processual civil*, op. cit., p. 621.

[27] STJ, EREsp 1121718/SP, rel. ministro Arnaldo Esteves Lima, Corte Especial, julgado em 18/4/2012, *DJe*, 1/8/2012.

[28] STJ, AgRg no REsp 1281427/MG, rel. ministro Humberto Martins, Segunda Turma, julgado em 12/11/2013, *DJe*, 20/11/2013.

Quanto à possibilidade de o perito convocar outro *expert* para auxiliá-lo, existe forte controvérsia. A melhor interpretação é no sentido de que a designação do novo perito é ato privativo do juiz, na forma do art. 475 do CPC/2015, não sendo dado ao *expert* anteriormente nomeado, *sponte propria*, convocar o auxílio de outro profissional para realizar a perícia, ainda que de alta complexidade. Assim já decidiu o Superior Tribunal de Justiça.[29] A mesma Corte, no entanto, em precedente mais antigo, admitiu a possibilidade de perito contador convocar um geólogo para auxiliá-lo na elaboração do laudo, independentemente de designação do magistrado. A hipótese concreta dizia respeito a dissolução de sociedade em que a apuração de haveres envolvia a medição de jazidas de minério para a determinação de seu valor econômico.[30]

Segundo a redação do §3º do art. 473 do CPC/2015, o perito e os assistentes técnicos podem solicitar documentos que estejam em poder da parte. A esse respeito, surge importante controvérsia sobre a existência de direito à não produção de prova contra si mesmo (*nemo tenetur se detegere*) no processo civil. No campo penal, o referido direito é inferido do art. 5º, LXIII, da Constituição, segundo o qual assiste ao preso a prerrogativa de permanecer calado. Já no processo civil, vigora a regra segundo a qual "ninguém se exime do dever de colaborar com o Poder Judiciário para o descobrimento da verdade" (art. 339 do CPC/1973 e art. 378 do CPC/2015).

A interpretação extensiva dessa regra para abranger um dever de a parte produzir provas que lhe são desfavoráveis sempre foi matéria amplamente debatida. Assim, Leonardo Greco pontua que a proibição de autoincriminação "no processo civil tem merecido severas críticas, pois viola o princípio da cooperação e pode constituir um obstáculo intransponível ao acesso à tutela jurisdicional do direito em favor de uma das partes ou de ambas, que ficam privadas da possibilidade de provar os fatos dos quais o seu direito decorre".[31]

O CPC/2015 afastou quaisquer dúvidas ao estabelecer, no seu art. 379, *caput*, a existência do direito de a parte "não produzir prova contra si própria". A extensão desse direito ao processo civil é medida defendida por diversos autores que analisam o tema à luz do ordenamento dos EUA, em especial sob a lógica da análise econômica do direito.[32] Tradicionalmente no direito estadunidense, protege-se o material coletado ou produzido por uma parte em preparação para uma disputa judicial, não assistindo à outra parte a prerrogativa de ter acesso a esse conteúdo — é a chamada *work-product doctrine*, reconhecida pela Suprema Corte daquele país desde o caso Hickman *v.* Taylor, de 1947, e posteriormente tipificada na Federal Rule of Civil Procedure 26(b)(3). Há exceções à *work-product protection*, majoritariamente

---

[29] STJ, REsp 866.240/RS, rel. ministro Castro Meira, Segunda Turma, julgado em 22/5/2007, *DJ*, 8/8/2007, p. 366.

[30] STJ, REsp 217.847/PR, rel. ministro Castro Filho, Terceira Turma, julgado em 4/5/2004, *DJ*, 17/5/2004, p. 212.

[31] Leonardo Greco, *Instituições de processo civil*, op. cit., p. 150-151.

[32] Por todos: WICKELGREN, Abraham L. A right to silence for civil defendants? *Journal of Law, Economics and Organization*, v. 26, n. 1. p. 92-114, 2010.

relacionadas com o sistema denominado *discovery*, em que a instrução probatória é confiada aos advogados das partes.[33]

Por tais razões, deve-se interpretar o art. 473, §3º, do CPC/2015 no sentido de que a parte não é obrigada a atender à solicitação de documentos formulada pelo perito, aplicando-se nesses casos as regras de distribuição do ônus da prova previstas no art. 373 do CPC/2015. Ressalve-se, contudo, a possibilidade de ponderação da garantia contra a autoincriminação com outros princípios constitucionais, notadamente quando a matéria controvertida no processo envolver direitos indisponíveis. Caso a solicitação seja feita a terceiro, este não poderá se negar a entregar os documentos desejados pelo *expert*, pois

> todo terceiro tem o dever de colaborar com a justiça no descobrimento da verdade (CPC [/1973], art. 339) e, assim, também a prestação de depoimento ou a entrega de documento decorrem desse dever, não podendo o ordenamento jurídico criar escusa com fundamento no suposto direito de não se autoincriminar, sob pena de grave limitação à busca da verdade.[34]

11. Elementos do laudo pericial

A controlabilidade da atividade pericial sempre foi matéria que afligiu doutrinadores e operadores do direito. Com efeito, tão importante quanto a conclusão do laudo pericial é a adequada exposição do método empregado, dos elementos analisados pelo *expert* e dos motivos que o levaram a adotar tal ou qual orientação. Impossível de outro modo o exercício adequado do contraditório pelas partes, ficando elas reféns da "opinião de autoridade".

Firme nesse propósito, o art. 473 do CPC/2015 exige que o laudo pericial contenha a exposição do objeto da perícia; a análise técnica ou científica realizada pelo perito; a indicação do método utilizado, esclarecendo-o e demonstrando ser predominantemente aceito pelos especialistas da área do conhecimento da qual se originou; e resposta conclusiva a todos os quesitos apresentados pelo juiz, pelas partes e pelo órgão do Ministério Público. Além disso, exige-se do perito a apresentação de sua fundamentação em linguagem simples e com coerência lógica, indicando como alcançou suas conclusões. Mais ainda, veda-se que o *expert* ultrapasse os limites de sua designação ou emita opiniões pessoais que excedam o exame técnico ou científico do objeto da perícia.[35]

---

[33] Sobre o tema, ver FRIEDENTHAL, Jack H.; KANE, Mary Kay; MILLER, Arthur R. *Civil procedure*. 4. ed. St. Paul: Thomson West, 2006. p. 408 e ss.; FEER, Richard D. *Civil procedure*. 2. ed. Nova York: Aspen, 2009. p. 384 e ss.

[34] Leonardo Greco, *Instituições de processo civil*, op. cit., p. 151.

[35] Sobre o tema, ver Diogo Assumpção Rezende Almeida, *A prova pericial no processo civil*, op. cit., p. 173.

12. A entrega do laudo e o contraditório

Conforme já afirmado anteriormente, deve o perito observar não apenas o prazo fixado pelo juiz para a entrega do laudo, mas também a antecedência mínima de 20 dias em relação à audiência de instrução e julgamento para o protocolo do laudo em juízo. A inobservância do prazo pode gerar a substituição do perito (art. 468, II, do CPC/2015).

Após o protocolo do laudo em juízo, devem as partes ser intimadas para, querendo, manifestarem-se sobre ele no prazo comum de 15 dias (art. 477, §1º, do CPC/2015). Em homenagem ao princípio do contraditório, caso alguma das partes formule quesitos em sua manifestação, deverá ser ouvida a outra parte, no prazo que o juiz assinalar ou, em caso de omissão, em cinco dias (art. 218, §3º, do CPC/2015).

No mesmo prazo de 15 dias após a intimação das partes, devem os assistentes técnicos apresentar seus respectivos pareceres. Ressalte-se que a intimação é dirigida apenas às partes, não aos assistentes técnicos. A jurisprudência do STJ é no sentido de que prazo para juntada de pareceres dos assistentes técnicos é preclusivo, não sendo admitida a juntada posterior, sob pena de desentranhamento.[36]

As partes também podem utilizar a oportunidade para requerer a substituição do perito, sob a alegação de que o laudo demonstrou faltar-lhe conhecimento técnico ou científico (art. 468, I, do CPC/2015). Acolhendo a alegação, deverá o juiz determinar a realização de nova perícia (art. 480 do CPC/2015).[37]

O perito tem o dever de prestar esclarecimentos sobre ponto suscitado por qualquer das partes, pelo juiz ou pelo órgão do Ministério Público. É obrigado ainda a esclarecer divergência em relação ao parecer do assistente técnico da parte. Vale lembrar que apenas após prestar todos os esclarecimentos necessários poderá ser expedido mandado de pagamento de toda a verba honorária ao perito (art. 465, §4º, do CPC/2015).

Esses esclarecimentos devem ser prestados por escrito, no prazo de 15 dias. Se não foram suficientes as informações veiculadas na manifestação escrita, será o perito intimado por meio eletrônico a comparecer à audiência de instrução e julgamento, com pelo menos 10 dias de antecedência, a fim de que preste esclarecimentos oralmente (art. 477, §§3º e 4º, do CPC/2015).

---

[36] STJ, AgRg no REsp 1155403/SP, rel. ministro Sidnei Beneti, Terceira Turma, julgado em 19/2/2013, *DJe*, 28/2/2013.

[37] Sobre o tema, confira-se a seguinte ementa de acórdão do Superior Tribunal de Justiça: "Trata-se de impugnação da qualidade técnica ou científica dos trabalhos apresentados pelo perito, e não da qualificação formal desse profissional. [...] Assim, a oportuna impugnação dos trabalhos do perito deve ser avaliada pelo julgador, pois não está sujeita àquela preclusão operada após a nomeação do expert não recusada pelas partes. Ao decidir, o juiz poderá substituir o perito ou, dada a complexidade da causa, mandar realizar uma nova perícia" (REsp 1175317/RJ, rel. ministro Raul Araújo, Quarta Turma, julgado em 7/5/2013, *DJe*, 26/3/2014).

Nesse caso, a parte deverá formular suas perguntas sob a forma de quesitos. Também o assistente técnico pode ser convocado a prestar esclarecimentos em audiência, da mesma forma.

13. A fundamentação da sentença e a prova pericial

Como corolário do sistema do livre convencimento motivado, o juiz tem liberdade para dissentir das conclusões e valorações lançadas pelo perito, devendo, porém, explicitar as razões do seu dissenso. Também no caso de o juiz concordar com as conclusões do perito, deverá manifestar as particulares razões do seu convencimento, não sendo suficiente a mera e acrítica remissão *per relationem*.[38] Por isso, dispõe o art. 479 do CPC/2015: "O juiz apreciará a prova pericial de acordo com o disposto no art. 371, indicando na sentença os motivos que o levaram a considerar ou a deixar de considerar as conclusões do laudo, levando em conta o método utilizado pelo perito".

É prudente que o magistrado observe, na avaliação da perícia, os parâmetros previstos na Federal Rule of Civil Procedure 702 (b), (c) e (d), dos EUA, perquirindo se: (i) a perícia se baseou em fatos ou dados suficientes; (ii) a perícia foi produzida de acordo com princípios e métodos confiáveis; e (iii) o *expert* aplicou de forma confiável esses princípios e métodos aos fatos da causa.

Para que possa se desincumbir a contento de seu dever de motivação, deve o juiz zelar para que o perito se manifeste sobre todos os pontos suscitados pelas partes e pelos assistentes técnicos, exceto aqueles quesitos reputados impertinentes (art. 470, I, do CPC/2015).

Não poderá o magistrado utilizar o conhecimento técnico ou especializado particular, alheio ao direito, que porventura detiver para fundamentar a sentença, sem respaldo no trabalho do *expert*, sob pena de violação ao contraditório e à boa-fé processual, na sua vertente de vedação à surpresa (art. 10 do CPC/2015).[39] Na mesma linha, dispõe o art. 375 do CPC/2015 que o "juiz

---

[38] COMOGLIO, Luigi Paolo. *Le prove civili*. 3. ed. Turim: Utet, 2010. p. 890.

[39] Assim já decidiu o Superior Tribunal de Justiça, em acórdão assim ementado: "Em se tratando de matéria complexa, em que se exige o conhecimento técnico ou científico, a perícia deve ser realizada. O juiz, ainda que não esteja vinculado às conclusões do laudo pericial, não pode realizar os cálculos 'de próprio punho'. Isso porque, com a determinação da perícia, as partes terão a oportunidade de participar da produção probatória, com a nomeação de assistentes técnicos e a formulação de quesitos. [...] Assim, a realização da prova pericial, quando o fato a ser demonstrado exigir conhecimento técnico ou científico, é um direito da parte, não podendo o magistrado indeferi-la, ainda que possua capacitação técnica. [...] A esta conclusão se chega não apenas em decorrência do prestígio ao contraditório e ampla defesa, mas também da interpretação, feita a contrário senso, do art. 421, parágrafo único, I, do CPC [de 1973, equivalente ao art. 464, §1º, I, do CPC/2015]. Este dispositivo permite ao juiz indeferir a perícia quando 'a prova do fato não depender, do conhecimento especial de técnico'. Ora, se o magistrado pode indeferir a perícia quando a prova do fato não depender de conhecimento especial de técnico, pode-se dizer, então, que, quando a prova depender deste conhecimento, ela não poderá ser indeferida" (STJ, AgRg no AREsp 184.563/RN, rel. ministro Humberto Martins, Segunda Turma, julgado em 16/8/2012, *DJe*, 28/8/2012).

aplicará as regras de experiência comum subministradas pela observação do que ordinariamente acontece e, ainda, as regras de experiência técnica, ressalvado, quanto a estas, o exame pericial".

14. A designação de nova perícia

Caso o juiz não se convença com o laudo produzido, pode determinar, de ofício ou a requerimento de qualquer das partes, a realização de nova perícia (art. 480 do CPC/2015). Nessa hipótese, deverá o magistrado permitir às partes a designação de novos assistentes técnicos e a apresentação de novos quesitos, se assim desejarem, intimando as partes na forma do art. 465, §1º, do CPC/2015.

A segunda perícia pode ser realizada pelo mesmo perito que elaborou o primeiro laudo ou não, a critério do juiz. Normalmente, a substituição do perito para a realização da nova perícia ocorrerá quando a insuficiência do laudo decorrer da falta de conhecimento técnico ou científico do profissional (art. 468, I, do CPC/2015). Caso não sejam complexas as dúvidas geradas pela omissão ou inexatidão do primeiro laudo, a complementação pode ser feita sob a forma de esclarecimentos (art. 477, §§2º e 3º, do CPC/2015).

A primeira perícia permanece válida, ainda que determinada a realização de uma nova. Poderá o juiz adotar na sentença as conclusões lançadas no primeiro ou no segundo laudos. Poderá também combinar, fundamentadamente, conclusões de ambas as perícias ou refutar as duas. Tudo isso decorre do sistema do livre convencimento motivado ou da persuasão racional (art. 479 do CPC/2015).

No caso de ser reconhecida a nulidade da primeira perícia, a determinação da realização de uma nova não é uma faculdade, mas uma obrigação do juiz.[40]

15. Considerações finais

À vista do panorama apresentado, pode-se concluir que o Código de Processo Civil de 2015 contempla importantes novidades sobre a prova pericial, em diversas frentes. Cabe mencionar, entre outras, as seguintes virtudes do diploma: (i) preza pela qualidade dos profissionais que realizam a prova pericial, ao determinar o cadastramento dos *experts* perante o Tribunal; (ii) prestigia a controlabilidade do resultado da perícia, descrevendo os diversos elementos que o laudo deve conter; e (iii) valoriza a participação das partes, permitindo a escolha consensual do perito.

---

[40] Em sentido análogo: Luigi Paolo Comoglio, *Le prove civili*, op. cit., p. 894.

Incumbe aos profissionais jurídicos incorporar os objetivos do Código ao seu dia a dia, promovendo uma transformação cultural imprescindível à adequada efetividade das disposições aqui analisadas.

REFERÊNCIAS

ALMEIDA, Diogo Assumpção Rezende. *A prova pericial no processo civil*: o controle da ciência e a escolha do perito. Rio de Janeiro: Renovar, 2011.

ANSANELLI, Vincenzo. *La consulenza tecnica nel processo civile*: problemi e funzionalità. Milão: Giuffrè, 2011.

BODART, Bruno Vinícius Da Rós. Simplificação e adaptabilidade no anteprojeto do novo CPC brasileiro. In: FUX, Luiz (Org.). *O novo processo civil brasileiro*: direito em expectativa. Rio de Janeiro: Forense, 2011.

COMOGLIO, Luigi Paolo. *Le prove civili*. 3. ed. Torino: Utet, 2010.

FEER, Richard D. *Civil procedure*. 2. ed. Nova York: Aspen, 2009.

FORNACIARI, Michele. A proposito di prova testimoniale "valutativa". *Rivista di diritto processuale*, n. 4-5, 2013.

FRIEDENTHAL, Jack H.; KANE, Mary Kay; MILLER, Arthur R. *Civil procedure*. 4. ed. St. Paul: Thomson West, 2006.

FUX, Luiz. *Curso de direito processual civil*. 4. ed. Rio de Janeiro: Forense, 2008. v. I.

GRECO, Leonardo. *Instituições de processo civil*. Rio de Janeiro: Forense, 2010. v. II.

MARENGO, Roberto. L'expert evidence nei sistemi di common law. *Rivista di Diritto Processuale*, Padova, v. 62, n. 3, p. 699-716, maio/jun. 2007.

MIRANDA, Francisco Cavalcanti Pontes de. *Comentários ao Código de Processo Civil*. 3. ed. Rio de Janeiro: Forense, 1996. v. IV.

MOCCI, Mauro. La scelta del consulente tecnico d'ufficio nella prospettiva del giusto processo. In: _____. *Il giusto processo civile*. Nápoles: Edizioni Scientifiche Italiane, 2012. v. 7, 2, p. 593-611.

MOREIRA, José Carlos Barbosa. *Temas de direito processual*. 9. série. São Paulo: Saraiva, 2007.

WICKELGREN, Abraham L. A right to silence for civil defendants? *Journal of Law, Economics and Organization*, v. 26, n. 1, p. 92-114, 2010.

A sentença de interdição no novo Código de Processo Civil

FREDIE DIDIER JR.

1. Ação de interdição

Ação de interdição é a demanda pela qual se pretende a decretação da perda ou da restrição da capacidade de uma pessoa natural para a prática de atos da vida civil, constituindo o estado jurídico de interdito — sujeição da pessoa natural à curatela.

É exemplo de *ação constitutiva*, pois visa à criação do regime jurídico de interdito. É, ainda, exemplo de ação *necessária*, pois o estado de interdito somente pode ser obtido por meio de decisão judicial.

O procedimento de interdição foi profundamente reestruturado pelo CPC-2015.

Este ensaio dedica-se à análise das mudanças havidas na sentença de interdição.

2. Sentença de interdição

2.1 Generalidades

A sentença de interdição é constitutiva. Na sentença, o reconhecimento da causa da interdição (art. 1.767, Código Civil) é o fundamento da sentença de interdição, e não o seu objeto, que é a sujeição do indivíduo à curatela; por isso, a sentença de interdição é constitutiva.[1]

---

[1] MOREIRA, José Carlos Barbosa. Eficácia da sentença de interdição por alienação mental. *Revista de Processo*, São Paulo, n. 43, p. 15, 1986.

A interdição é decretada; não se declara a interdição. No dispositivo da sentença, além de decretar a interdição, o juiz: a) nomeará o curador; b) definirá os limites da curatela (art. 755, CPC).

A sentença de interdição *organiza* a defesa dos interesses do interdito — com a designação do curador e dos limites da curatela — e dá publicidade a isso, com seu posterior registro no cartório de pessoas naturais.[2]

2.2 Nomeação do curador

Após decretar a interdição, o juiz deve designar o curador, que pode, ou não, ser o autor da ação. Normalmente, atribui-se a curatela a alguém da família, mas nada impede que se nomeie um curador dativo — um terceiro, que tenha competência e idoneidade para administrar os interesses do interdito (art. 755, I, CPC).

Estabelece-se a diretriz para nomeação do curador: deve ser nomeado aquele que mais bem possa cuidar dos interesses do interdito (art. 755, §1º, CPC). O cônjuge ou o parente não tem o direito de ser o curador; não há um direito à curatela. O raciocínio é outro: o interdito tem o direito a ter o melhor e mais adequado curador possível.

No caso de autointerdição, o autor pode ter indicado a sua preferência pela designação de alguém como curador; nesse caso, o juiz deverá levar em consideração essa manifestação de vontade (art. 1.768, IV, Código Civil, acrescentado pela Lei nº 13.146/2015).

No caso de nomeação de curador a pessoa em situação de institucionalização (pessoa que esteja em algum abrigo ou em estabelecimento de saúde mental, por exemplo), o juiz dará preferência a pessoa que tenha vínculo de natureza familiar, afetiva ou comunitária com o curatelado (art. 85, §3º, da Lei nº 13.146/2015).

Admite-se a curatela compartilhada (art. 1.775-A, Código Civil): a designação de duas ou mais pessoas para exercer as funções de curador — pai e mãe, por exemplo. Ao designá-los, o juiz definirá como se efetivará o compartilhamento da curatela.

2.3 Curador e diretivas antecipadas de vontade (testamento vital)

A pessoa natural, em vida e lúcida, pode estabelecer "diretivas antecipadas de vontade", consideradas como "o conjunto de desejos, prévia e expressamente manifestados pelo paciente, sobre cuidados e tratamentos que quer, ou não, receber no momento em que estiver incapacitado de

---

[2] MIRANDA, Francisco Cavalcanti Pontes de. *Comentários ao Código de Processo Civil*. 2. ed. Rio de Janeiro: Forense, 2008. t. XVI, p. 298.

expressar, livre e autonomamente, sua vontade" (art. 1º da Resolução nº 1995/2012 do Conselho Federal de Medicina).

As diretivas antecipadas de vontade "prevalecerão sobre qualquer outro parecer não médico, inclusive sobre os desejos dos familiares" (art. 2º, §3º da Resolução nº 1995/2012 do Conselho Federal de Medicina).

Nesse ato, a pessoa pode indicar um representante para essas situações. Ou seja, a pessoa pode ela mesma fazer tomar as decisões antecipadas ou constituir alguém que o faça por ela, quando estiver sem condições de exprimir sua vontade. Esse representante indicado pela pessoa decidirá sobre um aspecto relativo à existência do agora enfermo e, dessa forma, será, ao menos para isso, seu curador.[3]

O enfermo (em coma, por exemplo) pode, porém, ser interditado. O curador designado pelo juiz, não sendo o representante indicado pelo ora interdito, não poderá decidir sobre quais tratamentos médicos podem ou não ser ministrados ao interdito; haverá, então, uma dupla curatela, com atribuições distintas, e um dos curadores foi constituído em vida pelo enfermo (art. 1.780, Código Civil), não sendo, por isso, um curador judicial.

Tudo isso serve para afirmar o seguinte: havendo testamento vital, a indicação do representante pelo agora impossibilitado de exprimir sua vontade deve ser levada em consideração pelo juiz na escolha do curador do interdito; se possível e for o melhor para a proteção dos interesses do incapaz, convém que se reúnam em uma mesma pessoa as funções de curatela para as decisões patrimoniais e a curatela para as decisões existenciais.

2.4 Nomeação de curador e existência de pessoa incapaz sob guarda e a responsabilidade do interdito (art. 755, §2º)

Se houver pessoa incapaz sob a guarda e a responsabilidade do interdito, a nomeação do curador deverá observar, também, os interesses desse incapaz (art. 755, §2º, CPC). O curador deve ser aquele que mais bem possa atender aos interesses do incapaz e do interdito.

---

[3] Percebeu o problema AGUIAR, Mônica. *Modelos de autonomia e sua (in)compatibilidade com o sistema de capacidade civil no ordenamento positivo brasileiro*: reflexões sobre a Resolução 1995/2012 do Conselho Federal de Medicina. Disponível em: <www.publicadireito.com.br/artigos/?cod=69c7e73fea7ad35e>. Acesso em: 23 fev. 2015.

2.5 Limites da curatela e respeito à dignidade do interdito. Observância do estado e do desenvolvimento mental do assistido. Item obrigatório da fundamentação da sentença de interdição

A interdição pode ser total, com a retirada da capacidade civil do interdito, ou parcial, com restrições a essa mesma capacidade. O juiz deve, na sentença de interdição, fixar os limites da curatela, observando "o estado e o desenvolvimento mental do interdito" (art. 755, I, CPC) e as "potencialidades da pessoa" (art. 1.772, Código Civil, que, embora tenha sido revogado pelo CPC-2015 no art. 1.072, II, teve a sua redação alterada pela Lei nº 13.146/2015 — Estatuto da Pessoa com Deficiência).

A interdição de um sujeito em coma não terá os mesmos limites da interdição de um toxicômano, um pródigo, portador do Mal de Alzheimer ou de um sociopata.[4] O pródigo pode, por exemplo, praticar atos jurídicos que não signifiquem a disposição de direitos.

Impõe-se, assim, a gradação da interdição.

Essa regra concretiza o direito fundamental à igualdade e, também, a um tratamento digno, de que o interdito é titular. Na fundamentação da sentença, o juiz *especificará de que modo concretizou esses critérios, que são conceitos jurídicos indeterminados*, na definição dos limites da curatela, *sob pena de nulidade, por vício na motivação* (art. 489, §1º, II). Trata-se, enfim, de item que deve constar obrigatoriamente da fundamentação da sentença.

2.6 Critérios a serem observados para a nomeação do curador e para a definição dos limites da curatela. Observância das características pessoais do interditando: potencialidades, habilidades, vontades e preferências. Item obrigatório da fundamentação da sentença de interdição

Para nomeação do curador especial e para a fixação dos limites da interdição, o juiz levará em consideração "as características pessoais do interdito, observando suas potencialidades, habilidades, vontades e preferências" (art. 755, II, CPC).

O interdito é uma pessoa com alguma deficiência cognitiva; nem sempre sofre de um transtorno mental que o incapacite completamente; basta pensar nos exemplos da interdição de toxicômano ou de portador de Síndrome de Down. Por isso, o interdito muita vez tem e revela sua vontade e suas preferências, além de possuir seus talentos. Observe, por exemplo, que o interdito pode testemunhar, ressalvados apenas os casos em que a interdição tiver sido decre-

---

[4] No último caso, há precedente do STJ neste sentido: 3ª T., REsp n. 1.306.687/MT, rel. mina. Nancy Andrighi, j. em 18.3.2014, por maioria, publicado no *DJe* de 22.4.2014.

tada em razão de enfermidade ou deficiência intelectual (art. 447, §1º, I, CPC). Tudo isso deve ser observado pelo juiz, seja na nomeação do curador, seja na definição dos limites da curatela.

Essa é outra regra que concretiza o direito do interditando a ser tratado com respeito à sua singularidade e à sua dignidade.

Na fundamentação da sentença, o juiz *especificará de que modo concretizou esses critérios, que são conceitos jurídicos indeterminados*, na designação do curador e na fixação dos limites da curatela, *sob pena de nulidade, por vício na motivação* (art. 489, §1º, II).

O art. 85 da Lei nº 13.146/2015 disciplina os limites da curatela: "Art. 85. A curatela afetará tão somente os atos relacionados aos direitos de natureza patrimonial e negocial. §1º A definição da curatela não alcança o direito ao próprio corpo, à sexualidade, ao matrimônio, à privacidade, à educação, à saúde, ao trabalho e ao voto".

Trata-se, enfim, de item que deve constar obrigatoriamente da fundamentação da sentença.

2.7 Gradação da interdição do pródigo (art. 1.782 do Código Civil)

A gradação da interdição do pródigo é imposta por expressa regra decorrente do art. 1.782 do Código Civil: "A interdição do pródigo só o privará de, sem curador, emprestar, transigir, dar quitação, alienar, hipotecar, demandar ou ser demandado, e praticar, em geral, os atos que não sejam de mera administração".

A interdição deve restringir-se, como se vê, à prática de atos de natureza patrimonial.

2.8 Internação do interdito. Lei nº 10.216/2001. Internação compulsória determinada no âmbito do processo de interdição. Cabimento de habeas corpus

A Lei nº 10.216/2001 regula a internação do portador de transtorno mental. Os parâmetros daquela lei devem ser observados pelo juiz e pelo curador.

A internação pode ser voluntária, involuntária ou compulsória. No caso do interdito, interessam as internações involuntária e compulsória.

A internação involuntária é aquela feita a pedido de terceiro, que pode ser o curador, e independentemente da vontade do interdito; a internação compulsória é aquela determinada pelo órgão jurisdicional (art. 6º, par. ún., II e III, Lei nº 10.216/2001).

Primeiramente, é preciso notar que toda internação é medida excepcional, somente indicada quando os "recursos extra-hospitalares se mostrarem insuficientes" (art. 4º da Lei nº 10.216/2001). A internação pressupõe a existência de laudo médico, que descreva, circunstanciadamente, os motivos que a justificam (art. 6º, Lei n. 10.216/2001). A internação é um meio, não um fim: com ela, busca-se a reinserção social do paciente (art. 4º, §1º, Lei nº 10.216/2001) ou, na linguagem do CPC, a "autonomia do interdito".

A internação será estruturada de forma a oferecer assistência integral à pessoa portadora de transtornos mentais, incluindo serviços médicos, de assistência social, psicológicos, ocupacionais, de lazer, e outros (art. 4º, §2º, Lei nº 10.216/2001).

Veda-se a internação de pacientes portadores de transtornos mentais em instituições com características asilares, que são aquelas desprovidas dos recursos mencionados no § 2º do art. 4o e que não assegurem aos pacientes os direitos enumerados no parágrafo único do art. 2º da mesma lei (art. 4º, §3º, Lei nº 10.216/2001).

O curador pode pedir a *internação involuntária* do interdito; essa internação somente será autorizada por médico devidamente registrado no Conselho Regional de Medicina do estado onde se localize o estabelecimento em que o interdito se internará (art. 8º, Lei nº 10.216/2001).

A *internação involuntária* será comunicada, pelo responsável técnico do estabelecimento, em 72 horas, ao Ministério Público estadual — procedimento semelhante deve ser observado no caso de alta médica do paciente (art. 8º, §1º, Lei nº 10.216/2001).

A *internação compulsória* é aquela determinada pelo juízo competente, que levará em conta as condições de segurança do estabelecimento, quanto à salvaguarda do paciente, dos demais internados e funcionários (art. 9º, Lei nº 10.216/2001). O juízo competente pode ser o juízo cível da interdição — pode ser também o juízo penal, no caso de aplicação de medida de segurança.

O STJ já reconheceu a possibilidade de a internação compulsória ser determinada no âmbito do processo de interdição, observado todo o regramento já examinado.[5] Nesse mesmo julgamento, o STJ aceitou a utilização de *habeas corpus* como meio de impugnação da decisão judicial que, no âmbito cível, determina a *internação compulsória*. Se a internação for determinada em tutela provisória, cabe agravo de instrumento (art. 1.015, I, CPC).

2.9 Eficácia imediata da sentença de interdição

A sentença de interdição produz efeitos imediatamente. A apelação contra sentença que decreta a interdição não tem efeito suspensivo automático (art. 1.012, §1º, VI).

A eficácia imediata da sentença de interdição não retira a capacidade processual do interditando. Assim, o agora interdito tem capacidade processual para, por exemplo, recorrer da

---

[5] STJ, 3ª T., HC n. 135.271-SP, rel. min. Sidnei Beneti, j. em 17.12.2013, v. u., publicado em 4.2.2014.

sentença. Isso significa que, para esse ato, ele não precisa estar representado pelo curador que acabou de lhe ser designado.

2.10 Publicidade da sentença de interdição

É preciso dar ampla publicidade à sentença de interdição, para dar segurança jurídica aos terceiros, que porventura desejam fazer negócios com o interdito (art. 755, §3º, CPC).

A sentença de interdição, assim, deve ser inscrita no registro de pessoas naturais e imediatamente publicada na rede mundial de computadores, no sítio do tribunal a que estiver vinculado o juízo e na plataforma de editais do Conselho Nacional de Justiça, onde permanecerá por seis meses, na imprensa local, uma vez, e no órgão oficial, por três vezes, com intervalo de 10 dias, constando do edital os nomes do interdito e do curador, a causa, os limites da curatela e, não sendo total a interdição, os atos que o interdito poderá praticar autonomamente.

2.11 Validade dos atos jurídicos praticados pelo interdito

É nulo, em razão da incapacidade, ato jurídico praticado isoladamente pelo interdito: ou seja, após a interdição e sem a representação pelo curador. Não há necessidade de prova da incapacidade.[6]

A sentença de interdição é o suficiente, pois há presunção absoluta de incapacidade decorrente da sentença de interdição.[7]

2.12 Validade dos atos jurídicos praticados anteriormente pelo interdito e eficácia probatória da sentença de interdição

Na ação de interdição, não é possível cumular pedido de invalidação de atos praticados anteriormente pelo interditando. Até porque esse pedido seria dirigido também a outro réu, aquele que celebrou o negócio com o interditando, e deve tramitar pelo procedimento comum. Por isso, a sentença de interdição não invalida os atos jurídicos praticados anteriormente pelo interdito.

---

[6] SANTOS, J. J. M. Carvalho. *Código Civil brasileiro interpretado*. 12. ed. Rio de Janeiro: Freitas Bastos. v. VI, p. 402.

[7] José Carlos Barbosa Moreira, "Eficácia da sentença de interdição por alienação mental", op. cit., p. 16.

A invalidação do ato anterior à interdição dependerá de prova da incapacidade, dispensada no caso de invalidação do ato posterior à interdição.[8]

A sentença de interdição faz prova da incapacidade do interdito.

Em eventual ação autônoma de invalidação ou alegação incidental de nulidade, a sentença de interdição servirá como fonte de prova (indício) da incapacidade. Isso não quer dizer que o ato será invalidado; quem contratou com o interdito poderá provar a capacidade deste ao tempo da celebração do ato.[9]

2.13 Sentença de interdição e validade da procuração outorgada pelo interdito antes da sentença

O STJ decidiu, corretamente, que a procuração outorgada pelo interditando antes da interdição não se invalida pela superveniência da interdição ("outorga de poderes aos advogados subscritores do recurso de apelação que permanece hígida, enquanto não for objeto de ação específica na qual fique cabalmente demonstrada sua nulidade pela incapacidade do mandante à época da realização do negócio jurídico de outorga do mandato").[10]

2.14 Sentença de interdição e extinção do mandato (art. 682, II, Código Civil): inaplicabilidade da regra ao mandato judicial outorgado para a defesa do interditando no processo de interdição

O art. 682, II, do Código Civil, determina a extinção do mandato em razão da interdição do mandante.

Essa regra aplica-se também ao mandato judicial.

Sucede que ela *não se aplica ao mandato judicial contratado pelo interditando para sua defesa, no processo de interdição*, sob pena de cerceamento do contraditório.

Assim decidiu o STJ, em precedente importantíssimo e muito bem fundamentado, cujo excerto merece transcrição:

---

[8] Ibid., p. 15-16.

[9] Francisco Cavalcanti Pontes de Miranda, *Comentários ao Código de Processo Civil*, op. cit., p. 326. A boa-fé do contratante deve ser protegida: ROSENVALD, Nelson; FARIAS, Cristiano Chaves de. *Curso de direito civil*. 6. ed. Salvador: Juspodivm, 2014. v. 6, p. 925-926.

[10] STJ, 3ª T., REsp n. 1.251.728/PE, rel. min. Paulo de Tarso Sanseverino, j. em 14.5.2013, v. u., publicado no *DJe* de 23.5.2013. Na doutrina, a propósito, J. J. M. Carvalho Santos, *Código Civil brasileiro interpretado*, op. cit., p. 405-409.

Ora, se os advogados constituídos pelo interditando não puderem, em seu favor, interpor o recurso de apelação, haverá evidente prejuízo à sua defesa, mormente nos casos — como o presente — em que a pessoa nomeada como curadora integrou o polo ativo da ação de interdição. Há, nesse caso, evidente conflito de interesses entre a curadora, que, a partir da sentença, deveria assistir ou representar o interdito, e o próprio interditando. Com efeito, enquanto a curadora desde o início da ação pretendeu a interdição, o interditando não apenas resistiu a ela como ainda exerceu seu direito de nomear advogados para atuar em sua defesa. Reconhecer a extinção do mandato, nesse caso específico, ensejaria evidente prejuízo ao seu direito de defesa, inclusive em face da colisão de seus interesses com os de sua curadora. Não se olvide que a interdição se dá, em princípio, no próprio interesse e em benefício do interditando.[11]

2.15 Nulidade dos atos jurídicos praticados pelo interdito após a sentença de interdição. Efeito positivo da coisa julgada da interdição

São nulos os atos jurídicos praticados pelo interdito sem a participação do curador, quando exigida pelos termos da interdição decretada.

Assim, sentença que eventualmente declare a validade de ato jurídico praticado pelo interdito após a interdição contraria o efeito positivo da coisa julgada da sentença de interdição.[12]

2.16 Capacidade processual do interdito para ajuizamento de ação rescisória e querela nullitatis

O interdito tem capacidade processual para propor ação rescisória ou *querela nullitatis* da sentença de interdição, independentemente da representação pelo curador.[13] Obviamente, nos casos em que simplesmente não possa manifestar sua vontade (está em coma, por exemplo), isso não ocorrerá, simplesmente porque ele não poderá sequer constituir um advogado.

De todo modo, representado pelo curador, poderá o interditando, indiscutivelmente, promover tais ações.

---

[11] 3ª T., REsp n. 1.251.728/PE, rel. min. Paulo de Tarso Sanseverino, j. em 14.5.2013, v. u., publicado no *DJe* de 23.5.2013.

[12] Francisco Cavalcanti Pontes de Miranda, *Comentários ao Código de Processo Civil*, op. cit., p. 326-327.

[13] Ibid., p. 299.

2.17 Sentença de interdição e responsabilidade penal do interdito

A sentença de interdição não torna o interdito um inimputável penal.

A capacidade para responder criminalmente não é alterada pela alteração da capacidade civil — são capacidades autônomas.

Tanto é assim que o emancipado, se ainda não tiver 18 anos completos, continua como inimputável penal. A sentença de interdição poderá ser utilizada, porém, como fonte de prova, no incidente de apuração de insanidade mental, previsto nos arts. 149-153 do Código de Processo Penal.

REFERÊNCIAS

AGUIAR, Mônica. *Modelos de autonomia e sua (in)compatibilidade com o sistema de capacidade civil no ordenamento positivo brasileiro*: reflexões sobre a Resolução 1995/2012 do Conselho Federal de Medicina. Disponível em: <www.publicadireito.com.br/artigos/?cod=69c7e73fea7ad35e>. Acesso em: 23 fev. 2015.

MIRANDA, Francisco Cavalcanti Pontes de. *Comentários ao Código de Processo Civil*. 2. ed. Rio de Janeiro: Forense, 2008. t. XVI, p. 298.

MOREIRA, José Carlos Barbosa. Eficácia da sentença de interdição por alienação mental. *Revista de Processo*, São Paulo, n. 43, p. 15, 1986.

ROSENVALD, Nelson; FARIAS, Cristiano Chaves de. *Curso de direito civil*. 6. ed. Salvador: Juspodivm, 2014. v. 6, p. 925-926.

SANTOS, J. J. M. Carvalho. *Código Civil brasileiro interpretado*. 12. ed. Rio de Janeiro: Freitas Bastos. v. VI, p. 402.

A coisa julgada (e a sua relativização) no novo Código de Processo Civil (Lei nº 13.105/2015)

MARCELA KOHLBACH DE FARIA

1. Introdução

O tema da coisa julgada sempre despertou debates de notória relevância no meio acadêmico, principalmente na tentativa de definir seu escopo, seus limites e efeitos. Muito já se discutiu sobre a natureza jurídica da coisa julgada, com o desenvolvimento de teorias materiais, nas quais admite-se a força constitutiva da coisa julgada, operando uma espécie de novação da relação jurídica,[1] e, em contrapartida, teorias processuais, as quais afirmam que a coisa julgada vincula tão somente por implicar uma norma de julgamento para o juiz, ou seja, vincula apenas processualmente os juízos e as partes dos processos subsequentes (eficácia positiva e negativa da coisa julgada).

No Brasil a teoria que mais encontrou adeptos foi a desenvolvida por Enrico Tulio Liebman, a qual se insere entre as teorias processuais da coisa julgada.[2] O marco distintivo da teoria de

---

[1] CABRAL, Antonio do Passo. *Coisa julgada e preclusões dinâmicas*: entre continuidade, mudança e transição de posições processuais estáveis. 2. ed. Salvador: Juspodivm, 2014, p. 64-65. Conforme leciona o jurista: "Em suas origens alemãs, estas teses foram sustentadas por Puchta, Keller, Windsheid, Brinz, Weismann, Endemann, só para mencionar alguns. Na Itália, as teorias materiais foram defendidas por Carnelutti e Allorio, dentre outros. No Brasil, um de seus mais proeminentes defensores é Adroaldo Fabrício" (p. 65).

[2] Infelizmente, tendo em vista os limites e o escopo do presente trabalho, não será possível realizar uma abordagem histórica a respeito das teorias sobre a natureza jurídica e o conceito da coisa julgada. No entanto, para o aprofundamento do tema recomenda-se a leitura do livro antes destacado: Antonio do Passo Cabral, *Coisa julgada e preclusões dinâmicas*, op. cit.

Liebman com relação às demais teorias processuais está na ruptura com a ideia antes estabelecida de que a coisa julgada seria um dos efeitos da sentença.[3] Assim, o referido autor diferencia efeito da sentença da autoridade da coisa julgada: se, por um lado, os efeitos são elementos que decorrem da decisão, a coisa julgada, por sua vez, é um atributo que adere à sentença, e não dela decorre.[4]

José Carlos Barbosa Moreira figura como um dos principais discípulos da teoria de Liebman no Brasil. No entanto, ele não só adotou a teoria, como a reformulou em parte, ao verificar que os efeitos da sentença não são imutáveis. Dessa forma, conclui Barbosa Moreira que os efeitos das sentenças sujeitam-se a mudanças e, portanto, a qualidade referida por Liebman não poderia incidir sobre a sentença e seus efeitos, mas somente sobre o conteúdo da decisão.[5]

No presente artigo, analisaremos as inovações do Código de Processo Civil de 2015 com relação à coisa julgada, com destaque para os reflexos delas no que tange às teorias que defendem sua relativização.

---

[3] Antonio do Passo Cabral, em análise crítica à teoria de Liebman, destaca o preconceito existente por parte dos críticos da tese alemã, defendida por Korad Hellwig, em combatê-la por conta do uso do termo efeito. Observa o que pretendia Liebman com sua crítica para diferenciar a coisa julgada dos efeitos gerados pela própria sentença. Contudo, no entender de Cabral, a objeção de Liebman à teoria de Hellwig "acabou sendo levada ao extremo a ponto de 'demonizar' o uso das expressões 'efeito' ou 'eficácia' para conceituar a coisa julgada". Assim, afirma que: "Em nosso sentir, a coisa julgada poder ser tranquilamente retratada como um efeito sistêmico, decorrente não da sentença, mas do trânsito em julgado ou da preclusão das vias recursais. Não vemos, por conseguinte, obstáculo algum em afirmar que a coisa julgada é um efeito, mas externo à decisão, e que com os efeitos produzidos pelo conteúdo da própria sentença não se confunde". CABRAL, Antonio do Passo. Alguns mitos do processo (II): Liebman e a coisa julgada. *Revista de Processo*, São Paulo, v. 38, n. 217, p. 52-53, 2013.

[4] Conforme observa José Maria Tesheiner, mais do que a disseminação da teoria de Liebman, é impressionante o impacto que ela produziu sobre terceiros, podendo, a propósito dos efeitos subjetivos da sentença, dividir-se a história em dois períodos, antes e depois de Liebman. Isso porque a autoridade da coisa julgada para Liebman é restrita às partes, mas sua eficácia atinge terceiros. TESHEINER, José Maria. Autoridade e eficácia da sentença — crítica à teoria de Liebman. *Revista Síntese de Direito Civil e Processual Civil*, São Paulo, n. 3, p. 18, jan./fev. 2000.

[5] "Tem razão, pois, Liebman em fixar-se no ângulo da imutabilidade, para dele, e só dele, visualizar a coisa julgada. Menos feliz parece, entretanto, a escolha da direção em que se projetou o feixe luminoso. O mestre, que deu um passo decisivo no sentido de libertar a problemática da 'res iudicata' da inoportuna vinculação com a da eficácia da sentença, não conseguiu libertar-se totalmente, ele mesmo, do peso de um equívoco e má hora feito tradição. Tendo demonstrado que a coisa julgada não se podia equiparar a um efeito da sentença, hesitou em atravessar o Rubicon, para assentar, como cumpria, a absoluta independência, no plano dos conceitos, entre 'auctoritas rei iudicatae' e eficácia da decisão. A única alternativa que descobriu para atitude tradicional foi a de identificar a coisa com uma qualidade (imutabilidade) da sentença e ... dos seus efeitos! Mais destes que daquela, até, se considerarmos a maior insistência com que Liebman, ao longo da sua brilhante elaboração, se detém no segundo aspecto." MOREIRA, José Carlos Barbosa. Ainda e sempre a coisa julgada. *Revista dos Tribunais*, São Paulo, v. 59, n. 416, p. 12, 1970.

2. A coisa julgada no CPC de 2015

A Lei nº 13.105/2015, que introduziu em nosso ordenamento jurídico o novo Código de Processo Civil, expressamente acolhe a tese de Liebman ao afirmar, em seu artigo 502, que: "Denomina-se coisa julgada material a autoridade que torna imutável e indiscutível a decisão de mérito não mais sujeita a recurso".[6]

Na sequência, o artigo 503 do CPC dispõe como regra geral que a decisão que julga total ou parcialmente o mérito tem força de lei no limite da questão principal expressamente decidida. Portanto, a coisa julgada torna indiscutível e imutável a norma jurídica concreta definida na decisão judicial.[7] Assim, como regra, a coisa julgada restringe-se ao dispositivo da sentença, não alcançando os motivos da decisão e a verdade dos fatos. É, ainda, excluído da coisa julgada o *obter dicta*, que é constituído pelos aspectos considerados na decisão apenas como forma de argumentação.[8]

Da mesma forma que já previa o diploma processual de 1973, a coisa julgada encontra limites subjetivos, sendo certo que a coisa julgada se opera tão somente com relação às partes do processo em que a decisão que restou imutável foi proferida; não obstante, inova o Código de Processo Civil de 2015 ao afirmar que a coisa julgada não poderá prejudicar terceiros. Com efeito, o CPC de 1973 afirmava em seu artigo 472 que a sentença faz coisa julgada às partes entre as quais é dada, não beneficiando, nem prejudicando terceiros. Assim, verifica-se a possibilidade de extensão da coisa julgada a terceiros, que não forem parte no processo, desde que em seu benefício, mas nunca em detrimento de seus interesses. Esclarecendo o referido dispositivo, afirma José Miguel Garcia Medina que a coisa julgada poderá beneficiar terceiros, em hipótese em que incidam os princípios pertinentes ao litisconsórcio unitário, ou, ao menos, a solução de

---

[6] O Código de Processo Civil de 1973 não era tão claro ao adotar o conceito de coisa julgada de Liebman, apesar de a doutrina ser pacífica nesse sentido. "Nenhum estudioso do processo civil brasileiro duvida que o autor do anteprojeto do vigente Código de Processo Civil teve a intenção de adotar o notório conceito de coisa julgada proposto por Liebman, não obstante a defeituosa redação do seu artigo 467, o qual a define como a 'eficácia que torna imutável a sentença'. Apesar dessas palavras mal coordenadas, contidas na lei, a teoria da coisa julgada como imutabilidade e não efeito da sentença goza da preferência quase unânime dos processualistas brasileiros, sendo ultimamente dado bastante destaque à incidência da coisa julgada material sobre os efeitos substanciais da sentença de mérito, em confronto com a coisa julgada formal, responsável pela estabilização da própria sentença, de mérito ou não, como ato do processo". DINAMARCO, Cândido Rangel. Liebman e a cultura processual brasileira. *Revista de Processo*, São Paulo, v. 30, n. 119, p. 272, 2005.

[7] DIDIER JR., Fredie; OLIVEIRA, Rafael Alexandria de; BRAGA, Paula Sarno. *Curso de direito processual civil.* 10. ed. Salvador: Juspodivm, 2015. v. 2, p. 516. Conforme exemplificam os autores: "Torna-se indiscutível e imutável, por exemplo, que: a) determinado documento é falso; b) certa relação jurídica não existe; c) a interpretação que se deve dar a uma cláusula contratual é aquela definida na decisão; d) João deve a José dez mil reais; e) o contrato é nulo; f) Francisco é um interdito sujeito à curatela; g) a sentença foi rescindida; h) Bráulio deve construir o muro para Eduardo, etc." (p. 516).

[8] MEDINA, José Miguel Garcia. *Direito processual civil moderno.* São Paulo: Revista dos Tribunais, 2015. p. 735.

unitariedade em relação a uma determinada questão. Desta forma, a coisa julgada não poderia beneficiar terceiro que esteja em situação jurídica apenas similar.[9]

A despeito das considerações anteriores, as principais alterações pertinentes à coisa julgada advindas com o Código de Processo Civil de 2015 são: a) a coisa julgada das decisões interlocutórias de mérito; b) o regime excepcional da coisa julgada de questões prejudiciais. Ambos os temas serão analisados de forma mais detalhada adiante.

2.1 A coisa julgada e as decisões interlocutórias de mérito

Na vigência do CPC de 2015, a decisão interlocutória de mérito pode restar imutável por força da coisa julgada. Inicialmente, a possibilidade de a decisão interlocutória versar sobre o mérito é expressamente admitida nos artigos 354, parágrafo único,[10] 356[11] e 1.015, inciso II,[12] do CPC de 2015.

Nesse contexto, o CPC autoriza a prolação de decisões parciais de mérito.[13] Da mesma forma, o recurso pode ser interposto tão somente contra parte da decisão,[14] o que ocasiona uma cisão cognitiva capaz de implicar a ocorrência de coisa julgada parcial.

---

[9] Ibid., p. 737.

[10] Art. 354. Ocorrendo qualquer das hipóteses previstas nos arts. 485 e 487, incisos II e III, o juiz proferirá sentença. Parágrafo único. A decisão a que se refere o *caput* pode dizer respeito a apenas parcela do processo, caso em que será impugnável por agravo de instrumento.

[11] Art. 356. O juiz decidirá parcialmente o mérito quando um ou mais dos pedidos formulados ou parcela deles:
I — mostrar-se incontroverso;
II — estiver em condições de imediato julgamento, nos termos do art. 355.
§ 1º A decisão que julgar parcialmente o mérito poderá reconhecer a existência de obrigação líquida ou ilíquida.
§ 2º A parte poderá liquidar ou executar, desde logo, a obrigação reconhecida na decisão que julgar parcialmente o mérito, independentemente de caução, ainda que haja recurso contra essa interposto.
§ 3º Na hipótese do §2º, se houver trânsito em julgado da decisão, a execução será definitiva.
§ 4º A liquidação e o cumprimento da decisão que julgar parcialmente o mérito poderão ser processados em autos suplementares, a requerimento da parte ou a critério do juiz.
§ 5º A decisão proferida com base neste artigo é impugnável por agravo de instrumento.

[12] Art. 1.015. Cabe agravo de instrumento contra as decisões interlocutórias que versarem sobre:
[...]
II — mérito do processo;

[13] Marcelo Pacheco Machado ressalta ser este um ponto positivo do CPC de 2015, que vem justamente para corrigir uma disparidade existente no CPC de 1973, já que no regime do Código anterior as partes que optaram por cumular pedidos teriam que esperar toda a produção de provas para que, somente ao fim do processo, obtivessem a tutela jurisdicional quanto ao pedido que dispensa a produção de provas. Assim, na vigência do CPC de 2015, mesmo no caso de cúmulo de pedidos, o juiz estará autorizado a decidir definitiva e antecipadamente aquele pedido que preenche os requisitos legais previstos no artigo 355 do referido diploma. Todavia, ressalta uma consequência prática dessa inovação, que acaba por criar outra disparidade. É que a decisão antecipada parcial de mérito é impugnável por agravo de instrumento, e as decisões agraváveis produzem efeitos imediatos, ao passo que a decisão final de mérito é impugnável por apelação, a qual em regra possui efeito suspensivo. MACHADO, Marcelo Pacheco. *Novo CPC: só quero saber de julgamento parcial de mérito!* 26 out. 2015. Disponível em: <http://jota.info/novo-cpc-sp-quero-saber-de-julgamento-parcial-do-merito>. Acesso em: 23 mar. 2016.

[14] Art. 1.002. A decisão pode ser impugnada no todo ou em parte.

Portanto, ao longo do processo, é possível que haja mais de uma decisão proferida capaz de transitar em julgado. Conforme lecionam Fredie Didier Jr, Rafael Alexandria de Oliveira e Paula Sarno Braga: "Um mesmo processo poderá produzir tantas coisas julgadas quantas tenham sido as decisões que tenham sido proferidas e que possuam essa aptidão".[15]

O caráter inovador do novo CPC e a impossibilidade de serem proferidas "sentenças parciais de mérito" na vigência do CPC de 1973 já foram afirmados pelo Superior Tribunal de Justiça no julgamento do Recurso Especial nº 1.281.978/RS, cuja ementa foi publicada no Informativo nº 0562 de 18 a 28 de maio de 2015.[16] Segundo o entendimento manifestado pelo referido Tribunal Superior, a reforma do conceito de sentença promovido pela Lei nº 11.232/2005 teve o objetivo de dar maior efetividade à entrega da prestação jurisdicional, sobretudo quanto à função executiva, pois o processo passou a ser sincrético. Dessa forma, não faria mais sentido afirmar que a sentença era ato que punha fim ao processo. Não obstante, a sentença não poderia ser analisada somente com relação ao seu conteúdo, sendo certo que, a despeito da reforma, deve prevalecer o entendimento de que a sentença é ato que põe fim ao processo. Assim,

---

[15] Fredie Didier Jr., Rafael Alexandria de Oliveira e Paula Sarno Braga, *Curso de direito processual civil*, op. cit., p. 526-527.

[16] "Terceira Turma
DIREITO PROCESSUAL CIVIL. IMPOSSIBILIDADE DE PROLAÇÃO DE SENTENÇA PARCIAL DE MÉRITO. Mesmo após as alterações promovidas pela Lei 11.232/2005 no conceito de sentença (arts. 162, §1º, 269 e 463 do CPC), não se admite a resolução definitiva fracionada da causa mediante prolação de sentenças parciais de mérito. A reforma processual oriunda da Lei 11.232/2005 teve por objetivo dar maior efetividade à entrega da prestação jurisdicional, sobretudo quanto à função executiva, pois o processo passou a ser sincrético, tendo em vista que os processos de liquidação e de execução de título judicial deixaram de ser autônomos para constituírem etapas finais do processo de conhecimento; isto é, o processo passou a ser um só, com fases cognitiva e de execução (cumprimento de sentença). Daí porque houve a necessidade de alteração, entre outros dispositivos, dos arts. 162, 269 e 463 do CPC, visto que a sentença não mais 'põe fim' ao processo, mas apenas a uma de suas fases. Alguns processualistas, a partir do novo conceito, em uma interpretação literal do art. 162, §1º, do CPC, passaram a enxergar a sentença exclusivamente quanto ao seu conteúdo, de modo a admitirem que o juiz julgue apenas parcela da demanda, remetendo para outro momento processual o julgamento do restante da controvérsia. Entretanto, a exegese que melhor se coaduna com o sistema lógico-processual brasileiro é a sistemática e teleológica, devendo, portanto, ser levados em consideração, para a definição de sentença, não só o art. 162, §1º, do CPC, mas também os arts. 162, §§2º e 3º, 267, 269, 459, 475-H, 475-M, §3º, 504, 513 e 522 do CPC. Logo, pelo atual conceito, sentença é o pronunciamento do juiz de primeiro grau de jurisdição (i) que contém uma das matérias previstas nos arts. 267 e 269 do CPC e (ii) que extingue uma fase processual ou o próprio processo. A nova Lei apenas acrescentou mais um parâmetro (conteúdo do ato) para a identificação da decisão como sentença, já que não foi abandonado o critério da finalidade do ato (extinção do processo ou da fase processual). Permaneceu, assim, no CPC/1973, a teoria da unidade estrutural da sentença, a obstar a ocorrência de pluralidade de sentenças em uma mesma fase processual. Isso não impede, todavia, a prolação de certas decisões interlocutórias que contenham matérias de mérito (art. 269 do CPC), tais quais as que apreciam a liquidação, mas, por não encerrarem o processo ou a fase processual, não podem ser consideradas sentença. Ademais, apesar de o novo CPC (Lei 13.105/2015), que entrará em vigor no dia 17 de março de 2016, ter disciplinado o tema com maior amplitude no art. 356, este diploma não pode incidir antes da referida data nem de forma retroativa, haja vista os princípios do devido processo legal, da legalidade e do *tempus regit actum*. REsp 1.281.978-RS, rel. min. Ricardo Villas Bôas Cueva, julgado em 5/5/2015, *DJe*, 20/5/2015."

a novel legislação apenas acrescentou mais um parâmetro (conteúdo do ato) para a identificação da decisão como sentença, já que não foi abandonado o critério da finalidade do ato (extinção do processo ou da fase processual). Permaneceu, assim, no Código de Processo Civil de 1973 a teoria da unidade estrutural da sentença, a obstar a ocorrência de pluralidade de sentenças em uma mesma fase processual.

Com efeito, a sentença parcial de mérito é incompatível com o direito processual civil brasileiro atualmente em vigor, sendo vedado ao juiz proferir, no curso do processo, tantas sentenças de mérito/terminativas quantos forem os capítulos (pedidos cumulados) apresentados pelo autor da demanda. [Recurso Especial nº 1.281.978/RS]

Não obstante, o Superior Tribunal de Justiça reconhece que o novo Código de Processo Civil (Lei nº 13.105/2015) disciplinou o tema com maior profundidade, ampliando as hipóteses de julgamento antecipado parcial do mérito: quando um ou mais dos pedidos formulados na inicial ou parcela deles (i) mostrar-se incontroverso ou (ii) estiver em condições de imediato julgamento. Desta forma, verifica-se uma verdadeira mudança de paradigma com relação à possibilidade de serem proferidas decisões parciais de mérito na vigência do CPC de 2015 e, portanto, a possibilidade de formação de diversas coisas julgadas ao longo de um mesmo processo.

Veja que o CPC de 2015 não desvincula o conceito de sentença ao do encerramento de uma fase processual, seja cognitiva do processo de conhecimento, seja o fim da execução, conforme determina o artigo 203, §1º;[17] não obstante, autoriza que o juiz profira decisões interlocutórias[18] de mérito.

A possibilidade de serem proferidas decisões ao longo do processo com a aptidão de transitar em julgado tem relevância no que tange ao ajuizamento da ação rescisória. Na vigência do CPC de 1973, o Superior Tribunal de Justiça consolidou o seu entendimento no sentido de que: "O prazo decadencial da ação rescisória só se inicia quando não for cabível qualquer recurso do último pronunciamento judicial".[19]

O CPC de 2015 parece ter adotado o mesmo entendimento já consolidado no referido verbete sumular ao dispor no artigo 975 que o direito à rescisão se extingue em dois anos contados do trânsito em julgado da última decisão proferida no processo. Portanto, da leitura fria do dispositivo, independentemente do trânsito em julgado de decisões interlocutórias ao longo

---

[17] Art. 203. [...]

§1º Ressalvadas as disposições expressas dos procedimentos especiais, sentença é o pronunciamento por meio do qual o juiz, com fundamento nos arts. 485 e 487, põe fim à fase cognitiva do procedimento comum, bem como extingue a execução.

[18] Art. 203 [...]

§2º Decisão interlocutória é todo pronunciamento judicial de natureza decisória que não se enquadre no §1º.

[19] Verbete nº 401 da súmula do Superior Tribunal de Justiça.

do processo, o prazo para o ajuizamento da ação rescisória somente seria contado, para a desconstituição de qualquer das decisões, a partir do trânsito em julgado da última delas.

No entanto, conforme lecionam Fredie Didier, Rafael Alexandria de Oliveira e Paula Sarno Braga, a interpretação dada pelo STJ não foi a mais correta, uma vez que, se há coisa julgada com aptidão de autorizar execução definitiva, impedir a parte prejudicada de promover a ação rescisória constitui grave ofensa ao acesso à justiça. Afirmam, ainda, que o novo Código de Processo Civil adota postura dúbia em relação ao prazo para a ação rescisória. Isso porque, na forma do CPC de 2015, fica clara a possibilidade de propositura de ação rescisória contra a coisa julgada parcial (decisão interlocutória de mérito); no entanto, resta saber se, ao falar em última decisão proferida no processo, o diploma processual se refere à última decisão entre todas as que podem ser proferidas no processo, em consonância com o entendimento do STJ, ou à última decisão sobre a questão de mérito que se tornou indiscutível pela coisa julgada.[20]

Concordamos com o posicionamento manifestado pelos autores[21] no sentido de que a última posição se encontra em consonância com o sistema adotado pelo Código, já que a sistemática adotada admite decisões parciais de mérito, bem como sua execução definitiva.[22-23]

---

[20] Fredie Didier Jr., Rafael Alexandria de Oliveira e Paula Sarno Braga, *Curso de direito processual civil*, op. cit., p. 528.

[21] Ibid., p. 529.

[22] Esse também parece ser o posicionamento de Leonardo Greco ao afirmar que: "Este Código, no *caput* do mesmo artigo, adotando entendimento polêmico consagrado pelo Superior Tribunal de Justiça no verbete 401 da sua Súmula, determina que o prazo decadencial seja contado a partir do trânsito em julgado 'da última decisão proferida no processo'. A meu ver esse entendimento tenta salvar o direito da parte em razão da demora nos julgamentos, sobretudo dos Tribunais superiores, quando da inadmissão dos recursos da chamada via recursal extraordinária. Discutiu-se se não admitido ou não conhecido o recurso especial ou extraordinário meses ou anos depois da sua interposição porque o recurso não seria cabível, se a decisão recorrida, para efeito de contagem do prazo para a ação rescisória, teria transitado em julgado quando se esgotou o prazo para a interposição do recuso inadmitido ou não conhecido ou somente após a última decisão. Corretamente, ao meu ver, o STJ entendeu que é da última decisão, porque se ainda está pendente a decisão sobre a admissibilidade ou o conhecimento do recurso, não pode o recorrente perder o prazo para a ação rescisória. Entretanto, esse entendimento não pode levar a prolongar o já exagerado prazo para a propositura da ação rescisória, quando o recurso pendente for parcial, isto é, somente impugnar uma parte da decisão, porque a outra parte, contra a qual não tenha havido interposição de recurso, terá inquestionavelmente transitado em julgado desde o momento em que, publicada, se escoou o prazo para impugná-la. A última decisão proferida no processo é, pois, aquela que por último decidiu a questão sobre a qual versa a ação rescisória e não qualquer outra decisão que tenha sido proferida posteriormente sobre questão diversa". GRECO, Leonardo. *Instituições de processo civil*: recursos e processos da competência originária dos tribunais. Rio de Janeiro: Forense. v. III, 2015.

[23] Em sentido contrário: "Tem-se decidido, à luz do CPC/1973, que o prazo para o ajuizamento de ação rescisória é um só, não sendo relevante, para este fim, a circunstância de ter havido recurso parcial, com o consequente trânsito em julgado da parte não recorrida da decisão. Esta orientação foi consolidada, à luz do CPC/73, com a edição da súmula 401 do STJ: 'O prazo decadencial da ação rescisória só se inicial quando não for cabível qualquer recurso do último pronunciamento judicial'. O CPC/2015, no art. 975, *caput*, fez consignar em lei esse entendimento. Deve-se dar o mesmo entendimento, em se tratando de decisões rescindíveis, proferidas no curso do processo. Assim, por exemplo, tendo havido julgamento antecipado parcial de mérito (art. 356 do CPC/2015)

2.2 O regime excepcional da coisa julgada de questões prejudiciais

Outra novidade advinda do CPC de 2015 é o regime excepcional da coisa julgada de questões prejudiciais.[24] Na forma do CPC de 1973, somente as questões decididas em caráter principal seriam acobertadas pela coisa julgada. Para haver decisão com aptidão de transitar em julgado sobre uma questão prejudicial era preciso que a parte interessada apresentasse ação declaratória incidental.

Inicialmente, para a melhor compreensão da novidade advinda do CPC de 2015, é preciso diferenciar questões principais e questões prejudiciais. No momento em que uma demanda é proposta, diversas questões são colocadas para conhecimento do julgador. No entanto, somente algumas delas são postas para que haja efetivo julgamento, as demais o são somente para servir como fundamento para a solução das primeiras. As questões sobre as quais deve haver decisão judicial — ou seja, efetivo julgamento — são as chamadas questões principais; todas as demais questões são resolvidas de forma incidental e, em regra, não ficam acobertadas pela coisa julgada.

Entre as questões incidentais, existem aquelas cuja solução se faz necessária para que as questões principais sejam decididas. Ou seja, a solução dada à questão incidental é necessária para o julgamento da questão principal e influenciará diretamente no seu julgamento. A essas questões incidentais dá-se o nome de questões prejudiciais. É o caso, por exemplo, da decisão que reconhece a filiação em uma ação de alimentos. A filiação é requisito necessário para o deferimento de alimentos e, portanto, é prejudicial a esta.

No regime do CPC de 1973, como dito, as questões prejudiciais em regra não ficavam acobertadas pela coisa julgada e, portanto, não se tornavam imutáveis, a não ser que a parte interessada requeresse a sua declaração incidental, na forma do artigo 325 do referido diploma. Neste ponto, o CPC de 2015 traz solução absolutamente diversa, disciplinada na forma dos parágrafos do artigo 503.[25] Assim, a coisa julgada se estende também às questões prejudicais incidentais

---

e não havendo recurso, o prazo para ajuizamento de ação rescisória contra essa decisão só começa a correr, de acordo com o art. 975, *caput, in fine* do CPC, 'do trânsito em julgado da última decisão proferida no processo'". José Miguel Garcia Medina, *Direito processual civil moderno*, op. cit., p. 1305.

[24] O artigo 287 e parágrafo único do CPC de 1939 em certa medida já admitia a extensão do trânsito em julgado para as questões prejudiciais; no entanto, sua redação não deixava claros os requisitos ou mesmo os limites para essa extensão. Sobre as controvérsias acerca da interpretação do referido dispositivo, confira-se: ARRUDA ALVIM, Thereza Celina Diniz de. *Questões prévias e limites da coisa julgada*. São Paulo: Revista dos Tribunais, 1977. p. 67-85.

[25] "Art. 503. A decisão que julgar total ou parcialmente o mérito tem força de lei nos limites da questão principal expressamente decidida.

§1º O disposto no *caput* aplica-se à resolução de questão prejudicial, decidida expressa e incidentemente no processo, se:

I — dessa resolução depender o julgamento do mérito;

II — a seu respeito tiver havido contraditório prévio e efetivo, não se aplicando no caso de revelia;

expressamente decididas.[26] Para tanto, alguns requisitos devem ser preenchidos: a) o julgamento do mérito deve depender da decisão sobre a questão incidental, ou seja, deve ser efetivamente uma questão prejudicial;[27] b) deve ter havido contraditório prévio efetivo entre as partes, não se admitindo, portanto, a extensão da coisa julgada em caso de revelia;[28] c) o juízo deve ser competente em razão da matéria e da pessoa para resolver a questão como se questão principal fosse; d) não pode haver no procedimento restrições probatórias ou limitações à cognição que impeçam o aprofundamento da análise da questão prejudicial.

A partir da vigência do Código de Processo Civil de 2015 haverá, portanto, dois regimes jurídicos para a coisa julgada:[29] a) o regime adotado para a coisa julgada sobre as questões principais, que não submete o trânsito em julgado a nenhuma condição específica; e b) o regime da extensão da coisa julgada para questões prejudiciais, o qual é condicionado ao preenchimento dos requisitos antes destacados, não havendo que se falar em extensão da coisa julgada caso os mesmos não se verifiquem.

Portanto, de acordo com o novo regime, em certa medida, os motivos da decisão, ao menos aqueles decididos na forma dos parágrafos do artigo 503 do CPC, poderão ficar imutáveis em

---

III — o juízo tiver competência em razão da matéria e da pessoa para resolvê-la como questão principal.
§2º A hipótese do §1º não se aplica se no processo houver restrições probatórias ou limitações à cognição que impeçam o aprofundamento da análise da questão prejudicial."

[26] Conforme observa José Miguel Garcia Medina, a lei não prevê a necessidade de haver pedido expresso da parte, não obstante, é necessário que tenha havido julgamento sobre a questão incidental, e não manifestação inconclusiva. "P. ex., se o juiz afirma que 'não ficou provada a validade da cláusula contratual', não se poderá inferir, só por isso, que tenha decretado a invalidade da cláusula." José Miguel Garcia Medina, *Direito processual civil moderno*, op. cit., 729-730.

[27] Para Rodrigo Ramina de Lucca, o dispositivo não traz um simples reforço sobre a prejudicialidade da questão. Entende o autor que a dependência prevista no inciso I do §1º do artigo 503 do CPC de 2015 é um *plus* à prejudicialidade, o qual limita ainda mais, e de forma correta, a abrangência da coisa julgada. Ressalta que: "O dispositivo em larga medida relaciona-se a condição que já vinha sendo defendida por Bruno Vasconcelos Lopes antes da promulgação do Novo Código de Processo Civil: a questão prejudicial deve ser 'necessária' ao resultado do processo. A discussão remete de certa forma, à clássica polêmica estabelecida na doutrina do *common law* sobre a distinção entre *ratio decidendi* e *obter dictum*. Como já tivemos a oportunidade de defender, a *ratio decidendi* é a 'razão jurídica (ou razões jurídicas) 'determinante' ao dispositivo'; conceito que concilia a doutrina de Mac-Cormick (razão suficiente) e de Rupert Cross (razão necessária). Consideram-se determinantes todas as razões jurídicas que compõem o 'caminho decisório' percorrido pelo juiz. Igualmente deve ser compreendida a questão *prejudicia*. São questões prejudiciais determinantes aquelas que se encontram no iter decisório percorrido pelo juiz para chegar ao dispositivo (das quais depende o julgamento)". LUCCA, Rodrigo Ramina de. Os limites objetivos da coisa julgada no novo Código de Processo Civil. *Revista de Processo*, São Paulo, v. 252, p. 93-94, fev. 2016.

[28] Conforme observa Marcelo Pacheco Machado, o contraditório é normalmente uma garantia potencial, ou seja, o que é inadmissível é que não se dê oportunidade à parte para se manifestar; no entanto, não se pode obrigar a parte a exercer o contraditório efetivo. MACHADO, Marcelo Pacheco. *Novo CPC: que coisa julgada é essa?* 16 fev. 2015. Disponível em: http://jota.info/novo-cpc-que-coisa-julgada-e-essa>. Acesso em: 23 mar. 2016.

[29] Sobre a existência de dois regimes para a coisa julgada, confira-se Fredie Didier Jr., Rafael Alexandria de Oliveira e Paula Sarno Braga, *Curso de direito processual civil*, op. cit., p. 535.

razão da coisa julgada,[30] o que, segundo a exposição de motivos do anteprojeto do Código, "permite que cada processo tenha maior rendimento possível".[31]

3. A desconstituição da coisa julgada material

Em regra, uma vez transitada em julgado, a decisão não pode mais ser revista ou alterada. Não obstante, o Código de Processo Civil prevê um meio típico e adequado para a desconstituição da decisão transitada em julgado em algumas hipóteses legalmente previstas e desde que proposto dentro do prazo legalmente previsto, qual seja, a ação rescisória.

Conforme observa Leonardo Greco, todos os sistemas processuais modernos possuem algum instituto com a função de destruir a coisa julgada, e em alguns países esse instituto tem natureza jurídica de ação, em outros, de recurso. No Brasil, sua natureza jurídica é de ação[32] e encontra respaldo legal nos artigos 966 a 975 do CPC de 2015.[33]-[34]

O prazo para o ajuizamento da ação rescisória é em regra de dois anos, salvo na hipótese prevista no artigo 975, §2º, ou seja, quando o autor obtiver, posteriormente ao trânsito em julgado da decisão, prova nova cuja existência ignorava ou de que não pôde fazer uso, capaz, por si só, de lhe assegurar pronunciamento favorável, Nesse caso, o prazo para o ajuizamento da ação rescisória terá como termo inicial a data de descoberta da prova nova, observado o prazo máximo de cinco anos, contado do trânsito em julgado da última decisão proferida no processo.

---

[30] Conforme observa Rodrigo Ramina de Lucca, a novidade legislativa adota parte do regime de estabilização das sentenças em países do *common law*. Segundo o autor: "Desse modo, é comum que os países do *common law* imponham uma severa disciplina da coisa julgada, incluído até mesmo a sua extensão a causa de pedir não propostas, mas relacionadas ao mesmo ato ilícito (*tort*). No caso clássico, Henderson *vs.* Henderson, julgado em 1843 e até hoje seguido pela jurisprudência inglesa, decidiu-se que as partes têm que apresentar à Corte a integralidade de seu 'caso' (*tjeir whole case*), vedando-se a propositura de novas demandas decorrentes da negligência das partes em fazer todos os seus pedidos ou deixar de alegar todos os fatos e argumentos relevantes. Em 2007, ao reiterar a Henderson Rule, a Court of Appeal inglesa afirmou que se deve buscar 'economia e eficiência na condução do processo', o que seria 'interesse das partes e do público como um todo'. Nos Estados Unidos, a Corte do Tennessee decidiu, em 1906, que de um ato ilícito decorre uma única demanda (*A single tort can be the basis of but one action*), prevenindo-se a 'multiplicidade de processos, ônus sucumbenciais, morosidade e abuso do processo contra o réu." Rodrigo Ramina de Lucca, Os limites objetivos da coisa julgada no Novo Código de Processo Civil, op. cit., p. 88-89.

[31] Disponível em: <www.senado.gov.br/senado/novocpc/pdf/Anteprojeto.pdf>. Acesso em: 21 mar. 2016.

[32] "A técnica legislativa adota ação, em vez de recurso, porque entende que o prazo para a propositura deve ser maior do que o prazo dos recursos, porém não convir deixar por tão longo tempo ou para sempre sem coisa julgada formal a decisão." MIRANDA, Francisco Cavalcanti Pontes de. *Tratado da ação rescisória, das sentenças e de outras decisões*. 5. ed. Rio de Janeiro: Forense, 1976. p. 648.

[33] Leonardo Greco, *Instituições de processo civil*, op. cit. p. 331.

[34] No mesmo sentido, ver CÂMARA, Alexandre Freitas. *Ação rescisória*. Rio de Janeiro: Lumen Juris, 2007. p. 39.

Sob pena de extrapolar o objeto do presente artigo, não iremos aprofundar o tema da ação rescisória. No entanto, importante estabelecer que a ação rescisória é o instrumento cabível, e o único legalmente previsto, para a desconstituição da coisa julgada.[35] Fora das hipóteses e findo o prazo previsto para seu ajuizamento, deve prevalecer a decisão imutabilizada, com a devida proteção garantida pela coisa julgada.

4. Sobre as chamadas "teorias da relativização da coisa julgada"

A despeito do que restou consignado anteriormente, no sentido de que a coisa julgada, em regra, somente poderia ser desconstituída pela via da ação rescisória, nos últimos anos começaram a se difundir na doutrina algumas teses para possibilitar a flexibilização da imutabilidade da coisa julgada, com sua desconstituição, ou mesmo com sua absoluta desconsideração, mesmo após o encerramento do prazo para o ajuizamento da ação rescisória.

Os principais argumentos para a desconsideração da coisa julgada se baseiam na necessidade de preservar a justiça das decisões,[36] o que em algumas hipóteses deveria se sobrepor à segurança jurídica que se visa a preservar com a coisa julgada, bem como a questão acerca da inconstitucionalidade da decisão transitada em julgado.

Os defensores da desconsideração da coisa julgada em hipóteses de grave injustiça verificam um suposto conflito entre segurança jurídica e justiça, destacando que, em algumas hipóteses, a necessidade de eliminação dos conflitos mediante critérios justos faz com que o valor justiça deva se sobrepor ao valor segurança jurídica, possibilitando a quebra da rigidez da forma como se enxerga a coisa julgada para possibilitar sua desconsideração.[37]

Nesse ponto, destaca-se a posição de Cândido Rangel Dinamarco, para quem, "em paralelismo com o bem-comum como síntese dos objetivos do Estado contemporâneo, figura o valor

---

[35] O artigo 950, §4º, do CPC de 2015 prevê a possibilidade de anulação dos atos de disposição de direitos praticados pelas partes ou por outros participantes do processo, bem como os atos homologatórios praticados no curso da execução, nos termos da lei. Assim, eventual ação anulatória poderia ter como efeito a desconstituição de sentenças caso elas tenham se baseado nesses atos. Nesse sentido, fazendo referência ao artigo 486 do CPC de 1973 confira-se Antonio do Passo Cabral, *Coisa julgada e preclusões dinâmicas*, op. cit., p. 110.

[36] LOPES, Bruno Vasconcelos Carrilho. Coisa Julgada e justiça das decisões. *Revista de Processo*, São Paulo, v. 29, n. 116, p. 372-400, 2004.

[37] Conforme observa Antonio do Passo Cabral, com alguma variação de autor para autor, as conclusões dos defensores da relativização da coisa julgada inconstitucional são normalmente apoiadas em textos de Eduardo Couture ou no trabalho de Paulo Otero publicado em Portugal. Antonio do Passo Cabral, *Coisa julgada e preclusões dinâmicas*, op. cit., p. 115.

justiça como objetivo-síntese da jurisdição no plano social".[38] É com base nessas premissas que o autor constrói os pilares para uma proposta do que para ele seria um correto e razoável dimensionamento do poder imunizador da coisa julgada, com a consequente relativização da garantia constitucional da coisa julgada, harmonizando-a com a ideia de justiça.

Com o objetivo de sistematizar e encontrar um parâmetro objetivo para as hipóteses em que se admite a relativização, o autor parte de um método indutivo, lastreado no conceito técnico jurídico da impossibilidade jurídica dos efeitos da sentença.[39] Afirma que a autoridade da coisa julgada incide sobre os efeitos substanciais da sentença e, portanto, onde esses efeitos inexistam, inexistirá também a coisa julgada material.[40] Conclui que uma sentença que contenha enunciado de efeitos juridicamente impossíveis é uma sentença desprovida de efeitos substanciais, porque efeitos impossíveis não se produzem nunca e, consequentemente, não existem na realidade do direito.[41] Em suas palavras:

> Ora, como a coisa julgada não é em si mesma um efeito e não tem dimensão própria, mas a dimensão dos efeitos substanciais da sentença sobre a qual incida (supra, n. 1), é natural que ela não se imponha quando os efeitos programados na sentença não tiverem condições de importar-se. Por isso, como a Constituição não permite que um Estado se retire da Federação, ou que se imponha por execução forçada o cumprimento da obrigação de dar um peso da própria carne, etc., da inexistência desses efeitos juridicamente impossíveis decorre logicamente a inexistência da coisa julgada material sobre a sentença que pretenda impô-los.

Por fim, destaca que é inconstitucional a leitura clássica da garantia da coisa julgada, a qual é capaz de tornar o preto branco e o quadrado redondo, daí se falar em "coisa julgada inconstitucional" nessas hipóteses.[42]

---

[38] DINAMARCO, Candido Rangel. *Relativizar a coisa julgada.* p. 4. Disponível em: <www.processocivil.net/novastendencias/relativizacao.pdf>. Acesso em: 23 mar. 2016. Também disponível em *Revista Ajuris*, v. 27, n. 83, p. 33-65, 2001.

[39] O autor reconhece que a doutrina acaba por adotar certo casuísmo ao determinar as hipóteses em que é admissível a relativização, ou desconsideração da coisa julgada. Justamente pelo fato de não vislumbrar na doutrina pátria, ou nos exemplos colhidos do direito norte-americano, é que tenta sistematizar de forma objetiva os critérios para a relativização da coisa julgada. Ibid., p 13.

[40] Afirma o autor que esse fenômeno se verifica nas sentenças terminativas, pois elas nada dispõem sobre as relações substanciais eventualmente existentes entre os litigantes, fato pelo qual somente ficam acobertadas pela coisa julgada formal. Da mesma forma, certas sentenças de mérito que pretendem ditar um pedido juridicamente impossível não teriam força para se impor sobre as normas ou princípios que o repudiam e, assim, seus efeitos seriam aparentes, mas não reais, já que estes são repelidos por razões superiores, de ordem constitucional. Ibid., p 14.

[41] Ibid., p 14. No entanto, importante destacar que o autor não afirma a inexistência jurídica da sentença, mas tão somente dos seus efeitos no plano substancial, os quais se restringiram ao plano processual, como a extinção do processo.

[42] Ibid., p. 15.

Da mesma forma, José Augusto Delgado entende que a decisão judicial, como expressão maior de atuação do Poder Judiciário, deve expressar compatibilidade com a realidade das coisas e dos fatos naturais, harmonizando-se com os ditames constitucionais em absoluta obediência à moralidade e à legalidade. Ademais, a decisão judicial não pode ter a carga de vontade da pessoa que a emitiu, mas deve representar uma finalidade determinada pela lei. Assim, o Estado não protege a sentença judicial, mesmo transitada em julgado, que vai contra os princípios da moralidade e da legalidade, espelhando única e exclusivamente a vontade pessoal do julgador e que não se compatibiliza com a vontade dos fatos. Sendo a moralidade essência do direito, sua violação não gera qualquer tipo de direito, por mais perfeito que o mesmo se apresente no campo formal.[43] Afirma o autor que tais sentenças poderão ser a qualquer tempo desconstituídas, porque praticam "agressão ao regime democrático no seu âmago mais consistente que é a garantia da moralidade, da legalidade, do respeito à Constituição e da entrega da justiça".[44]

Por sua vez, Humberto Theodoro Júnior e Juliana Cordeiro de Faria entendem que a coisa julgada que viola a Constituição da República é nula e, portanto, sua desconstituição não se sujeita a prazos prescricionais e decadenciais. Ademais, observam que no sistema das nulidades os atos judiciais nulos independem de rescisória para a eliminação do vício respectivo. Assim, a nulidade da coisa julgada inconstitucional poderá ser declarada a qualquer tempo, em ação com esse objetivo, ou em embargos à execução.[45]

Os Tribunais Superiores já admitiram em alguns julgados a rediscussão de matéria que já se encontrava imutável em razão da coisa julgada. O caso clássico de aplicação da desconsideração da coisa julgada diz respeito a ações de investigação de paternidade, em que a sentença de improcedência foi anterior à popularização do exame de DNA.[46] Não obstante, a desconsideração já foi aplicada em outros temas, como em casos de ação de desapropriação, possibilitando a realização de nova avaliação do bem.[47]

Algumas possíveis técnicas são propostas para instrumentalizar a quebra da coisa julgada, como a ampliação do conceito de sentença inexistente, a possibilidade de ajuizamento de ação

---

[43] DELGADO, José Augusto. Efeitos da coisa julgada e os princípios constitucionais. In: NASCIMENTO, Carlos Valder do (Coord.). *Coisa julgada inconstitucional*. 5. ed. Rio de Janeiro: América Jurídica, 2005. p. 33, 34.

[44] Ibid., p. 54-55.

[45] THEODORO Júnior, Humberto; FARIA, Juliana Cordeiro de. A coisa julgada inconstitucional e os instrumentos processuais para o seu controle. *Revista dos Tribunais*, São Paulo, v. 91, n. 795, p. 36, 2002.

[46] No julgamento do RESP 226.436/PR, o STJ entendeu que "A coisa julgada, em se tratando de ações de estado, como no caso de investigação de paternidade, deve ser interpretada *modus in rebus*". REsp 226.436/PR, rel. ministro Sálvio de Figueiredo Teixeira, Quarta Turma, julgado em 28/6/2001, *DJ*, 4/2/2002, p. 370.

[47] No julgamento do RE 105012/RN, o STF decidiu pela possibilidade de realização de nova avaliação do bem a despeito da existência de decisão anterior transitada em julgado. RE 105012, relator min. Néri da Silveira, Primeira Turma, julgado em 9/2/1988, *DJ*, 1/7/1988, p.16904.

rescisória mesmo após o prazo de dois anos, o ajuizamento da chamada *querela nullitatis*,[48] ou mesmo a possibilidade de repropositura da demanda.

5. O novo CPC e a relativização. Uma solução para o problema?

Em interessante artigo publicado no portal jurídico Jota, em 31 de agosto de 2015, Luiz Dellore discorre sobre o fim da relativização da coisa julgada no Novo CPC.[49] Segundo observa o processualista, "há uma nítida resistência à possibilidade de relativização no NCPC", uma vez que as inovações do CPC de 2015 com relação ao prazo para a ação rescisória fundada em prova nova e a impugnação do título executivo fundado em lei inconstitucional "enfraquecem a teoria da relativização em tendência que valoriza a segurança jurídica e a previsibilidade das relações".

Passamos a analisar de forma isolada os dispositivos destacados e os argumentos utilizados pelo autor para entender que o novo CPC possibilita a maior estabilidade das relações jurídicas, afastando a insegurança da relativização.

5.1 O novo tratamento conferido à ação rescisória por prova nova

Na forma do §2º do artigo 975 do CPC de 2015, se fundada a ação no inciso VII do artigo 966, o termo inicial do prazo para ajuizamento da ação rescisória será a data da descoberta da prova nova, observado o prazo máximo de cinco anos, contado do trânsito em julgado da última decisão proferida no processo. Assim, o termo inicial nesse caso não será mais a data do trânsito em julgado da decisão, mas a data da descoberta da prova nova, certamente observando-se o prazo máximo de cinco anos na forma anteriormente destacada.

Tal solução seria aplicável a hipóteses como o caso do advento do exame de DNA em investigações de paternidade. Pela incidência da norma, não seria possível uma nova investigação de paternidade 10 anos após o trânsito em julgado da decisão do primeiro processo, admitindo-se tão somente o ajuizamento da ação rescisória, desde que observado o prazo de cinco anos.

Assim, o CPC de 2015, ao regulamentar a questão da repropositura da ação fundada em prova nova, põe fim à possibilidade de relativização da coisa julgada perante o juízo de primeiro grau, admitindo-se tão somente o ajuizamento da ação rescisória nos termos legais.

---

[48] A *querela nullitatis* constitui uma "demanda autônoma e sem prazo para ajuizamento, destinada a atacar vícios procedimentais graves". Antonio do Passo Cabral, *Coisa julgada e preclusões dinâmicas*, op. cit., p. 112.

[49] DELLORE, Luiz. *O fim da relativização da coisa julgada no novo CPC.* Disponível em: http://jota.uol.com.br/o-fim-da-relativizacao-da-coisa-julgada-no-novo-cpc>. Acesso em: 23 mar. 2016.

Concordamos com o autor quando afirma que a solução dada pelo CPC de 2015 é ótima e espera-se que a regulamentação na forma posta realmente garanta maior segurança jurídica, reduzindo os casos de relativização da coisa julgada. No entanto, conforme reconhecido pelo próprio autor,[50] o tema está longe de ser simples, e certamente ainda haverá margem para a defesa da teoria da relativização da coisa julgada, especialmente nos casos em que o prazo previsto pelo CPC de 2015 tenha se esgotado sem a desconstituição da sentença.

5.2 A inexigibilidade do título executivo fundado em lei inconstitucional

Para o autor, o segundo dispositivo que mitiga a relativização da coisa julgada é o artigo 525, §§12 e seguintes do CPC de 2015, o qual é replicado no artigo 535, §5º e seguintes, que tratam da impugnação ao cumprimento de sentença.[51] Os §§12 e 14 e 15 do artigo 525 afirmam que:

§12. Para efeito do disposto no inciso III do §1º deste artigo, considera-se também inexigível a obrigação reconhecida em título executivo judicial fundado em lei ou ato normativo considerado inconstitucional pelo Supremo Tribunal Federal, ou fundado em aplicação ou interpretação da lei ou do ato normativo tido pelo Supremo Tribunal Federal como incompatível com a Constituição Federal, em controle de constitucionalidade concentrado ou difuso.

§14. A decisão do Supremo Tribunal Federal referida no §12 deve ser anterior ao trânsito em julgado da decisão exequenda.

§15. Se a decisão referida no §12 for proferida após o trânsito em julgado da decisão exequenda, caberá ação rescisória, cujo prazo será contado do trânsito em julgado da decisão proferida pelo Supremo Tribunal Federal.

---

[50] Na nota de rodapé n. 13 do citado artigo, o autor afirma que: "É certo que os defensores da relativização não concordarão com a afirmação. Como, inclusive, já foi exposto por colegas defensores públicos quando expus a tese em debate promovido pelo Ceapro em parceria com a Defensoria Pública do Estado de SP, realizado no início de agosto".

[51] Na vigência do CPC de 1973, foi introduzido em 2001 pela Medida Provisória nº 2.180/01, mantida pela Emenda Constitucional nº 32/2001, o parágrafo único do artigo 741 do CPC, o qual tornou inexigível a dívida se o título judicial se fundasse em lei ou ato normativo declarados inconstitucionais pelo STF ou em aplicação ou interpretação tidas como incompatíveis com a Constituição. Tendo em vista que o referido dispositivo acabava por desconsiderar a coisa julgada, alguns juristas o consideraram inconstitucional, como se observa no texto de Leonardo Greco: Eficácia da declaração *erga omnes* de inconstitucionalidade em relação à coisa julgada anterior. HOMENAGEM ao ministro Eduardo Ribeiro de Oliveira: edição especial da Revista Jurídica da Procuradoria--Geral do Distrito Federal. Brasília: Procuradoria-Geral do Distrito Federal, 2003.

Assim, além de deixar claro que a inexigibilidade do título executivo pode ocorrer por força de controle difuso ou concentrado de inconstitucionalidade realizado pelo STF, se o cumprimento de sentença for definitivo, ou seja, se a decisão exequenda já transitou em julgado, haverá necessidade de ajuizamento de ação rescisória, não sendo automática a desconstituição do título. Dessa forma, o CPC de 2015 novamente faz a opção pela não relativização, fazendo com que se imponha a utilização do meio adequado para a rescisão da decisão transitada em julgado, com o início da contagem do prazo para a ação rescisória a partir do trânsito em julgado da decisão do STF.

Mais uma vez concordamos com o autor no sentido de que o CPC de 2015 traz um excelente avanço no que tange à segurança jurídica, no entanto, nesse ponto não nos parece que a solução resolverá de uma vez por todas a questão da relativização da coisa julgada inconstitucional. Isso porque o CPC de 2015 regulamenta tão somente as hipóteses em que título executivo judicial se funda em lei ou ato normativo considerado inconstitucional pelo Supremo Tribunal Federal, ou em aplicação ou interpretação da lei ou do ato normativo tido pelo Supremo Tribunal Federal como incompatível com a Constituição Federal, em controle de constitucionalidade concentrado ou difuso. Ou seja, não abarca aquelas hipóteses em que o próprio conteúdo da sentença é considerado inconstitucional.

6. Conclusão

Verificadas as principais inovações do CPC de 2015 com relação à coisa julgada, como a possibilidade do trânsito em julgado das decisões interlocutórias de mérito e seus reflexos com relação ao prazo para a ação rescisória, bem como o regime excepcional da coisa julgada, com sua extensão às questões prejudiciais, desde que observados os requisitos legais, observa-se que a questão mais tormentosa sobre o tema da coisa julgada é a possibilidade de sua relativização. Neste ponto, concordamos com Luiz Dellore no artigo analisado no sentido de que o CPC de 2015 traz boas soluções, que certamente irão reduzir as hipóteses em que a relativização será necessária para a realização da justiça e da efetividade das normas constitucionais. No entanto, não nos parece que o CPC de 2015 coloca um ponto final no debate.

Concordamos com Alexandre Câmara ao afirmar que o confronto entre os valores da segurança jurídica e o da justiça não é de fácil solução, já que ambos são valores de grande importância para qualquer sistema processual.[52] Todavia, manifestamos nossa preocupação com relação às teorias de relativização da coisa julgada, não por considerarmos que ela deva ser um princípio absoluto,[53] mas pelo fato de a desconsideração da coisa julgada, de forma assistemática e sem

---

[52] CÂMARA, Alexandre Antonio Franco Freitas. Relativização da coisa julgada material. In: Carlos Valder do Nascimento, *Coisa julgada inconstitucional*, op. cit., p. 127.

[53] Concordamos com Leonardo Greco no sentido de que a coisa julgada é uma "importante garantia fundamental e, como tal, verdadeiro direito fundamental, como instrumento indispensável à eficácia concreta do direito

respaldo legal, poder dar margem a discricionariedades, principalmente quando seu fundamento é baseado em questões de justiça.[54]

Da mesma forma, merece destaque a ponderação de Antonio do Passo Cabral ao ressaltar que a superação da estabilidade processual deve ser algo controlado, previsível e excepcional e que a previsão de instrumentos típicos para a desconstituição da decisão transitada em julgado[55] carrega a força garantística das formalidades previamente estabelecidas, além de revelar a tendência do sistema de fixar modelos mais ou menos ampliativos para a quebra da coisa julgada.[56]

Se, por um lado, há a opção por um sistema mais rígido de desconstituição das decisões transitadas em julgado, o que traz consequências com relação à possibilidade de serem proferidas e, consequentemente, imutabilizadas, decisões judiciais consideradas injustas, por outro, dispomos de um sistema recursal abrangente, com a possibilidade de interposição de diversos recursos, inclusive aos Tribunais Superiores, a fim de evitar que uma sentença injusta ou inconstitucional permaneça no mundo jurídico. Ademais, o conceito de justiça é absolutamente relativo, abstrato e claramente casuístico.

Principalmente no que tange às sentenças consideradas inconstitucionais, é preciso observar que o órgão competente para reconhecer em última e excepcional instância a inconstitucionalidade das decisões judiciais é o Supremo Tribunal Federal, na forma do artigo 102, II, "a" da CRFB, e o ordenamento jurídico brasileiro possibilita que as partes e terceiros juridicamente prejudicados interponham recurso extraordinário para que essa situação de inconstitucionalidade seja devidamente corrigida.

Ainda que as partes não o façam, é possível, ainda, o ajuizamento de ação rescisória no extenso prazo de dois anos por violação à norma jurídica (art. 966, V do CPC de 2015). Assim, não

---

à segurança, inscrito inclusive como valor e como direito no preâmbulo e no *caput* do artigo 5º da constituição de 1988". GRECO, Leonardo. Eficácia da declaração *erga omnes* de constitucionalidade ou inconstitucionalidade em relação à coisa julgada. In: Homenagem ao ministro Eduardo Ribeiro de Oliveira, op. cit., p. 103-104. No entanto, não possui caráter absoluto, tanto que admite-se a desconstituição da decisão transitada em julgado mediante o ajuizamento de ação rescisória.

[54] Ao elencar exemplificativamente as hipóteses em que a sentenças podem ser consideradas injustas, e que, portanto, poderão ser a qualquer tempo desconstituídas, José Augusto Delgado arrola 34 casos, e muitos deles com base em conceitos jurídicos indeterminados, como "ofensa à soberania estatal" ou "violação dos princípios guardadores da dignidade humana". José Augusto Delgado, "Efeitos da coisa julgada e os princípios constitucionais", op. cit., p. 52-54. É justamente nessa abertura que reside nossa preocupação com a relativização da coisa julgada.

[55] Ao discorrer sobre a desconsideração da coisa julgada inconstitucional, Alexandre Freitas Câmara ("Relativização da coisa julgada material", op. cit., p. 153) propõe de *lege ferenda* uma solução, possibilitando como único o instrumento hábil para a desconsideração da coisa julgada que viola a constituição e que, nessas hipóteses, a ação rescisória não ficaria sujeita ao prazo decadencial previsto para o ajuizamento da referida ação. Entendemos que essa opção poderia ser perfeitamente adotada pelo CPC de 2015, mas não foi esse o tratamento conferido pelo legislador.

[56] Antonio do Passo Cabral, *Coisa julgada e preclusões dinâmicas*, op. cit., p. 168.

é razoável que com todas essas vias disponíveis ainda se admita a desconsideração da decisão transitada em julgado em razão de injustiça ou suposta inconstitucionalidade.

Conforme dito, é preciso distinguir as duas hipóteses: a) o caso em que a decisão transitada em julgado se funda em lei ou ato normativo fundado em lei ou ato normativo considerado inconstitucional pelo Supremo Tribunal Federal, ou em aplicação ou interpretação da lei ou do ato normativo tido pelo Supremo Tribunal Federal como incompatível com a Constituição da República, em controle de constitucionalidade concentrado ou difuso; b) a hipótese em que o próprio conteúdo da decisão viola a Constituição da República.

Na primeira hipótese, viu-se que o novo Código de Processo Civil traz uma solução adequada para o problema, possibilitando a rescisão da decisão transitada em julgado pelo processual adequado para tal finalidade. No entanto, o grande problema reside na segunda hipótese, em que a própria decisão em tese viola a Constituição da República, principalmente quando temos por base a doutrina que afirma que a referida decisão não transita em julgado, possibilitando à parte a reproposititura da ação.

Ou seja, caberá ao juiz de primeira instância, e não ao órgão competente para o conhecimento e julgamento da ação rescisória, reavaliar se a decisão viola ou não a Constituição da República para fins de rejulgamento da demanda? Ainda que se argumente que o juiz poderá indeferir desde logo a petição inicial, não parece razoável que o juiz de primeiro grau realize esse controle sobre a existência ou não de inconstitucionalidade da decisão judicial, possibilitando a desconsideração da coisa julgada e levando a parte contrária a enfrentar novamente toda a tortuosa *via crucis* da demanda judicial, com seus numerosos recursos e instâncias.[57]-[58]

Assim, ainda que o novo CPC traga boas soluções a fim de restringir a desconsideração da coisa julgada, mesmo na sua vigência, o debate continuará vivo. No entanto, espera-se que as soluções alcançadas sejam menos casuísticas e mais previsíveis, com a preservação da segurança jurídica garantida pela Constituição da República.

---

[57] Com a devida vênia, discordamos do posicionamento de Humberto Theodoro Júnior e Juliana Cordeiro de Faria no sentido de que: "Em face da coisa julgada que viole diretamente a Constituição, deve ser reconhecido aos juízes um poder geral de controle incidental da constitucionalidade da coisa julgada". Humberto Theodoro Júnior e Juliana Cordeiro de Faria, "A coisa julgada inconstitucional e os instrumentos processuais para o seu controle", op. cit., p. 37.

[58] O mesmo se aplica com relação à alegação de injustiça da decisão. Conforme Observa Antonio do Passo Cabral: "Assim, ninguém garante que um segundo julgamento será melhor que o primeiro que se pretende desconsiderar, e se esta pressuposição fosse correta, também pouco que um terceiro julgamento também fosse ainda melhor que o segundo. Vale dizer, não se pode assegurar que a nova sentença terá a solução mais acertada que a anterior ou afastará o sentimento de injustiça que esta possa ter causado". Antonio do Passo Cabral, *Coisa julgada e preclusões dinâmicas*, op. cit, p. 171.

REFERÊNCIAS

ARRUDA ALVIM, Thereza Celina Diniz de. *Questões prévias e limites da coisa julgada*. São Paulo: Revista dos Tribunais, 1977.

CABRAL, Antonio do Passo. Alguns mitos do processo (II): Liebman e a coisa julgada. *Revista de Processo*, São Paulo, v. 38, n. 217, 2013.

_____. *Coisa julgada e preclusões dinâmicas*: entre continuidade, mudança e transição de posições processuais estáveis. 2. ed. Salvador: Juspodivm, 2014.

CÂMARA, Alexandre Antonio Franco Freitas. *Ação rescisória*. Rio de Janeiro: Lumen Juris, 2007.

_____. Relativização da coisa julgada material. In: NASCIMENTO, Carlos Valder do (Coord.). *Coisa julgada inconstitucional*. 5. ed. Rio de Janeiro: América Jurídica, 2005.

DELGADO, José Augusto. Efeitos da coisa julgada e os princípios constitucionais. In: NASCIMENTO, Carlos Valder do (Coord.). *Coisa julgada inconstitucional*. 5. ed. Rio de Janeiro: América Jurídica, 2005.

DELLORE, Luiz. *O fim da relativização da coisa julgada no novo CPC*. Disponível em: <http://jota.uol.com.br/o-fim-da-relativizacao-da-coisa-julgada-no-novo-cpc>. Acesso em: 23 mar. 2016.

DIDIER JR., Fredie; OLIVEIRA, Rafael Alexandria de; BRAGA, Paula Sarno. *Curso de direito processual civil*. 10. ed. Salvador: Juspodivm, 2015. v. 2.

DINAMARCO, Cândido Rangel. Liebman e a cultura processual brasileira. *Revista de Processo*, São Paulo, v. 30, n. 119, 2005.

_____. *Relativizar a coisa julgada*. Disponível em: <www.processocivil.net/novastendencias/relativizacao.pdf>. Acesso em: 23 mar. 2016. Também disponível em *Revista Ajuris*, v. 27, n. 83, p. 33-65, 2001.

GRECO, Leonardo. Eficácia da declaração *erga omnes* de constitucionalidade ou inconstitucionalidade em relação à coisa julgada. In: HOMENAGEM ao ministro Eduardo Ribeiro de Oliveira: edição especial da Revista Jurídica da Procuradoria-Geral do Distrito Federal. Brasília: Procuradoria-Geral do Distrito Federal, 2003.

_____. *Instituições de processo civil*: recursos e processos da competência originária dos tribunais. 1. ed. Rio de Janeiro: Forense, 2015. v. III.

LOPES, Bruno Vasconcelos Carrilho. Coisa Julgada e justiça das decisões. *Revista de Processo*, São Paulo, v. 29, n. 116, 2004.

LUCCA, Rodrigo Ramina de. Os limites objetivos da coisa julgada no novo Código de Processo Civil. *Revista de Processo*, São Paulo, v. 252, fev. 2016.

MACHADO, Marcelo Pacheco. *Novo CPC: que coisa julgada é essa?* 16 fev. 2015. Disponível em: <http://jota.info/novo-cpc-que-coisa-julgada-e-essa>. Acesso em: 23 mar. 2016.

_____. *Novo CPC: só quero saber de julgamento parcial de mérito!* 26 out. 2015. Disponível em: <http>//jota.info/novo-cpc-sp-quero-saber-de-julgamento-parcial-do-merito>. Acesso em: 23 mar. 2016.

MEDINA, José Miguel Garcia. *Direito processual civil moderno*. São Paulo: Revista dos Tribunais, 2015.

MOREIRA, José Carlos Barbosa. Ainda e sempre a coisa julgada. *Revista dos Tribunais*, São Paulo, v. 59, n. 416, 1970.

PONTES DE MIRANDA, Francisco Cavalcanti. *Tratado da ação rescisória, das sentenças e de outras decisões*. 5. ed. Rio de Janeiro: Forense, 1976.

TESHEINER, José Maria. Autoridade e eficácia da sentença — crítica à teoria de Liebman. *Revista Síntese de Direito Civil e Processual Civil*, São Paulo, n. 3, jan./fev. 2000.

THEODORO JÚNIOR, Humberto; FARIA, Juliana Cordeiro de. A coisa julgada inconstitucional e os instrumentos processuais para o seu controle. *Revista dos Tribunais*, São Paulo, v. 91, n. 795, 2002.

DOS RECURSOS

A crise no sistema recursal brasileiro e o novo Código de Processo Civil

DIOGO ASSUMPÇÃO REZENDE DE ALMEIDA

O cidadão brasileiro não tem pudor em transferir a resolução de seus conflitos para o Poder Judiciário. Somos 205 milhões de pessoas[1] e as prateleiras — físicas e eletrônicas — de nossos tribunais contêm 99,7 milhões de processos aguardando julgamento, entre aqueles classificados como casos em estoque (70,8 milhões) e novos (28,9 milhões), segundo os últimos dados, de 2014, revelados pelo projeto "Justiça em Números" desenvolvido pelo CNJ.[2] Como cada processo abarca ao menos duas pessoas — autor e réu —, têm-se, *grosso modo*, 199,4 milhões de pessoas envolvidas nas causas que tramitam perante o judiciário brasileiro, ou seja, praticamente todo brasileiro tem um processo para chamar de seu.

E grande parte dessa população postulante não se contenta, como ocorre em muitos outros países, com apenas um julgamento. O brasileiro não confia no exame dos juízes de primeiro grau e encontra meios na legislação para dar vazão a esse descontentamento. E, assim, recorre.[3]

---

[1] Disponível em: <www.ibge.gov.br/apps/populacao/projecao>. Acesso em: 20 dez. 2015.

[2] Disponível em: <www.cnj.jus.br/programas-e-acoes/pj-justica-em-numeros>. Acesso em: 9 dez. 2015.

[3] BARBOSA MOREIRA, José Carlos. Breve notícia sobre a reforma do processo civil alemão. *Revista de Processo*, São Paulo, v. 28, n. 111, p. 105, jul./set. 2003: "Pôr na primeira instância o centro de gravidade do processo é diretriz política muito prestigiada em tempos modernos, e numerosas iniciativas reformadoras levam-na em conta. A rigor, o ideal seria que os litígios fossem resolvidos em termos finais mediante um único julgamento. Razões conhecidas induzem as leis processuais a abrirem a porta a reexames. A multiplicação desmedida dos meios tendentes a propiciá-los, entretanto, acarreta o prolongamento indesejável do feito, aumenta-lhe o custo, favorece a chicana e, em muitos casos, gera para os tribunais superiores excessiva carga de trabalho. Convém, pois, envidar esforços para que as partes se deem por satisfeitas com a sentença e se abstenham de impugná-la".

Após evolução exponencial do número de casos distribuídos entre a sua criação até os dias de hoje,[4] o Superior Tribunal de Justiça recebeu 285.898 novos processos de janeiro a outubro de 2015 e julgou o impressionante número de 302.496 processos, o que dá 9.166 casos julgados por ministro, sendo 916 por mês ou 41 por dia trabalhado.[5] O tribunal constitucional não se diferencia muito: mais de 90 mil casos foram julgados no Supremo Tribunal Federal em 2015, restando-lhe 54.632 processos em estoque, com expectativa de receber mais de 95 mil novos casos em 2016.[6] Esse problema não é, obviamente, exclusivo de nosso país. Na Itália, por exemplo, o presidente da Corte de Cassação sugeriu que se diminuísse o número de advogados habilitados a patrocinar causas naquela Corte, com o escopo de reduzir o número de recursos.[7]

Na conhecida classificação de Mirjan Damaska, enquadramo-nos no sistema hierárquico de jurisdição, desenvolvido para propiciar o reexame daquilo que já fora objeto de apreciação de um órgão jurisdicional inferior, por um órgão hierarquicamente superior, antes de ser proclamada a decisão final.[8] Excepcional é o julgamento por um único juiz ou grau de jurisdição. No Brasil, em especial, como é possível se atestar dos números mencionados anteriormente, alavancada pelo

---

[4] SALOMÃO, Luís Felipe. Aspectos gerais acerca da responsabilidade civil no transporte terrestre de passageiros. *Revista Justiça e Cidadania*, 137. ed., p. 156, 2012. Disponível em: <www.emerj.tjrj.jus.br/revistaemerj_online/edicoes/revista54/Revista54_155.pdf>. Acesso em: 21 dez. 2015: "Os números falam por si, demonstrando a evolução de recursos distribuídos e julgados, dando conta da procura da sociedade pela justiça distribuída pelo Tribunal. Com efeito, em 1989, ano seguinte à sua criação constitucional, foram distribuídos 6.103 processos e julgados 3.550; em 1994, apenas cinco anos depois, a distribuição subiu para 38.670 e o número de processos julgados, para 39.034. A partir daí, a progressão foi geométrica: em 1999, para 118.977 e 116.024, respectivamente; em 2004, para 215.411 e 203.041; em 2005, para 211.128 e 222.529; em 2006, para 251.020 e 222.245; no ano de 2007, foram distribuídos 313.364 processos e julgados 277.810; em 2008, foram distribuídos 271.521 processos e julgados 274.247; no ano de 2009, foram distribuídos 292.103 processos e julgados 254.955".

[5] Disponível em: <www.stj.jus.br/webstj/Processo/Boletim/verpagina.asp?vPag=0&vSeq=276>. Acesso em: 20 dez. 2015.

[6] Disponível em: <www.stf.jus.br/portal/cms/verTexto.asp?servico=estatistica&pagina=acervoatual>. Acesso em: 20 dez. 2015.

[7] CIPRIANI, Franco. Per un nuovo processo civile. In: _____. *Il processo civile nello Stato democratico*. Nápoles: Edizioni Scientifiche Italiane, 2006. p. 220: "*Come la più autorevole dottrina va da tempo ammonendo, e come ha riconosciutto il neo guardasigilli Roberto Castelli, la prima cosa da fare è 'togliere carico di lavoro al giudice' [...], ovvero, se si preferisce, fare in modo che ogni giudice abbia un numero gestibile di cause, sì da assicurare che gli sia oggettivamente possibile rendere gistizia in tempi ragionevoli. L'assoluta priorità di tale obiettivo non sembra discutibile. Ognuno infatti comprende che, se un giudice ha migliaia di cause da decidere, è perfettamente inutile sperare di risolvere il problema riformando, sia pure nel miglore dei modi, il processo. Sta invece di fatto che in Italia, purtroppo, abbiamo giudici che hanno addirittura 7.500 cause dul proprio ruolo [...], sì che è evidente che dobbiamo innanzi tutto fare in modo che ogni giudice non abbia più di 4.500 cause sul proprio ruolo. Ebbene, che si può fare per evitare che i giudici abbiano troppe cause? Che si può fare per assicurare che il numero dei giudici sia proporzionato a quello delle cause? [...] È una risposta tanto sorprendente, quanto diffusa, specie, ahinoi, tra i magistrati: duo anni fa il primo presidente della Corte di cassazione, di fronte all'aumento dei ricorsi civili, non esitò a proporre che fosse ridotto il numero degli avvocati cassazionisti!*".

[8] DAMASKA, Mirjan R. *The faces of justice and state authority*. Yale: University, 1986.

amplo cabimento de recursos dirigidos aos tribunais superiores,[9] a insatisfação do jurisdicionado com as decisões judiciais dificilmente cessa com a segunda análise realizada pelos tribunais de justiça estaduais ou regionais.[10] Não obstante os filtros criados pela Constituição e pela lei federal, os tribunais superiores recebem uma enxurrada de processos todos os anos, tornando a cada ano mais desafiador o respeito à garantia da duração razoável do processo em conjunto com a produção de decisões de qualidade.

Alcançamos um patamar de quase 100 milhões de processos por algumas razões. Após a promulgação da Constituição de 1988 e das leis que lhe seguiram, o legislador brasileiro fez uma opção pela abertura das portas do Judiciário, com amplas medidas que propiciam o acesso.[11] O jurisdicionado brasileiro arca, por meio das custas judiciais, com uma parte pequena do serviço que lhe é prestado. Grande parte do custeio é extraída dos tributos pagos pelos contribuintes em geral. Desse modo, ingressar com uma demanda judicial no Brasil é muito barato se comparado com outros países no mundo.[12] Além disso, existem Defensorias Públicas espalhadas pelos estados e possibilidade de utilização do serviço de resolução de conflitos de forma gratuita nos casos de menor complexidade que se aproveitam dos juizados especiais cíveis. São, ainda, módicas as sanções pelo uso abusivo ou indevido do direito de ação.

Nesse ambiente favorável, o cidadão brasileiro, pouco afeito à assunção de protagonismo e à consequente solução consensual de seus próprios conflitos, busca o Poder Judiciá-

---

[9] CÔRTES, Osmar Mendes Paixão. *Recursos para os Tribunais Superiores*: recurso extraordinário, recurso especial, embargos de divergência e agravos. Rio de Janeiro: Gazeta Jurídica, 2012. p. 17: "A consequência natural é que, no Brasil, a maioria das questões levadas a Juízo passa pela análise da legislação federal. Assim, a chance de serem levantadas hipóteses de possíveis ofensas à legislação interpretada é grande, levando quase que a maioria dos casos à apreciação das Cortes Superiores (encarregadas de apreciar alegações de ofensa às legislações constitucional e infraconstitucional)".

[10] BENETI, Sidnei Agostinho. Reformas de descongestionamento de tribunais. *BDJur*, Brasília, p. 4, 8 mar. 2010. Disponível em: <http://bdjur.stj.jus.br/dspace/handle/2011/27617>. Acesso em: 21 dez. 2015: "Motivos os mais diversos determinam a insistência recursal. Resistência natural do litigante vencido em julgamentos, zelo profissional do patrocínio derrotado, às voltas com o dever de ir até a última instância para não incidir em omissão e responsabilidade profissional pela perda de uma chance, convicção doutrinária diversa não raro antes sustentada de público ou no âmbito do intelectualidade jurídica, interesse procrastinatório devido a acumulação de vantagens decorrentes do passar do tempo, ou, mesmo, desejo de adiar a definitividade da contrariedade".

[11] MANCUSO, Rodolfo de Camargo. *Acesso à justiça*: condicionantes legítimas e ilegítimas. São Paulo: Revista dos Tribunais, 2011. p. 194: "Daquele singelo enunciado [artigo 5º, XXXV, CF] se têm extraído premissas, garantias, deveres, direitos, enfim, proposições diversas, contando-se dentre essas ilações exacerbadas: a garantia de acesso à Justiça. A universalidade da jurisdição, a ubiquidade da justiça, tudo, ao fim e ao cabo, estimulando o demandismo judiciário e por pouco não convertendo o direito de ação em... dever de ação!".

[12] Na Inglaterra, por exemplo, discute-se há muito tempo possíveis alterações legislativas capazes de solucionar o problema dos altos custos da prestação jurisdicional, que afetam diretamente o acesso à justiça, como alerta TURNER, Robert. 'Actively': the word that changed the civil courts. In: DWYER, Déirdre (Ed.). *The civil procedure rules ten years on*. Oxford: Oxford University Press, 2009. p. 85: "*The cost of litigation has for a number of unrelated reasons become excessive. Lord Justice Jackson has been given the almost Herculean task of attempting to devise a better system. Many are inclined to accept that the indemnity principle that costs should follow the event must be abandoned*".

rio como quem vai ao dentista. Para acessá-lo, necessário, porém, o socorro ao advogado. O profissional do direito no Brasil, em sua maioria, recebeu a tradicional formação na qual se ensina que os conflitos são solucionados por intermédio do processo, com uma decisão imposta por terceiro imparcial. A formação do advogado não lhe permite sugerir outras formas de solução de conflitos, pois ele as desconhece.[13] Se o patrono da parte não lhe oferece outra via, o processo judicial continuará a ser o caminho natural para a resolução de todo e qualquer litígio, independentemente de a jurisdição se mostrar adequada ou não para o tipo do conflito sob análise.[14]

Outros fatores econômicos, sociais e políticos também contribuíram para o acréscimo exponencial do número de litígios judicializados no Brasil. A massificação das relações jurídicas nas últimas décadas do século XX e as crises do próprio Estado — do petróleo, na década de 1970, hiperinflação e planos econômicos violadores de direitos dos cidadãos — levaram a população brasileira ao ingresso de demandas perante o Judiciário, que se encontrava amplamente acessível desde a introdução do primado dos direitos fundamentais e da promessa de cortes aptas a remediar todas as injustiças e ofensas a direitos constantes da Constituição de 1988.[15] A dificuldade do Estado em assegurar administrativamente os direitos esculpidos na carta magna leva os cidadãos a reivindicá-los pela via judicial. O Poder Judiciário passa a ser

---

[13] Esse panorama tende a mudar. O Código de Processo Civil de 2015 estimula a utilização da mediação e da conciliação no início do procedimento e deixa clara a opção pelo sistema multiportas, no qual outras vias, além da sentença, são oferecidas às partes para a solução de seus conflitos. A Lei nº 13.140/2015 também regula a mediação e auxilia na criação da cultura de enfrentamento de conflitos por meio de mecanismos autocompositivos. Além disso, vários cursos de direito oferecidos no Brasil já apresentam em suas grades curriculares as disciplinas de negociação, mediação e arbitragem, muitas vezes como disciplinas obrigatórias. Esse é o caminho para modificar a formação do advogado brasileiro e compatibilizá-la às necessidades encontradas na sociedade atual.

[14] WATANABE, Kazuo. *Política pública do Poder Judiciário nacional para tratamento adequado dos conflitos de interesse*. Disponível em: <www.tjsp.jus.br/download/conciliacao /nucleo/parecerdeskazuowatanabe.pdf>. Acesso em: 20 dez. 2015: "O mecanismo predominantemente utilizado pelo nosso Judiciário é o da *solução adjudicada dos conflitos*, que se dá por meio de sentença do juiz. E a predominância desse critério vem gerando a chamada 'cultura da sentença', que traz como consequência o aumento cada vez maior da quantidade de *recursos*, o que explica o congestionamento não somente das instâncias ordinárias, como também dos Tribunais Superiores e até mesmo da Suprema Corte. Mais do que isso, vem aumentando também a quantidade de execuções judiciais, que sabidamente é morosa e ineficaz, e constitui o calcanhar de Aquiles da Justiça"; PINHO, Humberto Dalla Bernardina de; PAUMGARTTEN, Michele Pedrosa. Os efeitos colaterais da crescente tendência à judicialização da mediação. *Revista Eletrônica de Direito Processual — REDP*, v. XI, p. 191. Disponível em: <www.e-publicacoes.uerj.br/index.php/redp/article/view/18068/13322>. Acesso em: 21 dez. 2015: "A inflacionada demanda por justiça é um fenômeno complexo, que parte sobretudo de uma dependência social dos Tribunais, seja por uma cultura demandista especialmente notada em países do sistema civil law, seja pelo incentivo estatal, que temendo a perda do monopólio, faz o Poder Judiciário propagar a ideia de que somente ele é capaz de proporcionar uma solução eficaz dos conflitos, percebido quando se promove por exemplo, a incorporação das ADRs aos Tribunais".

[15] GRECO, Leonardo. A falência do sistema de recursos. In: ____. *Estudos de direito processual*. Campos dos Goytacazes: Editora Faculdade de Direito de Campos, 2005. p. 299-300.

o indevido palco de administração de políticas públicas por meio da judicialização da política e das relações sociais.[16]

Last but not least, o maior originador de demandas no Brasil é o próprio Estado, seja decorrente de ações que envolvem diretamente a União, estados e municípios, como aquelas em que uma das partes é empresa pública ou autarquia federal, estadual ou municipal.[17] Trabalho realizado pelo CNJ em 2011 indicou que o Estado é o campeão de litígios na Justiça Federal, na Justiça Estadual e na Justiça do Trabalho. Somados, os setores públicos federal, estadual e municipal estão presentes em 51% do total dos processos presentes nos tribunais brasileiros.[18] O Estado dá o exemplo à população, que o segue à risca, judicializando seus conflitos e recorrendo até o último grau de jurisdição possível.[19]

---

[16] TASSINARI, Clarissa. *Jurisdição e ativismo judicial*: limites da atuação do Judiciário. Porto Alegre: Livraria do Advogado, 2013. p. 46: "Diante deste ambiente de certa fragilização da esfera estatal, que, em regra, é resultado da interferência das forças da economia, em um movimento contrário, a sociedade se apresenta imersa em uma ampla litigiosidade como modo de resgatar e exigir o compromisso pressuposto pelo Estado Democrático de Direito. Assim, os cidadãos assumem uma postura direcionada ao conflito, à reivindicação de direitos pela via do litígio judicial, que passa a ser o palco da resolução de grande parte das contendas políticas. Este traço do comportamento das sociedades contemporâneas acaba resultando naquilo que Luiz Werneck Vianna et al. chamam de 'judicialização das relações sociais', traduzida na 'crescente invasão do direito na organização da vida social'".

[17] GRECO, Leonardo. *Instituições de processo civil*. Rio de Janeiro: Forense, 2015. v. III, p. 1-2: "O sistema de recursos sofre os reflexos de três visões absolutamente deformadas do processo judicial: a dos tribunais superiores, cuja preocupação predominante é com a eliminação da quantidade de processos e de recursos, mesmo com o sacrifício da qualidade e da justiça das decisões; a dos governantes, que se habituaram a utilizar a justiça para procrastinar o cumprimento das obrigações do Estado para com os cidadãos; e a dos próprios jurisdicionados ou, muitas vezes, dos seus advogados, que, vencidos, se sentem impelidos a esgotar as vias recursais, porque estas se apresentam como facilmente acessíveis e resultam sempre de algum modo mais vantajosas do que o cumprimento".

[18] Disponível em: <www.cnj.jus.br/images/pesquisas-judiciarias/pesquisa_100_maiores_litigantes.pdf>. Acesso em: 20 dez. 2015.

[19] Rodolfo de Camargo Mancuso (*Acesso à justiça*, op. cit.) menciona esses e outros fatores que nos levaram ao quadro atual da justiça brasileira: "Neste passo, pode-se tentar uma sistematização dos fatores que, operando como concausas, resultam no excesso de demanda por justiça estatal: (a) desinformação ou oferta insuficiente quanto a outros meios, ditos alternativos, de auto e heterocomposição de litígios, gerando uma cultura da sentença, na expressão de Kazuo Watanabe; (b) exacerbada juridicização da vida em sociedade, para o que contribui a pródiga positivação de novos direitos e garantias, individuais e coletivos, a partir do texto constitucional, projetando ao interno da coletividade uma expectativa (utópica) de pronto atendimento a todo e qualquer interesse contrariado ou insatisfeito; (c) ufanista e irrealista leitura do que se contém no inciso XXXV do art. 5º da CF/1988 — usualmente tomado como sede do acesso à Justiça — enunciado que, embora se enderece ao legislador, foi sendo gradualmente superdimensionado (ao influxo de motes como a ubiquidade da justiça, universalidade da jurisdição), praticamente implicando em converter o que deve ser o direito de ação (específico e condicionado) num prodigalizado dever de ação!; (d) crescimento desmensurado da estrutura judiciária — oferta de mais do mesmo sob a ótica quantitativa — com a incessante criação de novos órgãos singulares e colegiados, e correspondentes recursos humanos e materiais, engendrando o atual gigantismo que, sobre exigir parcelas cada vez mais expressivas do orçamento público, induz a que esse aumento da oferta contribua para *retroalimentar a demanda*".

Não há nenhum problema, a meu ver, no fato de o sistema brasileiro propiciar ao jurisdicionado o reexame das decisões que considera injustas ou incorretas. Os recursos servem à melhoria da prestação jurisdicional, com a análise da causa por mais de um órgão, composto por juízes mais vividos e experientes. Propiciam, ainda, o controle interno das decisões, a fim de evitar o arbítrio judicial e, consequentemente, conferir maior legitimidade ao próprio Poder Judiciário. Afiguram-se, portanto, instrumento adequado à obtenção de decisões de maior qualidade e de uniformização de entendimentos, com vistas ao tratamento isonômico dos conflitos. Indispensável, porém, a compatibilização dessa qualidade alcançada por meio do reexame das causas com a necessidade de pôr fim aos litígios em tempo razoável. Esse é o grande desafio, que já angustia os estudiosos do processo civil há muito tempo.[20]

No quadro atual, com a infinidade de recursos represados nos tribunais brasileiros, a crise está prestes a impossibilitar a prestação jurisdicional, não sem antes inviabilizar a prestação jurisdicional de qualidade. É humanamente impossível o enfrentamento célere e com qualidade de todos os recursos pendentes, com o contingente de julgadores — e de assessores — que possuímos. Ademais, ainda que fosse possível o rápido aumento do número de juízes e demais servidores por meio de concursos públicos de provas e títulos sem diminuir os atributos dos candidatos, são finitos os recursos estatais necessários ao aumento de pessoal e o contribuinte não suporta mais a carga tributária que lhe é imposta. A solução não é, pois, fácil.

O Estado responde a esse impasse de dois modos. Primeiramente, o Poder Judiciário, da forma menos recomendável possível, institui filtros de admissibilidade recursal não previstos em lei, que foram apelidados pela doutrina e pela advocacia de *jurisprudência defensiva*.[21] As cortes se defendem das postulações dos jurisdicionados, que, apesar de numerosas, são a razão de ser dos tribunais. Nos últimos anos principalmente, foram impostos aos recorrentes alguns freios ao ímpeto postulatório que impedem a análise do mérito recursal, como a exigência de peças não obrigatórias para o conhecimento de agravos de instrumento, a intempestividade de recurso interposto antes da intimação, a burocratização das guias de recolhimentos de custas judiciais, a *via crucis* necessária à configuração do chamado prequestionamento da questão federal ou constitucional, entre tantos outros.[22] A *jurisprudência defensiva* passou a ser o pesadelo

---

[20] MARQUES, José Frederico. *Instituições de direito processual civil*. 2. ed. Rio de Janeiro: Forense, 1963. v. IV, p. 6-7.

[21] Márcio Carvalho Faria dedicou-se ao tema em três estudos: A jurisprudência defensiva dos tribunais superiores e a ratificação necessária (?) de alguns recursos excepcionais. *Revista de Processo*, São Paulo, n. 167, jan. 2009; O formalismo exacerbado quanto ao preenchimento das guias de preparo: ainda a jurisprudência defensiva dos Tribunais Superiores. *Revista de Processo*, São Paulo, n. 193, mar. 2011; Mais do mesmo: os vícios de representação recursais, a impossibilidade de saneamento posterior nas instâncias excepcionais e a jurisprudência defensiva. *Revista Eletrônica de Direito Processual*, Rio de Janeiro, v. 12, 2013. Disponível em: <www.e-publicacoes.uerj.br/index.php/redp/issue/view/653>. Acesso em: 23 dez. 015.

[22] Leonardo Greco, *Instituições de processo civil*, op. cit., p. 1: "Além de estimular o demandismo e a procrastinação, o nosso sistema é exageradamente formalista, criando obstáculos irrazoáveis à apreciação dos recursos e

dos advogados, mormente pelo fato de que novos entraves são criados e aplicados a recursos cuja interposição se deu em momento anterior à própria criação pretoriana do requisito. Obriga o advogado do recorrente a não só estar atento a todos os requisitos de admissibilidade legais e àqueles criados pela jurisprudência como também a antever futuros filtros que possam ser estabelecidos após a interposição do recurso.

Mas a interferência no sono dos advogados não é o maior mal. A *jurisprudência defensiva* valoriza a forma e o formalismo de modo exacerbado, na contramão da história do processo, prejudicando a parte, potencial detentora do direito material merecedor da tutela jurisdicional. Como instrumento da jurisdição, o processo serve de meio ao alcance do bem da vida em jogo. Esse bem somente é tutelado por meio de decisões que enfrentem o mérito, seja em primeiro grau ou nas instâncias recursais. Obstar a análise da pretensão em razão do excessivo culto à forma é causa de frustração e de descrédito do Poder Judiciário. Difícil a tarefa do advogado de explicar ao seu cliente que o seu pedido jamais será apreciado, porque o recurso não foi conhecido, ou, como compara Barbosa Moreira, é como se, após os aperitivos, se despedissem os convidados sem servir-lhes o prato principal.[23]

A utilização indevida nesse mecanismo convém apenas aos magistrados, legitimamente frustrados com a excessiva carga de trabalho que não tem fim, mas não está de acordo com a função exercida pelo Estado-juiz. Seria como se os hospitais empregassem reformas e tratamentos a fim de atender aos anseios dos médicos, e não às necessidades dos pacientes.[24] Desse modo, reconhecendo a falta de legitimidade e eficiência dos filtros jurisprudenciais para a solução da crise, o Estado vem se socorrendo de reformas legislativas.

---

determinando a produção de decisões que, em lugar de aumentarem a probabilidade de acerto e de justiça das que pretendem rever, transformaram o seu julgamento em uma verdadeira caixa de surpresas, criadora de situações absolutamente imprevisíveis para as partes e que, a pretexto do excessivo volume de processos, dão pouca atenção às questões fáticas e jurídicas suscitadas e aos argumentos dos advogados, procurando cada vez mais encontrar afinidades dos novos casos com outros anteriormente julgados pelo mesmo tribunal ou por tribunais superiores e assim, de forma simplista e absolutamente distante do litígio real, transpor fundamentos destes para aqueles, automatizando os julgamentos".

[23] BARBOSA MOREIRA, José Carlos. Restrições ilegítimas ao conhecimento dos recursos. In: _____. *Temas de direito processual*. Nona série. São Paulo: Saraiva, 2007. p. 270: "Toda medalha tem seu reverso. Atividade judicial que deixe de conduzir à decisão do mérito (da causa ou do recurso) é causa de frustração. O ideal seria que sempre se pudesse chegar àquela etapa final. Isso obviamente ressalta quando se cuida do *meritum causae*, já que só o pronunciamento da Justiça acerca dele é capaz de resolver definitivamente o litígio e, tanto quanto possível, assegurar ou restaurar o império do direito. Mesmo a respeito de outras questões (interlocutórias) porém, seria sempre até a definição do *thema decidendum*: quando nada, isso contribuiria para a formação de um corpo de jurisprudência sobre questões (incidentes) que podem assumir ponderável relevância, como as concernentes à legitimidade *ad causam*, à admissibilidade de certa prova etc. É inevitável o travo de insatisfações deixado por decisões de não conhecimento; elas lembram refeições em que, após os aperitivos e os *hors d'oeuvre*, se despedissem os convidados sem o anunciado prato principal".

[24] CIPRIANI, Franco. I problemi del processo di cognizione tra passato e presente. In: _____. *Il processo civile nello stato democratico*. Nápoles: Edizioni Scientifiche Italiane, 2006. p. 35.

A partir da década de 1990, o Código de Processo Civil de 1973 passou a ser objeto de inúmeras alterações em diversos de seus capítulos.[25] Foram criadas a tutela antecipada[26] e a ação monitória,[27] além dos juizados especiais em regime legislativo próprio,[28] como tentativa de aceleração da prestação jurisdicional; a tutela executiva sofreu grandes modificações, com o aprimoramento da execução das obrigações de fazer e não fazer,[29] o surgimento da fase de cumprimento de sentença[30] e a alteração do procedimento da execução de título extrajudicial;[31] transferiu-se, ainda, o processamento de inventário, partilha, separação consensual e divórcio consensual para a via administrativa.[32] Da mesma forma, o sistema de impugnação das decisões sofreu alterações substanciais nas três fases de reforma do CPC. A Lei nº 8.950/1994 integrou ao texto do diploma processual as normas referentes aos recursos especial e extraordinário, uniformizou o prazo recursal, excetuando apenas os prazos de interposição de agravo e de embargos de declaração, possibilitou o exercício do juízo de admissibilidade do recurso de apelação pelo juiz *a quo*, depois de oferecidas as contrarrazões, e majorou a multa para o caso de reiteração de embargos de declaração. A Lei nº 9.139/1995 modificou substancialmente o procedimento do agravo de instrumento, que passou a ser apresentado perante o tribunal *ad quem*, buscando diminuir o elevado número de mandados de segurança utilizados como remédio para a obtenção de efeito suspensivo, não previsto como regra no CPC. A Lei nº 9.756/1998 conferiu amplos poderes aos relatores dos recursos, assegurando-lhes a possibilidade de decidir de forma unipessoal recursos que originalmente seriam apreciados pelo órgão colegiado. No início do

---

[25] Fernanda Medina Pantoja bem sistematiza as reformas ocorridas até 2008: Reformas processuais: sistematização e perspectivas. *Revista de Processo*, São Paulo, v. 160, 2008. Ainda sobre as recentes reformas legislativas, ver TCHAKERIAN, Renato Silvano. Sobre os supostos e os reais limites à legitimidade do Ministério Público para a tutela dos direitos individuais homogêneos. *Revista de Processo*, n. 185, p. 65, jul. 2010: "Não é à toa, aliás, que o Estado vem tentando (a) diminuir a cultura demandista do brasileiro, com o estímulo à conciliação, criando mecanismos que facilitem sua realização, e agindo da mesma forma com relação à arbitragem, à mediação e à avaliação neutra de terceiro; b) reduzir o número de demandas e recursos com a introdução de novos dispositivos do Código de Processo Civil, a exemplo, as chamadas 'sentenças vinculantes' (art. 285-A, CPC), o poder dado às súmulas editadas pelos Tribunais Superiores no sentido de obstarem o seguimento dos recursos ao segundo grau de jurisdição (art. 518, §1º, CPC), os recursos extraordinário e especial por amostragem (art. 543-B e 543-C, CPC), todos trazidos ao Diploma Processual a partir de 2006 e, por fim, a repercussão geral necessária à interposição do recurso extraordinário (art. 102, §3º, CF/1988), trazida pela EC45/2004; c) e o encaminhamento dos megaconflitos que envolvam interesses metaindividuais para o âmbito do processo coletivo".

[26] Lei nº 8.952/1994.

[27] Lei nº 9.079/1995.

[28] Lei nº 9.099/1995 e, posteriormente, abrangendo causas da justiça federal e da fazenda pública estadual, as Leis nºs 10.259/2001 e 12.153/2009, respectivamente.

[29] Lei nº 8.952/1994.

[30] Lei nº 11.232/2005.

[31] Lei nº 11.382/2006.

[32] Lei nº 11.441/2007.

novo milênio, a Lei nº 10.352/2001 trouxe como principais alterações a positivação da teoria da causa madura, permitindo a reforma de sentenças terminativas, com apreciação do mérito, se a causa já estivesse apta a receber julgamento quanto à pretensão do autor. Além disso, conferiu poderes ao relator para negar seguimento ao agravo de instrumento nas hipóteses do art. 557 e de convertê-lo em retido, nos casos do art. 523, §4º. A mesma lei eliminou a imposição de reexame necessário nas causas com valor de até 60 salários mínimos e na sentença de anulação do casamento. Ainda retirou o efeito suspensivo *ope legis* da apelação que confirmasse tutela antecipatória anteriormente deferida, limitou as hipóteses de cabimento dos embargos infringentes e possibilitou a declaração de autenticidade pelo advogado das cópias que instruem o agravo dirigido aos tribunais superiores.

Em 2004, a emenda constitucional nº 45 foi responsável pela chamada "Reforma do Poder Judiciário" e promoveu mudanças como a introdução da garantia da duração razoável do processo no rol do art. 5º, a autorização ao Supremo Tribunal Federal para a edição de súmulas com eficácia vinculante e a ressuscitação da repercussão geral, como requisito de admissibilidade do recurso extraordinário, que foi posteriormente regulamentada pela Lei nº 11.418/2006. A promessa da prestação jurisdicional em tempo razoável já podia ser extraída de outras garantias constitucionais, como a do acesso à justiça, mas sua expressa indicação no texto colocou maior pressão sobre o Poder Judiciário. A vaga e abstrata previsão constitucional de um processo mais célere em nada contribuía para a melhoria do sistema sem que outras medidas práticas também fossem implementadas.

A Lei nº 11.276/2006 acrescentou o §1º ao art. 518 do CPC, introduzindo a possibilidade de exercício negativo de admissibilidade da apelação pelo juízo de primeiro grau "quando a sentença estiver em conformidade com súmula do Superior Tribunal de Justiça ou do Supremo Tribunal Federal". A Lei nº 11.672/2008 iniciou o movimento de adoção de técnica de coletivização do julgamento de demandas originalmente individuais ao instituir o cabimento dos chamados recursos extraordinário e especial repetitivos. O mecanismo permitiu aos tribunais superiores o julgamento de milhares de demandas de uma só vez, com a fixação do entendimento da Corte a respeito de determinada questão de direito, objeto de múltiplos casos pendentes de apreciação. Por fim, em 2010, o agravo cabível contra as decisões de inadmissão dos recursos extraordinário e especial deixou de ser interposto na modalidade de instrumento e passou a ser oferecido nos próprios autos, por força da Lei nº 12.322.

As inúmeras reformas às quais foi submetido o Código de Processo Civil de 1973 renderam-lhe o apelido de colcha de retalhos e não solucionaram o problema da chamada "crise da justiça": os tribunais brasileiros a cada dia que passa estão mais abarrotados de processos e, por conseguinte, de recursos que aguardam julgamento. Há alguns anos, debatia-se a necessidade de uma reforma estrutural, que resultasse em um diploma processual novo, elaborado com o escopo de atender uma nova realidade econômico-social, muito distinta daquela encontrada por Alfredo Buzaid quando da elaboração do CPC, na década de 1970. Destarte, em 2009, o Senado Federal incumbiu um grupo de respeitáveis juristas para a tarefa de elaboração de anteprojeto de lei que viria a se tornar, depois de muitas emendas durante o processo legislativo, a Lei nº 13.105/2015, ou novo Código de Processo Civil. A comissão composta por Luiz Fux (presidente), Teresa Arruda Alvim Wambier (relatora), Adroaldo Furtado Fabrício, Benedito Cerezzo Pereira Filho, Bruno Dantas, Elpídio Donizetti Nunes, Humberto Theodoro Júnior, Jansen Fialho de Almeida, José Miguel Garcia Medina, José Roberto dos Santos Bedaque, Marcus Vinicius Furtado Coelho e Paulo Cezar Pinheiro Carneiro tornou-se responsável pela elaboração de diploma processual que fosse capaz de enfrentar o excesso de demandas e o consequente descrédito do Poder Judiciário perante a população, mesmo que muitas das causas dos problemas passassem ao largo da lei processual, como a cultura de litigiosidade, o excessivo demandismo do próprio Estado, a inoperosidade de determinadas agências reguladoras, o arcaico sistema de precatórios etc.

O processo legislativo de elaboração do novo CPC foi pautado por ampla participação de estudiosos, por meio de diálogo em audiências públicas e envio de propostas de modificações do projeto vindas de diversos setores do mundo jurídico.[33] Pudera: era a primeira vez que um Código de Processo Civil brasileiro se constituía em período democrático. Na Câmara dos Deputados outros juristas participaram ativamente na elaboração de substitutivo.[34] De volta ao Senado, o novo código foi finalmente aprovado em dezembro de 2014 e, após sanção presidencial, foi publicado em 16 de março de 2015, com previsão de um ano de *vacatio legis*.[35]

Como ferramenta de enfrentamento da crise, o CPC 2015 oferece três principais apostas: (i) a ampliação do sistema de coletivização do julgamento de demandas originalmente individuais; (ii) o fomento à utilização de métodos autocompositivos de solução de conflitos, em especial a mediação e a conciliação; (iii) a criação de um sistema de precedentes com eficácia vinculante e, portanto, de observância obrigatória pelos juízes e tribunais brasileiros.

A primeira das apostas é aplicada por meio do aprimoramento do procedimento dos recursos extraordinário e especial repetitivos, que corrige imperfeições constantes do rito estabelecido no art. 543-C, do CPC 1973, além da criação do Incidente de Resolução de Demandas Repetitivas, com o mesmo escopo, mas destinado ao enfrentamento de multiplicidade de recursos ou

---

[33] Parecer da comissão especial da Câmara dos Deputados. Disponível em: <www.camara.gov.br/ proposicoesWeb/prop_mostrarintegra?codteor=1026407>. Acesso em: 24 dez. 2015.

[34] Foi criada nova comissão, formada por Alexandre Câmara, Fredie Didier Jr., Arruda Alvim, Luiz Henrique Volpe Camargo, Paulo Henrique dos Santos Lucon, Dorival Pavan, Sérgio Muritiba, Leonardo Carneiro da Cunha, Rinaldo Mouzalas e Daniel Mitidiero.

[35] No fim de 2015, antes da entrada em vigor do novo CPC, foi aprovada lei que, entre outros temas, modificou a competência para o exercício de admissibilidade dos recursos especial e extraordinário, mantendo um sistema semelhante daquele previsto no CPC 1973.

demandas no âmbito local — estadual ou regional. Essa técnica tornou-se necessária em razão da ineficácia da tutela coletiva para a defesa de interesses individuais homogêneos. O ideal seria o ingresso dessas pretensões múltiplas por meio de uma única demanda coletiva. No entanto, a possibilidade de litispendência entre as ações coletiva e individual não permite que o processo coletivo solucione satisfatoriamente o problema de enfrentamento de multiplicidade de demandas. A ação civil pública torna-se apenas mais uma no mar de ações individuais tratando do mesmo objeto e ainda sofre das dificuldades adicionais das ações coletivas em geral: as agruras da liquidação dos danos, as discussões acerca da legitimidade e da eficácia subjetiva da coisa julgada etc.[36] A técnica de coletivização do julgamento de demandas que ingressam no Poder Judiciário de forma individual reúne os casos depois de ocorrida a judicialização dos conflitos e vincula todas as pretensões ao resultado alcançado. Desse modo, a Corte julga apenas um ou dois recursos ou um incidente e evita o enfrentamento dos milhares de casos restantes, cujos objetos consistem na mesma questão de direito controvertida.[37] Para que se torne um instrumento legítimo, é necessário, porém, que disponibilize eficazes mecanismos de exercício do contraditório aos interessados que serão afetados pela decisão de recursos ou incidentes, sem que estejam necessariamente participando da formação do convencimento dos julgadores.

A segunda aposta do novo CPC recebeu influência de medidas adotadas em países da *common law*. O legislador reformista previu que o jurisdicionado, ao adentrar no tribunal, não terá apenas a via ou a porta da sentença, isto é, da decisão adjudicada. As partes podem optar por outro caminho, no qual serão disponibilizados profissionais capacitados em mediação ou conciliação, que as auxiliarão nas tratativas das questões em conflito, com vistas à obtenção de um acordo. Essa é a promessa do código, que estabelece apenas um rito comum — pondo fim à tradicional dicotomia entre ritos ordinário e sumário —, cuja fase inicial, antes mesmo do oferecimento de defesa pelo réu, consiste na tentativa de solução consensual do litígio por meio de

---

[36] Kazuo Watanabe, *Política pública do Poder Judiciário nacional para tratamento adequado dos conflitos de interesse*, op. cit., p. 1: "O Poder Judiciário Nacional está enfrentando uma intensa conflituosidade, com sobrecarga excessiva de processos, o que vem gerando a crise de desempenho e a consequente perda de credibilidade. Essa situação é decorrente, em grande parte, das transformações por que vem passando a sociedade brasileira, de intensa conflituosidade decorrente de inúmeros fatores, um dos quais é a economia de massa. Alguns desses conflitos são levados ao Judiciário em sua configuração molecular, por meio de ações coletivas, mas a grande maioria é judicializada individualmente, com geração, em relação a certos tipos de conflitos, do fenômeno de *processos repetitivos*, que vem provocando a sobrecarga de serviços no Judiciário".

[37] O art. 979 do novo CPC determina a ocorrência de ampla divulgação dos temas que estão sendo debatidos em sede de recursos extraordinário e especial repetitivos e de incidente de resolução de demandas repetitivas. Ainda na sistemática do CPC 1973, o Superior Tribunal de Justiça vinha divulgando classificação temática das questões que são objeto de recurso especial repetitivo. Já foram objeto de julgamento questões como índice de reajuste de remuneração de servidores militares, termo *a quo* de incidência de correção monetária, reexames necessários da sentença ilíquida, juros remuneratórios superiores a 12% ao ano em relações de consumo, proposição de ação revisional e mora do autor, entre muitos outros temas.

métodos autocompositivos. Trata-se da importação do tradicional sistema de tribunais multi-portas, adotado nos Estados Unidos desde a década de 1970 e que se beneficia, no direito alienígena, da forte cultura de negociação e acordo. Uma vez judicializado o conflito, as partes são direcionadas pelos funcionários do tribunal ao método de solução de conflitos que mais bem atende às necessidades do caso.[38]

Novamente, o CPC 2015 reconhece a impossibilidade de se evitar a judicialização do conflito por meio de acordos pré-processuais entabulados entre as partes. Ciente da cultura da sentença e da dificuldade de imposição da mediação ou da conciliação prévias obrigatórias,[39] o novo diploma permite o ingresso da demanda, mas disponibiliza liminarmente outras formas de tratamento do litígio. Assim, oferece mecanismos incidentais que, se não evitam o processo, diminuem o trabalho adicional dos servidores e tornam desnecessária a sentença, além de, na maioria dos casos, apresentarem-se como um meio de solução mais adequado ao conflito.[40] A grande questão que se impõe é saber se a cultura de litigiosidade da sociedade brasileira será um obstáculo intransponível para essa realidade almejada pela nova lei processual. A Lei nº 13.140/2015, que regulamenta a mediação e a autocomposição de conflitos no âmbito da administração pública, serve de reforço na tentativa de criação de predileção pelas soluções consensuais.

---

[38] Frank Sanders, professor da Harvard Law School, em 1979, publicou estudo em que oferecia uma alternativa às alarmantes previsões do professor John Barton, para quem o Poder Judiciário americano entraria em colapso no ano de 2010, em razão do aumento excessivo de demandas. Sanders introduziu a ideia do *multi-door courthouse*, por meio do qual se apresentavam às partes vários métodos de solução de conflitos diferentes da jurisdição assim que ingressassem na Corte: Varieties of dispute processing. In: THE POUND conference: perspectives on justice in the future. Minnesota: West Publishing, 1979. p. 83-84: "*What I am thus advocating is a flexible and diverse panoply of dispute resolution processes, with particular types of cases being assigned to differing processes (or combinations of processes), according to some of the criteria previously mentioned. Conceivably such allocation might be accomplished for a particular class of cases at the outset by the legislature: that in effect is what was done by the Massachusetts legislature for malpractice cases. Alternatively one might envision by the year 2000 not simply a court house but a Dispute Resolution Center, where the grievant would first be channelled through a screening clerk who would then direct him to the process (or sequence of processes) most appropriate to his type of case*".

[39] O Supremo Tribunal Federal, no julgamento de medida cautelar em ação direta de inconstitucionalidade, decidiu pela inconstitucionalidade da obrigatoriedade de a parte, em uma etapa pré-processual, passar pelas denominadas Comissões de Conciliação Prévia da Justiça do Trabalho, como condição ao ajuizamento da reclamação trabalhista. Não obstante a divergência entre os ministros, com bons argumentos favoráveis à tentativa de conciliação prévia compulsória, o pretório excelso considerou a criação de requisito adicional de admissibilidade da ação como norma violadora da garantia constitucional de acesso à justiça, prevista no art. 5º, inc. XXXV da Constituição. Supremo Tribunal Federal. ADI n. 2.139. rel. min. Carmem Lúcia. Acórdão de 13 de maio de 2009. Disponível em: <http://jurisprudencia.s3.amazonaws.com/STF/IT/ADI_21 39_DF_1278961677134.pdf?Signa ture=4iHHkp6k4EDqWneVs45N5puPjqw%3D&Expires=1448886597& AWSAccessKeyId=AKIAIPM2XEMZ ACAXCMBA&response-content-type=application/pdf&x-amz-meta-md5-hash=de1cda70ce2 0e99396d8d0a-fe336e72d>. Acesso em: 30 nov. 2015. Sabedor do entendimento pretoriano, o legislador optou pela suspensão do processo ou da arbitragem — e não pela mediação prévia compulsória — dentro do prazo previsto em contrato para a tentativa de solução negocial do conflito. É o que dispõe o art. 23 da Lei nº 13.140/2015.

[40] Além da audiência inicial prevista no art. 334, o novo código prevê um procedimento antecipado de prova com a finalidade específica de propiciar a autocomposição das partes, conforme dispõe o art. 381, inc. II.

A terceira e última grande aposta do novo CPC para solucionar ou ao menos minimizar as consequências da crise da justiça é a criação de um sistema de precedentes, positivado principalmente nos arts. 926 e 927, que busca conferir eficácia vinculante a determinadas decisões judiciais. Aproximando-se do *stare decisis* da *common law*, mas com ele não se confundindo, o novo modelo nacional compele, pois, demais tribunais e juízes à observância dos precedentes extraídos das decisões que o código indica como geradoras desse efeito. O art. 927 dispõe que juízes e tribunais observarão (i) as decisões do Supremo Tribunal Federal em controle concentrado de constitucionalidade; (ii) os enunciados de súmula vinculante; (iii) os acórdãos em incidente de assunção de competência ou de resolução de demandas repetitivas e em julgamento de recursos extraordinário e especial repetitivos; (iv) os enunciados das súmulas do Supremo Tribunal Federal em matéria constitucional e do Superior Tribunal de Justiça em matéria infraconstitucional; (v) a orientação do plenário ou do órgão especial aos quais estiverem vinculados.

O sistema de precedentes brasileiro já atrai para si inúmeras controvérsias quanto à sua constitucionalidade e abrangência.[41] Não obstante a necessária maturação do debate na doutrina e nos tribunais especialmente sobre o alcance desse novo modelo, o legislador lhe reservou papel de destaque, conferindo-lhe além dos óbvios escopos de garantia do tratamento isonômico e da segurança jurídica, o objetivo de reduzir o número de demandas, ou, ao menos, enxugar o número de recursos que chegam aos órgãos fracionários de tribunais locais e de recursos que adentram as portas dos tribunais superiores. Uma pretensão ajuizada que seja contrária a determinados precedentes, como os extraídos de súmulas do Supremo Tribunal Federal ou do Superior Tribunal de Justiça, por exemplo, deve ser fulminada pela sentença liminar de improcedência, antes mesmo da citação do réu, consoante dispõe o art. 332 do CPC. Por outro lado, a pretensão condizente com precedente formado em casos repetitivos ou súmula vinculante pode ser agraciada com a antecipação liminar dos efeitos da tutela de mérito, conquanto não presente o *periculum in mora*. É o que determina o art. 311, inc. II, que trata de uma das hipóteses de cabimento da tutela provisória da evidência. Pleitos recursais em flagrante acordo ou desacordo com entendimentos sumulados pelo STJ ou STF ou com decisões proferidas em julgamento de casos repetitivos (art. 928) e em assunção de competência serão decididos necessariamente por decisões unipessoais dos relatores dos recursos, e não pelo colegiado, por força do art. 932, incs. IV e V.

---

[41] A doutrina se divide entre aqueles que sustentam a inconstitucionalidade da regra inserida no art. 927 (como TUCCI, José Rogério Cruz. O regime do precedente judicial no novo CPC. In: DIDIER JR., Fredie et al. *Precedentes*. Salvador: Juspodivm, 2015. p. 454; e ABBOUD, Georges. Do genuíno precedente do *stare decisis* ao precedente brasileiro: os fatores histórico, hermenêutico e democrático que os diferenciam. In: ibid., p. 400); e aqueles que extraem ampla eficácia vinculante dos precedentes indicados no dispositivo (como ZANETI JR., Hermes. Precedentes normativos formalmente vinculantes. In: ibid., p. 409; e DIDIER JR., Fredie. *Curso de direito processual civil*. 10. ed. Salvador: Juspodivm, 2015. v. II, cap. 11).

A concessão de maior força a determinados precedentes limita a veiculação de pretensões que lhes são contrárias, em razão das ferramentas que permitem o sistema expeli-las rapidamente. Assim, uma vez fixado um precedente vinculante, diminuirá a quantidade de demandas sobre aquele tema perante o Poder Judiciário. Nesse sistema em que o precedente constitui fonte formal do direito, é possível utilizá-lo não só como embasamento para a concessão de tutela jurisdicional, mas também como ferramenta de tutela jurídica, evitando o ingresso de novas demandas.[42]

Na exposição de motivos, a Comissão de juristas que elaborou o anteprojeto do CPC 2015 elenca como um dos principais escopos do código a simplificação do sistema recursal.[43] Para tanto, algumas mudanças foram entabuladas: (i) a uniformização dos prazos recursais para 15 dias, excetuados os embargos de declaração, cujo prazo manteve-se em cinco dias (art. 1.003, §5º), mas agora contados apenas os dias úteis (art. 219); (ii) o fim do agravo retido em razão da alteração do regime das preclusões, com a possibilidade de impugnação na apelação de todas as decisões anteriores à sentença contra as quais não caiba a interposição de agravo de instrumento (art. 1.009, §1º); (iii) a supressão dos embargos infringentes, substituídos pela técnica de majoração automática do número de julgadores em caso de decisão não unânime (art. 942); (iv) a aplicação do princípio da fungibilidade recursal entre recurso especial e recurso extraordinário (arts. 1.032 e 1.033); (v) a competência exclusiva do tribunal *ad quem* para o exercício do juízo de admissibilidade da apelação (art. 1.010, §3º); (vi) a busca pelo maior rendimento possível de cada processo, privilegiando-se ao máximo o julgamento do mérito recursal.

Numa análise inicial, é possível identificar um aspecto potencialmente negativo e outro merecedor de grandes elogios.

O CPC 2015 limita as hipóteses de cabimento do agravo de instrumento aos incisos do art. 1.015 e a outros casos expressamente previstos em lei. Destarte, as demais decisões interlocutórias são passíveis de impugnação apenas no momento da apelação ou das contrarrazões de apelação. A irrecorribilidade imediata de provimentos judiciais que tratem de competência, admissibilidade de provas, convenções processuais etc. tem o potencial de ressuscitar o uso exagerado de sucedâneos recursais — tais como o mandado de segurança — como meio de preencher

---

[42] DINAMARCO, Cândido. *Fundamentos do processo civil moderno*. 3. ed. São Paulo: Malheiros, 1987. t. II, p. 809: "Tutela jurídica, no sentido mais amplo, é a proteção que o Estado confere ao homem para a consecução de situações consideradas eticamente desejáveis segundo os valores vigentes na sociedade — seja em relação aos bens, seja em relação a outros membros do convívio. A tutela jurídica estatal realiza-se em dois planos: o da fixação de preceitos reguladores da convivência e o das atividades destinadas à efetividade desses preceitos".

[43] "[...] Assim, e por isso, um dos métodos de trabalho da Comissão foi o de resolver problemas, sobre cuja existência há praticamente unanimidade na comunidade jurídica. Isso ocorreu, por exemplo, no que diz respeito à complexidade do sistema recursal existente na lei revogada. Se o sistema recursal, que havia no Código revogado em sua versão originária, era consideravelmente mais simples que o anterior, depois das sucessivas reformas pontuais que ocorreram, se tornou, inegavelmente, muito mais complexo. [...]"

o espaço do recurso que seja imediatamente objeto de exame pelo tribunal. Trata-se de mais uma tentativa de limitar o uso do agravo de instrumento, como ocorrera nas últimas reformas do CPC 1973, que tornaram o agravo retido a regra. Porém, nesse modelo, restava a tentativa de demonstrar o risco de a decisão recorrida causar à parte lesão grave e de difícil reparação. Essa possibilidade flexibilizava o rigor do disposto no art. 527, inc. II, do CPC 1973, e evitava a enxurrada de *writs* impugnativos de decisões de primeiro grau. O modelo previsto no novo CPC indica que presenciaremos o retorno triunfal do mandado de segurança como sucedâneo recursal.

Por outro lado, o CPC 2015, de modo bastante elogiável, buscou enfrentar a chamada *jurisprudência defensiva*, ao optar pelo conteúdo em detrimento da forma. Em diversas passagens, o código refuta entendimentos pretorianos que levavam a decisões de inadmissibilidade recursal decorrente do uso do formalismo exacerbado com o manifesto propósito de diminuição do número de recursos para julgamento de mérito. É a aplicação do princípio da primazia do julgamento de mérito.[44] Seguem alguns exemplos: (i) o art. 932, parágrafo único, a principal arma do CPC 2015 contra a *jurisprudência defensiva*, impede o exercício negativo de admissibilidade pelo relator antes da concessão de prazo de cinco dias ao recorrente para correção do vício ou complementação da documentação exigível; (ii) as hipóteses de cabimento do julgamento do mérito recursal por meio de decisão monocrática do relator foram limitadas à violação a determinadas espécies de precedentes, como dispõem os incisos IV e V, do art. 932; (iii) o art. 1.017, §3º, que faz remissão ao art. 932, parágrafo único, não permite o não conhecimento do agravo de instrumento decorrente da falta de peça ou de outro vício sem que antes seja oportunizada a correção pelo agravante; (iv) a mera oposição de embargos de declaração serve ao preenchimento do requisito do prequestionamento, considerando-se incluídos no acórdão os elementos que o embargante suscitou, ainda que os embargos de declaração sejam inadmitidos ou rejeitados (art. 1.025); (v) o voto vencido servirá para fins de prequestionamento, como dispõe o art. 941, §3º; (vi) a total ausência de preparo não ocasiona a deserção do recurso se, intimado, o recorrente recolhe as custas em dobro (art. 1.007, §4º); (vii) "se os embargos de declaração forem rejeitados ou não alterarem a conclusão do julgamento anterior, o recurso interposto pela outra parte antes da publicação do julgamento dos embargos de declaração será processado e julgado independentemente de ratificação" (art. 1.024, §5º); (viii) os arts. 1.032 e 1.033 preveem

---

[44] Sobre o tema, FARIA, Marcio Carvalho. O novo Código de Processo Civil e a jurisprudência defensiva. *Revista de Processo*, São Paulo, v. 210, p. 266-267, 2012: "Isso porque, como se verá abaixo, em várias passagens o novo CPC (LGL\1973\5), acolhendo orientações da doutrina e até da própria jurisprudência, reforçou a obrigatoriedade de o magistrado perseguir a tutela jurisdicional meritória, seja em primeiro grau de jurisdição, seja nos tribunais locais, seja nas vias excepcionais. Afinal, é ele, o mérito, o pedido imediato de toda demanda, na medida em que não parece razoável (embora, infelizmente, dado o rigor excessivo dos filtros de admissibilidade, isso seja frequente) que alguém se contente com o mero recebimento de sua pretensão".

a aplicação do princípio da fungibilidade na interposição dos recursos especial e extraordinário, se matéria de fundo for incompatível com o recurso escolhido pela parte.

O código prioriza, pois, o exame do mérito recursal, aproveitando-se os atos processuais de acordo com os princípios da instrumentalidade das formas e da economia processual.

Os primeiros anos de vigência do novo diploma indicarão se suas escolhas foram acertadas e, principalmente, capazes de concretizar o prometido escopo de maior celeridade de prestação da tutela jurisdicional sem o uso indevido de expedientes formalistas que evitam o julgamento do mérito recursal.

REFERÊNCIAS

ABBOUD, Georges. Do genuíno precedente do *stare decisis* ao precedente brasileiro: os fatores histórico, hermenêutico e democrático que os diferenciam. In: DIDIER JR., Fredie et al. *Precedentes*. Salvador: Juspodivm, 2015.

BARBOSA MOREIRA, José Carlos. Breve notícia sobre a reforma do processo civil alemão. *Revista de Processo*, São Paulo, v. 28, n. 111, jul./set. 2003.

____. Restrições ilegítimas ao conhecimento dos recursos. In: ____. *Temas de direito processual*. Nona série. São Paulo: Saraiva, 2007.

BENETI, Sidnei Agostinho. Reformas de descongestionamento de tribunais. *BDJur*, Brasília, 8 mar. 2010.

CIPRIANI, Franco. I problemi del processo di cognizione tra passato e presente. In: ____. *Il processo civile nello Stato democratico*. Nápoles: Edizioni Scientifiche Italiane, 2006.

____. Per un nuovo processo civile. In: ____. *Il processo civile nello Stato democratico*. Nápoles: Edizioni Scientifiche Italiane, 2006.

CÔRTES, Osmar Mendes Paixão. *Recursos para os Tribunais Superiores*: recurso extraordinário, recurso especial, embargos de divergência e agravos. Rio de Janeiro: Gazeta Jurídica, 2012.

DAMASKA, Mirjan R. *The faces of justice and state authority*. Yale: University, 1986.

DIDIER JR., Fredie. *Curso de direito processual civil*. 10. ed. Salvador: Juspodivm, 2015. v. 2.

DINAMARCO, Cândido. *Fundamentos do processo civil moderno*. 3. ed. São Paulo: Malheiros, 1987. t. II.

FARIA, Marcio Carvalho. A jurisprudência defensiva dos tribunais superiores e a ratificação necessária (?) de alguns recursos excepcionais. *Revista de Processo*, São Paulo, n. 167, jan. 2009.

____. Mais do mesmo: os vícios de representação recursais, a impossibilidade de saneamento posterior nas instâncias excepcionais e a jurisprudência defensiva. *Revista Eletrônica de Direito Processual*, Rio de Janeiro, v. 12, 2013. Disponível em: <www.e-publicacoes.uerj.br/index.php/redp/issue/view/653>. Acesso em: 23 dez. 2015.

_____. O formalismo exacerbado quanto ao preenchimento das guias de preparo: ainda a jurisprudência defensiva dos Tribunais Superiores. *Revista de Processo*, São Paulo, n. 193, mar. 2011.

_____. O novo Código de Processo Civil e a jurisprudência defensiva. *Revista de Processo*, São Paulo, v. 210, p. 263-300, 2012.

GRECO, Leonardo. A falência do sistema de recursos. In: _____. *Estudos de direito processual*. Campos dos Goytacazes: Editora Faculdade de Direito de Campos, 2005.

_____. *Instituições de processo civil*. Rio de Janeiro: Forense, 2015. v. III.

MANCUSO, Rodolfo de Camargo. *Acesso à justiça*: condicionantes legítimas e ilegítimas. São Paulo: Revista dos Tribunais, 2011.

MARQUES, José Frederico. *Instituições de direito processual civil*. 2. ed. Rio de Janeiro: Forense, 1963. v. IV.

PANTOJA, Fernanda Medina. Reformas processuais: sistematização e perspectivas. *Revista de Processo*, São Paulo, v. 160, 2008.

PINHO, Humberto Dalla Bernardina de; PAUMGARTTEN, Michele Pedrosa. Os efeitos colaterais da crescente tendência à judicialização da mediação. *Revista Eletrônica de Direito Processual — REDP*, v. XI, p. 191. Disponível em: <www.e-publicacoes.uerj.br/index.php/redp/article/view/18068/13322>. Acesso em: 21 dez. 2015.

SALOMÃO, Luís Felipe. Aspectos gerais acerca da responsabilidade civil no transporte terrestre de passageiros. *Revista Justiça e Cidadania*, 137. ed., 2012.

SANDERS, Frank. Varieties of dispute processing. In: THE POUND conference: perspectives on justice in the future. Minnesota: West Publishing, 1979.

TASSINARI, Clarissa. *Jurisdição e ativismo judicial*: limites da atuação do Judiciário. Porto Alegre: Livraria do Advogado, 2013.

TCHAKERIAN, Renato Silvano. Sobre os supostos e os reais limites à legitimidade do Ministério Público para a tutela dos direitos individuais homogêneos. *Revista de Processo*, São Paulo, n. 185, jul. 2010.

TUCCI, José Rogério Cruz. O regime do precedente judicial no novo CPC. In: DIDIER JR., Fredie et al. *Precedentes*. Salvador: Juspodivm, 2015.

TURNER, Robert. 'Actively': the word that changed the civil courts. In: DWYER, Déirdre (Ed.). *The civil procedure rules ten years on*. Oxford: Oxford University Press, 2009.

WATANABE, Kazuo. *Política pública do Poder Judiciário nacional para tratamento adequado dos conflitos de interesse*. Disponível em: <www.tjsp.jus.br/download/conciliacao/nucleo/parecerdeskazuowatanabe.pdf>. Acesso em: 20 dez. 2015.

ZANETI JR., Hermes. Precedentes normativos formalmente vinculantes. In: DIDIER JR., Fredie et al. *Precedentes*. Salvador: Juspodivm, 2015.

O novo Código de Processo Civil *versus* a jurisprudência defensiva

MÁRCIO CARVALHO FARIA

1. Considerações gerais: a explosão da litigiosidade, a jurisprudência defensiva e a criação do novo Código de Processo Civil (NCPC)

A Constituição Federal de 1988, como se sabe, abriu as portas do Poder Judiciário a um sem-número de cidadãos que, antes, não tinham ciência de seus direitos ou, se detinham tais informações, não possuíam meios idôneos para pleiteá-los. Principalmente no Supremo Tribunal Federal e no Superior Tribunal de Justiça, essa "abertura das comportas" (somada a vários outros fatores como o crescimento exponencial da população brasileira nos últimos 20 anos e a poderosa influência da informática no processo) causou uma enxurrada de demandas até então inimagináveis.[1] A liberação desta "litigiosidade contida", na famosa expressão de Kazuo Watanabe,[2] trouxe incontáveis benefícios à sociedade, todavia acabou por gerar, paradoxalmente, percalços gigantescos na própria prestação jurisdicional. Para se ter ideia (a despeito da inexistência de

---

[1] Tomando em conta somente o número de causas distribuídas no STF, de 1990 a 2006, o número de causas distribuídas por ano naquele Tribunal subiu assustadores 716,23%. Segundo dados retirados de www.stf.jus.br, em 1990 foram distribuídas 16.226 novas causas, enquanto, em 2006, esse número chegou a 116.216. A título de curiosidade, e para mostrar a eficiência do filtro da repercussão geral, desde a sua entrada em vigor, em 3 de maio de 2007 (ver Questão de Ordem decidida no AI 664.567, rel. min. Sepúlveda Pertence), o número de processos no STF vem caindo consideravelmente, sendo certo que em 2013, por exemplo, chegaram àquela Corte "apenas" 27.528 novas causas, o que significa uma redução de mais de 76%.

[2] WATANABE, Kazuo. Filosofia e características básicas do Juizado Especial de Pequenas Causas. In: _____ (Coord.). *Juizado Especial de Pequenas Causas*. São Paulo: Revista dos Tribunais, 1985. p. 2.

estudos oficiais sobre o tema), estima-se que, no Brasil, um processo dure, em média, 10 anos, tempo muito superior à paciência e à resistência da maioria dos jurisdicionados.[3]

Por isso, há algum tempo os estudiosos do processo têm buscado, à exaustão, a sua *efetividade*.[4] De nada adianta um intrincado sistema de garantias procedimentais e uma variada gama de instrumentos processuais (ações coletivas, remédios constitucionais, ações de direito objetivo etc.) se o direito material, principal escopo da ciência processual, não puder ser alcançado. Como já se disse, fazer justiça é dar à parte aquilo, e exatamente aquilo, a que ela teria direito se a obrigação fosse adimplida de forma voluntária. Contudo, hoje, deve ser acrescida a essa conhecida expressão a questão do *tempo* no processo, na medida em que "a justiça atrasada não é justiça, senão injustiça qualificada e manifesta", nas conhecidas palavras de Rui Barbosa. O "acesso à ordem jurídica justa" passa, indubitavelmente, pela celeridade da resposta do Judiciário às questões a ele submetidas. Partindo dessa premissa, o constituinte reformador, por meio da Emenda Constitucional nº 45, de 2004, e o legislador ordinário[5] têm alterado, de forma sistemática, o emaranhado legislativo processual, com fincas, sobretudo, à "duração razoável do processo".[6]-[7]

Por outro lado, a Constituição determina, em seus artigos 102, III, e 105, III, que as Cortes Superiores (STF e STJ, respectivamente) devem zelar pelo cumprimento das normas de direito objetivo, sendo as últimas instâncias recursais brasileiras, cada qual com sua competência.[8] Nes-

---

[3] Paulo Hoffman aduzia, em 2006, que o prazo médio de duração de um processo no Brasil seria de cinco anos. Analisando, contudo, a enorme taxa de congestionamento dos processos (notadamente as execuções fiscais, que detêm uma taxa de 91,6%), conforme pesquisa realizada pelo CNJ ("Justiça em números", relatório de 2010, p. 184. Disponível em: <www.cnj.jus.br/images/programas/justica-em-numeros/2010/rel_justica_nume-ros_2010.pdf>. Acesso em: 4 jan. 2015), pode-se presumir que esse lustro deve ser, no mínimo, duplicado (HOFFMAN, Paulo. *Razoável duração do processo*. São Paulo: Quartier Latin, 2006).

[4] Em verdade, tal preocupação remonta ao século passado, como se pode perceber no famoso Projeto Firenze coordenado por Mauro Cappelletti e Brian Garth, cujo relatório foi traduzido e publicado no Brasil há quase 30 anos (CAPPELLETTI, Mauro; GARTH, Brian. *Acesso à justiça*. Tradução de Ellen Gracie Northfleet. Porto Alegre: Sergio Antonio Fabris, 1988).

[5] Desde então, são pelo menos 23 leis a alterar o CPC/73: 11.112/05, 11.187/05, 11.232/05, 11.276/06, 11.277/06, 11.280/06, 11.382/06, 11.417/06, 11.418/06, 11.419/06, 11.441/07, 11.481/07, 11.672/08, 11.694/08, 11.695/09, 11.969/09, 12.008/09, 12.122/09, 12.125/09, 12.195/10, 12.322/10, 12.398/11 e 12.810/11.

[6] Sobre o tema, remetemos o leitor interessado: FARIA, Márcio Carvalho. A duração razoável dos feitos: uma tentativa de sistematização na busca de soluções à crise do processo. *Revista Eletrônica de Direito Processual*, v. 6, p. 425-465, 2010. Disponível em: <www.redp.com.br>. Acesso em: 30 jan. 2015.

[7] Essa iniciativa do Legislativo faz parte de um programa maior, que envolve todos os poderes da República, e está sintetizado no "Pacto de Estado em favor de um Judiciário mais rápido e republicano", firmado em 15 de dezembro de 2004, e que tem vários objetivos visando, basicamente, a propiciar o pleno "acesso à justiça" (art. 5º, inciso XXXV, CF/88). Tais informações podem ser encontradas no site oficial do Ministério da Justiça (MJ), mais precisamente no seguinte endereço: <www.mj.gov.br/data/Pages/MJ8E452D90ITEMIDA08DD25C48A-6490B9989ECC844FA5FF1PTBRIE.htm>. Acesso em: 27 jan. 2015.

[8] MEDINA, José Miguel Garcia. *Prequestionamento e repercussão geral*: e outras questões relativas aos recursos especial e extraordinário. 5. ed. São Paulo: Revista dos Tribunais, 2009.

se diapasão, compete a elas, de forma plena e inabalável, evitar qualquer mácula à CF/88 e à lei federal e, ademais, determinar qual a forma correta de se interpretar o direito positivado. Apesar disso, pelos motivos já expostos e, principalmente, pelo acúmulo de demandas a elas submetidas, têm-se verificado, infelizmente, (i) um sem-número de decisões imprecisas, (ii) os nefastos julgamentos "por pilhas", e (iii) a tentativa desesperada — e orientação velada — de a jurisprudência de brecar, a todo custo, os recursos excepcionais, evitando que os mesmos desemboquem nas Cortes Superiores, entre outras consequências não menos nebulosas.[9]

Nesse prisma, são inúmeros os expedientes adotados, dentre os quais, *v.g.*, citam-se: (i) exigência de ratificação prévia de recursos excepcionais interpostos antes do julgamento de embargos de declaração;[10] (ii) rigorismo desmedido no preenchimento de guias de preparo recursal;[11]

---

[9] Com a mesma preocupação, Carlos Alberto Alvaro de Oliveira realizou "uma reflexão crítica sobre a situação atual do Poder Judiciário brasileiro, cada vez mais premido pelo aumento geométrico das causas que chegam ao sistema, o que aliás constitui fenômeno de portada mundial. Preocupa-me, no entanto, que a reação se expresse às vezes em uma espécie de efetividade perniciosa, conducente a um formalismo excessivo e não valorativo, baseado apenas no desempenho numérico e na estatística. Em outras hipóteses, não muito raras, as soluções encontradas mostram-se heterodoxas e surpreendentes, colocando em xeque o direito fundamental da segurança, apanágio do Estado Constitucional e Democrático de Direito. Parece-me que esse tipo de tratamento, embora possa contribuir para desafogar o Judiciário, não coopera para sua legitimação perante a sociedade civil, nem resolve realmente o problema" (OLIVEIRA, Carlos Alberto Alvaro. *Do formalismo no processo civil*. 4. ed. São Paulo: Saraiva, 2010. p. 13).

[10] Ver o enunciado da súmula 418/STJ: "É inadmissível o recurso especial interposto antes da publicação do acórdão dos embargos de declaração, sem posterior ratificação" (STJ, Súmula nº 418 — 3/3/2010 — *DJe*, 11/0/2010).

[11] Nesse sentido, veja-se: "PROCESSUAL CIVIL. AGRAVO REGIMENTAL NO AGRAVO DE INSTRUMENTO. GUIA DE RECOLHIMENTO DO PORTE DE REMESSA E RETORNO E SEU RESPECTIVO COMPROVANTE DE PAGAMENTO. ILEGIBILIDADE. PEÇA ESSENCIAL. IMPOSSIBILIDADE DE SE AFERIR A REGULARIDADE DO RECURSO ESPECIAL. PRECEDENTES. 1. A eg. Corte Especial do Superior Tribunal de Justiça orienta-se no sentido de que, 'a partir da edição da Resolução n. 20/2004, além do recolhimento dos valores relativos ao porte de remessa e retorno em rede bancária, mediante preenchimento da Guia de Recolhimento da União (GRU) ou de Documento de Arrecadação de Receitas Federais (Darf), com a anotação do respectivo código de receita e a juntada do comprovante nos autos, passou a ser necessária a indicação do número do processo respectivo'. 2. Com isto, ficou consolidado, no âmbito do STJ, o entendimento de que, em qualquer hipótese, a ausência do preenchimento do número do processo na guia de recolhimento macula a regularidade do preparo recursal, inexistindo em tal orientação jurisprudencial violação a princípios constitucionais relacionados à legalidade (CF, art. 5º, II), ao devido processo legal e seus consectários (CF, arts. 5º, XXXV e LIV, e 93, IX) e à proporcionalidade (CF, art. 5º, §2º). Ressalva do entendimento pessoal deste Relator, conforme voto vencido proferido no julgamento do AgRg no REsp 853.487/RJ. 3. *Na hipótese dos autos, considerando que o recurso não foi instruído com cópia legível do preparo do recurso especial, que permitisse verificar a indicação do número do processo no Tribunal de origem, é inevitável reconhecer a inviabilidade de conhecimento do apelo especial*. 4. Agravo regimental a que se nega provimento. (STJ, 4T., AgRg no Ag 1415318/RS, rel. min. Raul Araújo, j. 25/10/2011, *DJe*, 7/12/2011)".
No mesmo sentido: "DECISÃO. PROCESSUAL CIVIL. RECURSO ESPECIAL. PORTE DE REMESSA E RETORNO. EXIGÊNCIA DO ART. 41-B DA LEI 8.038/1990 E DAS RESOLUÇÕES 20/2004 E 12/2005 DO STJ. 1. O Porte de Remessa e Retorno deve ser recolhido no Banco do Brasil mediante preenchimento da Guia de Recolhimento da União (GRU) ou do Documento de Arrecadação de Receitas Federais (Darf), constando o número do processo a que se refere. 2. Recurso Especial a que se nega seguimento (art. 557, *caput*, do CPC). Trata-se de Recurso Especial (art. 105, III, 'a' e 'c', da CF) interposto contra acórdão do Tribunal de Justiça do Estado de Minas Gerais. Os Em-

336 Reflexões sobre o novo Código de Processo Civil

(iii) impossibilidade de correção de eventuais vícios sanáveis;[12] (iv) inconsistências eternas no trato do prequestionamento;[13] (v) a necessidade, quase obrigatória, de interposição simultânea de recurso especial e recurso extraordinário, dada a dificuldade extrema em se definirem, exatamente, os contornos da ofensa constitucional ser *direta* ou *reflexa*[14] etc.

---

bargos de Declaração opostos foram rejeitados (fl. 410). Contrarrazões apresentadas às fls. 599-562. É o relatório. Decido. Os autos foram recebidos neste Gabinete em 29.10.2009. Observo que o Recurso Especial está irregular, pois o comprovante de recolhimento juntado aos autos não traz o número do processo a que se refere (fl. 384). Tal exigência é respaldada no art. 41-B da Lei 8.038/1990, prevista também na Resolução 20, de 25.11.2004, renovada na Resolução 12, de 7.6.2005, que foi alterada pelo Ato 141, de 7.7.2006, desta Corte, que determina: Art. 2º — Os valores constantes desta Tabela devem ser recolhidos no Banco do Brasil mediante preenchimento de Guia de Recolhimento da União (GRU), UG/Gestão 050001/00001, Código de Recolhimento '18827-1 — Porte de remessa e retorno dos autos', podendo ser acessada no endereço eletrônico www.stj.gov.br, contas públicas, guia de recolhimento da União e anotando-se o número do processo a que se refere, juntando-se comprovante aos autos. Sem a indicação do número do processo, não se comprova que as custas foram recolhidas. Nesse sentido, os seguintes julgados: AGRAVO INTERNO — RECURSO ESPECIAL — PORTE DE REMESSA E RETORNO — INDICAÇÃO DO NÚMERO DO PROCESSO RESPECTIVO — NECESSIDADE. — A GRU de recolhimento do porte de remessa e retorno deve estar preenchida com, no mínimo, o número do processo a que se refere (Lei 8.038/1990, Art. 41-B). Sem tal indicação, não se comprova que as custas do processo foram devidamente recolhidas. (Ag Rg no Resp 980.164, rel. ministro Humberto Gomes de Barros, *DJ*, 25.10.2007). PROCESSUAL CIVIL — RECURSO ESPECIAL — PREPARO IRREGULAR — RESOLUÇÕES 20/2004 E 12/2005 DO STJ. 1. Nos termos das Resoluções 20/2004 e 12/2005 do Superior Tribunal de Justiça, o número do processo deve constar obrigatoriamente no Darf (Documento de Arrecadação de Receitas Federais) ou na GRU (Guia de Recolhimento à União), sob pena de deserção. Precedentes. 2. Recurso especial não conhecido. (Resp 961.205/GO, rel. ministra Eliana Calmon, *DJ*, 18.4.2008). *Ressalte-se que a indicação do número do processo na folha em que foi impressa a guia de pagamento eletrônico, feita à caneta pelo próprio recorrente, não supre a exigência, pois não impede a utilização do mesmo GRU para comprovar o recolhimento de custas em outros autos. Diante do exposto, nos termos do art. 557, caput, do CPC, nego seguimento ao Recurso Especial. Publique-se. Intimem-se. Brasília (DF), 25 de fevereiro de 2010. Min. Herman Benjamin — relator* [...]" (STJ, REsp 1.120.666/MG, rel. min. Herman Benjamin, j. 25/2/10, *DJe*, 4/3/10; destaques acrescentados).

[12] *Ad exemplum*, veja-se o enunciado da súmula n.º 115/STJ: "Na instância especial é inexistente recurso interposto por advogado sem procuração nos autos" (Órgão Julgador: CE - Corte Especial; Data do Julgamento: 27/10/1994; Data da Publicação/Fonte: DJ 07/11/1994 p. 30050 - RSTJ vol. 70 p. 331 - RT vol. 710 p. 164). Felizmente, porém, o STJ parece estar dando mostras de que sua própria súmula deve sofrer temperamentos, conforme se lê da recente notícia relativa a um julgamento (ainda não publicado) realizado em 19 de março de 2015 pela 1ª Turma do STJ. Nele, após "sete longos anos entre apelação, embargos e sustentação oral, detectou-se, no STJ, que a cadeia de procuração e substabelecimentos outorgando poderes ao causídico subscritor do REsp estaria incompleta" e, "dada a antiguidade da falha, a relatoria (...) optou por afastar a incidência da súmula [115/STJ], aplicando a teoria da distinção, e conhecer do recurso, em detrimento do quadro", pois, disse a Relatora, "(...) não podemos deixar de reconhecer que também houve uma falha do Judiciário", de modo que a situação até aquele momento não declarada teria sido "convalidada", uma vez que "não poderíamos causar uma surpresa para a parte que por tão delongado período o próprio Judiciário não se apercebeu dessa falha (REsp 1.504.791)". O inteiro teor da notícia pode ser aqui consultado: http://www.migalhas.com.br/Pilulas/217595, acesso em 21 mar. 2015.

[13] Ver os enunciados de súmulas 211/STJ (Inadmissível recurso especial quanto à questão que, a despeito da oposição de embargos declaratórios, não foi apreciada pelo tribunal "*a quo*") e 356/STF ("O ponto omisso da decisão, sobre o qual não foram opostos embargos declaratórios, não pode ser objeto de recurso extraordinário, por faltar o requisito do prequestionamento").

[14] "EMENTA. Agravo regimental no recurso extraordinário. Recurso especial. Pressupostos processuais. Legislação infraconstitucional. Princípios do devido processo legal, do contraditório e da ampla defesa. Ofensa reflexa. Responsabilidade civil do Estado. Reexame de fatos e provas. Impossibilidade. Precedentes. 1. As

Há, desse modo, um paradoxo: os julgamentos no STF e no STJ estão atrasados, porque, em tese, há muitas demandas; assim, dificulta-se o manejo dos recursos excepcionais, responsáveis pela imensa maioria do ofício dos ministros julgadores; entretanto, são exatamente estes, os recursos excepcionais, os instrumentos de que dispõem os Tribunais Superiores para cumprir suas funções constitucionais. Diminuídos os recursos, será possível atingi-las, com esmero e precisão?

Em síntese: qual a melhor medida para *desobstruir a brigada protetora*[15] que se formou na jurisprudência brasileira?

Noutro giro, e mais diretamente: como enfrentar a *jurisprudência defensiva*,[16-17] que está a impedir — ou pelo menos dificultar — o *acesso à ordem jurídica justa*[18] e à própria *efetividade processual*,[19] frustrando os anseios da sociedade e fazendo perecer a força normativa do direito?[20]

A distinta Comissão de Juristas, nomeada pelo Ato do presidente do Senado Federal nº 379, de 2009, com o objetivo de elaborar um projeto de novo Código de Processo Civil, não poderia deixar de enfrentar essas tormentosas questões. E assim o fez, sob a presidência do professor

---

questões processuais de natureza infraconstitucional relativas aos requisitos de admissibilidade de recurso da competência do STJ são de reexame inviável no recurso extraordinário. *2. A afronta aos princípios do devido processo legal, da ampla defesa e do contraditório, dos limites da coisa julgada e da prestação jurisdicional, quando depende, para ser reconhecida como tal, da análise de normas infraconstitucionais, configura apenas ofensa indireta ou reflexa à Constituição da República.* 3. Inadmissível em recurso extraordinário o reexame de legislação infraconstitucional e das provas dos autos. Incidência das Súmulas nºs 636 e 279/STF. 4. Agravo regimental não provido". (STF, 1T., RE 421556 AgR, rel. min. Dias Toffoli, j. 8/11/2011, divulg. 1/12/11 public. 2/12/11; destaques acrescentados).

[15] O termo "brigadista" foi usado pelo próprio Superior Tribunal de Justiça, como se lê de notícia publicada em seu *site* oficial em 25/04/08, mais especificamente pelo min. Humberto Gomes de Barros. Veja-se: <www.stj.jus.br/portal_stj/publicacao/engine.wsp?tmp.area=398&tmp.texto=87293>. Acesso em: 10 jan. 2015.

[16] Expressão cunhada, pelo que se tem notícia, pelo então ministro do Superior Tribunal de Justiça Humberto Gomes de Barros, por ocasião de seu discurso de posse à Presidência daquele Tribunal. Para ele, a jurisprudência defensiva consiste "na criação de entraves e pretextos para impedir a chegada e o conhecimento dos recursos que lhes são dirigidos". Disponível em: <http://bdjur.stj.gov.br/dspace/bitstream/2011/16933/1/Discurso_Posse_Gomes+de+Barros.pdf>. Acesso em: 10 jan. 2015.

[17] Especificamente sobre a jurisprudência defensiva, confira o nosso: FARIA, Márcio Carvalho. O acesso à justiça e a jurisprudência defensiva dos tribunais superiores. *Revista do Instituto dos Advogados de Minas Gerais*, Belo Horizonte, v. 16, p. 371-388, 2010.

[18] Expressão de lavra de WATANABE, Kazuo. Acesso à justiça e sociedade moderna. In: GRINOVER, Ada Pellegrini; DINAMARCO, Cândido; WATANABE, Kazuo (Org.). *Participação e processo*. São Paulo: Revista dos Tribunais, 1988. p. 128-135.

[19] Efetividade processual deve ser entendida como o resultado da equação cujos fatores são "o maior alcance prático e o menor custo possíveis na proteção concreta dos direitos dos cidadãos". Nesse sentido: GRECO, Leonardo. *Garantias fundamentais do processo*: o processo justo. Disponível em: <www.mundojuridico.adv.br/sis_artigos/artigos.asp?codigo=429>. Acesso em: 9 jan. 2015.

[20] "[...] Perece a força normativa do direito quando ele já não corresponde à natureza singular do presente. Opera-se então a frustração material da finalidade dos seus textos que estejam em conflito com a realidade, e ele se transforma em obstáculo ao pleno desenvolvimento das forças sociais [...]." (GRAU, Eros. *Ensaio e discurso sobre a interpretação/aplicação do direito*. 3. ed. São Paulo: Malheiros, 2005. p. 114).

titular da Faculdade de Direito da Universidade do Estado do Rio de Janeiro e ministro do STF Luiz Fux, com o indispensável apoio de mais de uma dezena de juristas de várias partes do país.[21]

O texto original, apresentado ao Senado Federal em 8 de junho de 2010, ganhou o número PLS 166/2010, e foi intensamente debatido durante o segundo semestre de 2010 naquela casa e fora dela, seja por meio de milhares de mensagens eletrônicas enviadas pelos mais diversos setores da sociedade civil, seja por meio de audiências públicas realizadas por várias cidades brasileiras.

Em 15 de dezembro de 2010, e após o acolhimento de inúmeras sugestões, o texto-base foi aprovado, sendo enviado à Câmara dos Deputados, onde ganhou o número PL 8.046/2010.[22] Naquela Casa Revisora, após quase quatro anos de tramitação e diversas al-

---

[21] A saber: Teresa Arruda Alvim Wambier, Adroaldo Furtado Fabrício, Benedito Cerezzo Pereira Filho, Bruno Dantas, Elpídio Donizetti Nunes, Humberto Theodoro Júnior, Jansen Fialho de Almeida, José Miguel Garcia Medina, José Roberto dos Santos Bedaque, Marcus Vinicius Furtado Coelho e Paulo Cezar Pinheiro Carneiro.

[22] Para comprovar o alegado, veja relato de Luiz Henrique Volpe Camargo, que fez parte dos trabalhos relativos ao PLS 166/10 no Senado Federal: "[...] Como é de conhecimento geral, foi constituída uma comissão de juristas para elaborar um anteprojeto para reforma do CPC, presidida pelo Ministro Luiz Fux, na qual figurou como Relatora-Geral a emérita professora Teresa Arruda Alvim Wambier. Elaborado o anteprojeto, ele foi entregue ao Senador José Sarney, Presidente do Senado Federal, que por sua vez, o subscreveu como autor, dando início à tramitação legislativa do Projeto de Lei do Senado de nº 166, de 2010. Por força do regimento interno do Senado Federal, a apreciação de projetos de Código deve ser realizada por uma comissão especial de 11 Senadores, designada especificamente para tal fim. Cumprindo o regimento, foram designados os 11 Senadores, ocasião em que foram eleitos o Presidente, Senador Demóstenes Torres, e o Vice-Presidente, Senador Antonio Carlos Valadares, e designado o Relator-geral, Senador Valter Pereira. Tão logo designado, o Relator-Geral elaborou um *Plano de Trabalho* que previu visitas a autoridades em Brasília; a remessa de diversos ofícios para outras autoridades de todos os Estados brasileiros, disponibilizando canal para a remessa de sugestões; a realização de 10 audiências públicas — tudo com um único objetivo: colher subsídios para aperfeiçoar o texto originário. No *Plano de Trabalho* também foi constituída uma comissão de quatro técnicos, no âmbito do Senado Federal, para auxiliar a elaboração do relatório-geral, com a revisão do Projeto e análise, uma a uma, de todas as sugestões encaminhadas. A convite do Sen. Valter Pereira, tive a honra de participar desta equipe de trabalho ao lado do Ministro aposentado do STJ Athos Gusmão Carneiro, do professor da PUC-SP e advogado Cassio Scarpinella Bueno e do Des. do TJ/MS Dorival Renato Pavan. Sob a batuta do Relator-Geral, foram apreciados 58 outros projetos de Lei da Câmara e do Senado que foram apensados ao NCPC e as 220 emendas a artigos específicos apresentados por 12 senadores. Também analisamos mais de 800 *e-maills*, cartas e sugestões encaminhadas pelo site do Senado Federal; 106 notas técnicas enviadas por diversas instituições e órgãos, além de sugestões orais feitas em 224 manifestações realizadas nas 10 audiências públicas ocorridas Brasil afora. Dando voz às diversas ponderações feitas pela comunidade jurídica, foi realizada ampla revisão e alteração do texto inicial. Ao todo, foram alterados/excluídos 447 artigos e introduzidos 75 novos dispositivos. Tudo isso resultou na elaboração de um relatório-geral pelo Senador Valter Pereira de 550 páginas e na consolidação de um texto, tecnicamente denominado de *substitutivo*. Também foi elaborado um *quadro comparativo* entre o texto do Código em vigor (que tem 1.220 artigos), o Projeto Original (que tem 970 artigos) e o *substitutivo* (que, ao final, foi aprovado com 1.007 artigos), para compreensão de todos e que está disponível para consulta pública. [...] Diante disso, e diante do consenso entre os Senadores, o relatório-geral foi aprovado na Comissão Especial à qual me referi, e também no plenário do Senado Federal. Depois disso, em 19.12.2010, foi remetido para a Casa revisora, isto é, para a Câmara dos Deputados. Lá foi renumerado para Projeto de Lei 8046/10 e seguirá sua tramitação legislativa" (CAMARGO, Luiz Henrique Volpe. A fungibilidade entre o recurso especial e o recurso extraordinário no Projeto do Novo CPC e a ofensa reflexa e frontal à Constituição Federal. In: ROSSI, Fernando et al. (Coord.). *O futuro do processo civil no Brasil*: uma análise crítica ao Projeto do Novo CPC. Belo Horizonte: Fórum, 2011. p. 407-419, especialmente p. 407-408).

terações, o texto foi aprovado em 26 de março de 2014, tendo sido devolvido ao Senado Federal, onde, novamente com o número PLS 166/2010, foi finalmente aprovado em 17 de dezembro de 2014.

Ultrapassado o recesso parlamentar — quando foram feitas renumerações e adaptações necessárias por força da votação de alguns destaques enfrentados na sessão de aprovação anteriormente mencionada —, o texto final foi enviado à sanção presidencial em 24 de fevereiro de 2015, o que ocorreu em 16 de março de 2015, com publicação no *Diário Oficial da União*, de 17 de março de 2015, da Lei federal nº 13.105, ou seja, o novo Código de Processo Civil (NCPC) brasileiro.[23]

Há que se ressaltar que, desde o texto original, passando por todas as suas versões, o combate à jurisprudência defensiva se fez presente e, sobretudo, mostrou-se como uma das prioridades do legislador.

Afinal, a despeito da rigidez da importância dos requisitos de admissibilidade dos recursos e do rigorismo técnico de muitos instrumentos processuais e, infelizmente, da baixa qualidade de boa parte do corpo de operadores do direito, algumas exigências jurisprudenciais são desarrazoadas e ilegítimas[24] e, lamentavelmente, apenas uma mudança legislativa poderia resolver o problema.

Nesse sentido, toca-nos discorrer, sem a pretensão de exaurir o tema, acerca de algumas regras previstas no NCPC que, se bem aplicadas, certamente farão com que, conforme lição de José Carlos Barbosa Moreira,[25] os julgadores deixem de "exagerar na dose" dos formalismos--excessivos,[26] fazendo com que os jurisdicionados tenham acesso ao "prato principal", ou seja, o julgamento de mérito da causa.

---

[23] A tramitação do Projeto de Lei do Senado Federal nº 166, de 2010, pode ser aqui consultada em: <www.senado.gov.br/atividade/materia/detalhes.asp?p_cod_mate=97249>. Acesso em: 18 mar. 2015.

[24] CIUFFO, Diogo Carneiro. Os requisitos de admissibilidade dos recursos especial e extraordinário e a sua ilegítima utilização como filtros recursais. *Revista de Processo*, São Paulo, v. 160, p. 205-232, 2008.

[25] Os julgadores não devem "[...] exagerar na dose: por exemplo, arvorando em motivos de não conhecimento circunstâncias de que o texto legal não cogita, nem mesmo implicitamente, agravando sem razão consistente exigências por ele feitas, ou apressando-se a interpretar em desfavor do recorrente dúvidas suscetíveis de suprimento. [...] É inevitável o travo de insatisfação deixado por decisões de não conhecimento; elas lembram refeições em que após os aperitivos e os *hors d'oeuvre*, se despedissem os convidados sem o anunciado prato principal" (MOREIRA, José Carlos Barbosa. Restrições ilegítimas ao conhecimento dos recursos. In: _____. *Temas de direito processual*. Nona série. São Paulo: Saraiva, 2007. p. 270).

[26] OLIVEIRA, Carlos Alberto Alvaro de. *O formalismo-valorativo no confronto com o formalismo excessivo*. Disponível em: <www6.ufrgs.br/ppgd/doutrina/CAO_O_Formalismo-valorativo_no_confronto_com_o_Formalismo_excessivo_290808.htm>. Acesso em: 8 jan. 2015.

2. As tentativas do NCPC de enfrentar a *jurisprudência defensiva*

2.1 O abandono do formalismo-excessivo e a imperiosidade de buscar a resolução do mérito

Ab initio, cumpre-nos analisar aquilo que talvez seja um dos *pilares* do NCPC,[27] qual seja, o abandono do *formalismo-excessivo* e a imperiosidade de se aproveitar os atos processuais em sua plenitude, priorizando a resolução do *meritum causae*. É bem verdade que, de há muito, no estudo das nulidades, adota-se a ideia-força *pass de nullité sans grief*, pelo que, em um primeiro momento, a afirmação anterior pode ser vista como repetitiva.

Ocorre, porém, que o NCPC, sem olvidar os inúmeros avanços obtidos com o instrumentalismo,[28] deu, a nosso sentir, *um passo adiante* em busca da proteção dos direitos fundamentais, inaugurando uma "nova fase metodológica" que Carlos Alberto Alvaro de Oliveira chamou de "formalismo-valorativo".[29]

---

[27] É o que se presume a partir da Exposição de Motivos ao Projeto de Novo Código, apresentada pela Comissão presidida pelo min. Luiz Fux: "[...] *Significativas foram as alterações no que tange aos recursos para o STJ e para o STF. O novo Código contém regra expressa que leva ao aproveitamento do processo, de forma plena, devendo ser decididas todas as razões que podem levar ao provimento ou ao improvimento do recurso. [...] Vê-se, pois, que as* alterações do sistema recursal a que se está aqui aludindo proporcionaram simplificação e *levaram a efeito um outro objetivo, de que abaixo se tratará: obter o maior rendimento possível de cada processo. [...]*" (Anteprojeto do Novo CPC. p. 28-29. Disponível em: <www.senado.gov.br/senado/novocpc/pdf/Anteprojeto.pdf>. Acesso em: 1º fev. 2015; destaques acrescentados).

[28] DINAMARCO, Cândido Rangel. *A instrumentalidade do processo*. 13. ed. São Paulo: Malheiros, 2008.

[29] "[...] Tudo conflui, pois, à compreensão do processo civil a partir de uma nova fase metodológica — o *formalismo-valorativo*. Além de equacionar de *maneira adequada* as relações entre direito e processo, entre processo e Constituição e colocar o processo no centro da teoria do processo, o formalismo-valorativo mostra que o formalismo do processo é formado a partir de *valores — justiça, igualdade, participação, efetividade, segurança* — base axiológica a partir da qual ressaem *princípios, regras e postulados* para sua elaboração dogmática, organização, interpretação e aplicação. Nessa perspectiva, o processo é visto, para além da técnica, como fenômeno cultural, produto do homem e não da natureza. Nele os valores constitucionais, principalmente o da efetividade e da segurança, dão lugar a direitos fundamentais, com características de normas principais. A técnica passa a segundo plano, consistindo em mero meio para atingir o valor. O fim último do processo já não é mais apenas a realização do direito material, mas a concretização da justiça material, segundo as peculiaridades do caso. [...]" (Carlos Alberto Alvaro Oliveira, *Do formalismo no processo civil*, op. cit., p. 22-23).

Isso porque, como se verá, em várias passagens, acolhendo orientações da doutrina[30] e até da própria jurisprudência,[31] o NCPC reforçou a obrigatoriedade de o magistrado perseguir a tutela jurisdicional meritória, seja em primeiro grau de jurisdição, seja nos tribunais locais, seja nas vias excepcionais. Afinal, é ele, o mérito,[32] o pedido imediato de toda

---

[30] É o que leciona, brilhantemente, Leonardo Greco: "[...] O processo é meio e não fim em si mesmo, meio válido e apropriado de exercício da jurisdição, que tem por escopo a tutela das situações jurídicas de vantagem agasalhadas pelo ordenamento. *Quando o juiz extingue o processo sem resolução do mérito, frustra a realização da finalidade da jurisdição, pois não provê à tutela do direito material das partes. Por isso, o sistema processual deve favorecer os juízos de mérito e não exacerbar requisitos e condições prévios que dificultem o acesso à tutela do direito material. O acesso à justiça somente se concretiza através de provimentos de tutela do direito material das partes e não através de provimentos restritos a questões de conteúdo meramente processual.* Se as partes preenchem as condições da ação, ou seja, se elas evidenciam o seu direito à tutela do direito material, o sistema processual deve facilitar e favorecer que a atividade jurisdicional se exerça de modo útil e proveitoso, não criando obstáculos irrazoáveis aos provimentos de mérito. [...] *toda vez em que o juiz extingue o processo por um vício processual insanável ou insanado, o exercício da jurisdição fracassou e o Estado não cumpriu o seu dever de assegurar a tutela jurisdicional efetiva dos direitos dos cidadãos*" (GRECO, Leonardo. *Translatio iudicii* e reassunção do processo. *Revista de Processo*, São Paulo, v. 166, p. 9-26, 2008; destaques acrescentados).

[31] Nesse mesmo sentido, ver interessantíssima posição da min. Nancy Andrighi: "[...] Tenho sempre ressaltado, em diversos precedentes, a urgente necessidade de se simplificar a interpretação e a aplicação dos dispositivos do Código de Processo Civil. O processo, repito sempre, tem de viabilizar, tanto quanto possível, a decisão sobre o mérito das causas. Complicar o procedimento, estabelecendo uma regra para a Justiça Federal e outra para a Justiça Estadual, seria um desserviço à administração da justiça. Quanto mais difícil tornarmos o trabalho dos advogados, maior será o número dos profissionais especializados quase que exclusivamente no processo civil, dedicando um tempo desproporcional ao conhecimento da jurisprudência sobre o próprio processo, tomando ciência das novas armadilhas fatais e dos percalços que as novas interpretações do procedimento lhes colocam no caminho. É fundamental, porém, que os advogados tenham condição de trabalhar tranquilos, especializando-se, não apenas no processo, mas nos diversos campos do direito material a que o processo serve. É o direito material que os advogados têm de conhecer, em primeiro lugar, para viabilizar a melhor orientação pré judicial de seus clientes, evitando ações desnecessárias e mesmo para, nos casos em que o processo for inevitável, promover a melhor defesa de mérito para os jurisdicionados. Os óbices e armadilhas processuais só prejudicam a parte que tem razão, porque quem não a tem perderá a questão no mérito, de qualquer maneira. O processo civil dos óbices e armadilhas é o processo civil dos rábulas. Mesmo os advogados mais competentes e estudiosos estão sujeitos ao esquecimento, ao lapso. O direito das partes não pode depender de tão pouco. Nas questões controvertidas, convém que se adote, sempre que possível, a opção que aumente a viabilidade do processo e as chances de julgamento da causa. Não a opção que restringe o direito da parte. As Reformas Processuais têm de ir além da mudança das leis. Elas têm de chegar ao espírito de quem julga. Basta do processo pelo simples processo. Que se inicie uma fase de viabilização dos julgamentos de mérito" (Voto vista vencedor nos autos do REsp 975.807/RJ, rel. min. Humberto Gomes de Barros, rel. p/acórdão min. Nancy Andrighi, 3ª Turma, j. 2/9/2008, DJe, 20/10/2008, destaques acrescentados).

[32] "O vocábulo *mérito* provém do verbo *mereo, merere*, que, entre outros significados, tem o de 'pedir, pôr preço'; tal é a mesma origem de *meretriz*, e aqui também há a ideia de preço, cobrança. Daí se entende que *mérito* é aquilo que alguém vem a juízo pedir, postular, exigir (...) etimologicamente é a *exigência* que, através da demanda, uma pessoa apresenta ao juiz para exame. Julgar o mérito é julgar essa exigência, ou a *pretensão* que o autor traz da vida comum para o processo com o pedido de seu julgamento pelo juiz. O juiz julga o mérito quando proclama a demanda inicial procedente, improcedente ou procedente em parte (art. 269, inc. I), quando pronuncia a prescrição ou a decadência (inc. IV) e, também, por força de uma definição legal, quando homologa o reconhecimento do pedido, a transação ou a renúncia ao direito (incs. II, III e V — falsas sentenças de mérito). Segundo a Exposição de Motivos do CPC, que reproduz assertivas feitas por seu autor em sede doutrinária, o mérito é representado pela lide e 'a lide é o objeto fundamental do processo e nela se exprimem as aspirações em conflito de ambos os litigantes'. [...]" (DINAMARCO, Cândido Rangel. *Vocabulário do processo civil*. São Paulo: Malheiros: 2009. p. 186-187).

demanda,[33] na medida em que não parece razoável que alguém se contente com o mero recebimento de sua pretensão...

Para o NCPC, o juiz deve, incessantemente, privilegiar o direito material, deixando as filigranas processuais de lado para buscar a resolução do litígio e a tutela dos interesses juridicamente relevantes dos jurisdicionados. Assim, por exemplo, o futuro código permitirá que o julgador afaste vícios que não se reputem graves até mesmo nas instâncias excepcionais ou, ainda, que seja concedido prazo razoável às partes a fim de sanar defeitos eventualmente existentes, evitando-se decisões terminativas.

Vejamos alguns dispositivos que reforçam o alegado:

Art. 317. Antes de proferir decisão sem resolução de mérito, o juiz deverá conceder à parte oportunidade para, se possível, corrigir o vício.

Esse dispositivo demonstra uma explicitação do princípio da colaboração ou cooperação, insculpido na Parte Geral do NCPC (art. 6º),[34] que determina a todos os sujeitos intervenientes do processo e, *in casu*, especificamente ao magistrado, a observância do *dever de advertência*,[35] que, como ressalta Nelson Nery Júnior,[36] já foi inclusive positivado em legislações alienígenas.

---

[33] No mesmo sentido, Sergio Bermudes: "[...] O pedido é o *mérito* da ação (latim *meritum*, ganho, proveito, o que se mereceu; de *merere*, merecer. Aliás, chamam-se os juízes de meritíssimos, considerando-se os merecimentos que os elevaram à posição de dignidade que eles ocupam). Decidir o pedido, acolhendo-o ou o rejeitando, é julgar o mérito. Nem sempre ocorre a possibilidade desse julgamento [...]" (BERMUDES, Sergio. *Introdução ao processo civil*. 4. ed. Rio de Janeiro: Forense, 2006. p. 44).

[34] Art. 6º, NCPC: "Todos os sujeitos do processo devem cooperar entre si para que se obtenha, em tempo razoável, decisão de mérito justa e efetiva".

[35] No mesmo sentido, Luiz Guilherme Marinoni e Daniel Mitidiero: "[...] Em atenção à colaboração que deve orientar a conduta do juiz com relação às partes no processo civil, o art. 301 do Projeto prevê dever geral de prevenção. Vale dizer: dever de o juiz avisar as partes de que o uso inadequado do processo pode colocar em risco o exame do direito material, impondo-lhe o dever de oportunizar aos litigantes a correção dos rumos de suas postulações. Trata-se de norma que se encontra em estrita consonância com as linhas fundamentais do Projeto. Por debaixo, há não só a necessidade de o órgão jurisdicional prestar tutela jurisdicional para viabilizar a organização de um processo justo, mas também a segura indicação de que no processo civil do Estado Constitucional importa privilegiar, sempre que possível, decisões que enfrentem o mérito da causa em detrimento de soluções puramente processuais aos litígios, relativizando-se o binômio direito e processo para que esse funcione como meio realmente idôneo para a prestação da tutela aos direitos" (MARINONI, Luiz Guilherme; MITIDIERO, Daniel. *O projeto do CPC*: críticas e propostas. São Paulo: Revista dos Tribunais, 2010. p. 112).

[36] "[...] Nada obstante a proibição de a decisão-surpresa ser decorrência natural do princípio constitucional do contraditório, inserido na Constituição da maioria dos países democráticos, há Estados que explicitam aspectos processuais e procedimentais dessa proibição em seus códigos de processo civil. Na Alemanha a proibição da Überraschungsentscheidung foi instituída formalmente no direito positivo pela vereinfachungsnovelle, de 1976, pela redação da ZPO 278, III. O instituto vem sendo aperfeiçoado e está regulado, hoje, na ZPO 139, 2, com a redação dada pela reforma de 2001. A mudança do texto anterior da ex-ZPO §278, III, para o atual, da vigente ZPO §139, 2, é significativa. No texto anterior eram objeto da proteção apenas as situações jurídicas, ao passo que na redação atual qualquer situação, de fato ou de direito, é alcançada pela proteção contra decisão-surpresa.

Além disso, consagra a *proibição de decisões-surpresa*, conforme, aliás, estabelece o art. 10,[37] contido na Parte Geral do NCPC, evitando que as partes se vejam surpreendidas com o reconhecimento de determinado vício sanável apto a extinguir o feito. De se ver que, mesmo para as matérias de ordem pública, essa *advertência* deve ser observada, tendo o NCPC adotado firme posição contrária às *decisione della terza via* ou *Überraschungsentscheidungen*.

Vale dizer: embora tal afirmação possa parecer vanguardista no direito brasileiro, a preocupação em se evitar os *julgamentos de algibeira* não é recente. Na Itália, Vittorio Denti,[38] desde 1968, alertava acerca dessa proibição.[39] Ao comentar a ZPO da Áustria, conforme relatam Humberto Theodoro Júnior e Dierle José Coelho Nunes, Pollak afirmava, ainda em 1931, que o tribunal não deveria surpreender as partes com pontos de vista jurídicos que não tivessem sido alvo de análise em fase preliminar.[40]

Trata-se, em síntese, de concretização do princípio do contraditório, na medida em que uma decisão judicial legítima não pode *surpreender* os sujeitos do processo, sob pena de violação à segurança jurídica e ao devido processo legal.

Art. 488. Desde que possível, o juiz resolverá o mérito sempre que a decisão for favorável à parte a quem aproveitaria eventual pronunciamento nos termos do art. 485.

Outra alteração é relativa à obrigatoriedade de o tribunal fazer advertência às partes, comunicando-as sobre a possibilidade de haver questões que podem ter passado sem a percepção dos litigantes ou que, de ofício, podem ser decididas pelo juiz. Esse dever de advertência não constava da redação revogada, embora tenha sido sempre considerada, tanto pela doutrina como pela jurisprudência, como necessária. O dever de advertência atribuído ao juiz tem sido considerado pela doutrina como o núcleo central do princípio constitucional do contraditório. [...] Semelhante tratamento existe no direito processual civil da França, a propósito do CPC francês 16, que proíbe o juiz de fundar suas decisões sobre questões de direito examináveis *ex officio*, sem que tenha intimado as partes para apresentarem suas observações. [...] Reforma ocorrida no processo civil português introduziu regra assemelhada no CPC Português 3º, 3. Esse dispositivo não retira do juiz a liberdade de decidir de acordo com seu livre convencimento, que 'constitui, de resto, uma da *essentialia* da função jurisdicional: o que se trata é apenas de evitar, proibindo-as, as *decisões-surpresa*" (NERY JÚNIOR, Nelson. *Princípios do processo na Constituição Federal*. 9. ed. São Paulo: Revista dos Tribunais, 2009. p. 228-230).

[37] Art. 10, NCPC. "O juiz não pode decidir, em grau algum de jurisdição, com base em fundamento a respeito do qual não se tenha dado às partes oportunidade de se manifestar, ainda que se trate de matéria apreciável de ofício".

[38] DENTI, Vittorio. Questioni rilevabili d'ufficio e contraddittorio. *Rivista di Diritto Processuale*, Padova, v. 33, p. 221-222, 1968.

[39] Sobre o tema, com várias passagens sobre o direito italiano atual (art. 101, comma 2º, CPC Italiano), veja-se excelente escrito de Marco Gradi: GRADI, Marco. Il principio del contraddittorio e le questioni rilevabili d'ufficio. *Revista de Processo*, São Paulo, v. 186, p. 109-160, 2010.

[40] THEODORO JÚNIOR, Humberto; NUNES, Dierle José Coelho. Princípio do contraditório: tendências de mudança de sua aplicação. *Revista da Faculdade de Direito do Sul de Minas*, Pouso Alegre, v. 28, p. 177-206, jan./jun. 2009, especialmente p. 194.

Indubitavelmente, tem-se aqui mais uma demonstração clara do privilégio que o NCPC deu ao julgamento meritório, embora se trate de pequena adaptação daquilo que já consta no CPC/73, em seu art. 249, §2º.

Em verdade, sob o prisma da prestação jurisdicional, o julgamento de mérito é deveras mais interessante, quer sob o prisma do autor, quer pelo prisma do réu. Afinal, é o julgamento meritório que faz coisa julgada material, eterniza a solução do conflito e traz segurança aos contendores acerca do objeto litigioso controvertido; por outro lado, a sentença terminativa, embora possa resultar no término do processo em curso, não evita, regra geral, o retorno do ajuizamento da mesma demanda, pelas mesmas partes, fazendo com que todo o *iter* processual tenha que ser refeito.

Ademais, também para o réu (em que pese a criticável redação do art. 301, CPC/73),[41] é preferível a solução do processo com o julgamento de *improcedência* do pedido autoral, dada a possibilidade de formação da *coisa julgada material* (art. 467, CPC/73), em vez da mera extinção do feito.

Dessa feita, o novel dispositivo favorece aquele que, sob a ótica do direito material, tem razão, o que configura uma situação muito mais vantajosa para todos os sujeitos da relação jurídica processual, quer do ponto de vista das partes (que resolverão a contenda definitivamente, com força de coisa julgada material), quer do ponto de vista do julgador, que efetivamente prestará a jurisdição.

Art. 938. A questão preliminar suscitada no julgamento será decidida antes do mérito, deste não se conhecendo caso seja incompatível com a decisão. §1º Constatada a ocorrência de vício sanável, inclusive aquele que possa ser conhecido de ofício, o relator determinará a realização ou a renovação do ato processual, no próprio tribunal ou em primeiro grau, intimadas as partes. §2º Cumprida a

---

[41] Nesse ponto, ombreamos a crítica bem lançada por Fredie Didier Júnior: "[...] O art. 301 do CPC determina que cabe ao réu, antes de discutir o mérito da causa, apresentar a sua defesa contra a admissibilidade do processo, apontando os vícios que porventura comprometam a viabilidade do procedimento. Assim, as defesas do réu deveriam ser apresentadas em forma de *cumulação imprópria*: primeiro as defesas de admissibilidade e, em seguida, para o caso de não acolhimento delas, as defesas de mérito. [...] A previsão normativa merece uma aplicação não literal. Primeiramente, é preciso compreender os requisitos de admissibilidade do processo como requisitos de validade. A falta de um requisito de validade somente pode gerar *inadmissibilidade* (invalidade do procedimento) se houver prejuízo ao interesse protegido pela exigência formal que foi desrespeitada. É por isso que o §2º do art. 249 do CPC determina que, 'quando puder decidir do mérito a favor da parte a quem aproveite a declaração de nulidade, o juiz não a pronunciará nem mandará repetir o ato, ou suprir-lhe a falta'. A falta de um requisito de admissibilidade que visa proteger o réu pode ser ignorada, por exemplo, se o órgão jurisdicional puder julgar improcedente a demanda. Aquela suposta primazia não é, portanto, absoluta. Em segundo lugar, é preciso notar que um julgamento de improcedência do pedido pode ser mais interessante ao réu do que uma extinção sem resolução de mérito, tendo em vista a aptidão que a primeira decisão possui para tornar-se indiscutível pela coisa julgada material. Ora, se em relação ao objeto litigioso do processo, composto pelo conjunto das postulações de autor e réu, vigora no Direito brasileiro o princípio dispositivo, não parece possível, sob pena de ofensa à liberdade, impor-se ao demandado, sempre, a opção pela decisão terminativa em detrimento de uma decisão definitiva que lhe seja favorável. Cabe ao demandado proceder a essa escolha, assim como cabe ao demandado estabelecer a ordem de prioridade dos pedidos na cumulação subsidiária (art. 289 do CPC)" (DIDIER JÚNIOR, Fredie. *Curso de direito processual civil*. 13. ed. Salvador: Juspodivm, 2011. v. i, p. 511-512).

diligência de que trata o §1º, o relator, sempre que possível, prosseguirá o julgamento do recurso. §3º Reconhecida a necessidade de produção de prova, o relator converterá o julgamento em diligência, que se realizará no tribunal ou em primeiro grau de jurisdição, decidindo-se o recurso após a conclusão da instrução. §4º Quando não determinadas pelo relator, as providências indicadas nos §§1º e 3º poderão ser determinadas pelo órgão competente para o julgamento do recurso.

O dispositivo transcrito, de redação elogiável, busca estender o que já ocorre no julgamento da apelação (art. 515, §4º, CPC/73) para todos os recursos e processos nos tribunais, determinado que o relator ou o próprio colegiado, em vez de optar pela cômoda saída da inadmissão, intime as partes para que sanem o defeito encontrado, permitindo, posteriormente, se possível, o conhecimento do mérito.

Também aqui, como ocorre no art. 317, NCPC acima comentado, prevalece a orientação da *cooperação processual* a legitimar a atuação jurisdicional, mais especificamente o *dever de prevenção*, que se define, como leciona Daniel Mitidiero,[42] como o dever de o julgador "prevenir as partes do perigo de o êxito de seus pedidos ser frustrado pelo uso inadequado do processo".[43]

Cabe ressaltar que o mesmo intento vale também — e mais uma vez andou bem o legislador ao extirpar quaisquer dúvidas a esse respeito — para as matérias atinentes à produção probatória, conforme se vê, especificamente, no §3º do art. 938, NCPC.

Isso porque, como se sabe, é iterativa a prática jurisprudencial de se aplicar a súmula 7/STJ[44] a esse respeito, sob o argumento de que não competiria às instâncias superiores revisar o campo fático para verificar se houve, ou não, insuficiência probatória,[45] em que pese a relevância que determinada prova possa ter para o deslinde do caso.

---

[42] Definição trazida por Daniel Mitidiero, com apoio em Miguel Teixeira de Souza (MITIDIERO, Daniel. *Colaboração no processo civil*: pressupostos sociais, lógicos e éticos. São Paulo: Revista dos Tribunais, 2009. p. 76).

[43] Para Miguel Teixeira de Sousa, o poder-dever de diálogo do juiz se desdobra em quatro deveres essenciais, a saber: dever de esclarecimento, dever de prevenção, dever de consulta e dever de auxílio (ou de assistência). Sobre o tema, consulte: SOUSA, Miguel Teixeira de. *Estudos sobre o novo processo civil*. 2. ed. Lisboa: LEX, 1997. p. 65.

[44] STJ Súmula nº 7 — 28/6/1990 — *DJ*, 3.7.1990: "A pretensão de simples reexame de prova não enseja recurso especial".

[45] Veja-se, *ad exemplum*: "PROCESSO CIVIL. AGRAVO DE INSTRUMENTO NÃO CONHECIDO. RECURSO ESPECIAL. ATAQUE AO MÉRITO. IMPOSSIBILIDADE. CONTRATO DE ARRENDAMENTO MERCANTIL. INADIMPLÊNCIA. REINTEGRAÇÃO NA POSSE. MÁQUINAS INDISPENSÁVEIS AO FUNCIONAMENTO DA EMPRESA. DEPÓSITO EM MÃOS DA ARRENDATÁRIA. POSSIBILIDADE, DESDE QUE PROVADO. INOCORRÊNCIA NO CASO. RECURSO DESACOLHIDO. [...] II — Em se tratando de bem essencial ao desempenho da atividade econômica da empresa devedora, podendo a retirada imediata acarretar até mesmo a completa paralisação de suas funções, tem admitido esta Corte que ele fique em depósito com o arrendatário até que seja resolvida a ação possessória. *No caso dos autos, todavia, não restou provada essa necessidade, sabido ser vedado em sede de recurso especial o reexame de matéria probatória*" (STJ, 4T., REsp 341.458/MG, rel. ministro Sálvio de Figueiredo Teixeira, j. 28/5/2002, *DJ*, 2/9/2002, p. 194; destaques acrescentados). No mesmo sentido: "[...] PROCESSO CIVIL. EXCEÇÃO DE PRÉ-EXECUTIVIDADE. EXCLUSÃO DO NOME

De tal perspectiva, os dispositivos do CPC/73 ligados ao direito probatório acabam por não ser controlados em sua inteireza pelo STJ, principalmente pelas escusas da vedação de observância às regras fáticas e, ainda, pelo livre convencimento motivado dos julgadores originários.[46] Assim, por exemplo, se determinado juiz resolve julgar procedente o pedido do autor tomando por base apenas um relato de uma única testemunha, o "livre convencimento motivado", previsto nos artigos 130 e 131 do CPC/73, acaba sendo privilegiado em detrimento, por exemplo, de extensa prova pericial eventualmente produzida.[47]-[48]

Em síntese, tem-se a aplicação da noção de que, sendo o juiz o destinatário da prova, a ele caberia (in)deferir sua produção, sendo dado às partes apenas o direito de fiscalizar eventual abuso manifesto. Ocorre, contudo, conforme bem observa Leonardo Greco,[49] que tal concep-

---

DO SÓCIO-GERENTE DA CDA. NECESSIDADE DE DILAÇÃO PROBATÓRIA. FUNDAMENTOS INATACADOS. SÚMULA 283/STF. [...] 4. *Para que se pudesse afastar o entendimento do Tribunal regional e assentar a desnecessidade de produção de provas, imprescindível seria incursionar em matéria fático-probatória, vedado na via estreita do recurso especial, a teor da Súmula 7/STJ.* 5. Agravo regimental não provido" (STJ, 2T., AgRg no Ag 1307430/ES, rel. ministro Castro Meira, j. 19/8/2010, *DJe*, 30/8/2010; sem destaques no original).

[46] Sobre o tema, consulte: KNIJNIK, Danilo. *O recurso especial e a revisão de fato pelo Superior Tribunal de Justiça*. Rio de Janeiro: Forense, 2005.

[47] Para verificar o alegado, basta realizar rápida pesquisa jurisprudencial no site do STJ utilizando como parâmetro o art. 420, CPC, que versa sobre a prova pericial: inúmeros serão os julgados em que a referência à súmula 7/STJ e ao respeito ao livre convencimento motivado. Veja-se, apenas *ad exemplum*: "PROCESSUAL CIVIL. OFENSA AO ART. 535 DO CPC NÃO CONFIGURADA. OMISSÃO. INEXISTÊNCIA. NECESSIDADE DE PRODUÇÃO DE PROVAS. APLICAÇÃO DA SÚMULA 7/STJ. [...] 3. *A avaliação quanto à necessidade e à suficiência ou não das provas para averiguar eventual cerceamento de defesa demanda, em regra, revolvimento do contexto fático-probatório dos autos. Aplicação da Súmula 7/STJ. Precedentes do STJ.* 4. Agravo Regimental não provido" (STJ, 2T., AgRg no AREsp 40.086/RS, rel. ministro Herman Benjamin, j. 11/10/2011, *DJe*, 17/10/2011; destaques acrescentados).

[48] Uma boa alternativa para evitar essa "escolha aleatória" do material probatório pelo juiz se encontra no art. 607º, n. 4, do Novo CPC de Portugal (Lei nº 41, de 2013), que obriga o magistrado, quando da fundamentação, a "declarar os fatos que julga provados e quais os que julga não provados, analisando criticamente as provas, indicando as ilações tiradas dos fatos instrumentais e especificando os demais fundamentos que foram decisivos para a sua convicção". O NCPC brasileiro, a despeito de incontáveis avanços no campo da motivação das decisões judiciais (ver, por exemplo, o novel art. 489, §1º, NCPC), não trouxe regra semelhante à lusitana.

[49] "[...] Na prova judiciária, o juiz seria o único o destinatário das provas. Todas [...] provas se destinariam a produzir efeitos na inteligência do juiz, formando, através do raciocínio nela desenvolvido, o juízo positivo ou negativo da existência dos fatos aos quais a decisão aplicará o correspondente direito. Ao dizer que o acertamento dos fatos, a prova como resultado final de todos os elementos enumerados no item anterior, consiste na convicção ou tem como função a sua formação, como fenômeno psicológico que se passa na mente do julgador, essa doutrina está na verdade se rendendo ao relativismo da justiça do caso concreto, abandonando qualquer correspondência dos fatos do processo com a verdade objetiva e renunciando a qualquer possibilidade de equiparar a cognição judicial à que se desenvolve racionalmente em outras ciências, mesmo experimentais. *A convicção do julgador como função ou finalidade da prova corresponde a uma concepção subjetivista de uma realidade objetiva, os fatos. Essa concepção faz do juiz um soberano absoluto e incontrolável, por mais que a lei lhe imponha exclusões probatórias, critérios predeterminados de avaliação ou a exigência de motivação. Há sempre uma enorme margem ineliminável de arbítrio, especialmente na avaliação das provas casuais ou inartificiais, como a prova testemunhal, que pode redundar e redunda em frequentes injustiças. Por outro lado, as exclusões e regras de avaliação, muitas*

ção ofende o contraditório participativo, no moderno viés de respeito às garantias processuais constitucionais. Trata-se do direito de *defender-se provando*, em que cabe ao juiz ser tolerante com a produção probatória, indeferindo apenas aquelas provas que, nem por hipótese, possam ter relevância para o feito.

O art. 938, §3º, NCPC configura, assim, notória *mudança de paradigma* que permitirá a busca da *verdade real* ou *material*, ainda que o processo esteja nas instâncias recursais.

> Art. 1.017. [...] §3º Na falta da cópia de qualquer peça ou no caso de algum outro vício que comprometa a admissibilidade do agravo de instrumento, deve o relator aplicar o disposto no art. 932, parágrafo único.

> Art. 932. [...] Parágrafo único. Antes de considerar inadmissível o recurso, o relator concederá o prazo de 5 (cinco) dias ao recorrente para que seja sanado vício ou complementada a documentação exigível.

---

vezes, ao invés de coibir o arbítrio, acabam por favorecê-lo, dificultando a investigação da realidade objetiva. Ao mesmo resultado conduz a exigência de fundamentação, quando reduzida a uma simples verificação extrínseca da razoabilidade da justificativa para o acertamento dos fatos. [...] No momento em que foi concebido o Código de 73, prevalecia o entendimento de que o juiz era o único destinatário das provas, cabendo-lhe com exclusividade decidir a respeito da sua admissão. [...] *Essa concepção evoluiu, desde então, sob influência do moderno alcance das garantias constitucionais do contraditório e da ampla defesa.* O contraditório participativo, como o princípio que assegura aos interessados o direito de influir eficazmente nas decisões judiciais, e a ampla defesa, como o direito de apresentar todas as alegações, propor e produzir todas as provas que, a seu juízo, possam militar a favor do acolhimento da sua pretensão ou do não acolhimento da postulação do seu adversário, conferem às partes o *direito de defender-se provando*, ou seja, o direito de não apenas propor provas a serem discricionariamente admitidas ou não pelo juiz, mas de efetivamente produzir todas as provas que possam ser úteis à defesa dos seus interesses. Para assegurar esse direito e, ao mesmo tempo, velar pela rápida solução do litígio e coibir a realização de diligências inúteis ou protelatórias (CPC, arts. 125-II e 130), é necessário que a admissibilidade das provas seja apreciada pelo juiz não da sua própria perspectiva, mas da utilidade ou relevância da prova, analisada à luz da perspectiva probatória ou da linha de argumentação da parte que a propôs. Se desse prisma resultar que a prova requerida possa ter alguma utilidade, o juiz deverá deferi-la, indeferindo apenas aquelas provas que, nem mesmo por esse critério, possam apresentar a mais remota utilidade. Na dúvida, o juiz deverá ser tolerante, deferindo a prova requerida, cuja admissibilidade deve significar não manifesta irrelevância ou inutilidade. Somente assim o juiz despir-se-á de um juízo de admissibilidade autoritário e preconceituoso. Nem se diga que esse novo paradigma poderá vir a prejudicar a celeridade do processo, transformando o juiz num fantoche nas mãos das partes, porque essa compreensão humanitária e tolerante da relação juiz-partes se completa com as modernas técnicas de antecipação de tutela que permitem ao julgador, já convencido do direito do autor, antecipar em seu favor os efeitos da sentença de mérito, sem prejuízo da continuidade do processo em benefício da mais ampla possibilidade conferida ao réu de demonstrar que tem razão. Em síntese, o juiz não é o único destinatário das provas. *Ainda que o fosse, ele colhe provas que não se destinam à sua exclusiva apreciação, mas também à apreciação dos tribunais superiores que exercerão a jurisdição no mesmo processo em instâncias diversas.* Mas, de fato e de direito, também são destinatárias das provas as partes que com elas pretendem demonstrar a veracidade dos fatos por elas alegados e que têm o direito de que sejam produzidas no processo todas as provas necessárias a demonstrá-los e de discutir as provas produzidas em contraditório com o adversário e com o juiz" (GRECO, Leonardo. *Instituições de direito processual*. Rio de Janeiro: Forense, 2010. v. 2, p. 108-111; destaques acrescentados).

Especificamente no trato do agravo de instrumento, cumpre ressaltar que o legislador entendeu ser razoável a concessão de prazo de cinco dias para que o agravante faça juntar, a seu recurso, eventual peça obrigatória faltante, sob pena de inadmissão.

Provavelmente seguindo os ditames da Lei nº 12.322/10 — a qual modificou o atual art. 544, CPC/73 para excluir a necessidade de juntada de cópias para a instrução do recurso interposto contra a inadmissão, em primeiro juízo de admissibilidade, de recurso especial e/ou recurso extraordinário —, entendeu-se que, no que tange ao agravo de instrumento interposto contra decisões interlocutórias de primeiro grau de jurisdição (art. 522, CPC/73, com correspondência no art. 1015, NCPC), ainda que, por razões óbvias, permaneça a necessidade de formação do instrumento (art. 1.017, NCPC), *não haverá, nem mesmo quanto às peças obrigatórias, preclusão consumativa a ponto de gerar a inadmissão do recurso.*

Atualmente, como é de conhecimento geral, a ausência de qualquer das peças obrigatórias trazidas no rol do art. 524, CPC/73, assim como a de eventual *peça essencial*,[50]-[51] acarreta a inadmissão do agravo de instrumento (art. 527, I, CPC/73).

O §3º do art. 1.017, NCPC, entretanto, coloca pá de cal nessa celeuma, sendo manifesta a possibilidade de juntada posterior de qualquer peça (obrigatória, facultativa ou essencial), no prazo de cinco dias. Tal novidade trará, a um só tempo, segurança jurídica e economia (processual, temporal e financeira), já que, hoje, diante do enorme subjetivismo que carrega a caracterização de tal peça como *essencial*, tem sido praxe, por parte do advogado mais cauteloso, a juntada, em todo agravo de instrumento, de cópia integral dos autos de origem.

Art. 1029. O recurso extraordinário e o recurso especial, nos casos previstos na Constituição Federal, serão interpostos perante o presidente ou o vice-presidente do tribunal recorrido, em petições distintas que conterão: [...] *§3º O Supremo Tribunal Federal ou o Superior Tribunal de*

---

[50] Nesse sentido: "[...] PROCESSO CIVIL. AGRAVO DE INSTRUMENTO. *PEÇA ESSENCIAL*. Os comprovantes de pagamento das custas do recurso especial e do porte de remessa e retorno dos autos são peças indispensáveis para a verificação da regularidade do recurso especial; a juntada extemporânea da prova é ineficaz. Agravo regimental não provido" (STJ, 1T., AgRg no Ag 1369278/SP, rel. min. Ari Pargendler, j. 1/10/2013, *DJe*, 8/10/2013).

[51] De celebrar, todavia, a recente decisão da Corte Especial do STJ que, acertadamente, permitiu a complementação do agravo que não estava acompanhado de peça facultativa, porém *essencial*: RECURSO ESPECIAL — OFENSA AO ART. 535 DO CPC — INEXISTÊNCIA — MULTA APLICADA EM SEDE DE EMBARGOS DE DECLARAÇÃO — AFASTAMENTO — NECESSIDADE — ENUNCIADO 98 DA SÚMULA/STJ — MATÉRIA AFETADA COMO REPRESENTATIVA DA CONTROVÉRSIA — AGRAVO DE INSTRUMENTO DO ARTIGO 522 DO CPC — PEÇAS NECESSÁRIAS PARA COMPREENSÃO DA CONTROVÉRSIA — OPORTUNIDADE PARA REGULARIZAÇÃO DO INSTRUMENTO — NECESSIDADE — RECURSO PROVIDO. [...] 3. *Para fins do artigo 543-C do CPC, consolida-se a tese de que: no agravo do artigo 522 do CPC, entendendo o Julgador ausente peças necessárias para a compreensão da controvérsia, deverá ser indicado quais são elas, para que o recorrente complemente o instrumento.* 4. Recurso provido. (STJ, Corte Especial, REsp 1.102.467/RJ, rel. min. Massami Uyeda, j. 2/5/2012, *DJe*, 29/8/2012; destaques acrescentados).

Justiça poderá desconsiderar vício formal de recurso tempestivo ou determinar sua correção, desde que não o repute grave.

Mais uma vez, o NCPC pensou na efetivação do direito, na solução do mérito da causa. No caso, a ideia é tentar aproveitar, ao máximo, instrumento processual que, se trespassado o óbice da admissibilidade, contribuiria para o próprio ordenamento, quer uniformizando determinada questão de direito ainda controvertida nos tribunais locais, quer permitindo intenso debate junto aos ministros julgadores sobre determinado tema que, até aquele momento, não tinha ascendido à Corte Superior, quer orientando, através de seu caráter paradigmático, os demais casos pendentes sobre o mesmo *thema decidendum*.

Resta definir, é verdade, o que seria "defeito formal que não se repute grave", contudo se espera que a jurisprudência ombreie o espírito colaborativo que rege o NCPC como um dos seus princípios informadores,[52] firmando posição compatível com um processo cooperativo, de resultados, baseado na boa-fé e lealdade de todos os sujeitos intervenientes do processo.

2.2 O regramento da forma de obtenção do prequestionamento[53]

São vetustos e corriqueiros os reclamos doutrinários[54] no sentido de que faltam, à disciplina do prequestionamento, parâmetros claros e objetivos que permitam, ao jurisdicionado, ver seu recurso excepcional ser conhecido com uma dose mínima de previsibilidade. Atualmente, por força do rigorismo e, notadamente, na diversidade de entendimentos no trato da matéria, chega a ser motivo de celebração ver um apelo extremo ser admitido sem a necessidade de seguidos agravos. Para ilustrar o afirmado, basta verificar que tamanha é a dificuldade de se atingir o prequestionamento que relevante doutrina chegou a considerar que ele traria medo aos jurisdicionados.[55]-[56]

---

[52] Sobre os princípios do NCPC, consulte: PINHO, Humberto Dalla Bernardina de. Os princípios e as garantias fundamentais no Projeto de Código de Processo Civil: breves considerações acerca dos artigos 1º a 12 do PLS 166/10. *Revista Eletrônica de Direito Processual*, 6. ed. Disponível em: <www.redp.com.br/arquivos/redp_6a_edicao.pdf>. Acesso em: 9 jan. 2015.

[53] Críticas à parte, o termo assim redigido, com hífen, foi o adotado pelo legislador.

[54] Sobre o tema, consulte: MANCUSO, Rodolfo de Camargo. *Recurso extraordinário e recurso especial*. 10. ed. São Paulo: Revista dos Tribunais, 2007; SOUZA, Bernardo Pimentel. *Introdução aos recursos cíveis e à ação rescisória*. 7. ed. São Paulo: Saraiva, 2010.

[55] BUENO, Cassio Scarpinella. *Quem tem medo do prequestionamento?* Disponível em: <www.scarpinellabueno. com.br/Textos/Prequestionamento%20e%20RE.pdf>. Acesso em: 10 jan. 2015.

[56] A nosso sentir, mesmo 10 anos depois do texto citado na nota anterior, o *medo* permanece. Para tanto, confira-se o nosso: Ainda há motivos para se ter medo do prequestionamento? *Revista de Processo*, São Paulo, v. 211, p. 143-190, 2012.

Muitas são as divergências sobre o tema: natureza jurídica, (in)existência de hipóteses de dispensa, espécies e, notadamente, suas formas de obtenção.

Isso porque, segundo se retira da jurisprudência dos Tribunais Superiores, há inequívoco dissídio no trato da matéria, na medida em que o Supremo Tribunal Federal (súm. 356) considera atingido o prequestionamento com a mera interposição de embargos de declaração, ao passo que, em sentido diametralmente oposto, o STJ (súm. 211) julga ser inadmissível o recurso especial quando os declaratórios, embora opostos, não chegam a ser providos.

Para piorar o cenário, algumas recentes decisões do STF[57] começaram a colocar em dúvida a sua própria súmula 356, misturando, sem ao menos um esforço técnico correspondente, as hipóteses de prequestionamento implícito e ficto, há muito tidas por divergentes pelo próprio pretório excelso e por boa parte da doutrina especializada.

Trata-se, em síntese, de histórico debate no sentido da (im)possibilidade de aceitação do prequestionamento *ficto*, a qual torturou e ainda tortura os causídicos que atuam junto às instâncias extraordinárias.

Ciente disso, o NCPC pretendeu pôr fim à celeuma, asseverando, de forma expressa:

---

[57] "EMENTA Agravo regimental no agravo de instrumento. Processual. Ausência de impugnação de todos fundamentos da decisão agravada. Óbice ao processamento do agravo. Precedentes. Súmula nº 287/STF. Prequestionamento. Ausência. Incidência da Súmula nº 282/STF. 1. Há necessidade de impugnação de todos os fundamentos da decisão agravada, sob pena de se inviabilizar o agravo. Súmula nº 287/STF. 2. *Ante a ausência de efetiva apreciação de questão constitucional por parte do Tribunal de origem, incabível o apelo extremo. Inadmissível o prequestionamento implícito ou ficto.* Precedentes. Súmula nº 282/STF. 3. Agravo regimental não provido" (STF, 1T., AI 763.915 AgR, min. rel. Dias Toffoli, j. 12/3/2013, DJe-084 Divulg 6/5/13 Public 7/5/2013; destaques acrescentados). No mesmo sentido, porém de relatoria da min. Rosa Weber: "EMENTA DIREITO PROCESSUAL CIVIL. [...] *MATÉRIA CONSTITUCIONAL NÃO PREQUESTIONADA. APLICAÇÃO DA SÚMULA STF 282. INAPTIDÃO DO PREQUESTIONAMENTO IMPLÍCITO OU FICTO PARA ENSEJAR O CONHECIMENTO DO APELO EXTREMO.* INTERPRETAÇÃO DA SÚMULA STF 356. [...]. O exame do suposto malferimento dos postulados da inafastabilidade da jurisdição, do devido processo legal, do contraditório e da ampla defesa dependeria de prévia análise da legislação processual que disciplina a matéria, configurando, mesmo que procedente, violação reflexa e oblíqua da Carta Constitucional, que não enseja o conhecimento do recurso extraordinário. O artigo 93, IX, da Constituição da República exige que o órgão jurisdicional explicite, ainda que sucintamente, as razões do seu convencimento, sendo prescindível o exame detalhado de cada argumento suscitado pelas partes. A simples contrariedade da parte não configura negativa de prestação jurisdicional. *O requisito do prequestionamento obsta o conhecimento de questões constitucionais inéditas. Esta Corte não tem procedido à exegese a contrario sensu da Súmula STF 356 e, por consequência, somente considera prequestionada a questão constitucional quando tenha sido enfrentada, de modo expresso, pelo Tribunal a quo. A mera oposição de embargos declaratórios não basta para tanto. Logo, as modalidades ditas implícita e ficta de prequestionamento não ensejam o conhecimento do apelo extremo. Aplicação da Súmula STF 282:* 'É inadmissível o recurso extraordinário, quando não ventilada, na decisão recorrida, a questão federal suscitada'. [...] Agravo regimental conhecido e não provido" (STF, 1T., RE 591.961 AgR, rel. min. Rosa Weber, j. 5/2/2013, DJe-037 Divulg 25/2/13 Public 26/2/13; sem destaques no original). Da mesma relatora: STF, 1T., RE 629.943 AgR, rel. min. Rosa Weber, j. 5/0/2013, DJe-037 Divulg 25/2/13 Public 26/2/13.

> Art. 1025, NCPC. Consideram-se incluídos no acórdão os elementos que o embargante suscitou, *para fins de pré-questionamento, ainda que os embargos de declaração sejam inadmitidos ou rejeitados,* caso o tribunal superior considere existentes erro, omissão, contradição ou obscuridade.

Dessa feita, vários problemas serão solucionados: i) a desnecessidade de reiteração de embargos de declaração, utilizada para *forçar* a manifestação expressa sobre teses e/ou dispositivos legais/constitucionais, o que diminuirá o trabalho dos advogados e dos julgadores; ii) a diminuição do número de condenações com arrimo no art. 538, parágrafo único, CPC/73, as quais, no mais das vezes, davam ensejo a recursos especiais embasados na súmula 98/STJ; iii) haverá maior segurança jurídica, pois os advogados terão a certeza de que não correrão o risco, após a primeira (e única!) interposição de embargos de declaração, de ver seus recursos excepcionais inadmitidos por falta de prequestionamento; iv) permitir-se-á, assim, maior conhecimento do mérito recursal, com todas as vantagens daí decorrentes.

Além disso, merece loas o art. 941, §3º, NCPC, que determina que os julgadores apresentem o(s) voto(s) vencido(s), o(s) qual(is) terá(ão), também, validade para efeito de prequestionamento, situação que contribuirá para a economia processual e a celeridade, na medida em que evitará com que a parte tenha que manejar o recurso integrativo a fim de, primeiramente, obter o(s) voto(s) dissonante(s) e, depois, fazer com que ele(s) seja(m) debatido(s) pelos votantes majoritários, vez que, atualmente, por força da súmula 320/STJ, a tese enfrentada apenas pelo voto minoritário não é considerada *prequestionada*.

> Art. 941. Proferidos os votos, o presidente anunciará o resultado do julgamento, designando para redigir o acórdão o relator ou, se vencido este, o autor do primeiro voto vencedor. [...]
>
> *§3º O voto vencido será necessariamente declarado e considerado parte integrante do acórdão para todos os fins legais, inclusive de pré-questionamento.*

2.3 A dispensa expressa da ratificação recursal

Até 11 de junho de 2013,[58] não havia dúvida, no seio dos Tribunais Superiores, de que era exigível, do interessado, a *ratificação* de recurso interposto na pendência de julgamento de embargos

---

[58] Tal se afirma, pois em 11 de junho de 2013 a 1ª Turma do STF, depois de severas críticas doutrinárias, deu mostras de que pode rever tal posicionamento, entendendo desnecessária tal ratificação (STF, 1T., RE 680.371, rel. min. Dias Toffoli, rel. para o acórdão min. Marco Aurélio, j. 11/6/13, publicado no informativo 710, de 10 a 14 de junho de 2013). Veja-se, a propósito: CUNHA, Leonardo José Carneiro da. *Opinião 12 — Súmula do STJ, N. 418. Recente precedente do STF em sentido diverso.* Disponível em: <www.leonardocarneirodacunha.com.br/opiniao/opiniao-12-sumula-do-stj-n-418-recente-precedente-do-stf-em-sentido-diverso/>. Acesso em: 10 jan. 2015.

de declaração, ainda que esses em nada alterem a decisão originária. Trata-se de orientação atualmente sumulada (súm. 418/STJ) e que, conforme restou demonstrado,[59] chegou a ser exigida inclusive de modo retroativo, ceifando milhares de pretensões pendentes que nunca chegaram a ter seu mérito enfrentado.

A despeito dessa possível alteração jurisprudencial, sobreleva ressaltar que a jurisprudência dos Tribunais Superiores, ao exigir a "ratificação/reiteração" para o conhecimento dos recursos excepcionais nos casos acima alinhavados, *criou verdadeiro requisito de admissibilidade não exigido pela legislação processual.*

Explica-se: quando o legislador desejou ser necessário, para o conhecimento de recurso já interposto, um segundo ato, qual seja, uma ratificação, expressamente assim asseverou, como ocorre nos recursos retidos (agravo retido: art. 523, *caput*, e §1º, CPC; recursos excepcionais retidos: art. 542, §3º, CPC/73), ocorrendo, no caso, o denominado *efeito diferido.*[60]

Todavia, aqui, não é o caso. A lei nada diz a respeito, sendo defesa tal exigência jurisprudencial.

Exigir-se tal "ratificação" seria, assim, considerar que esse recurso excepcional, interposto antes do julgamento (e, às vezes, até mesmo da interposição) de embargos de declaração da parte contrária, no tribunal *a quo*, seria uma espécie de "recurso complexo", algo não intentado pelo legislador.

A posição jurisprudencial ora comentada padece de equívoco na medida em que, *sem qualquer autorização legal*, obsta recurso excepcional, violando, assim, o devido processo legal, a legalidade e a separação de poderes. Senão, veja-se:

A CF/1988, em seu art. 22, I, preceitua que "compete *privativamente à União legislar sobre direito* [...] *processual".*

Assim, somente a *lei federal* pode modificar/criar/excluir regras de índole processual, sendo proibida qualquer manifestação do Legislativo Estadual/Distrital/Municipal e/ou do Poder Judiciário nesse sentido.

Acerca do direito processual e, mais precisamente, na seara recursal, prevalece a regra da taxatividade: somente aquilo definido em lei federal é considerado válido para a sistemática recursal. Qualquer outro ato normativo (salvo norma constitucional, por óbvio) está terminantemente proibido de se manifestar a respeito. Tal vedação se estende, também, para os demais

---

[59] FARIA, Márcio Carvalho. A jurisprudência defensiva dos Tribunais Superiores e a ratificação necessária (?) de alguns recursos excepcionais. *Revista de Processo*, São Paulo, v. 167, p. 250-269, 2009.

[60] Nesse sentido, lição de Cassio Scarpinella Bueno: "[...] é possível fazer referência a um 'efeito diferido' dos recursos naqueles casos em que o seu processamento, isto é, a sua tramitação, o seu seguimento, depende da interposição e do recebimento de outro recurso. [...] Não é errado, para dar maior utilidade ao efeito aqui examinado, trazer para seus domínios o agravo retido. Nos casos em que não se opere o efeito 'regressivo' [...], é possível, à luz do art. 523, §1º, sustentar que o conhecimento do agravo retido depende da reiteração expressa pelo agravante em razões ou contrarrazões de apelação" (BUENO, Cassio Scarpinella. *Curso sistematizado de direito processual civil.* São Paulo: Saraiva, 2009. v. 5, p. 78).

poderes, pelo que impossível se tutelar o direito processual por medida provisória (ato do Executivo) ou por entendimento jurisprudencial dominante (ato do Judiciário).

No caso, apenas a lei federal, consoante se observou, poderia criar/modificar/extinguir regras processuais recursais atinentes à admissibilidade dos recursos. Contudo, a referida exigência de ratificação de apelo extremo *foi criada pela jurisprudência defensiva dos Tribunais Superiores*, na medida em que não existe, na lei federal, qualquer norma nesse sentido.

Dessa forma, a citada exigência é inconstitucional sob a égide formal, por manifesto vício de competência, violando, fora de dúvida, o art. 22, I, CF/1988 retrotranscrito.

Além disso, há que se considerar que, como somente o Legislativo Federal pode promover alterações válidas na legislação processual nacional, e tendo, como visto, o Judiciário se imiscuído nesse ponto, inequívoca também a ofensa, *in casu*, da regra constante no art. 2º, CF/1988, qual seja, o princípio da separação de poderes. Afinal, se a própria CF/1988 assegura ser a legislação processual competência privativa da União Federal e, como visto, o Judiciário, por meio da jurisprudência de seus Tribunais Superiores, *cria verdadeiro requisito de admissibilidade*, é evidente que a exigência da prévia ratificação está a ofender o citado princípio da separação de poderes.[61]

Como se isso não bastasse, a exigência da retrocitada ratificação viola o devido processo legal, sob o aspecto formal, outra garantia constitucional insculpida no art. 5º, LIV. Isso porque uma das faces desse princípio é o respeito à legalidade, ao procedimento previsto em lei. Con-

---

[61] Acerca de tal comezinho princípio, já decidiu o STF, como se vê em alguns precedentes históricos: i) "*À União, nos termos do disposto no art. 22, I, da CF, compete privativamente legislar sobre direito processual. Lei estadual que dispõe sobre atos de Juiz, direcionando sua atuação em face de situações específicas, tem natureza processual e não meramente procedimental*" (ADIn 2.257, j. 6.4.2005, rel. min. Eros Grau, *DJ*, 26.8.2005; destaques acrescentados); ii) "[...] Invade a competência da União, norma estadual que disciplina matéria referente ao valor que deva ser dado a uma causa, tema especificamente inserido no campo do Direito Processual" (ADIn 2.655, j. 9.10.2003, rel. min. Ellen Gracie, *DJ*, 26.3.2004); iii) "Poder Constituinte Estadual: autonomia (ADCT, art. 11): *restrições jurisprudenciais inaplicáveis ao caso. É da jurisprudência assente do Supremo Tribunal que afronta o princípio fundamental da separação a independência dos Poderes o trato em constituições estaduais de matéria, sem caráter essencialmente constitucional* – assim, por exemplo, a relativa à fixação de vencimentos ou a concessão de vantagens específicas a servidores públicos —, *que caracterize fraude à iniciativa reservada ao Poder Executivo de leis ordinárias a respeito: precedentes. A jurisprudência restritiva dos poderes da Assembleia Constituinte do Estado-membro não alcança matérias às quais, delas cuidando, a Constituição da República emprestou alçada constitucional.* Anistia de infrações disciplinares de servidores estaduais: competência do Estado-membro respectivo. Só quando se cuidar de anistia de crimes — que se caracteriza como *abolitio criminis* de efeito temporário e só retroativo — a competência exclusiva da União se harmoniza com a competência federal privativa para legislar sobre Direito Penal; ao contrário, conferir à União — e somente a ela — o poder de anistiar infrações administrativas de servidores locais constituiria exceção radical e inexplicável ao dogma fundamental do princípio federativo — qual seja, a autonomia administrativa de Estados e Municípios — que não é de presumir, mas, ao contrário, reclamaria norma inequívoca da Constituição da República (precedente: Rp 696, 6.10.1966, red. Baleeiro). Compreende-se na esfera de autonomia dos Estados a anistia (ou o cancelamento) de infrações disciplinares de seus respectivos servidores, podendo concedê-la a Assembleia Constituinte local, mormente quando circunscrita — a exemplo da concedida pela Constituição da República — às punições impostas no regime decaído por motivos políticos" (ADIn 104, j. 4.6.2007, rel. min. Sepúlveda Pertence, *DJ*, 24.8.2007; destaques acrescentados).

dicionar a admissão de recurso especial independente à posterior ratificação, sem a necessária determinação legal, fere, de forma indelével, o citado princípio.[62]

Críticas e/ou elogios à parte, o NCPC, depois das alterações realizadas no Senado, pretendeu solucionar tal dilema, asseverando, de forma expressa, a *desnecessidade desta ratificação*, devendo o recurso principal ser processado e julgado sem que o recorrente tenha que observar tal *exigência jurisprudencial*.

> *Art. 1024. [...] §5º Se os embargos de declaração forem rejeitados ou não alterarem a conclusão do julgamento anterior, o recurso interposto pela outra parte, antes da publicação do julgamento dos embargos de declaração será processado e julgado independentemente de ratificação.*

Dessa forma, elimina-se uma das principais *armadilhas jurisprudenciais*, vez que não raras vezes, por força da imensidão territorial brasileira e até mesmo o desconhecimento, por grande parte dos operadores do direito, de tantos *requisitos jurisprudenciais*, muitos causídicos sequer acabavam tendo ciência e/ou têm tempo hábil de realizar a mencionada ratificação, fazendo com que, *sem razoabilidade e, notadamente, ao arrepio da lei processual*, o recurso fosse inadmitido.

2.4 O rigorismo no preenchimento das guias de preparo recursal

Como se sabe, entre os requisitos de admissibilidade recursais se encontra a exigência do preparo, o qual consiste no pagamento e na posterior comprovação das custas e dos emolumentos processuais, sob pena de, não o fazendo, aplicar-se a pena da deserção (art. 511, CPC/73).

Por força das diversas formas de recolhimento e, sobretudo, dos diferentes valores que ele pode ter (que variam de acordo com o estado-membro da federação, com o tamanho e o peso do processo, com a espécie recursal interposta, com a jurisdição do processo etc.), é muito comum que o montante do preparo seja recolhido indevidamente. Nesse sentido, e já ciente dessas dificuldades, o próprio legislador permitiu, no art. 511, §2º, CPC/73 concessão do prazo de cinco dias para o saneamento de eventual vício.

---

[62] Sobre o assunto, palavras de José Rogério Cruz e Tucci: "[...] Em síntese, a garantia constitucional do devido processo legal deve ser uma realidade durante as múltiplas etapas do processo judicial, de sorte que ninguém seja privado de seus direitos, a não ser que no procedimento em que este se materializa se constatem todas as formalidades e exigências em lei previstas" (TUCCI, José Rogério Cruz e. *Garantias constitucionais do processo civil*. São Paulo: Revista dos Tribunais, 1999. p. 259-260).

Ocorre, porém, que, conforme chegamos a demonstrar em outra oportunidade,[63] os Tribunais Superiores têm sido rigorosíssimos no trato do preparo, notadamente no que se refere à forma de preenchimento das guias comprobatórias de recolhimento. Nesse sentido, há julgados que consideram deserto (i) recurso cuja guia foi preenchida à caneta ou (ii) por eventual aposição incorreta de algum dígito e/ou código na guia, sem que ao recorrente seja dada oportunidade de saneamento de tal "vício".

Ora, qual é a lógica de se permitir o complemento do *valor* do preparo (esta sim, a parte mais importante do requisito de admissibilidade, que serve para o custeio da máquina judiciária), e não se tolerar que pretensa incorreção no preenchimento das guias de recolhimento não seja sanada?

Em síntese, a "justificativa" seria a de evitar fraudes, pois, à mão, uma mesma guia paga poderia ser reaproveitada para vários recursos, situação que traria prejuízo aos cofres públicos.[64]

A despeito disso, verifica-se que o rigorismo descrito configura, em verdade, infeliz apego ao *formalismo-excessivo* e (mais uma vez) à *jurisprudência defensiva*, vez que, com tal expediente, milhares de recursos deixam de ser conhecidos todos os dias, "aliviando" a carga de trabalho do Judiciário.

Atento a tudo isso, e fazendo eco com os reclamos da comunidade jurídica (especialmente dos advogados!), o NCPC, com a redação que lhe foi atribuída após as alterações no Senado e na Câmara dos Deputados, prescreveu:

Art. 1007. No ato de interposição do recurso, o recorrente comprovará, quando exigido pela legislação pertinente, o respectivo preparo, inclusive porte de remessa e de retorno, sob pena de deserção. [...]

§ 7º *O equívoco no preenchimento da guia de custas não implicará a aplicação da pena de deserção, cabendo ao relator, na hipótese de dúvida quanto ao recolhimento, intimar o recorrente para sanar o vício no prazo de 5 (cinco) dias.*

---

[63] FARIA, Márcio Carvalho. O formalismo exacerbado quanto ao preenchimento de guias de preparo: ainda a jurisprudência defensiva dos Tribunais Superiores. *Revista de Processo*, São Paulo, v. 187, p. 231-253, 2011.

[64] "Deserção. Porte. Retorno. Recolhimento. O recolhimento de porte de remessa e retorno dos autos mediante guia de recolhimento da União — GRU deve obedecer aos termos da Res. 12/2005 do STJ, com a alteração dada pelo Ato 141/2006 também deste Superior Tribunal. Explica a Ministra relatora que *essa resolução foi baixada a fim de evitar o indevido aproveitamento de guias de recolhimento de outros processos, como na hipótese desses autos, impedindo-se a lesão aos cofres públicos.* Logo, não há como acolher a pretensão da recorrente de aproveitar o recolhimento de porte de remessa e retorno relativa a outros feitos. Com esses argumentos, a Turma conheceu o recurso e, estando evidenciada a má-fé, condenou o subscritor do recurso ao pagamento da multa em 1% do valor atualizado da causa, bem como ao pagamento de indenização nos termos do art. 18, §2º, do CPC (LGL 1973\5), equivalente a 3% do valor atualizado da causa" (STJ, REsp 968.510/PR, j. 6.3.2008, rel. min. Eliana Calmon — destaques acrescentados).

Trata-se, a nosso sentir, de redação a ser elogiada, que corrobora o que bem observou Carlos Alberto Alvaro de Oliveira:[65]

> [...] os fins não justificam os meios; o direito material não deve ser realizado à custa dos princípios e garantias fundamentais do cidadão [...]. Impõe-se, portanto, a veemente rejeição do formalismo oco e vazio, que desconhece o concreto e as finalidades maiores do processo, descurando de realizar a justiça material do caso.

2.5 Fungibilidade entre recurso especial e recurso extraordinário

Outra poderosa *arma* de que dispõem as vias excepcionais no *fuzilamento* de recursos excepcionais é, indubitavelmente, a proibição de discussão, no bojo do recurso extraordinário, de matérias que somente venham a malferir o texto constitucional *por ricochete, indiretamente* ou de modo *reflexo*.[66]

Sucede que, dada a prolixidade da Constituição Federal e, obviamente, o fato de que sua redação deve embasar todas as normas infraconstitucionais, há muitas situações gris em que o recorrente, no momento em que analisa determinado acórdão dos tribunais locais, não consegue ter certeza se se trata de uma questão de cunho legal (o que, como é cediço, daria ensejo a recurso especial) e/ou de uma matéria constitucional (que ensejaria recurso extraordinário, na forma do art. 102, III, CF/88), sobretudo em searas do direito recheadas de normas *repetidoras* (*v.g.*, o direito tributário).[67] Nesse cenário, não raras vezes o recorrente (e até mesmo os próprios julgadores)[68] se confunde, manejando instrumento que, posteriormente, vem descobrir ser im-

---

[65] Carlos Alberto Alvaro Oliveira, *O formalismo-valorativo no confronto com o formalismo excessivo*, op. cit.

[66] Para se ter uma ideia da largueza de sua incidência, uma brevíssima pesquisa jurisprudencial realizada em 11 de janeiro de 2012, às 0h55, no site oficial do STF, demonstra a existência de 2.585 acórdãos e 8.493 decisões monocráticas abordando o tema "ofensa indireta" e outros 2.396 acórdãos e 8.706 decisões monocráticas com o tema "ofensa reflexa", enquanto, por exemplo, a expressão "princípio da proporcionalidade" aparece em 212 acórdãos e 739 decisões monocráticas.

[67] Como exemplo, veja-se o que preceitua o art. 145, II, da CF/88 e o compare com o art. 144, II, da Constituição Estadual de Minas Gerais, ambos de redação idêntica: "[...] CF/88, art. 145. "A União, os Estados, o Distrito Federal e os Municípios poderão instituir os seguintes tributos: [...] II — taxas, em razão do exercício do poder de polícia ou pela utilização, efetiva ou potencial, de serviços públicos específicos e divisíveis, prestados ao contribuinte ou postos a sua disposição". CEMG, art. 144 — "Ao Estado compete instituir: [...] II — taxas, em razão do exercício do poder de polícia ou pela utilização, efetiva ou potencial, de serviços públicos específicos e divisíveis, prestados ao contribuinte ou postos à sua disposição".

[68] Em relato interessantíssimo, Luiz Henrique Volpe Camargo demonstra que, em determinadas situações, STF e STJ têm entendimentos diversos acerca de suas competências, o que enseja, na prática, um verdadeiro *jogo de empurra*, em que, no fim das contas, nenhum dos dois efetivamente decide a controvérsia: "[...] E o pior é que STF e STJ têm pensamentos diferentes acerca de suas atribuições, sendo certo que os dois acórdãos abaixo trans-

prestável, vez que frequentemente nem mesmo o mais experiente dos operadores do direito consegue vislumbrar, *a priori*, a diferença entre a *ofensa direta* ao texto constitucional (que enseja RE) e a ofensa *reflexa* (ou *indireta*) à CF/88, a qual, ao contrário, conforme, *v.g.*, dispõe a súmula 636/STF,[69] não tolera o RE.

Ademais, há que se considerar que eventual matéria reconhecida como *legal* pode, por força de guinada jurisprudencial, ser entendida como *constitucional*, situação que pegará de surpresa todos os jurisdicionados e até mesmo as instâncias inferiores. Foi o que ocorreu, por exemplo, com a discussão relativa à constitucionalidade/ilegalidade do art. 56 da Lei nº 9.430/1996, que revogou a isenção da Cofins concedida às sociedades civis de profissionais pelo art. 6º da Lei Complementar nº 70/91.[70] Durante muito tempo, o STF sequer conhecia dos recursos extraordinários interpostos sobre tal tema, aduzindo que se tratava de questões resolvidas no plano da legalidade, pelo que prevalecia, assim, a súmula 276/STJ.[71] Em 17 de setembro de 2008, contudo,

---

critos são emblemáticos na demonstração desse lamentável conflito. Veja-se o que decidiu o STF: 'Se a discussão em torno da integridade da coisa julgada reclamar análise prévia e necessária dos requisitos legais, revelar-se-á incabível o recurso extraordinário, eis que, em tal hipótese, a indagação em torno do que dispõe o art. 5º, XXXVI, da Constituição — por supor o exame, *in concreto*, dos limites subjetivos (CPC, art. 472) e/ou objetivos (CPC, arts. 468, 469, 470 e 474) da coisa julgada — traduzirá matéria revestida de caráter infraconstitucional, podendo configurar, quando muito, situação de conflito indireto com o texto da Carta Política, circunstância essa que torna inviável o acesso à ordem extraordinária. Precedentes'. [RE 220517 AgR, rel. min. Celso de Mello, 2ª T., j. 10.4.01, *DJ*, 10.8.01]. O STJ, por sua vez, decidiu da seguinte forma: 'I — Se a matéria tratada na legislação federal é também de natureza constitucional, o recurso próprio para alegar contrariedade a regra inserta em ambos os dispositivos (infraconstitucional e constitucional) é o extraordinário, e não o especial. II — alegação de desrespeito a direito adquirido e ato jurídico perfeito deve ser formulada em RE, pois o inciso XXXVI do art. 5º da CF/88 reproduziu o disposto no art. 6º da LICC, o que revela a natureza constitucional da questão. Do contrário, ou seja, se o STJ emitisse juízo sobre as supostas violações do art. 6º da LICC, esta corte se tornaria apenas mais um degrau rumo ao STF, deixando de ser uma instância excepcional, pois os acórdãos proferidos pelo STJ seriam constantemente impugnados através de recurso extraordinário'. [Resp 7526/SP, rel. min. Adhemar Maciel, 2ª T., j. 19.2.98, *DJ*, 6.4.98, p. 70]. Como se viu, caso o tema objeto do recurso extraordinário fosse tratado na Constituição e em norma infraconstitucional, o STF assentou que era o STJ quem deveria decidir a questão e, de outro lado, em um recurso especial, quando a matéria dizia respeito à norma infraconstitucional e também à Constituição Federal, o STJ assentou que a matéria deveria ser decidida pelo STF. Conclusão: em nenhum dos casos a matéria de fundo foi decidida. Quando os tribunais se omitem e *um relega para o outro* o julgamento da questão, quem perde é o jurisdicionado, que deixa de receber, do Estado-Juiz, a correta prestação jurisdicional pelo respectivo órgão que tem o dever de fazê-lo pela última vez, vale dizer, tanto do STJ que deixa de decidir qual a correta aplicação da Lei Federal quanto do STF que também deixa de dizer qual a adequada interpretação da Constituição Federal" (Luiz Henrique Volpe Camargo, "A fungibilidade entre o recurso especial e o recurso extraordinário no Projeto do Novo CPC e a ofensa reflexa e frontal à Constituição Federal", op. cit., p. 415-416).

[69] Súmula 636/STF: "Não cabe recurso extraordinário por contrariedade ao princípio constitucional da legalidade, quando a sua verificação pressuponha rever a interpretação dada a normas infraconstitucionais pela decisão recorrida".

[70] Interessante relato histórico sobre o tema pode ser encontrado em ABRAHAM, Marcus. *Coisa julgada em matéria tributária: relativização ou limitação? Estudo de Caso da Cofins das sociedades civis.* Disponível em: <www.pgfn.gov.br/revista-pgfn/ano-i-numero-i/marcus.pdf>. Acesso em: 23 jan. 2015.

[71] Súmula 276/STJ: "As sociedades civis de prestação de serviços profissionais são isentas da Cofins, irrelevante o regime tributário adotado" (cancelada pela 1ª Seção em 12 de novembro de 2008, no julgamento da AR 3.761-PR).

o STF mudou de posição, entendendo se tratar, essa mesma matéria, de "controvérsia constitucional", com repercussão geral reconhecida, inclusive (REs nᵒˢ 377.457 e 381.964). Em situações como essas, aquele que vislumbrava inconstitucionalidade na Lei nᵒ 9.430/1996, antes de setembro de 2008, interpunha RE e tinha a sua pretensão inadmitida; hoje, como se viu, a situação é diametralmente oposta...

Dessa feita, e por força da preclusão[72] consumativa,[73] o jurisdicionado acaba ficando em maus lençóis: se interpõe recurso especial, e matéria é de cunho constitucional, o STJ não irá analisá-lo; se, todavia, maneja o recurso extraordinário, e a ofensa à CF/88 é *indireta*, seu reclamo também não será admitido.

Certo é que, em se tratando de acórdão assentado em mais de um fundamento, em uma espécie de *lógica bivalente*,[74] cada qual suficiente, *per se*, para se mantê-lo, é evidente que eventual

---

[72] "O desiderato de restringir a liberdade das partes é obtido principalmente pelo instituto da preclusão. Esse mecanismo processual põe em destaque, como bem demonstrou Oskar Büllow, o caráter público, objetivo e rigoroso do princípio da responsabilidade da parte, abstraída qualquer consideração de culpa, orientando-se o processo principalmente para a certeza, colocadas em segunda plana as exigências de justiça. [...] Pela ótica do princípio da preclusão, a divisão do procedimento em fases traz consigo a exigência de realizadas as respectivas providências na fase processual correspondente ou dentro de determinado espaço de tempo, findo o qual já não poderá se realizar (*Präklusivstadien*). Contrapõe-se a esse o princípio da unidade da causa (*Einheit der Verhandlung, Einheitlichkeit*), também chamado de liberdade processual (*Prozessfreiheit*), segundo o qual podem as partes apresentar suas alegações e provas, conforme se mostre necessário, até o momento da sentença. Não há dúvida, portanto, de que a ameaça da preclusão constitui princípio fundamental da organização do processo, sem o qual nenhum procedimento teria fim" (Carlos Alberto Alvaro Oliveira, *Do formalismo no processo civil*, op. cit., p. 227-228).

[73] EMENTA: AGRAVO REGIMENTAL NO RECURSO EXTRAORDINÁRIO. TRIBUTÁRIO. ICMS. AUSÊNCIA DE PREQUESTIONAMENTO. SÚMULAS 282 E 356 DO STF. CONTROVÉRSIA SOBRE A LEGITIMIDADE DA INSCRIÇÃO EM DÍVIDA ATIVA DECORRENTE DO NÃO RECOLHIMENTO DE TRIBUTO. ANÁLISE DA LEGISLAÇÃO INFRACONSTITUCIONAL E REEXAME DO CONJUNTO FÁTICO-PROBATÓRIO. OFENSA INDIRETA. INCIDÊNCIA DA SÚMULA 279 DO STF. ALEGAÇÃO DE VIOLAÇÃO AO ART. 5ᵒ, LIV E LV, DA CONSTITUIÇÃO FEDERAL. OFENSA REFLEXA. MANUTENÇÃO DOS FUNDAMENTOS INFRACONSTITUCIONAIS SUFICIENTES DO ACÓRDÃO RECORRIDO. SÚMULA 283 DO STF. AGRAVO IMPROVIDO. I — Ausência de prequestionamento do art. 150, IV, da CF. Incidência da Súmula 282 do STF. Ademais, não opostos embargos declaratórios para suprir a omissão, é inviável o recurso, a teor da Súmula 356 desta Corte. II — A discussão acerca da legitimidade da inscrição em dívida ativa decorrente do não recolhimento de ICMS demanda o reexame do conjunto fático-probatório dos autos, o que é vedado pela Súmula 279 do STF, bem como a análise da legislação infraconstitucional aplicável à espécie, sendo certo que a ofensa à Constituição, se ocorrente, seria apenas indireta. III — Esta Corte firmou orientação no sentido de ser inadmissível, em regra, a interposição de recurso extraordinário para discutir matéria relacionada à ofensa aos princípios constitucionais do devido processo legal, da ampla defesa e do contraditório, quando a verificação dessa alegação depender de exame prévio de legislação infraconstitucional, por configurar situação de ofensa reflexa ao texto constitucional. Precedentes. IV — Com a negativa de provimento, pelo Superior Tribunal de Justiça, ao agravo de instrumento interposto contra decisão que inadmitiu o recurso especial, tornaram-se definitivos os fundamentos infraconstitucionais suficientes que amparam o acórdão recorrido. Incidência da Súmula 283 do STF. V — Agravo regimental improvido. (STF, 1T., RE 628519 AgR, rel. min. Ricardo Lewandowski, j. 706/2011, DJe-119 Divulg 21-06-2011 Public 22-06-2011 Ement Vol-02549-02 PP-00206).

[74] Expressão de Rodolfo de Camargo Mancuso, *Recurso extraordinário e recurso especial*, op. cit., p. 397.

recurso excepcional deverá atacar todos esses arrimos, sob pena de inaceitável desperdício de prestação jurisdicional (ou juízo negativo de admissibilidade recursal). Isso vale não só para a interposição simultânea de recursos especial e extraordinário, mas também para situações nas quais, mesmo na seara de apenas um recurso, a omissão do causídico sobre determinado ponto possa prejudicar o conhecimento dos demais.

Ocorre, contudo (e aí reside o cerne do problema), que, embora no momento da interposição possa parecer existente, por exemplo, apenas a ofensa à lei federal (o que levaria o advogado a manejar *apenas* o recurso especial), pode ser que, quando do seu julgamento, o STJ decida que há, na hipótese, matéria constitucional, fato que, por força da já citada preclusão consumativa, faria com que o recurso especial não fosse conhecido.

Para evitar tal *surpresa*, os interessados acabam optando por interpor, simultaneamente, recurso especial e recurso extraordinário, até mesmo para evitar o risco de incidência das súmulas 126/STJ[75] e 283/STF.[76]

Tal saída, embora traga mais segurança quanto à admissibilidade, acarreta incontáveis prejuízos ao Poder Judiciário (que acaba tendo que se manifestar sobre vários recursos que poderiam ter sido evitados), ao advogado (que é obrigado a redigir, interpor e acompanhar vários recursos em vez de poucos) e ao próprio jurisdicionado (que se vê onerado no pagamento de custas, emolumentos e honorários desnecessariamente).

Com fincas a extirpar tais dificuldades, o NCPC trouxe, em seus arts. 1032 e 1033, regra elogiável que deverá solucionar todo o imbróglio, vez que permite a *fungibilidade* entre o recurso especial e o recurso extraordinário, criando uma espécie de *ponte*[77] entre o STF e o STJ, determinando, em caso de interposição equivocada, que um Tribunal Superior determine o envio dos autos ao outro para prosseguimento do feito. Veja-se:

> Art. 1.032. Se o relator, no Superior Tribunal de Justiça, entender que o recurso especial versa sobre questão constitucional, deverá conceder prazo de quinze dias para que o recorrente demonstre a existência de repercussão geral e se manifeste sobre a questão constitucional.

---

[75] Súmula 126/STJ: É inadmissível recurso especial quando o acórdão recorrido assenta em fundamentos constitucional e infraconstitucional, qualquer deles suficiente, por si só, para mantê-lo, e a parte vencida não manifesta recurso extraordinário.

[76] Súmula 283/STF: É inadmissível o recurso extraordinário quando a decisão recorrida assenta em mais de um fundamento suficiente e o recurso não abrange todos eles.

[77] A expressão é de Luiz Guilherme Marinoni e Daniel Mitidiero: "[...] O Projeto propõe interessante *ponte* entre o Supremo Tribunal Federal e o Superior Tribunal de Justiça para viabilizar o conhecimento de recurso extraordinário e de recurso especial interpostos equivocadamente. Também aqui o que está por debaixo das regras propostas é a necessidade de reconhecer na atuação das cortes superiores um trabalho que visa a objetivos ligados precipuamente à unidade do Direito, e não apenas ao interesse do recorrente" (Luiz Guilherme Marinoni e Daniel Mitidiero, *O projeto do CPC*, op. cit., p. 188).

Parágrafo único. Cumprida a diligência de que trata o *caput*, remeterá o recurso ao Supremo Tribunal Federal, que, em juízo de admissibilidade, poderá devolvê-lo ao Superior Tribunal de Justiça.

Art. 1.033. Se o Supremo Tribunal Federal considerar como reflexa a ofensa à Constituição afirmada no recurso extraordinário, por pressupor a revisão da interpretação da lei federal ou de tratado, remetê-lo-á ao Superior Tribunal de Justiça para julgamento como recurso especial.

Trata-se, a nosso ver, de solução consentânea com as funções dos recursos excepcionais, na medida em que permite, dês que, obviamente, atendidos os demais requisitos de admissibilidade, o julgamento do mérito recursal, fazendo com que as vantagens daí decorrentes sejam observadas.[78-79]

---

[78] É conhecida a relevância do julgamento de mérito dos recursos excepcionais, porquanto permitem aos Tribunais Superiores cumprir suas relevantes funções, quais sejam: paradigmática, nomofilática, uniformizadora e dikeológica. Sobre o assunto, que foge dos contornos do presente trabalho, consulte: Danilo Knijnik, *O recurso especial e a revisão de fato pelo Superior Tribunal de Justiça*, op. cit.; WAMBIER, Teresa Arruda Alvim. *Recurso especial, recurso extraordinário e ação rescisória*. 2. ed. São Paulo: Revista dos Tribunais, 2008; DANTAS, Bruno. *Repercussão geral*: perspectivas histórica, dogmática e de direito comparado. São Paulo: Revista dos Tribunais, 2008.

[79] Sobre o tema, consulte interessante acórdão de lavra da 1ª Turma do STF, relatado pelo min. Celso de Mello: RECURSO EXTRAORDINÁRIO — DECISÃO PROFERIDA PELO SUPERIOR TRIBUNAL DE JUSTIÇA — FUNDAMENTAÇÃO CONSTITUCIONAL INATACADA — PRECLUSÃO — RECURSO ESPECIAL NÃO CONHECIDO — ALEGAÇÃO DE DESCUMPRIMENTO DO ART. 105, III, C, DA CONSTITUIÇÃO — INOCORRÊNCIA — AGRAVO IMPROVIDO. *O recurso extraordinário e o recurso especial são institutos de direito processual constitucional. Essas duas modalidades extraordinárias de impugnação recursal possuem domínios temáticos próprios que lhes foram constitucionalmente reservados. Reservou-se, ao recurso extraordinário, em sua precípua função jurídico-processual, a defesa objetiva da norma constitucional, cabendo, ao Supremo Tribunal Federal, nesse contexto, a guarda e a proteção da intangibilidade da ordem jurídica formalmente positivada na Constituição da República. O recurso especial, por sua vez, está vocacionado, no campo de sua específica atuação temática, à tutela do direito objetivo infraconstitucional da União. A sua apreciação jurisdicional compete ao Superior Tribunal de Justiça, que detém, ope constitutionis, a qualidade de guardião do direito federal comum.* — O legislador constituinte, ao criar o Superior Tribunal de Justiça, atribuiu-lhe, dentre outras eminentes funções de índole jurisdicional, a prerrogativa de uniformizar a interpretação das leis e das normas infraconstitucionais emanadas da União Federal (CF, art. 105, III, c). Refoge, assim, ao domínio temático do recurso especial, o dissídio pretoriano, que, instaurado entre Tribunais diversos, tenha por fundamento questões de direito constitucional positivo. A existência de fundamento constitucional inatacado revela-se bastante, só por si, para manter, em face de seu caráter autônomo e subordinante, a decisão proferida por Tribunal inferior. — O acórdão do Superior Tribunal de Justiça somente legitimará o uso da via recursal extraordinária, se nele se desenhar, originariamente, questão de direito constitucional. Surgindo esta, contudo, em sede jurisdicional inferior, a impugnação, por meio do recurso extraordinário, deverá ter por objeto a própria decisão emanada do Tribunal de segundo grau, pois terá sido este, e não o STJ, o órgão judiciário responsável pela resolução incidenter tantum da controvérsia de constitucionalidade. Precedentes. (STF, 1T., AGRAG 162245, rel. min. Celso de Mello, *DJU*, 24/11/2000, p. 0089; destaques acrescentados).

3. Considerações finais

Sem a pretensão de esgotar o tema, buscou-se, com o presente, analisar algumas alterações propostas pelo NCPC (Lei Federal nº 13.105/2015) que, se efetivamente postas em prática, certamente contribuirão, a um só tempo, para facilitar o *acesso à ordem jurídica justa*, a efetividade processual e, notadamente, espancar a aviltante jurisprudência defensiva que se formou sobretudo no seio dos Tribunais Superiores.

Nesse diapasão, merecem encômios todos os juristas, estudiosos e políticos que, em maior ou menor escala, elaboraram e aperfeiçoaram, por meio de intensos debates junto ao Senado Federal e à Câmara dos Deputados, o primeiro código processual civil democrático da história de nosso país.

É bem verdade que há críticas, e muitas delas merecem nosso apoio e poderiam aqui ser enfrentadas; contudo, se a Comissão e os parlamentares tivessem que acatar todas as sugestões de cada um dos interessados, nunca alcançaríamos um novo Código. (In)felizmente, não é possível que tenhamos o NCPC *ideal*; esse, certamente, só está presente (se é que está!) no campo das ideias, no imaginário de cada estudioso do processo; nunca se obterá unanimidade, notadamente num campo tão polêmico e relevante; podemos, sim, com alguns ajustes, ter o *melhor CPC possível*, cabendo a todos os operadores do direito, quer na academia, quer nos corredores forenses, quer nas diversas instituições públicas e privadas que lidam com os processos, levá-lo a cabo, em permanente diálogo e em uma *comunidade de trabalho* (*Arbeitsgemeinschaft ou comunione del lavoro*). Afinal, uma boa lei não resolve, *per se*, os problemas do ordenamento jurídico, mas certamente auxilia, com a *colaboração* de todos os sujeitos do processo, a solucioná-los.

REFERÊNCIAS

ABRAHAM, Marcus. *Coisa Julgada em matéria tributária: relativização ou limitação? Estudo de Caso da Cofins das sociedades civis*. Disponível em: <www.pgfn.gov.br/revista-pgfn/ano-i-numero-i/marcus.pdf>. Acesso em: 23 jan. 2015.

ANTEPROJETO DO CÓDIGO DE PROCESSO CIVIL. Disponível em: <www.senado.gov.br/senado/novocpc/pdf/Anteprojeto.pdf>. Acesso em: 12 jan. 2015.

ASSUMPÇÃO, Hélcio Alves de. Recurso extraordinário: requisitos constitucionais de admissibilidade. In: FABRÍCIO, Adroaldo Furtado (Coord.). *Meios de impugnação ao julgado civil*: estudos em homenagem a José Carlos Barbosa Moreira. Rio de Janeiro: Forense, 2008. p. 259-302.

BERMUDES, Sergio. *Introdução ao processo civil*. 4. ed. Rio de Janeiro: Forense, 2006.

BUENO, Cassio Scarpinella. *Curso sistematizado de direito processual civil*. São Paulo: Saraiva, 2009. v. 5.

_____. *Quem tem medo do prequestionamento?* Disponível em: <www.scarpinellabueno.com.br/Textos/Pré-questionamento%20e%20RE.pdf>. Acesso em: 10 jan. 2015.

CAMARGO, Luiz Henrique Volpe. A fungibilidade entre o recurso especial e o recurso extraordinário no Projeto do Novo CPC e a ofensa reflexa e frontal à Constituição Federal. In: ROSSI, Fernando et al. (coord.). *O futuro do processo civil no Brasil*: uma análise crítica ao Projeto do novo CPC. Belo Horizonte: Fórum, 2011. p. 407-419.

CAPPELLETTI, Mauro; GARTH, Brian. *Acesso à justiça*. Tradução de Ellen Gracie Northfleet. Porto Alegre: Sergio Antonio Fabris, 1988.

CUNHA, Leonardo José Carneiro da. *Opinião 12 — Súmula do STJ, N.418. Recente precedente do STF em sentido diverso*. Disponível em: <www.leonardocarneirodacunha.com.br/opiniao/opiniao-12-sumula-do-stj-n-418-recente-precedente-do-stf-em-sentido-diverso/>. Acesso em: 10 jan. 2015.

DANTAS, Bruno. *Repercussão geral*: perspectivas histórica, dogmática e de direito comparado. São Paulo: Revista dos Tribunais, 2008.

DENTI, Vittorio. Questioni rilevabili d'ufficio e contraddittorio. *Rivista di Diritto Processuale*, Padova, v. 33, 1968.

DINAMARCO, Cândido Rangel. *A instrumentalidade do processo*. 13. ed. São Paulo: Malheiros, 2008.

_____. *Vocabulário do processo civil*. São Paulo: Malheiros: 2009.

CIUFFO, Diogo Carneiro. Os requisitos de admissibilidade dos recursos especial e extraordinário e a sua ilegítima utilização como filtros recursais. *Revista de Processo*, São Paulo, v. 160, p. 205-232, 2008.

DIDIER JÚNIOR, Fredie. *Curso de direito processual civil*. 13. ed. Salvador: Juspodivm, 2011. v. I.

_____. *Fundamentos do princípio da cooperação no direito processual civil português*. Coimbra: Coimbra, 2010.

DIDIER JÚNIOR, Fredie; MOUTA, José Henrique; KLIPPEL, Rodrigo (Coord.). *O projeto do novo Código de Processo Civil*: estudos em homenagem ao professor José de Albuquerque Rocha. Salvador: Juspodivm, 2011.

FARIA, Márcio Carvalho. A duração razoável dos feitos: uma tentativa de sistematização na busca de soluções à crise do processo. *Revista Eletrônica de Direito Processual*, v. 6, p. 425-465, 2010. Disponível em: <www.redp.com.br>. Acesso em: 30 jan. 2015.

_____. A jurisprudência defensiva dos Tribunais Superiores e a ratificação necessária (?) de alguns recursos excepcionais. *Revista de Processo*, São Paulo, v. 167, p. 250-269, 2009.

_____. Ainda há motivos para se ter medo do prequestionamento? *Revista de Processo*, São Paulo, v. 211, p. 143-190, 2012.

_____. O acesso à justiça e a jurisprudência defensiva dos Tribunais Superiores. *Revista do Instituto dos Advogados de Minas Gerais*, Belo Horizonte, v. 16, p. 371-388, 2010.

_____. O formalismo exacerbado quanto ao preenchimento de guias de preparo: ainda a jurisprudência defensiva dos Tribunais Superiores. *Revista de Processo*, São Paulo, v. 187, p. 231-253, 2011.

GRADI, Marco. Il principio del contraddittorio e le questioni rilevabili d'ufficio. *Revista de Processo*, São Paulo, v. 186, p. 109-160, 2010.

GRAU, Eros. *Ensaio e discurso sobre a interpretação/aplicação do direito*. 3. ed. São Paulo: Malheiros, 2005.

GRECO, Leonardo. A falência do sistema de recursos. In: _____. *Estudos de direito processual*. Campos dos Goytacazes: Faculdade de Direito de Campos, 2005. p. 287-316.

_____. *Garantias fundamentais do processo*: o processo justo. Disponível em: <www.mundojuridico. adv.br/sis_artigos/artigos.asp?codigo=429>. Acesso em: 9 jan. 2015.

_____. *Instituições de direito processual civil*. Rio de Janeiro: Forense, 2009. v. 1

_____. *Instituições de direito processual*. Rio de Janeiro: Forense, 2010. v. 2

_____. *Translatio iudicii* e reassunção do processo. *Revista de Processo*, São Paulo, v. 166, p. 9-26, 2008.

HOFFMAN, Paulo. *Razoável duração do processo*. São Paulo: Quartier Latin, 2006.

KNIJNIK, Danilo. *O recurso especial e a revisão da questão de fato pelo Superior Tribunal de Justiça*. Rio de Janeiro: Forense, 2005.

MANCUSO, Rodolfo de Camargo. *Recurso extraordinário e recurso especial*. 10. ed. São Paulo: Revista dos Tribunais, 2007.

MARINONI, Luiz Guilherme; MITIDIERO, Daniel. *O projeto do CPC*: críticas e propostas. São Paulo: Revista dos Tribunais, 2010.

MEDINA, José Miguel Garcia. *Prequestionamento e repercussão geral*: e outras questões relativas aos recursos especial e extraordinário. 5. ed. São Paulo: Revista dos Tribunais, 2009.

MITIDIERO, Daniel. *Colaboração no processo civil*: pressupostos sociais, lógicos e éticos. São Paulo: Revista dos Tribunais, 2009.

MOREIRA, José Carlos Barbosa. *Comentários ao CPC*. 15. ed. Rio de Janeiro: Forense, 2009. v. 5.

_____. Restrições ilegítimas ao conhecimento dos recursos. In: _____. *Temas de direito processual*. Nona série. São Paulo: Saraiva, 2007. p. 267-282.

NERY JÚNIOR, Nelson. *Princípios do processo na Constituição Federal*. 9. ed. São Paulo: Revista dos Tribunais, 2009.

OLIVEIRA, Carlos Alberto Alvaro. *Do formalismo no processo civil*. 4. ed. São Paulo: Saraiva, 2010.

_____. *O formalismo-valorativo no confronto com o formalismo excessivo*. Disponível em: <www6. ufrgs.br/ppgd/doutrina/CAO_O_Formalismo-valorativo_no_confronto_com_o_Formalismo_ excessivo_290808.htm>. Acesso em: 8 jan. 2015.

PINHO, Humberto Dalla Bernardina de. Os princípios e as garantias fundamentais no Projeto de Código de Processo Civil: breves considerações acerca dos artigos 1º a 12 do PLS 166/10. *Revista Eletrônica de Direito Processual*, 6. ed. Disponível em: <www.redp.com.br/arquivos/redp_6a_ edicao.pdf>. Acesso em: 9 jan. 2015.

ROSSI, Fernando et al. (Coord.). *O futuro do processo no Brasil*: uma análise crítica ao Projeto do Novo CPC. Belo Horizonte: Fórum, 2011.

SOUSA, Miguel Teixeira de. *Estudos sobre o novo processo civil*. 2. ed. Lisboa: LEX, 1997.

SOUZA, Bernardo Pimentel. *Introdução aos recursos cíveis e à ação rescisória*. 7. ed. São Paulo: Saraiva, 2010.

THEODORO JÚNIOR, Humberto; NUNES, Dierle José Coelho. Princípio do contraditório: tendências de mudança de sua aplicação. *Revista da Faculdade de Direito do Sul de Minas*, Pouso Alegre, v. 28, p. 177-206, jan./jun. 2009.

TUCCI, José Rogério Cruz e. *Garantias constitucionais do processo civil*. São Paulo: Revista dos Tribunais, 1999.

WAMBIER, Teresa Arruda Alvim. *Recurso especial, recurso extraordinário e ação rescisória*. 2. ed. São Paulo: Revista dos Tribunais, 2008.

WATANABE, Kazuo. Acesso à justiça e sociedade moderna. In: GRINOVER, Ada Pellegrini; DINAMARCO, Cândido; _____ (Org.). *Participação e processo*. São Paulo: Revista dos Tribunais, 1988. p. 128-135.

_____. Filosofia e características básicas do Juizado Especial de Pequenas Causas. In: _____ (Coord.). *Juizado Especial de Pequenas Causas*. São Paulo: Revista dos Tribunais, 1985.

A sucumbência recursal no novo CPC: razão, limites e algumas perplexidades

GUILHERME JALES SOKAL

1. A revolução dos honorários sucumbenciais no CPC/15

Os honorários de sucumbência, no Código de Processo Civil de 2015 (Lei nº 13.105/2015), sofreram uma verdadeira revolução: com uma leve dose de exagero, cabe dizer que eles eram *alguma coisa* no CPC/73, com um regime de traços bem conhecidos, e passaram a ser verdadeiramente *coisa distinta* no CPC/15. O núcleo desse novo regime jurídico dos honorários está situado no art. 85, na Parte Geral do novo Código, dispositivo consideravelmente extenso, contendo 19 parágrafos além do *caput*. É ele complementado, além dos arts. 86 a 90, também por algumas disposições na Parte Especial, de que são exemplos os arts. 338, parágrafo único, 523, §1º, e 701.

Nesse mar de novidades, a ideia do presente trabalho é apresentar um panorama geral deste novo regime, mas focando, tanto quanto possível, aquilo que é imprescindível para o exame mais detido do §11 do art. 85 do Novo Código, que inovadoramente prevê a chamada *sucumbência recursal*.[1] A teleologia desse novo instituto, como medida de desestímulo ao prolongamento de li-

---

[1] A rigor, "sucumbência recursal" expressa o simples fato da derrota no recurso, e não, como se tratará ao longo do texto, das consequências processuais que tal fato acarreta para o regime dos honorários de sucumbência. Assim, mais apurada seria, sob o ângulo técnico, a designação do tema como "honorários recursais", "honorários de sucumbência recursal" ou "majoração dos honorários pela sucumbência no recurso", mas todas essas formas

tígios, é imprimir uma ponderação econômica de riscos na escolha, pelas partes, de se insurgir ou não pela via recursal contra um ato judicial desfavorável, tomada até os dias atuais, como regra, de modo quase que automático no sentido positivo. Na nova ordem processual, porém, tal caminho passa a trazer ao recorrente ainda outros sensíveis gravames, para além dos já fixados na decisão atacada, fomentando a conclusão de que, em algumas hipóteses, o recurso simplesmente não *valerá a pena*.[2] É sobre as muitas controvérsias que tal dispositivo já tem despertado na doutrina, e que por certo ainda despertará no futuro, que se dedicarão as linhas que se seguem.

2. Notas sobre o regime geral de fixação

2.1 Nos processos entre particulares

Uma das notas mais marcantes do regime dos honorários sucumbenciais, no novo Código, está na redução da liberdade do juiz, da margem de discricionariedade que ele detinha, em larga escala, no CPC/73.

Conjugando os §§3º e 4º do art. 20 do CPC de 1973, as balizas verdadeiramente objetivas para a fixação dos honorários sucumbenciais dependiam da existência de *condenação* no capítulo principal na sentença: somente nesse caso é que haveria o limite mínimo de 10% e o limite máximo de 20% sobre uma base de cálculo definida, o valor da condenação, balizas essas dentro das quais o juiz deveria operar guiando-se pelos conceitos indeterminados das alíneas 'a' a 'c' do próprio §3º. Tinha de haver, portanto, tutela condenatória para pagamento de quantia para que incidisse o §3º.

Isso deixava a descoberto uma infinidade de outros casos, a exemplo: (i) quanto à tutela, as hipóteses de tutela constitutiva ou declaratória, ainda que procedente o pedido; (ii) mesmo na tutela condenatória, os casos de obrigação de fazer, não fazer, de dar coisa ou de prestar declaração de vontade; (iii) os casos de extinção do processo sem exame de mérito; e (iv) as sentenças de improcedência do pedido.[3] Em todos esses casos, a que se somam as condenações

---

igualmente pecam, em maior ou menor grau, por não revelarem com precisão os reais limites do instituto. Feita a ressalva, ao longo do texto tais expressões serão utilizadas como sinônimas.

[2] Apontando, de longa data, a "nova sucumbência em grau de recurso" como medida eficaz a ser tomada, no plano legislativo, para o combate ao "automatismo recursal e aos recursos protelatórios", ver GRECO, Leonardo. A falência do sistema de recursos. In: _____. *Estudos de direito processual*. Campos dos Goytacazes: Ed. Faculdade de Direito de Campos, 2005. p. 315.

[3] Sobre o ponto, ver MOREIRA, José Carlos Barbosa. Condenação em honorários de advogado. Sentença declaratória. In: _____. *Direito aplicado II*: pareceres, Rio de Janeiro: Forense, 2005. p. 389-395; e SICA, Heitor Vitor

da Fazenda, as execuções embargadas ou não, entre outros, o juiz não estava vinculado a uma baliza objetiva em um percentual sobre uma dada base de cálculo, ficando livre para usar de sua "apreciação equitativa" para fixar a verba de sucumbência, por força do disposto no §4º do mesmo art. 20. E, como se sabe, os conceitos indeterminados das alíneas do §3º, notoriamente abertos, tornavam amplo, na prática, o espaço de livre apreciação judicial, dificultando em muito a controlabilidade intersubjetiva e a previsibilidade.

O novo CPC, ao contrário, dá muito mais balizas objetivas para o juiz, reduzindo consideravelmente o alcance da "apreciação equitativa".[4] Como é possível extrair do §2º do art. 85, o parâmetro dos 10% a 20% passa a incidir não só para os casos em que haja condenação, mas também para quando for possível identificar o "proveito econômico obtido", seja pelo autor ou pelo réu, algo capaz de abarcar muito mais casos do que apenas aqueles em que há tutela condenatória de quantia concedida no capítulo principal da sentença. Passam a se enquadrar na regra, portanto, condenações a dar, fazer ou não fazer, além da tutela constitutiva e tutela executiva, sempre que for possível realizar essa mensuração do proveito econômico discutido no processo. Somente na hipótese em que, inexistindo condenação, o proveito econômico não for objetivamente aferível é que terá lugar ainda uma terceira e última base de cálculo objetiva: o valor da causa.

A pedra de toque da base de cálculo dos honorários sucumbenciais no novo CPC, portanto, passa a ser o proveito econômico discutido no processo, muito mais abrangente do que o regime do CPC/73. E, com os olhos postos no caminho já seguido pela jurisprudência sob o Código atual, o novo CPC fez questão de ser didático — e quiçá um pouco até repetitivo — para evitar que os Tribunais burlassem esses limites objetivos. Assim, embora tal conclusão já pudesse ser extraída do conceito de proveito econômico, o §6º do art. 85 reafirma a incidência dos limites mínimo e máximo e da base de cálculo objetiva independentemente do conteúdo da decisão, ainda que se trate de improcedência ou de extinção do processo sem exame de mérito, reforçando a inclinação por mais objetividade.

Definidos a incidência dessa base de cálculo e os limites mínimo e máximo, nos incs. I a IV do mesmo §2º do art. 85 do novo CPC mantêm-se os critérios abertos para a fixação da alíquota dos honorários, balizando a atuação do juiz nesse terreno segundo "o grau de zelo do profissional", "o lugar de prestação do serviço", "a natureza e a importância da causa", e "o trabalho realizado pelo advogado e o tempo exigido para o seu serviço". São, todos eles, conceitos jurídicos indeterminados, que devem ser concretizados pelo intérprete, em cada caso concreto,

---

Mendonça. Breves comentários ao art. 20 do CPC, à luz da jurisprudência do STJ. *Revista de Processo*, São Paulo, v. 207, p. 345-384, maio 2012. p. 8 (versão digital).

[4] Também assim, SICA, Heitor Vitor Mendonça. O advogado e os honorários sucumbenciais no novo CPC. In: TUCCI, José Rogério Cruz e (Coord.). *Advocacia*. Salvador: Juspodivm, 2015. p. 19-20. (Coleção Repercussões do Novo CPC — v. II).

como nortes argumentativos à luz das circunstâncias da causa. Sabe-se que, sob o CPC/73, o esforço dos juízes em justificar, racionalmente, a fixação dos honorários à luz desses critérios é, como regra, praticamente zero; como é comum no foro, simplesmente se faz consignar, ao final da decisão, "honorários em x% sobre a condenação", sem nada mais.[5] Um cenário assim traçado gera, por óbvio, ofensa à isonomia, pois advogados que desempenham funções similares em processos distintos acabam recebendo valores diferentes, mesmo que em circunstâncias idênticas na litigiosidade repetitiva, e contribui, ainda, para a interposição de recursos pelas partes para corrigir tais distorções.[6] No novo CPC, talvez não seja ilusória a esperança de que esse panorama mude, considerando que os conceitos jurídicos indeterminados do art. 85, §2º, devem ser aplicados, como quaisquer outros, à luz do que exige o art. 489, §1º, II, do Código, com um dever reforçado de fundamentação, por ser vedado ao juiz "empregar conceitos jurídicos indeterminados, sem explicar o motivo concreto de sua incidência no caso". Não basta, então, apenas fixar os honorários; é necessário demonstrar racionalmente por que eles foram fixados com essa ou aquela alíquota à luz de cada um desses incisos do §2º, sob pena de nulidade.

Nesse novo sistema de fixação, a denominada "apreciação equitativa" fica reduzida a um espaço bem pequeno, e muito mais adequado. Ela incidirá, segundo o §8º, apenas quando o proveito econômico for *inestimável* ou *irrisório*, ou, ainda, quando o valor da causa for *muito baixo*, sem assegurar justa remuneração ao advogado. Somente nesses casos o juiz ficará livre dos limites de 10 a 20% e também da base de cálculo predefinida, operando apenas com os conceitos jurídicos indeterminados do §2º.

2.2 Quando parte a Fazenda Pública

A mesma tendência de objetividade repercutiu para o regime dos honorários quando a Fazenda Pública é parte no processo.

No curso do processo legislativo do novo Código, muitas vozes se arvoraram contra o estabelecimento de qualquer regime diferenciado quando envolvidos os entes públicos. Seguindo a linha crítica em geral contra as prerrogativas da Fazenda, apontava-se que um regime assim

---

[5] Criticando tal postura já à luz do CPC/73 e com amparo no art. 93, IX, da Constituição Federal, ver José Carlos Barbosa Moreira, "Condenação em honorários de advogado", op. cit., p. 396.

[6] Com a ressalva de que o acesso ao STJ pela via do Recurso Especial, para esse fim, é sensivelmente reduzido: à luz da Súmula nº 07 do STJ ("A pretensão de simples reexame de prova não enseja recurso especial"), admite-se a rediscussão de honorários sucumbenciais em sede de recurso especial apenas nas hipóteses extremas de fixação *irrisória* ou *exorbitante* (*v.g.*, AgRg no AREsp 709.963/DF, rel. min. Humberto Martins, 2ª Turma, *DJe*, 26/8/2015), parâmetros igualmente abertos que, por sua vez, acabam por também contribuir para a falta de previsibilidade no regime geral dos honorários.

definido, tal como o que hoje vigora no §4º do art. 20 do CPC/73, ao conclamar o juiz a operar com base na sua "apreciação equitativa" apenas quando o ente público fosse sucumbente, atentava contra a igualdade, levando em conta que a atividade desempenhada pelo patrono do cidadão e do poder público é idêntica. A linha oposta foi sustentada, por sua vez, sob o argumento de que a Fazenda, além de defender o Erário, que é de todos, se submete a uma litigância repetitiva, com teses já padronizadas e, ao final, mais simples, o que geraria enriquecimento sem causa dos advogados privados com a fixação por demais elevada.

Entre os dois extremos, o meio termo que o novo CPC atingiu foi, por um lado, dar um tratamento diferenciado, sim, para quando a Fazenda estiver no processo, mas, de outro, fazer com que esse tratamento incida tanto para a Fazenda quanto para a parte contrária, na hipótese de uma ou outra acabar por vencida. Assim, a regra especial, no novo sistema, não é mais *a favor* da Fazenda, quando vencida (art. 20, §4º, do CPC/73), mas é simplesmente para *quando a Fazenda for parte*, como revela a parte inicial do §3º do art. 85 do novo Código.

E em que consiste esse tratamento diferenciado? Na essência, em um escalonamento das alíquotas dos honorários, não mais rígidas entre 10 a 20% como definido no §2º, mas que progressivamente diminuem conforme aumenta a base de cálculo, em algo que, como se passa a demonstrar, está longe de primar pela clareza e simplicidade em seu funcionamento.

Em primeiro lugar, um lançar de olhos pelos cinco incisos que compõem o §3º revela que, em todos eles, o conceito da base de cálculo dos honorários não muda: será, sempre, "o valor da condenação ou do proveito econômico obtido", seguindo a linha do avanço em prol da objetividade no já mencionado §2º. Esse componente do regime de fixação dos honorários, portanto, não se altera mesmo quando a Fazenda é parte, valendo também o socorro ao valor da causa nas hipóteses em que esses dois critérios não forem passíveis de mensuração, como afirma o §4º, III, do art. 85.

Em segundo lugar, voltando-se para o exame do §3º, a alteração que há em cada um dos incisos que compõem o dispositivo diz respeito (i) aos limites *mínimo* e *máximo* da *alíquota* dos honorários, que diminuem conforme (ii) é *progressivamente aumentado* o valor desta *base de cálculo*, aferida em salários mínimos.[7] Assim, nos processos em que for parte a Fazenda, os honorários começam no patamar ordinário de 10 a 20% para quando a base de cálculo for de

---

[7] A constitucionalidade da previsão da base de cálculo em salários mínimos despertará previsível debate à luz do art. 7º, IV, da Constituição Federal, em linha aproximável ao que dispõe a Súmula nº 201 do STJ ("Os honorários advocatícios não podem ser fixados em salários mínimos"). É questionável, porém, até que ponto a previsão traz efetivamente um potencial de indexação da economia, considerando a redução teleológica assim construída pelo STF na interpretação do art. 7º, IV, da CF/88, de que é exemplo o julgamento do AI nº 781.820-AgR, rel. min. Dias Toffoli, Primeira Turma, julgado em 27/11/2012, DJe-248 18-12-2012, e técnica legislativa similar já serviu de base à delimitação (i) da competência dos juizados especiais e (ii) do cabimento do reexame necessário.

até 200 salários mínimos, de modo similar ao que vigora quando partes os particulares (§2º), e vão sendo reduzidos até o mínimo de 1% e máximo de 3% para quando essa base de cálculo for acima de 100 mil salários mínimos, em cinco degraus que compõem essa escalada. Entre esses limites máximo e mínimo em cada degrau, a fixação da alíquota será, mais uma vez, feita de acordo com os conceitos indeterminados do §2º.

É importante destacar que esse regime demandará uma atividade muito mais complexa de fixação e controle dos honorários, sobretudo por conta de uma regra a mais que complementa o §3º. É que, quando a base de cálculo superar os limites do inc. I, o aplicador da lei não poderá olhar apenas para o inc. II ou III em que ela, porventura, se enquadre em seu todo, para assim supostamente aplicar-lhe uma única alíquota. Terá, ao contrário, de fazer vários cálculos por degrau, recortando a base de cálculo por faixa, e, em cada degrau, definir uma alíquota conforme os limites que lhes sejam próprios. A ideia, aqui, é evitar que alguém, titular de honorários que se enquadrem na base de cálculo *pouco acima* de uma dada faixa, acabe recebendo valor muito menor, com a redução da alíquota sobre toda a base de cálculo, do que outro alguém que ficasse de forma muito aproximada no teto da faixa anterior, que teria, na hipótese, alíquota maior sobre toda a base de cálculo. Essa distorção pontual é corrigida, portanto, pela disposição do §5º do art. 85, que impõe um escalonamento de aplicação sucessiva das alíquotas para cada base de cálculo por faixa, em algo aproximado ao regime de tributação do Imposto de Renda. Assim, supondo a base de cálculo em 10 mil salários mínimos, os honorários serão fixados: (i) com um percentual entre 10 a 20% (inc. I) para o montante de até 200 salários mínimos; (ii) outro percentual de 8 a 10% (inc. II) para o montante de 1.800 salários mínimos, chegando assim, no acumulado, aos 2 mil salários; e, por fim, (iii) uma alíquota de 5 a 8% (inc. III) para o montante de 8 mil salários mínimos, abarcando agora toda a base de cálculo faltante.

Por fim, o §4º complementa esse regime diferenciado do §3º para hipóteses específicas, entre as quais a já mencionada utilização subsidiária do valor da causa como base de cálculo (inc. III). Em primeiro lugar, conforme seja ou não líquida a condenação na sentença, há duas regras. Se for ela líquida, o juiz tem de fixar desde logo os percentuais em cada faixa (inc. I). Se não for líquida, não há essa definição de pronto: a fixação das alíquotas permanece como que em suspenso, aguardando até que seja finalizada a liquidação, em suas várias espécies, com a definição do *quantum debeatur*, pois só então é que haverá a identificação da base de cálculo para os honorários (inc. II). Como aponta Heitor Sica,[8] essa foi uma inteligente saída do novo Código para a polêmica dos honorários de sucumbência na liquidação, hoje em meio a incertezas sobre a necessidade de haver ou não resistência do réu para

---

[8] Heitor Vitor Mendonça Sica, "O advogado e os honorários sucumbenciais no novo CPC", op. cit., p. 24.

justificar a fixação da verba em atenção ao trabalho desempenhado nessa etapa. Com essas regras do novo CPC, ao contrário, a consequência será que, ao fixar os percentuais depois do fim da liquidação, a atividade do advogado nessa fase também acabará sendo necessariamente considerada pelo juiz, por conta do próprio momento de fixação. Por fim, o inc. IV define qual o valor do salário mínimo tem de ser considerado na equação: se líquida a condenação, será o da data em que prolatada a sentença; não líquida, aquele vigente na data da prolação da decisão de liquidação.

3. A polêmica sucumbência recursal

Com esse apanhado geral já se faz possível avançar, neste passo, para o exame mais detido da figura da sucumbência recursal no novo CPC, que já nasce tão famosa quanto polêmica. A ideia subjacente ao instituto, como já dito, é a de trabalhar com um regime de riscos e incentivos sob a lógica econômica, fazendo com que o acesso à instância recursal não seja mais um passo comum dado de forma automática ou irrefletida pelas partes, por ser capaz de incrementar os custos do processo e o peso da sucumbência. O novo CPC quer, assim, que alguém *pense mais* antes de interpor um recurso contra uma dada decisão, evitando que o faça apenas para atrasar o final do processo, eventualmente já sabedor de não ter razão.

Em uma primeira aproximação, o §11 do art. 85 prevê, para atingir esse fim, que, se alguém for sucumbente em primeiro grau e recorrer, vindo a perder, como vencido, também o julgamento do recurso no Tribunal terá de sofrer a majoração dos honorários fixados antes em prol da parte contrária, levando em conta o "trabalho adicional realizado em grau recursal". Haverá, portanto, o somatório de duas verbas, com o objetivo de desestímulo ao recurso, muito mais relevante e impactante, sob o ângulo econômico, do que o mero *preparo* como requisito genérico de admissibilidade dos recursos. Esse contorno geral do instituto, porém, deve e merece ser aprofundado em um exame mais detido, considerando o vasto leque de razões e de hipóteses que gravitam em torno de sua aplicação.

Destaque-se, em primeiro lugar, que essa ideia de majoração dos honorários, em sede recursal, encontra uma demarcação bem clara no novo CPC: os limites das alíquotas dos §§2º e 3º do art. 85. Isso significa que o Tribunal não poderá, mesmo que a parte recorra sem razão, ultrapassar os 20% previstos no §2º do art. 85, caso o juiz de primeiro grau já tenha fixado os honorários nesse patamar, pouco importando, em tal cenário, o "trabalho adicional realizado em grau recursal"; esse trabalho *não* será remunerado a mais pelos honorários, nessa especial hipótese, como ainda hoje, sob o CPC/73, não o é. Os honorários recursais no novo CPC, portanto, não significarão 10 a 20%, em primeiro grau, mais *outros* 10 a 20%, como se fossem verbas verdadeiramente autônomas;[9] é, na verdade, uma majoração, e que tem um limite legal, para evitar que os honorários alcancem um patamar excessivo. A mesma ideia se aplica quando parte a Fazenda, de modo que o juiz de primeiro grau, se em cada faixa do §3º aplicar desde logo a alíquota no teto, acabará por suprimir a margem de majoração do Tribunal ao julgar eventual recurso. Cabe, então, a pergunta: o que o Tribunal, reputando protelatório o recurso, poderá fazer, se já atingido o teto dos honorários em primeiro grau? Aplicar multa por ato atentatório à dignidade da justiça, como prevê o §12 do art. 85, além das outras sanções processuais típicas para cada hipótese recursal; não poderá, porém, majorar os honorários.

O destaque é importante porque, no curso do processo legislativo, na versão inicial do Senado, chegou a predominar orientação diversa, fixando limites distintos para a verba honorária em primeiro grau, de um lado, e, de outro, para a majoração no recurso, que poderia alcançar até 25%. Assim, na versão até então do Projeto, o juiz de primeiro grau, nas causas em geral, poderia estabelecer os honorários em até 20% e ainda remanesceriam, sempre, os 5% a mais para o Tribunal aplicar como medida de desestímulo ao recurso do vencido. Isso, contudo, não prevaleceu na Câmara dos Deputados e na versão final do Código, unificando-se o limite para primeira instância e para a instância recursal de 20%. Como já é possível antever, tal regime poderá ter um efeito sistêmico prejudicial à advocacia: os juízes de primeiro grau, para não esvaziarem esses honorários recursais e a política de desestímulo aos recursos que lhes é subjacente, acabarão fixando honorários mais baixos na sentença, longe do limite máximo,[10] e que bem podem prevalecer se não houver recurso.

3.1 Quando cabe a majoração?

Vejamos com alguma profundidade a mais, porém, em que termos cabe a aplicação desse §11, definindo seus pressupostos de incidência.

É fundamental, nesse ponto, atentar para a expressão "majorará os honorários fixados anteriormente", que consta do dispositivo. Ao falar em *majorar*, pressupõe a lei, logicamente, que a decisão atacada no recurso tenha fixado honorários; sem isso, não haveria majoração pelo

---

[9] A ressalva é relevante por conta de uma possível e perigosa leitura isolada do §1º do art. 85, segundo o qual "São devidos honorários advocatícios na reconvenção, no cumprimento de sentença, provisório ou definitivo, na execução, resistida ou não, e nos recursos interpostos, cumulativamente". Evidentemente, a cumulatividade prevista na parte final do dispositivo encontra limite em regra especial, de igual hierarquia, que baliza os honorários recursais com um teto bem claro, isto é, o §11.

[10] Como apontam CÂMARA, Alexandre. Honorários de sucumbência recursal. In: COÊLHO, Marcus Vinícius Furtado; CAMARGO, Luiz Henrique Volpe Camargo (Coord.). *Honorários advocatícios*. Salvador: Juspodivm, 2015. p. 591 (Coleção Grandes Temas do Novo CPC — v. II); e BUENO, Cássio Scarpinella. *Manual de direito processual civil*: inteiramente estruturado à luz do novo CPC. São Paulo: Saraiva, 2015. p. 131.

Tribunal, mas sim fixação *ex novo*. Desta forma, como regra, pode-se dizer que o §11 incidirá quando recorrida for a *sentença*, como categoria definida de pronunciamento judicial (art. 203, §1º), porque, como decorre do *caput* do art. 85, cabe à sentença condenar o vencido a pagar honorários ao vencedor.

Todavia, é possível, no sistema do novo CPC, que essa "fixação anterior", enxergada pelos olhos do Tribunal ao julgar um recurso, ocorra não só em sentenças, mas também em decisões interlocutórias específicas, igualmente capazes de ensejar, em certos casos, verba de sucumbência. É a hipótese, por exemplo, da decisão mencionada no art. 338, parágrafo único, no instituto que felizmente virá a suceder a fracassada nomeação à autoria, ou, de forma mais geral, da decisão interlocutória que exclua um dos litisconsortes (art. 354, parágrafo único), ou que julgue parcialmente o mérito de forma antecipada (art. 356). Nesses casos, se recorrido o ato judicial pela via do agravo de instrumento à luz do art. 1.015, II e VII, poderá haver a majoração dos honorários anteriormente fixados. A regra, em suma, é que esse §11 só incidirá quando já houver fixação de honorários na decisão recorrida, seja esta sentença ou decisão interlocutória. E, ademais, é também preciso que a decisão recorrida não seja anulada no julgamento do recurso:[11] se houver essa anulação, seja para retorno ao primeiro grau, seja para aplicação da teoria da causa madura no próprio Tribunal, quando possível à luz do art. 1.013, §3º, do novo Código, haverá fixação nova, originária, dos honorários, e não majoração de algo que não subsiste mais.[12]

Sob este ângulo, seria desde logo um erro acreditar que apenas no recurso da apelação é que o §11 pode incidir. Na apelação, por certo, ele incidirá de forma nítida. Mas a majoração é também possível, em primeiro lugar, no agravo de instrumento, nas hipóteses, já mencionadas, de interlocutórias que ensejem sucumbência. Além disso, a verdade é que o §11 não fica restrito apenas ao primeiro recurso julgado: pode ele incidir de forma sucessiva, primeiro na apelação julgada pelo Tribunal, com a majoração inicial, depois outra vez no julgamento do Recurso Especial, pelo STJ, e, ainda, no julgamento do Recurso Extraordinário no STF, de parte as também válidas hipóteses dos embargos de divergência ou de Agravos em Recurso Especial e Extraordinário. Além disso, como os recursos podem ser julgados tanto monocraticamente, por um desembargador ou ministro apenas, ou de forma colegiada, com todos que compõem a turma julgadora, há ainda mais hipóteses de incidência: se uma apelação é julgada monocraticamente pelo relator, que lhe nega seguimento, caberá, nesse primeiro passo, a majoração dos honorários diante da sucumbência nesse recurso; e, caso haja agravo interno, mais uma vez poderá incidir,

---

[11] Nesse sentido, FAZIO, César Cipriano de. Honorários advocatícios e sucumbência recursal. In: Marcus Vinícius Furtado Coêlho e Luiz Henrique Volpe Camargo Camargo, *Honorários advocatícios*, op. cit., p. 625.

[12] Vale, porém, o registro de que essa fixação nova, na nova sentença ou no próprio acórdão que aplicar a teoria da causa madura, já considerará o trabalho adicional realizado pelos advogados em grau recursal, o que, à luz da identidade de limites para os honorários originários ou recursais, esvazia em grande parte o efeito prático da distinção, na linha que se verá mais à frente.

quando do julgamento colegiado, uma nova majoração, porque efetivamente se trata de um *novo* recurso.[13] Em todos os casos, porém, vale a ressalva de que essas sucessivas majorações têm de respeitar o limite estabelecido no §11, quanto ao teto da alíquota, para que possa ser validamente feita; do contrário, se porventura já alcançado o limite máximo, não poderá ocorrer.

A afirmação, porém, tem de ser entendida em termos, sem chegar ao extremo de se chancelar o cabimento da majoração em toda e qualquer espécie recursal. Despontam nesse aspecto, em primeiro lugar, os Embargos de Declaração. Há quem entenda que tal recurso, como qualquer outro, enseja também a majoração dos honorários na hipótese de efetivo trabalho adicional, como a intimação do recorrido para contrarrazões diante do pretendido efeito modificativo (art. 1.023, §2º).[14] Parece mais acertado sustentar, todavia, que a finalidade integrativa dos embargos, cujo julgamento se incorpora ao anterior apenas para o fim de corrigir vício de pronunciamento, revelando algo que lá já deveria estar, não autoriza *outra* majoração além da já feita na decisão embargada, sob pena de *bis in idem*.[15]

Em segundo lugar, também o sistema recursal dos Juizados Especiais atrairá controvérsias na harmonização com o novel instituto, como ramo da justiça em que, entre outras características, os recursos são julgados por Turmas Recursais. Esses órgãos colegiados, como afirma a jurisprudência, não são Tribunais, o que levou o STJ a construir a orientação pelo descabimento de Recurso Especial.[16] O art. 85, §11, do novo CPC, porém, faz uso categórico do termo "Tribunal" ao delinear o cabimento da sucumbência recursal, assim dando ensejo a um problema quanto à extensão ao sistema dos juizados especiais.

E nem se alegue que o ponto perderia relevância diante da premissa de que, em primeiro grau, não há condenação em honorários nos Juizados. A afirmação, a rigor, é somente em parte verdadeira: o art. 55 da Lei nº 9.099/1995, aplicável aos demais Juizados no microssistema, afirma que essa condenação em primeiro grau, embora não seja a regra, é possível, sim, em caso de litigância de má-fé. Além disso, mesmo fora dessa hipótese especial, seria também cabível, em tese, o

---

[13] Nesse sentido, dispõe o Enunciado nº 242 do Fórum Permanente de Processualistas Civis: "(art. 85, §11). Os honorários de sucumbência recursal são devidos em decisão unipessoal ou colegiada". No entanto, aparentemente em sentido contrário se inclina o Enunciado nº 16 da Escola Nacional de Formação e Aperfeiçoamento de Magistrados (Enfam): "Não é possível majorar os honorários na hipótese de interposição de recurso no mesmo grau de jurisdição (art. 85, §11, do CPC/2015)".

[14] César Cipriano de Fazio, "Honorários advocatícios e sucumbência recursal", op. cit., p. 623.

[15] Também excluindo a sucumbência recursal nos Embargos de Declaração, ver NUNES, Dierle; DUTRA, Victor Barbosa; OLIVEIRA JÚNIOR, Délio Mota. Honorários no recurso de apelação e questões correlatas. In: Marcus Vinícius Furtado Coêlho e Luiz Henrique Volpe Camargo Camargo, *Honorários advocatícios*, op. cit., p. 642; VIVEIROS, Estefânia. Honorários advocatícios e sucumbência recursal. In: ibid., p. 674-675, mas ressalvando o caso de efeito modificativo; e CAMARGO, Luiz Henrique Volpe. Os honorários advocatícios pela sucumbência recursal no CPC/2015. In: ibid., p. 725-726.

[16] STJ, REsp 21.664/MS, rel. min. Athos Carneiro, rel. p/ Acórdão min. Fontes de Alencar, 4ª Turma, *DJ*, 17/5/1993.

§11 se considerarmos que o recurso inominado, nos Juizados, é passível de julgamento de forma monocrática,[17] em decisão que, após, pode ser levada a julgamento colegiado pela via do agravo interno: em um cenário assim traçado, concebível a fixação inicial dos honorários, na monocrática, e a hipotética majoração pelo colegiado, se admitida a incidência do §11 no microssistema.

Sendo assim incontornável a questão, duas vertentes opostas já são delineáveis. Em primeiro lugar, a coerência literal com a orientação do STJ sustentará o afastamento do §11 dos Juizados, reforçada pela diretriz de reduzir os custos do processo nesse ramo da justiça, em prol da facilitação do acesso à tutela jurisdicional. Uma visão teleológica, porém, e que parece muito mais acertada, há de considerar que, se mirada a ideia de remuneração de trabalho na instância recursal — com as ressalvas que a esse respeito adiante serão feitas —, nada há que diferencie as Turmas Recursais dos Tribunais no ponto. E com um complemento: tomando como premissa o conceito de justiça coexistencial, verdadeiro norte dos juizados em prol da pacificação social, é muito mais adequado incorporar do que repelir uma proveitosa medida de desestímulo aos recursos.[18] De todo modo, se a causa chegar ao STF — como Tribunal que é — em Recurso Extraordinário, plenamente admissível em sede de Juizado, por certo que nada impedirá o §11 de incidir, já presente a fixação anterior dos honorários no julgamento do recurso inominado.

3.2. O problema da remessa necessária

Questão delicada, e que fatalmente recairá sobre a advocacia pública, diz respeito à aplicação da sucumbência recursal na remessa necessária, regulada, no CPC/15, no art. 496.

Sob o ângulo material, em primeiro lugar, o advogado da parte contrária à Fazenda, na remessa necessária, presta, reconheça-se, um trabalho em segundo grau, inclusive porque cabível a realização de sustentação oral[19] ou a entrega de memoriais. Como trabalho, a princípio mereceria remuneração pela linha geral do §11, em tratamento similar à apelação. E tal tratamento aproximado seria endossado por uma linha muito clara da jurisprudência do STJ, que aplica à remessa necessária regras dirigidas à apelação tanto no que toca ao procedimento[20] quanto à extensão do efeito devolutivo.[21]

---

[17] Como autoriza o STF, a exemplo dos seguintes precedentes: AI 720468 AgR, rel. min. Rosa Weber, Primeira Turma, *Dje*, 16/4/2012; AI 641627 AgR, rel. min. Dias Toffoli, Primeira Turma, *Dje*, 25/8/2011; e RE 427037 AgR, rel. min. Sepúlveda Pertence, Primeira Turma, *DJ*, 3/12/2004.

[18] Em sentido similar, Estefânia Viveiros, "Honorários advocatícios e sucumbência recursal", op. cit., p. 673.

[19] STJ, REsp 493.862/MG, rel. min. Eliana Calmon, Rel. p/ Acórdão min. Franciulli Netto, 2ª Turma, *DJ*, 12/4/2004.

[20] Súmula nº 253 do STJ: "O art. 557 do CPC, que autoriza o relator a decidir o recurso, alcança o reexame necessário".

[21] Súmula nº 45 do STJ: "No reexame necessário, é defeso, ao Tribunal, agravar a condenação imposta à Fazenda Pública".

Ocorre, no entanto, que a remessa necessária, como de longa data se afirma, não é um recurso: é condição de eficácia da sentença imposta por lei.[22]. O §11, por sua vez, é claro ao mencionar, em seus pressupostos de incidência, a palavra "recurso", definido conceitualmente como impugnação de natureza voluntária, na ideia de que esse novo peso da sucumbência recursal só faz sentido quando puder *influenciar* a prática ou não daquele ato, perdendo toda a razão de ser quando a revisão pelo Tribunal for automática e objetivamente determinada. Daí se extrai, como consequência lógica, o afastamento do §11 nos casos de remessa necessária.

É preciso reconhecer, entretanto, que, no novo CPC, o argumento de que a remessa necessária não depende de qualquer vontade da Fazenda deve ser redimensionado, diante de um novo e importante ingrediente. Como disposto nos parágrafos do art. 496, o campo de incidência da remessa necessária, como prerrogativa processual da Fazenda, foi consideravelmente reduzido. Uma das exceções ali previstas em especial, porém, é relevante para a questão ora tratada: o §4º, IV, que faz referência, para afastar o reexame, à existência de parecer vinculante da administração pública no mesmo sentido da sentença. A partir dessa regra, não parece exagerado dizer que a vontade da Fazenda ganhou, sim, um novo patamar de relevância no regime da remessa necessária, passando a influenciá-lo. Com base nisso, já há quem defenda a incidência da sucumbência recursal na remessa necessária: se a Fazenda tem a seu alcance um mecanismo para *evitar* o reexame, desde que se movimente para elaborar orientação vinculante, é a vontade da Fazenda que acaba delimitando, ainda que a *contrario sensu*, o âmbito de incidência do instituto no novo Código; e se há vontade na base da revisão da causa pelo Tribunal, haveria razão para os honorários recursais como fator de desestímulo também na remessa necessária.[23]

O argumento, apesar de sedutor, não convence. Parte ele de uma premissa simplesmente irrealizável, presumindo que a Fazenda consiga prever, de antemão, toda a gama de demandas judiciais que contra ela possam ser ajuizadas pelos particulares, porque só assim ela teria meios de estabelecer orientações vinculantes quanto a cada uma das imagináveis hipóteses temáticas de conflitos. Mas não é só. Ainda que por hipótese estivesse ao alcance do poder público fazê-lo, uma postura assim tomada pela administração, emitindo tão açodadamente quanto possível orientações vinculantes, viria acompanhada de prejuízo marcante na reflexão e na prudência que têm de pautar a gestão da coisa pública. Basta pensar nos impactos gigantescos que uma

---

[22] Para uma retrospectiva da clássica polêmica, ver MOREIRA, José Carlos Barbosa. Em defesa da revisão obrigatória das sentenças contrárias à Fazenda Pública. In: ____. *Temas de direito processual*. 9ª série. São Paulo: Saraiva, 2007. p. 201-202. Sobre este e outros pontos, com um panorama das mudanças decorrentes do novo CPC no instituto, ver ARAÚJO FILHO, Luiz Paulo da Silva. Comentários ao art. 496. In: CABRAL, Antonio do Passo Cabral; CRAMER, Ronaldo (Coord.). *Comentários ao novo Código de Processo Civil*. Rio de Janeiro: Forense, 2015. p. 743-746.

[23] LOPES, Bruno Carrilho. Os honorários recursais no novo Código de Processo Civil. In: Marcus Vinícius Furtado Coêlho e Luiz Henrique Volpe Camargo Camargo, *Honorários advocatícios*, op. cit., p. 599.

inclinação em tal ou qual sentido é capaz de causar nas searas que repercutem sobre a generalidade dos administrados, que nenhum administrador deixaria de cautelosamente considerar antes de fixar uma orientação com tal eficácia, por exemplo, no âmbito de todo o estado do Rio de Janeiro.[24]

3.3 Os critérios para a majoração

Definido *quando* cabe a majoração, é preciso delinear de que forma ela deve ser feita, respeitando-se, sempre, os limites dos §§2º e 3º como teto. Para esse fim, o novo Código usa uma expressão crucial no §11: "levando em conta o trabalho adicional realizado em grau recursal". A rigor, portanto, o Tribunal só pode efetivamente considerar, na fundamentação da majoração, o trabalho realizado *a partir da* interposição do recurso. Para rediscutir os honorários fixados em primeiro grau, assim, se justos ou não à luz dos incisos do §2º e do trabalho até então desempenhado, deve haver recurso sobre o ponto pelas partes, sob pena de preclusão.[25] Isso significa que, mesmo na hipótese de a sentença ter sido, suponha-se, generosa demais nos honorários de primeiro grau, se sobre este ponto não houver recurso, mas houver impugnação sobre outro capítulo da decisão, caberá ao Tribunal invariavelmente majorar os honorários em atenção ao trabalho em segundo grau.[26]

Além disso, a exigência de um "trabalho adicional" é relevante para um caso especial: o do agravo de instrumento, interposto diretamente no Tribunal, que porventura venha a ser julgado monocraticamente pelo relator, negando-lhe seguimento antes do prazo para contrarrazões do recorrido. Imaginando que, como decisão recorrida, figure um dos casos de interlocutórias que admitem honorários e, por consequência, em tese a majoração, ela deveria ser feita pelo Tribunal? É razoável afirmar que não, afastando-se tal majoração por não haver ato algum praticado pelo recorrido, sem lastro para um "trabalho adicional realizado em grau recursal". Se, porém, depois do prazo para contrarrazões já perdido, houver outros atos praticados, como os atrelados aos incidentes do art. 933, é cabível a majoração.[27] De maneira geral, essa lógica também

---

[24] Luiz Henrique Volpe Camargo ("Os honorários advocatícios pela sucumbência recursal no CPC/2015", op. cit., p. 736) afirma que não incide a majoração porque na remessa não há trabalho adicional, o que parece desconsiderar, com a devida vênia, as hipóteses de sustentação oral e entrega de memoriais.

[25] Bruno Carrilho Lopes, "Os honorários recursais no novo Código de Processo Civil", op. cit., p. 596.

[26] JORGE, Flávio Cheim. Os honorários advocatícios e o recurso de apelação: um enfoque especial nos honorários recursais. In: Marcus Vinícius Furtado Coêlho e Luiz Henrique Volpe Camargo Camargo, *Honorários advocatícios*, op. cit., p. 696.

[27] Luiz Henrique Volpe Camargo, "Os honorários advocatícios pela sucumbência recursal no CPC/2015", op. cit., p. 737.

vale para os casos em que o recorrido fica silente, sem se defender ao longo do procedimento recursal,[28] e, ainda, para as hipóteses em que há desistência antes da resposta do recorrido; do contrário, manifestada a desistência após a resposta, aplica-se a mesma linha do art. 90, pagando o desistente honorários majorados à luz da teoria da causalidade.

Suponha-se, então, que haja efetivo trabalho na fase recursal. Para a precisa definição do percentual a ser aplicado na majoração, esse trabalho adicional, mais uma vez, deverá ser analisado conforme os conceitos jurídicos indeterminados do §2º do art. 85, sempre com a fundamentação mais trabalhosa guiada pelo art. 489, §1º, do novo Código. Por exemplo, a distância do Tribunal em relação à comarca de origem, no interior, deve ser um fator a pesar para majoração dos honorários em patamar mais elevado. O mesmo vale para a entrega de memoriais e a realização de sustentação oral, diante de um julgamento colegiado, comparados com o trabalho reduzido das partes no procedimento abreviado que conduz ao julgamento monocrático.[29]

De forma mais objetiva, há quem sustente que a majoração deverá girar em torno de 5% por etapa recursal, numa influência direta do processo legislativo do novo CPC. Como a versão do Senado do Projeto previa os 25% como limite para a majoração, e considerando que a primeira instância estava, como ainda está, limitada aos 20%, os 5% de diferença seriam aquilo que o legislador reputaria razoável para a majoração em função do recurso.[30]

Para outros, porém, em posição radicalmente diversa, o Tribunal, na majoração, estaria sempre vinculado ao limite *mínimo* de 10% na fixação dos honorários recursais, nos processos entre particulares, ou ao limite mínimo de cada faixa, se parte a Fazenda. Argumenta-se que esse piso para a majoração se extrairia da remissão, feita pela parte inicial do §11, à observância, "conforme o caso, [d]o disposto nos §§2º a 6º".[31] Assim, por exemplo, a majoração nunca poderia ser feita em patamar menor do que a adição de 10% aos honorários já definidos em primeiro grau, tomando, por ora, a hipótese de processo entre particulares. Por essa linha, a rigor a soma de 1º e 2º grau, ainda quando partes particulares, sempre resultaria em 20% após a majoração, já que o limite mínimo em primeiro grau é de 10% e o limite mínimo, na majoração, também seria 10%, considerando, invariavelmente, o teto de 20% total. O cenário seria igual se a Fazenda estivesse

---

[28] Bruno Carrilho Lopes, "Os honorários recursais no novo Código de Processo Civil", op. cit., p. 599.

[29] Sobre o tema, ver SOKAL, Guilherme Jales. *O julgamento colegiado nos tribunais*: procedimento recursal, colegialidade e garantias fundamentais do processo. Rio de Janeiro; São Paulo: Forense; Método, 2012.

[30] É a posição, por exemplo, de Flávio Cheim Jorge, "Os honorários advocatícios e o recurso de apelação: um enfoque especial nos honorários recursais", op. cit., p. 700.

[31] Nesse sentido, Luiz Henrique Volpe Camargo, "Os honorários advocatícios pela sucumbência recursal no CPC/2015", op. cit., p. 731; e Heitor Vitor Mendonça Sica ("O advogado e os honorários sucumbenciais no novo CPC", op. cit., p. 22), afirmando que, por isso, seriam inócuos os honorários recursais para o Recurso Especial ou Extraordinário.

presente no processo, mas com um detalhe: só não se chegará ao limite máximo automático, na majoração, na última faixa prevista no inc. V do §3º, de 1% a 3%, como única hipótese em que duas vezes o piso não resultaria no respectivo limite máximo.

Com a devida vênia dos que sustentam tal posição, o raciocínio peca por conduzir a uma conclusão inusitada, praticamente *apagando* a relevância da aferição dos honorários conforme os conceitos jurídicos indeterminados do §2º: com o recurso, sempre se chegará, de forma automática e em qualquer caso, ao teto de 20%, contribuindo em última análise para um aumento considerável dos custos do processo. E, do ponto de vista lógico, se já incidisse o limite mínimo por força da remissão da primeira parte do dispositivo, a parte final do §11, ao fazer referência a *"ultrapassar* o limite", em alusão evidente ao limite máximo, seria de todo desnecessária, levando a que a lei contivesse palavras inúteis. Por isso, mostra-se mais adequado interpretar o dispositivo de modo a que só o limite máximo se aplique, e não o mínimo de 10% na majoração dos honorários.

3.4 *Vencedor na causa* versus *vencedor no recurso: um dilema*

A equação que delineia a aplicação da sucumbência recursal complica-se ainda mais quando se considera, na interpretação do §11, uma previsível oposição entre o vencedor no recurso e o vencedor na causa. Em outras palavras, será que, nos limites da teleologia e do texto do enunciado normativo, há espaço para essa dualidade de conceitos, destinando tratamento autônomo para um titular dos honorários em primeiro grau e outro titular dos honorários no recurso, se distintos forem os vencedores em cada etapa?

Para esclarecer a hipótese, algumas situações devem ser extremadas. Em primeiro lugar, há casos em que o vencido em primeiro grau apela quanto à sentença por inteiro, no chamado recurso *total*, e sagra-se vencedor na apelação, provocando a inversão dos ônus de sucumbência. Há também, em segundo lugar, casos em que o vencido em primeiro grau apela de capítulo menor da sentença, em recurso *parcial* apenas, por exemplo, quanto a juros e correção, e resta vencedor no recurso somente nessa parte, mantendo-se a condenação principal sem inverter a sucumbência. Como aplicar o §11 a essas duas hipóteses?

No primeiro caso, do recurso total provido, a rigor, não haverá majoração. Haverá, sim, fixação nova da verba honorária, pois, com a substituição da decisão de primeiro grau em seu todo, e a inversão dos ônus de sucumbência, os honorários de primeiro grau deixarão de subsistir. E, como os limites do §11 são iguais aos limites para o juiz de primeiro grau, não se vislumbra sequer por hipótese qualquer tropeço à luz da isonomia na remuneração dos patronos, pois o Tribunal fixará os honorários para o vencedor no recurso — que se tornou também o vencedor na causa — atentando também para o trabalho adicional realizado em grau recursal.[32] No segundo caso, ao revés, é que tem lugar a questão de, apesar de mantidos os honorários do vencedor *da causa* em primeiro grau, porque mantida a sentença em sua maior parte, ser possível ou não conceder, à luz da inclinação remuneratória da verba, também honorários recursais para o vencedor *no recurso*, levando em conta que o trabalho adicional dele, na fase recursal, foi devido. Nesta hipótese, portanto, é que se vislumbra com clareza a dualidade *vencedor na causa* e *vencedor no recurso*, importantíssima para a definição do âmbito de incidência do §11 do art. 85.

Já tomam corpo, também aqui, duas inclinações na doutrina. Em primeiro lugar, há quem afirme que têm de ser separadas a sucumbência recursal da sucumbência na causa, merecendo remuneração o trabalho adicional no recurso, conforme seja o vencedor nele, ainda que outro o vencedor na causa. É o que afirma, por exemplo, César Cipriano de Fazio, com o exemplo da apelação sobre termo inicial dos juros, sustentando que o §11 tem de ser interpretado como se permitisse a "majoração" "ainda que a partir de zero", como é a hipótese do até então vencido na causa, sem quaisquer honorários a favor de seu patrono, e que passa a ser vencedor *só no recurso*.[33] Segue a mesma linha Flávio Cheim Jorge, frisando que a natureza remuneratória e a teoria da sucumbência devem segregar o exame da responsabilidade dos honorários em cada etapa, em primeiro grau e nos recursos, de forma distinta.[34] O argumento é reforçado, segundo este último autor, com duas situações que poderiam levar ao absurdo: (i) se o vencedor em primeiro grau recorre e perde o recurso, é justo majorar a verba honorária recursal contra o recorrido que tinha razão?; (ii) se o vencido recorre e tem razão, mas permanece vencido na causa, deve pagar honorários recursais ao vencedor?

Em sentido diametralmente oposto, no que pode ser identificada como a segunda corrente nesse tema, há quem siga linha mais restritiva e literal, afirmando que o §11 só autoriza majorar honorários "fixados anteriormente", como diz a letra da lei, de modo que tem de haver coincidência entre vencido na causa e vencido no recurso, caracterizando a *dupla derrota*. Se não houver essa coincidência, com vencedores distintos em cada esfera, não haverá majoração

---

[32] Assim, *v.g.*, CAMBI, Eduardo; POMPÍLIO, Gustavo. Majoração dos honorários sucumbenciais no Recurso de Apelação. In: Marcus Vinícius Furtado Coêlho e Luiz Henrique Volpe Camargo Camargo, *Honorários advocatícios*, op. cit., p. 660. A apontada irrelevância da distinção entre honorários recursais e originários, nesse caso, não é perfilhada para os que sustentam o limite mínimo de 10% como aplicável também para a majoração nos honorários recursais, pois, sob esse ângulo, o Tribunal não poderia conceder alíquota menor do que 20%. Nesse último sentido, Luiz Henrique Volpe Camargo, "Os honorários advocatícios pela sucumbência recursal no CPC/2015", op. cit., p. 729-730. Aparentemente dispondo que, nessas hipóteses, tem de haver a fixação de honorários recursais em adição à inversão dos ônus de sucumbência, confira-se o Enunciado nº 243 do Fórum Permanente de Processualistas Civis: "No caso de provimento do recurso de apelação, o tribunal redistribuirá os honorários fixados em primeiro grau e arbitrará os honorários de sucumbência recursal".

[33] César Cipriano de Fazio, "Honorários advocatícios e sucumbência recursal", op. cit., p. 620.

[34] Flávio Cheim Jorge, "Os honorários advocatícios e o recurso de apelação", op. cit., p. 699-701.

e, de modo geral, honorários recursais, pois, a rigor, majorar "de zero para algo" não é majorar uma verba fixada anteriormente, é *criar* algo novo. Em reforço a essa posição, é de se frisar que o Projeto do Código, até a versão do Senado, utilizava a expressão "fixará *nova verba* honorária" na redação da sucumbência recursal;[35] depois da Câmara dos Deputados, adotou-se texto substancialmente diverso, norteado pelo verbo "majorará", o que parece realmente impedir a fixação de verba nova com os olhos postos apenas no vencedor no recurso, e não na causa. E tanto assim que, na parte final do §11, em sua redação definitiva, menciona a lei o "*cômputo geral* da fixação de honorários devidos ao advogado *do vencedor*", dando a entender que esses honorários recursais sempre se conjugam com *outros* honorários, *i.e.*, a fixação prévia em primeiro grau para o vencedor também na causa.[36]

E essa segunda maneira de enxergar o instituto, que parece se adequar melhor aos limites textuais do §11, é capaz de conferir, sim, respostas àquelas duas hipóteses antes aventadas pelos partidários da corrente anterior, mas ambas no sentido negativo, e isso sem qualquer vício lógico. Com efeito, por não haver coincidência entre vencedor na causa e no recurso, simplesmente não haverá *honorários recursais* para nenhum dos lados nas hipóteses de (i) *vencedor* que recorre sem razão e (ii) do *vencido* que recorre, sagra-se vencedor no recurso, mas ainda permanece vencido na causa, porque, suponha-se, não superada a configuração da sucumbência do *ex adverso* apenas em parte mínima (art. 86, parágrafo único). É bem verdade que, seguindo-se tal linha, o legislador teria fechado ligeiramente os olhos para a natureza remuneratória dos honorários recursais, criando um espaço de trabalho sem a respectiva remuneração no sistema. Isso, porém, deve ser tido como resultado da política legislativa por trás da própria hipótese de cabimento desses honorários recursais no novo CPC, que não foram queridos como um fator de encarecimento exagerado dos custos do processo, em prejuízo, em última análise, do próprio cidadão representado em juízo. E nada há de extraordinário nisso: para além do limite de 20%, a rigor, ainda que haja trabalho posteriormente desempenhado, não haverá remuneração, também como fruto de uma escolha política de fixar o teto para a majoração no §11, tal como sequer havia de maneira geral, sob a vigência do CPC/73, a própria remuneração apenas com enfoque na fase recursal.[37]

---

[35] Redação na versão do Senado: Art. 87, §7º. A instância recursal, de ofício ou a requerimento da parte, fixará nova verba honorária, observando-se o disposto nos §§2º e 3º e o limite total de vinte e cinco por cento.

[36] Seguindo essa ordem de ideias, há quem categoricamente afirme que o § 11 só incidirá quando for *negado provimento* ao recurso, e não para os casos de provimento, a exemplo de Bruno Carrilho Lopes, "Os honorários recursais no novo Código de Processo Civil", op. cit., p. 596. A afirmação, porém, não parece se ajustar bem à nova regra do CPC/15, porque, como a seguir se verá no texto, (i) se o vencedor recorre e o recurso é *provido*, há honorários recursais, e (ii) se há sucumbência recíproca em primeiro grau e uma das partes recorre e o recurso é *provido em parte*, também haverá majoração para o recorrente e para o recorrido.

[37] A princípio, a concessão de honorários recursais somente quando alguém for vencido *duas vezes* parece realçar, no § 11 do art. 85, uma finalidade *punitiva* no instituto, para além da meramente *remuneratória*, por se

Como se vê, a sucumbência recursal, no novo CPC, não dá ensejo a uma verba nova; ela tem de efetivamente majorar algo anterior. E o panorama caminha para um cenário ainda mais obscuro, e que merece ser aclarado, se conjugarmos tal afirmação com o novo regime da sucumbência recíproca, que sofreu reformulação intensa no novo CPC. De fato, o art. 21 do CPC/73 impunha a compensação de honorários entre autor e réu se ambos fossem em parte vencedores e vencidos, em uma lógica que, apesar de não se ajustar bem ao art. 368 do Código Civil de 2002 em conjugação com o art. 23 do Estatuto da OAB,[38] vinha sendo endossada pelo STJ, culminando na edição da Súmula nº 306 daquela Corte.[39] O novo Código, em um giro de 180 graus se comparado à diretriz do anterior, prevê com todas as letras, no art. 85, §14, parte final, o fim da compensação na sucumbência recíproca, acolhendo as consequências da diferença de titularidade do credor e do devedor dos honorários. No novo sistema, portanto, o juiz tem de fixar os honorários, quando a procedência for parcial, com mais esforço, olhando para o que cabe individualizadamente para o advogado do autor e para o que acabe individualizadamente para o advogado do réu, considerando aquilo em que vencedores no todo que compõe o objeto do processo.[40]

Pois bem. Imaginemos, então, que o autor faça pedido de R$ 10.000,00 e, na sentença, ganhe R$ 5.000,00, de procedência parcial. Em primeiro grau, no sistema do novo CPC, cada um dos advogados terá honorários, segundo a base de cálculo da condenação, para o autor, e pelo proveito econômico, para o réu, de R$ 5.000,00. Se o autor, então, apela para tentar conseguir os R$ 10.000,00 integrais, mas só consegue, ao final, R$ 8.000,00, como ficam esses honorários de sucumbência recursais? Observe-se que, no recurso, o autor foi em parte vencedor e em

---

tratar de consequência desfavorável desencadeada por um comportamento reprovável à luz do direito. Prevalece até o momento, porém, o entendimento diverso, conferindo essência remuneratória aos honorários recursais, como se verá mais à frente. Vale desde logo a ressalva de que a natureza remuneratória ou sancionatória do § 11, mais do que mera abstração teórica, é de grande relevância para a definição de diversos pontos em seu regime jurídico, como os limites das convenções processuais neste terreno ou o marco para a aplicação da nova regra no tempo.

[38] O ponto gira em torno da titularidade dos honorários sucumbenciais. É que o art. 368 do Código Civil de 2002, ao tratar da compensação, dispõe que ela se configura sobre dívidas líquidas, certas e de devedores recíprocos; credores e deveres, portanto, devem ser as mesmas pessoas. Os honorários, porém, já de há muito eram disciplinados, no direito positivo brasileiro, como sendo de titularidade do advogado, e não da parte, como previsto no art. 23 do Estatuto da OAB. Em tese, portanto, o art. 21 do CPC/73 já deveria ter sido tido como revogado, por incompatibilidade sistêmica, após o Estatuto da OAB, por se tratar de lei posterior.

[39] Súmula nº 306 do STJ: "Os honorários advocatícios devem ser compensados quando houver sucumbência recíproca, assegurado o direito autônomo do advogado à execução do saldo sem excluir a legitimidade da própria parte".

[40] Essa linha geral comporta uma exceção: a hipótese de uma das partes sucumbir em parte mínima do pedido. Nesse caso, ao invés de o juiz, como será a regra, apreciar segregadamente o que cada um ganhou para fixar os honorários respectivos, ele deverá simplesmente desconsiderar a vitória mínima de uma das partes. É o que consta do art. 86, parágrafo único, do CPC/15.

parte vencido, e, em primeiro grau, havia honorários já fixados tanto para ele quanto para o recorrido. Nessa hipótese, seguindo a linha de Luiz Henrique Volpe Camargo,[41] haverá, sim, majoração dos honorários recursais tanto para o recorrente, que ganhou algo no recurso (R$ 3.000,00 concedidos), quanto para o recorrido, que também foi vencedor em parte no recurso (os R$ 2.000,00 não dados): o autor terá alíquota de 1º grau mais a de 2º grau sobre a base de cálculo de R$ 8.000,00, e o réu terá também a alíquota de 1º grau mais a de 2º grau sobre a base de cálculo final de R$ 2.000,00.

Em suma, e em um esforço de sistematização, é possível organizar as hipóteses aventadas até o momento do seguinte modo, clareando a incidência ou não do §11 do art. 85:

(i) vencedor na causa recorre e tem razão no recurso: há honorários recursais para o recorrente;

(ii) vencedor na causa recorre e tem *parcial* razão no recurso: há honorários recursais para o recorrente, mas não para o recorrido;[42]

(iii) vencedor na causa recorre e não tem razão no recurso: não há honorários recursais nem para o recorrente e nem para o recorrido;

(iv) vencido na causa recorre, tem razão no recurso, e passa a vencedor na causa: inversão dos honorários para o recorrente, mas sem honorários recursais;

(v) vencido na causa recorre, tem razão no recurso, mas permanece vencido na causa: não há honorários recursais nem para o recorrente e nem para o recorrido;

(vi) vencido na causa recorre, não tem razão no recurso, e permanece vencido na causa: há honorários recursais para o recorrido;

(vii) vencedor na causa recorre, tem *parcial* razão no recurso, e é caso de sucumbência recíproca na origem: há honorários recursais para o recorrente e para o recorrido.

3.5 Dois casos fronteiriços

Essa é, por assim dizer, a dinâmica ordinária dos honorários recursais no novo Código, já revelando o quão polêmica será a aplicação dessa inovação do legislador de 2015. Há, porém, duas situações particulares que merecem reflexão específica.

Em primeiro lugar, o CPC/15 não deixa claro o tratamento dos honorários recursais na hipótese de a decisão ser ilíquida. É que, se não há a alíquota definida em primeiro grau, que,

---

[41] Luiz Henrique Volpe Camargo, "Os honorários advocatícios pela sucumbência recursal no CPC/2015", op. cit., p. 730-731.

[42] Nesse caso, caberá ao Tribunal, por óbvio, considerar a razão apenas parcial do recorrente na fixação da alíquota na majoração a ser feita, necessariamente menor do que seria em caso de provimento integral do recurso.

como já visto em atenção ao §4º, II, do art. 85, fica suspensa até que realizada a liquidação, não há, evidentemente, como majorá-la. O que fazer, então, nessas circunstâncias? Incide ou não o instrumento de desestímulo? A princípio, não há alternativa: o mesmo juiz que, ao proceder depois à liquidação, definirá de maneira geral o percentual dos honorários (§4º, II), deverá considerar, nessa atividade, também o trabalho realizado pelos advogados nos recursos interpostos contra a decisão ilíquida na fase anterior. A rigor, porém, não se trata de majoração dos honorários fundada no §11, mas sim de pura e simples fixação originária da alíquota, com a ressalva de que, mais uma vez, a previsão do teto unificado para os honorários, na versão definitiva do Código, reduz em muito a relevância prática da distinção conceitual. De todo modo, nada impede que, insurgindo-se uma das partes contra a decisão de liquidação (art. 1.015, parágrafo único), no julgamento desse recurso tenha lugar a majoração à luz do §11.

Um problema maior diz respeito aos casos em que, como já visto, o juiz de primeiro grau define os honorários com base em sua "apreciação equitativa", ainda que com o âmbito de incidência mais reduzido agora pelo §8º do art. 85. Imaginemos que o juiz o faça, como é comum, definindo a verba honorária em valor fixo, de R$ 5.000,00. Nessa hipótese, a princípio, o art. 85, §11, poderia e deveria incidir, porque todas as razões que justificam sua incidência ordinária, de desestímulo aos recursos, também estão presentes nesse caso. O que não fica claro, entretanto, é quais são os limites, nessa hipótese, para a majoração pelo Tribunal, pois os percentuais dos §§2º e 3º do art. 85 não terão incidido em primeiro grau, por se tratar de "apreciação equitativa", e, logicamente, não poderão ser considerados limites para a majoração. Parece adequado afirmar que simplesmente não há limites objetivos para o caso, de modo que o Tribunal deverá fazer a majoração também a partir de uma "apreciação equitativa": se não havia limite em primeiro grau, não há por que haver em segundo grau.[43]

3.6 Interações sistêmicas: as convenções processuais

O exame de qualquer tópico do direito processual civil, no sistema do Código de 2015, tem de necessariamente ser correlacionado com um importantíssimo dispositivo que o integra, que

---

[43] É bem verdade que, assim, alimenta-se um cenário de insegurança para as partes, com os riscos econômicos do processo perdendo muito em previsibilidade, na lógica contrária à intenção do legislador de fixar o teto no §11. Por conta disso, não parecerá exagerado cogitar, em tese, de um raciocínio talvez mais complexo, considerando uma espécie de analogia com o já mencionado percentual de 5%, que relevantes vozes da doutrina têm apontado como um parâmetro razoável para os honorários recursais a partir do próprio processo legislativo, mas adaptando-o à fixação equitativa. Como 5% significa metade do limite mínimo de 10% ordinários e um quarto do limite máximo de 20% (§2º), uma inclinação prudente para os honorários recursais, na hipótese de apreciação equitativa, seria a majoração para algo próximo à faixa de um quarto e da metade do valor da fixação inicial pelo juiz de primeiro grau, que se somariam à verba originária, a bem da previsibilidade.

contempla a chamada *cláusula geral das convenções processuais*: o art. 190. São muitas e complexas as polêmicas que esse dispositivo ainda despertará por longos anos, como um amplo canal pelo qual poderá desaguar a vontade das partes no processo civil. Por ora, cumpre passar em revista, de forma breve, sua interação com os honorários de sucumbência recursal, para tentar definir qual é o espaço para a convenção das partes nesse tema.

O conteúdo das convenções processuais sobre honorários de sucumbência é, a princípio, vastíssimo. As partes poderiam, segundo se sustenta:[44] (i) criar novas hipóteses de honorários nos casos em que a lei não preveja tal condenação acessória, a exemplo, com as ressalvas antes já feitas, dos Juizados Especiais em primeiro grau; (ii) suprimir os honorários de maneira geral; (iii) afastar os honorários apenas em determinada fase do processo, a exemplo da esfera recursal; (iv) definir de forma rígida quem arcará com os honorários, pouco importando o conteúdo da decisão; (v) modificar os parâmetros mínimos e máximos, a base de cálculo e os critérios de fixação; ou (vi) prever honorários em valor fixo.

Contudo, o enquadramento puro e simples dos honorários recursais no item (iii) acima, como se se tratasse de uma fase processual como qualquer outra, não parece assim tão claro. É que, como já visto, a finalidade do §11 do art. 85, aos olhos do legislador, é a de desestimular a interposição de recursos sob uma lógica econômica. Essa missão, não há dúvida, apoia-se em um relevante interesse público, de pacificação social e resolução dos conflitos, que se eleva para além da pura e simples esfera jurídica das partes. Sob esse ângulo, que guarda uma intensa relação com a compreensão da sucumbência recursal com um viés sancionatório, ligado à necessidade de *dupla derrota* para desencadear sua incidência, haveria um forte componente de indisponibilidade em seu regime jurídico, integrando a chamada ordem pública processual, tal como se passa com todas as demais sanções processuais. Esse caminho leva à impossibilidade de se convencionar a exclusão ou mitigação da sucumbência recursal,[45] em um controle a ser exercido pelo juiz à luz do parágrafo único do art. 190 do Código.

---

[44] REDONDO, Bruno Garcia; MÜLLER, Julio Guilherme. Negócios processuais relativos a honorários advocatícios. In: Marcus Vinícius Furtado Coêlho e Luiz Henrique Volpe Camargo Camargo, *Honorários advocatícios*, op. cit., p. 121-124.

[45] E nem se argumente que, se as partes podem dispor, como de fato podem, sobre os honorários sucumbenciais de forma geral, base sobre a qual incidirá a majoração prevista no §11 do art. 85, não faria sentido excluir a disponibilidade apenas sobre a sucumbência recursal. Esse seria somente um dos muitos casos em que o direito positivo, autorizando a vontade como impulso para desencadear ou não a incidência de determinado regime jurídico, introduz, nesse mesmo regime, alguns elementos de indisponibilidade, a exemplo dos vícios de nulidade dos negócios jurídicos no direito privado ou das cláusulas de ordem pública no direito do consumidor. Assim, as convenções podem afastar os honorários sucumbenciais como um todo, mas, existindo estes, não cabe o afastamento, pela vontade, da sucumbência recursal, que se relaciona com o interesse público de evitar o prolongamento do estado de litispendência.

Até o momento, porém, predomina a opinião de que a função punitiva dos honorários recursais é apenas secundária, apresentando a essência, antes de tudo, de verbas remuneratórias dos advogados, sobre as quais eles mesmos poderiam dispor. Assim, estaria aberto o caminho para convenções processuais excludentes, considerando, ainda, que o Judiciário terá a seu alcance outras medidas para o sancionamento da má-fé e do abuso na interposição de recursos, como explicita o art. 85, §12.[46]

3.7 Direito intertemporal

Por fim, uma última questão diz respeito às balizas para a aplicação do §11 do art. 85 no tempo. O norte, como nos demais desdobramentos do direito processual intertemporal, é dado pela teoria do isolamento dos atos processuais, acolhida pelos arts. 14 e 1.046 do CPC/15.

A partir dessa diretriz, há quem afirme, em primeiro lugar, que a sucumbência recursal deve ser compreendida como um efeito do ato de interposição do recurso. Por isso, só caberia a majoração para os recursos *interpostos* depois da entrada em vigor do CPC/15, e não para os pendentes, prestigiando a boa-fé e a legítima expectativa das partes quanto aos custos do processo e afastando-se a surpresa.[47]

Ao que tudo indica, entretanto, a tendência é que prevaleça a orientação diversa, segundo a qual, no campo dos honorários, vale a lei vigente no momento da decisão que *aplica a verba*, seja em primeiro grau ou no julgamento dos recursos. Essa inclinação tem o respaldo da clássica lição de Galeno Lacerda, que, ao tempo da entrada em vigor do CPC/73, defendia a aplicação imediata das novas regras sobre honorários de sucumbência a todos os processos que ainda pendiam de prolação de sentença.[48] É ela referendada, ainda, por precedentes do Supremo Tribunal Federal, também considerando a entrada em vigor do CPC/73,[49] e do Superior Tribunal Justiça,

---

[46] Nesse sentido, Dierle Nunes, Victor Barbosa Dutra e Délio Mota Oliveira Júnior, "Honorários no recurso de apelação e questões correlatas", op. cit., p. 640; Luiz Henrique Volpe Camargo, "Os honorários advocatícios pela sucumbência recursal no CPC/2015", op. cit., p. 720; Cássio Scarpinella Bueno, *Manual de direito processual civil*, op. cit., p. 131, aduzindo que a diferença de natureza é a razão para a possibilidade de cumulação dos honorários recursais com as demais sanções; e Flávio Cheim Jorge ("Os honorários advocatícios e o recurso de apelação", op. cit., p. 693), categórico ao afirmar que a função sancionatória dos honorários recursais só preponderou até a versão da Comissão de redação do Anteprojeto do Código, que não falava em "trabalho adicional" e condicionava a fixação dessa verba ao resultado unânime desfavorável. Como visto antes, porém, esse viés punitivo ainda pode ser enxergado pela delimitação da sucumbência recursal apenas aos casos em que há *dupla derrota*, na causa e no recurso.

[47] Dierle Nunes, Victor Barbosa Dutra e Délio Mota Oliveira Júnior, "Honorários no recurso de apelação e questões correlatas", op. cit., p. 643.

[48] LACERDA, Galeno. *O novo direito processual civil e os feitos pendentes*. Rio de Janeiro: Forense, 2006. p. 33.

[49] STF, AI 64356 AgR, rel. min. Antonio Neder, 1ª Turma, *DJ*, 8/10/1976.

apreciando as modificações do regime dos honorários em desapropriação,[50] ambos a asseverar a aplicação da lei vigente na data da prolação da decisão que fixa os honorários, sem a preservação de qualquer regime anterior. Como consequência, afirma-se que a sucumbência recursal se aplicaria a todos os recursos *pendentes* quando da entrada em vigor do CPC/15, já que julgados por decisões proferidas sob a égide do novo Código.[51]

Mais uma vez, também aqui repercute a essência sancionatória ou remuneratória da sucumbência recursal. É que, se a ideia é pesar como um fator na escolha das partes por interpor ou não um recurso, evidentemente não faz sentido aplicar a majoração contra um ato praticado quando *sequer era previsível* a incidência do §11 do art. 85 do novo Código. Nessa hipótese, não há como a sucumbência recursal servir a qualquer fim de desestímulo a comportamentos voluntários, em um quadro que se agrava ainda mais quando consideradas as remessas necessárias também eventualmente pendentes, se por hipótese adotada a polêmica linha ampliativa já antes referida. Ademais, o paralelo com os honorários de sucumbência em primeiro grau, subjacente à comparação com as controvérsias relativas à entrada em vigor do CPC/73, não se mostra tão preciso: tal verba, à época, evidentemente não servia a qualquer fim de desestímulo, sendo antes alimentada pela ideia pura e simples de recomposição integral do patrimônio do vencedor. Assim, parece mais adequado sustentar, sob o ângulo teleológico, que o marco temporal para a incidência do novo art. 85, §11, do CPC/15 tem de ser a *data em que a decisão recorrida vem a público*, como momento em que nasce o direito ao recurso,[52] de modo que só nos casos posteriores ao novo Código é que caberá a majoração.

REFERÊNCIAS

ARAÚJO FILHO, Luiz Paulo da Silva. Comentários ao art. 496. In: CABRAL, Antonio do Passo Cabral; CRAMER, Ronaldo (Coord.). *Comentários ao novo Código de Processo Civil*. Rio de Janeiro: Forense, 2015.

---

[50] STJ, REsp 685.201/MT, rel. min. Denise Arruda, 1ª Turma, *DJ*, 24/4/2006.

[51] Nesse sentido, ver César Cipriano de Fazio, "Honorários advocatícios e sucumbência recursal", op. cit., p. 625-626; e Luiz Henrique Volpe Camargo ("Os honorários advocatícios pela sucumbência recursal no CPC/2015", op. cit., p. 738-742), onde se encontra a referência aos dois precedentes antes mencionados do STF e do STJ.

[52] Há larga polêmica, que não convém no ponto desenvolver com o devido vagar, sobre o real marco temporal para a definição da lei que rege a admissibilidade dos recursos, à luz da teoria do isolamento dos atos processuais, e que, em última análise, serve de premissa à afirmação de quando efetivamente nasce o direito ao recurso. O STJ, por um lado, compreende-a como sendo a data de publicação da decisão, no sentido técnico de momento em que vem a público o ato, quer seja pela entrega em cartório pelo magistrado singular, quer seja pela proclamação do resultado pelo presidente do órgão colegiado; o STF, por sua vez, confere relevância à data da intimação das partes quanto à decisão. Sobre o ponto, ver Guilherme Jales Sokal, *O julgamento colegiado nos tribunais*, op. cit., p. 318-320.

BUENO, Cássio Scarpinella. *Manual de direito processual civil*: inteiramente estruturado à luz do novo CPC. São Paulo: Saraiva, 2015.

CÂMARA, Alexandre. Honorários de sucumbência recursal. In: COÊLHO, Marcus Vinícius Furtado; CAMARGO, Luiz Henrique Volpe Camargo (Coord.). *Honorários advocatícios*. Salvador: Juspodivm, 2015. (Coleção Grandes Temas do Novo CPC — v. II).

CAMARGO, Luiz Henrique Volpe. Os honorários advocatícios pela sucumbência recursal no CPC/2015. In: COÊLHO, Marcus Vinícius Furtado; CAMARGO, Luiz Henrique Volpe Camargo (Coord.). *Honorários advocatícios*. Salvador: Juspodivm, 2015. (Coleção Grandes Temas do Novo CPC — v. II).

CAMBI, Eduardo; POMPÍLIO, Gustavo. Majoração dos honorários sucumbenciais no Recurso de Apelação. In: COÊLHO, Marcus Vinícius Furtado; CAMARGO, Luiz Henrique Volpe Camargo (Coord.). *Honorários advocatícios*. Salvador: Juspodivm, 2015. (Coleção Grandes Temas do Novo CPC — v. II).

FAZIO, César Cipriano de. Honorários advocatícios e sucumbência recursal. In: COÊLHO, Marcus Vinícius Furtado; CAMARGO, Luiz Henrique Volpe Camargo (Coord.). *Honorários advocatícios*. Salvador: Juspodivm, 2015. (Coleção Grandes Temas do Novo CPC — v. II).

GRECO, Leonardo. A falência do sistema de recursos. In: ____. *Estudos de direito processual*. Campos dos Goytacazes: Ed. Faculdade de Direito de Campos, 2005.

JORGE, Flávio Cheim. Os honorários advocatícios e o recurso de apelação: um enfoque especial nos honorários recursais. In: COÊLHO, Marcus Vinícius Furtado; CAMARGO, Luiz Henrique Volpe Camargo (Coord.). *Honorários advocatícios*. Salvador: Juspodivm, 2015. (Coleção Grandes Temas do Novo CPC — v. II).

LACERDA, Galeno. *O novo direito processual civil e os feitos pendentes*. Rio de Janeiro: Forense, 2006.

LOPES, Bruno Carrilho. Os honorários recursais no novo Código de Processo Civil. In: COÊLHO, Marcus Vinícius Furtado; CAMARGO, Luiz Henrique Volpe Camargo (Coord.). *Honorários advocatícios*. Salvador: Juspodivm, 2015. (Coleção Grandes Temas do Novo CPC — v. II).

MOREIRA, José Carlos Barbosa. Condenação em honorários de advogado. Sentença declaratória. In: ____. *Direito aplicado II*: pareceres. Rio de Janeiro: Forense, 2005. p. 389-395.

____. Em defesa da revisão obrigatória das sentenças contrárias à Fazenda Pública. In: ____. *Temas de direito processual*. 9ª série. São Paulo: Saraiva, 2007.

NUNES, Dierle; DUTRA, Victor Barbosa; OLIVEIRA JÚNIOR, Délio Mota. Honorários no recurso de apelação e questões correlatas. In: COÊLHO, Marcus Vinícius Furtado; CAMARGO, Luiz Henrique Volpe Camargo (Coord.). *Honorários advocatícios*. Salvador: Juspodivm, 2015. (Coleção Grandes Temas do Novo CPC — v. II).

REDONDO, Bruno Garcia; MÜLLER, Julio Guilherme. Negócios processuais relativos a honorários advocatícios. In: COÊLHO, Marcus Vinícius Furtado; CAMARGO, Luiz Henrique Volpe Camargo (Coord.). *Honorários advocatícios*. Salvador: Juspodivm, 2015. (Coleção Grandes Temas do Novo CPC — v. II).

SICA, Heitor Vitor Mendonça. Breves comentários ao art. 20 do CPC, à luz da jurisprudência do STJ. *Revista de Processo*, São Paulo, v. 207, p. 345-384, maio 2012. p. 8 (versão digital).

_____. O advogado e os honorários sucumbenciais no novo CPC. In: TUCCI, José Rogério Cruz e (Coord.). *Advocacia*. Salvador: Juspodivm, 2015. (Coleção Repercussões do Novo CPC — v. II).

SOKAL, Guilherme Jales. *O julgamento colegiado nos tribunais*: procedimento recursal, colegialidade e garantias fundamentais do processo. Rio de Janeiro; São Paulo: Forense; Método, 2012.

VIVEIROS, Estefânia. Honorários advocatícios e sucumbência recursal. In: COÊLHO, Marcus Vinícius Furtado; CAMARGO, Luiz Henrique Volpe Camargo (Coord.). *Honorários advocatícios*. Salvador: Juspodivm, 2015. (Coleção Grandes Temas do Novo CPC — v. II).

Uma visão geral do recurso de apelação no Código de Processo Civil de 2015

MAURICIO VASCONCELOS GALVÃO FILHO

A apelação[1] é o recurso por excelência no direito processual civil brasileiro, que guarda suas raízes históricas na *apellatio* romana.

---

[1] Sobre apelação e temas relacionados, consulte-se dentre outros: PANTOJA, Fernanda Medina. O recurso de apelação no projeto do novo Código de Processo Civil. In: DIDIER JR., Fredie et al. (Org.). *Novas tendências do processo civil*: estudos sobre o projeto do novo Código de Processo Civil. Salvador: Juspodivm, 2014. v. 2, p. 473 e ss.; MARINONI, Luiz Guilherme; ARENHART, Sérgio Cruz; MITIDIERO, Daniel. *Novo curso de processo civil*: tutela dos direitos mediante procedimento comum. São Paulo: Revista dos Tribunais, 2015. v. II, p. 501; BARIO-NI, Rodrigo. Preclusão diferida, o fim do agravo retido e a ampliação do objeto da apelação no novo Código de Processo Civil. *Revista de Processo*, São Paulo, v. 243, p. 269-280, maio 2015; QUARTIERI, Rita; ROMERO, Jorge Antonio Dias. Apelação. In: DIDIER JR., Fredie (Coord.). *Novo CPC doutrina selecionada*. V. 6: processo nos tribunais e meios de impugnação às decisões judiciais. Salvador: Juspodivm, 2015. p. 551-564; CIANCI, Mirna; QUARTIERI, Rita; ISHIKAWA, Liliane Ito. In: Fredie Didier Jr., *Novas tendências do processo civil*, op. cit., v. 3, p. 417 e ss.; BERMUDES, Sérgio. Considerações sobre a apelação no sistema recursal do Código de Processo Civil. *Revista de Processo*, São Paulo, v. 100, p. 186-192, out./dez. 2000; BERMUDES, Sérgio. In: WAMBIER, Luiz Rodrigues; WAMBIER, Teresa Arruda Alvim. *Doutrinas essenciais de processo civil*. São Paulo: Revista dos Tribunais, 2011. v. 7, p. 705-713; RODRIGUES NETTO, Nelson. *Recursos no processo civil*. São Paulo: Dialética, 2004. p. 9-12; TESHEINER, José Maria Rosa; GOMES JUNIOR, Luiz Manoel; CHUEIRI, Miriam Fecchio. Anotações sobre o sistema recursal no novo Código de Processo Civil. In: Fredie Didier Jr., *Novo CPC doutrina selecionada*, op. cit., p. 404-421; GONÇALVES, Gláucio Maciel; VALADARES, André Garcia Leão Reis. O sistema recursal no substitutivo Barradas. In: Fredie Didier Jr., *Novas tendências do processo civil*, op. cit., p. 177 e ss.; REDON-DO, Bruno Garcia. Sugestões para aprimoramento dos recursos cíveis: estudo crítico de aspectos relevantes do Relatório-Geral do projeto de novo CPC divulgado pela Câmara em 19/09/2012. In: Fredie Didier Jr., *Novas tendências do processo civil*, op. cit., p. 231 e ss.; GOMES JUNIOR, Luiz Manoel; CHUEIRI, Miriam Fecchio. Análise dos principais pontos da proposta de anteprojeto de um código de processo civil — sistema recursal. In: Fredie Didier Jr., *Novas tendências do processo civil*, op. cit., p. 515 e ss.; WAMBIER, Teresa Arruda Alvim.

O estudo da apelação demanda atenção às evoluções históricas do tema, dos recursos em geral,[2] e as interferências entre o direito brasileiro e o comparado.[3] Pois, como doutrinou Arruda Alvim:

A metodologia por meio da qual se podem estudar os recursos — como qualquer outro tema jurídico — pode enfatizar, ao lado do direito positivo, o aspecto histórico, ou o sociológico, ou o do direito comparado e ainda outros ângulos metodologicamente possíveis para abordagem do assunto, ou conjugá-los.[4]

Na contemporaneidade, sobre os olhos que se devem lançar sobre a apelação, vale refletir acerca da ponderação de Luiz Fux:

A democracia brasileira vive uma nova era. Foi-se o tempo em que as mais diferentes nuances da vida social eram moldadas pela vontade de uma minoria politicamente vitoriosa. No plano do Direito, tantas foram as leis que, em nossa história, refletiram apenas o ideário de um destacado jurista ou de uma classe predominante, muitas vezes invocando a impossibilidade de consenso acerca de questões sensíveis das relações públicas e privadas. A codificação encartava o deliberado objetivo de promover a mudança *ex abrupto*, quando, na verdade, o corpo social é que deve definir a regulação que melhor atenda aos seus anseios. Como resultado, vimos nascer estatutos completamente desconectados da realidade prática. Estendiam-se logorreicamente em temas de somenos importância e omitiam-se em pontos fulcrais, apesar da sua pretensão de completude.

A nação brasileira evoluiu e assim também a sua noção de regime democrático, constatando-se que nenhum controle por meio da força tem vida longa, assim como que a imposição da vontade da maioria é a antítese do ideário de sociedade livre. Nossa democracia se consolida a pouco e pouco como o governo por meio do debate, tal como imaginada por Amartya Sen. Democracia deliberativa que é, reconhece como legítimo apenas o domínio da razão, que se produz por

---

Reforma do processo civil: são os recursos o grande vilão? In: Fredie Didier Jr., *Novas tendências do processo civil*, op. cit., p. 739 e ss.; MACHADO, Marcelo Pacheco. Reformas no recurso de Apelação: como a Itália escolheu enfrentar seus problemas e como o Brasil não. *Revista de Processo*, São Paulo, v. 243, p. 505-524, 2015.

[2] Por exemplo: FIGUEIRA JÚNIOR, Joel Dias. A trama recursal no processo civil brasileiro e a crise da jurisdição estatal In: Luiz Rodrigues Wambier e Teresa Arruda Alvim Wambier, *Doutrinas essenciais de processo civil*, op. cit., v. VII, p. 975-986.

[3] ANDREWS, Neil. *The three paths of justice*: court proceedings, arbitration, and mediation in England. Londres: Springer, 2012. p. 107 e ss.

[4] ALVIM, Arruda. Notas a respeito dos aspectos gerais e fundamentais da existência dos recursos: direito brasileiro. In: Luiz Rodrigues Wambier e Teresa Arruda Alvim Wambier, *Doutrinas essenciais de processo civil*, op. cit., p. 266.

instituições sociais canalizadoras dos anseios de quem quer que deseje manifestar-se, em uma arena onde o único duelo esperado é o da argumentação. Não se trata de extrair o resultado democrático de um mero cálculo matemático das vontades expressadas, e sim de obtê-lo em um ambiente aberto à participação de qualquer interessado e no qual ideias tomam corpo pela persuasão racional.

E nesse novo modelo de debate público que o projeto do novo Código de Processo Civil foi gestado. Não é um Código dos juízes, nem dos advogados, dos membros do Ministério Público ou mesmo dos defensores públicos. Sua preocupação central, como não poderia deixar de ser, é com o jurisdicionado. Precisamente por isso, optou-se por um modelo publicista de processo, em contraposição ao sistema puramente individualista tão criticado na doutrina pátria e alienígena. O processo judicial moderno, para que cumpra sua função social, deve ser estruturado de forma a dar concretude aos valores que transcendem os fins privados inerentes ao modelo clássico e constituem o núcleo da moralidade pública. E a consecução desse desiderato não prescinde do esforço conjunto e articulado de todos os operadores do direito.[5]

Ainda sobre o aspecto histórico, interessante recordar as lições de Moacyr Lobo da Costa exaradas em 1977:

A história dos recursos existentes no sistema processual das Ordenações do Reino ainda está por ser feita.

Encontram-se, é certo, em algumas obras, referências históricas a um ou outro, mas de caráter episódico, sem o cunho peculiar de investigação destinada ao fim específico de estabelecer a respectiva origem, mediante a apuração de qual teria sido o primeiro texto legal a mencioná-la expressamente, de maneira a certificar o momento de sua admissão no ordenamento jurídico lusitano.

Por ser o Direito Processual Civil brasileiro de linhagem lusitana, provindo diretamente do Liv. 3 das Ordenações, e, por via indireta, do Direito Romano e do Direito Canônico, é do maior interesse para o estudo de sua evolução histórica o esclarecimento de quais sejam as verdadeiras origens de seus institutos recursais, que ainda permanecem nebulosas.

[...]

Os processualistas brasileiros, quando remontam às origens lusitanas de algum instituto, em regra geral, vão até as Ordenações Filipinas, de 1603. Raros os que, por investigação própria, chegam

---

[5] FUX, Luiz. Prefácio. In: Fredie Didier Jr., *Novas tendências do processo civil*, op. cit., p. 11-12.

até as Ordenações Manuelinas, de 1521, ou as Afonsinas, de 1446. Raríssimos, de se contar nos dedos da mão, os que dilataram a pesquisa até aos mais antigos diplomas legais dos primeiros séculos da Monarquia portuguesa.[6]

[...]

É que o estudo do Direito Processual e de seus institutos, enquanto ramo da ciência jurídica - e não mero conhecimento e interpretação de normas do Direito Positivo vigente - pressupõe a compreensão de sua evolução histórica a partir de suas mais remotas origens.[7]

Analisando o arcabouço histórico da apelação, vale refletir brevemente sobre o duplo grau de jurisdição,[8] mediante a lembrança das lições de Alcides de Mendonça Lima, sob a perspectiva do CPC/1973:

> O duplo grau de jurisdição é uma exigência política, jurídica e, até, ética, para maior perfeição de atividade jurisdicional. A própria Constituição Federal de 1967, seguindo a orientação das anteriores, como que a consagra, até mesmo expressamente em alguns casos. Assim sendo, o legislador ordinário não a poderá subtrair, sob pena de violar o texto fundamental.
>
> [...]
>
> Normalmente, o duplo grau de jurisdição se revela pelos recursos interpostos de decisões dos juízes de primeira instância — órgãos unipessoais — para os tribunais superiores, órgãos coletivos. Os embargos para o mesmo juiz que proferiu a decisão (que o Anteprojeto de nomina simplesmente de "infringentes" cancelando a expressão "de nulidade") têm uma índole especial, se bem que configurem, de certo modo, o duplo grau de jurisdição, pois representam a reiteração da parte em submeter o caso a novo exame, ainda que pelo mesmo órgão que prolatou a decisão recorrida.[9]

Sobre o tema do duplo grau de jurisdição, leciona José Carlos Barbosa Moreira:

---

[6] COSTA, Moacyr Lobo da. *Origem do agravo no auto do processo*. In: Luiz Rodrigues Wambier e Teresa Arruda Alvim Wambier, *Doutrinas essenciais de processo civil*, op. cit., p. 143-144.

[7] Ibid., p. 144.

[8] Ver, ainda: RODRIGUES NETTO, Nelson. *Recursos no processo civil*. São Paulo: Dialética, 2004. p. 22-25.

[9] LIMA, Alcides de Mendonça. Os recursos no Anteprojeto do Código de Processo Civil. In: Luiz Rodrigues Wambier e Teresa Arruda Alvim Wambier, *Doutrinas essenciais de processo civil*, op. cit., p. 100.

Tradicional é a correlação que se estabelece entre o instituto do recurso e o princípio do duplo grau de jurisdição, segundo o qual as lides ajuizadas devem submeter-se a exames sucessivos, como garantia de boa solução. A justificação política do princípio tem invocado a maior probabilidade de acerto decorrente da sujeição dos pronunciamentos judiciais ao crivo da revisão. É dado da experiência comum que uma segunda reflexão acerca de qualquer problema frequentemente conduz a mais exata conclusão, já pela luz que projeta sobre ângulos até então ignorados, já pela oportunidade que abre para a reavaliação de argumentos a que no primeiro momento talvez não se tenha atribuído o justo peso. Acrescente-se a isso a circunstância de que, em regra, o julgamento do recurso compete a juízes mais experientes, em regime colegiado, diminuindo a possibilidade de passarem despercebidos aspectos relevantes para a correta apreciação da espécie.[10]

Também são por demais valiosas as considerações de Luiz Rodrigues Wambier sobre o princípio do duplo grau de jurisdição, no sentido de que:

Este princípio nasceu da preocupação com o abuso do poder pelos magistrados. Tem sido entendido como garantia fundamental de boa justiça. Consiste no princípio segundo o qual uma mesma matéria deve ser decidida duas vezes, por dois órgãos diferentes do Poder Judiciário.

Tem prevalecido o entendimento de que não se trata de garantia constitucional absoluta ou princípio que não possa apresentar exceções. Nada impede, portanto, que, excepcionalmente, haja lei ordinária segundo a qual, em determinadas circunstâncias, não caberá, por exemplo, o recurso de apelação.[11]

Após esta brevíssima consideração histórica e filosófica sobre o duplo grau de jurisdição, é chegada a hora de mirar no nosso objeto de estudo.

---

[10] MOREIRA, José Carlos Barbosa. *Comentários ao Código de Processo Civil, Lei nº 5.869, de 11 de janeiro de 1973, vol. V, arts. 476 a 565*. Rio de Janeiro: Forense, 2013. p. 236-237.

[11] WAMBIER, Luiz Rodrigues. *Teoria geral dos recursos*. In: Luiz Rodrigues Wambier e Teresa Arruda Alvim Wambier, *Doutrinas essenciais de processo civil*, op. cit., p. 939.

A apelação[12] é o recurso que cabe contra as sentenças,[13] devendo-se fazer a análise[14] da natureza[15] jurídica do ato judicial[16] para poder descobrir se é sentença e, assim, apelação o recurso cabível, valendo tanto para os casos de sentenças terminativas[17] quanto definitivas.

Leciona Alexandre Freitas Câmara que:

A apelação é o recurso por excelência. E isto se diz por ser a apelação o recurso responsável por permitir o pleno exercício do duplo grau de jurisdição. É que através da apelação se permite um amplo e integral reexame da causa que, tendo sido submetida a julgamento no primeiro grau de jurisdição, poderá agora ser reapreciada por órgão de segundo grau.[18]

Quanto a isto, explicam Marinoni, Arenhart e Mitidiero:

Todas as questões decididas na sentença são passíveis única e exclusivamente do recurso de apelação (arts.1.009, §3º, e 1.013, §5º). Pouco importa que a mesma questão, acaso decidida em momento anterior à sentença, desafie recurso de agravo de instrumento: o simples fato de terem sido decididas na sentença faz com que, na ótica do legislador, transformem-se em questões próprias ao recurso de apelação.[19]

---

[12] Sobre a apelação no Código de Processo Civil de 1973, entre outros, ver: José Carlos Barbosa Moreira, *Comentários ao Código de Processo Civil*, op. cit., p. 406-482; BERMUDES, Sérgio. *Comentários ao Código de Processo Civil*: volume VII — arts. 496 a 565. São Paulo: Revista dos Tribunais, 1975. p. 115-146; PANTOJA, Fernanda Medina. *Apelação cível*: novas perspectivas para um antigo recurso. Um estudo crítico de direito nacional e comparado. Curitiba: Juruá, 2010; JORGE, Flávio Cheim. *Apelação cível*: teoria geral e admissibilidade. 2. tir. São Paulo: Revista dos Tribunais, 1999; Sérgio Bermudes, "Considerações sobre a apelação no sistema recursal do Código de Processo Civil", op. cit., p. 186-192; Luiz Rodrigues Wambier e Teresa Arruda Alvim Wambier, *Doutrinas essenciais de processo civil*, op. cit., p. 705-713; MONTEIRO NETO, Nelson. Embargos de declaração e apelação condicional. *Revista de Processo*, São Paulo, v. 245, p. 245-253, jul. 2015.

[13] BUENO, Cassio Scarpinella. *Manual de direito processual civil*: inteiramente estruturado à luz do novo — Lei nº 13.105, de 16-3-2015. São Paulo: Saraiva, 2015. p. 615; Lei nº 13.105/2015, artigo 1.009; CUNHA, Alcides A. Munhoz da. Sentenças interlocutórias desafiando apelação. *Revista de Processo*, São Paulo, v. 185, p. 211-232, jul. 2010; NETTO, Nelson Rodrigues. A Carta de Salvador e o recurso de apelação no projeto do Código de Processo Civil. *Revista de Processo*, São Paulo, v. 229, p. 245-268, mar. 2014; CÂMARA, Alexandre Freitas. *O novo processo civil brasileiro*. São Paulo: Atlas, 2015. p. 508-509; FLEXA, Alexandre; MACEDO, Daniel; BASTOS, Fabrício. *Novo Código de Processo Civil*. O que é inédito. O que mudou. O que foi suprimido. Salvador: Juspodivm, 2015. p. 662.

[14] Nelson Rodrigues Netto, "A Carta de Salvador e o recurso de apelação no projeto do Código de Processo Civil", op. cit., p. 245-268.

[15] Sérgio Bermudes, "Considerações sobre a apelação no sistema recursal do Código de Processo Civil", op. cit., p. 186-192; Luiz Rodrigues Wambier e Teresa Arruda Alvim Wambier, *Doutrinas essenciais de processo civil*, op. cit., p. 705-713.

[16] Rodrigo Barioni, "Preclusão diferida, o fim do agravo retido e a ampliação do objeto da apelação no novo Código de Processo Civil", op. cit., p. 269-280.

[17] Cândido Rangel Dinamarco, *Vocabulário do processo civil*, op. cit., p. 187.

[18] Alexandre Freitas Câmara, *O novo processo civil brasileiro*, op. cit., p. 508.

[19] Luiz Guilherme Marinoni, Sérgio Cruz Arenhart e Daniel Mitidiero, *Novo curso de processo civil*, op. cit., p. 528.

Esse recurso por excelência recebeu nova roupagem e disciplina no CPC/2015, o qual prevê, de forma inovadora, a ausência de preclusão[20] das questões que forem resolvidas na fase de conhecimento e que não puderem ser impugnadas imediatamente através do recurso de agravo de instrumento, em consequência de ter sido extinto o recurso de agravo retido,[21] pois:

> Bastante simplificado foi o sistema recursal. Essa simplificação, todavia, em momento algum significou restrição ao direito de defesa. Em vez disso deu, de acordo com o objetivo tratado no item seguinte, maior rendimento a cada processo individualmente considerado.

> Desapareceu o agravo retido, tendo, correlatamente, alterando-se o regime das preclusões. Todas as decisões anteriores à sentença podem ser impugnadas na apelação. Ressalte-se que, na verdade, o que se modificou, nesse particular, foi exclusivamente o momento da impugnação, pois essas decisões, de que se recorria, no sistema anterior, por meio de agravo retido, só eram mesmo alteradas ou mantidas quando o agravo era julgado, como preliminar de apelação. Com o novo regime, o momento de julgamento será o mesmo; não o da impugnação.

> O agravo de instrumento ficou mantido para as hipóteses de concessão, ou não, de tutela de urgência; para as interlocutórias de mérito, para as interlocutórias proferidas na execução (e no cumprimento de sentença) e para todos os demais casos a respeito dos quais houver previsão legal expressa.[22]

Além disto, inova o CPC/2015 ao também prever a não ocorrência de preclusão consumativa quando for constatada a existência de vício sanável,[23] inclusive que possa ser conhecido de ofício, determinando-se a correção da falha em 1º grau ou no tribunal, o que se torna importante em sede de requisitos de admissibilidade recursais.

---

[20] "Preclusão é a perda de uma faculdade ou poder no processo." Cândido Rangel Dinamarco, *Vocabulário do processo civil*, op. cit., p. 207; Rodrigo Barioni, "Preclusão diferida, o fim do agravo retido e a ampliação do objeto da apelação no novo Código de Processo Civil", op. cit., p. 269-280.

[21] HILL, Flávia Pereira. Breves comentários às principais inovações quanto aos meios de impugnação das decisões judiciais no novo CPC. In: Fredie Didier Jr., *Novo CPC doutrina selecionada*, op .cit., p. 357-367; CUNHA, Leonardo Carneiro da. Apelação contra decisão interlocutória não agravável: a apelação do vencido e a apelação subordinada do vencedor. Duas novidades do CPC/2015. *Revista de Processo*, São Paulo, v. 241, p. 231-242, mar. 2015; PÁDUA, Átila de Andrade. Réquiem para a recorribilidade. *Revista de Processo*, São Paulo, v. 238, p. 127-144, dez. 2014; Alexandre Flexa, Daniel Macedo e Fabrício Bastos, *Novo Código de Processo Civil*, op. cit., p. 656; Cassio Scarpinella Bueno, *Manual de direito processual civil*, op. cit., p. 607.

[22] Exposição de Motivos da Lei nº 13.105/2015 — Código de Processo Civil de 2015 —, vinculada ao Projeto de Lei do Senado nº 166, de 8 de junho de 2010.

[23] CPC/2015, art. 938. [...] §1º Constatada a ocorrência de vício sanável, inclusive aquele que possa ser conhecido de ofício, o relator determinará a realização ou a renovação do ato processual, no próprio tribunal ou em primeiro grau de jurisdição, intimadas as partes.

Retornando ao ponto principal da temática da recorribilidade na apelação, temos que *a apelação é o recurso que se destina a solução das decisões interlocutórias não agraváveis por instrumento e da sentença*,[24] diante da prolatação da sentença.

Marinoni, Arenhart e Mitidiero lecionam:

No novo Código, porém, o recurso de apelação serve não apenas para impugnar as questões decididas na sentença mas também se presta para impugnar todas as questões decididas ao longo do procedimento que não comportarem recurso de agravo de instrumento (art. 1.009, §1º). Com isso, ao limitar a recorribilidade das decisões interlocutórias em separado, o novo processo civil brasileiro procura acentuara oralidade do procedimento comum, aproximando-se da regra da *"final decision"* do direito estadunidense (pela qual apenas a sentença final é apelável, nada obstante as várias exceções existentes), cuja proximidade como processo civil romano clássico é notória.[25]

Neste sentido, conclui Câmara: "A apelação é, portanto, recurso adequado para impugnar sentença e decisões interlocutórias não agraváveis (e as contrarrazões de apelação podem assumir a natureza de recurso 'adesivo' destinado a impugnar decisões interlocutórias não agraváveis)".[26]

Nesta perspectiva, as questões interlocutórias não preclusas[27] [28] poderão ser suscitadas[29] pelo recorrente como preliminar[30] de apelação,[31] ou seja, as questões que ocorreram no curso da instrução e que não eram passíveis de impugnação imediata por agravo de instrumento podem ser deduzidas previamente a matéria recursal relacionada com a sentença impugnada.

Inclusive, tal regime de ausência de preclusões, conforme a interpretação do Fórum Permanente de Processualistas Civis (FPPC), pode ser aplicado ao mandado de segurança:

---

[24] Leonardo Carneiro da Cunha, "Apelação contra decisão interlocutória não agravável", op. cit., p. 231-242; Rodrigo Barioni, "Preclusão diferida, o fim do agravo retido e a ampliação do objeto da apelação no novo Código de Processo Civil", op. cit., p. 269-280; Arruda Alvim, "Notas a respeito dos aspectos gerais e fundamentais da existência dos recursos", op. cit., p. 266-267.

[25] Luiz Guilherme Marinoni, Sérgio Cruz Arenhart e Daniel Mitidiero, *Novo curso de processo civil*, op. cit., p. 527.

[26] Alexandre Freitas Câmara, *O novo processo civil brasileiro*, op. cit., p. 511.

[27] Rodrigo Barioni, "Preclusão diferida, o fim do agravo retido e a ampliação do objeto da apelação no novo Código de Processo Civil", op. cit., p. 269-280.

[28] Átila de Andrade Pádua, "Réquiem para a recorribilidade", op. cit., p. 127-144.

[29] CRIBARI, Giovanni. Os requisitos essenciais da apelação voluntária comum. *Revista de Processo*, São Paulo, v. 7, p. 59-77, jul./dez. 1977.

[30] Leonardo Carneiro da Cunha, "Apelação contra decisão interlocutória não agravável", op. cit., p. 231-242.

[31] Lei nº 13.105/2015, artigo 1.009, §1º.

Enunciado 351, FPPC — (arts. 1.009, e 1.015) O regime da recorribilidade das interlocutórias do CPC aplica-se ao procedimento do mandado de segurança. [Grupo: Impactos do CPC nos Juizados e nos procedimentos especiais de legislação extravagante][32]

Por outro lado, não se aplica o novo regime de preclusões às decisões anteriores à vigência do CPC/2015:

Enunciado 354, FPPC — (arts. 1.009, §1º, 1.046) O art. 1009, §1º, não se aplica às decisões publicadas em cartório ou disponibilizadas nos autos eletrônicos antes da entrada em vigor do CPC. [Grupo: Direito intertemporal e disposições finais e transitórias; redação alterada no V FPPC — Vitória][33]

E, ainda:

Enunciado 355, FPPC — (arts. 1.009, §1º e 1.046) Se, no mesmo processo, houver questões resolvidas na fase de conhecimento em relação às quais foi interposto agravo retido na vigência do CPC/1973, e questões resolvidas na fase de conhecimento em relação às quais não se operou a preclusão por força do art. 1.009, §1º, do CPC, aplicar-se-á ao recurso de apelação o art. 523, §1º, do CPC/1973 em relação àquelas, e o art. 1.009, §1º do CPC em relação a estas. [Grupo: Direito intertemporal e disposições finais e transitórias][34]

Por outro lado, inova o CPC/2015 ao prever que o recorrido também poderá suscitar em *preliminar de contrarrazões de apelação* que o Tribunal *ad quem* tome conhecimento e decida sobre todas as questões ocorridas na fase de conhecimento.[35]

Ou seja, o *recorrido poderá aumentar o aspecto objetivo do recurso de apelação interposto pelo recorrente*, para que sejam apreciadas em sede preliminar todas as questões que não precluíram e que, em tese, poderão prejudicar a própria apreciação do mérito da apelação contra a sentença.

Na hipótese de as questões não preclusas serem suscitadas pelo recorrido como preliminar das suas contrarrazões, em respeito aos princípios do devido processo legal, do contraditório e da ampla defesa, deverá ocorrer a intimação do recorrente para se manifestar no prazo de 15 dias sobre as questões suscitadas preliminarmente nas contrarrazões.[36]

---

[32] ENUNCIADOS do Fórum Permanente de Processualistas Civis — FPPC — Vitória, maio de 2015. Salvador: Juspodivm, 2015. p. 75.

[33] Ibid., p. 76.

[34] Ibid.

[35] Lei nº 13.105/2015, artigo 1.009, §1º.

[36] Lei nº 13.105/2015, artigo 1.009, §2º.

Inova-se ainda ao prever que mesmo no caso de as questões previstas no artigo 1.015 do novo CPC integrarem capítulos da sentença será cabível a apelação.[37]

Em relação à presente norma (art. 1.009, §3º, CPC/2015), pondera Cassio Scarpinella Bueno que:

O §3º do art. 1.009 merece ser lembrado nesse momento. A regra reafirma o cabimento da apelação das decisões que estão mencionadas no art. 1.015 (que prevê o rol das interlocutórias sujeitas ao agravo de instrumento) quando "integrarem capítulo da sentença". A questão, quando analisada na perspectiva da doutrina dos capítulos da sentença, isto é, das partes estruturantes e/ou lógicas daquela decisão, tão bem difundida entre nós por Cândido Rangel Dinamarco em preciosa monografia, não oferta maiores dificuldades, tendo valor didático aquela previsão, nada mais do que isso.

Por essa razão — e somente por essa — é que se mostra inócua a discussão sobre a irrecusável inconstitucionalidade *formal* do §3º do art. 1.009 por não guardar relação com nenhuma regra projetada pelo Senado nem pela Câmara e, neste sentido, violar os limites da atuação do Senado na derradeira etapa do processo legislativo. Sequer a lembrança do §5º do art. 1.013, que reserva o cabimento da apelação contra "o capítulo da sentença que confirma, concede ou revoga a tutela provisória" — e nem poderia ser diferente diante do que vim de escrever —, sana o vício apontado relativo ao processo legislativo, porque trata-se de indevida generalização de particularíssima hipótese e, assim, criação de nova regra interditada naquele instante da atuação do Senado.[38]

Quanto a sua *forma*, a apelação deverá ser interposta[39] por petição[40] (física ou eletrônica), dirigida ao juízo de primeiro grau de jurisdição, observando o princípio da dialeticidade[41] pelo legitimado recursal,[42] e que deverá conter obrigatoriamente: I. os nomes e a qualificação das partes;[43] II. a exposição do fato e do direito; III. as razões do pedido de reforma ou de decretação de nulidade; IV. o pedido de nova decisão.[44]

---

[37] Lei nº 13.105/2015, artigo 1.009, §3º.

[38] Cassio Scarpinella Bueno, *Manual de direito processual civil*, op. cit., p. 616.

[39] Giovanni Cribari, "Os requisitos essenciais da apelação voluntária comum", op. cit., p. 59-77.

[40] NERY JÚNIOR, Nelson. Fundamentação da apelação como requisito de admissibilidade. *Revista de Processo*, v. 18, p. 111-116, abr./jun. 1980; Luiz Rodrigues Wambier e Teresa Arruda Alvim Wambier, *Doutrinas essenciais de processo civil*, op. cit., v. 7, p. 177-184.

[41] CARVALHO, Carla Fernanda Rangel Silva. Efeito devolutivo da apelação e capítulos da sentença. *Revista de Processo*, São Paulo, v. 217, p. 121-145, mar. 2013.

[42] Nelson Rodrigues Netto, "A Carta de Salvador e o recurso de apelação no projeto do Código de Processo Civil", op. cit., p. 245-268.

[43] Sérgio Bermudes, "Considerações sobre a apelação no sistema recursal do Código de Processo Civil", op. cit., p. 186-192; Luiz Rodrigues Wambier e Teresa Arruda Alvim Wambier, *Doutrinas essenciais de processo civil*, op. cit., v. 7, p. 705-713.

[44] Lei nº 13.105/2015, artigo 1.010.

Interposta a apelação, ressalvadas as *hipóteses taxativas de juízo de retratação*,[45] o *apelado será intimado para apresentar contrarrazões* no prazo de 15 dias.[46]

Admite-se que o apelado interponha *apelação adesiva*,[47] espécie de recurso adesivo.[48]

No *caso de interposição de apelação adesiva o apelante deverá ser intimado para apresentar suas contrarrazões* no prazo de 15 dias.[49]

Importante recordar que, sob a égide do CPC/1973, existia uma situação processual que era denominada pela doutrina de *apelação condicional*,[50] qual fosse a situação em que uma parte interpunha apelação, enquanto outra fazia oposição de embargos de declaração, ambos os recursos contra a mesma sentença.

Por questão lógica, os embargos de declaração deveriam ser resolvidos previamente à decisão de admissibilidade da apelação, inclusive podendo constituir uma prejudicial interna àquele recurso, já que, dependendo do resultado do julgamento dos embargos de declaração, poderia ocorrer a perda do objeto da apelação ou a modificação de sua profundidade objetiva, seja por redução (melhora da situação do apelante), seja por majoração (piora da situação do apelante) da condenação.

Ora, em virtude da existência dessa condição — embargos de declaração — ao julgamento da apelação, optou-se pela denominação de apelação condicionada ou condicional, sendo certo que a prática forense estabeleceu que nesses casos o recorrente, ou melhor, o apelante, deveria reiterar seu apelo (caso permanecesse o interesse recursal) após o julgamento da apelação, sob pena de não ser admitida aquela apelação.

No sistema do CPC/2015, parece que a mesma situação poderá continuar ocorrendo, só que não podemos deixar de refletir sobre uma diferença fundamental entre os procedimentos referentes à admissibilidade recursal da apelação, já que a admissibilidade recursal será feita pelo órgão *ad quem*.

Diante desta modificação da competência em relação à admissibilidade, poderia surgir a seguinte questão: mas ocorrerá modificação da necessidade (que existia sob a égide do CPC/1973)

---

[45] Luiz Guilherme Marinoni, Sérgio Cruz Arenhart e Daniel Mitidiero, *Novo curso de processo civil*, op. cit., p. 530.

[46] Lei nº 13.105/2015, artigo 1.010, §1º.

[47] Leonardo Carneiro da Cunha, "Apelação contra decisão interlocutória não agravável", op. cit., p. 231-242; RIZZI, Sérgio. Recurso adesivo. *Revista de Processo*, São Pulo, v. 30, p. 251-262, abr./jun. 1983; Luiz Rodrigues Wambier e Teresa Arruda Alvim Wambier, *Doutrinas essenciais de processo civil*, op. cit., v. 7, p. 185-200; Alexandre Freitas Câmara, *O novo processo civil brasileiro*, op. cit., p. 507.

[48] Nelson Rodrigues Netto, "A Carta de Salvador e o recurso de apelação no projeto do Código de Processo Civil", op. cit., p. 245-268.

[49] Lei nº 13.105/2015, artigo 1.010, §2º.

[50] Nelson Monteiro Neto, "Embargos de declaração e apelação condicional", op. cit., p. 245-253.

de ratificação da apelação nos casos em que a outra parte opuser embargos declaratórios na vigência do CPC/2015?

Por cautela num momento de transição, e diante da peculiaridade da situação processual dessas "apelações condicionais", parece razoável propor que a parte recorrente — apelante — atue com excesso de zelo processual e apresente, após o julgamento dos embargos de declaração, sua ratificação da apelação, caso não tenha ocorrido perda do objeto da apelação ou a modificação da matéria passível de recurso em decorrência do provimento daqueles embargos declaratórios. É uma situação peculiar em que nos parece adequada a adoção da cautela, para fins de garantir e salvaguardar a posição e os interesses do apelante.

O novo Código de Processo Civil traz mais uma inovação no procedimento da apelação, ao prever expressamente que *não mais existirá juízo de admissibilidade*[51] *perante o juízo a quo*,[52] sendo previsto que, após as formalidades de intimação para contrarrazões da apelação e da eventual apelação adesiva, os autos (físicos ou eletrônicos) deverão ser remetidos pelo juiz ao tribunal.[53] [54] Na exposição de motivos está dito: "O recurso de apelação continua sendo interposto no 1º grau de jurisdição, tendo-lhe sido, todavia, retirado o juízo de admissibilidade, que é exercido apenas no 2º grau de jurisdição. Com isso, suprime-se um novo foco desnecessário de recorribilidade".[55]

Por isso, tem-se que:

Enunciado 99, FPPC — (art. 1.010, §3º) O órgão a quo não fará juízo de admissibilidade da apelação. [Grupo: Ordem dos Processos no Tribunal, Teoria Geral dos Recursos, Apelação e Agravo][56]

Enunciado 356, FPPC — (arts. 1.010, § 3º, e 1.046) Aplica-se a regra do art. 1.010, §3º, às apelações pendentes de admissibilidade ao tempo da entrada em vigor do CPC, de modo que o exame da admissibilidade destes recursos competirá ao Tribunal de 2º grau. [Grupo: Direito intertemporal e disposições finais e transitórias][57]

---

[51] Nelson Rodrigues Netto, "A Carta de Salvador e o recurso de apelação no projeto do Código de Processo Civil", op. cit., p. 245-268.

[52] PANTOJA, Fernanda Medina. Reflexões sobre os possíveis formatos da apelação no projeto do novo Código de Processo Civil. *Revista de Processo*, v. 216, p. 305-332, fev. 2013.

[53] Lei nº 13.105/2015, artigo 1.010, §3º.

[54] Flávia Pereira Hill, "Breves comentários às principais inovações quanto aos meios de impugnação das decisões judiciais no novo CPC", op. cit., p. 368.

[55] Exposição de Motivos da Lei nº 13.105/2015 — Código de Processo Civil de 2015 —, vinculada ao Projeto de Lei do Senado nº 166, de 8 de junho de 2010.

[56] ENUNCIADOS do Fórum Permanente de Processualistas Civis — FPPC — Vitória, maio de 2015. Salvador: Juspodivm, 2015. p. 30.

[57] Ibid., p. 76.

Enunciado 474, FPPC — (art. 1.010, §3º, fine; art. 41 da Lei 9.099/1995) O recurso inominado interposto contra sentença proferida nos juizados especiais será remetido à respectiva turma recursal independentemente de juízo de admissibilidade. [Grupo: Impacto nos Juizados e nos procedimentos especiais da legislação extravagante]

Todavia, existe uma exceção a tal regra, onde se admite uma apreciação da apelação em 1º grau de jurisdição, facultando-se ao órgão prolator da sentença o eventual exercício de juízo de retratação. Esclarece, neste ponto, Alexandre Câmara:

Tendo sido a sentença de extinção do processo sem resolução do mérito — aqui incluído o caso de indeferimento da petição inicial — ou de improcedência liminar do pedido, a apelação torna possível o exercício, pelo juízo de primeiro grau, de juízo de retratação (arts. 331, 332, §3º e 485, §7º). Impende, porém, que o juízo a quo verifique se a apelação interposta é tempestiva. É que este é o único dos vícios capazes de levar à inadmissibilidade do recurso que se reputa absolutamente insanável e, pois, se a apelação tiver sido interposta intempestivamente se deverá reputar já transitada em julgado a sentença. Assim, sendo intempestiva a apelação não poderá haver retratação (FPPC, enunciado 293). Tempestivo que seja o recurso, porém, o juízo de primeiro grau poderá retratar-se ainda que identifique algum outro vício formal na apelação (como, por exemplo, ausência de preparo), já que todos os demais vícios são sanáveis (e não cabe ao juízo de primeiro grau decidir sobre a admissibilidade do recurso nem praticar os atos necessários à correção dos vícios).

Observado este procedimento, devem os autos ser encaminhados ao órgão *ad quem*, independentemente de juízo de admissibilidade (FPPC, enunciado 99). O controle da admissibilidade da apelação é feito exclusivamente pelo órgão *ad quem*, incumbindo seu exame, em primeiro lugar, ao relator (a quem incumbe, monocraticamente, negar seguimento a recursos inadmissíveis, nos termos do art. 932, III) e, posteriormente, pelo órgão colegiado competente para julgá-lo, o qual poderá não conhecer do apelo.[58]

No órgão ad quem *será realizado o juízo de admissibilidade*[59] *e o juízo de mérito, tanto da apelação principal quanto da apelação adesiva ou dependente.*

---

[58] Alexandre Freitas Câmara, *O novo processo civil brasileiro*, op. cit., p. 512-513.

[59] Cândido Rangel Dinamarco, *Vocabulário do processo civil*, op. cit., p. 102; Nelson Nery Júnior, "Fundamentação da apelação como requisito de admissibilidade", op. cit., p. 111-116; Luiz Rodrigues Wambier e Teresa Arruda Alvim Wambier, *Doutrinas essenciais de processo civil*, op. cit., v. 7, p. 177-184; Giovanni Cribari, "Os requisitos essenciais da apelação voluntária comum", op. cit., p. 59-77; Sérgio Bermudes, "Considerações sobre a apelação no sistema recursal do Código de Processo Civil", op. cit., p. 186-192; Luiz Rodrigues Wambier e Teresa Arruda Alvim Wambier, *Doutrinas essenciais de processo civil*, op. cit., v. 7, p. 705-713.

Em relação ao procedimento da apelação, tem-se que após o recebimento (físico ou eletrônico) do recurso de apelação no tribunal o mesmo deverá ser imediatamente[60] distribuído[61] a um órgão judicial de 2ª instância e a um(a) relator(a).

Após a distribuição imediata, o relator[62] da apelação perante o tribunal: I. decidi-lo-á monocraticamente apenas nas hipóteses do art. 932, incisos III, IV[63] e V; II. se não for o caso de decisão monocrática, elaborará seu voto[64] para julgamento do recurso pelo órgão colegiado.[65]

No julgamento perante o colegiado será facultada às partes, por seus representantes, a realização de *sustentação oral*.[66]

É expressamente previsto que, de *regra, a apelação terá efeito suspensivo*[67] [68] ope legis[69] *ou por determinação legal (*ex vi legis*)*.[70]

Todavia, o FPPC propôs o seguinte enunciado interpretativo:

Enunciado 559, FPPC — (art. 995; art. 1.009, §1º; art. 1.012) O efeito suspensivo *ope legis* do recurso de apelação não obsta a eficácia das decisões interlocutórias nele impugnadas. [Grupo: Recursos (menos os repetitivos) e reclamação][71]

Quanto ao efeito suspensivo da apelação, tem-se:

---

[60] Nelson Rodrigues Netto, "A Carta de Salvador e o recurso de apelação no projeto do Código de Processo Civil", op. cit., p. 245-268.

[61] Lei nº 13.105/2015, artigo 1.011, 1ª parte.

[62] CARVALHO, Fabiano. Julgamento unipessoal do mérito da causa por meio da apelação: interpretação dos arts. 557 e 515, §3º, do CPC. *Revista de Processo*, São Paulo, v. 144, p. 113-116, fev. 2007.

[63] Fernanda Medina Pantoja, "Reflexões sobre os possíveis formatos da apelação no projeto do novo Código de Processo Civil", op. cit., p. 305-332.

[64] Cândido Rangel Dinamarco, *Vocabulário do processo civil*, op. cit., p. 284.

[65] Ibid., p. 80; Lei nº 13.105/2015, artigo 1.011, 2ª parte e incisos I e II.

[66] LIMA, Alcides de Mendonça. Os recursos no Anteprojeto do Código de Processo Civil. In: Luiz Rodrigues Wambier e Teresa Arruda Alvim Wambier, *Doutrinas essenciais de processo civil*, op. cit., v. VII, p. 98.

[67] Sobre o efeito suspensivo, ver: BRUSCHI, Gilberto Gomes; MAIDAME, Márcio Manoel. O efeito suspensivo e o recurso de apelação — do CPC/1973 ao novo CPC. In: Fredie Didier Jr., *Novo CPC doutrina selecionada*, op. cit., p. 523-538; Cassio Scarpinella Bueno, *Manual de direito processual civil*, op. cit., p. 618; Alexandre Freitas Câmara, *O novo processo civil brasileiro*, op. cit., p. 513; Carla Fernanda Rangel Silva Carvalho, "Efeito devolutivo da apelação e capítulos da sentença", op. cit., p. 121-145; Rodrigo Barioni, "Preclusão diferida, o fim do agravo retido e a ampliação do objeto da apelação no novo Código de Processo Civil", op. cit., p. 269-280.

[68] Lei nº 13.105/2015, artigo 1.012.

[69] Alexandre Freitas Câmara, *O novo processo civil brasileiro*, op. cit., p. 505.

[70] Ibid., p. 504-505.

[71] Enunciados do Fórum Permanente dos Processualistas Civis com a Carta de Curitiba (out. 2015). 2015.

O efeito suspensivo é a qualidade que impede a produção dos efeitos da sentença.
Tem início com a intimação da sentença e termina com intimação da decisão da apelação ou com a preclusão para a interposição da apelação.[72]

Todavia, não existirá efeito suspensivo da apelação (ausência de efeito suspensivo *ope legis*)[73] começando a sentença a produzir efeitos imediatamente após a sua publicação, quando for expressamente previsto em lei e nas situações[74] em que se: I. homologa divisão ou demarcação de terras; II. condena a pagar alimentos; III. extingue sem resolução do mérito ou julga improcedentes os embargos do executado; IV. julga procedente o pedido de instituição de arbitragem; V. confirma, concede ou revoga tutela provisória;[75] VI. decreta a interdição.

Quanto ao tema, importante observar o seguinte enunciado interpretativo:

Enunciado 217, FPPC — (arts. 1.012, §1º, V, 311) A apelação contra o capítulo da sentença que concede, confirma ou revoga a tutela antecipada da evidência ou de urgência não terá efeito suspensivo automático. [Grupo: Ordem dos Processos nos Tribunais e Recursos Ordinários]

O apelante poderá pleitear a concessão judicial de efeito suspensivo[76] nas hipóteses do artigo 1.012, §1º, CPC/2015, mediante requerimento[77] dirigido ao: I. tribunal, no período compreendido entre a interposição da apelação e sua distribuição, ficando o relator designado para seu exame prevento para julgá-la; ou II. relator, se já distribuída a apelação.

No âmbito dos Juizados Especiais, por aplicação analógica, tem-se que:

Enunciado 465, FPPC — (arts. 995, parágrafo único; 1.012, §3º; Lei 9.099/1995, Lei 10.259/2001, Lei 12.153/2009) A concessão do efeito suspensivo ao recurso inominado cabe exclusivamente ao relator na turma recursal. [Grupo: Impacto nos juizados e nos procedimentos especiais da legislação extravagante][78]

---

[72] NEVES, Daniel Amorim Assumpção; FREIRE, Rodrigo da Cunha Lima. *Código de Processo Civil para concursos*. 4. ed. Salvador: Juspodivm, 2013. p. 519.

[73] Alexandre Freitas Câmara, *O novo processo civil brasileiro*, op. cit., p. 513-516.

[74] Lei nº 13.105/2015, artigo 1.012, §1º.

[75] Cassio Scarpinella Bueno, *Manual de direito processual civil*, op. cit., p. 618; Alexandre Flexa, Daniel Macedo e Fabrício Bastos, *Novo Código de Processo Civil*, op. cit., p. 664-665.

[76] Cassio Scarpinella Bueno, *Manual de direito processual civil*, op. cit., p. 619.

[77] Lei nº 13.105/2015, artigo 1.012, §3º.

[78] ENUNCIADOS do Fórum Permanente de Processualistas Civis — FPPC — Vitória, maio de 2015. Salvador: JusPodivm, 2015. p. 92.

Todavia, é previsto que o relator da apelação poderá conceder o efeito suspensivo se o apelante demonstrar: 1. a probabilidade de provimento do recurso; ou 2. sendo relevante a fundamentação, houver risco de dano grave ou de difícil reparação.[79]

Nesse ponto, certamente poderá surgir controvérsia quanto à natureza da previsão constante do §4º do artigo 1.012 do CPC/2015: seria um rol exemplificativo (*numerus apertus*) ou um rol exaustivo (*numerus clausus*) de causas de permissão legal para concessão de efeito suspensivo por decisão judicial?

Propõe-se que se entenda que é um rol exaustivo, até porque o processo civil contemporâneo se destina à máxima efetividade de produção de resultados práticos, de modo que aquelas hipóteses que autorizam a suspensão devem ser interpretadas de forma exaustiva e comedida, sob pena de violação do espírito do novo Código de Processo Civil.

Nos casos em que não existe efeito suspensivo à apelação, o apelado poderá promover o pedido de cumprimento provisório da sentença ou do capítulo da sentença que não estiver coberto por efeito suspensivo, depois de publicada a sentença.[80]

Em relação ao *efeito*[81] *devolutivo*[82] *da apelação*, é consagrada a máxima *tantum devolutum quantum apelatum*,[83] ao ser previsto que a apelação devolverá ao tribunal o conhecimento da matéria expressamente impugnada.[84]

Sobre a eficácia horizontal do efeito devolutivo, vale recordar:

São consequências do efeito devolutivo, também conhecidas como extensão — dimensão horizontal — do efeito devolutivo:

a) *tantum devolutum quantum appellatum* — o órgão ad quem não pode julgar matéria estranha ao recurso, como decorrência: a.i) do princípio dispositivo (CPC, arts. 128, 460), decorrente do princípio da inércia (CPC, art. 2º) e perfeitamente aplicável aos recursos (CPC, arts. 505 e 515, *caput*), que são prolongamentos da ação dentro do mesmo processo; e a.2) da preclusão (CPC, arts. 183 e 473) ou da coisa julgada (CPC, art. 468), que recai sobre cada capítulo da decisão não impugnado pelo recorrente;

---

[79] Lei nº 13.105/2015, artigo 1.012, §4º.

[80] Lei nº 13.105/2015, artigo 1.012, §2º.

[81] Nelson Rodrigues Netto, "A Carta de Salvador e o recurso de apelação no projeto do Código de Processo Civil", op. cit., p. 245-268.

[82] Carla Fernanda Rangel Silva Carvalho, "Efeito devolutivo da apelação e capítulos da sentença", op. cit., p. 121-145; Sérgio Bermudes, "Considerações sobre a apelação no sistema recursal do Código de Processo Civil", op. cit., p. 186-192; Luiz Rodrigues Wambier e Teresa Arruda Alvim Wambier, *Doutrinas essenciais de processo civil*, op. cit., v. 7, p. 705-713.

[83] Alexandre Freitas Câmara, *O novo processo civil brasileiro*, op. cit., p. 504.

[84] Lei nº 13.105/2015, artigo 1.013.

b) *proibição da reformatio in pejus* — o órgão *ad quem* não pode agravar a situação do recorrente porque deve se ater exclusivamente à matéria objeto do recurso, no qual, obviamente, não constará o pedido para que tal aconteça;

c) *proibição de inovar* — o recurso não é outra ação, que permita o amplo reexame do litígio, mas o prolongamento da ação no mesmo processo, possibilitando a realização de um controle sobre a decisão proferida na instância inferior, razão pela qual a instância superior não deverá conhecer de novos elementos (*v.g.*, fatos, provas, exceções).[85]

É esclarecido que o limite da devolução[86] na apelação encontra-se vinculado de forma imediata ao capítulo[87] impugnado da sentença apelada,[88] ou seja, a devolução é pelo capítulo e não pelos fatos, fundamentos e argumentos utilizados pelo apelante principal ou adesivo. Logo, sendo as alegações recursais sobre determinado capítulo da sentença mais restritas do que o próprio capítulo, o órgão recursal poderá se manifestar sobre a integralidade do capítulo, não obstante eventual omissão eventual ou deliberada do recorrente.

Nesse sentido, vale ponderar sobre estes enunciados interpretativos:

Enunciado 100 — (art. 1.013, §1º, parte final) Não é dado ao tribunal conhecer de matérias vinculadas ao pedido transitado em julgado pela ausência de impugnação. [Grupo: Ordem dos Processos no Tribunal, Teoria Geral dos Recursos, Apelação e Agravo][89]

Enunciado 102 — (arts. 1.013, §1º, e 326) O pedido subsidiário (art. 326) não apreciado pelo juiz — que acolheu o pedido principal — é devolvido ao tribunal com a apelação interposta pelo réu. [Grupo: Ordem dos Processos no Tribunal, Teoria Geral dos Recursos, Apelação e Agravo][90]

Por isso, serão objeto de apreciação e julgamento pelo tribunal todas as questões (de ordem pública ou privada) suscitadas e discutidas no processo, ainda que não tenham sido solucionadas pelo órgão de 1ª instância, sempre vinculadas ao capítulo impugnado no apelo. Disso,

---

[85] Daniel Amorim Assumpção Neves e Rodrigo da Cunha Lima Freire, *Código de Processo Civil para concursos*, op. cit., p. 513.

[86] Sérgio Bermudes, "Considerações sobre a apelação no sistema recursal do Código de Processo Civil", op. cit., p. 186-192; Luiz Rodrigues Wambier e Teresa Arruda Alvim Wambier, *Doutrinas essenciais de processo civil*, op. cit., v. 7, p. 705-713.

[87] Carla Fernanda Rangel Silva Carvalho, "Efeito devolutivo da apelação e capítulos da sentença", op. cit., p. 121-145.

[88] Lei nº 13.105/2015, artigo 1.013, §1º.

[89] ENUNCIADOS do Fórum Permanente de Processualistas Civis — FPPC — Vitória, maio de 2015. Salvador: Juspodivm, 2015. p. 31.

[90] Ibid.

vale concluir que tratando-se de sentença de um capítulo, a apelação será sobre tudo, enquanto no caso de pluralidade[91] de capítulos (processuais e materiais), a apelação poderá versar sobre todo(s) o(s) capítulo(s) em que o recorrente restou sucumbente, sendo o grau de cognição delimitado pelo número de capítulos que o apelante impugnar.

Por outro lado, quando dentro de determinado capítulo (para guardar lógica com o §1º do artigo 1.103) o pedido ou defesa tiver mais de um fundamento e o juiz na sentença acolher apenas um deles, a apelação devolverá ao tribunal o conhecimento dos demais.[92]

Por outro lado, é previsto que as questões de fato (questões novas)[93] não propostas no juízo inferior poderão ser suscitadas na apelação, se a parte provar que deixou de fazê-lo por motivo de força maior.[94] [95]

Deste modo, a devolutividade[96] [97] da apelação será delimitada:

— pelo capítulo da sentença que for impugnado no apelo;

— pelos fundamentos de pedido ou de defesa que forem deduzidos perante a 1ª instância por parte, no que se tratar de normas privadas ou que não sejam compreendidas como de ordem pública;

— pelas matérias de ordem pública que se relacionem ao capítulo da sentença impugnado, por dedução lógica;

— pelas questões de fato não propostas no juízo inferior poderão ser suscitadas na apelação, se a parte provar que deixou de fazê-lo por motivo de força maior.

Além disso, de forma inovadora, o CPC/2015 prevê que o capítulo da sentença que confirma, concede ou revoga a tutela provisória é impugnável na apelação,[98] de modo que é reconhecida a autonomia do capítulo da sentença que versa exclusivamente sobre a tutela provisória.

Uma questão que desde já se apresenta é: pode o tribunal conhecer de matéria de ordem pública constante de capítulo de sentença que não foi objeto de apelação principal nem adesiva?

Inicialmente, podem-se vislumbrar duas possibilidades.

---

[91] Carla Fernanda Rangel Silva Carvalho, "Efeito devolutivo da apelação e capítulos da sentença", op. cit., p. 121-145.

[92] Lei nº 13.105/2015, artigo 1.013, §2º.

[93] Cassio Scarpinella Bueno, *Manual de direito processual civil*, op. cit., p. 617.

[94] Nelson Rodrigues Netto, "A Carta de Salvador e o recurso de apelação no projeto do Código de Processo Civil", op. cit., p. 245-268.

[95] Lei nº 13.105/2015, artigo 1.014.

[96] Sobre o efeito devolutivo e a apelação no CPC/2015: RUDINIKI NETO, Rogério. O efeito devolutivo do recurso de apelação no novo Código de Processo Civil. In: Fredie Didier Jr., *Novo CPC doutrina selecionada*, op. cit., p. 565-582.

[97] Alexandre Freitas Câmara, *O novo processo civil brasileiro*, op. cit., p. 503.

[98] Lei nº 13.105/2015, artigo 1.013, §4º.

A primeira se refere à alegação de que a matéria de ordem pública é passível de cognição de ofício pelo Poder Judiciário em qualquer de suas instâncias enquanto não ocorrer o término integral da relação jurídica processual, ou seja, o término da possibilidade de recorrer sobre todos os capítulos da sentença de 1ª instância. Para os que defenderem essa opinião, a qualquer tempo neste interregno poderia o órgão recursal conhecer da matéria de ordem pública mesmo que não integrante de capítulo impugnado pela apelação, pois a causa não se encontraria acobertada pelos efeitos da coisa julgada.[99]

Uma segunda visão seria no sentido da impossibilidade de cognição de ofício pelo tribunal e órgãos superiores de matéria de ordem pública que não constasse ou se relacionasse diretamente com capítulo de sentença abrangida pela apelação. Ora, do momento em que não houve apelo quanto àquele capítulo, ocorreria a estabilização da demanda com a incidência dos efeitos da coisa julgada sobre aquele capítulo. Não se poderia conhecer de ofício de matéria de ordem pública, quanto o capítulo ao qual ele se relacionaria estaria coberto pela coisa julgada.

A questão parece por demais complexa para já se adotar uma posição ou outra, pois a positivação da devolutividade, à luz dos capítulos, traz a necessidade de reflexão sobre várias questões, inclusive quanto à dispositividade (princípio dispositivo) das partes em relação às matérias que elas querem submeter ao órgão recursal (inclusive as de ordem pública).

O novo CPC adota a *teoria da causa madura*[100] ou a aplicação do efeito translativo[101] da apelação (ou efeito expansivo, para Cassio Scarpinella Bueno),[102] informando que, se o processo estiver em condições de julgamento, o tribunal deve decidir desde logo o mérito quanto a: I. reformar sentença fundada no art. 485; II. decretar a nulidade da sentença por não ser ela congruente com os limites do pedido ou da causa de pedir; III. constatar a omissão no exame de um dos pedidos, hipótese em que poderá julgá-lo; IV. decretar a nulidade de sentença por falta de fundamentação.

---

[99] Cândido Rangel Dinamarco, *Vocabulário do processo civil*, op. cit., p. 137-138.

[100] Sobre a teoria da causa madura, é interessante a leitura de estudo de maio de 1927 do ministro do Supremo Tribunal Federal Pedro dos Santos sobre a "Natureza e extensão do efeito devolutivo nas apelações", o qual se encontra reproduzido em Luiz Rodrigues Wambier e Teresa Arruda Alvim Wambier, *Doutrinas essenciais de processo civil*, op. cit., v. VII, p. 37-45, onde o ministro questiona o conhecimento integral do apelo pelo tribunal *ad quem* mesmo nos casos de nulidade ou anulação da sentença apelada, referindo-se inclusive a precedente jurisprudencial encartado em acórdão do STF de 4 de agosto de 1884. Em nenhum momento a expressão "teoria da causa madura" é utilizada, mas de uma leitura atenta pode-se vislumbrar notícias históricas que se relacionam à discussão jurídica subjacente ao que se presenciou durante as reformas do CPC/1973; Lei nº 13.105/2015, artigo 1.013, §3º; SIQUEIRA, Thiago Ferreira. Duplo grau de jurisdição e "teoria da causa madura" no novo Código de Processo Civil. In: Fredie Didier Jr., *Novo CPC doutrina selecionada*, op. cit., p. 583-610.

[101] Alexandre Freitas Câmara, *O novo processo civil brasileiro*, op. cit., p. 518-519; THAMAY, Rennan Faria Krüger; RODRIGUES, Rafael Ribeiro. Algumas reflexões sobre o efeito translativo: entre o CPC/73 e o CPC/2015. In: Fredie Didier Jr., *Novo CPC doutrina selecionada*, op. cit., p. 491-508.

[102] Cassio Scarpinella Bueno, *Manual de direito processual civil*, op. cit., p. 620.

Sobre o tema, Marinoni, Arenhart e Mitidiero doutrinam:

A princípio, o tribunal não deve avançar no conhecimento de questões não decididas pelo juízo de primeiro grau, porque isso poderia configurar ofensa ao direito fundamental ao juiz natural — e, para alguns, também ao direito ao duplo grau de jurisdição. O novo Código, porém, é expresso em admitir que o tribunal conheça de questões não decididas sem primeiro grau de jurisdição quando "a causa estiver em condições de imediato julgamento" (isto é, quando não for necessária instrução probatória diversa daquela já realizada) e reformar sentença terminativa, decretar nulidade da sentença por não ser ela congruente com os limites do pedido ou da causa de pedir, constatar omissão no exame de um dos pedidos, hipótese em que poderá julgá-lo e decretará nulidade da sentença por falta de fundamentação (art. 1.013, §3º). O mesmo vale quando a decisão reformar sentença que "reconheça a decadência ou a prescrição" (art. 1.013, §4º).[103]

No sentido da norma, importante ponderar sobre o seguinte enunciado interpretativo:

Enunciado 307, FPPC — (arts. 489, §1º, 1.013, §3º, IV) Reconhecida a insuficiência da sua fundamentação, o tribunal decretará a nulidade da sentença e, preenchidos os pressupostos do §3º do art. 1.013, decidirá desde logo o mérito da causa. [Grupo: Competência e invalidades processuais][104]

Sobre a aplicação da teoria da causa madura no novo CPC, Alexandre Flexa e outros ponderam que:

A sentença terminativa, como condição para aplicação da teoria da causa madura, deixa de existir, bastando que a questão esteja em condições de imediato julgamento, aliada às hipóteses de cabimento, constantes nos incisos 1a IV do §3º, art. 1.013, CPC/2015.[105]

Em continuidade, no que se poderia entender ainda como situação de aplicação da "teoria da causa madura", prescreve o novo CPC que, quando o tribunal reformar sentença que reconheça

---

[103] Luiz Guilherme Marinoni, Sérgio Cruz Arenhart e Daniel Mitidiero, *Novo curso de processo civil*, op. cit., p. 532.

[104] ENUNCIADOS do Fórum Permanente de Processualistas Civis — FPPC — Vitória, maio de 2015. Salvador: JusPodivm, 2015. p. 68.

[105] Alexandre Flexa, Daniel Macedo e Fabrício Bastos, *Novo Código de Processo Civil*, op. cit., p. 666.

a decadência ou prescrição, caso possível, deverá julgar o mérito, examinando as demais questões, sem determinar o retorno do processo ao juízo de primeiro grau.[106] [107]

Por fim, quanto ao procedimento da apelação, vale atentar para a lição de Alexandre Câmara, no sentido de que:

> Embora já se tenha visto, sempre vale recordar que no caso de o julgamento colegiado da apelação não ser unânime pode haver necessidade de aplicar-se a técnica de complementação dos julgamentos não unânimes estabelecida pelo art. 942.[108]

Pois dita o artigo 942 do novo Código de Processo Civil, *verbis*:

> Art. 942. Quando o resultado da apelação for não unânime, o julgamento terá prosseguimento em sessão a ser designada com a presença de outros julgadores, que serão convocados nos termos previamente definidos no regimento interno, em número suficiente para garantir a possibilidade de inversão do resultado inicial, assegurado às partes e a eventuais terceiros o direito de sustentar oralmente suas razões perante os novos julgadores.

Após estas breves referências, almeja-se, com esperança, que a nova sistemática da apelação do Código de Processo Civil de 2015 contribua para a melhoria da prestação jurisdicional, para a celeridade processual, para o aperfeiçoamento da jurisdição e para o pleno desenvolvimento do devido processo legal, de modo que esse recurso fundamental do sistema possibilite às partes a concretização do seu acesso à justiça (especialmente quanto ao acesso à ordem jurídica justa), e aos magistrados, das diversas instâncias, a possibilidade de plena prestação jurisdicional.

REFERÊNCIAS

ACCIOLY, Mario. Recurso *ex officio*. In: WAMBIER, Luiz Rodrigues; WAMBIER, Teresa Arruda Alvim. *Doutrinas essenciais de processo civil*. São Paulo: Revista dos Tribunais, 2011. v. VII.

ALVIM, Arruda. Notas a respeito dos aspectos gerais e fundamentais da existência dos recursos — direito brasileiro. In: WAMBIER, Luiz Rodrigues; WAMBIER, Teresa Arruda Alvim. *Doutrinas essenciais de processo civil*. São Paulo: Revista dos Tribunais, 2011. v. VII.

---

[106] Lei nº 13.105/2015, artigo 1.013, §4º.

[107] Cassio Scarpinella Bueno, *Manual de direito processual civil*, op. cit., p. 621.

[108] Alexandre Freitas Câmara, *O novo processo civil brasileiro*, op. cit., p. 520.

ALVIM, Teresa Celina de Arruda. Teoria geral dos recursos. In: WAMBIER, Luiz Rodrigues; WAMBIER, Teresa Arruda Alvim. *Doutrinas essenciais de processo civil*. São Paulo: Revista dos Tribunais, 2011. v. VII.

ARAÚJO, Luciano Vianna. A aplicação do direito à espécie pelas Cortes Superiores: uma opção legislativa do projeto do novo CPC. In: DIDIER JR., Fredie et al. (Org.). *Novas tendências do processo civil*: estudos sobre o projeto do novo Código de Processo Civil. Salvador: Juspodivm, 2014. v. 3.

ASSIS, Araken de. Direito fundamental do acesso à justiça. In: SOUZA, Marcia Cristina Xavier de; RODRIGUES, Walter dos Santos (Org.). *O novo Código de Processo Civil*. Rio de Janeiro: Elsevier, 2012.

BERMUDES, Sérgio. Considerações sobre a apelação no sistema recursal do Código de Processo Civil. *Revista de Processo*, São Paulo, v. 100, p. 186-192, out./dez. 2000. Publicado também em WAMBIER, Luiz Rodrigues; WAMBIER, Teresa Arruda Alvim. *Doutrinas essenciais de processo civil*. São Paulo: Revista dos Tribunais, 2011. v. 7, p. 705-713.

BRASIL. *Constituição da República Federativa do Brasil de 1988* (CRFB/1988).

_____. *Lei nº 13.105/2015*.

BRUSCHI, Gilberto Gomes; MAIDAME, Márcio Manoel. O efeito suspensivo e o recurso de apelação — do CPC/1973 ao novo CPC. In: DIDIER JR., Fredie (Coord.). *Novo CPC doutrina selecionada*, v. 6: processo nos tribunais e meios de impugnação às decisões judiciais. Salvador: Juspodivm, 2015. p. 523-538.

BUENO, Cassio Scarpinella. *Manual de direito processual civil*: inteiramente estruturado à luz do novo — Lei nº 13.105, de 16-3-2015. São Paulo: Saraiva, 2015.

CÂMARA, Alexandre Freitas. *O novo processo civil brasileiro*. São Paulo: Atlas, 2015.

CAMARGO, Luiz Henrique Volpe. Os honorários de sucumbência recursal no novo CPC. In: DIDIER JR., Fredie et al. (Org.). *Novas tendências do processo civil*: estudos sobre o projeto do novo Código de Processo Civil. Salvador: Juspodivm, 2013.

CAMBI, Eduardo; POMPÍLIO, Gustavo. Majoração dos honorários sucumbenciais no recurso de apelação. In: DIDIER JR., Fredie (Coord.). *Novo CPC doutrina selecionada*, v. 6: processo nos tribunais e meios de impugnação às decisões judiciais. Salvador: Juspodivm, 2015. p. 539-549.

CARNEIRO, Paulo Cezar Pinheiro. *Acesso à justiça*. 2. ed. Rio de Janeiro: Forense, 2007.

CARVALHO, Carla Fernanda Rangel Silva. Efeito devolutivo da apelação e capítulos da sentença. *Revista de Processo*, São Paulo, v. 217, p. 121-145, mar. 2013.

CARVALHO, Fabiano. Julgamento unipessoal do mérito da causa por meio da apelação: interpretação dos arts. 557 e 515, §3º, do CPC. *Revista de Processo*, São Paulo, v. 144, p. 113-116, fev. 2007.

CIANCI, Mirna; QUARTIERI, Rita; ISHIKAWA, Liliane Ito. Novas perspectivas do recurso de apelação. In: DIDIER JR., Fredie et al. (Org.). *Novas tendências do processo civil*: estudos sobre o projeto do novo Código de Processo Civil. Salvador: Juspodivm, 2014. v. 3.

COELHO JÚNIOR, Sérgio. O processo justo e a Constituição de 1988: breve reflexão sobre a cláusula do devido processo legal. In: GRECO, Leonardo; MIRANDA NETTO, Fernando Gama de (Org.). *Direito processual e direitos fundamentais*. Rio de Janeiro: Lumes Juris, 2005.

CRIBARI, Giovanni. Os requisitos essenciais da apelação voluntária comum. *Revista de Processo*, São Paulo, v. 7, p. 59-77, jul./dez. 1977.

CUNHA, Alcides A. Munhoz da. Sentenças interlocutórias desafiando apelação. *Revista de Processo*, São Paulo, v. 185, p. 211-232, jul. 2010.

CUNHA, Leonardo Carneiro da. Apelação contra decisão interlocutória não agravável: a apelação do vencido e a apelação subordinada do vencedor. Duas novidades do CPC/2015. *Revista de Processo*, São Paulo, v. 241, p. 231-242, mar. 2015.

DIAS, Francisco Barros. Técnica de julgamento: criação do novo CPC (substitutivo dos embargos infringentes). In: DIDIER JR., Fredie (Coord.). *Novo CPC doutrina selecionada*, v. 6: processo nos tribunais e meios de impugnação às decisões judiciais. Salvador: Juspodivm, 2015. p. 49-60.

DINAMARCO, Cândido Rangel. *Vocabulário do processo civil*. São Paulo: Malheiros, 2009.

ENUNCIADOS do Fórum Permanente de Processualistas Civis — FPPC — Vitória, maio de 2015. Salvador: Juspodivm, 2015.

FAGUNDES, M. Seabra. O título "dos recursos" em o novo Código de Processo Civil. In: WAMBIER, Luiz Rodrigues; WAMBIER, Teresa Arruda Alvim. *Doutrinas essenciais de processo civil*. São Paulo: Revista dos Tribunais, 2011. v. VII.

FIGUEIRA JÚNIOR, Joel Dias. A trama recursal no processo civil brasileiro e a crise da jurisdição estatal. In: WAMBIER, Luiz Rodrigues; WAMBIER, Teresa Arruda Alvim. *Doutrinas essenciais de processo civil*. São Paulo: Revista dos Tribunais, 2011. v. VII, p. 975-986.

FLEXA, Alexandre; MACEDO, Daniel; BASTOS, Fabrício. *Novo Código de Processo Civil*. O que é inédito. O que mudou. O que foi suprimido. Salvador: Juspodivm, 2015.

FREIRE, Alexandre; MARQUES, Leonardo Albuquerque. Os honorários de sucumbência no projeto do novo CPC (relatório-geral de atividades apresentado pelo Deputado Federal Paulo Teixeira — PT). In: DIDIER JR., Fredie et al. (Org.). *Novas tendências do processo civil*: estudos sobre o projeto do novo Código de Processo Civil. Salvador: Juspodivm, 2014. v. 3.

FUX, Luiz. Prefácio. In: DIDIER JR., Fredie et al. (Org.). *Novas tendências do processo civil*: estudos sobre o projeto do novo Código de Processo Civil. Salvador: Juspodivm, 2013. p. 11-12.

GAIO JÚNIOR, Antônio Pereira. Teoria geral dos recursos: análise e atualizações à luz do novo Código de Processo Civil Brasileiro. In: DIDIER JR., Fredie (Coord.). *Novo CPC doutrina selecionada*, v. 6: processo nos tribunais e meios de impugnação às decisões judiciais. Salvador: Juspodivm, 2015. p. 459-489.

GOMES JUNIOR, Luiz Manoel; CHUEIRI, Miriam Fecchio. Anotações sobre o sistema recursal no novo Código de Processo Civil. In: DIDIER JR., Fredie (Coord.). *Novo CPC doutrina selecionada*,

v. 6: processo nos tribunais e meios de impugnação às decisões judiciais. Salvador: Juspodivm, 2015. p. 404-421.

GONÇALVES, Gláucio Maciel; VALADARES, André Garcia Leão Reis. O sistema recursal no substitutivo Barradas. In: DIDIER JR., Fredie et al. (Org.). *Novas tendências do processo civil*: estudos sobre o projeto do novo Código de Processo Civil. Salvador: Juspodivm, 2013.

GRECO, Leonardo. *Instituições de processo civil*: introdução ao direito processual civil. 5. ed. Rio de Janeiro: Forense, 2015. v. I.

GUEDES, Cintia Regina. Os recursos cíveis no projeto do novo Código de Processo Civil. *Revista de Processo*, São Paulo, v. 207, p. 265-278, maio 2012.

HILL, Flávia Pereira. Breves Comentários às principais inovações quanto aos meios de impugnação das decisões judiciais no novo CPC. In: DIDIER JR., Fredie (Coord.). *Novo CPC doutrina selecionada*, v. 6: processo nos tribunais e meios de impugnação às decisões judiciais. Salvador: Juspodivm, 2015.

JORGE, Flávio Cheim. *Apelação cível*: teoria geral e admissibilidade. 2. tir. São Paulo: Revista dos Tribunais, 1999.

LACERDA, Galeno. *O novo direito processual civil e os feitos pendentes*. Rio de Janeiro: Forense, 1974.

LIMA, Alcides de Mendonça. Os recursos no Anteprojeto do Código de Processo Civil. WAMBIER, Luiz Rodrigues; WAMBIER, Teresa Arruda Alvim. *Doutrinas essenciais de processo civil*. São Paulo: Revista dos Tribunais, 2011. v. VII.

LISBOA, Celso Anicet. In: SOUZA, Marcia Cristina Xavier de; RODRIGUES, Walter dos Santos (Org.). *O novo Código de Processo Civil*. Rio de Janeiro: Elsevier, 2012.

MACHADO, Marcelo Pacheco. Reformas no recurso de apelação: como a Itália escolheu enfrentar seus problemas e como o Brasil não. *Revista de Processo*, São Paulo, v. 243, p. 505-524, maio 2015.

MARINONI, Luiz Guilherme; ARENHART, Sérgio Cruz; MITIDIERO, Daniel. *Novo curso de processo civil*: tutela dos direitos mediante procedimento comum. São Paulo: Revista dos Tribunais, 2015. v. II.

MOREIRA, José Carlos Barbosa. *Comentários ao Código de Processo Civil, Lei nº 5.869, de 11 de janeiro de 1973, vol. V, arts. 476 a 565*. Rio de Janeiro: Forense, 2013.

NERY JÚNIOR, Nelson. Aspectos da teoria geral dos recursos no processo civil. In: WAMBIER, Luiz Rodrigues; WAMBIER, Teresa Arruda Alvim. *Doutrinas essenciais de processo civil*. São Paulo: Revista dos Tribunais, 2011. v. VII.

_____. Fundamentação da apelação como requisito de admissibilidade. *Revista de Processo*, São Paulo, v. 18, p. 111-116, abr./jun. 1980.

_____. Fundamentação da apelação como requisito de admissibilidade. In: WAMBIER, Luiz Rodrigues; WAMBIER, Teresa Arruda Alvim. *Doutrinas essenciais de processo civil*. São Paulo: Revista dos Tribunais, 2011. v. 7, p. 177-184.

_____. *Princípios fundamentais*: teoria geral dos recursos. 5. ed. rev. e ampl. São Paulo: Revista dos Tribunais, 2000.

NEVES, Daniel Amorim Assumpção; FREIRE, Rodrigo da Cunha Lima. *Código de Processo Civil para concursos*. 4. ed. Salvador: Juspodivm, 2013.

OLIVEIRA, Pedro Miranda de. Poderes do relator no CPC projetado. In: DIDIER JR., Fredie et al. (Org.). *Novas tendências do processo civil*: estudos sobre o projeto do novo Código de Processo Civil. Salvador: Juspodivm, 2013.

PÁDUA, Átila de Andrade. Réquiem para a recorribilidade. *Revista de Processo*, São Paulo, v. 238, p. 127-144, dez. 2014.

PANTOJA, Fernanda Medina. *Apelação cível*: novas perspectivas para um antigo recurso. Um estudo crítico de direito nacional e comparado. Curitiba: Juruá, 2010.

_____. O recurso de apelação no projeto do novo Código de Processo Civil. In: DIDIER JR., Fredie et al. (Org.). *Novas tendências do processo civil*: estudos sobre o projeto do novo Código de Processo Civil. Salvador: Juspodivm, 2013.

_____. Reflexões sobre os possíveis formatos da apelação no projeto do novo Código de Processo Civil. *Revista de Processo*, São Paulo, v. 216, p. 305-332, fev. 2013.

QUARTIERI, Rita; ROMERO, Jorge Antonio Dias. Apelação. In: DIDIER JR., Fredie (Coord.). *Novo CPC doutrina selecionada*, v. 6: processo nos tribunais e meios de impugnação às decisões judiciais. Salvador: Juspodivm, 2015. p. 551-564.

REDONDO, Bruno Garcia. Sugestões para aprimoramento dos recursos cíveis: estudo crítico de aspectos relevantes do Relatório-Geral do projeto de novo CPC divulgado pela Câmara em 19/09/2012. In: DIDIER JR., Fredie et al. (Org.). *Novas tendências do processo civil*: estudos sobre o projeto do novo Código de Processo Civil. Salvador: Juspodivm, 2013.

RIZZI, Sérgio. Recurso adesivo. *Revista de Processo*, São Paulo, v. 30, p. 251-262, abr./jun. 1983.

_____. In: WAMBIER, Luiz Rodrigues; WAMBIER, Teresa Arruda Alvim. *Doutrinas essenciais de processo civil*. São Paulo: Revista dos Tribunais, 2011. v. 7, p. 185-200.

RODRIGUES NETTO, Nelson. A Carta de Salvador e o recurso de apelação no projeto do Código de Processo Civil. *Revista de Processo*, São Paulo, v. 229, p. 245-268, mar. 2014.

_____. *Recursos no processo civil*. São Paulo: Dialética, 2004.

RUDINIKI NETO, Rogério. O efeito devolutivo do recurso de apelação no novo Código de Processo Civil. In: DIDIER JR., Fredie (Coord.). *Novo CPC doutrina selecionada*, v. 6: processo nos tribunais e meios de impugnação às decisões judiciais. Salvador: Juspodivm, 2015. p. 565-582.

SEGUNDO, Hugo de Brito Machado. Os recursos no novo CPC e a "jurisprudência defensiva". In: DIDIER JR., Fredie (Coord.). *Novo CPC doutrina selecionada*, v. 6: processo nos tribunais e meios de impugnação às decisões judiciais. Salvador: Juspodivm, 2015. p. 381-403.

SIQUEIRA, Thiago Ferreira. Duplo grau de jurisdição e "teoria da causa madura" no novo Código de Processo Civil. In: DIDIER JR., Fredie (Coord.). *Novo CPC doutrina selecionada*, v. 6: processo nos tribunais e meios de impugnação às decisões judiciais. Salvador: Juspodivm, 2015. p. 583-610.

SILVA, Ovídio A. Baptista da. Recurso extraordinário em ação rescisória. In: WAMBIER, Luiz Rodrigues; WAMBIER, Teresa Arruda Alvim. *Doutrinas essenciais de processo civil*. São Paulo: Revista dos Tribunais, 2011. v. VII, p. 909-930.

SOKAL, Guilherme Jales. O papel do relator no julgamento colegiado e o projeto de novo CPC: alguns avanços em prol do contraditório. In: DIDIER JR., Fredie et al. (Org.). *Novas tendências do processo civil*: estudos sobre o projeto do novo Código de Processo Civil. Salvador: Juspodivm, 2014. v. 2.

TESHEINER, José Maria Rosa; RIBEIRO, Cristiana Zugno Pinto. Recursos em espécie no projeto de um novo Código de Processo Civil. In: DIDIER JR., Fredie et al. (Org.). *Novas tendências do processo civil*: estudos sobre o projeto do novo Código de Processo Civil. Salvador: Juspodivm, 2014. v. 3.

THAMAY, Rennan Faria Krüger; RODRIGUES, Rafael Ribeiro. Algumas reflexões sobre o efeito translativo: entre o CPC/73 e o CPC/2015. In: DIDIER JR., Fredie (Coord.). *Novo CPC doutrina selecionada*, v. 6: processo nos tribunais e meios de impugnação às decisões judiciais. Salvador: Juspodivm, 2015. p. 491-508.

WAMBIER, Luiz Rodrigues. Teoria geral dos recursos. In: WAMBIER, Luiz Rodrigues; WAMBIER, Teresa Arruda Alvim. *Doutrinas essenciais de processo civil*. São Paulo: Revista dos Tribunais, 2011. v. VII.

WAMBIER, Teresa Arruda Alvim. Reforma do processo civil: são os recursos o grande vilão? In: DIDIER JR., Fredie et al. (Org.). *Novas tendências do processo civil*: estudos sobre o projeto do novo Código de Processo Civil. Salvador: Juspodivm, 2013.

WALD, Arnoldo. Requisitos e efeitos da apelação e da sua desistência. *Revista de Processo*, São Paulo, v. 15, p. 263-269, abr./set. 1979.

Agravo de Instrumento e suas restritas hipóteses de cabimento: necessidade de flexibilização

MARCELO MAZZOLA

1. Introdução

Um dos grandes desafios do novo Código de Processo Civil (NCPC) é garantir a entrega de uma prestação jurisdicional justa e efetiva, em tempo razoável, sem violação aos direitos e às garantias fundamentais.

Essa promessa constitucional de uma justiça pronta e célere já fora externada pelo ministro Fux desde a carta enviada ao senador José Sarney, por ocasião da apresentação do Anteprojeto do NCPC em 2010.

Há muito Leonardo Greco alerta que a morosidade da justiça torna inócua a proclamada eficácia dos direitos fundamentais e hipócrita a afirmada prevalência dos direitos humanos.[1]

Em razão disso, o NCPC busca dar prioridade à rapidez, à isonomia nas decisões de casos repetitivos, sem, ao mesmo tempo, descurar das garantias processuais constitucionais, almejando um resultado necessariamente justo.[2]

A cada ano cresce exponencialmente o número de ações judiciais, que se somam ao gigantesco estoque de demandas já em curso no Judiciário. O cenário só piora com o passar do tempo.

---

[1] GRECO, Leonardo. *Instituições de processo civil*. Introdução ao estudo do direito processual. Rio de Janeiro: Forense, 2009. v. 1, p. 104.

[2] CARNEIRO, Paulo Cezar Pinheiro. Comentários aos arts. 1º a 15. In: WAMBIER, Teresa Arruda Alvim et al. *Breves comentários ao novo Código de Processo Civil*. São Paulo: Revista dos Tribunais, 2015. p. 57.

Além disso, a grande quantidade de recursos existentes em nosso ordenamento jurídico ajuda a eternizar os litígios e sobrecarregar ainda mais o já combalido Judiciário.

Sob outro prisma, a adoção de uma postura bélica pelos representantes das partes não favorece a resolução consensual dos conflitos.

Com suas artérias entupidas, o sistema processual pedia socorro.

Diante desse caos estrutural, foi constituída uma Comissão de Juristas, capitaneada pelo ministro Fux, que se encarregou de preparar um novo Código de Processo Civil. Para tanto, os especialistas se debruçaram sobre o panorama atual da ciência processual, pesquisaram alternativas, promoveram debates públicos, buscaram inspiração no direito comparado, propondo, ao final, muitas inovações e alterações. Algumas muito bem-vindas, outras nem tanto.

Mas não importam as opiniões pessoais: o que deve ser valorizado é a tentativa de simplificação do processo civil e de construção de um novo modelo calcado em consagrados princípios constitucionais. A partir de agora, o processo civil deve ser lido com lentes constitucionais.

Nessa toada, o NCPC criou uma Parte Geral, intitulada "Das Normas Fundamentais e da Aplicação das Normas Processuais", com dois capítulos: o primeiro trata das normas fundamentais do processo civil e o segundo, da aplicação das normas processuais. Dessa forma, o legislador trouxe para a parte inicial do código as principais garantias constitucionais que balizam o sistema processual.

Os demais livros do NCPC, com seus títulos e capítulos, também foram idealizados a partir de vetores constitucionais, existindo um encadeamento entre eles.

Alguns institutos foram criados, outros aperfeiçoados. Os meios alternativos de resolução de conflitos foram estimulados. Consagrou-se a importância do contraditório participativo — que deverá, em tese, espelhar decisões judiciais mais bem fundamentadas — e destacou-se a preocupação com a segurança jurídica. Simplificou-se o processo, reduzindo-se o número de incidentes e de recursos, na tentativa de se acelerar a marcha processual e de se dar concretude ao ideal de "duração razoável".

Na parte recursal, os prazos processuais — agora contados em dias úteis — foram uniformizados (15 dias), com exceção dos Embargos de Declaração, cujo prazo permanece de cinco dias. Os Embargos Infringentes foram extintos e substituídos por uma técnica de julgamento; as hipóteses de cabimento dos Embargos de Divergência foram ampliadas; o Agravo Retido foi abolido e o Agravo de Instrumento, que ganhou novas peças obrigatórias, só poderá ser interposto em hipóteses específicas.

A proposta deste artigo visa justamente a examinar o rol taxativo de hipóteses agraváveis, à luz do artigo 1.015 do NCPC, demonstrando a necessidade de flexibilização de algumas delas, com base em interpretação extensiva, garantindo-se, assim, uma maior coesão sistêmica.

2. Nova regra de preclusão das decisões interlocutórias

Em nosso ordenamento jurídico, o instituto dos recursos, com todos os seus formalismos e casuísmos, sempre foi visto como o grande vilão da morosidade do Judiciário, passando por profundas transformações ao longo do tempo.

No CPC de 1939, por exemplo, a taxatividade das hipóteses de cabimento do agravo de instrumento era uma realidade, o que sempre despertou muita discussão, diante da dificuldade de se exaurir na lei todas as situações agraváveis.

Já no CPC de 1973, podia-se interpor agravo contra qualquer decisão interlocutória. O que variava era a sua modalidade: instrumento ou retido.

O agravo retido era cabível contra qualquer decisão interlocutória, no prazo de 10 dias. Porém, em se tratando de decisões suscetíveis de causar à parte lesão grave e de difícil reparação, bem como nos casos de inadmissão da apelação e nos relativos aos efeitos em que a apelação era recebida, podia-se manejar o agravo de instrumento.

O agravo retido era a regra e, excepcionalmente, era facultado às partes interpor o agravo de instrumento à luz de uma cláusula geral de perigo (lesão grave ou difícil reparação).

No NCPC, a referida cláusula geral não existe mais e o agravo retido foi abolido. Como consequência, acaba, por exemplo, a possibilidade de o Tribunal converter o agravo de instrumento em agravo retido, se entender que não existe risco de lesão grave ou de difícil reparação na pretensão recursal.

Na nova sistemática, as hipóteses que autorizam o manejo do agravo de instrumento estão expressamente dispostas no artigo 1.015 e nos demais casos previstos em lei (o que será explorado no próximo capítulo).

Importante ressaltar que não estão sujeitas à preclusão as questões resolvidas na fase cognitiva que não autorizarem a interposição do agravo de instrumento, devendo a parte suscitá-las em preliminar de apelação ou contrarrazões (art. 1.009, §1º). Significa dizer que, se não forem impugnadas na apelação, irão precluir. A preclusão foi dilatada, só isso.

Trata-se de uma clara tentativa de simplificação do procedimento recursal, já que se afigura mais simples dispensar a parte de interpor o agravo retido no curso do processo do que obrigá-la a interpô-lo e reiterá-lo no momento da apelação (CPC de 1973).

Registre-se que, caso a decisão interlocutória seja impugnada em contrarrazões, o recorrente será intimado para se manifestar a respeito dela em 15 dias, à luz do princípio do contraditório (art. 1.009, §2º).

Com isso, existirão decisões interlocutórias com preclusão imediata (caso não seja interposto o agravo de instrumento) e decisões interlocutórias com preclusão no momento de apresentação da apelação ou das contrarrazões. Nesse último caso, ainda que as decisões não tenham recorribilidade imediata, não se pode falar em irrecorribilidade, uma vez que serão enfrentadas pelo tribunal na fase de apelação.

A consequência prática dessa metodologia será a ampliação do efeito devolutivo da apelação e das contrarrazões, peças que ganharão novos capítulos impugnativos e contra-argumentos.

Com base nessa sistemática, será possível, por exemplo, o vencedor apelar das decisões interlocutórias desfavoráveis e não recorrer da sentença propriamente dita.

Imaginemos a hipótese de uma decisão interlocutória proferida no início do processo que reduz o valor atribuído à causa. Posteriormente, quando do julgamento do mérito da ação, o juiz profere a sentença e fixa honorários sucumbenciais sobre o valor da causa. Nesse caso, pode ser que o vencedor apele para discutir essa interlocutória específica, sem a obrigação de atacar qualquer fundamento da sentença. Daí podemos afirmar que contra a decisão interlocutória não agravável caberá, indiretamente, apelação.

A preocupação é que essa tarifação proposta pelo NCPC estimule um aumento considerável do número de mandados de segurança impetrados contra decisões interlocutórias não agraváveis, já que, a princípio, sempre que a parte entender que uma decisão interlocutória (fora das hipóteses agraváveis) é capaz de lhe causar prejuízos irreparáveis, lançará mão do expediente.

Todavia, parece evidente que não foi essa a intenção do legislador: substituir o agravo retido pelo sucedâneo recursal, mas não podemos fechar os olhos para a realidade.

Em exercício de futurologia, acreditamos que nossos tribunais só aceitarão o mandado de segurança em situações excepcionais, à luz das circunstâncias e nuances do caso concreto, sob pena de desmontar toda a lógica idealizada para o sistema recursal.

Ao invés de ressuscitar o mandado de segurança, talvez seja mais coerente alargar as hipóteses de cabimento do agravo de instrumento, seja por meio de um novo projeto de lei, seja através de uma interpretação extensiva das situações já previstas, o que será examinado ao longo deste trabalho.

Por fim, vale registrar que a sistemática do NCPC aproxima de certa forma o processo civil do processo trabalhista e da técnica utilizada nos Juizados Especiais, nos quais prevalece a figura da irrecorribilidade imediata das interlocutórias.

Nesse particular, Marinoni esclarece que o novo processo civil procura acentuar a oralidade do procedimento comum, aproximando-se da regra da *final decision* do direito estadunidense (pela qual apenas a sentença final é apelável, em que pesem as várias exceções existentes), cuja proximidade com o processo civil romano clássico é notória.[3]

---

[3] MARINONI, Luiz Guilherme; ARENHART, Sergio Cruz; MITIDIERO, Daniel. *Novo Código de Processo Civil comentado*. São Paulo: Revista dos Tribunais, 2015. p. 939-940.

3. Hipóteses de cabimento do Agravo de Instrumento: artigo 1.015 do NCPC

Como já salientado, o NCPC não optou pela técnica legislativa das cláusulas abertas em relação às hipóteses de cabimento do agravo de instrumento. Trouxe, na verdade, um rol taxativo de hipóteses, sem, contudo, ser exaustivo, já que o inciso XIII do artigo 1.015 estabelece a possibilidade de "outros casos expressamente referidos em lei".

De qualquer forma, são situações previstas em *numerus clausus*.

Sai, em tese, a subjetividade, para dar lugar à objetividade. Se isso é bom ou ruim, só saberemos com o tempo, talvez quando a jurisprudência começar a examinar a possibilidade ou não de flexibilizar as hipóteses de cabimento do agravo de instrumento e do próprio mandado de segurança.

De qualquer forma, não há dúvidas de que essa metodologia proposta pelo NCPC confere maiores poderes ao juiz, pois que suas decisões — não agraváveis — estarão blindadas até a fase de apelação. E, como sabemos, muita coisa acontece entre a prolação de uma decisão interlocutória que defere ou indefere uma prova, por exemplo, e o momento de interposição da apelação.

Na realidade, a intenção do legislador com essa tarifação é reduzir os casos em que o agravo de instrumento pode ser interposto, na tentativa de evitar que sucessivos recursos paralisem a marcha processual, retardando a entrega da prestação jurisdicional. Em tese, uma opção política coerente com os princípios do novo diploma legal.

Vale registrar que, durante a tramitação do NCPC no Congresso, até se tentou incluir um "especialmente" no *caput* do artigo 1.015 para indicar se tratar de rol meramente exemplificativo, mas isso não aconteceu.

Algumas hipóteses agraváveis foram assim elegidas em razão da urgência processual, eis que o legislador considerou que eram situações supostamente inadiáveis, justificando desde logo a interposição do recurso.

Algumas outras, escolhidas casuisticamente, foram incluídas para não ressuscitar novos debates processuais, como a discussão sobre a natureza da decisão interlocutória que exclui o litisconsorte do processo, antes considerada sentença por alguns doutrinadores e decisão interlocutória pela jurisprudência majoritária.[4]

Para melhor visualização, listamos, abaixo, as hipóteses de cabimento do agravo de instrumento previstas no artigo 1.015 do CPC, tecendo breves comentários sobre cada uma delas:

---

[4] AgRg no REsp 1.352.229/RS, rel. ministro Geraldo Og Fernandes, Segunda Turma, *DJe* de 6/3/2014.

Art. 1.015. Cabe agravo de instrumento contra as decisões interlocutórias que versarem sobre:

I — tutelas provisórias: no caso de deferimento ou indeferimento de tutela de urgência e/ou de evidência. A mesma lógica se aplica à decisão que revoga ou modifica a tutela provisória anteriormente concedida. Alguns doutrinadores também defendem que a decisão que posterga o exame da tutela *inaudita altera parte* para depois da manifestação do réu equivale ao indeferimento da medida, entendimento do qual comungamos. Um rápido registro: é permitida a sustentação oral na hipótese deste inciso.

II — mérito do processo: quando uma parcela do mérito for julgada. São decisões interlocutórias que versam sobre o mérito da causa. Por exemplo: as partes podem concordar com o pedido de rescisão contratual, mas divergirem quanto às indenizações, levando o Juiz a antecipar parcialmente o mérito. Outra hipótese é o caso de improcedência liminar de um dos pedidos formulados na exordial, prosseguindo o feito em relação aos demais.

III — rejeição da alegação de convenção de arbitragem: as partes elegem a via arbitral para dirimir o conflito, mas o juiz entende que ele é competente para julgar a lide. Vale registrar que, se a convenção de arbitragem for acolhida, o feito será julgado extinto, nos termos do artigo 485, VII.

IV — incidente de desconsideração da personalidade jurídica: o deferimento ou indeferimento da medida pode trazer graves consequências para pessoas físicas e jurídicas, sejam elas credoras ou devedores (que podem ficar privados dos seus bens), justificando, assim, o manejo do recurso.

V — rejeição do pedido de gratuidade da justiça ou acolhimento do pedido de sua revogação: a preocupação aqui é com o consagrado princípio do acesso à justiça. A observação é que não é agravável a decisão que deferir o benefício da gratuidade de justiça ou rejeitar a impugnação à gratuidade oferecida pela outra parte.

VI — exibição ou posse de documento ou coisa: opção legislativa. Não tem qualquer relevância se o requerimento foi deferido ou indeferido. O recurso poderá ser interposto.

VII — exclusão de litisconsorte: há muito se discutia na doutrina e na jurisprudência sobre a natureza da decisão que exclui o litisconsorte da lide. O legislador resolveu o problema, assinalando que se trata de decisão interlocutória. A única ressalva é que não cabe agravo contra a decisão que admitir ou mantiver o litisconsorte na ação.

VIII — rejeição do pedido de limitação do litisconsórcio: a hipótese é do litisconsórcio multitudinário. A ideia é permitir que o tribunal examine se o juiz limitou corretamente o número de autores e/ou réus. Não é agravável, porém, a decisão que deferir o requerimento e ordenar o desmembramento do processo.

IX — admissão ou inadmissão de intervenção de terceiros: com exceção do *amicus curiae* (art. 138), a regra vale para todas as modalidades de intervenção de terceiros.

X — concessão, modificação ou revogação do efeito suspensivo aos embargos à execução: a hipótese engloba três situações. O juiz defere o efeito suspensivo para paralisar a execução;

reduz o escopo de efeito suspensivo anteriormente concedido; ou cassa a decisão que havia concedido o efeito suspensivo. A crítica, nesse ponto, é que também deveria ser agravável a decisão que indefere desde logo o efeito suspensivo aos embargos à execução. Se a parte pode agravar da decisão que cassou a decisão anterior e tornou sem efeito o suspensivo, retornando, portanto, *ao status quo ante*, por que não pode recorrer do indeferimento inicial?

XI — redistribuição do ônus da prova nos termos do art. 373, §1º: o comando nessa hipótese é positivo. Se houver efetiva redistribuição do encargo, alterando-se o modo previsto na lei, a parte pode recorrer. Caso contrário, não. Ou seja, mantida a regra legal de distribuição do ônus, a respectiva decisão não é agravável.

XII — (VETADO);

XIII — outros casos expressamente referidos em lei: no próprio NCPC, existem alguns exemplos (arts. 354, parágrafo único, 356, §5º, 1.027, §1º e 1.037, §13º, I).

Além disso, de acordo com o parágrafo único do art. 1.015, também caberá agravo de instrumento contra decisões interlocutórias proferidas na fase de liquidação de sentença ou de cumprimento de sentença, no processo de execução e no processo de inventário.

Isso porque, em tais hipóteses, não existe a perspectiva de interposição de apelação contra sentença de mérito, o que levou o legislador a prever a possibilidade de recorribilidade imediata contra toda e qualquer decisão interlocutória.

4. Flexibilização das hipóteses de cabimento do agravo de instrumento

Não há dúvidas quanto à taxatividade do rol do artigo 1.015 do NCPC. Porém, taxatividade não quer dizer literalidade. E taxativo não significa restrito às hipóteses ali mencionadas, mas sim nas previstas em lei, ainda que distantes do rol ali estampado.

Tanto é verdade que o Superior Tribunal já consagrou o entendimento de que a taxatividade não impede a interpretação extensiva.

Em matéria tributária, por exemplo, mais especificamente no que tange à lista de serviços tributáveis pelo ISS, a Corte Especial, embora reconheça sua taxatividade, admite a chamada interpretação extensiva *intramuros*, isto é, no interior de cada um dos seus itens.[5] Uma espécie de interpretação horizontal dos itens da lista.

---

[5] REsp 1.111.234/PR.

No campo penal, o STJ também entende que a taxatividade não é incompatível com a interpretação extensiva. Assim, no caso do recurso em sentido estrito, as hipóteses são taxativas, mas admite-se a flexibilização "desde que a situação a que se busca enquadrar tenha similitude com as hipóteses do art. 581 do CPP".[6]

Como se sabe, a interpretação extensiva leva em consideração a *mens legis*, ampliando o sentido da norma para além do contido em sua letra, demonstrando que a extensão do sentido está contida no espírito da lide. A norma diz menos do que deveria dizer. Assim, na interpretação extensiva, estende-se uma norma a casos não previstos por ela.[7]

De fato, muitas vezes as palavras do texto legal dizem menos do que sua vontade, isto é, o sentido da norma fica aquém de sua expressão literal.[8]

Sobre o tema, Alexandre Câmara entende que é perfeitamente possível realizar, ao menos em alguns incisos do NCPC, que se valem de fórmulas redacionais mais abertas, interpretação extensiva ou analógica.[9]

Da mesma forma, Marinoni defende que o fato de o legislador construir um rol taxativo não elimina a necessidade de interpretação para sua compreensão, pois a taxatividade não elimina a equivocidade dos dispositivos e a necessidade de se adscrever sentido aos textos mediante interpretação.[10]

Por sua vez, Gajardoni admite a interpretação extensiva de alguns incisos e dispositivos que autorizam o manejo do agravo de instrumento, mas entende que não é possível sobrepor o juízo pessoal de desaprovação das opções do NCPC à vontade legítima do legislador, fazendo que o NCPC seja o que queremos, e não o que ele realmente é.[11]

A questão é sensível e alguns doutrinadores defendem que, até mesmo para não generalizar o emprego do mandado de segurança como sucedâneo recursal, é possível a interpretação ampliativa das hipóteses do art. 1.015, sempre conservando, contudo, a razão de ser de cada uma das hipóteses para não generalizá-las indevidamente.[12]

Reconhecemos que a interpretação extensiva — especialmente em relação às hipóteses do art. 1015 do NCPC — não é tarefa fácil e encontra resistência de parte da doutrina.

---

[6] REsp 197.661/PR.

[7] BOBBIO, Norberto. *Teoria geral do direito*. São Paulo: Martins Fontes, 2008. p. 294.

[8] BITENCOURT, Cezar Roberto. *Tratado de direito penal*. 19. ed. São Paulo: Saraiva, 2013. p. 196.

[9] CÂMARA, Alexandre Freitas. *Lições de direito processual civil*. 10. ed. Rio de Janeiro: Lumen Juris, 2004. v. I, p. 520.

[10] Luiz Guilherme Marinoni, Sergio Cruz Arenhart e Daniel Mitidiero, *Novo Código de Processo Civil comentado*, op. cit., p. 946.

[11] GAJARDONI, Fernando. *O novo CPC não é o que queremos que ele seja*. Disponível em: <http://jota.info/o--novo-cpc-nao-e-o-que-queremos-que-ele-seja>.

[12] BUENO, Cassio Scarpinella. *Novo Código de Processo Civil anotado*. São Paulo: Saraiva, 2015. p. 653.

Porém, sustentamos que algumas hipóteses de cabimento do agravo de instrumento podem ser perfeitamente flexibilizadas, não para driblarmos a vontade do legislador, mas para colocarmos sob o mesmo manto espécies de um gênero comum. São situações específicas que merecem a mesma solução normativa.

Ademais, a proposta de interpretação extensiva para desenrijecer algumas hipóteses do art. 1.015 está em total sintonia com os princípios da efetividade, da isonomia, da igualdade, da proporcionalidade e principalmente da duração razoável do processo, eis que a metodologia traçada pelo NCPC permite que uma série de atos processuais sejam declarados nulos ou ineficazes ao final da ação, retardando todo o processamento do feito.

Diante das dimensões reduzidas deste artigo, escolhemos três situações que, em nosso entendimento, autorizam a interpretação extensiva:

a. Decisão sobre pedido de distinguishing *em caso de afetação no IRDR*

Uma das causas da morosidade do Judiciário é o gigantesco estoque de ações judiciais, formado em sua maior parte por demandas repetitivas, nas quais se discute a mesmíssima questão de direito.

Não é preciso ser um estudioso para entender que esse estrondoso volume de demandas atinge, por si só, a qualidade das decisões judiciais e impede a entrega de uma justa decisão, em tempo razoável.

No passado, apostou-se na sistemática das ações coletivas, mas isso não foi suficiente para conter a litigiosidade em massa e o crescente fluxo de demandas repetitivas.

Em vista disso, a legislação foi incorporando ao longo dos anos alguns institutos para minimizar esse problema, como a assunção de competência, a repercussão geral, a súmula vinculante e os recursos repetitivos.

Como não poderia deixar de ser, o NCPC prestigiou todos esses institutos e ainda acrescentou o Incidente de Resolução de Demandas Repetitivas (IRDR), formando, assim, um microssistema de formação de "precedentes" vinculantes para a garantia da isonomia e da segurança jurídica.

Em termos práticos, o que se quer evitar é a pulverização de entendimentos e a divergência jurisprudencial sobre matérias idênticas. Assim, uma vez firmado o "precedente", a *ratio decidendi* ali definida deve ser seguida nos casos similares com a mesma tese estabelecida.

Vale registrar que, nesse microssistema de solução de casos repetitivos, as normas de regência se complementam reciprocamente e devem ser interpretadas conjuntamente.[13]

---

[13] Enunciado nº 345 do Fórum Permanente de Processualistas civis: "O incidente de resolução de demandas repetitivas e o julgamento dos recursos extraordinários e especiais repetitivos formam um microssistema de

A propósito, o novo diploma legal estabelece expressamente que deve ser considerado "julgamento de casos repetitivos a decisão proferida em incidente de resolução de demandas repetitivas e recursos especial e extraordinário repetitivos" (art. 928, I e II).

Aliás, em outra indicação de perfeita integração desses institutos, o NCPC prevê que a necessidade de ampla e específica divulgação/publicidade quanto à instauração e ao julgamento do IRDR (art. 979) também se aplica "ao julgamento de recursos repetitivos e da repercussão geral em recurso extraordinário" (art. 979, §3º).

Em todos esses institutos, a finalidade é julgar uma demanda para que a respectiva decisão sirva como base para os demais casos relacionados ao tema. É preciso, portanto, maior cuidado na apreciação da matéria, garantia de amplo contraditório, inclusive com a participação do Ministério Público e da própria sociedade por meio do *amicus curiae*, além, é claro, de ampla divulgação e publicidade das matérias selecionadas.

No caso dos recursos especiais e extraordinários repetitivos, o presidente ou o vice-presidente de tribunal de justiça ou de tribunal regional federal pode selecionar dois ou mais recursos representativos da controvérsia, que serão encaminhados ao Supremo Tribunal Federal ou ao Superior Tribunal de Justiça para fins de afetação.

Da mesma forma, o relator, no tribunal superior, pode selecionar dois ou mais recursos representativos da controvérsia para julgamento da questão de direito independentemente da iniciativa do presidente ou do vice-presidente do tribunal de origem.

Uma vez selecionados os recursos e preenchidos os requisitos do *caput* do art. 1.036 do NCPC, o relator proferirá decisão de afetação, que nada mais é do que a delimitação da matéria para fins de definição do alcance e do âmbito de atribuição do julgamento por amostragem. Em outras palavras, a decisão de afetação descreve a matéria a ser apreciada e esta precisa estar bem delimitada para evitar discussões no futuro sobre o escopo do precedente.

Nessa mesma decisão, o relator, além de identificar com precisão a questão a ser submetida a julgamento, determinará a suspensão de todos os processos pendentes, individuais ou coletivos, que versem sobre a questão e tramitem no território nacional.

Cumpre pontuar que, após a decisão de afetação, a suspensão dos processos com idênticas questões de direito não é automática. Em cada processo, os magistrados devem realizar o enquadramento à suspensão da matéria afetada, intimando as partes a respeito (art. 1.037, §8º).

Se o enquadramento da hipótese objeto da decisão de afetação se encaixar na questão de direito discutida na ação, a demanda será suspensa. Todavia, qualquer das partes pode entender que o enquadramento foi equivocado e requerer a distinção, o chamado *distinguishing*, técnica de confrontação de um precedente à luz do caso concreto.

---

solução de casos repetitivos, cujas normas de regência se complementam reciprocamente e devem ser interpretadas conjuntamente".

Se o processo estiver em primeiro grau, cabe ao juiz da causa analisar o requerimento; no segundo grau, compete ao relator do recurso sobrestado; e nas cortes superiores, ao relator dos recursos especial e extraordinário sobrestados. A parte contrária deve ser intimada para se manifestar a respeito no prazo de cinco dias. Reconhecida a distinção, o juiz ou o relator dará prosseguimento ao processo.

Da decisão que resolver o requerimento, acolhendo ou rejeitando o pedido de *distinguishing*, o NCPC prevê expressamente que *caberá agravo de instrumento* se o processo estiver em primeiro grau e agravo interno, se a decisão for do relator (art. 1.037, §13).

Trata-se, portanto, de uma hipótese de cabimento do agravo de instrumento não prevista expressamente nos incisos do artigo 1.015 do NCPC, mas que, claramente, faz parte do catálogo de hipóteses agraváveis, uma vez que o inciso XIII do mesmo dispositivo abarca "outros casos expressamente referidos em lei", exatamente a situação ora delineada.

Pois bem, entendido o cabimento do agravo de instrumento contra a decisão do juiz de primeiro grau que resolve o *distinguishing* após decisão de afetação, passamos agora a examinar a possibilidade de agravo de instrumento quando ocorrer situação semelhante no âmbito do IRDR.

De acordo com o artigo 976 do NCPC, sempre que houver efetiva repetição de processos que contenham controvérsia sobre a mesma questão unicamente de direito e risco de ofensa à isonomia e à segurança jurídica, o IRDR pode ser instaurado de ofício pelo juiz ou pelo relator, ou por meio de petição, pelas partes, assim como pelo Ministério Público e pela Defensoria Pública.

Em linhas gerais, a sistemática funcionará assim: o pedido ou o ofício será endereçado ao tribunal com os documentos necessários à demonstração do preenchimento dos pressupostos legais do IRDR. Em seguida, o presidente do tribunal encaminhará o pleito ao órgão competente. Sorteado o relator, será feito o juízo de admissibilidade. Uma vez admitido o incidente, todos os processos que versam sobre a mesma questão de direito serão suspensos, sendo certo que a suspensão será comunicada aos órgãos jurisdicionais competentes (art. 982, §1º).

Convém destacar que, no capítulo do IRDR, não existe o mesmo dispositivo inserido na parte dos recursos especiais e extraordinários repetitivos, que estabelece que as partes serão intimadas da decisão de suspensão do processo (art. 1.037, §8º).

Todavia, é óbvio que, após a decisão de afetação proferida pelo relator do tribunal e a devida comunicação aos órgãos jurisdicionais competentes, os juízes de primeiro grau, caso os processos estejam tramitando por lá, deverão intimar as partes para tomarem ciência da situação.

Não se trata apenas de interpretar extensivamente a regra do art. 1037, §8º, e estender sua aplicabilidade ao instituto do IRDR — com base nas normas de regência desse microsistema de formação de precedentes —, mas, também, de prestigiar os consagrados princípios da publicidade, do contraditório, da legalidade, da cooperação, da eficiência e da duração razoável do processo. Ora, não é crível que um processo seja sobrestado, paralisando o andamento do feito e causando uma angustiante espera para as partes, se não existe o devido enquadramento.

Assim, uma vez intimadas, no juízo de piso, da decisão de afetação e suspensão do processo proferida pelo relator, qualquer das partes poderá formular um pedido de *distinguishing* perante o juiz de primeiro grau.

Em respeito ao contraditório e por simetria ao disposto no artigo 1.037, §11, a parte contrária deverá ser intimada sobre o referido requerimento. Se o juiz concordar com os fundamentos apresentados, determinará o prosseguimento do feito. Caso contrário, confirmará a suspensão.

Em qualquer das hipóteses, entendemos que a parte prejudicada pode SIM interpor Agravo de Instrumento, com base nos fundamentos já esposados, para que o tribunal examine a questão e decida se houve (ou não) o devido enquadramento do caso afetado à hipótese do processo questionado. Até porque manter uma ação indevidamente sobrestada significa usurpar a competência do tribunal, a quem também cabe examinar se a discussão de direito do caso afetado se repete no processo questionado.

Em suma, embora não se trate de hipótese prevista no taxativo rol do art. 1.015 do NCPC, defendemos a possibilidade de agravo de instrumento nessa situação específica.

b. Decisão que versa sobre competência absoluta ou relativa do juízo

Conforme já verificamos, é possível a interposição de agravo de instrumento contra a decisão que rejeitar a alegação de convenção de arbitragem (artigo 1.015, III, do NCPC).

Com base nesse dispositivo, sustentamos a recorribilidade imediata, via agravo de instrumento, de decisões interlocutórias que versem sobre competência.

Isso porque, quando um juiz rejeita a alegação de arbitragem, está firmando sua competência para processar e julgar a causa. Em outras palavras, está afastando a via arbitral e reconhecendo que é competente para apreciar o feito.

Nesse sentido, considerando que a hipótese deste inciso remete ao tema "competência", é possível fazer uma interpretação extensiva e defender o cabimento de agravo de instrumento contra decisões interlocutórias que versem sobre a competência absoluta ou relativa do juízo. Essa posição também é compartilhada por Didier e Cunha.[14]

Além disso, não podemos perder de vista que, assim como a cláusula de eleição de foro livremente estabelecida pelas partes, a convenção de arbitragem é um tipo de negócio jurídico processual (art. 190 — trataremos desse tema no próximo item). Ou seja, também sob esse prisma, há identidade quanto à natureza jurídica das convenções, o que reforça nosso pensamento.

---

[14] DIDIER, Fredie; CUNHA, Leonardo Carneiro da. Uma interpretação sobre o agravo de instrumento previsto no CPC/2015. *Revista de Processo*, São Paulo, v. 242, p. 275-284, 2015.

Nada obstante, vale lembrar que tanto a convenção de arbitragem quanto a competência são pressupostos processuais de validade (espécies do mesmo gênero), que, de acordo com o NCPC, são recorríveis por intermédio de agravo de instrumento, à luz do art. 354, parágrafo único, c/c art. 485, IV, fechando, assim, um quadro de coerência lógica.

Para arrematar, existe um argumento de ordem prática. Imaginemos a hipótese de um juiz estadual reconhecer a sua incompetência absoluta e determinar a remessa dos autos para a Justiça Federal.

Se não for possível o agravo de instrumento, essa decisão acabará, na prática, sendo irrecorrível, pois, como não haverá "futura" apelação na justiça comum, a matéria não terá como ser suscitada oportunamente. Por outro lado, o Tribunal Regional Federal não tem competência para examinar a decisão proferida pela justiça comum. Talvez possa examinar o tema de forma indireta, após eventual decisão do magistrado federal que confirmar sua competência, mas não terá como apreciar diretamente a própria decisão do magistrado estadual.

Ora, não acreditamos que o legislador tenha, de forma premeditada, deixado essa hipótese — tão corriqueira — absolutamente descoberta, quiçá apostando na via do mandado de segurança para resolver o problema.

Não parece realmente que houve um esquecimento do legislador.

É bem verdade que alguns doutrinadores[15] entendem que, em algumas hipóteses de incompetência absoluta, não seria o caso de remessa dos autos a outro Tribunal, mas sim de extinção do processo (a competência definida constitucionalmente constituiria pressuposto de existência do processo, por estar relacionada com o juiz natural). Nesse caso, caberia apelação cível e a decisão, tecnicamente, não poderia ser considerada irrecorrível.

Porém, entendemos que a competência não é pressuposto de existência do processo, mas sim um requisito de validade. Tanto é assim que, em casos de incompetência do juízo, seja absoluta ou relativa, a regra não é a extinção prematura do feito, mas sim a remessa dos autos ao juízo competente (art. 64, §3º, do NCPC), com exceção apenas dos casos de incompetência nos Juizados Especiais (Leis nºs 9.99/95 e 10.259/01), em que a solução será a extinção sem resolução de mérito.

Uma última palavra antes de finalizar: o manejo de agravo de instrumento contra decisões interlocutórias que versem sobre competência prestigia a duração razoável do processo, impedindo a prática de uma série de atos inúteis que certamente irão onerar as partes e retardar a entrega da prestação jurisdicional.

---

[15] Alexandre Freitas Câmara, *Lições de direito processual civil*, op. cit., p. 229-230

Aliás, não é por outro motivo que o STJ, flexibilizando a regra do artigo 542, §3º, do CPC de 1973, sempre autorizou o destrancamento do Recurso Especial interposto contra decisão interlocutória envolvendo competência e/ou convenção de arbitragem.[16]

c. Decisões envolvendo negócios jurídicos processuais

O NCPC positiva expressamente a figura dos negócios jurídicos processuais, isto é, convenções feitas pelas partes objetivando a disposição de algum direito processual ou a alteração do procedimento previsto abstratamente em lei.

Os negócios jurídicos processuais já existiam no CPC de 1973. As cláusulas de eleição de foro pactuadas contratualmente pelas partes e as petições de suspensão da ação assinadas conjuntamente são alguns exemplos.

De acordo com Diogo Assumpção Rezende,[17] a ausência de normatização desestimulava a adoção de espécies não previstas expressamente em lei, de modo que essa opção do legislador materializa uma mudança ideológica do código, que agora adota postura mais liberal e concede maior liberdade às partes no processo. Uma alternativa para tornar o processo judicial um caminho menos tortuoso à solução do conflito.

Neste sentido, o artigo 190 do NCPC dispõe que "versando o processo sobre direitos que admitam autocomposição, é lícito às partes plenamente capazes estipular mudanças no procedimento para ajustá-lo às especificidades da causa e convencionar sobre os seus ônus, poderes, faculdades e deveres processuais, antes ou durante o processo".

Por sua vez, o parágrafo único do mesmo dispositivo prevê que o juiz pode controlar a validade das convenções pactuadas, recusando-lhes a aplicação *somente* nos casos de nulidade ou de inserção abusiva em contrato de adesão ou em que alguma parte se encontre em manifesta situação de vulnerabilidade.

São vários os exemplos de negócios jurídicos processuais no NCPC: a eleição de foro (art. 63); a suspensão convencional do processo (art. 313, II); a delimitação consensual do objeto do processo (art. 357); a nomeação de perito por escolha das partes (art. 471); a redistribuição consensual do ônus da prova; a eleição contratual de bem a ser penhorado em caso de execução (art. 848); a alteração de prazo processual pelas partes (art. 222, §1º) etc.

Note-se, ainda, que as partes, em comum acordo com o juiz, podem fixar calendário para a prática dos atos processuais (art. 191). Uma espécie de cronograma, com a estipulação de datas para a prática de atos processuais.

---

[16] AgRg no AREsp 371.993/RJ, ministro Ricardo Villas Bôas Cueva, *DJe*, 6/11/2014

[17] Disponível em: <http://genjuridico.com.br/2015/08/19/as-convencoes-processuais-e-o-calendario-no-novo-cpc/>.

Pois bem, como já demonstramos no capítulo anterior, a rejeição da convenção de arbitragem autoriza a interposição de agravo de instrumento (art. 1015, III).

Importante ter em mente que a convenção de arbitragem nada mais é do que um negócio jurídico processual, por meio do qual as partes elegem a via arbitral em detrimento da via judicial.

Nesse sentido, por se tratar de uma espécie do gênero negócio jurídico processual, a convenção de arbitragem é o ponto de partida para sustentarmos a possibilidade de uma interpretação extensiva, estendendo a recorribilidade imediata aos demais negócios jurídicos processuais. Invoca-se, desde logo, o princípio da igualdade (art. 7º do NCPC).

Por outro lado, vale lembrar que o NCPC consagrou o princípio da autonomia da vontade (art. 2º), que, aliás, guarda perfeita sintonia com o parágrafo único do artigo 190, o qual estabelece que o juiz *somente* rejeitará uma convenção processual nos casos de nulidade, inserção abusiva em contratos de adesão ou situação de vulnerabilidade de uma das partes.

A contrario sensu, portanto, pode-se entender que, fora das hipóteses mencionadas, o juiz não poderá recusar a validade do negócio jurídico processual. Mas, e se ele fizer isso, rejeitando, por exemplo, a indicação de um perito escolhido em comum acordo pelas partes?

Em nossa opinião, qualquer das partes poderá interpor agravo de instrumento para defender a validade do negócio jurídico processual. Isso porque não pode o Judiciário desconsiderar, sem justo motivo e de forma fundamentada, a validade de uma convenção pactuada pelos litigantes.

Até porque, em virtude da natureza jurídica e da própria força da convenção celebrada, fruto do consentimento mútuo das partes, é muito provável que uma delas venha a suscitar a questão na apelação ou em contrarrazões, tornando considerável o risco de anulação do processo. Uma afronta à duração razoável do processo.

É preciso repensar os paradigmas. Há muito Cappelletti já advertia que a justiça do nosso tempo não pode ser mais pensada em benefício dos seus produtores, mas em função dos seus usuários.[18] Afinal, a justiça não existe para servir ao Estado, mas para servir aos cidadãos.

Nessa mesma linha, Marco Antonio Rodrigues assinala que o interesse público na ordenação do processo e na rápida solução do litígio não pode, em regra, superar a vontade consensual de demandante e demandado.[19]

Isso porque, não só a tutela jurisdicional está entregue à vontade das partes, mas, em determinadas condições, também a técnica do processo.[20]

---

[18] CAPPELLETTI, Mauro. Problemas de reforma do processo civil nas sociedades contemporâneas. *Revista de Processo*, São Paulo, a. 17, n. 65, p. 127-143, jan./mar. 1992.

[19] RODRIGUES, Marco Antonio. *A modificação do pedido e da causa de pedir no processo civil*. Rio de Janeiro: GZ, 2014. p. 196.

[20] CARPI, Frederico. Introduzione. In: _____ et al. *Accordi di parte e processo*. Milão: Giuffré, 2008. p. 5.

Ora, se as partes pactuaram livremente uma convenção processual, que não é abusiva ou ilegal, por acreditarem ser a melhor solução para o caso ou a maneira mais apropriada para atingirem o fim colimado, não podem ser obrigadas a aceitar uma decisão interlocutória desfavorável e vestir uma camisa de força, assistindo, passivamente e angustiadas, todo o desenrolar da demanda, convivendo, de mãos dadas, com o temor de uma futura anulação do processo.

Em resumo, o respeito à autonomia da vontade reflete com maior amplitude o direito fundamental de acesso à justiça e, ao mesmo tempo, prestigia o princípio da duração razoável do processo. Em vista disso, sustentamos a possibilidade de interposição de agravo de instrumento contra decisões interlocutórias envolvendo negócios jurídicos processuais, com base em uma interpretação extensiva a partir do art. 1.015, inciso III, do NCPC.

5. Conclusão

Como visto, a proposta do NCPC é dar prioridade à celeridade, sem descurar das garantias fundamentais, em prol de uma decisão justa, em tempo razoável.

Para alcançar tal desiderato, o novo diploma simplificou alguns procedimentos, incorporou inovações e promoveu modificações, especialmente no sistema recursal.

Especificamente em relação ao agravo de instrumento, o NCPC catalogou algumas hipóteses de recorribilidade imediata, abolindo o agravo retido. Com isso, dilatou a preclusão de decisões interlocutórias não agraváveis para a fase de apelação.

Neste estudo, a intenção não foi indicar genericamente algumas hipóteses de cabimento de agravo de instrumento, com base em juízo pessoal de valor.

Se assim fosse, teríamos ventilado, por exemplo, entre tantas outras hipóteses, a decisão que suspende o andamento do feito em primeiro grau por prejudicialidade externa e algumas decisões proferidas em recuperações judiciais[21] e na falência,[22] nas quais, inclusive, não há perspectiva de interposição de apelação contra uma sentença de mérito (o que, de certa forma, guarda coerência com as situações abarcadas pelo parágrafo único do art. 1.015).

À época da elaboração deste trabalho (janeiro de 2016), não havia qualquer precedente capaz de sinalizar a futura orientação de nossos tribunais quanto à possibilidade de interpretação extensiva das hipóteses de cabimento de agravo de instrumento (afinal, o NCPC ainda não estava

---

[21] Por exemplo, a decisão que defere o processamento da recuperação judicial; que unifica ou não os planos de recuperação quando a recuperação é apresentada por mais de uma empresa etc.

[22] Por exemplo, a decisão que indefere o pedido de venda antecipada dos bens arrecadados perecíveis, sujeitos a considerável desvalorização ou que sejam de conservação arriscada ou dispendiosa; que aprecia o pedido de continuação provisória das atividades do falido etc.

em vigor). Portanto, só o tempo irá revelar se as sugestões aqui propostas serão recepcionadas ou não pela doutrina e jurisprudência.

Porém, entendemos que a busca pelo equilíbrio é sempre um remédio ponderado.

Nesse contexto, da mesma forma que as partes não podem ser prejudicadas pela irrecorribilidade imediata de algumas decisões interlocutórias, sobretudo quando existe uma pertinência temática com as hipóteses já previstas no NCPC, o agravo de instrumento não pode ser uma ferramenta de procrastinação do feito.

Em suma, a celeridade preconizada pelo legislador não pode, a qualquer custo, violar o amplo direito de defesa e a própria efetividade do processo (arts. 7º e 8º), sob pena de comprometer sua duração razoável e ressuscitar, em tempos modernos, a utilização de vetustos sucedâneos recursais.

REFERÊNCIAS

BITENCOURT, Cezar Roberto. *Tratado de direito penal*. 19. ed. São Paulo: Saraiva, 2013.

BOBBIO, Norberto. *Teoria geral do direito*. São Paulo: Martins Fontes, 2008.

BUENO, Cassio Scarpinella. *Novo Código de Processo Civil anotado*. São Paulo: Saraiva, 2015.

CÂMARA, Alexandre Freitas. *Lições de direito processual civil*. 10. ed. Rio de Janeiro: Lumen Juris, 2004. v. I.

CAPPELLETTI, Mauro. Problemas de reforma do processo civil nas sociedades contemporâneas. *Revista de Processo*, São Paulo, a. 17, n. 65, p. 127-143, jan./mar. 1992.

CARNEIRO, Paulo Cezar Pinheiro. Comentários aos arts. 1º a 15. In: WAMBIER, Teresa Arruda Alvim et al. *Breves comentários ao novo Código de Processo Civil*. São Paulo: Revista dos Tribunais, 2015.

CARPI, Frederico. Introduzione. In: _____ et al. *Accordi di parte e processo*. Milão: Giuffré, 2008.

DIDIER, Fredie; CUNHA, Leonardo Carneiro da. Uma interpretação sobre o agravo de instrumento previsto no CPC/2015. *Revista de Processo*, São Paulo, v. 242, p. 275-284, 2015.

GAJARDONI, Fernando. *O novo CPC não é o que queremos que ele seja*. Disponível em: <http://jota.info/o-novo-cpc-nao-e-o-que-queremos-que-ele-seja>.

GRECO, Leonardo. *Instituições de processo civil*. Introdução ao estudo do direito processual. Rio de Janeiro: Forense, 2009. v. 1.

MARINONI, Luiz Guilherme; ARENHART, Sergio Cruz; MITIDIERO, Daniel. *Novo Código de Processo Civil comentado*. São Paulo: Revista dos Tribunais, 2015.

RODRIGUES, Marco Antonio. *A modificação do pedido e da causa de pedir no processo civil*. Rio de Janeiro: GZ, 2014.

Recursos no incidente de resolução de demandas repetitivas: quem pode recorrer da decisão que fixa a tese jurídica?

SOFIA TEMER

1. Introdução

O Código de Processo Civil de 2015 instituiu uma técnica diferenciada para resolução de questões de direito repetitivas, no âmbito dos tribunais estaduais e regionais,[1] denominada de "incidente de resolução de demandas repetitivas" (arts. 976 a 987).

Objetiva-se, com o incidente, fixar um entendimento que resolva questão jurídica que esteja sendo discutida em inúmeros processos, o qual será aplicado em todos os casos em que esteja presente a controvérsia, evitando-se a quebra de isonomia entre os jurisdicionados e gerando segurança jurídica.

Ocorre que, assim como a técnica dos recursos repetitivos, o incidente opera pela lógica da seleção de casos representativos da controvérsia, para que seja reproduzido no tribunal um modelo da discussão e o órgão julgador possa definir o melhor entendimento sobre o tema.

---

[1] Nas versões do projeto que gerou a Lei nº 13.105/2015 (CPC), havia previsão expressa no sentido de que o IRDR deveria ser instaurado em tribunal de justiça ou tribunal regional federal (art. 988, §1º, PL nº 8.046/2010). À vista da supressão de tal redação, grande parte da doutrina vem admitindo a instauração do IRDR também nos TRTs, especialmente por força da Lei nº 13.015/2014 (assim reconheceu o TST, ao editar a Instrução Normativa nº 39/2016), nos TREs (CABRAL, Antonio do Passo. Comentários aos arts. 976 a 987. In: ____; CRAMER, Ronaldo. *Comentários ao novo Código de Processo Civil*. Rio de Janeiro: Forense, 2015. p. 1427), e, ainda, nos tribunais superiores (DIDIER JR., Fredie; CUNHA, Leonardo Carneiro da. *Curso de direito processual civil*. 13. ed. Salvador: Juspodivm, 2016. v. 3, p. 630). Em sentido contrário, inadmitindo a instauração nos tribunais superiores: CAVAL-CANTI, Marcos. *Incidente de resolução de demandas repetitivas*. São Paulo: Revista dos Tribunais, 2016. p. 267.

Como nem todos os sujeitos dos processos repetitivos terão suas razões individualmente apreciadas, mas sofrerão os efeitos da tese fixada, é indispensável que haja no incidente abertura à participação de interessados, de pessoas com *expertise* na matéria controvertida, de órgãos públicos eventualmente vinculados à problemática, enfim, daqueles que possam contribuir com argumentos para maturação do debate que antecede à pacificação do entendimento.

Uma das questões mais sensíveis nesse cenário diz respeito à recorribilidade da decisão que fixa a tese, notadamente no que se refere à identificação de quais sujeitos poderão interpor recursos contra as decisões proferidas nos incidentes. É preciso identificar quais os critérios para determinar a legitimação e o interesse recursais no incidente, o que exige o enfrentamento da problemática da tensão entre o direito à participação e a própria natureza da técnica, que opera pela lógica da seleção de alguns sujeitos para reprodução da controvérsia.

Neste estudo, apresentaremos algumas reflexões sobre esse tema, com o objetivo de dar alguns passos na direção da resposta a respeito de quem poderá recorrer da decisão que fixa a tese jurídica.

2. Panorama geral sobre o incidente de resolução de demandas repetitivas

O incidente de resolução de demandas repetitivas, previsto nos arts. 976 a 987 do CPC/2015, será cabível quando houver repetição de processos com a mesma controvérsia jurídica, causando risco de ofensa à isonomia e segurança jurídica.[2]

A questão jurídica repetitiva pode ser de natureza material ou processual (art. 928, parágrafo único, CPC/2015), de modo que o incidente poderá ser instaurado quando houver repetição de *demandas* homogêneas (pretensões decorrentes de relações substanciais padronizadas, como as decorrentes de serviço público, telecomunicações, serviços bancários), mas também quando a homogeneidade apenas se referir a uma das questões veiculadas no processo, ainda que não haja similitude entre as *demandas* propriamente ditas, o que poderá ocorrer, por exemplo, quando a repetição for referente a uma questão relativa ao procedimento.[3] Ou seja, no IRDR, o tribunal tanto pode fixar tese relativa à legalidade de cláusulas bancárias, como de invalidade de intimação por vício formal.[4]

---

[2] Para uma análise detalhada sobre a natureza do incidente, seus requisitos de cabimento, procedimento e efeitos, ver: TEMER, Sofia. *Incidente de resolução de demandas repetitivas*. Salvador: Juspodivm, 2016; TEMER, Sofia; MENDES, Aluisio Gonçalves de Castro. O incidente de resolução de demandas repetitivas do novo Código de Processo Civil. *Revista de Processo*, São Paulo, v. 243, p. 283-331, maio 2015.

[3] Por isso, entendemos que o IRDR pode ser empregado para resolver *questões* repetitivas e não apenas *demandas repetitivas*, o que é um dos motivos que nos levou à conclusão, em estudo anterior, que o IRDR tem características distintas e escopo diferenciado em relação às ações coletivas. Ver: Sofia Temer, *Incidente de resolução de demandas repetitivas*, op. cit., cap. 2.

[4] Este é o regime aplicável sob a égide do CPC/73 aos recursos repetitivos. Veja, como exemplos, que o STJ afetou para julgamento as questões relativas à "legalidade da cláusula que, em contratos bancários, prevê a cobrança da

Com o incidente, objetiva-se a uniformização da interpretação sobre a questão de direito nos tribunais estaduais e regionais, para conferir mais coerência ao sistema jurídico, mais isonomia entre os jurisdicionados e mais celeridade no julgamento das demandas que veiculem a questão repetitiva. Contudo, caso já haja afetação do mesmo tema jurídico para julgamento em sede de recurso especial ou extraordinário repetitivo, ou, ainda, quando já haja entendimento pacificado sobre o tema nos tribunais superiores mediante seus procedimentos de formação de precedentes (art. 927, CPC/2015), não será cabível o IRDR (art. 976, §4º, CPC/2015).

O incidente poderá ser suscitado pelo órgão julgador — juiz ou relator —, pelas partes dos processos repetitivos, pelo Ministério Público ou pela Defensoria Pública (art. 977 do CPC/2015). O requerimento de instauração deverá ser acompanhado de documentos que comprovem a multiplicidade de casos sobre a mesma questão, causando o risco de ofensa à isonomia. Uma vez requerida a instauração do incidente, o órgão do Tribunal a quem caiba a uniformização de jurisprudência procederá ao juízo de admissibilidade, que deverá ser colegiado (arts. 978 e 981).

Com a instauração do incidente sobre determinada questão jurídica, deverá haver ampla publicidade e divulgação nos bancos de dados dos tribunais e do Conselho Nacional de Justiça (art. 979 do CPC/2015), e ocorrerá, em seguida, a suspensão de todos os processos que versem sobre idêntica controvérsia e que tramitem na circunscrição do respectivo tribunal (art. 982). A suspensão poderá ser nacional, caso requerida ao STJ ou ao STF (art. 982, §3º). Os processos repetitivos ficarão suspensos enquanto estiver sendo julgado o IRDR, porque será necessário aguardar a definição da tese jurídica pelo tribunal, a qual será posteriormente aplicada nos casos concretos. O prazo para julgamento do incidente e de suspensão das demandas será de um ano, prorrogável por decisão fundamentada (art. 980).

Como o julgamento do incidente objetiva a definição de uma tese jurídica sobre uma questão que se repete em dezenas, milhares ou mesmo milhões de processos, a legitimidade dessa decisão e de sua aplicação aos casos repetitivos está diretamente ligada à pluralidade do debate que a precede. Noutros termos: quanto mais debate e amadurecimento houver acerca da questão controvertida, mais legítima será a decisão judicial que uniformizar seu entendimento.

Por esse motivo, não só é relevante a escolha dos sujeitos que conduzirão o incidente, como também o novo Código prevê formas de qualificar o debate, como a oitiva das partes e de interessados, além de *amicus curiae*, a realização de audiências públicas e oitiva de *experts* (art. 983). Tais mecanismos visam atenuar o déficit de contraditório dos afetados pela decisão judicial a ser proferida no IRDR, daí sua extrema relevância.

---

comissão de permanência na hipótese de inadimplência do consumidor" (Tema nº 49), e também a "discussão a respeito da possibilidade de se dispensar a juntada da certidão de intimação da decisão agravada para a formação de agravo de instrumento, nos casos em que há vista pessoal à Fazenda Nacional" (Tema nº 809).

O acórdão proferido no IRDR, por sua vez, deverá conter ampla fundamentação, devendo constar "a análise de todos os fundamentos suscitados concernentes à tese jurídica discutida, sejam favoráveis ou contrários" (art. 984, §2º). A motivação da decisão que aprecia a questão é também de especial importância, porque permitirá a análise sobre os fundamentos considerados para a definição daquela tese específica, o que terá consequências para efeitos de enquadramento ou distinção dos casos repetitivos e de superação do entendimento no futuro.[5]

A tese será aplicada a todos os processos que tramitem na área de jurisdição do tribunal, inclusive juizados especiais,[6] bem como aos casos futuros. Caso a questão refira-se a prestação de serviço público, a tese será comunicada ao respectivo órgão para cumprimento (art. 985, §2º).

O Código prevê que contra a decisão proferida no IRDR poderão ser interpostos os recursos especial e extraordinário (art. 987), além dos embargos de declaração, cabíveis contra qualquer decisão judicial (art. 1.022). Quanto aos recursos excepcionais, o legislador optou por facilitar o acesso aos tribunais superiores, concedendo-lhes efeito suspensivo e presunção de repercussão geral da questão constitucional. Uma vez julgado o recurso pelo tribunal superior competente, a tese passa a ser aplicável a todos os processos que versem sobre a controvérsia e que tramitem no território nacional.

Delineado, ainda que brevemente, o procedimento do incidente, incumbe passar à questão central deste estudo, que diz respeito à recorribilidade da decisão que fixa a tese jurídica, da perspectiva dos requisitos do interesse e da legitimidade. Este breve ensaio tem o objetivo de responder quais sujeitos podem interpor tais recursos, notadamente os recursos excepcionais, que funcionarão como veículo para que a uniformização atinja abrangência nacional.

3. A formação de precedente vinculativo no IRDR: breves notas sobre a decisão que fixa a tese jurídica

Há, no novo Código, claro fortalecimento da decisão judicial como fonte de direito, o que se observa sobretudo nos arts. 926 e 927, que dão ênfase ao dever de uniformização de jurisprudência e fundam as bases do "sistema de precedentes" do CPC/2015.

---

[5] Ver, sobre a questão: Sofia Temer e Aluisio Gonçalves de Castro Mendes, "O incidente de resolução de demandas repetitivas do novo Código de Processo Civil", op. cit., p. 283-331.

[6] Sobre a relação entre juizados especiais e IRDR, ver: KOEHLER, Frederico. O incidente de resolução de demandas repetitivas e os juizados especiais. *Revista de Processo*, São Paulo, v. 237, nov. 2014; MENDES, Aluisio Gonçalves de Castro; ROMANO NETO, Odilon. Análise da relação entre o novo incidente de resolução de demandas repetitivas e o microsistema dos juizados especiais. *Revista de Processo*, São Paulo, v. 245, p. 275-309, jul. 2015.

Com efeito, considerando a necessidade de manter a jurisprudência íntegra, estável e coerente[7] (art. 926), o novo Código aponta quais decisões gerarão precedentes vinculativos, os quais deverão ser observados pelos tribunais inferiores e pelo próprio tribunal que fixar o precedente (art. 927). No que importa para este estudo, citamos o inciso III do art. 927, que menciona que os juízes e tribunais deverão observar: "os acórdãos em incidente de assunção de competência ou de resolução de demandas repetitivas e em julgamento de recursos extraordinário e especial repetitivos".

O novo Código atribui à decisão que julga o incidente de resolução de demandas repetitivas a força de precedente vinculativo, de aplicação obrigatória no julgamento de todos os casos que versem sobre a questão e que estejam no âmbito do tribunal que a prolatar.

A força obrigatória da decisão é coerente com a natureza e os objetivos dessa técnica processual, considerando que os escopos do incidente centram-se justamente na necessidade de manter isonomia entre os jurisdicionados,[8] além de garantir segurança jurídica e previsibilidade das decisões judicias.[9] Conferir às decisões judiciais prolatadas nessa seara força vinculativa é pressuposto do próprio sistema.[10]

---

[7] Luiz Guilherme Marinoni, em livro denominado *Precedentes obrigatórios*, explicita os fundamentos pelos quais deve ser adotado tal sistema. Aponta que a estabilidade e a continuidade da ordem jurídica e a previsibilidade das consequências jurídicas das condutas dos jurisdicionados são indispensáveis num estado de direito: "Para que o cidadão possa esperar um comportamento ou se postar de determinado modo, é necessário que haja univocidade na qualificação das situações jurídicas. Além disso, há que se garantir-lhe previsibilidade em relação às consequências de das suas ações [...]. Em outra perspectiva, a segurança jurídica reflete a necessidade de a ordem jurídica ser estável. Esta deve ter um mínimo de continuidade. E isso se aplica tanto à legislação quanto à produção judicial [...]. As decisões judiciais devem ter estabilidade porque constituem atos de poder. Ora, os atos de poder geram responsabilidade àquele que os instituiu" (MARINONI, Luiz Guilherme. *Precedentes obrigatórios*. São Paulo: Revista dos Tribunais, 2011. p. 120-131).

[8] Nesse sentido: "Tudo leva a crer que [o incidente] contribuirá de forma significativa para a efetivação dos princípios da segurança jurídica, da isonomia, da economia processual e da duração razoável do processo, ao possibilitar uma maior uniformização nos julgamentos proferidos no país, contribuindo, assim, para a construção de um sistema jurisdicional mais racional e harmônico" (MENDES, Aluisio Gonçalves de Castro; RODRIGUES, Roberto de Aragão Ribeiro. Reflexões sobre o incidente de resolução de demandas repetitivas previsto no projeto de novo código de processo civil. *Revista do Processo*, São Paulo, v. 211, p. 191, set. 2012).

[9] Jaldemiro Rodrigues de Ataíde Jr aponta que "é inegável que o regime processual das demandas de massa, na medida em que possibilita uma rápida fixação de tese jurídica que é objeto de milhares ou até milhões de ações, proporciona a uniformização da jurisprudência, aumenta em muito a previsibilidade das decisões, e, portanto, a segurança jurídica" (As demandas de massa e o projeto do novo Código de Processo Civil. In: FREIRE, Alexandre et al. *Novas tendências do processo civil*. Salvador: Juspodivm, 2014. v. III, p. 53).

[10] Marinoni cita, em relação ao sistema de repercussão geral, que "não há como conciliar a técnica de seleção de casos com a ausência de efeito vinculante, já que isso seria o mesmo que supor que a Suprema Corte se prestaria a selecionar questões constitucionais caracterizadas pela relevância e pela transcendência, e, ainda assim, permitir que estas pudessem ser tratadas de formas diferentes pelos diversos tribunais e juízos inferiores" (Luiz Guilherme Marinoni, *Precedentes obrigatórios*, op. cit., p. 474). Embora se refira à seleção de recursos extraordinários e ao requisito da repercussão geral, entendemos que o alerta é plenamente aplicável ao sistema de questões repetitivas, que também trabalha com seleção de casos e com criação de decisão padrão a ser aplicável de forma generalizada.

Não haveria sentido em criar uma técnica processual diferenciada, que trabalha com uma lógica de julgamento a partir de um modelo da controvérsia jurídica para que seja fixada uma só tese, e admitir que os juízos de primeiro grau e tribunais continuassem aplicando entendimentos divergentes no julgamento dos casos que contivessem tal controvérsia.

Assim, a decisão que fixa a tese jurídica, por ter força de precedente vinculativo, aplica-se necessariamente a todos os casos que versem sobre a controvérsia, sem possibilidade de rediscussão, salvo excepcional hipótese de revisão ou superação da tese.[11] Todos os sujeitos dos processos repetitivos sofrem, então, a eficácia da tese jurídica fixada, ainda que indiretamente, por ocasião do julgamento de suas demandas (individuais ou coletivas).

4. Quem pode recorrer da decisão que julga o IRDR?

4.1 Algumas premissas sobre a natureza do incidente e sobre os seus sujeitos processuais

O Código prevê, no art. 987, o acesso aos tribunais superiores, pela via recursal, para que se possa apreciar o acerto ou desacerto da tese firmada e, como consequência, estender o entendimento uniforme sobre a questão para âmbito nacional. Muito se questiona, então, a quem caberá interpor tais recursos.

Para responder a tal indagação, parece necessário apresentar algumas de nossas premissas quanto ao IRDR, notadamente no que se refere à sua natureza e à posição e classificação dos seus sujeitos processuais.[12] Essa apresentação inicial é importante para que sejam coerentes as posições defendidas no que se refere ao tema específico da recorribilidade das decisões.

Primeiramente, é indispensável pontuar que, para nós, o incidente de resolução de demandas repetitivas é *técnica processual de natureza objetiva*, em que há a fixação da tese sem a resolução direta de conflitos subjetivos, o que decorre tanto da limitação cognitiva às "questões de direito homogêneas",[13] quanto da previsão legal de prosseguimento do incidente a despeito do aban-

---

[11] A tese jurídica, apesar de estável, pode ser revisada ou superada, mormente diante de modificações no contexto social, político, jurídico, mas também por erro. A superação ou revisão da tese é tratada nos arts. 986 e 927, §§2º a 4º do CPC/2015. Ver, sobre o tema: PEIXOTO, Ravi. *Superação do precedente e segurança jurídica*. Salvador: Juspodivm, 2015.

[12] A maioria das premissas que serão apresentadas é de sínteses das ideias defendidas em Sofia Temer (*Incidente de resolução de demandas repetitivas*, op. cit.), para onde remetemos o leitor. Como este estudo tem o objetivo de analisar exclusivamente a legitimidade e o interesse recursais, não poderíamos nos aprofundar em outras questões. Também não parecia possível, contudo, adentrar nesse tema sem tecer essas considerações introdutórias.

[13] Já defendemos que "o incidente de resolução de demandas repetitivas não julga "causa", mas apenas fixa tese, porque seu objeto está restrito às questões de direito — material ou processual — que se repetem em diversos processos. Não se analisam questões de fato e questões de direito heterogêneas, o que impede que

dono ou desistência da demanda (art. 976, §1º). Não há, no incidente, resolução de "causa",[14] muito embora haja referibilidade a situações concretas repetitivas, as quais serão reconstruídas no incidente a partir de uma projeção da situação fática padrão, ou do fato-tipo. O tribunal fixa tese que, em seguida, será aplicada para resolução das demandas formuladas em juízo, as quais, sim, veiculam problemas relativos a casos concretos.

É claro que, ao defender a *abstração* na atividade realizada no incidente, não negligenciamos a necessidade de se manter uma ligação com dados concretos, com o contexto social e político e com as características dos conflitos judicializados em que surge a controvérsia submetida a julgamento no incidente. A posição defendida simplesmente afasta o IRDR dos meios processuais tradicionais centrados na *lide*, no conflito intersubjetivo. Defendemos, então, que no incidente há simultaneamente abstração e concretude, mas que essa técnica tutela *preponderamente* o direito objetivo.

Em segundo lugar, e justamente em razão dessa natureza dessubjetivizada, entendemos que o incidente não é formado pela simples transposição do processo relativo a um conflito subjetivo para o tribunal, para que este fixe uma tese *ao julgar uma demanda*. O incidente é formado a partir de processos repetitivos (cujos objetos serão conflitos subjetivos), mas adquire autonomia mediante uma cisão cognitivo-decisória, desvinculando-se de interesses materiais dos sujeitos das "lides" originárias, para que haja tão somente a definição do melhor entendimento sobre uma questão de direito.

Esta dessubjetivação faz com que seja inapropriada a maioria das construções tradicionais relativas aos sujeitos processuais, notadamente no que se refere aos pressupostos e possibilidade de intervenções. Em realidade, considerando a natureza do incidente, toda a classificação dos

---

se possa falar em julgamento da demanda, que depende necessariamente da análise da causa de pedir e do pedido" (Ibid, cap. 3.2.1).

[14] Nesse sentido também é a posição de: Aluisio Gonçalves de Castro Mende e Roberto de Aragão Ribeiro Rodrigues, "Reflexões sobre o incidente de resolução de demandas repetitivas previsto no projeto de novo código de processo civil", op. cit., versão digital; NUNES, Dierle. Comentários aos arts. 1.036 a 1.040. In: WAMBIER, Teresa Arruda Alvim et al. (Coord.). *Breves comentários ao novo Código de Processo Civil*. São Paulo: Revista dos Tribunais: 2015. p. 2320; CAMBI, Eduardo; FOGAÇA, Mateus. Incidente de resolução de demandas repetitivas no novo Código de Processo Civil. *Revista de Processo*, São Paulo, v. 243, p. 333-362, maio 2015, versão digital; CAMARGO, Luiz Henrique Volpe. O incidente de resolução de demandas repetitivas no projeto de novo CPC: a comparação entre a versão do Senado Federal e a da Câmara dos Deputados. In: FREIRE, Alexandre et al. (Org.). *Novas tendências do processo civil*. Salvador: Juspodivm, 2014. v. III, p. 283; OLIVEIRA, Guilherme Peres de. Incidente de resolução de demandas repetitivas — uma proposta de interpretação de seu procedimento. In: Alexandre Freire et al., *Novas tendências do processo civil*, op. cit., v. II, p. 670. Há, contudo, posições divergentes: CÂMARA, Alexandre Freitas. *O novo processo civil brasileiro*. São Paulo: Atlas, 2015. p. 479; Antonio do Passo Cabral, "Comentários aos arts. 976 a 987", op. cit., p. 1418; Fredie Didier Jr. e Leonardo Carneiro da Cunha, *Curso de direito processual civil*, op. cit., p. 593-599. Todos esses autores ressalvam a situação de desistência da "causa-piloto", hipótese em que o incidente assumiria natureza distinta, porque não haveria julgamento do conflito subjetivo. Sobre essa problemática, com a abordagem de pontos de vista distintos, que consideram que no IRDR há julgamento de "causa", ver: Sofia Temer, *Incidente de resolução de demandas repetitivas*, op. cit., cap. 3.

sujeitos processuais e das possibilidades de participação a que estamos habituados precisa ser repensada.

Com efeito, é da desvinculação do conflito subjetivo que surge a possibilidade de se admitir que a condução do incidente não seja realizada necessariamente pelo sujeito que o provocou, a partir de seu caso concreto, mas pelo sujeito que reúna as melhores condições de apresentar para o tribunal os argumentos para resolução da controvérsia jurídica.[15] Também é da natureza da técnica de caráter objetivo que se extrai, por exemplo, a inadequação do instituto da assistência para justificar a intervenção dos sujeitos interessados, e, inclusive, a inadequação da própria definição de interesse jurídico para fins de intervenção.

Para nós, portanto, é preciso assentar, quanto aos sujeitos processuais, que:

i) não há possibilidade de participação direta e pessoal de todos os interessados, tampouco é adequado o regime de substituição processual, típico dos meios de tutela do direito subjetivo; ii) no IRDR, o contraditório se exerce pelo direito à influência e a participação é entendida como direito ao convencimento e não como exigência de consentimento; iii) os pressupostos processuais de atuação — interesse e legitimidade — não são extraídos de uma relação substancial litigiosa, mas são analisados sob a perspectiva dos atos ou conjuntos de atos do incidente, visando a atingir pluralidade argumentativa e excelência, sob a perspectiva racional, da decisão; iv) a estrutura subjetiva do incidente é multipolarizada.[16]

Por isso, tendo em mente a desvinculação da *lide* e a necessidade de ampliar o debate no incidente, o que deve ser feito na perspectiva da intensificação dos argumentos levados à apreciação judicial, propomos que a classificação dos sujeitos processuais seja a seguinte:

a) sujeitos condutores (ou líderes), que deverão ser escolhidos entre os que possam apresentar o máximo de perspectivas argumentativas para o debate, ou seja, devem ser sujeitos que levem ao tribunal maior quantidade e qualidade de argumentos sobre a controvérsia jurídica, mesmo que não sejam os sujeitos que tiveram iniciativa para suscitar o incidente;

---

[15] Embora seja coerente imaginar que o incidente será formado a partir do(s) processo(s) de onde tenha se originado o requerimento ou ofício visando a instauração, sendo as partes desses processos selecionadas como *sujeitos condutores* do incidente, é possível que haja escolha de outros sujeitos que apresentem melhores condições de representar a controvérsia, já que o objetivo será formar, no IRDR, um "modelo" da questão controvertida para apreciação do tribunal. Nesse sentido, é o entendimento de Antonio do Passo Cabral, para quem, "devendo existir uma decisão de afetação entre a admissão do IRDR e o início da instrução, *não é obrigatório que o próprio processo de onde partiu o ofício ou petição de instauração do incidente venha a ser afetado*. A admissão do incidente não leva à automática afetação do processo de onde ocorreu a provocação pela sua instauração" (Antonio do Passo Cabral, "Comentários aos arts. 976 a 987", op. cit., p. 1437). Sobre o tema, ver, também: Sofia Temer, *Incidente de resolução de demandas repetitivas*, op. cit., cap. 4.2; CABRAL, Antonio do Passo. A escolha da causa-piloto nos incidentes de resolução de processos repetitivos. *Revista de Processo*, São Paulo, v. 231, p. 201, maio 2014.

[16] Sofia Temer, *Incidente de resolução de demandas repetitivas*, op. cit., p. 262.

b) sujeitos sobrestados, ou seja, as partes dos processos repetitivos, que terão interesse para intervir no incidente por força do direito ao contraditório como direito de influência,[17] a despeito de terem qualquer vínculo jurídico com os sujeitos condutores;

c) o *amicus curiae*, que,

embora não se equipare ao sujeito sobrestado, também pode intervir no incidente, ainda que na defesa de algum interesse (institucional, acadêmico, político, econômico), mas sua participação dependerá da demonstração do requisito da representatividade, entendido como capacidade e idoneidade do sujeito e como pertinência em relação ao objeto do incidente. Sua participação também deverá ser autorizada quando a manifestação for relevante, ou seja, quando trouxer novos argumentos e informações para o debate e sua participação";[18]

d) o Ministério Público, que, pela condição de fiscal da ordem jurídica, deverá atuar no incidente em todos os seus atos, podendo suscitá-lo, conduzi-lo ou participar de sua instrução;

e) a Defensoria Pública, que terá legitimidade para instauração, condução e participação no incidente quando a matéria debatida apresentar pertinência no que se refere à defesa de vulneráveis, conforme suas atribuições constitucionais.

A participação dos sujeitos será avaliada, sobretudo, da perspectiva do potencial que tenham para aprofundar o debate para fixação da tese. Assim, um dos importantes filtros para sua participação será a apresentação de novos argumentos ou informações.[19]

Essas são, em síntese, nossas premissas iniciais sobre a problemática dos sujeitos e suas modalidades de participação.

---

[17] Fredie Didier e Leonardo Carneiro da Cunha defendem a participação das partes dos processos repetitivos no incidente, por terem interesse jurídico na resolução da questão. Entendem, contudo, que o fazem na condição de assistentes do caso-piloto, até porque defendem que o IRDR julga também a causa (conflito subjetivo). Ver: Fredie Didier Jr. e Leonardo Carneiro da Cunha, *Curso de direito processual civil*, op. cit., p. 607. Também é a posição de Daniel Neves, que entende que a intervenção ocorrerá na modalidade de assistência litisconsorcial: NEVES, Daniel Amorim Assumpção. *Novo CPC comentado*. Salvador: Juspodivm, 2016. p. 1610.

[18] Sofia Temer, *Incidente de resolução de demandas repetitivas*, op. cit., p. 263.

[19] Já defendemos que: "a necessidade de apresentar alguns elementos para construir esse sistema de participação diferenciado, parece, para nós, que o principal filtro para nortear a atuação dos sujeitos sobrestados seja a *apresentação de novos argumentos* que possam contribuir com a definição da melhor solução racional para a questão de direito objeto do incidente. Afinal, se se entende que a violação ao contraditório decorreria, no caso, da impossibilidade de influenciar a convicção do tribunal sobre a questão de direito, não haveria nenhuma violação em vedar repetição de argumentos já apresentados, pelo simples fato de estes não terem nem *potencialidade* para exercer tal influência" (Ibid., p. 177). No mesmo sentido: BASTOS, Antonio Adonias Aguiar. *O devido processo legal nas demandas repetitivas*. Tese (doutorado em direito) — Faculdade de Direito, Universidade Federal da Bahia, Salvador, 2012. p. 177.

4.2 Legitimidade e interesse recursais: alguns parâmetros, limites e propostas quanto ao procedimento recursal

O art. 987 do CPC/2015, embora preveja o cabimento de recursos especial e extraordinário contra a decisão de mérito do incidente, ou seja, a decisão que fixa a tese jurídica, não trata da legitimação e interesse recursais. É que, embora houvesse previsão, na versão inicial do projeto de lei aprovado pelo Senado (PLS 166/2010), de cabimento de recursos por "terceiros interessados" no incidente, essa disposição não foi mantida na versão final da lei, que silencia a respeito do tema. Na falta de disposição legal clara, a tarefa de delimitar os pressupostos de atuação na fase recursal incumbirá à doutrina e à jurisprudência.

Primeiramente, é preciso pontuar que parece haver consenso quanto à legitimidade recursal dos sujeitos condutores do incidente, que são inclusive denominados como "partes" no texto legal. Os sujeitos que forem escolhidos pelo tribunal para apresentar a controvérsia poderão se irresignar contra a tese fixada, levando a discussão aos tribunais superiores para reapreciação.

Também não há muita controvérsia quanto à interposição de recursos pelo *amicus curiae*, considerando que há disposição legal expressa admitindo esta atuação (art. 138, §3º, CPC/2015).[20]

A legitimação recursal do Ministério Público, do mesmo modo, parece não suscitar muitos debates, considerando não só a sua ampla possibilidade de participação, já que atuará na condição de "fiscal da ordem jurídica", mas pela previsão específica do art. 996 do CPC/2015, que dispõe que o recurso pode ser interposto pelo órgão ministerial "como parte *ou como fiscal da ordem jurídica*". Assim, o MP poderá recorrer se for condutor do incidente, mas também quando atue apenas como *custos legis*.

A situação mais problemática refere-se, então, à legitimação e ao interesse dos sujeitos dos processos repetitivos sobrestados pela instauração do incidente de resolução de demandas repetitivas. Podem todas as partes dos processos suspensos interpor recurso contra a decisão que fixa a tese?

---

[20] Paulo Cezar Pinheiro Carneiro afirma que a possibilidade de interpor recursos decorre de dois motivos principais: "primeiro, porque no referido incidente, diferentemente de todas as outras espécies de técnicas de julgamentos vinculantes (seja aquela embasada nos recursos repetitivos, seja aquela decorrente da aplicação de texto de súmulas), o precedente poderá ser construído com muita rapidez, antes do momento em que, normalmente, são formados (art. 976), ou seja, depois de anos de discussão e após julgamentos de diversos processos e em várias instâncias. Segundo, porque o legislador tem interesse em admitir vários legitimados para levar a discussão da matéria, por meio de recurso especial ou extraordinário, ao Superior Tribunal de Justiça ou ao Supremo Tribunal Federal, conforme o caso, para uniformizar nacionalmente o precedente (art. 987,§2º)" (CARNEIRO, Paulo Cezar Pinheiro. Comentários ao art. 138. In: Antonio do Passo Cabral e Ronaldo Cramer, *Comentários ao novo Código de Processo Civil*, op. cit., p. 252).

Boa parte da doutrina vem defendendo a possibilidade de tais sujeitos interporem recursos contra a decisão do IRDR,[21] notadamente os que defendem a intervenção para participação no debate.[22] A legitimidade recursal foi reconhecida, ademais, pelo Fórum Permanente de Processualistas Civis, que editou a este respeito o enunciado de n° 94: "(art. 982, §4°; art. 987) A parte que tiver o seu processo suspenso nos termos do inciso I do art. 982 poderá interpor recurso especial ou extraordinário contra o acórdão que julgar o incidente de resolução de demandas repetitivas".

Corroboramos tais vozes doutrinárias, aderindo à posição que reconhece legitimidade recursal às partes dos processos repetitivos. Com efeito, os sujeitos sobrestados não apenas podem intervir no debate que precede a fixação da tese, mas também podem interpor recursos contra a decisão final.

Essa posição decorre da importância de se permitir o exercício do direito de participação no processo judicial, enquanto esfera de exercício do poder estatal,[23] e é fortalecida pela visão do IRDR como técnica do processo objetivo.

Com efeito, o interesse e a legitimidade recursais não são analisados a partir de uma relação substancial conflituosa, sendo desnecessário perquirir qualquer vínculo material entre o terceiro recorrente e a "parte" condutora do IRDR.[24] No que se refere ao incidente, o direito à interposição de recursos não segue os requisitos construídos para o processo civil individual de natureza subjetiva, como também não pode ser identificado com a sistemática do processo coletivo.[25]

---

[21] Essa é a posição de Antonio Adonias: "Qualquer um dos legitimados a suscitar o incidente de resolução de causas repetitivas pode interpor recursos de decisões nele proferidas pelo tribunal. Com efeito, qualquer das partes, o Ministério Público e a Defensoria Pública podem interpor recursos no referido incidente. Quem atuou — ou quem poderia atuar — como interveniente no incidente também pode interpor recursos no mencionado incidente" (Antonio Adonias Aguiar Bastos, *O devido processo legal nas demandas repetitivas*, op. cit., p. 190). No mesmo sentido: ARENHART, Sérgio. *O recurso de terceiro prejudicado e as decisões vinculantes*. Disponível em: <www.academia.edu/214085/O_RECURSO_DE_TERCEIRO_PREJUDICADO_E_AS_DECIS%C3%95ES_VINCULANTES>. Acesso em: 8 nov. 2015. Também é a posição de Antonio do Passo CABRAL, "Comentários aos arts. 976 a 987", op. cit., p. 1454; CAVALCANTI, Marcos. *Incidente de resolução de demandas repetitivas e ações coletivas*. Salvador: Juspodivm, 2015. p. 466; Daniel Amorim Assumpção Neves, *Novo CPC comentado*, op. cit., p. 1614.

[22] Até porque, como bem aponta Fredie Didier Jr., "não há como afirmar, ao mesmo tempo, que cabe a intervenção de terceiro e são permitidos determinados recursos, mas não cabe a interposição destes recursos por aqueles terceiros cuja intervenção é permitida" (DIDIER JR., Fredie. *Recurso de terceiro*. 2. ed. São Paulo: Revista dos Tribunais, 2005. p. 96).

[23] Sobre a importância do contraditório e participação na formação da decisão judicial: CABRAL, Antonio do Passo. *Nulidades no processo moderno*. Rio de Janeiro: Forense, 2010. cap. III.

[24] Sobre a problemática dos recursos contra a *ratio* dos precedentes, ver: LIPIANI, Julia. Reconstrução do interesse recursal no sistema de força normativa do precedente. *Civil Procedure Review*, v. 5, n. 2, p. 45-72, maio/ago. 2014; Sérgio Arenhart, *O recurso de terceiro prejudicado e as decisões vinculantes*, op. cit.

[25] Como já tivemos a oportunidade de defender, "não se aplica, como fundamento para evitar o recurso dos sujeitos sobrestados, a vedação de cabimento de recurso pela pessoa natural que é assistente litisconsorcial nas ações coletivas para defesa de direitos individuais homogêneos. Não se aplica tal fundamento como óbice, além do fato de serem intervenções com pressupostos e características distintas, pelo fato de que, na ação coletiva, o

A possibilidade de interpor recursos decorre do fato de possuírem interesse jurídico na definição da tese (o que inclui, por óbvio, a etapa recursal em que pode haver sua revisão). Trata-se de uma *especial* categoria de recurso de terceiro prejudicado. Dizemos *especial* porque, ao contrário do processo subjetivo tradicional, o interesse jurídico não decorre de vínculos materiais entre situações substanciais.[26]

O interesse na formação do precedente decorre do fato de que tais sujeitos serão afetados pela tese jurídica, já que é como se a discussão travada no IRDR tivesse ocorrido em cada um dos processos de que sejam partes. O vínculo que justifica a intervenção não é entre esferas jurídicas de sujeitos distintos (o condutor e o sobrestado), mas entre o sujeito sobrestado e o objeto debatido no incidente.

Todos os sujeitos afetados pela definição da tese terão, então, interesse jurídico para interposição de recursos visando à rediscussão da tese. O exercício desse direito potencial, contudo, ficará sujeito ao filtro da *utilidade da intervenção recursal*, que diz respeito à apresentação de novos e relevantes fundamentos para o debate.[27]

Com efeito, assim como o filtro para a participação pré-fixação da tese deve ser a apresentação de novos argumentos, também para os recursos essa exigência é aplicável. Não havendo utilidade na intervenção, não devem ser admitidos os recursos,[28] o que se aplica tanto ao sujeitos

---

assistente não pode recorrer porque é um regime que se baseia na legitimação extraordinária exclusiva. Para a doutrina especializada, como a pessoa natural não tem legitimação para exercer direito de ação coletiva, também lhe falta para exercer o direito ao recurso. No IRDR, a situação é distinta. Não há substituição processual e os sujeitos sobrestados não são substituídos pelo sujeito condutor. Aqueles têm interesse e legitimidade para atuar no incidente, especialmente nos espaços não preenchidos por este" (Sofia Temer, *Incidente de resolução de demandas repetitivas*, op. cit., p. 248). Ver, sobre o tema dos recursos nas ações coletivas: SPADONI, Joaquim Felipe. Assistência coletiva simples: a intervenção dos substituídos nas ações coletivas para a defesa de direitos individuais homogêneos. *Revista de Processo*, São Paulo, v. 116, jul./ago. 2004.

[26] Por isso, apesar de entendermos que a situação do sujeito sobrestado possa se enquadrar no art. 996 do CPC/2015, temos algumas ressalvas com a inclusão irrefletida desse recurso no IRDR como recurso de terceiro prejudicado, porque, como esse instituto esteve tradicionalmente ligado ao processo subjetivo, sempre se exigiu a vinculação entre o direito de terceiro e a "relação jurídica submetida à apreciação judicial" (o que fica claro do parágrafo único do art. 996), o que não se aplica à lógica objetiva do IRDR.

[27] Já tivemos a oportunidade de defender a revisitação do requisito da utilidade para os recursos no IRDR: "A utilidade deixa de ser apreciada sob uma perspectiva subjetivista — ou seja, vinculada com benefício prático direto na esfera de direito do sujeito —, e passa a ter um caráter objetivo. Será útil a intervenção que contribuir racionalmente para o debate, visando à definição de uma tese jurídica. Por isso, aliás, que são admitidas manifestações não só dos sujeitos sobrestados, mas também de *amicus curiae*, do Ministério Público, de *experts*, entre outros (art. 983). A utilidade deixa de ser analisada sob a perspectiva do sujeito e passa a ser aferida sob o prisma do objeto do IRDR, no plano das razões apresentadas" (Sofia Temer, *Incidente de resolução de demandas repetitivas*, op. cit., p. 178).

[28] Fredie Didier Jr. e Leonardo Carneiro da Cunha defendem, nessa linha, que "para serem admitidos como intervenientes no incidente, é preciso que demonstrem a utilidade de sua intervenção. É preciso, em outras palavras, que demonstrem que têm novos argumentos para apresentar, podendo contribuir efetivamente (e com utilidade) da discussão e da formação do precedente" (*Curso de direito processual civil*, op. cit., p. 608).

sobrestados como aos demais legitimados recursais, como Ministério Público, Defesoria Pública (na condição de sujeito condutor ou sujeito sobrestado) e *amicus curiae*.

Esse filtro da utilidade leva à conclusão de que, "quanto mais completo e abrangente for o recurso do sujeito condutor, menos espaço haverá para os sujeitos sobrestados atuarem. Do contrário, na ausência de recurso do sujeito condutor, os sujeitos sobrestados atuarão de forma mais ampla".[29] Com efeito, os recursos dos sujeitos não condutores apenas serão admitidos na parte em que não sejam mera reprodução dos argumentos já aventados.

Analisando o tema, Fredie Didier Jr. e Leonardo Carneiro da Cunha propõem uma sistemática específica para o processamento de recursos excepcionais contra a decisão que julga o IRDR. Embora os autores admitam a legitimidade dos sujeitos dos processos sobrestados, entendem que a multiplicidade de recursos pode ser tão grande a ponto de inviabilizar o julgamento, o que os leva a defender que seria razoável considerar a legitimidade como concorrente e disjuntiva, de modo que "todos os legitimados são considerados como sendo a mesma pessoa. Assim, interposto um recurso especial ou extraordinário, não é possível mais haver a interposição de outro, sob pena de caracterizar-se uma litispendência".[30]

Pensamos que o raciocínio é interessante, desde que seja conjugado ao critério da utilidade de que tratamos anteriormente. Ou seja, tratando-se de recursos iguais, com os mesmos fundamentos, configurar-se-ia a impossibilidade do processamento; havendo novos fundamentos recursais, contudo, não se configuraria a ficção de que os recorrentes seriam a mesma pessoa, sendo possível acrescer à matéria do primeiro recurso o que haja de novo nos demais.

Pensando nisso, aliás, é que entendemos possível uma nova decisão de afetação para a fase recursal, com a escolha de novos sujeitos condutores para o debate nas instâncias especiais. Com efeito, tratar-se-ia de uma espécie de seleção de recursos especiais e/ou extraordinários representativos da controvérsia, tal como no regime dos arts. 1.036 e seguintes, mas em âmbito do IRDR.

Afinal, não havendo defesa direta de direito subjetivo, o critério que deve nortear a escolha dos líderes (também para a fase recursal) deve ser objetivo: aqueles que melhor conduzam o debate, apresentando tantas *perspectivas argumentativas* quantas forem possível. Se for constatado que o até então líder não teve a melhor atuação ou, ainda, que há, para a fase recursal, sujeitos que possam melhor apresentar o debate para os tribunais superiores, não há óbice para que o tribunal faça nova afetação e escolha novos sujeitos condutores para os recursos.[31]

---

[29] Sofia Temer, *Incidente de resolução de demandas repetitivas*, op. cit., p. 247.

[30] Fredie Didier Jr. e Leonardo Carneiro da Cunha, *Curso de direito processual civil*, op. cit., p. 641.

[31] É interessante notar que, no *Musterverfahren*, que serviu de inspiração para o IRDR brasileiro, há a possibilidade de nomeação de novos líderes para a fase recursal, como aponta Antonio Cabral: "Os intervenientes também podem recorrer ou aderir a recursos de outrem. A lei disciplina ainda a nomeação de outros líderes para as

Assim, caso o julgador constate a existência de muitos recursos contra a mesma decisão, poderá selecionar apenas alguns, com o objetivo de formar o melhor conjunto de argumentos para a fase recursal.[32]

5. Conclusões

O incidente de resolução de demandas repetitivas é técnica processual de natureza objetiva, que visa à fixação de tese jurídica, com força vinculativa para o julgamento de todas as demandas em que se discuta a questão jurídica submetida à uniformização.

Considerando o direito à participação na formação das decisões judiciais, defendemos que os sujeitos condutores do incidente, os *amici curiae*, o Ministério Público e também os sujeitos sobrestados (inclusive a Defensoria Pública, nesta condição) podem interpor recursos contra a decisão que julga o IRDR.

Todavia, considerando que o desenho estrutural do IRDR parte da ideia de seleção (ou "pinçamento") para reprodução da controvérsia e, ainda, que é inviável a análise individual de todos os processos, a atuação na fase recursal está condicionada ao requisito da utilidade, que será aferido na perspectiva da contribuição de novos elementos para o aprimoramento do debate. Terão legitimidade todos os sujeitos, mas seu interesse deverá ser aferido por esse filtro da utilidade da intervenção.

REFERÊNCIAS

ARENHART, Sérgio. *O recurso de terceiro prejudicado e as decisões vinculantes*. Disponível em: <www.academia.edu/214085/O_RECURSO_DE_TERCEIRO_PREJUDICADO_E_AS_DECIS%C3%95ES_VINCULANTES>. Acesso em: 8 nov. 2015.

ATAÍDE JR., Jaldemiro. As demandas de massa e o projeto do novo Código de Processo Civil. In: FREIRE, Alexandre et al. *Novas tendências do processo civil*. Salvador: Juspodivm, 2014. v. III.

BARBOSA MOREIRA, José Carlos. *O novo processo civil brasileiro*. 25. ed. Rio de Janeiro: Forense, 2007.

---

partes caso o *Musterkläger* ou o *Musterbeklagte* não recorram ou desistam dos recursos interpostos" (CABRAL, Antonio do Passo. O novo procedimento-modelo (*Musterverfahren*) alemão: uma alternativa às ações coletivas. *Revista de Processo*, São Paulo, v. 147, p. 142, 2007).

[32] Também defendemos essa possibilidade em: Sofia Temer e Aluisio Gonçalves de Castro Mendes, "O incidente de resolução de demandas repetitivas do novo Código de Processo Civil", op. cit., p. 323-324.

BASTOS, Antonio Adonias Aguiar. *O devido processo legal nas demandas repetitivas*. Tese (doutorado em direito) — Faculdade de Direito, Universidade Federal da Bahia, Salvador, 2012.

CABRAL, Antonio do Passo. A escolha da causa-piloto nos incidentes de resolução de processos repetitivos. *Revista de Processo*, São Paulo, v. 231, maio 2014.

_____. Comentários aos arts. 976 a 987. In: CABRAL, Antonio do Passo; CRAMER, Ronaldo. *Comentários ao novo Código de Processo Civil*. Rio de Janeiro: Forense, 2015.

_____. *Nulidades no processo moderno*. Rio de Janeiro: Forense, 2010.

_____. O novo procedimento-modelo (*Musterverfahren*) alemão: uma alternativa às ações coletivas. *Revista de Processo*, São Paulo, v. 147, 2007.

CÂMARA, Alexandre Freitas. *O novo processo civil brasileiro*. São Paulo: Atlas, 2015.

CAMARGO, Luiz Henrique Volpe. O incidente de resolução de demandas repetitivas no projeto de novo CPC: a comparação entre a versão do Senado Federal e a da Câmara dos Deputados. In: FREIRE, Alexandre et al. (Org.). *Novas tendências do processo civil*. Salvador: Juspodivm, 2014. v. III.

CAMBI, Eduardo; FOGAÇA, Mateus. Incidente de resolução de demandas repetitivas no novo Código de Processo Civil. *Revista de Processo*, São Paulo, v. 243, p. 333-362, maio 2015.

CARNEIRO, Paulo Cezar Pinheiro. Comentários ao art. 138. In: CABRAL, Antonio do Passo; CRAMER, Ronaldo. *Comentários ao novo Código de Processo Civil*. Rio de Janeiro: Forense, 2015.

CAVALCANTI, Marcos. *Incidente de resolução de demandas repetitivas e ações coletivas*. Salvador: Juspodivm, 2015.

CINTRA, Antonio Carlos de Araújo; GRINOVER, Ada Pellegrini; DINAMARCO, Cândido Rangel. *Teoria geral do processo*. 31. ed. São Paulo: Malheiros, 2015.

DIDIER JR., Fredie. *Recurso de terceiro*. 2. ed. São Paulo: Revista dos Tribunais, 2005.

_____; CUNHA, Leonardo Carneiro da. *Curso de direito processual civil*. 13. ed. Salvador: Juspodivm, 2016. v. 3.

KOEHLER, Frederico. O incidente de resolução de demandas repetitivas e os juizados especiais. *Revista de Processo*, São Paulo, v. 237, nov. 2014.

LIPIANI, Julia. Reconstrução do interesse recursal no sistema de força normativa do precedente. *Civil Procedure Review*, v. 5, n. 2, p. 45-72, maio/ago. 2014.

MARINONI, Luiz Guilherme. *Precedentes obrigatórios*. São Paulo: Revista dos Tribunais, 2011.

_____; ARENHART, Sérgio; MITIDIERO, Daniel. *Novo curso de processo civil*. São Paulo: Revista dos Tribunais, 2015. v. II.

MENDES, Aluisio Gonçalves de Castro; RODRIGUES, Roberto de Aragão Ribeiro. Reflexões sobre o incidente de resolução de demandas repetitivas previsto no projeto de novo código de processo civil. *Revista de Processo*, São Paulo, v. 211, set. 2012.

____; ROMANO NETO, Odilon. Análise da relação entre o novo incidente de resolução de demandas repetitivas e o microssistema dos juizados especiais. *Revista de Processo*, São Paulo, v. 245, p. 275-309, jul. 2015.

NEVES, Daniel Amorim Assumpção. *Novo CPC comentado*. Salvador: Juspodivm, 2016.

NUNES, Dierle. Comentários aos arts. 1.036 a 1.040. In: WAMBIER, Teresa Arruda Alvim et al. (Coord.). *Breves comentários ao novo Código de Processo Civil*. São Paulo: Revista dos Tribunais, 2015.

OLIVEIRA, Guilherme Peres de. Incidente de resolução de demandas repetitivas — uma proposta de interpretação de seu procedimento. In: FREIRE, Alexandre et al. (Org.). *Novas tendências do processo civil*. Salvador: Juspodivm, 2014. v. II.

PEIXOTO, Ravi. *Superação do precedente e segurança jurídica*. Salvador: Juspodivm, 2015.

TEMER, Sofia; MENDES, Aluisio Gonçalves de Castro. O incidente de resolução de demandas repetitivas do novo Código de Processo Civil. *Revista de Processo*, São Paulo, v. 243, p. 283-331, maio 2015.

TEMER, Sofia. *Incidente de resolução de demandas repetitivas*. Salvador: Juspodivm, 2016.

DA EXECUÇÃO

A efetivação do crédito e os cadastros de inadimplentes no novo Código de Processo Civil: breves notas[1]

ALUISIO GONÇALVES DE CASTRO MENDES
LARISSA CLARE POCHMANN DA SILVA

Introdução

O novo Código de Processo Civil, sancionado no dia 16 de março de 2015 e publicado no dia seguinte, com *vacatio* de um ano, traz, na execução, a possibilidade de inscrição do nome do executado no Cadastro de Inadimplentes, mediante requerimento do exequente, como uma forma de se conduzir o devedor a efetivar o direito ao crédito.

Os referidos cadastros não são uma novidade no ordenamento jurídico brasileiro, tendo surgido como uma prática comercial para facilitar o crédito e estimular as vendas, mas foram, agora, positivados em lei como uma medida de apoio a qualquer execução por quantia certa.

Nessa perspectiva, o presente trabalho inicia abordando as transformações na execução durante o Código de Processo Civil de 1973 e de 2015, para, em seguida, tratar da evolução dos cadastros de inadimplentes no ordenamento jurídico brasileiro. Após, passa a destacar como essa prática comercial veio a ser adotada na execução, ora defendida ou rechaçada por alguns tribunais, quando não possuía previsão legal para que ocorresse em paralelo a um processo judicial, e, por fim, com a previsão do novo Código, procura analisar quais os acertos e quais serão os desafios que poderão ser enfrentados, na prática forense, em comparação à prática dos tribunais, que hoje admitem a inscrição do nome do executado em cadastros de inadimplentes.

---

[1] O presente trabalho foi elaborado em abril de 2015 e revisado em outubro de 2015 e em junho de 2016.

1. Um panorama comparativo da execução à luz do Código de Processo Civil de 1973 e do Código de Processo Civil de 2015

Executar é satisfazer um direito que já se encontra definido, mas encontra-se à espera de sua realização. A diferença entre definir e realizar direitos fez com que parte considerável da doutrina já tivesse cogitado de que não seria jurisdicional a tutela da execução, porquanto nesta subsistem atos materiais, de coerção ou de sub-rogação, para a realização do direito definido em um título executivo, ao contrário dos atos intelectivos que marcam o processo de conhecimento.[2] Contudo, ao contrário de alguns países, como Portugal, em que há a repartição de competências entre o juiz da execução e o agente de execução (função esta atribuída a um profissional liberal — advogado ou solicitador —, escolhido pelo exequente, entre a lista dos agentes de execução acreditados e por ele livremente destituível), a execução no Brasil é um modelo estritamente jurisdicional.

No Brasil, integra a execução a realização de atos de apreensão, expropriação e pagamento para efetivá-la.[3] Ingressa-se no patrimônio do executado para a satisfação do direito do exequente, mas, considerando os valores constitucionalmente protegidos, necessário é o cotejo dos interesses em jogo, assegurando-se a satisfação do crédito do exequente com o menor sacrifício ao executado.[4]

Na exposição de motivos do Código de Processo Civil de 1973, Alfredo Buzaid esclarece que o direito luso-brasileiro conhece dois meios de realização da atividade executiva:[5] (1) por meio da *parata executio* para a sentença condenatória; e (2) por meio da ação executiva para títulos extrajudiciais. Seguindo, porém, a tendência dos Códigos de Processo Civil da Itália, da Alemanha, de Portugal e a Lei de Execução da Áustria da época de elaboração do Código de Processo Civil brasileiro de 1973, optou-se, no Brasil, por uma ação executiva para a execução em geral, reunindo um mesmo modelo para títulos executivos judiciais e extrajudiciais.

Porém, o Código tinha deixado um pouco a desejar na efetivação de direitos. Reformas setoriais no CPC já haviam sido realizadas sob a iniciativa da Escola Nacional da Magistratura, então orientada pelo ministro Sálvio de Figueiredo Teixeira, e pelo Instituto Brasileiro de Direito Processual, então presidido pela professora Ada Pellegrini Grinover, com a colaboração de ilustres processualistas. Algumas dessas reformas estabeleceram, por exemplo, o instituto da

---

[2] FUX, Luiz. *O novo processo de execução*: o cumprimento da sentença e a execução extrajudicial. Rio de Janeiro: Forense, 2008. p. 4.

[3] BARBOSA MOREIRA, José Carlos. *O novo processo civil brasileiro*. 29. ed. Rio de Janeiro: Forense, 2012. p. 203.

[4] ASSIS, Araken de. *Manual da execução*. 11. ed. São Paulo: Revista dos Tribunais, 2007. p. 90.

[5] Para um histórico da atividade executiva, remete-se a THEODORO JR. Humberto. *Curso de direito processual civil*. 44. ed. Rio de Janeiro: Forense, 2009. v. II, p. 4-9.

antecipação de tutela, a nova sistemática do agravo retido e de instrumento, a maior eficiência dada à consignação em pagamento, a introdução da ação monitória, entre outras importantes alterações no diploma legal.

A partir de 2001, foi elaborada uma comissão, coordenada pelos ministros do STJ Athos Gusmão Carneiro e Sálvio de Figueiredo Teixeira, e pelo procurador de justiça do Distrito Federal Petrônio Calmon Filho, para a reforma da execução. O objetivo da comissão de juristas foi propor uma fase executória dentro de um processo de conhecimento, diferenciando a atividade executiva nos títulos judiciais e extrajudiciais, a fim de criar mecanismos mais céleres para que o devedor pudesse receber aquilo que lhe é devido.

Em 2004, a proposta da comissão foi dividida em projetos de lei, um relativo apenas aos títulos judiciais e ao procedimento de execução desses títulos; e, o segundo, dizia respeito apenas aos títulos extrajudiciais. O primeiro, o PL 3.253/2004, relativo ao cumprimento de sentença, trazia em sua exposição de motivos que deveria ser combatido o tecnicismo da dualidade criada entre processo de conhecimento e processo de execução, devendo-se tratar como uma fase processual de conhecimento e uma fase processual de execução. Foi aprovado, sancionado e se transformou na Lei nº 11.232/2005.

Cumpriria, então, ao segundo projeto, baseado nas críticas formuladas em sede doutrinária e nas experiências jurisprudenciais, que foi sancionado exatamente um ano depois e transformado na Lei nº 11.382/2006, regular execução fundada em títulos extrajudiciais. Entre as suas inúmeras modificações, pode-se destacar, exemplificativamente, que a defesa do executado passou a ser independente de segurança do juízo; a possibilidade de o executado requerer, no prazo para embargos, o parcelamento; a previsão, como meio expropriatório preferencial, da adjudicação pelo próprio credor, por valor não inferior ao preço da avaliação; a possibilidade de alienação por iniciativa particular e a atualização das regras.

O novo sistema, preocupado com um cumprimento adequado das decisões judiciais, veio em busca de garantia de tutela jurisdicional efetiva,[6] como princípio fundamental do ordenamento, sem dilações indevidas.

A execução fiscal[7] e a execução em face da Fazenda Pública não foram alteradas, mantendo-se a sistemática, até que fosse objeto de uma legislação própria. Consolidou-se esse panorama para a execução à luz do Código de Processo Civil de 1973.

No dia 16 de março de 2015, após uma tramitação legislativa permeada de intensa oportunidade de participação, houve a sanção presidencial do novo Código de Processo Civil, com

---

[6] GRECO, Leonardo. O processo justo. *Novos Estudos Jurídicos*, Santa Catarina, a. 7, n. 14, p. 37-38, abr. 2002.

[7] GRECO, Leonardo. As garantias fundamentais do processo na execução fiscal. In: LOPES, João Batista; CUNHA, Leonardo José Carneiro da (Coord.). *Execução civil* (aspectos polêmicos). São Paulo: Dialética, 2005. p. 256-258.

vetos em sete dispositivos. O novo diploma foi publicado no dia seguinte, 17 de março de 2015, prevendo um lapso de um ano de *vacatio legis*.

O Código de Processo Civil de 2015 mantém a previsão de um processo de execução e de um processo sincrético, de acordo com a natureza do título executivo. Mantém, ainda, a modalidade de execução de acordo com a natureza do título — processo de execução ou cumprimento de sentença — mesmo em face da Fazenda Pública; coloca fim à discussão da Ação Direta de Constitucionalidade (ADC) nº 11, ao fixar prazo de 30 dias para que a Fazenda Pública oponha embargos, além de positivar a execução de título extrajudicial de alimentos, que, embora sem previsão no CPC/73, já era admitida na jurisprudência.[8]

Ademais, sem reproduzir a denominação de impenhorabilidade absoluta e relativa, o novo Código possibilita, por exemplo, a penhora de salários e outras verbas alimentares que excedam a 50 salários mínimos mensais (art. 833, §2º), previsão que já havia sido aprovada pelo Congresso Nacional em 2006, no texto da Lei nº 11.382 de 6 de dezembro de 2006, mas foi vetada pelo então presidente da República.[9]

Ainda, a penhora sobre o faturamento recebeu regulamentação detalhada no art. 866, que discorre melhor sobre o procedimento a ser adotado para se aferir o valor do faturamento, de forma a também não inviabilizar as atividades da empresa. O novo diploma determina que o juiz fixe percentual que propicie a satisfação do crédito exequendo em tempo razoável, mas que não torne inviável o exercício da atividade empresarial e será determinada a nomeação de administrador-depositário, o qual submeterá à aprovação judicial a forma de sua atuação e prestará contas mensalmente, entregando em juízo as quantias recebidas, com os respectivos balancetes mensais, a fim de serem imputadas no pagamento da dívida.

Por fim, merece destaque que, ao tratar da execução, mais precisamente sobre a competência na execução, o artigo 782, §3º a §5º, dispõe que, a requerimento da parte, o juiz pode determinar a inclusão do nome do executado em cadastros de inadimplentes, inscrição que será cancelada imediatamente se efetuado o pagamento, garantido o juízo da execução ou se a execução for extinta por qualquer motivo. Essa previsão, que se revelará mais uma medida de apoio à execução, para a satisfação do crédito, passa a ser analisada no item seguinte do presente trabalho.

---

[8] STJ. REsp 201000853917. Rel. min. João Otávio Noronha. Terceira Turma. *DJ*, 25/8/2014 e STJ. Eresp 201001707051. Rel. min. Sidnei Beneti. Segunda Seção. *DJ*, 28/11/2011.

[9] MENDES, Aluisio Gonçalves de Castro; ÁVILA, Henrique. Algumas das principais alterações do novo Código de Processo Civil. *Consultor Jurídico*, São Paulo, p. 1, jan. 2015.

2. Os cadastros de proteção ao crédito

No Brasil, os arquivos de proteção ao crédito são recentes, mas evoluíram rapidamente. Nas décadas de 1950 e de 1960 não era simples o parcelamento de produtos e serviços de consumo: cada empresa tinha sua própria estrutura de organização e de viabilização do crédito para o consumidor, o que acabava por se revelar um procedimento oneroso e burocrático.[10] Esses cadastros, de conhecimento público, continham informações sobre a idoneidade pessoal e financeira dos clientes, as quais eram divulgadas aos comerciantes interessados em checar o histórico do cliente.

A primeira iniciativa de reunir esse cadastro aconteceu em Porto Alegre nos anos de 1950, quando 27 empresários da cidade fundaram o Serviço de Proteção ao Crédito (SPC). Logo em seguida, São Paulo criou o segundo Serviço de Proteção ao Crédito no país e, em 1962, foi realizado o primeiro seminário nacional sobre o Serviço de Proteção ao Crédito.[11]

Ao longo dos anos, com a facilitação do crédito no mercado[12] e a preocupação de disponibilizar informações que permitissem uma melhor análise dos riscos na concessão de crédito, houve a ampliação dos serviços de proteção ao crédito pelo país, que acabaram, ainda, por se tornarem eletrônicos, como forma de facilitar a consulta e a aprovação do crédito.

Essa difusão do mecanismo, porém, foi responsável pela proliferação de abusos das instituições, com a banalização da divulgação das informações constantes dos cadastros. Era imperiosa, portanto, sua regulamentação. Atendendo a esse anseio, o Código de Defesa do Consumidor procurou, então, regular a coleta, o arquivamento e o fornecimento de informações sobre o consumidor, de forma a inibir condutas abusivas,[13] assegurando o devido processo, a privacidade, a honra e as garantias estampadas no preâmbulo da Carta Constitucional.

Todavia, a legislação estabeleceu uma distinção entre os bancos de dados e os cadastros de consumidores. Essa distinção é feita em razão da forma como as informações são coletadas, armazenadas, disponibilizadas e compartilhadas:[14] enquanto os cadastros de consumo visam à formação de dados para uma finalidade, em geral para formar cadastro da própria empresa, os bancos de dados possuem elementos mais completos, são alimentados pelos próprios fornecedores de bens, pelos prestadores de serviços e, também, por terceiros, para que a informação

---

[10] GRINOVER, Ada Pellegrini Grinover et al. *Código brasileiro de defesa do consumidor*: comentado pelos autores do anteprojeto. 9. ed. Rio de Janeiro: Forense Universitária, 2004. p. 412.

[11] Ibid., p. 27.

[12] LOPES, Jose Reinaldo de Lima. Prefácio. In: MARQUES, Claudia Lima; CAVALLAZZI, Rosangela Lunardelli. *Direitos do consumidor endividado*: superendividamento e crédito. São Paulo: Revista dos Tribunais, 2006. v. 29, p. 6.

[13] ALMEIDA, João Batista de. *A proteção jurídica do consumidor*. São Paulo: Saraiva, 1993. p. 96.

[14] EFING, Antonio Carlos. *Banco de dados e cadastro de consumidores*. São Paulo: Revista dos Tribunais, 2002. v. 8, p. 35-36.

se destine ao mercado de consumo. Os principais bancos de dados no Brasil são os Serviços de Proteção ao Crédito (SPCs) e a Serasa.[15]

Os arquivos de consumo possuem caráter público, submetendo-se a um controle amplo e rígido, mediante a possibilidade de figurarem no polo passivo de mandado de segurança, *habeas data* e outras tutelas previstas, no que tange às informações dos consumidores, independentemente da entidade que o administra, de forma a evitar que se disseminem informações de maneira descontrolada, como registros falsos, enganosos ou ilegítimos, mas os dados somente poderão ser utilizados para apoio ao crédito, que serve de base para a sua coleta e gerenciamento.

Nessa perspectiva, as informações só poderão ser concedidas, de forma gratuita,[16] ao próprio consumidor ou a quem ele autorizar, e acessadas pela empresa associada somente à finalidade de avaliar o risco de eventual inadimplência na concessão de crédito ao consumidor, sendo vedado repassá-las a terceiros não autorizados ou utilizá-las para fim diverso da análise creditícia. Destaque-se, por fim, que as informações negativas, nos termos do artigo 43, $\S1^{\circ}$, do Código de Defesa do Consumidor, não podem ser armazenadas por um período superior a cinco anos, mas, nos termos do artigo 43, $\S5^{\circ}$, do CDC, a anotação poderá ser descadastrada antes, se houver a prescrição do prazo da ação de cobrança e, ainda, no caso de devedor cambiário, sua inscrição não se dará por até cinco anos, mas pelo prazo de prescrição do título.

Atualmente, compreendidos como "entidades que têm por principal objetivo a coleta, o armazenamento e a transferência a terceiros (credor potencial) de informações pessoais dos pretendentes à obtenção de crédito",[17] há diversas organizações operando como bancos de dados de consumo, tanto em caráter nacional como regional, e duas de maior destaque são o Serviço de Proteção ao Crédito (SPC), ligado à Confederação Nacional dos Dirigentes Lojistas (CNDL), e a Centralização de Serviços dos Bancos S.A. (Serasa).

3. A efetivação do crédito durante a execução e os cadastros de proteção ao crédito, durante a vigência do CPC/73

No Capítulo III, que aborda a competência para o processo de execução, o novo Código de Processo Civil prevê, no artigo 782, $\S3^{\circ}$, que, a requerimento da parte, o juiz pode determinar a inclusão

---

[15] Ada Pellegrini Grinover et al., *Código brasileiro de defesa do consumidor*, op. cit., p. 432.

[16] A gratuidade está prevista no artigo 13 do Decreto nº 2.181/1997, ao dispor que: "Serão consideradas, ainda, práticas infrativas, na forma dos dispositivos da Lei n. 8.078, de 1990: [...] X. impedir ou dificultar o acesso gratuito do consumidor as informações existentes em cadastros, fichas, registros de dados pessoais e de consumo, arquivados sobre ele, bem como sobre as respectivas fontes".

[17] BESSA, Leonardo Roscoe. *O consumidor e os limites dos bancos de dados de proteção ao crédito*. São Paulo: Revista dos Tribunais, 2002. v. 25, p. 39.

do nome do executado em cadastros de inadimplentes, e, nos termos do parágrafo seguinte, a inscrição será cancelada imediatamente se for efetuado o pagamento, se for garantida a execução ou se a execução for extinta. Essa previsão, embora incutida no âmbito do processo de execução, para o título executivo extrajudicial, também será aplicada aos títulos judiciais, por força da previsão do artigo 782, §5º. O novo diploma positiva, portanto, a utilização de cadastros privados de proteção ao crédito como uma medida coercitiva para o cumprimento da obrigação de quantia certa.

Entretanto, essa possibilidade já vinha sendo, mesmo sem previsão legal e com alguma divergência, considerada antes, tanto em âmbito administrativo como judicial.

A Fazenda Pública Federal estabeleceu, desde o ano de 2002, por meio da Lei nº 10.522, a regulamentação do Cadastro Informativo de créditos não quitados do setor público federal (Cadin), um banco de dados onde são registrados os nomes dos contribuintes responsáveis por débitos perante órgãos públicos federais. São registradas, no Cadin, dívidas inscritas, sem garantia integral ou exigibilidade suspensa. A inclusão ocorre 75 dias após a notificação do devedor sobre o possível registro, e a suspensão ou exclusão do nome do devedor do cadastro ocorre até cinco dias úteis após a comprovação da regularização da situação que deu causa à inclusão do registro no Cadin.[18]

O procedimento de inscrição no Cadin foi posteriormente regulamentado pela Portaria PGFN nº 810, de 13 de maio de 2009, que, em seu artigo 2º, fixou ser vedada a inclusão de débitos inferiores a R$ 1.000,00, devendo os inscritos anteriormente à portaria serem excluídos, mas essa restrição não se aplica se R$ 1.000,00 for apenas o valor restante da dívida, decorrente de seu pagamento parcial.

Merecem destaque, ainda, os artigos 3º, 4º, 5º, 6º e 7º da Portaria. O artigo 3º dispôs sobre o procedimento para a inclusão no Cadin: o devedor e o corresponsável, desde que constem na Certidão de Dívida Ativa, deverão ser previamente comunicados, pela unidade local da Procuradoria da Fazenda Nacional, por via postal, no endereço constante de seu cadastro junto à Secretaria da Receita Federal do Brasil, com presunção de recebimento no prazo 15 dias após a data de sua expedição, inscrevendo-se o crédito 75 dias após a comunicação ao devedor ou corresponsável acerca da existência de dívida passível de inscrição naquele cadastro, com todas as informações pertinentes ao débito.

O artigo 4º tratou da suspensão da inscrição; o artigo 5º, da reativação da inscrição no cadastro; o artigo 6º, da publicidade das informações às pessoas físicas e jurídicas incluídas no Cadin, ou qualquer outro órgão ou entidade integrante do Cadin; e o artigo 7º, da exclusão do registro, que deverá ocorrer no prazo de cinco dias úteis, contados da comprovação da regularização do débito, pela unidade da PGFN responsável pelo registro.

---

[18] Informação disponível em: <www.pgfn.fazenda.gov.br/divida-ativa-da-uniao/todos-os-servicos/informaco-es-e-servicos-para-pessoa-fisica/cadin/o-que-e>. Acesso em: 17 abr. 2015.

Apesar de uma estrutura administrativa para inscrição do nome do devedor no cadastro de inadimplentes, o tema da possibilidade de inscrição do crédito decorrente de dívidas tributárias foi reconhecido pelo Superior Tribunal de Justiça no precedente RMS 31.859/GO, de relatoria do ministro Herman Benjamin, Segunda Turma, *DJe*, 1/7/2010, em que se fixou a tese de que: "É possível a inclusão de débitos de natureza tributária inscritos em dívida ativa nos cadastros de proteção ao crédito, independentemente de sua cobrança mediante Execução Fiscal", tendo-se, a partir daí, inúmeros julgados reproduzido esse entendimento.

Em relação a dívidas decorrentes de pensão alimentícia, durante muito tempo alguns tribunais de justiça admitiram[19] a inscrição em caso de dívida de pensão alimentícia, enquanto outros a rechaçaram.[20] A admissibilidade de tal inscrição era baseada no fundamento de que a inscrição no cadastro de inadimplentes seria medida coercitiva menos gravosa do que a prisão civil para o cumprimento da obrigação alimentícia. Por outro lado, sua inadmissão era fundamentada na ausência de amparo legal para ordenar o cumprimento da medida às entidades protetoras de crédito, já que são entidades privadas, que prestam o serviço mediante remuneração.

A questão de inscrição do nome do devedor em cadastro de inadimplentes em virtude de débito decorrente de pensão alimentícia foi notícia no endereço eletrônico do Superior Tribunal de Justiça em 17 de novembro de 2015, por meio do julgamento, pela Quarta Turma, do REsp 1.184.660/MG, de relatoria do ministro Luis Felipe Salomão. O Superior Tribunal de Justiça admitiu a inscrição do nome do devedor de alimentos definitivos no cadastro de inadimplentes, fundamentado no caráter da urgência de que se reveste o crédito alimentar e em sua relevância social e que 65% dos créditos inscritos em cadastros de inadimplentes são recuperados em até três dias úteis.[21]

Não obstante o posicionamento do STJ em relação às dívidas tributárias e, mais recentemente, para dívidas decorrentes de alimentos definitivos, alguns Tribunais de Justiça já haviam, mesmo sem previsão no CPC/73, celebrado convênio entre seu distribuidor judicial e a Serasa, anotando-se o nome do executado de forma automática no cadastro de devedores, por força do ajuizamento da execução. Entre os tribunais que celebraram esse convênio, pode-se citar o TJ/

---

[19] A título de exemplo, TJRJ. Processo nº 0043346-45.2013.8.19.0000. Rel. des. Marco Antônio Ibrahim. Vigésima Câmara Cível. *DJe*: 18/2/2014 e TJSP. AI 5844783520108260000 SP. Rel. des. Caetano Lagrasta. Oitava Câmara de Direito Privado. DJ: 3/5/2011.

[20] A título de exemplo, TJSC. AG 20130067976 SC 2013.006797-6. Rel. des. Trindade dos Santos. Segunda Câmara de Direito Civil. DJ: 14/8/2013 e TJMG. AI 10433103209386001 MG. Rel. des. Edgard Penna Amorim. Oitava Câmara Cível. DJ: 15/7/2013.

[21] Notícia disponível em: <www.stj.jus.br/sites/STJ/default/pt_BR/noticias/noticias/Quarta-Turma-admite--inscri%C3%A7%C3%A3o-de-devedor-de-alimentos-em-cadastro-de-inadimplentes>. Acesso em: 18 nov. 2015.

DF, o TJ/SP, o TJ/MS e o TJ/MA. O cancelamento da inscrição, nesses casos, ocorre ao término da execução, independentemente de requerimento do exequente.[22]

Havia, ainda, casos em que, mesmo sem a celebração de convênios, houve uma postura intermediária, de tolerância, no sentido de que, mesmo sem a previsão legal, o exequente iniciasse a execução e, paralelamente, inscrevesse o executado em cadastro de inadimplente, como ocorreu no TJRJ, mediante o Provimento nº 06/2002.

Esses convênios entre tribunais e serviços de proteção ao crédito foram objeto de análise pelo Superior Tribunal de Justiça. No julgamento do REsp n. 1.061.530/RS,[23] fixou-se o entendimento de que, desde a distribuição da demanda, os débitos poderiam ser inscritos em cadastros de inadimplentes, mas deveriam seguir a sorte do que fosse definido pelo julgador em relação à mora. Foram consignadas, ainda, hipóteses cumulativas para a abstenção de inscrição/manutenção do nome no cadastro, definidas como nos casos em que: (a) a ação for fundada em questionamento integral ou parcial do débito; (b) houver demonstração de que a cobrança indevida se funda na aparência do bom direito e em jurisprudência consolidada do STF ou STJ; (c) houver depósito da parcela incontroversa ou for prestada a caução fixada conforme o prudente arbítrio do juiz.

No julgamento do REsp nº 1.148.179/MG,[24] em uma análise pormenorizada da questão, reiterou-se que esses cadastros, de natureza pública, mas mantidos por entidades privadas, poderiam ser alimentados por meio de convênio firmado com o Poder Judiciário de cada estado da federação, já que os dados sobre processos existentes nos distribuidores forenses são públicos, inclusive passíveis de obtenção de certidão. Se os dados fossem verdadeiros, eles não poderiam ser omitidos dos cadastros mantidos pelos órgãos de proteção ao crédito, porquanto essa supressão equivaleria à eliminação da notícia da distribuição dos referidos processos. Já se os dados não refletissem a realidade ou contivessem informações equivocadas, seria possível sua correção ou sua exclusão.

Destaque-se que, embora não tenha constado expressamente no REsp nº 1.148.179/MG, ao referir-se ao precedente julgado em 2009, restava mantido, portanto, o reconhecimento do entendimento fixado no REsp nº 1.061.530/RS, sobre a possibilidade de inscrição do nome do devedor no cadastro de inadimplente desde o ajuizamento da ação, mas sua manutenção ou não dependeria da análise do julgador em relação à mora.

---

[22] TJ/DF. AGI 703033, 20130020143172. Rel. des. João Egmont. 5ª Turma Cível. Data de Julgamento: 14/8/2013; TJ/DF. AC 20120111944479/DF. Rel. des. Waldir Leôncio Lopes Júnior, Segunda Turma. DJ: 19/3/2014; TJ/SP. APL 7310110700/SP. Rel. des. Luiz Sabbato. Décima Terceira Câmara de Direito Privado. DJ: 10/12/2008; TJ/MS. AC 5765 MS 2005.005765-7. Rel. des. Elpídio Helvécio Chaves Martins. Quarta Turma Cível. DJ: 21/11/2006.

[23] STJ. REsp 1.061.530. Terceira Turma. Rel. min. Nancy Andrighi. DJ: 10/3/2009.

[24] STJ. REsp 1148179/MG. Terceira Turma. Rel. min. Nancy Andrighi. DJ: 5/3/2013.

Para a inscrição decorrente de dados públicos, como os de cartórios de protesto de títulos ou de distribuição de processos judiciais, o referido julgamento de 2013, inclusive, não exigiu a prévia comunicação ao consumidor, em alusão a outros julgamentos do tribunal no mesmo sentido.[25]

Por outro lado, na área trabalhista o panorama era diverso. O TRT da 15ª Região (SP — Campinas) chegou a celebrar o mesmo acordo com a Serasa, mas cancelou nove meses depois, enquanto o Tribunal Regional do Trabalho de Goiás (18ª Região) consultou o Tribunal Superior do Trabalho sobre uma possível celebração de acordo entre o TRT-GO e a Serasa, mas o ministro do TST Antônio José de Barros Levenhagen, então corregedor, não recomendou a assinatura do acordo, por haver controvérsia doutrinária e jurisprudencial sobre o tema,[26] explicitando que, "embora a execução se processe, precipuamente, em benefício do credor, nos termos do artigo 612 do CPC, não é dado ao juiz enveredar por modalidades de constrição alternativas, ainda que lhe possam parecer mais prodigiosas para a efetividade da execução".[27] O protesto, na resposta à consulta do ministro, deveria ocorrer apenas a partir da celebração de convênio e esse poderia significar antecipar a execução, sem que houvesse previsão legal. Ordenar a inclusão do devedor inadimplente no banco de dados da Serasa, por implicar a inobservância do princípio da indelegabilidade da função jurisdicional, seria negar a natureza real ou patrimonial da execução.

4. A previsão, contida no novo Código de Processo Civil, de inclusão nos cadastros de proteção ao crédito como medida coercitiva para o fortalecimento da execução

O novo Código de Processo Civil consagra a relevância dos cadastros de inadimplentes, procurando pacificar a discussão sobre a admissibilidade ou não de inscrição do nome do devedor nesses cadastros, já que prevê expressamente, no artigo 782, §3º a §5º, a possibilidade de o exequente requerer, ao Poder Judiciário, a inscrição do executado em cadastro de inadimplente.

---

[25] No mesmo sentido: STJ. Rcl 6.173/SP, rel. ministro Raul Araújo, Segunda Seção, *DJe*: 15.3.2012; STJ. AgRg nos EDcl no REsp 1204418/RS. Rel. min. Nancy Andrighi. Terceira Turma. DJ: 20/3/2012; STJ. EDcl no REsp 1.080.009/DF. Rel. ministro Luis Felipe Salomão. Quarta Turma. *DJe*: 3/11/2010; STJ.AgRg no REsp 1199459/SP. Rel. min. Sidnei Beneti. 3ª Turma. *Dje*, 28/9/2010 e STJ. AgRg no Ag 1036057/SP. Rel. min. Aldir Passarinho Junior. 4ª Turma. *DJe*, 23/3/2009.

[26] Disponível em: <www.conjur.com.br/2013-ago-08/acordos-tribunais-serasa-sao-frequentemente-contestados-justica>. Acesso em: 16 abr. 2015.

[27] Consulta respondida pelo Ofício nº 80/2011 e disponível em: <www.tst.jus.br/documents/10157/59844/Oficio+80-2011-convenios+com+cart%C3%B3rios+e+Serasa.pdf>. Acesso em: 15 abr. 2015.

Será mais uma medida de apoio à execução, na busca da tutela jurisdicional efetiva, sem dilações indevidas, utilizando-se de meios idôneos para a satisfação do crédito.

Destaque-se, por oportuno, que a positivação do cadastro, tanto para títulos judiciais como para títulos extrajudiciais, vem, ainda, corroborar a previsão do artigo 139, inciso IV, do novo diploma, que dispõe como uma das funções do juiz a determinação de medidas indutivas, coercitivas, mandamentais ou sub-rogatórias necessárias para assegurar o cumprimento de ordem judicial, inclusive nas ações que tenham por objeto prestação pecuniária, valendo-se a nova legislação de mais um instrumento para a busca da satisfação do crédito.

Parece um acerto, ainda, ter previsto a inclusão do nome no cadastro de inadimplente mediante requerimento da parte, sem que seja feito automaticamente quando da distribuição de uma demanda, como tem ocorrido nos tribunais que formalizaram convênio com o cadastro de proteção ao crédito. Isso porque, logo após a distribuição de uma nova demanda, o processo pode não obter um desfecho único, seja em razão do cancelamento da distribuição em virtude da não complementação das custas; pelo indeferimento da petição inicial; ou pelo reconhecimento da prescrição ou da decadência, entre outros desdobramentos possíveis. Nessas situações, se a inscrição ocorresse automaticamente, a partir da distribuição, o executado ficaria, mesmo que por um período curto, com o nome inscrito em um cadastro de proteção ao crédito. Adotar a necessidade de requerimento da parte permitirá ao julgador analisar se a medida é ou não a mais adequada, de forma que a execução seja feita observando-se a forma menos gravosa ao executado.

Destaque-se, ainda, que a previsão da necessidade de requerimento da medida vem com nítido propósito de publicização do debate processual entre os sujeitos do processo,[28] de forma que a determinação deixa de ser um ato isolado formado apenas pelo exequente, quando do início da atividade executiva, submetendo-se ao crivo do juiz e de eventual contraditório, bem como ensejando a responsabilidade do requerente. Por outro lado, o executado terá a oportunidade de demonstrar a presença de situações que indicariam a impossibilidade de manutenção/inscrição do seu nome no Cadastro de Inadimplentes, hipóteses como as que antes foram elencadas no REsp nº 1.061.530, agora positivadas pelo novo Código: (a) se for efetuado o pagamento; (b) se for garantida a execução; ou (c) se a execução for extinta por qualquer outro motivo.

Por fim, cabe, ainda, considerar que, segundo o entendimento firmado pela jurisprudência do Superior Tribunal de Justiça durante a vigência do Código de Processo Civil de 1973, ainda que sem previsão expressa no novo diploma, efetivamente paga a dívida, o credor teria o prazo de cinco dias para requerer a exclusão do nome do devedor do Cadastro de Inadimplentes.[29]

---

[28] THEODORO JÚNIOR, Humberto et al. *Novo CPC*: fundamentos e sistematização. Rio de Janeiro: Forense, 2015. p. 91.

[29] STJ. REsp 1.149.998-RS, rel. min. Nancy Andrighi. Terceira Turma. DJ: 7/8/2012.

REFERÊNCIAS

ALMEIDA, João Batista de. *A proteção jurídica do consumidor*. São Paulo: Saraiva, 1993.

ASSIS, Araken de. *Manual da execução*. 11. ed. São Paulo: Revista dos Tribunais, 2007.

BARBOSA MOREIRA, José Carlos. *O novo processo civil brasileiro*. 29. ed. Rio de Janeiro: Forense, 2012.

BESSA, Leonardo Roscoe. *O consumidor e os limites dos bancos de dados de proteção ao crédito*. São Paulo: Revista dos Tribunais, 2002. v. 25.

EFING, Antonio Carlos. *Banco de dados e cadastro de consumidores*. São Paulo: Revista dos Tribunais, 2002. v. 18.

FUX, Luiz. *O novo processo de execução*: o cumprimento da sentença e a execução extrajudicial. Rio de Janeiro: Forense, 2008.

GRECO, Leonardo. O processo justo. *Novos Estudos Jurídicos*, Santa Catarina, a. 7, n. 14, p. 9-68, abr. 2002.

_____. As garantias fundamentais do processo na execução fiscal. In: LOPES, João Batista; CUNHA, Leonardo José Carneiro da (Coord.). *Execução civil* (aspectos polêmicos). São Paulo: Dialética, 2005. p. 249-266.

GRINOVER, Ada Pellegrini Grinover et al. *Código brasileiro de defesa do consumidor*: comentado pelos autores do anteprojeto. 9. ed. Rio de Janeiro: Forense Universitária, 2004.

MARQUES, Claudia Lima; CAVALLAZZI, Rosangela Lunardelli. *Direitos do consumidor endividado*: superendividamento e crédito. São Paulo: Revista dos Tribunais, 2006. v. 29.

MENDES, Aluisio Gonçalves de Castro; ÁVILA, Henrique. Algumas das principais alterações do novo Código de Processo Civil. *Consultor Jurídico*, São Paulo, p. 1, jan. 2015.

_____; ____; SILVA, Larissa Clare Pochmann da. Algumas inovações do novo Código de Processo Civil. Artigo no prelo.

_____; WAMBIER, Teresa Arruda Alvim. *O processo em perspectiva*: jornadas brasileiras de direito processual. São Paulo: Revista dos Tribunais, 2013.

COSTA E SILVA, Paula. A experiência do sistema português em termos de execução. In: MENDES, Aluisio Gonçalves de Castro; WAMBIER, Teresa Arruda Alvim. *O processo em perspectiva*: jornadas brasileiras de direito processual. São Paulo: Revista dos Tribunais, 2013. p. 321-336.

THEODORO JR, Humberto. *Curso de direito processual civil*. 44. ed. Rio de Janeiro: Forense, 2009. v. II.

_____ et al. *Novo CPC*: fundamentos e sistematização. Rio de Janeiro: Forense, 2015.

O CPC E A LEGISLAÇÃO EXTRAVAGANTE

O novo marco legal da arbitragem no direito brasileiro: anatomia do instituto no Código de Processo Civil de 2015 e as inovações trazidas pela Lei nº 13.129/2015

HUMBERTO DALLA BERNARDINA DE PINHO

1. Considerações iniciais

No presente trabalho buscaremos analisar, de forma objetiva, as modificações trazidas pela nova lei processual na dinâmica da arbitragem, enquanto meio adequado para a solução de conflitos.

Inicialmente, faremos breve incursão no instituto, para, ao final, examinar as inovações dispostas no novo Código de Processo Civil (NCPC), bem como os impactos das modificações introduzidas pela Lei nº 13.129/2015.

Carlos Alberto Carmona, em sua tese de doutorado, leciona que "a arbitragem era já conhecida e praticada na antiguidade, tanto para a solução de controvérsia no âmbito do direito interno como também para a solução de controvérsia entre cidades-estado da Babilônia, cerca de 3.000 anos antes de Cristo".[1]

No Brasil, apesar de suas antigas previsões,[2] a edição da Lei nº 9.307, de 1996, veio como um marco determinante, regulamentando e difundindo a matéria, que atualmente encontra-se em verdadeira ascensão no país.

---

[1] CARMONA, Carlos Alberto. *A arbitragem no Código de Processo Civil brasileiro*. Tese (doutorado) — Universidade de São Paulo, São Paulo, 1990. p. 33.

[2] Para aprofundamento do tema, MACIEL, Marco. Pronunciamento em comemoração aos 10 anos da Lei 9.307/96. *Revista de Arbitragem e Mediação*, São Paulo, a. III, n. 9, abr./jun. 2006.

Pesquisa recente mostra que a arbitragem cresceu 47% entre os anos de 2010 e 2013,[3] envolvendo, a maior parte dos conflitos, matéria societária.

2. Escorço histórico

A consolidação da arbitragem no Brasil se deu, especialmente, pelo prestígio dado pelos nossos Tribunais na utilização desse instituto, conferindo eficácia às sentenças e às convenções arbitrais.[4]

A íntima relação mantida entre o instituto e o Poder Judiciário se confirma pelo fato de que coube ao ministro Luis Felipe Salomão, do STJ, a presidência da comissão de juristas responsáveis pela elaboração da lei de alteração à Lei de Arbitragem.

Desde o início deixando bem claro que não se tratava de uma nova lei, mas tão somente de atualizações pontuais, em 2013 foi apresentado o Projeto de Lei do Senado nº 406.[5]

Após rápida tramitação, o texto foi aprovado e remetido à Câmara dos Deputados, onde foi autuado como P.L. 7.108/14, sendo a redação final votada e aprovada em março de 2015.

Em 5 de maio de 2015, o Senado rejeitou a emenda da Câmara dos Deputados (ECD 1/2015) ao projeto da Lei, e restabeleceu o texto original, que foi aprovado, com alguns vetos, pelo presidente em exercício Michel Temer, em 26 de maio de 2015 (Lei nº 13.129/2015).

No texto, é possível perceber a preocupação em preservar o sistema instituído pela Lei nº 9.307/1996 e viabilizar a necessária atualização, a fim de compatibilizar o instituto da arbitragem com o texto do CPC e com a jurisprudência dominante nos Tribunais Superiores.

A alteração previu, ainda, o uso da arbitragem nas relações com a administração pública (art. 1º, §1º), a carta arbitral (art. 22-C), a fim de facilitar a comunicação entre árbitros e juízes togados,

---

[3] A pesquisa Arbitragem em Números e Valores de 2010 a 2013, da advogada Selma Lemes, tomou por base dados de seis câmaras de arbitragem: Centro de Arbitragem da AMCHAM — Brasil; Centro de Arbitragem da Câmara de Comércio Brasil-Canadá; Câmara de Mediação, Conciliação e Arbitragem de São Paulo — Ciesp/Fiesp; Câmara de Arbitragem do Mercado; Câmara de Arbitragem da Fundação Getulio Vargas e Câmara de Arbitragem Empresarial Brasil (<www.conjur.com.br/2014-abr-10/casos-arbitragem-brasil-crescem-47-quatro-anos-aponta-pesquisa>).

[4] Sobre o tema, vale destaque ao julgamento do Pedido de Homologação de Sentença Estrangeira (SE) nº 5.206, no qual, após suscitar a inconstitucionalidade de alguns artigos da Lei de Arbitragem, o STF, por maioria de votos, decidiu pela constitucionalidade da Lei (STF, SE-AgR 5206/EP — Espanha, Tribunal Pleno, julgado em 12.12.2001).

[5] **Ementa**: Altera a Lei nº 9.307, de 23 de setembro de 1996, e a Lei nº 6.404, de 15 de dezembro de 1976, para ampliar o âmbito de aplicação da arbitragem e dispor sobre a escolha dos árbitros quando as partes recorrem a órgão arbitral, a interrupção da prescrição pela instituição da arbitragem, a concessão de tutelas cautelares e de urgência nos casos de arbitragem, a carta arbitral, a sentença arbitral e o incentivo ao estudo do instituto da arbitragem; e revoga dispositivos da Lei nº 9.307, de 23 de setembro de 1996 (<www.camara.gov.br/proposicoesWeb/fichadetramitacao?idProposicao=606030>).

trazendo, também, uma solução bem razoável para fixação de competência de árbitros e magistrados quando a arbitragem já foi pactuada, mas ainda não instituída (art. 22-A e B), a fim de solucionar eventuais conflitos de competência quanto ao deferimento ou não de medidas de urgência.

Finalmente, regulamenta o direito de retirada do acionista dissidente que não concordar com a inserção da convenção de arbitragem no estatuto social das companhias regidas pela Lei nº 6.404/1976, inserindo nesse Diploma o art. 136-A.

Não obstante as louváveis inovações legislativas, as alterações, em especial após os vetos presidenciais, foram tímidas.

A supressão do texto que autorizava a utilização da arbitragem nos contratos consumeristas[6] (art. 4º, §3º), e nas relações trabalhistas[7] (art. 4º, §4º), o qual já era bastante comedido, pode ser considerada um verdadeiro retrocesso.[8]

A justificativa presidencial para os vetos, ademais, carece de fundamentos mais contundentes,[9] e, aparentemente, atende a pautas corporativas.

Foi também nesse contexto legislativo que foi publicada, em 17 de março de 2015, a Lei nº 13.105 — novo Código de Processo Civil (NCPC), que deve observar prazo de um ano até que entre em vigor.[10]

O NCPC prestigiou, de maneira inovadora, as conciliações e mediações judiciais, além de valorizar claramente o instituto da arbitragem, demonstrando uma verdadeira modificação de paradigma em relação a essas questões.[11]

---

[6] "Art. 4º [...] §2º Nos contratos de adesão, a cláusula compromissória só terá eficácia se for redigida em negrito ou em documento apartado. §3º Na relação de consumo estabelecida por meio de contrato de adesão, a cláusula compromissória só terá eficácia se o aderente tomar a iniciativa de instituir a arbitragem ou concordar expressamente com a sua instituição".

[7] "§4º Desde que o empregado ocupe ou venha a ocupar cargo ou função de administrador ou diretor estatutário, nos contratos individuais de trabalho poderá ser pactuada cláusula compromissória, que só terá eficácia se o empregado tomar a iniciativa de instituir a arbitragem ou se concordar expressamente com a sua instituição." (NR)

[8] Nesse sentido, veja-se o texto publicado no *Consultor Jurídico*, logo após a sanção, em 1º de junho de 2015: <www.conjur.com.br/2015-jun-01/vetos-presidenciais-lei-arbitragem-desqualificam-justeza-metodo>.

[9] "Razões dos vetos: 'Da forma prevista, os dispositivos alterariam as regras para arbitragem em contrato de adesão. Com isso, autorizariam, de forma ampla, a arbitragem nas relações de consumo, sem deixar claro que a manifestação de vontade do consumidor deva se dar também no momento posterior ao surgimento de eventual controvérsia e não apenas no momento inicial da assinatura do contrato. Em decorrência das garantias próprias do direito do consumidor, tal ampliação do espaço da arbitragem, sem os devidos recortes, poderia significar um retrocesso e ofensa ao princípio norteador de proteção do consumidor.' e 'O dispositivo autorizaria a previsão de cláusula de compromisso em contrato individual de trabalho. Para tal, realizaria, ainda, restrições de sua eficácia nas relações envolvendo determinados empregados, a depender de sua ocupação. Dessa forma, acabaria por realizar uma distinção indesejada entre empregados, além de recorrer a termo não definido tecnicamente na legislação trabalhista. Com isso, colocaria em risco a generalidade de trabalhadores que poderiam se ver submetidos ao processo arbitral.'"

[10] Art. 1.045. Este Código entra em vigor após decorrido 1 (um) ano da data de sua publicação oficial.

[11] Em sua Exposição de Motivos, destaca que "Pretendeu-se converter o processo em instrumento incluído no contexto social em que produzirá efeito o seu resultado. Deu-se ênfase à possibilidade de as partes porem fim

3. Arbitragem no CPC/2015: anatomia do instituto

O novo CPC traz diversos dispositivos relativos à arbitragem; alguns deles são mera repetição de regras já existentes no CPC/73, com algum aperfeiçoamento na redação. Outros trazem inovações já em sintonia com a Lei nº 13.129/2015.

De um modo ou de outro, o NCPC vem como forma de aprimorar antigos pontos sensíveis, tais como a efetivação do efeito vinculante da convenção de arbitragem, a análise das medidas urgentes pré-arbitrais, a efetivação de medidas urgentes e constritivas, a ação de anulação da sentença arbitral, o cumprimento e a homologação da sentença arbitral.

Iniciamos pelo art. 3º, §1º, do NCPC.

O dispositivo, no *caput*, faz alusão à norma constitucional contida no art. 5º, inciso XXXV, e no §1º permite a utilização da arbitragem. Com isso fica positivado entendimento já manifestado pelo STF nos autos da SE 5206 (precedente anteriormente referido) e reproduzido pelo STJ em várias oportunidades.

Ademais, fica claro que a arbitragem é chamada a ocupar seu lugar entre as ferramentas de solução de conflitos (soluções de direito),[12] ao lado da conciliação e da mediação, também expressamente referidas (art. 3º, §3º).

No art. 42, há mera atualização redacional do texto do art. 86 do CPC/73.

No art. 69 encontramos a primeira grande inovação. O CPC/2015 traz para o texto legal diversas normas administrativas já em vigor em matéria de cooperação internacional. Não custa lembrar que a ideia de cooperação, genericamente prevista no art. 6º, se projeta no âmbito internacional e nacional, atingindo todos os órgãos do Estado, bem como os jurisdicionados e seus patronos.

Encontramos aqui também a primeira menção à carta arbitral. Trata-se de nova modalidade de comunicação de atos processuais, que se colocará ao lado das cartas tradicionais (rogatória, precatória e de ordem).

A carta arbitral vai concretizar os atos de comunicação originados do árbitro ou do tribunal arbitral, e destinados a um juiz de direito.

Havendo a necessidade de comunicação de um árbitro estrangeiro a um juiz brasileiro (por exemplo, o pedido de empréstimo de força coercitiva a um mandado de busca e apreensão a ser cumprido em território brasileiro, ou ainda um mandado de apreensão ou penhora de bem, em

---

ao conflito pela via da mediação ou da conciliação. Entendeu-se que a satisfação efetiva das partes pode dar-se de modo mais intenso se a solução é por elas criada e não imposta pelo juiz" (<www.senado.gov.br/senado/novocpc/pdf/Anteprojeto.pdf>.

[12] WAMBIER, Teresa Arruda Alvim et al. *Primeiros comentários ao novo Código de Processo Civil, artigo por artigo*. São Paulo: Revista dos Tribunais, 2015.

execução de decisão arbitral), o trâmite poderá ser agilizado em razão dos protocolos de cooperação internacional.

O art. 189, inciso IV, traz uma salutar inovação, na medida em que as arbitragens, em regra, seguem o princípio da confidencialidade, sendo esta, inclusive, uma de suas maiores vantagens.

Assim, de nada adiantaria ser confidencial a arbitragem, aí incluídos todos os atos praticados perante o tribunal arbitral, se tal garantia não fosse estendida aos eventuais atos judiciais que vierem a ser praticados por solicitação do árbitro, via carta arbitral.

Com isso, o princípio da publicidade, que rege os atos processuais, é excepcionado quando o ato se refere ao procedimento arbitral.

Embora o dispositivo não traga uma exceção (na verdade, exceção da exceção, o que, em última análise, confirma a regra geral!), temos para nós que, se a arbitragem engloba o Estado ou seus entes, não deve incidir a confidencialidade, razão pela qual não deve ser aplicado o art. 189, IV do novo CPC, sob pena de se violar o art. 37 da Carta de 1988.

Esta regra veio contemplada também na Lei de Reforma da Arbitragem, no art. 2º, §3º.

Mais uma menção à carta arbitral pode ser encontrada no art. 237, IV. Dessa vez o novo CPC é mais específico quanto à finalidade da carta. Poderá ser ela utilizada quando houver necessidade de praticar ato que dependa de força coercitiva.

Aí podem ser compreendidos atos de condução de pessoas, apreensão de bens ou pessoas, penhora física ou eletrônica, ou mesmo atos de efetivação de medidas de urgência (cautelares ou antecipatórias), denominadas pelo NCPC de tutelas provisórias.

Os atos podem ser praticados pelo próprio juiz (por exemplo, a penhora eletrônica) ou podem ter seu cumprimento efetivado por outrem, por ordem do juiz (por exemplo, as obrigações de fazer, não fazer e desfazer).

O art. 260, §3º, por sua vez, dispõe serem aplicáveis à carta arbitral os mesmos requisitos das demais cartas. Contudo, acrescenta outros dois: a convenção de arbitragem e a prova de nomeação e aceitação do árbitro.

Convenção de arbitragem, como cediço, é o gênero, do qual são espécies a cláusula compromissória e o compromisso arbitral.

O ato que manifesta essa vontade deve acompanhar a carta, de forma que o magistrado possa ter a certeza de que as partes de fato quiseram levar o exame da questão à via arbitral; podem ter feito isso mediante a elaboração de uma cláusula ou de um compromisso específico e detalhado, ou simplesmente aderindo ao regulamento de um tribunal arbitral.

Ademais, devem ser anexados os atos de nomeação e de aceitação do árbitro. Tais documentos são imprescindíveis para a análise da questão, a fim de que fique claro que as partes desejaram conferir tal poder àquele árbitro e que ele o aceitou formalmente.

Não custa lembrar que no procedimento arbitral há uma extrema liberdade para a convenção de regras e atribuições dos árbitros. Daí o novo CPC, com acerto, ter exigido a apresentação de todos esses documentos.

O art. 267 trata da recusa ao cumprimento da carta arbitral, que fica sujeita ao mesmo regime da precatória. Não há aqui alteração substancial se compararmos o dispositivo aos termos do art. 209 do CPC/73. Apenas a atualização da redação e a inserção da carta arbitral, para que possa ser regida pelas mesmas disposições aplicáveis à carta precatória.

É consequência lógica da aplicação desse artigo, portanto, que não caberá ao magistrado verificar o mérito da decisão arbitral cujo cumprimento se requer, podendo se negar ao seu cumprimento somente nas hipóteses enumeradas no artigo.

O *caput* do novel art. 337 e seu inciso X não trazem alteração de conteúdo se comparados ao texto do CPC/73 (art. 301, IX e §4º).

Entendeu-se por manter a regra de que a alegação de convenção de arbitragem deverá ser feita na contestação, juntamente com todas as matérias de defesa (Princípio da Concentração da Defesa ou de Eventualidade).

A nosso ver, trata-se de verdadeiro retrocesso, na medida em que a exceção de arbitragem, anteriormente prevista no Projeto do NCPC — versão da Câmara dos Deputados (PL 8.046/2010, arts. 345 a 350) —, possibilitava ao réu alegar, em petição autônoma, unicamente a convenção arbitral, antes mesmo da apresentação da defesa, não havendo necessidade de adentrar ao mérito da questão posta em juízo.

A justificativa dada no relatório do senador Vital do Rêgo para afastar a disciplina inovadora, consubstanciada no argumento de que "não se justifica a apresentação de petição avulsa, com evidente atraso do processo, quando tais questões cabem como preliminar de contestação", não merece prosperar.

Na verdade, a exceção de arbitragem, ao revés de criar delongas processuais, atendia ao Princípio da Celeridade, evitando-se não só a produção de atos judiciais desnecessários como, ainda, que o réu fosse forçado a adiantar o mérito da matéria que pretendesse deduzir no Juízo Arbitral.

De toda sorte, não obstante a falta de previsão legal dessa medida, entendemos que o réu pode, a qualquer momento, apresentar petição informando ao juízo a preexistência de convenção de arbitragem. Nesses casos, deverá o magistrado ouvir o autor, em homenagem ao contraditório, e extinguir o processo sem resolução de mérito, na forma do art. 485, VII.

O novo §5º insere a incompetência relativa no rol de matérias que não podem ser conhecidas *ex officio* pelo magistrado, apenas positivando entendimento há muito sumulado pelo STJ (verbete nº 33).

O §6º, por sua vez, deixa clara consequência que já era tranquilamente aceita pela doutrina e jurisprudência. Ou seja: a preexistência de convenção de arbitragem deve ser expressamente alegada pelo réu. No silêncio, presume-se a renúncia do réu à arbitragem, observando-se que o autor já terá renunciado ao propor a demanda em juízo.

Mais uma norma que estimula a arbitragem pode ser encontrada no art. 359 do NCPC.

Embora seja improvável, em razão de todos os atos processuais já praticados, é possível que no momento de abertura da AIJ as partes rejeitem a proposta renovada de mediação ou de conciliação, mas aceitem a ideia da arbitragem.

Nesse caso, deve o juiz:

(i) suspender o processo pelo prazo de até seis meses, por convenção das partes, na forma do art. 313, II e §4º; ou

(ii) extinguir o processo, sem resolver o mérito, assim que o juízo arbitral reconhecer sua competência, na forma do art. 485, VII, parte final, que será examinado a seguir.

Quanto à extinção do processo pelo reconhecimento da existência de prévia convenção de arbitragem, o novo art. 485, VII, repete a redação do antigo art. 267, VII, e acrescenta mais uma hipótese de não resolução do mérito: o reconhecimento da sua competência por parte do juízo arbitral (Princípio da *Kompetenz-Kompetenz*), já consagrado no art. 8º, parágrafo único, da Lei nº 9.307/96.

Eventual ato judicial praticado, portanto, será nulo de pleno direito, na medida em que ausente um dos requisitos essenciais para a constituição do processo e para o exame do mérito, a saber, a não opção pela via arbitral. Não custa lembrar que há um conjunto de requisitos "negativos", que podem ser classificados tanto como pressupostos processuais ou como condições para o regular exercício do direito de ação. São eles a ausência de litispendência, de coisa julgada, de peremção e de convenção de arbitragem.

O art. 515, VII, traz mera atualização de redação se comparado ao art. 475-N, IV do CPC/73, com a redação que lhe deu a Lei nº 11.232/2005.

Observe-se que, seguindo a orientação já preconizada pela Lei nº 11.232/05, que alterou, à época, o CPC/73, sendo o caso de cumprimento de sentença proferida em outro juízo, o executado deverá ser citado (art. 515, §1º do CPC/2015) e não apenas intimado, como é a regra geral prevista no art. 513, §2º.

No art. 516 encontramos a repetição da regra geral quanto à competência no cumprimento de sentença originada em órgão diverso (sentença estrangeira, penal condenatória e arbitral).

No seu parágrafo único, há regra excepcional afinada com os princípios do acesso à justiça e da efetividade, flexibilizando, assim, a competência territorial inicialmente fixada.

O novo CPC, em seu art. 960, ratifica a necessidade de homologação de decisões estrangeiras, sejam elas proferidas por juiz togado ou por árbitro. A homologação deve ser requerida ao STJ, observando-se as regras previstas nos arts. 216-A a 216-N do seu Regimento Interno, observadas as modificações introduzidas pela Emenda Regimental nº 18, de 17 de dezembro de 2014, anteriormente referida.

No art. 1.012 encontramos mera correção redacional do texto do art. 520 do CPC/73, sem alteração de conteúdo.

No art. 1.015 há importante inovação.

O novo Código trabalha com o sistema da irrecorribilidade das decisões interlocutórias, como regra. Fica extinta a figura do agravo retido e, nas situações excepcionais previstas no art. 1.015, fica admitida a interposição de agravo de instrumento.

Da leitura do dispositivo, percebe-se que o legislador só autoriza o manejo do agravo nas situações em que a decisão interlocutória possa provocar prejuízo iminente, sendo, portanto, desaconselhável aguardar a sentença para que o competente recurso de apelação possa ser interposto.

Uma dessas hipóteses é justamente a rejeição de alegação de arbitragem.

Imagine-se, por exemplo, que a arbitragem já esteja em curso e o juiz, provocado por uma das partes, rejeita a alegação formulada na forma do art. 337, X. Com isso, o processo prossegue ao mesmo tempo que a arbitragem já segue o seu curso. Se nenhuma providência for tomada, corremos o risco de enfrentar a desconfortável situação de coexistência de dois procedimentos, em instâncias diversas, sobre o mesmo fato.

A propósito, o STJ,[13] em decisão inovadora, já admitiu a possibilidade de existência de conflito de competência entre juízo de direito e juízo arbitral.

A última menção à arbitragem no novo CPC se encontra no art. 1.061, que modifica a redação do art. 33, §3º, da Lei nº 9.307/1996, a fim de substituir a expressão embargos do executado por impugnação, além de fazer a referência ao dispositivo do novo Código.

Na verdade, trata-se de atualização terminológica e com o objetivo de conferir uniformidade ao sistema, eis que o referido dispositivo, na sua redação original, ainda tinha por base o sistema executivo anterior à Lei nº 11.232/2005.

4. Considerações finais

O novo Código de Processo Civil trouxe, em seu art. 3º, o comando segundo o qual "não se excluirá da apreciação jurisdicional ameaça ou lesão a direito", enquanto o texto constitucional, em seu art. 5º, XXXV, estabelece que "a lei não excluirá da apreciação do Poder Judiciário lesão ou ameaça a direito".

Embora as expressões sejam próximas, uma leitura mais atenta revela a sutileza do comando infraconstitucional, de modo a oferecer uma garantia mais ampla, não restrita à estrutura do

---

[13] STJ, CC 111.230-DF, relatora ministra Nancy Andrighi, julg. 8/5/2013, publicado no *D.O.* de 3/4/2014.

Poder Judiciário, a quem é entregue o dever de prestar a jurisdição, mas não como um monopólio.[14]

A Jurisdição é o dever estatal de solucionar conflitos, abarcando as modalidades chiovendiana, de atividade substitutiva,[15] e carneluttiana, de resolução de conflitos.[16] Todavia, na concepção clássica, o Judiciário só se presta a resolver os conflitos na forma negativa, ou seja, pela resolução deles com a imposição de vontade do juiz, determinando um vencedor e um vencido.[17]

Assim, quando o art. 3º do NCPC se refere a apreciação jurisdicional, vai além do Poder Judiciário e sua forma imperiosa de resolver o conflito. Na verdade, ele abre as portas para outras formas positivas de composição, buscando o dever de cooperação das partes e envolvendo outros atores.[18]

A jurisdição, que inicialmente seria entregue exclusivamente ao Poder Judiciário, pode ser delegada para serventias extrajudiciais, ou ser exercida por câmaras comunitárias, centros e conciliadores e mediadores extrajudiciais, ou ainda se manifestar por meio da decisão arbitral.

Para tanto, vale ressaltar a posição de Leonardo Greco[19] quando indica que a jurisdição é a "função preponderantemente estatal, exercida por um órgão independente e imparcial, que atua a vontade concreta da lei na justa composição da lide ou na proteção de interesses particulares".

A jurisdição é basicamente uma função estatal. Contudo, no caminho evolutivo da humanidade, desde a Antiguidade, passando pelas Idades Média, Moderna e chegando à Contemporânea, o Estado, invariavelmente, chamou para si o monopólio da jurisdição, sistematizando-a, a partir de Luís XIV. Com isso, a jurisdição passou a ser um poderoso instrumento de imposição da autoridade das leis.

---

[14] LIMA. Cláudio Vianna de. A arbitragem no tempo, o tempo na arbitragem. In: GARCEZ, José Maria Rossani (Coord.). *A arbitragem na era da globalização.* 2. ed. Rio de Janeiro: Forense, 1999. p. 5.

[15] CHIOVENDA, Guiseppe. *Instituições de direito processual civil.* 3. ed. Campinas: Bookseller, 2002. v. II, p. 8: "Pode definir-se jurisdição como a função do Estado que tem por escopo a atuação da vontade concreta da lei por meio da substituição, pela atividade de órgãos públicos, da atividade de particulares ou de outros órgãos públicos, já no afirmar a existência da vontade da lei, já no torná-la, praticamente, efetiva".

[16] CARNELUTTI, Francesco. *Sistema de direito processual civil.* 2. ed. São Paulo: Lemos e Cruz, 2004. v. 1, p. 63: "A influência que faz desdobrar o interesse externo para determinar a composição espontânea dos conflitos nem é pequena, nem pode ser desprezada. Pelo contrário, uma observação profunda sobre os regimes dos conflitos interindividuais, intersindicais e internacionais parece-me que deve levar a comprovar que, à medida em que a civilização progride, há menos necessidade do Direito para atuar a solução pacífica do conflito, não apenas porque cresce a moralidade, como também, e mais por tudo, porque aumenta a sensibilidade dos homens perante o supremo interesse coletivo".

[17] ALCALÁ-ZAMORA, Niceto y Castillo. *Estudios de teoría general del proceso.* México: Universidad Nacional Autónoma de México, 1992. p. 127. Disponível em: <http://info5.juridicas.unam.mx/libros/libro.htm?l=1049>. Acesso em: 13 ago. 2015.

[18] PINHO, Humberto Dalla Bernardina de; STANCATI, Maria M. M. S. A ressignificação do princípio do acesso à justiça à luz do art. 3º do código de processo civil de 2015. *Revista de Processo*, São Paulo, v. 254, p. 19, 2016.

[19] GRECO, Leonardo. *Instituições de processo civil.* 5. ed. Rio de Janeiro: Forense, 2015. v. I, p. 69.

No entanto, Greco[20] admite que a jurisdição não precisa ser, necessariamente, uma função estatal.

É bem verdade que é bastante difícil desatrelar a jurisdição do Estado, sobretudo porque haverá, em maior ou menor grau, a dependência do Estado, mormente no momento de exigir o cumprimento da decisão não estatal. Por outro lado, podemos pensar no exercício dessa função por outros órgãos do Estado[21] ou por agentes privados.[22]

Nessa ótica, percebe-se o fenômeno da desjudicialização como ferramenta de racionalização da prestação jurisdicional e ajuste ao cenário contemporâneo,[23] o que leva, necessariamente, à releitura,[24] à atualização,[25] ou ainda a um redimensionamento[26] da garantia constitucional à luz dos princípios da efetividade[27] e da adequação.[28] Aliás, já chamamos a atenção para esse fenômeno em outra oportunidade.[29]

---

[20] Ibid., p. 70: "a composição de litígios e a tutela de interesses particulares podem ser exercidas por outros meios, por outros órgãos, como os órgãos internos de solução de conflitos, estruturados dentro da própria Administração Pública, compostos de agentes dotados de efetiva independência, e até por sujeitos privados, seja por meio de arbitragem, seja pela justiça interna das associações".

[21] "Assim como a normatividade não é monopólio do Legislativo, a realização do justo não é monopólio do Judiciário. Há lugar para a mediação, para a arbitragem, para a negociação, para o juiz de aluguel e outras modalidades de solução dos conflitos." NALINI, José Renato. *O juiz e o acesso à justiça*. 2. ed. São Paulo: Revista dos Tribunais, 2000. p. 100.

[22] "O sentido contemporâneo da palavra jurisdição é desconectado — ou ao menos não é acoplado necessariamente — à noção de Estado, mas antes sinaliza para um plano mais largo e abrangente, onde se hão de desenvolver esforços para (i) prevenir formação de lides, ou (ii) resolver em tempo razoável e com justiça aquelas já convertidas em processos judiciais." MANCUSO, Rodolfo de Camargo. *A resolução dos conflitos e a função judicial no contemporâneo estado de direito*. São Paulo: Revista dos Tribunais, 2009. p. 52.

[23] CALMON, Petrônio. *Fundamentos da mediação e da conciliação*. Brasília, DF: Gazeta Jurídica, 2013. p. 36.

[24] PINHO, Humberto Dalla Bernardina de. O novo CPC e a mediação: reflexões e ponderações. *Revista de Informação Legislativa*, a. 48, t. I, n. 190, p. 219-236, abr./jun. 2011.

[25] "Sem embargo, para que essa expressão — acesso à Justiça — mantenha sua atualidade e aderência à realidade sócio-político-econômica do país, impende que ela passe por uma releitura, em ordem a não se degradar numa garantia meramente retórica, tampouco numa oferta generalizada e incondicionada do serviço judiciário estatal." Rodolfo de Camargo Mancuso, *A resolução dos conflitos e a função judicial no contemporâneo estado de direito*, op. cit., p. 55.

[26] PASSOS, José Joaquim Calmon de. *Direito, poder, justiça e processo*: julgando os que nos julgam. Rio de Janeiro: Forense, 1999. p. 111.

[27] PAUMGARTTEN, Michele Pedrosa; PINHO, Humberto Dalla Bernardina de. A experiência ítalo-brasileira no uso da mediação em resposta à crise do monopólio estatal de solução de conflitos e a garantia do acesso à justiça. *Revista Eletrônica de Direito Processual*, v, 8, p. 443-471, 2011. Disponível em: <www.redp.com.br>.

[28] ALMEIDA, Diogo Assumpção Rezende de. O princípio da adequação e os métodos de solução de conflitos. *Revista de Processo*, São Paulo, n. 195, 2010.

[29] PINHO, Humberto Dalla Bernardina de. A mediação e o Código de Processo Civil projetado. *Revista de Processo*, São Paulo, a. 37, v. 207, p. 21-238, 2012.

O próprio Cappelletti[30] defendeu o desenvolvimento da justiça coexistencial,[31] mesmo sem a participação e controle do Estado,[32] de acordo com o tipo de conflito.[33]

A releitura do princípio da inafastabilidade da jurisdição deve ter como fundamento o conceito moderno de acesso à justiça,[34] que não se limita ao acesso ao Judiciário, mas abrange a oportunidade de solucionar conflitos no âmbito privado,[35] onde também devem estar garantidas a independência e a imparcialidade do terceiro que irá conduzir o tratamento do conflito.[36]

---

[30] "Mas a temática daquilo a que chamei a 'terceira onda' vai muito mais além dessas formas de simplificação dos procedimentos e dos órgãos de justiça. Muito importante é a substituição da justiça contenciosa por aquela que denominei de justiça coexistencial, isto é, baseada em formas conciliatórias." CAPPELLETTI, Mauro. Problemas de reforma do processo nas sociedades contemporâneas. *Revista Forense*, v. 88, n. 318, p. 119-128, abr./jun. 1992. A citação encontra-se às p. 123-124.

[31] Em uma de suas mais felizes passagens, pontificam Mauro Cappelletti e Bryant Garth: "o recente despertar de interesse em torno do acesso efetivo à Justiça levou a três posições básicas, pelo menos nos países do mundo Ocidental. Tendo início em 1965, estes posicionamentos emergiram mais ou menos em sequência cronológica. Podemos afirmar que a primeira solução para o acesso — a primeira 'onda' desse movimento novo — foi a assistência judiciária; a segunda dizia respeito às reformas tendentes a proporcionar representação jurídica para os interesses 'difusos', especialmente nas áreas da proteção ambiental e do consumidor; e o terceiro — e mais recente — é o que nos propomos a chamar simplesmente 'enfoque de acesso à justiça' porque inclui os posicionamentos anteriores, mas vai muito além deles, representando, dessa forma, uma tentativa de atacar as barreiras ao acesso de modo mais articulado e compreensivo". (CAPPELLETTI, Mauro; GARTH, Bryant. *Acesso à justiça*. Tradução de Ellen Gracie Northfleet. Porto Alegre: Sérgio Antonio Fabris, 1988. p. 31 e ss.).

[32] "Mas há outra razão que acentua a atualidade dessa forma 'coexistencial' ou 'social' de justiça: ela consiste justamente na 'privatização' dos conflitos criticada por Denti. Não sei se o ilustre Amigo é ainda da mesma opinião. Hoje, contudo, parece-me que a lição da história dos últimos anos vai precisamente no sentido da oportunidade de pôr um limite às intervenções da máquina do Estado, que com frequência se revelou demasiado lenta, formal, rígida, burocraticamente opressiva." Mauro Cappelletti, "Problemas de reforma do processo civil nas sociedades contemporâneas", op. cit., p. 134.

[33] "*Le recours à la médiation, se substituant à l'exercise d'actions en justice, a pris une importance considérable dans les réformes et expériences faites récemment aux Etats-Unis, au niveau local avec les tribunaux de communautés ou les Neighbordhood Justice Centers, et aussi en rapport avec la protection des intérêts diffus avec des procedes tels que l'environmental mediation.*" CAPPELLETTI, Mauro (Org.). *Accès a la justice et état-providence*. Paris: Economica, 1984. p. 29.

[34] "O acesso à justiça não está vinculado necessariamente à função judicial e, muito menos, ao monopólio estatal da justiça. A terceira onda renovatória do processo civil tratou da ampliação do acesso à justiça, prestigiando métodos auto e heterocompositivos. Todavia, o Brasil ainda não alcançou essa terceira fase do processo civil, tendo em vista que prestigia somente o meio judicial de solução de conflito, confinando o acesso à justiça às portas dos tribunais, que abarrotados de processos, não garantem uma prestação jurisdicional eficiente." SANTANNA, Ana Carolina Squadri. *Proposta de releitura do princípio da inafastabilidade da jurisdição*: introdução de métodos autocompositivos e fim do monopólio judicial de solução de conflitos. Dissertação (mestrado) — Universidade do Estado do Rio de Janeiro, Rio de Janeiro, 2014. p. 131.

[35] Ibid., p. 127.

[36] Leonardo Greco, *Instituições de processo civil*, op. cit., p. 71.

Como já temos falado em diversas oportunidades,[37] a via judicial deve estar sempre aberta, mas isso não significa que deva ser acessada como primeira opção. Seu uso deve ser subsidiário, de forma a evitar a sobrecarga do sistema, o que leva, inexoravelmente, ao comprometimento da efetividade[38] e da celeridade[39] da prestação jurisdicional.

O princípio da inafastabilidade de jurisdição, entendido como a primeira via de solução de conflito, não condiz com a noção contemporânea do estado democrático de direito, embora esse entendimento se mantenha ainda hoje, em alguns setores, quer seja pela tradição, ou mesmo pelo receio da perda de uma parcela de poder.[40]

Por vezes, é também trazido o argumento de que fora do Poder Judiciário pode haver perda[41] considerável da qualidade das garantias constitucionais[42] ou, o que é pior, da qualidade da pres-

---

[37] "Somos de opinião que as partes deveriam ter a obrigação de demonstrar ao Juízo que tentaram, de alguma forma, buscar uma solução consensual para o conflito. Não há necessidade de uma instância prévia formal extrajudicial, como ocorre com as Comissões de Conciliação Prévias na Justiça do Trabalho; basta algum tipo de comunicação, como o envio de uma carta ou e-mail, uma reunião entre advogados, um contato com o 'call center' de uma empresa feito pelo consumidor; enfim, qualquer providência tomada pelo futuro demandante no sentido de demonstrar ao Juiz que o ajuizamento da ação não foi sua primeira alternativa. Estamos pregando aqui uma ampliação no conceito processual de interesse em agir, acolhendo a ideia da adequação, dentro do binômio necessidade-utilidade, como forma de racionalizar a prestação jurisdicional e evitar a procura desnecessária pelo Poder Judiciário. Poderíamos até dizer que se trata de uma interpretação neoconstitucional do interesse em agir, que adequa essa condição para o regular exercício do direito de ação às novas concepções do Estado Democrático de Direito." PINHO, Humberto Dalla Bernardina de. *A mediação no direito brasileiro*: evolução, atualidades e possibilidades no projeto do novo Código de Processo Civil. Disponível em: <www.ambito-juridico.com.br>. Acesso em: 11 out. 2014.

[38] Rodolfo de Camargo Mancuso, *A resolução dos conflitos e a função judicial no contemporâneo estado de direito*, op. cit., p. 51

[39] "Nesse contexto, demonstrada a incapacidade do Estado de monopolizar esse processo, tendem a se desenvolver outros procedimentos jurisdicionais, como a arbitragem, a mediação, a conciliação e a negociação, almejando alcançar a celeridade, informalização e pragmaticidade." SPENGLER, Fabiana Marion. *Da jurisdição à mediação*. Por uma outra cultura no tratamento de conflitos. Ijuí: Editora Ijuí, 2010. p. 104.

[40] "A inflacionada demanda por justiça é um fenômeno complexo, que parte sobretudo, de uma dependência social dos Tribunais, seja por uma cultura demandista especialmente notada em países do sistema civil law, seja pelo incentivo estatal, que temendo a perda do monopólio, faz o Poder Judiciário propagar a ideia de que somente ele é capaz de proporcionar uma solução eficaz dos conflitos, percebido quando se promove, por exemplo, a incorporação das ADRs aos Tribunais." PINHO, Humberto Dalla Bernardina de; PAUMGARTTEN, Michele Pedrosa. *A institucionalização da mediação é a panaceia para a crise do acesso à justiça?* Disponível em: <www.publicadireito.com.br>. Acesso em: 8 out. 2013.

[41] DENTI, Vittorio. I procedimenti non giudiziali di conciliazione come istitucioni alternative. *Rivista di Dirito Procesuale*, p. 410 e ss., 1980.

[42] FISS, O. M. Against settlement. *Yale Law Journal*, v. 93, p. 1073-1090, maio 1984. O autor assim manifesta sua descrença na solução alternativa dos conflitos: "*I do not believe that settlement as a generic practice is preferable do judgment or should be institutionalized on a wholesale and indiscriminate basis. It should be treated, instead, as a highly problematic technique for streamlining dockets. Settlement is for me the civil analogue of plea bargaining: consent is often coerced; the bargain may be struck by someone without authority; the absence of a trial and judgment renders subsequent judicial involvement troublesome; and although dockets are trimmed, justice may not be done. Like plea bargaining, settlement is a capitulation to the conditions of mass society and should be neither encouraged nor praised*". (p. 1075)

tação jurisdicional.[43] Essa é uma questão de suma importância,[44] complexa,[45] e que ainda carece de maior reflexão no Brasil.[46]

Assim, devemos amadurecer o conceito de um Estado-juiz minimalista.[47] Nesse sentido, cabe ao juiz assumir seu novo papel de gerenciador do conflito, de modo a orientar as partes, mostrando-lhes o mecanismo mais adequado para tratar aquela lide específica.[48]

No que se refere à arbitragem especificamente, não custa lembrar que o instituto está expressamente referido no art. 3º do CPC/2015, o que me parece suficiente para inserir a ferramenta dentro desse conceito mais amplo de prestação jurisdicional.

Do CPC/73 até a Lei da Arbitragem passaram-se pouco mais de 20 anos e desta até o novo CPC quase 20. Ou seja, em 40 anos evoluímos a ponto de considerar a arbitragem um procedimento equiparado à jurisdição.

---

[43] Novamente, Fiss resume suas preocupações: *"To be against settlement is not to urge that parties be 'forced' to litigate, since that would interfere with their autonomy and distort the adjudicative process; the parties will be inclined to make the court believe that their bargain is justice. To be against settlement is only to suggest that when the parties settle, society gets less than what appears, and for a price it does not know it is paying. Parties might settle while leaving justice undone".* (Ibid., p. 1085)

[44] COMOGLIO, Luigi Paolo. Mezzi alternativi di tutela e garanzie costituzionali. *Revista de Processo*, São Paulo, v. 99, p. 249-293, 2000.

[45] PINHO, Humberto Dalla Bernardina de. La mediación en la actualidad y en el futuro del proceso civil brasileño. In: FERNÁNDEZ CANALES, Carmen et al. *Mediación, arbitraje y resolución extrajudicial de conflictos en el siglo XXI.* T. I: Mediación. Madri: Reus, 2010. p. 351-366.

[46] PINHO, Humberto Dalla Bernardina de. Reflexiones sobre la mediación judicial y las garantías constitucionales del proceso. *Revista Confluencia*: Análisis, Experiencias y Gestión de Conflictos, v. 2, p. 74-88, 2014.

[47] "A segunda tensão dialética ocorre entre o Estado e a sociedade civil. O Estado moderno, não obstante apresentar-se como um Estado minimalista, é, potencialmente, um Estado maximalista, pois a sociedade civil, enquanto o outro do Estado, autorreproduz-se através de leis e regulações que dimanam do Estado e para as quais não parecem existir limites, desde que as regras democráticas da produção de leis sejam respeitadas. Os direitos humanos estão no cerne desta tensão: enquanto a primeira geração de direitos humanos (os direitos cívicos e políticos) foi concebida como uma luta da sociedade civil contra o Estado, considerado como o principal violador potencial dos direitos humanos, a segunda e terceira gerações (direitos econômicos e sociais e direitos culturais, da qualidade de vida, etc.) pressupõem que o Estado é o principal garante dos direitos humanos." SANTOS, Boaventura Sousa. *As tensões da modernidade.* Fórum Social Mundial. p. 19. Disponível em: <www.susepe.rs.gov.br>. Acesso em: 28 jan. 2014.

[48] "É comum ouvir acerca do descrédito no Poder Judiciário e sobre casos de injustiça patente, a ponto de banalizar-se e crer-se tal fato como irremediável e normal. Tal situação gera um descontrole e cria maior zona de conflitos, quando muitos se aproveitam dessa morosidade para descumprir as leis, desrespeitar contratos e não cumprir deveres e obrigações, criando um ciclo vicioso no qual, quanto maior a duração do processo pelo seu excessivo número, em mais casos é o Judiciário obrigado a intervir. Entendemos que a jurisdição civil deva ficar reservada a casos extremamente necessários e nos quais a solução dependa da chancela, supervisão ou decisão estatal. A chamada jurisdição voluntária deve ser revista, assim como situações em que é injustificável a intervenção estatal, privilegiando-se as formas de solução de conflito alternativas (câmaras de conciliação, arbitragem, juizados cíveis especializados etc.)." HOFFMAN, Paulo. *Razoável duração do processo.* São Paulo: Quartier Latin, 2006. p. 23-24.

A Lei nº 9.307/96 foi, sem dúvida alguma, um grande avanço para sua época. O CPC precisou ser modificado para que fosse mantida a unidade do sistema.

Um novo Código foi editado para, entre outras coisas, deixar clara a opção do legislador no sentido de colocar à disposição do cidadão uma verdadeira "caixa de ferramentas", que vai desde a negociação, passando pela conciliação e mediação (judicial e extrajudicial), a arbitragem e a própria jurisdição. Tudo isso para, em conformidade com o princípio da adequação, oferecer a providência mais apropriada para aquele tipo de conflito.

Na seara arbitral, as disposições do CPC/2015 são mais do que oportunas e, certamente, serão potencializadas com a Lei nº 13.129/2015.

Com isso, esperamos que o instituto cresça, ainda mais, no tecido social, a fim de que possa ser utilizado para além das grandes disputas.

Cremos que nosso ordenamento já está preparado para viabilizar a utilização do instituto nas médias e até pequenas causas.

Não custa lembrar que a Lei nº 9.099/1995 previa uma "arbitragem incidental" ao procedimento sumaríssimo, nos arts. 24 a 26.[49]

A essa altura, a Lei ainda se referia ao procedimento arbitral do CPC/73, eis que a Lei dos Juizados é anterior à Lei da Arbitragem. Contudo, nunca se teve registro da aplicação prática do dispositivo.

Hoje, 20 anos depois, penso que nossa sociedade já está informada e madura o suficiente para fazer um uso livre e responsável da arbitragem sem ter que recorrer ao Poder Judiciário para tanto.

Resta agora, aos tribunais, centros e câmaras arbitrais, se estruturar para receber essa demanda, bem como aperfeiçoar seus instrumentos para assegurar a observância das garantias constitucionais.

REFERÊNCIAS

ALCALÁ-ZAMORA, Niceto y Castillo. *Estudios de teoría general del proceso*. México: Universidad Nacional Autónoma de México, 1992. Disponível em: <http://info5.juridicas.unam.mx/libros/libro.htm?l=1049>. Acesso em: 13 ago. 2015.

---

[49] Art. 24. Não obtida a conciliação, as partes poderão optar, de comum acordo, pelo juízo arbitral, na forma prevista nesta Lei. §1º O juízo arbitral considerar-se-á instaurado, independentemente de termo de compromisso, com a escolha do árbitro pelas partes. Se este não estiver presente, o Juiz convocá-lo-á e designará, de imediato, a data para a audiência de instrução. §2º O árbitro será escolhido dentre os juízes leigos. Art. 25. O árbitro conduzirá o processo com os mesmos critérios do Juiz, na forma dos arts. 5º e 6º desta Lei, podendo decidir por equidade. Art. 26. Ao término da instrução, ou nos cinco dias subsequentes, o árbitro apresentará o laudo ao Juiz togado para homologação por sentença irrecorrível.

ALMEIDA, Diogo Assumpção Rezende de. O princípio da adequação e os métodos de solução de conflitos. *Revista de Processo*, São Paulo, n. 195, 2010.

ANDRIGHI, Fátima Nancy. Arbitragem nas relações de consumo. *Revista de Mediação e Arbitragem*, São Paulo, a. 3, v. 9, p. 13-21, abr./jun. 2006.

CADIET, Loic. L'arbitrage et l'evolution contemporaine des modes de reglement des conflits. *Revista Eletrônica de Direito Processual*, v. XII, 2013. Disponível em: <www.redp.com.br>. Acesso em: 20 dez. 2013.

CAHALI, Francisco José. *Curso de arbitragem*. 3. ed. São Paulo: Revista dos Tribunais, 2013.

CAPPELLETTI, Mauro (Org.). *Accès a la justice et état-providence*. Paris: Economica, 1984.

____. Os métodos alternativos de solução de conflitos no quadro do movimento universal de acesso à justiça. *Revista de Processo*, São Paulo, v. 74, 1994.

CAPPELLETTI, Mauro. Problemas de reforma do processo nas sociedades contemporâneas. *Revista Forense*, v. 88, n. 318, p. 119-128, abr./jun. 1992.

____. Problemas de reforma do processo civil nas sociedades contemporâneas. *Revista de Processo*, São Paulo, v. 17, n. 65, p. 127-143, jan./mar. 1992.

CARMONA, Carlos Alberto. *Arbitragem e processo, um comentário à Lei 9.307/96*. 3. ed. rev., atual. e ampl. São Paulo: Atlas, 2009.

CARNEIRO, Paulo Cezar Pinheiro. Aspectos processuais da nova lei de arbitragem. *Revista Forense*, Rio de Janeiro, v. 93, n. 339, p. 127-141, jul./set. 1997.

____. O justo processo arbitral e o dever de revelação (*disclousure*) dos peritos. *Revista Eletrônica de Direito Processual*, v. XII, dez. 2013. Disponível em: <www.redp.com.br>.

COMOGLIO, Luigi Paolo. Mezzi alternativi di tutela e garanzie costituzionali. *Revista de Processo*, São Paulo, v. 99, p. 249-293, 2000.

DENTI, Vittorio. I procedimenti non giudiziali di conciliazione come istitucioni alternative. *Rivista di Dirito Procesuale*, 1980.

DINAMARCO. Cândido Rangel. *A arbitragem na teoria geral do processo*. Malheiros: São Paulo, 2013.

FIGUEIRA JÚNIOR, Joel Dias. *Arbitragem, jurisdição e execução*: análise crítica da Lei 9.307, de 23.09.1996. 2. ed. São Paulo: Revista dos Tribunais, 1999.

FISS, O. M. Against settlement. *Yale Law Journal*, v. 93, p. 1073-1990, maio 1984.

GILL Judith, The arbitrator's role in bringing about a settlement — an English view. *Bulletin ASA*, Spec. Series, n. 26, jul. 2006.

GRECO, Leonardo. *Instituições de processo civil*. 5. ed. Rio de Janeiro: Forense, 2015. v. I.

____. Publicismo e privatismo no processo civil. *Revista de Processo*, São Paulo, v. 164, 2008.

GRINOVER, Ada Pellegrini. *Novas tendências do direito processual*. 2. ed. Rio de Janeiro: Forense, 1990.

IMHOOS, Christophe. Les liens nouveaux entre la médiation et l'arbitrage. In: GEMME. La gestion des conflits, manuel pour les praticiens. *Cedidac*, Lausanne, n. 78, 2008. Disponível em: <www.gemme.eu>.

LIMA. Cláudio Vianna de. A arbitragem no tempo, o tempo na arbitragem. In: GARCEZ, José Maria Rossani (Coord.). *A arbitragem na era da globalização*. 2. ed. Rio de Janeiro: Forense, 1999.

MACIEL, Marco. Pronunciamento em comemoração aos 10 anos da Lei 9.307/96. *Revista de Arbitragem e Mediação*, São Paulo, a. III, n. 9, abr./jun. 2006.

MANCUSO, Rodolfo de Camargo. *A resolução dos conflitos e a função judicial no contemporâneo estado de direito*. São Paulo: Revista dos Tribunais, 2009.

MARTINS, Pedro A. Batista. *Apontamentos sobre a lei de arbitragem*: comentários à Lei 9.307/96. Rio de Janeiro: Forense. 2008.

NALINI, José Renato. *O juiz e o acesso à justiça*. 2. ed. São Paulo: Revista dos Tribunais, 2000.

OLIVEIRA, Ana Perestrelo de. *Arbitragem de litígios com entes públicos*. Coimbra: Almedina, 2007.

PELUSO, Antonio Cezar; RICHA, Morgana de Almeida (Coord.). *Conciliação e mediação*: estruturação da política judiciária nacional. Rio de Janeiro: Forense, 2011.

PINHO, Humberto Dalla Bernardina de. *Direito processual civil contemporâneo*. 6. ed. São Paulo: Saraiva, 2015. v. 1.

_____. La mediación en la actualidad y en el futuro del proceso civil brasileño. In: FERNÁNDEZ CANALES, Carmen et al. (Org.). *Mediación, arbitraje y resolución extrajudicial de conflictos en el siglo XXI*. T. I: Mediación. Madri: Reus, 2010. p. 351-366.

_____. *Mecanismos alternativos de solução de conflitos*: algumas considerações introdutórias. Disponível em: <www.humbertodalla.pro.br/artigos.htm>.

_____. O novo CPC e a mediação: reflexões e ponderações. *Revista de Informação Legislativa*, a. 48, t. I, n. 190, p. 219-236, abr./jun. 2011.

_____. Reflexiones sobre la mediación judicial y las garantías constitucionales del proceso. *Revista Confluencia*: Análisis, Experiencias y Gestión de Conflictos, v. 2, p. 74-88, 2014.

_____; PAUMGARTTEN, Michele Pedrosa. *A institucionalização da mediação é a panaceia para a crise do acesso à justiça?* Disponível em: <www.publicadireito.com.br>. Acesso em: 8 out. 2013.

_____; STANCATI, Maria M. M. S. A ressignificação do princípio do acesso à justiça à luz do art. 3º do Código de Processo Civil de 2015. *Revista de Processo*, São Paulo, v. 254, p. 17-44, 2016.

_____ et al. (Org.). *O marco legal da mediação no Brasil*. São Paulo: Atlas, 2015.

SALLES, Carlos Alberto de. *Arbitragem em contratos administrativos*. Rio de Janeiro: Forense, 2012.

SANTANNA, Ana Carolina Squadri. *Proposta de releitura do princípio da inafastabilidade da jurisdição*: introdução de métodos autocompositivos e fim do monopólio judicial de solução de conflitos. Dissertação (mestrado) — Universidade do Estado do Rio de Janeiro, Rio de Janeiro, 2014.

SANTOS, Boaventura Sousa. *As tensões da modernidade.* Fórum Social Mundial. Disponível em: <www.susepe.rs.gov.br>. Acesso em: 28 jan. 2014.

SILVA, Clóvis do Couto e. O juízo arbitral no direito brasileiro. *Revista de Informação Legislativa,* n. 98. p. 139-151, 1988.

SPENGLER, Fabiana Marion. *Da jurisdição à mediação.* Por uma outra cultura no tratamento de conflitos. Ijuí: Editora Ijuí, 2010.

Sobre os autores

ALUISIO GONÇALVES DE CASTRO MENDES é professor nos cursos de graduação e pós-graduação da Uerj e da Unesa. Graduado em comunicação social pela PUC-RJ e em direito pela Uerj. Especialista em processo civil pela UnB. Mestre em direito pela UFPR, mestre em direito pela Johann Wolfgang Goethe Universität (Frankfurt am Main, Alemanha), doutor em direito pela UFPR, com pós-doutorado em direito pela Universidade de Regensburg (Alemanha). Desembargador federal no Tribunal Regional Federal da 2ª Região. Diretor de cursos e pesquisas da Escola da Magistratura Regional Federal da 2ª Região (Emarf).

BRUNO VINÍCIUS DA RÓS BODART é professor convidado da pós-graduação da FGV-Rio. Mestre em direito pela Uerj. Cursou *law and economics* pela University of Chicago (EUA). Juiz de direito (TJRJ).

DIOGO ASSUMPÇÃO REZENDE DE ALMEIDA é professor adjunto de direito processual civil da FGV Direito Rio. Mestre e doutor em direito processual pela Uerj. Advogado.

EDUARDO TALAMINI é livre-docente em direito processual (USP). Mestre e doutor (USP). Professor da UFPR. Advogado, sócio de Justen, Pereira, Oliveira e Talamini — Soc. Adv.

ELIAS MARQUES DE MEDEIROS NETO fez pós-doutorado em direito processual civil pela Universidade de Lisboa. É doutor e mestre em direito processual civil pela PUC-SP. MBA em gestão empresarial pela FGV. Especialista em direito da economia e da empresa pela FGV. Advogado. Professor de direito processual civil no mestrado da Unimar e nas pós-graduações da Escola Paulista de Direito (EPD) e da Universidade Presbiteriana Mackenzie.

FERNANDO GAMA DE MIRANDA NETTO tem pós-doutorado em direito pela Universidade de Salamanca. Doutor e mestre em direito pela UGF-RJ. Professor adjunto de direito processual e membro do corpo permanente do Programa de Pós-Graduação *stricto sensu* em Sociologia e Direito da UFF. Líder do Laboratório Fluminense de Estudos Processuais (Lafep/UFF). Chefe do Departamento de Direito Processual da UFF.

FLÁVIA PEREIRA HILL é professora adjunta de direito processual civil da Uerj. Doutora em direito processual pela Uerj. Tabeliã.

FREDIE DIDIER JR. é livre-docente (USP), doutor (PUC-SP) e mestre (UFBA), com pós-doutorado (Universidade de Lisboa). Professor-adjunto de direito processual civil da UFBA. Professor-coordenador da Faculdade Baiana de Direito. Advogado e consultor jurídico.

GUILHERME JALES SOKAL é mestre em direito processual pela Uerj. Procurador do estado do Rio de Janeiro e advogado.

GUSTAVO QUINTANILHA TELLES DE MENEZES é mestre e doutorando em direito processual pela Uerj, juiz de direito do Tribunal de Justiça do Estado do Rio de Janeiro e professor da Escola da Magistratura do Estado do Rio de Janeiro.

HUMBERTO DALLA BERNARDINA DE PINHO é professor associado de direito processual civil na Uerj. *Martin-Flynn global law professor* (University of Connecticut School of Law). Diretor da Fundação Escola do Ministério Público do Estado do Rio de Janeiro (Femperj). Promotor de justiça no estado do Rio de Janeiro.

LARISSA CLARE POCHMANN DA SILVA é doutoranda e mestre em direito pela Unesa. Graduada em direito pela Uerj. Membro do Instituto Brasileiro de Direito Processual (IBDP) e da Rede de Pesquisa Empírica (Reed). Professora no curso de graduação e de pós-graduação *lato sensu* da Ucam. Advogada.

LEONARDO GRECO é professor titular aposentado de direito processual civil da Faculdade Nacional de Direito da Universidade Federal do Rio de Janeiro.

LUIZ ROBERTO AYOUB é mestre em direito processual civil, com dissertação defendida em 2002 com indicação para publicação. Juiz de direito substituto de desembargador, em exercício na 26ª Câmara Cível do Consumidor. Professor de processo civil da Escola de Direito da Fundação Getulio Vargas (RJ), desde 2000.

MARCELA KOHLBACH DE FARIA é advogada. Mestre e doutoranda em direito pela Universidade do Estado do Rio de Janeiro (Uerj). Membro da Comissão de Arbitragem da OAB/RJ. Membro do Instituto Carioca de Processo Civil (ICPC). Membro do Instituto Brasileiro de Direito Processual Civil (IBDP). Sócia de Almeida Neto e Aranha de Camargo Advogados Associados.

MARCELO MAZZOLA é mestrando em direito processual pela Universidade do Estado do Rio de Janeiro (Uerj). Advogado.

MÁRCIO CARVALHO FARIA é doutor e mestre em direito processual (Uerj). Professor adjunto de direito processual civil (UFJF). Advogado.

MARCO ANTONIO DOS SANTOS RODRIGUES é procurador do estado do Rio de Janeiro. Professor adjunto de direito processual civil da Faculdade de Direito da Uerj. Mestre em direito público e doutor em direito processual pela Uerj. Pós-doutorando pela Universidade de Coimbra. Advogado.

MAURICIO VASCONCELOS GALVÃO FILHO é mestre em direito processual (UerJ, 2009) e especialista em direito público e privado (Unesa/Emerj, 2005). Advogado.

ROBSON RENAULT GODINHO é promotor de justiça (MPRJ). Pós-doutorado (UFBA), doutor e mestre em direito processual civil (PUC-SP). Membro dos Institutos Brasileiro e Iberoamericano de Direito Processual.

ROGERIO LICASTRO TORRES DE MELLO é advogado, doutor e mestre em direito processual pela PUC/SP, professor do curso de pós-graduação *lato sensu* da PUC/SP, da Escola Superior de Advocacia (OAB/SP), e da Fundação Armando Álvares Penteado (Faap).

SOFIA TEMER é doutoranda e mestre em direito processual pela Uerj. Advogada.

TRÍCIA NAVARRO XAVIER CABRAL é doutora em direito processual pela Uerj e mestre em direito processual pela Ufes. Juíza de direito no estado do Espírito Santo. Membro do IBDP.